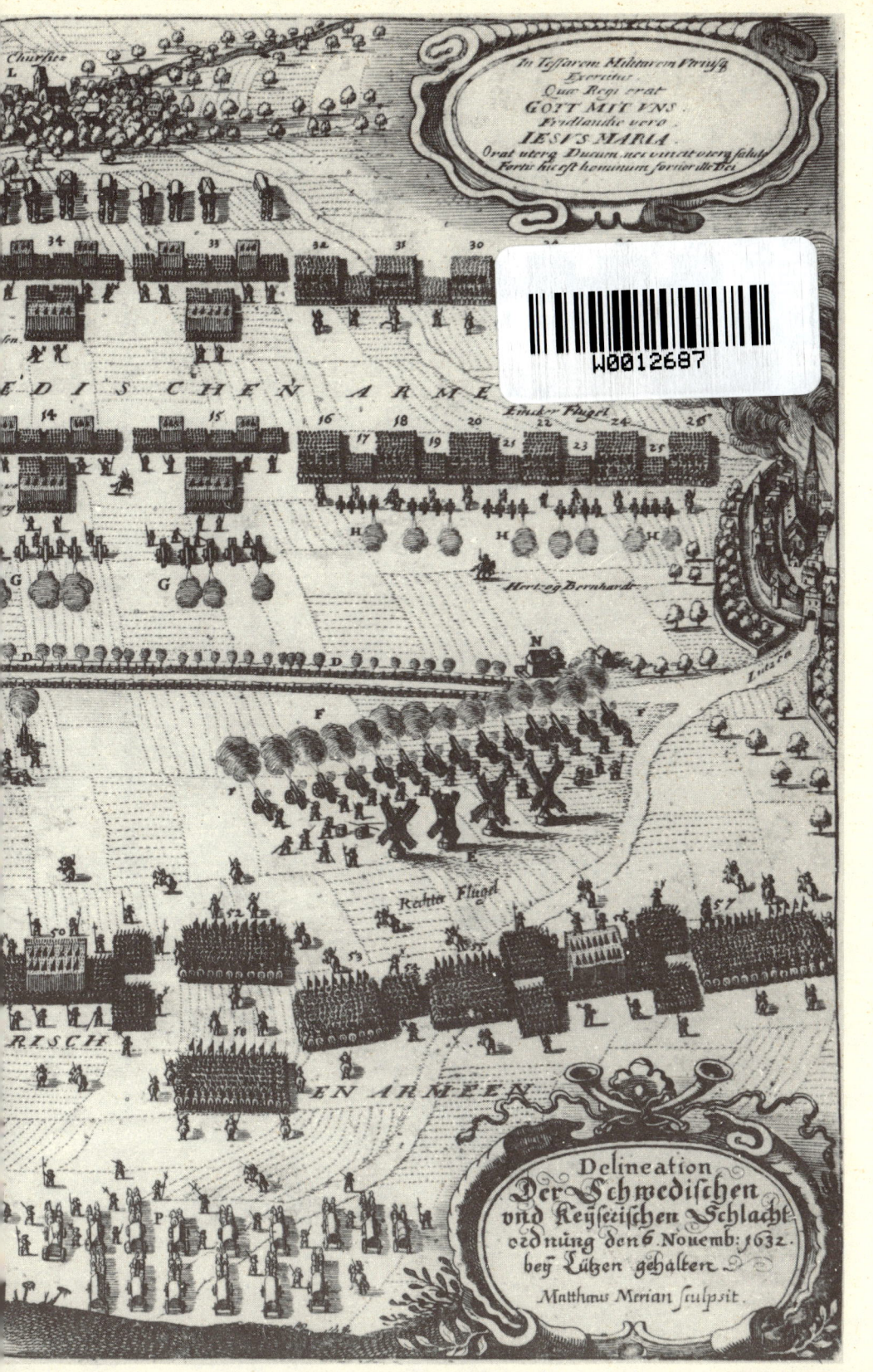

In Tessarem Militarem Vtriusg
Exercitus
Quæ Regi erat
GOTT MIT VNS
Fridlandho vero
IESVS MARIA.
Orat uterg Ducum, nec vincit uterg saluti
Fortis hic est hominum, fortior ille Dei.

Delineation
Der Schwedischen
vnd Keyserischen Schlacht
ordnung den 6. Nouemb: 1632.
bey Lützen gehalten.

Matthæus Merian sculpsit.

Der Dreißigjährige Krieg

Geoffrey Parker

DER DREISSIG- JÄHRIGE KRIEG

Aus dem Englischen
von Udo Rennert

Campus Verlag
Frankfurt/New York

Die englische Ausgabe *The Thirty Years' War*
erschien 1984 bei Routledge & Kegan Paul,
London, Boston, Melbourne and Henley.
Copyright © 1984 by Geoffrey Parker.

CIP-Kurztitelaufnahme der Deutschen Bibliothek

Parker, Geoffrey:
Der Dreißigjährige Krieg / Geoffrey Parker.
[Übers. aus d. Engl. von Udo Rennert]. –
Frankfurt/Main; New York: Campus Verlag, 1987.
Einheitssacht.: The Thirty Year's War
ISBN 3-593-33788-6

Copyright © 1987 Campus Verlag GmbH, Frankfurt/Main
Umschlaggestaltung: Eckhard Warminski, Büdingen,
unter Verwendung eines Gemäldes von P. Snaeyers:
Die kaiserliche Infantrie in der Schlacht bei Nördlingen
(Schwedisches Nationalmuseum).
Satz: Typo Schröder, Dernbach/Dierdorf
Druck und Bindung: Fuldaer Verlagsanstalt, Fulda
Printed in Germany

Inhalt

»Wenn du schon an gar nichts denkst, kannst du mir ja sagen, in welchem Jahr die Friedensverträge von Westfalen unterzeichnet wurden.«

Antoine tat keinen Mucks und blieb stumm und eigensinnig sitzen. Da machte der Vater seiner Entrüstung mit einer so schrill-gellenden Stimme Luft, daß sogar der Gaul die Ohren spitzte.

»Ihr seid Zeugen, er weiß nicht einmal das Datum der Westfälischen Friedensverträge! So ein fauler Schlingel! Er bringt noch Schande über uns alle, ganz wie sein Onkel Alphonse wird er verkommen! Heute nachmittag aber geht er mir nicht mit seinen Vettern spazieren, sondern bleibt bei seinem Vater, bei mir!«

Im Wagen trat ein bestürztes Schweigen ein. Lucienne sandte für ihren Bruder ein Stoßgebet zum Himmel und sprach für sich ein Bittsprüchlein, das die Fräulein Hermeline besonders anempfahlen, wenn einem die wichtigen Daten der Weltgeschichte nicht einfallen wollten. Frédéric malte mit dem Finger Ziffern in die Luft, und Madame Haudouin suchte einen Blick ihres Jüngsten zu erhaschen, denn sie hätte ihm gar zu gerne den Trost eines mütterlich-zärtlichen Lächelns gespendet. Doch Antoine stierte mit niedergeschlagenen Augen auf seine Sonntagsschuhe hinab und wollte nichts sehen. Da sagte der Veterinär noch einmal:

»Bei mir. Den ganzen Tag!«

Da fühlte Antoine, wie ein Seufzer, ein Seufzer der Sehnsucht nach Jasmin, seine Brust weitete. Er schluckte seinen Speichel herunter und murmelte mit erstickter Stimme: »1648«.

(Marcel Aymée, *Die grüne Stute*, Köln/Berlin 1952, S. 153f.)

Danksagung und Erläuterungen

Dieses Buch ist das Werk von zehn Historikern. Bald nachdem ich 1977 von Andrew Wheatcroft von Routledge & Kegan Paul die Einladung erhalten hatte, eine neue Darstellung des Dreißigjährigen Krieges zu verfassen, zeigte sich, daß der Umfang der hierfür relevanten Veröffentlichungen – ganz zu schweigen von der Menge und Vielfalt der überlieferten Dokumente – viel zu groß ist, als daß ein Autor allein ihn bewältigen könnte. Aus diesem Grund erging an eine Reihe von Fachhistorikern das Angebot, jene Seiten des Krieges zu beleuchten, wo das Gestrüpp der noch nicht systematisch erschlossenen, fremden Belege am dichtesten ist – die skandinavischen Länder, Brandenburg und Sachsen, die Nachwehen des Krieges usw. –, und ihre Beiträge bilden einen integralen Bestandteil des Textes. In ihnen werden die jeweiligen Ereignisse und Entwicklungen, die in dem großen Krieg eine Rolle gespielt haben, erzählt, analysiert und erklärt. Mit diesem Verfahren war allerdings eine ernsthafte praktische Schwierigkeit verbunden. Da alle Mitarbeiter ihre Beiträge gleichzeitig verfaßt haben, mußten wesentliche Teile überarbeitet und umgeschrieben werden, damit sich die einzelnen Kapitel zusammenfügten, ohne sich zu überschneiden. Meine größte und wichtigste Dankesschuld habe ich deshalb bei meinen Mitautoren abzutragen, die freundlicherweise ein höheres Maß an editorischen Eingriffen akzeptierten, als man billigerweise von einem Wissenschaftler erwarten darf, und die mir auf unterschiedlichste Weise ihre unschätzbare Unterstützung zukommen ließen.

Eine zweite wichtige Schuld, deren ich mich hier mit Vergnügen entledige, entspringt der Großzügigkeit der British Academy und der Bibliothek Newberry. Sie gewährten mir 1981 ein dreimonatiges Forschungsstipendium in Chicago, und dort, in Amerikas zweitgrößter Stadt, unterstützt von den Hilfsmitteln mehrerer hervorragender Bibliotheken und umgeben von nicht weniger hervorragenden Fachgelehrten, konnte ich den größten Teil meiner eigenen Beiträge zu diesem Buch niederschreiben. Als nächstem gilt mein

Dank Andrew Wheatcroft, der mir jederzeit mit verständnisvoller Unterstützung und hilfreichen Ratschlägen zur Seite stand. Weitere Anregungen, Hinweise auf unbekannte (und weniger unbekannte) Werke sowie zusätzliche Unterstützung wurden mir von Professor Robert Bireley SJ, Bruce Lenman, Professor Konrad Repgen, Dr. Hamish Scott, Dr. Lesley M. Smith, Professor Hugh Trevor-Roper, der verstorbenen Frances Yates (die als Mitautorin vorgesehen war) und ganz besonders von Dr. Simon Adams zuteil. Schließlich bedanken sich der Herausgeber und alle Mitautoren bei Nancy Wood, die mit viel Sachverstand unsere Texte auf einem Textverarbeitungsgerät geschrieben und bearbeitet hat.

Zuletzt noch zwei Erläuterungen:

Währungen: Soweit wie möglich werden sämtliche Geldbeträge in Reichstalern angegeben. Umrechnungen erfolgen anhand folgender Kurstabelle:

$$
1 \text{ Reichstaler} \begin{cases} 0{,}9375 \text{ Escudos} \\ 2{,}5 \text{ Livres tournois} \\ 2{,}083 \text{ Holländische Gulden} \\ 1{,}25 \text{ Rheinische Gulden und} \\ 0{,}208 \text{ £ Sterling} \end{cases}
$$

Daten: Wo nicht anders angegeben, folgen alle Zeitangaben dem »Neuen Stil«, d.h. dem Gregorianischen Kalender, der in den römisch-katholischen Ländern ab 1582, in den protestantischen jedoch erst um 1700 eingeführt wurde.

Vorwort

Es wird immer wieder behauptet, es sei Samuel Pufendorf, der bedeutende Jurist und Historiograph des 17. Jahrhunderts gewesen, der als erster den Begriff »Dreißigjähriger Krieg« für jene Abfolge kriegerischer Auseinandersetzungen geprägt habe, von denen Europa zwischen 1618 und 1648 heimgesucht wurde. Tatsächlich findet sich dieser Begriff in seiner 1667 erstmals veröffentlichten Schrift *De statu imperii germanici*, doch war er schon damals nicht mehr neu. Bereits im Mai 1648, noch vor Beendigung der Kämpfe, sprach einer der Abgeordneten auf dem Westfälischen Friedenskongreß vom »Dreißigjährigen Krieg«, der sein Land verwüstet habe, und im Jahr darauf begann die englische Wochenschrift *The Moderate Intelligencer* mit der Veröffentlichung einer Artikelserie unter dem Titel »Abriß des vergangenen Dreißigjährigen Krieges in Deutschland«. Der Artikel in der Ausgabe 203 vom 8. Februar 1649 faßte den »Böhmischen Krieg« von 1618-1623 zusammen, in der folgenden Ausgabe wurde der Niederländische Krieg dargestellt, danach der Dänische Krieg usw. Innerhalb von drei Monaten nach der Unterzeichnung des Westfälischen Friedens, mit der dem Krieg im Oktober 1648 ein Ende gemacht wurde, erhielten die englischen Leser somit ein bemerkenswert modernes Deutungsraster für den Krieg. Zur selben Zeit leistete eine deutsche Flugschrift mit dem Titel *Von dem DreyßigJährigen Teutschen Krieg Kurtze Chronica* den deutschen Lesern ähnliche Dienste, indem sie nicht nur die Daten und Schauplätze der bedeutenden kriegerischen Auseinandersetzungen wiedergab, sondern auch eine grobe Schätzung der durch den Krieg bedingten Todesopfer und Zerstörung enthielt.[1]

Im 17. Jahrhundert waren die Geschichtsschreiber allerdings weniger unparteiisch, als ihre heutigen Nachfahren gern für sich in Anspruch nehmen. Sämtliche erwähnten Veröffentlichungen waren von Protestanten verfaßt worden, die ein Interesse daran hatten, die in den Jahrzehnten nach 1618 in Europa geschlagenen Schlachten als einen einzigen Kampf zur Verteidigung religiöser und konstitutioneller Freiheiten darzustellen. Sie versuchten, den Aufstand in Böhmen von 1618-1621 gegen Kaiser Ferdinand II. nachträglich mit dessen späterem Verhalten zu rechtfertigen. Zu dieser Zeit erschien die böhmische Sache zahlreichen Beobachtern alles andere als gerecht – weshalb sie auch von so wenigen protestantischen Fürsten unterstützt wurde. Erst später, als die kaiserliche Macht zunahm und manche verfassungsmäßigen Rechte in Vergessenheit gerieten, bereuten sie ihre Neutralität und traten selbst in Opposition zu den Habsburgern. Die Umdeutung der Geschichte diente also dazu, ihr Gewissen zu beschwichtigen. Als der Schwedenkönig Gustav Adolf 1628 behauptete, »alle Kriege, die in Europa geführt werden, sind zu einem einzigen Krieg verschmolzen«, brachte er damit auch den Wunsch zum Ausdruck, daß dies tatsächlich so sein möge, um die Verlegung seiner Truppen aus Polen und Livland nach Deutschland zu rechtfertigen (zit. n. *The Cambridge Modern History 1906*, Bd. 4, S.v).

Für das katholische Europa lagen die Dinge hingegen anders. Einer der offiziellen Historiographen der Habsburger, Eberhard Wassenberg, veröffentlichte 1639 einen Zwischenbericht vom Krieg, in dem jeder einzelne Feldzug als ein neuer ungerechtfertigter Angriff auf den Kaiser dargestellt wurde; sein Titel lautete *Kommentar zu den Kriegen zwischen Ferdinand II. und Ferdinand III. und ihren Feinden*. Wassenbergs Darstellung des »Dänischen Krieges« von 1625-1629 enthielt außerdem Schilderungen vom »zweiten Österreichischen Krieg« (dem Bauernaufstand von 1626), vom »dritten Siebenbürgischen Krieg«, vom »Niederländischen Krieg«, vom »Mantuanischen Krieg« usw. Das mochte eine extreme Anschauung sein, doch selbst Katholiken, die Wassenbergs säuberliche Schubladeneinteilung nicht übernahmen, sahen einen deutlichen Unterschied zwischen den bis 1629 geführten Feldzügen, bei denen der Kaiser in der Hauptsache gegen die eigenen Untertanen und den einen oder anderen ihrer auswärtigen Verbündeten gekämpft hatte, und dem Kampf nach 1630, als er überwiegend gegen fremde Mächte antrat, deren deutsche Bündnisgenossen in der Regel gering an Zahl und arm an materiellen Hilfsmitteln waren. Bischof Gepeckh von Freising (1618-1651) unterschied in seiner Korrespondenz grundsätzlich zwischen den »böhmischen Unruhen« nach 1620 (die sich ihrem Wesen nach kaum von den zahlreichen kleineren Aufständen und Scharmützeln unterschieden, die seit dem Augsburger Religionsfrieden von 1555 den Reichsfrieden gestört hatten) und »diesem Krieg« (der mit der schwedischen Invasion von 1630 begann und ihn zwang, bis zum Friedensschluß 1648 achtmal aus seiner eigenen Hauptstadt zu fliehen). Für den Bischof währte der Krieg keine 30, sondern nur 18 Jahre (vgl. Repgen 1982a, S.63; Weber 1972, S. 88 ff.).

Das sind natürlich nur die Meinungen von kaum einem halben Dutzend Zeitgenossen. Heute, da alle Archive aus dieser Zeit dem Historiker offenstehen, sind der Meinungen Abertausende. Allein in der ČSSR besitzen 27 Museen wichtige Sammlungen von ehemaligen hochgestellten Kriegsteilnehmern; in den sächsischen Archiven lagern 20 Foliobände, die ausschließlich das Restitutionsedikt von 1629 betreffen, usw. Gewiß sind heroische Versuche unternommen worden, wenigstens einige der wichtigeren Quellen zu veröffentlichen. Eine Sammlung der Briefe und Akten des Westfälischen Friedens ist auf nicht weniger als 45 Bände angelegt; die Herausgabe der Korrespondenz Maximilians von Bayern und seiner Verbündeten zwischen 1618 und 1635 wird 13 Bände in Anspruch nehmen; eine enorme Zahl von Bänden wäre erforderlich, um die relevanten »State Papers Foreign« des Public Record Office in London im Druck erscheinen zu lassen. Und auch das stellt nur einen winzigen Bruchteil des bislang noch unveröffentlichten verfügbaren Materials dar. Überall ließ der Krieg die Schreibarbeiten anschwellen. Im protestantischen Bremen mußte das Sekretariat des regierenden Erzbischofs und Administrators auf das Doppelte vergrößert werden, um den Erfordernissen der verschiedenen Heere in diesem Gebiet gerecht zu werden, und als nach 1650 die Archive der katholischen Diözese in Würzburg neugeordnet wurden, waren zwei Folgen erforderlich, eine »vor dem Krieg«, die bis in die Urzeit zurückging, und eine »seit Kriegsbeginn«, die fast ebensoviel Raum einnahm (vgl. Schleif 1972, S. 172; Jäger 1967, S. 131).

Wie Lord Acton einst vorhersah, leben wir im »dokumentarischen Zeitalter,… das die Geschichte vom Historiker unabhängig macht und der Forschung mehr Platz einräumt als der Darstellung« (Acton 1906, S. 9). Die von einem kriegführenden Kontinent produzierten Unmengen an Dokumenten bedeuten zweifellos eine entmutigende Herausforderung der menschlichen Geduld. Dennoch reicht selbst eine übermenschliche Hingabe an archivalische Forschungen nicht aus, da die dokumentarischen Quellen des Dreißigjährigen Krieges in zu vielen verschiedenen Sprachen abgefaßt wurden. Die Habsburger Monarchie unterhielt eine deutsche, eine tschechische und eine ungarische Kanzlei; der spanische Hof beschäftigte Sekretäre für die anfallende Korrespondenz in Französisch, Holländisch, Deutsch, Latein, Italienisch, Aragonesisch, Portugiesisch und Kastilisch; und in jeder dieser Sprachen gibt es Dokumente, die sich auf den Krieg beziehen. Zwar trifft es zu, daß auf protestantischer Seite die *lingua franca* in der Regel ein entsetzlich langatmiges und willkürlich mit Latinismen gespicktes Hochdeutsch war; andererseits kennen wir auch eine Fülle von lateinisch, dänisch, schwedisch, englisch und holländisch abgefaßten Briefen und Akten. An dem weitab gelegenen Hof von Bethlen Gabor in Siebenbürgen wurden die den Krieg betreffenden Dokumente auf Deutsch, Ungarisch, Rumänisch, Lateinisch und (im Verkehr mit der osmanischen Pforte) auf Hofpersisch verfaßt.

Trotz der offensichtlichen Probleme gab es eine Reihe homerischer Versuche, dieses überwältigende Material überzeugend zu gliedern. In der westlichen Hemisphäre wurden die beiden berühmtesten am Vorabend des Zweiten Weltkriegs unternommen: C. V. Wedgwood (1938) sah in dem Krieg einen wesentlich deutschen Konflikt, der von Zeit zu Zeit von nord- und westeuropäischen Mächten beeinflußt wurde, während G. Pagès (1939) unter Ausschluß aller anderen Erwägungen von der Führungsrolle Frankreichs besessen war, das für ihn während des gesamten Krieges als Schiedsrichter der europäischen Schicksale fungierte. In Osteuropa wurde eine ähnlich eingegrenzte Auffassung von dem tschechischen Historiker J. V. Polišenský (1971) vorgetragen, für den grundsätzlich die Ereignisse in seiner Heimat Böhmen von zentraler Bedeutung waren; und schließlich hat der Russe B. F. Porshnev (1976) behauptet, die entscheidende Phase des Krieges von 1630 bis 1641, als das Reich von den Heeren Schwedens beherrscht wurde, lasse sich nur vor dem Hintergrund der Politik Rußlands gegenüber Polen verstehen.[2] Viele deutsche Historiker haben sich sogar noch provinzieller gebärdet: Insbesondere Autoren aus Bayern und Brandenburg neigten dazu, den Krieg fast ausschließlich unter lokalem und regionalem Blickwinkel darzustellen. Bislang gibt es allerdings nichts, was an die dreibändige Untersuchung von Moriz Ritter heranreichen würde: *Deutsche Geschichte im Zeitalter der Gegenreformation und des Dreißigjährigen Krieges 1555-1648*, die erstmals 1889 veröffentlicht und nie ins Englische übersetzt wurde. Seitdem sind zwar Hunderte weiterer Studien zum selben Thema erschienen, die zumeist – wie das vorliegende Buch – den Titel *Der Dreißigjährige Krieg* tragen, aber dennoch sucht der besonders an diesem Gegenstand interessierte Forscher vergeblich nach einer modernen Darstellung, die ihr Schwergewicht nicht allein auf Deutschland, Skandinavien, England und Frankreich legt, sondern auch auf Spanien, Italien, Siebenbürgen, Polen und auf die Niederlande.

Die einzige Ausnahme ist die Arbeit des ostdeutschen Historikers Herbert Langer. Sein *Dreißigjähriger Krieg* (1978) bietet eine Kulturgeschichte Deutschlands während dieser Zeit und beruht auf bislang kaum bekannten Daten, die aus allen Teilen Europas stammen, wobei Text und beigefügte Abbildungen einander auf gelungene Weise ergänzen. Aber Langers Buch ist keine Geschichte des Krieges. Es gibt uns zwar die Möglichkeit, unsererseits die kulturellen Folgen des Krieges zum größten Teil zu übergehen, doch ist es eher eine Ergänzung unserer eigenen Arbeit, mit der eine strukturierte Analyse des eigentlichen Konflikts angestrebt wird.

Die einzelnen Phasen des Krieges werden hier nicht alle mit derselben Aus-
führlichkeit behandelt, weil sie unterschiedlich komplex sind.[3] Außerdem
beschränken wir uns nicht auf Deutschland und nicht auf die Zeit zwischen
1618 und 1648: Der Mantuanische Erbfolgekrieg und die schwedischen Feldzüge in Polen finden ebenfalls Berücksichtigung, da sie für bestimmte Entwicklungen im Reich von wesentlicher Bedeutung waren, und zeitlich gehen
wir zurück bis zum »Zwischenfall von Donauwörth« von 1607, der die Pola-
risierung Deutschlands in feindliche konfessionelle Lager beschleunigte,
während die Darstellung erst mit der Abschlußvereinbarung von Nürnberg
1650 endet, mit der die Demobilisierung der noch in Deutschland stehenden
Besatzungstruppen geregelt wurde. Von Donauwörth nach Nürnberg:
Geographisch nur durch eine Strecke von 150 Kilometern getrennt, liegen die
beiden Städte historisch mehr als 40 Jahre auseinander, die von Unruhen und
Kriegen erfüllt waren. Zu Zeiten schien der Konflikt so sehr auszuarten und
so viele Staaten in seinen Strudel zu ziehen, daß er zu Recht als »der europäische Bürgerkrieg« bezeichnet worden ist (Koenigsberger 1968). Es war kein
leichtes Unterfangen, einer Zeit solchen Aufruhrs ohne zu große Vereinfa-
chungen oder Entstellungen in einem einzigen Buch gerecht zu werden.

Abkürzungen

AGRB	Archives Générales du Royaume, Brüssel
AGS	Archivo General, Simancas (Spanien)
AHR	American History Review
AKG	Archiv für Kirchengeschichte
AMAE	Archives du Ministère des Affaires Etrangères, Paris
ARA	Algemene Rijksarchief, Den Haag
ARG	Archiv für Reformationsgeschichte
BGSA	Bayerisches Geheimes Staatsarchiv, München
BL	British Library, London
BNM	Biblioteca Nacional, Madrid
CEH	Central European History
EHR	European History Review
EStR	European Studies Review
GG	Geschichte und Gesellschaft
GWU	Geschichte in Wissenschaft und Unterricht
HJ	Historisches Jahrbuch
HJL	Hessisches Jahrbuch für Landesgeschichte
HZ	Historische Zeitschrift
JfL	Jahrbuch für fränkische Landesforschung
JMH	Journal of Modern History
KrA	Krigsarkivet, Stockholm
NLS	National Library of Scotland, Edinburgh
NPL	Neue Politische Literatur
PRO, S.P.	Public Record Office, London; State Papers Collection
RAC	Rigsarkivet, Kopenhagen
RAOSB	Rikskansleren Axel Oxenstiernas Skrifter och Brevvexling
RH	Revue Historique
SHK	Schriftenreihe der Historischen Kommission bei der bayerischen

Akademie der Wissenschaften
SVENG   Schriftenreihe der Vereinigung zur Erforschung der Neueren
         Geschichte
VSW   Vierteljahresschrift für Sozial- und Wirtschaftsgeschichte
ZbL   Zeitschrift für bayerische Landesgeschichte
ZO   Zeitschrift für Ostforschung
ZGO   Zeitschrift für die Geschichte des Oberrheins
ZhF   Zeitschrift für historische Forschung
ZSM   Zentrales Staatsarchiv, Merseburg

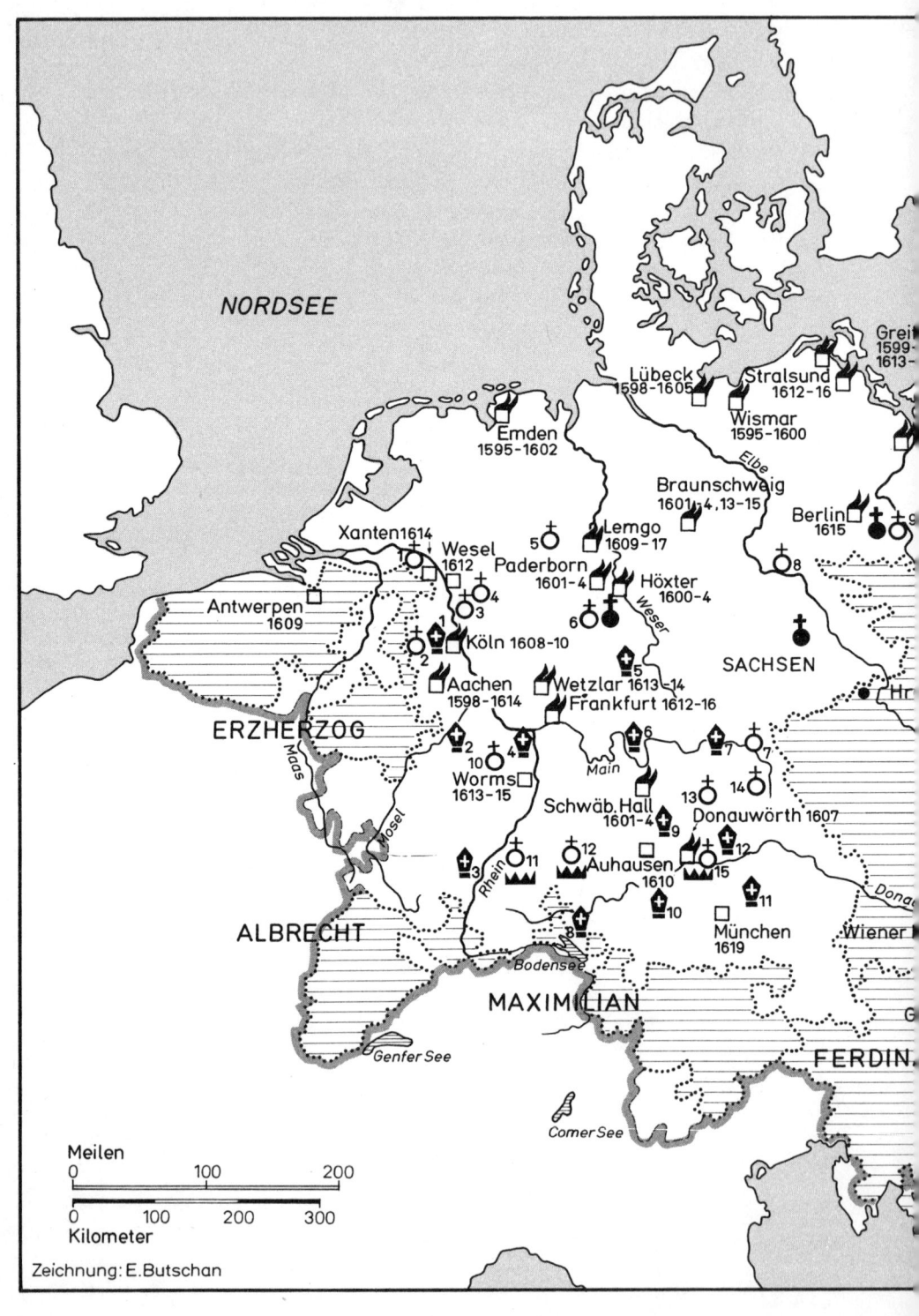

NORDSEE

Greif
1599-
1613-...

Lübeck
1598-1605

Stralsund
1612-16

Wismar
1595-1600

Emden
1595-1602

Braunschweig
1601-4,13-15

Berlin
1615

9

Xanten1614

Wesel
1612

Lemgo
1609-17

5

Paderborn
1601-4

Höxter
1600-4

8

Weser

4

3

1

Köln 1608-10

Antwerpen
1609

2

6

SACHSEN

Hr

Aachen
1598-1614

Wetzlar 1613-14

Frankfurt 1612-16

5

ERZHERZOG

Maas

10

4

Main

6

7

7

Mosel

Worms
1613-15

14

13

Schwäb. Hall
1601-4

Donauwörth 1607

9

Rhein

3

11

12

Auhausen
1610

15

12

ALBRECHT

8

11

10

München
1619

Wiener

Bodensee

MAXIMILIAN

FERDIN...

Donau

Genfer See

G

Comer See

Meilen

0   100   200

0   100   200   300

Kilometer

Zeichnung: E.Butschan

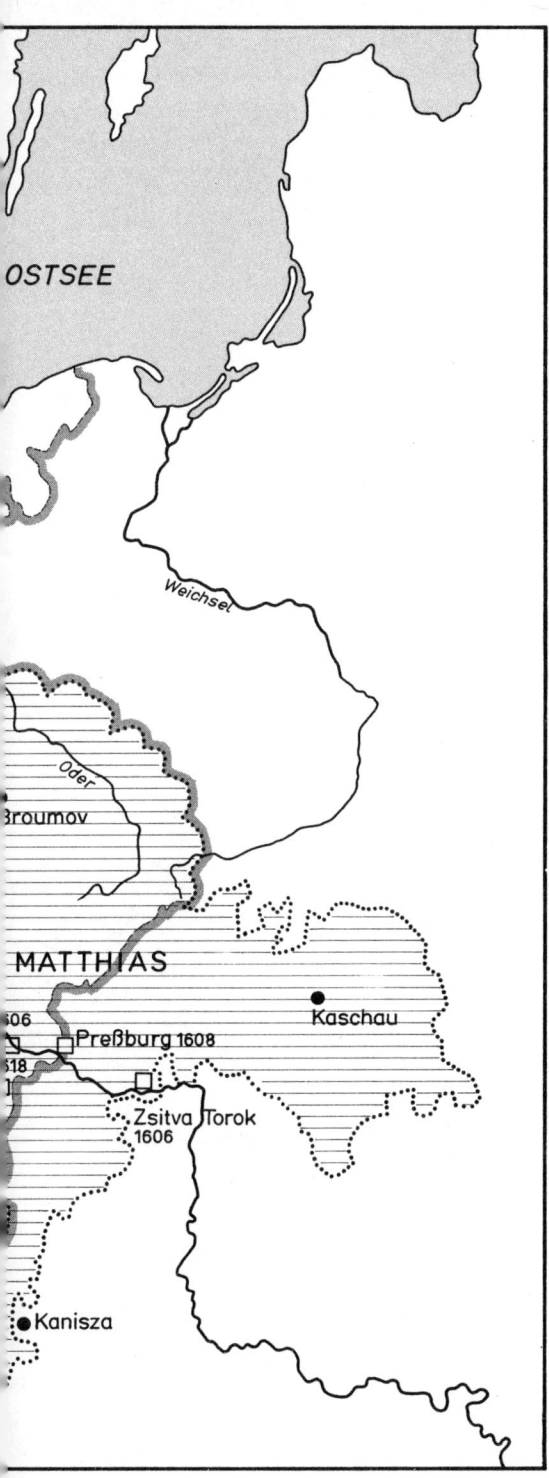

Karte 1: Vor dem Krieg

Grenze des Heiligen Römischen Reiches

Grenzen der Habsburger Lande 1616

Mitglieder des Erbvereins 1609

Mitglieder des Neuburger Bundes
1605 – 1608

Mitglieder der Katholischen Liga 1612

1 Köln
2 Trier
3 Straßburg
4 Mainz
5 Fulda
6 Würzburg
7 Bamberg
8 Konstanz
9 Ellwangen
10 Augsburg
11 Bayern
12 Eichstätt

Mitglieder der Protestantischen Union 1612

1 Kleve
2 Jülich
3 Berg
4 Mark
5 Ravensberg
6 Hessen-Kassel
7 Bayreuth
8 Anhalt
9 Brandenburg
10 Rheinpfalz
11 Baden
12 Württemberg
13 Ansbach
14 Oberpfalz
15 Neuburg

Städtische Unruhen in Deutschland
1600 – 1618

Orte, an denen Verträge geschlossen wurden

Sonstige Städte

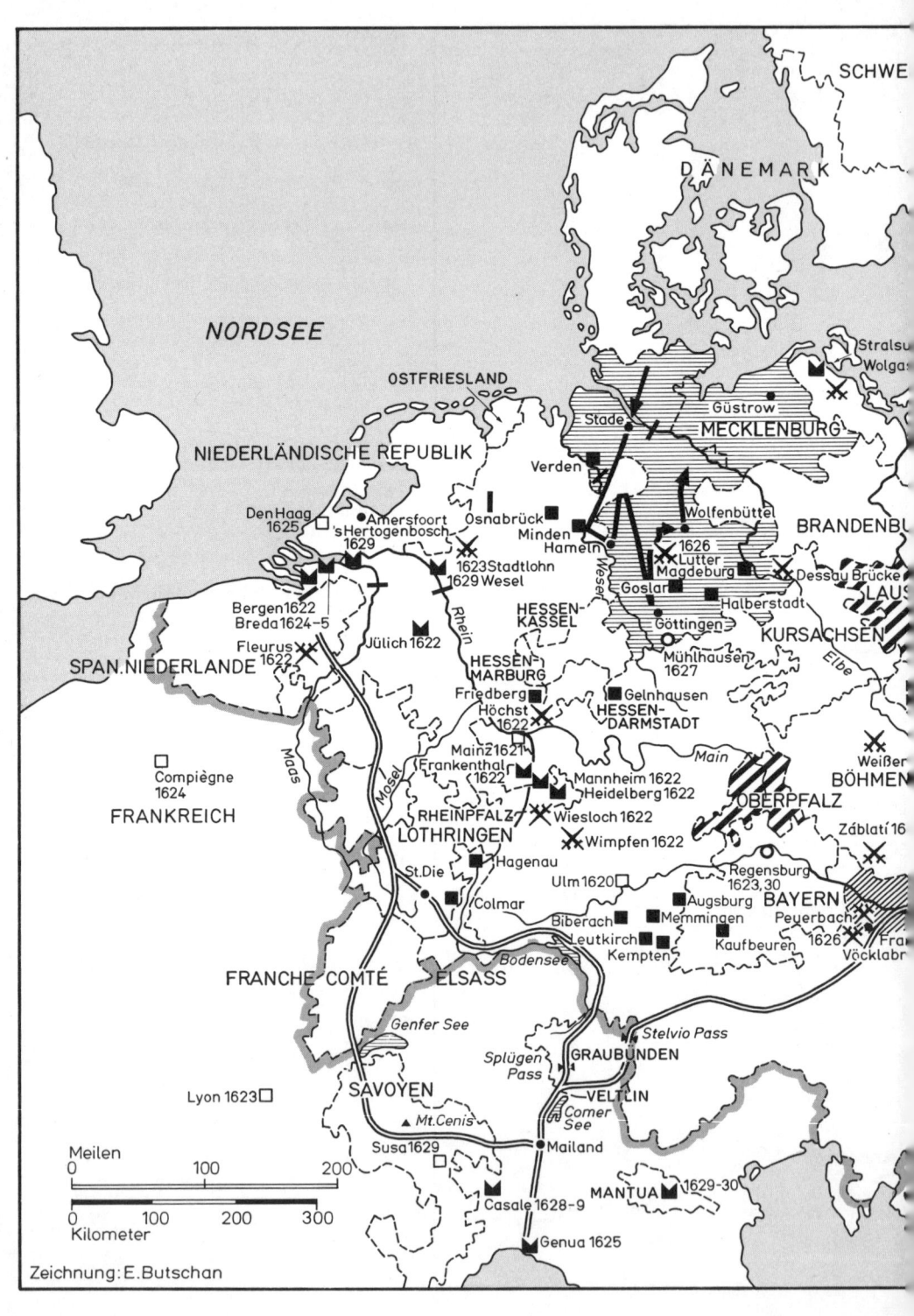

SCHWE

DÄNEMARK

NORDSEE

OSTFRIESLAND

Stralsu
Wolgas

Güstrow
MECKLENBURG

NIEDERLÄNDISCHE REPUBLIK

Stade

Verden

BRANDENB

Den Haag
1625

Amersfoort
'sHertogenbosch
1629

Osnabrück

Minden
Hameln

Wolfenbüttel

1626
Lutter
Magdeburg

Dessau Brücke
LAUS

1623 Stadtlohn
1629 Wesel

Goslar

Halberstadt

KURSACHSEN

Bergen 1622
Breda 1624–5

HESSEN-
KASSEL

Göttingen

Rhein

Fleurus
1622

SPAN.NIEDERLANDE

Jülich 1622

Mühlhausen
1627

Elbe

HESSEN-
MARBURG

Friedberg

Höchst
1622

Gelnhausen

HESSEN-
DARMSTADT

Compiègne
1624

FRANKREICH

Mainz 1621
Frankenthal
1622

Mannheim 1622
Heidelberg 1622

Main

Weißer
BÖHMEN

Maas

Mosel

RHEINPFALZ
LOTHRINGEN

Wiesloch 1622

Wimpfen 1622

OBERPFALZ

Záblatí 16

St.Die

Hagenau

Ulm 1620

Regensburg
1623, 30

Colmar

FRANCHE-COMTÉ

ELSASS

Biberach

Leutkirch

Bodensee

Augsburg

Memmingen

BAYERN

Peuerbach

Kaufbeuren

1626
Fra

Vöcklabr

Genfer See

Kempten

Stelvio Pass

Lyon 1623

SAVOYEN

Mt.Cenis

Splügen
Pass

GRAUBÜNDEN

VELTLIN
Comer
See

Meilen
0   100   200

Susa 1629

Mailand

0   100   200   300
Kilometer

Casale 1628–9

MANTUA

1629–30

Genua 1625

Zeichnung: E.Butschan

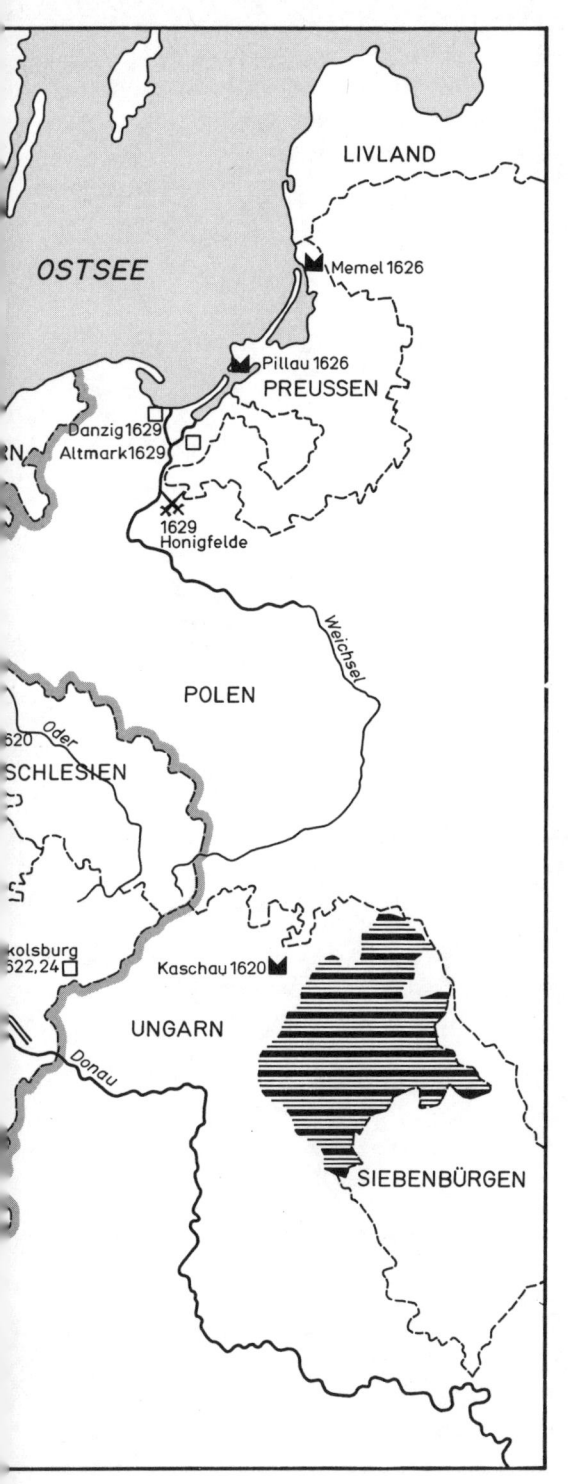

Karte 2: Der Krieg 1618 – 1629

▬▬	Grenze des Heiligen Römischen Reiches
▦	Niedersächsischer Kreis
═══	Spanische Straße
╱	Wirtschaftsblockade der Niederländischen Republik
◀━	Feldzug Christians IV. 1625/26
□	Orte, an denen Verträge geschlossen wurden
✖	Siege der Katholischen Liga
✕	Siege der Protestantischen Union
◖	Belagerungen
■	Größere Orte, die vom Restitutionsedikt betroffen waren
○	Zusammenkünfte des Kurfürstenkollegiums
●	Sonstige Städte
▨	Von Ferdinand II. 1621 an Bayern und Sachsen abgetretene Gebiete
▨	Gebiet der Bauernaufstände in Österreich 1626
▤	Von Ferdinand II. 1621 – 1629 an Siebenbürgen abgetretene Gebiete

SCHWE

DÄNEMARK

NORDSEE

Stralsu

Wismar
1638

MECKLENBURG

Hamburg
1638,1641

Wittstock
1636

Werben

BRANDENE

Tangermünde

Berlin
1631

The Downs
XX 1639

Magdeburg
1631
Breitenfeld 1631

KURSACHSE

Leipzig 1631

Lützen 1632

BRÜSSEL

Maastricht
1632

Jülich

Ehrenbreitstein
1632

NASSAU

Frankfurt
1631

Schweinfurt

Pirna
1634

Leitmeritz 16

SPAN. NIEDERLANDE

Koblenz
1634

Main

Bamberg

1635

PRA

Le Châtelet 1636

Trier 1635

Mainz 1636-7

Nürnberg

BÖHMEN

Corbie 1636

La Chapelle 1636
Roye 1636

Hohenlohe

Alte Veste

1632

Compiègne 1635

Philippsburg 1632

Heilbronn
1633

Nördlingen
1634

Regensburg 1630,36

•PARIS

☐
Fontainebleau 1631

Straßburg

WÜRTTEMBERG

Ulm

Donauwörth

BAYERN

Don

FRANKREICH

BADEN

Rain
1632

München

Breisach 1638

Bodensee

Döle 1636

Rheinfelden
1638

TIROL

Genfer See

Comer
See

VELTLIN

Meilen

0   100   200

Cherasco
1631

MAILAND

Mailand

0   100   200   300
Kilometer

Mantua 1630

Zeichnung: E. Butschan

Genua

Karte 3: Der Krieg 1630 – 1640

▭▭▭	Grenze des Heiligen Römischen Reiches
◄ ─ ─	Feldzug Gustav Adolfs 1631/32
◄───	Feldzug des Kardinalinfanten 1634
○	Konvente der Kaiserlichen
✖	Siege der Kaiserlichen und ihrer Verbündeten
✖	Niederlagen der Kaiserlichen und ihrer Verbündeten
◣	Belagerungen
▢	Orte, an denen Verträge geschlossen wurden
●	Sonstige Städte
▨	Heilbronner Liga
▥	Gebiete, die 1632/33 unter französische Protektion kamen
▧	Gebiete, die 1633/38 unter französische Protektion kamen

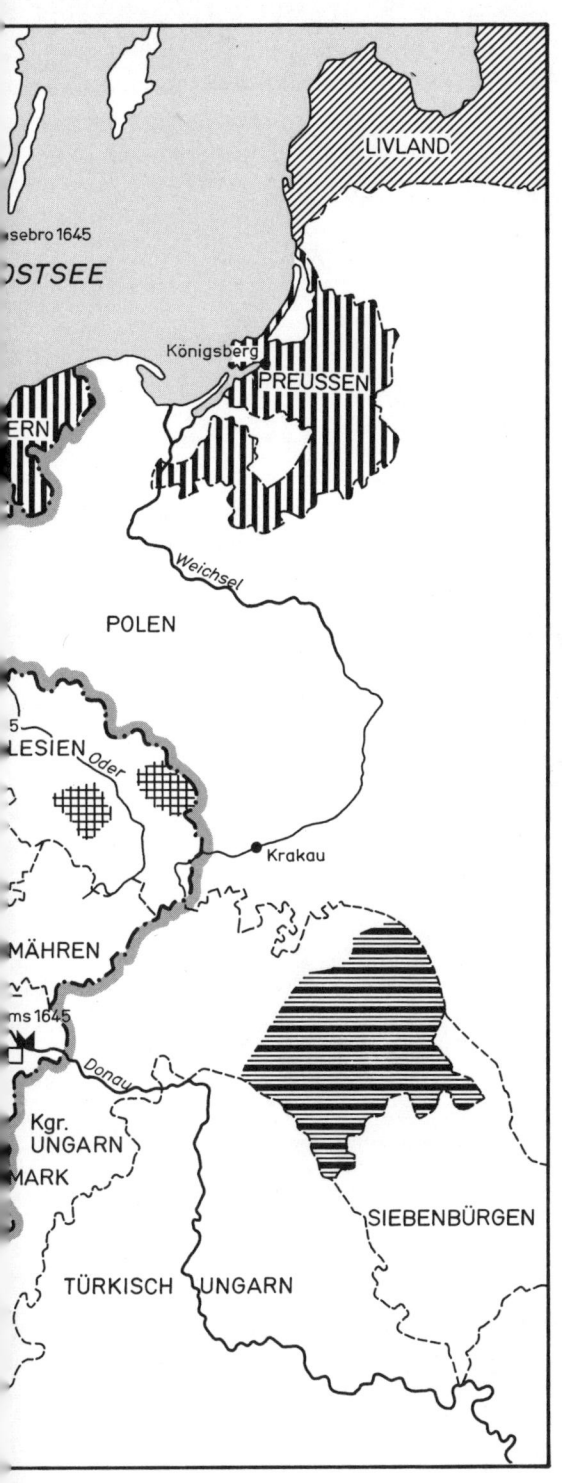

Karte 4: Der Krieg nach 1640

▬▬▬ Grenze des Heiligen Römischen Reiches

✖ Siege der Kaiserlichen oder ihrer
  Verbündeten

✖ Niederlagen der Kaiserlichen oder ihrer
  Verbündeten

☐ Orte, an denen Verträge geschlossen wurden

◤ Belagerungen

○ Wichtige Zusammenkünfte

● Sonstige Städte

TERRITORIALE VERÄNDERUNGEN DURCH DEN WESTFÄLISCHEN FRIEDEN

▨ an Schweden

▥ an Brandenburg

▤ an Siebenbürgen

▧ an Sachsen

▦ an Frankreich

▤ an die Niederländische Republik

▩ an Bayern

▦ an Polen

Chronologischer Überblick

† = Tod
✗ = Sieg der Habsburger oder ihrer Verbündeter
✗ = Niederlage der Habsburger oder ihrer Verbündeter

Alle Zeitangaben erfolgen im »Neuen Stil«.
Bedeutende Ereignisse sind durch Kapitälchen hervorgehoben.

Jahr	Deutschland	Habsburger Länder	Spanien, Niederlande
1606		*Juni.* Friede von Wien beendet den Aufstand in Ungarn *Nov.* Friede von Zsitva-Torok beendet den »langen Türkischen Krieg«	
1607			*März.* Waffenstillstand im Niederländischen Krieg (bis 1609) *Nov.* Bankrott Spaniens
1608	*17. Dez.* ZWISCHENFALL VON DONAUWÖRTH *Jan.* Reichstag in Regensburg (bis 3. Mai) *12. Mai.* GRÜNDUNG DER PROTESTANTISCHEN UNION	*Feb.* Vertrag von Preßburg *Juni.* Matthias wird regierender Erzherzog und König von Ungarn	
1609	*März.* Erste Krise um Jülich-Kleve (bis Okt. 1610) *10. Juli.* GRÜNDUNG DER KATHOLISCHEN LIGA	*März.* Konzessionen von Matthias an die Protestanten *9. Juli.* Majestätsbrief: Ernennung von »Defensoren«	*April.* ZWÖLFJÄHRIGER WAFFENSTILLSTAND (bis 1621)
1610			
	Okt. † Friedrich IV. von der Pfalz; Nachfolger Friedrich V.		
1611		*März.* Angriff auf Prag durch Passauer Truppen *Mai.* Krönung Matthias' zum König von Böhmen	*März.* Französisch-spanischer Heiratsvertrag

Frankreich, England, Italien	Skandinavien, Polen, Rußland	Siebenbürgen, Osmanisches Reich
		Juni. Friede von Wien
		Nov. Friede von Zsitva-Torok
14. Mai. † Heinrich IV. von Frankreich; Minderjährigkeit des Thronfolgers Ludwigs XIII. (bis 1617)	*Sept.* Polnische Invasion in Rußland (bis 1618)	
März. Französisch-spanischer Heiratsvertrag	*April.* Dänemarks Einfall in Schweden (Krieg bis 1613)	

Jahr	Deutschland	Habsburger Länder	Spanien, Niederlande
1611	*Juli.* Johann Georg I. Kurfürst von Sachsen (bis 1656)		
1612	*20. Jan.* † Rudolf II. Wahl Matthias' zum Nachfolger (bis 1619)		
1613			
	Feb. Hochzeit Friedrichs V. mit Elisabeth Stuart		
1614	*April* Konversion des Kurfürsten von Brandenburg zum Calvinismus *Mai* Vertrag zwischen der Union und den Niederlanden *Juli* Konversion Wolfgang Wilhelms von Pfalz-Neuburg zum Katholizismus *Aug.* Reichstag in Regensburg (bis Okt.)		
	Mai Zweite Krise um Jülich-Kleve (bis Sept.) *Aug.* Rekatholisierung Aachens; Fettmilchaufstand in Frankfurt/M.	*Aug.* Fürstentag in Linz	
	Nov. Vertrag von Xanten		*Nov.* Vertrag von Xanten
1615	Aufstände der Lutheraner in Brandenburg		Angriff der holländischen Flotte auf die Pazifikküste von Spanisch Amerika

Frankreich, England, Italien	Skandinavien, Polen, Rußland	Siebenbürgen, Osmanisches Reich
April Vertrag von Wesel zwischen England und der Union *Dez.* † Franz, Herzog von Mantua	*Okt.* Gustav Adolf König von Schweden (bis 1632)	
	Jan. Friede von Knäred (zwischen Dänemark und Schweden)	
April Erster Mantuanischer Erbfolgekrieg (bis Juni 1615)	*März* Wahl Michael Romanows zum Zaren (bis 1645)	*März* Bethlen Gabor Fürst von Siebenbürgen (bis 1629)
Jan. Französischer Bürgerkrieg (bis Mai)		
Okt. Französische Generalstaatler		
Juni Vertrag von Asti (Ende des Ersten Mantuanischen Erbfolgekriegs)		

Jahr	Deutschland	Habsburger Länder	Spanien, Niederlande
1615			
1616		*Dez.* Gradiskanerkrieg (bis Feb. 1618)	
1617	100 Jahre Reformation; Eröffnung der Militärakademie in Siegen		
		20. März Oñate-Vertrag	*20. März* Oñate-Vertrag
	April Erneuerung der Union (bis 1621); Auflösung der Liga		
		Juli-Dez. Ferdinand von Steiermark als designierter König von Böhmen und Ungarn anerkannt	
			Aug. Oldenbarnevelt stellt »waardgelder«-Truppen auf
1618	Annexion Preußens durch Brandenburg	*Feb.* Friede von Wiener Neustadt (zwischen dem Erzherzog und Venedig)	
			März Zúñiga Erster Minister Spaniens (bis 1622)
		23. Mai Prager Fenstersturz *Juni* Subsidien von Savoyen an Böhmen (bis April 1619)	
			Aug. Sturz Oldenbarnevelts
		Sept. Eroberung von Pilsen durch Mansfeld	
1619	*Jan.* Neubildung der Liga		

Frankreich, England, Italien	Skandinavien, Polen, Rußland	Siebenbürgen, Osmanisches Reich
Aug. Französischer Bürgerkrieg (bis Mai 1616) *Dez.* Gradiskanerkrieg (bis 1618) *Sept.* Zweiter Mantuanischer Erbfolgekrieg (bis 1617) *Feb.* Bürgerkrieg in Frankreich (bis April)		
	März Friede von Stolbowa (zwischen Schweden und Rußland)	
24. April Persönliche Regierung Ludwigs XIII. (bis 1643)		
	Juni Einfall Schwedens in Livland	
9. Okt. Friede von Pavia (Ende des Zweiten Mantuanischen Erbfolgekriegs) *Feb.* Friede von Wiener Neustadt	Waffenstillstand Schwedens mit Polen (bis 1621)	
	Jan. Friede von Deulino (zwischen Polen und Rußland)	
Feb. Bürgerkrieg in Frankreich (bis April)		

Jahr	Deutschland	Habsburger Länder	Spanien, Niederlande
1619	20. März † Matthias	20. März † Matthias; Nachfolger Ferdinand von Steiermark	
		Mai Erste Belagerung Wiens	Mai Erzherzöge senden Hilfe an Ferdinand; Hinrichtung Oldenbarnevelts
		10. Juni ⚔ Záblatí Beitritt Mährens zur Konföderation	
	28. Aug. Wahl Ferdinands zum deutschen Kaiser	22.–26. Aug. ABSETZUNG FERDINANDS; WAHL FRIEDRICHS ZUM KÖNIG VON BÖHMEN	
	8. Okt. Vertrag von München (Spanien-Bayern-Kaiser).		
		·Nov. Zweite Belagerung Wiens	
1620			
	20. März VERTRAG VON MÜHLHAUSEN		
	3. Juli VERTRAG VON ULM	Juli Bayern besetzt Oberösterreich (bis 1628)	
	Aug. Einfall Spinolas in die Pfalz		Aug. Einfall Spinolas in die Pfalz
		Okt. Einsetzung des Konfiskationshofs (bis 1623)	
		3. Nov. ⚔ AM WEISSEN BERGE	
1621	21. Jan. Friedrich in der Reichsacht	Jan. Bildung des Münzkonsortiums: »Kipper- und Wipperzeit« (bis 1623)	
	Feb. Niedersächsischer Kreistag in Segeberg		
			31. März † Philipp III. Thronfolger Philipp IV. (bis 1665)
	April Waffenstillstand in der Pfalz (bis Juli)		April KRIEG IN DEN NIEDERLANDEN (bis 1648); Friedrich V. in der niederländischen Republik

Frankreich, England, Italien	Skandinavien, Polen, Rußland	Siebenbürgen, Osmanisches Reich
		Aug. Eroberung Ungarns durch Bethlen Gabor (bis Okt.)
	Okt. Polnischer Angriff auf die Türken	
		Nov. Einfalls Polens in Siebenbürgen
		20. Jan. Waffenstillstand Bethlens mit Habsburg (bis Okt.)
April Aufstand Maria de Medicis (bis Aug.) *Juli* Massaker im Veltlin *Aug.* Ende der französischen Bürgerkriege; Ludwig XIII. besetzt Béarn, Habsburg besetzt das Veltlin		*Aug.* Erneute Besetzung Ungarns durch Bethlen
	20. Sept. ✕ Cecora (Polen gegen Türkei)	*20. Sept.* ✕ Cecora (Polen gegen Türkei)
Feb. Hugenottenkrieg in Frankreich (bis Okt. 1622)	*Feb.* Niedersächsischer Kreistag in Segeberg	

Jahr	Deutschland	Habsburger Länder	Spanien, Niederlande
1621	*27. April* Friedrich V. verbündet sich mit den Vereinigten Niederlanden *14. Mai* Auflösung der Union		*15. Juli* † Erzherzog Albrecht
	Okt. Bayern besetzt die Oberpfalz; »Kipper- und Wipperzeit« (bis 1623)		
1622		*Jan.* Erster Friede von Nikolsburg	
			Feb. Eroberung Lüttichs durch Spínola
	März Veröffentlichung der spanischen Feldkorrespondenz *April* ⚔ Wiesloch *6. Mai* ⚔ WIMPFEN (Niederlage Markgraf Georgs von Baden) *Juni* Konferenz in Brüssel (bis Nov.) *20. Juni* ⚔ HÖCHST (Niederlage Christians von Braunschweig) *13. Juli* Entlassung Mansfelds und Braunschweigs durch Friedrich *26. Aug.* ⚔ Fleurus		*Juni* Konferenz in Brüssel (bis Nov.) *4. Okt.* Aufhebung der Belagerung Bergens *Okt.* † Zúñiga; OLIVARES ERSTER MINISTER (bis 1643)
1623	*25. Feb.* Übertragung der Pfälzer Kurwürde auf Maximilian *März* Fall Frankenthals		
	6. Aug. ⚔ STADTLOHN		

Frankreich, England, Italien	Skandinavien, Polen, Rußland	Siebenbürgen, Osmanisches Reich
Sept. Besetzung von Graubünden durch die Habsburger	*Sept.* Eroberung Rigas durch die Schweden	
	Okt. Polnisch-türkischer Waffenstillstand	*Okt.* Polnisch-türkischer Waffenstillstand
Jan. Päpstl. Gründung der Kongregation zur Ausbreitung des Glaubens		*Jan.* Erster Friede von Nikolsburg (zwischen dem Kaiser und Siebenbürgen)
Feb. Gründung des Lyoner Bundes; Bereitschaft Spaniens zur Räumung des Veltlins *April* Reise Buckinghams mit Prinz Karl wegen der »spanischen Hochzeit« nach Madrid *Aug.* Urban VIII. Papst von Rom (bis 1644)		*Feb.* Einfall Bethlens in Ungarn; Krieg der Türkei gegen Persien (bis 1639)

Jahr	Deutschland	Habsburger Länder	Spanien, Niederlande
1624	*Jan.* Auflösung des Mansfeldschen Heeres		
			Juni Vertrag von Compiègne (zwischen Frankreich und den Niederlanden)
			Juli Belagerung von Breda durch die Spanier (bis Juni 1625)
			Okt. Einrichtung des *Almirantazgo del Norte*
			Dez. Mansfelds Armee unterwegs nach Holland
1625			
			März Krieg Spaniens gegen England (bis 1630)
	April Christian IV. Kreisoberst von Niedersachsen		*April* † Moritz von Nassau; Friedrich Heinrich Statthalter der Niederländ. Republik (bis 1647)
			Juni Eroberung Bredas durch Spanien (bis 1637); spanische Flußblockade in Westfalen (bis 1629)
	Juli Neues kaiserliches Heer durch Wallenstein; spanische Flußblockade in Westfalen (bis 1629)		
		Okt. Reformkommission in Oberösterreich	
			Nov. Englisch-holländischer Angriff auf Cádiz
	9. Dez. HAAGER KONVENTION		*9. Dez.* HAAGER KONVENTION

Frankreich, England, Italien	Skandinavien, Polen, Rußland	Siebenbürgen, Osmanisches Reich

April Berufung Richelieus in den Staatsrat Ludwigs XIII.

Mai Zweiter Friede von Nikolsburg; Eroberung Bagdads durch Persien

Juni Vertrag von Compiègne (zwischen Frankreich und den Niederlanden)

Aug. RICHELIEU ERSTER MINISTER FRANKREICHS (bis 1642); Besetzung des Veltlins durch französische Truppen

Dez. Savoyen belagert Genua
Jan. Erneuter Hugenottenaufstand in Frankreich (bis 1629)
März Krieg Englands gegen Spanien (bis 1630); Eroberung von Genua durch Savoyen
April † Jakob I.; Karl I. König von England (bis 1649)

April Christian IV. Kreisoberst von Niedersachsen

Juni Einfall Schwedens in Preußen

Nov. Englisch-holländischer Angriff auf Cádiz
9. Dez. HAAGER KONVENTION

9. Dez. HAAGER KONVENTION

Jahr	Deutschland	Habsburger Länder	Spanien, Niederlande
1626			
			5. März Vertrag von Monzón (im Mai ratifiziert)
	April ✕ Dessauer Brücke	*Mai* Bauernaufstand in Oberösterreich (bis Sept.)	
			Juli Veröffentlichung der „Union de la Armas"
1627	*26. Aug.* ✕ Lutter; Vorstoß der Kaiserlichen nach Norden *Feb.* Mecklenburg fällt als Pfand an Wallenstein; Eroberung von Mecklenburg, Pommern und Holstein durch die Kaiserlichen *März* Teilung Hessens zugunsten H.-Darmstadts; Abdankung Moritz' von Hessen-Kassel *Mai* Vertrag von Königsberg (zwischen Kaiser und Brandenburg)		
		Sept. Neue Verfassung in Böhmen und Mähren	
	Okt. Kurfürstentag in Mühlhausen (bis Nov.) *10. Nov.* Kapitulation Fransburgs (Pommern)		
1628	*Jan.* Wallenstein Herzog von Mecklenburg; Eroberung Jütlands durch die Kaiserlichen		

Frankreich, England, Italien	Skandinavien, Polen, Rußland	Siebenbürgen, Osmanisches Reich
	Jan. ✕ Wallhof (Niederlage Polens gegen Schweden)	*Jan.* Einfall Bethlens in Mähren; erfolgloser Versuch der Türkei zur Wiedereroberung Bagdads
5. März Vertrag von Monzón (im Mai ratifiziert)		
	Mai Feldzüge Gustav Adolfs in Preußen (bis 1629)	
	26. Aug. ✕ LUTTER;	
		Dez. Friede von Preßburg
März Französisch-spanisches Bündnis gegen England		
Juni Krieg zwischen Frankreich und England (bis 1629)		
Dez. Dritter Mantuanischer Erbfolgekrieg (bis Juni 1631)		

Jahr	Deutschland	Habsburger Länder	Spanien, Niederlande
1628	*Mai* Annexion der Oberpfalz durch Bayern *Mai* ERFOLGLOSE BELAGERUNG STRALSUNDS (bis Juli)	*Mai* Oberösterreich wieder unter habsburgischer Herrschaft	
	Sept. ✕ Wolgast (Niederlage Dänemarks gegen Wallenstein)		*Sept.* Kaperung der spanischen Silberflotte durch holländische Schiffe
1629	*6.–28. März* RESTITUTIONSEDIKT		
			April Belagerung von Herzogenbusch durch die Niederländer (bis Sept.)
	7. Juli FRIEDE VON LÜBECK; kaiserliche Unterstützung für Polen		
			Aug. Eroberung von Amersfoort durch die Spanier und von Wesel durch die Holländer *14. September* Einnahme von Herzogenbusch durch die Holländer
1630			*Feb.* Besetzung Pernambucos (Brasilien) durch die Holländer (bis 1654)
	April Zusammenkunft in Annaberg (Sachsen und Brandenburg)		
			17. Juni Französisch-holländischer Subsidienvertrag
	6. Juli Einfall Gustav Adolfs in Deutschland *Juli* KURFÜRSTENTAG IN REGENSBURG (bis Nov.)		

Frankreich, England, Italien	Skandinavien, Polen, Rußland	Siebenbürgen, Osmanisches Reich
	Juni Entsetzung Stralsunds durch Schweden *Sept.* ✕ Wolgast (Niederlage Dänemarks gegen Wallenstein)	
28. Okt. ÜBERGABE VON LA ROCHELLE *März* Einfall Frankreichs unter Ludwig XIII. in Italien *April* Friede von Susa (zwischen Frankreich und England) *Mai* Einfall der Kaiserlichen in Italien *28. Juni* Beendigung des Hugenottenaufstandes	*14. März* Treffen in Ulfsbäck (Christian und Gustav Adolf) *17. Juni* ✕ Honigfelde (Stuhm) *7. Juli* FRIEDE VON LÜBECK	
	26. Sept. Waffenstillstandsvertrag von Altmark zwischen Polen und Schweden (bis 1635)	*Nov.* † Bethlen Gabor; Thronfolger Georg Rákóczi (bis 1648)
Feb. Besetzung Savoyens durch die Franzosen; Pest in Italien (bis 1631)		
17. Juni Französisch-holländischer Subsidienvertrag *Juli* Eroberung Mantuas durch die Kaiserlichen	*6. Juli* Einfall Gustav Adolfs in Deutschland	

Jahr	Deutschland	Habsburger Länder	Spanien, Niederlande
1630	*Aug.* Widerstand Magde-burgs gegen den Kaiser (bis Mai 1631) *13. Aug.* Entlassung Wallensteins *Sept.* Zusammenkunft in Zabeltitz (Sachsen und Brandenburg) *13. Okt.* Friede von Regensburg		
			15. Nov. Friede von Madrid (zwischen Eng-land und Spanien)
1631			
	Feb. Leipziger Kon-vent (bis April) *12. April* Leipziger Manifest *20. Mai* Zerstörung Magdeburgs		
	22. Juni Bündnis Bran-denburg – Schweden *4. Aug.* Frankfurter Konvent (bis Okt.) *Sept.* Sachsen, Bremen, Hessen-Kassel im Bünd-nis mit Schweden *17. Sept.* ✕ Breitenfeld *Nov.* Mainz fällt an Schweden (bis 1636) *Dez.* Erneute Berufung Wallensteins	*15. Nov.* Prag fällt an Sachsen (bis 1632)	*Sept.* Aufstand im Baskenland (bis 1634)
1632	*April* ✕ Rain; Besetzung Bayerns durch Schweden *13. April* Vereinbarung von Göllersdorf: Wallen-stein wieder oberster Befehlshaber		
			Juni Eroberung von Venlo und Roermond durch die Niederländische Republik; Aufstand in den südlichen Niederlanden verhindert

Frankreich, England, Italien	Skandinavien, Polen, Rußland	Siebenbürgen, Osmanisches Reich
13. Okt. FRIEDE VON REGENSBURG *11. Nov.* »Journée des Dupes« (Paris) *15. Nov.* Friede von Madrid (zwischen England und Spanien) *23. Jan.* Vertrag von Bärwalde	*23. Jan.* Vertrag von Bärwalde	
	13. April Eroberung von Frankfurt a. d. O. durch Schweden	
8. Mai Vertrag von Fontainebleau (zwischen Bayern und Frankreich) *19. Juni* Friede von Cherasco	*22. Juni* Bündnis Brandenburg-Schweden	
	Sept. Sachsen, Bremen und Hessen-Kassel im Bündnis mit Schweden *17. Sept.* ✕ BREITENFELD	
	April † Sigismund III.; Thronfolger Wladislaw IV. (bis 1648)	

Jahr	Deutschland	Habsburger Länder	Spanien, Niederlande
1632	*Juli* Belagerung der Alten Veste (bis Sept.)		
			23. Aug. Eroberung von Maastricht an die Republik
	1. Nov. Wallenstein erobert Leipzig *17. Nov.* ✕ LÜTZEN		
1633			
	23. April Heilbronner Bund (bis 1635)		
		Juni/Juli Waffenstillstand in Schlesien	
	Juli ✕ Hessisch-Oldendorf; Meutereien in der schwedischen Armee	*Aug./Okt.* Waffenstillstand in Schlesien *Okt.* ✕ Steinau; Wallenstein erobert Schlesien zurück.	
1634	*25. Feb.* † Wallenstein *22. April* Brandenburg fordert die Räumung Pommerns von den Schweden		
		Juli Einfall Sachsens in Böhmen (bis Sept.)	
	6. Sept. ✕ NÖRDLINGEN		
			Okt. Regierung des Kardinalinfanten in den südlichen Niederlanden (bis 1641)
	1. Nov. Bündnis des Heilbronner Bundes mit Frankreich *24. Nov.* Pirnaer Noteln		
1635			*8. Feb.* Erneuerung des französisch-niederländischen Bündnisvertrags

Frankreich, England, Italien	Skandinavien, Polen, Rußland	Siebenbürgen, Osmanisches Reich
	17. Nov. ✗ LÜTZEN; † Gustav Adolf; Thronfolgerin Christina (bis 1654) *Dez.* Krieg von Smolensk (bis Juni 1634)	
19. April Vertrag Frankreich-Schweden erneuert	*19. April* Vertrag Frankreich-Schweden erneuert *23. April* Heilbronner Bund; Meutereien bei den Schweden	Angriff der Türken auf Polen
Juni Einfall Frankreichs in Lothringen		
April Erhöhung der französischen Subsidien an die Niederlande		
	Juni Friede zwischen Rußland und Polen	*Juni* Angriff der Türken auf Persien
Nov. Frankreich besetzt schwed. Stützpunkte im Elsaß; Bündnis Frankreichs mit dem Heilbronner Bund *8. Feb.* Erneuerung des französisch-niederländischen Bündnisvertrags		

Jahr	Deutschland	Habsburger Länder	Spanien, Niederlande
1635	26. März Besetzung von Trier durch Spanien; Festnahme des Kurfürsten (bis 1645)		26. März Besetzung von Trier durch Spanien
	30. Mai PRAGER FRIEDE (zwischen dem Kaiser und Sachsen) Aug. Meutereien in der schwedischen Armee 6. Sept. Annahme des Prager Friedens durch Brandenburg	Bauernaufstand in der Steiermark	19. Mai KRIEGSERKLÄRUNG FRANKREICHS AN SPANIEN
1636	Jan. Übergabe von Mainz durch Schweden März Kriegserklärung des Kaisers an Frankreich		
			Juli Einfall des flandrischen Heeres in Frankreich 15. Aug. Flandrische Armee vor Corbie
	4. Sept. Kurfürstentag in Regensburg (bis Jan. 1637) Okt. Kölner Kongreß 4. Okt. ✕ WITTSTOCK 22. Dez. Wahl Ferdinands III. zum römischen König		
1637	Jan. Rückzug der Schweden nach Torgau		Jan. Johann Moritz Gouverneur von Niederländisch-Brasilien (bis 1644)
	15. Feb. † FERDINAND II.; THRONFOLGER FERDINAND III. März † Bogislaw XIV. von Pommern	15. Feb. † FERDINAND II.; THRONFOLGER FERDINAND III.	

Frankreich, England, Italien	Skandinavien, Polen, Rußland	Siebenbürgen, Osmanisches Reich
März Besetzung des Veltlins durch Frankreich (bis 1637)		
28. April Vertrag von Compiègne (zwischen Frankreich und Schweden) *19. Mai* KRIEGSERKLÄRUNG FRANKREICHS AN SPANIEN	*28. April* Vertrag von Compiègne (zwischen Frankreich und Schweden)	
	Aug. Meutereien in der schwedischen Armee *Sept.* Friede von Stuhmsdorf zwischen Schweden und Polen (bis 1655)	
27. Okt. Bernhard von Sachsen-Weimar in französischen Diensten		
März Kriegserklärung des Kaisers an Frankreich *30. März* Vertrag von Wismar (Frankreich – Schweden)	*30. März* Vertrag von Wismar (Frankreich – Schweden) *Juni* Rückkehr Oxenstiernas nach Schweden	
Juli Einfall des flandrischen Heeres in Frankreich *15. Aug.* Flandrische Armee vor Corbie *Sept.* Einfall der Kaiserlichen in Burgund; Aufstand der »Croquants« in Frankreich		
März Aufstand im Veltlin; erneute Besetzung durch Spanien		

Jahr	Deutschland	Habsburger Länder	Spanien, Niederlande
1637	*Juni* Rückzug der Schweden nach Pommern (bis Okt. 1638)		
			Aug. Unruhen in Evora *Sept.* Fall von Leucate (Katalonien) an Frankreich *Okt.* Einnahme von Bred durch die Niederländer
1638	*März* ✕ Rheinfelden		
	Dez. Fall von Breisach an Bernhard von Sachsen-Weimar		*Dez.* Fall von Breisach an Bernhard von Sachsen-Weimar
1639	*April* ✕ Chemnitz		
		Mai Einfall der Schweden in Böhmen (bis 1640)	
	Juli † Bernhard von Sachsen-Weimar; alle seine Eroberungen fallen an Frankreich		*Juli* Eroberung von Salce durch Frankreich
			21. Okt. ✕ The Downs; Zerstörung der spanischen Flotte durch die Niederländer
1640	*Jan.* Bayrisch-französische Gespräche in Einsiedeln *Feb.* Kurfürstentag in Nürnberg		
			Mai Aufstand Katalonien (bis 1652)
	Sept. REICHSTAG IN REGENSBURG (bis Okt. 1641) *Dez.* † Georg Wilhelm; Thronfolger Friedrich Wilhelm	*Dez.* Aufstand Portugals (bis 1668)	
1641			*Jan.* Katalonien nimmt französischen Schutz an
	Mai † Banér; Meutereien bei den Schweden		*Juni* Portugiesisch-niederländisches Bündni

Frankreich, England, Italien	Skandinavien, Polen, Rußland	Siebenbürgen, Osmanisches Reich
	Juni Rückzug der Schweden nach Pommern (bis Okt. 1638)	
Sept. Fall von Leucate (Katalonien) an Frankreich		
15. März Vertrag von Hamburg (zwischen Frankreich und Schweden)	*15. März* Vertrag von Hamburg (zwischen Frankreich und Schweden)	
April Englisch-dänischer Vertrag von Hamburg	*April* Englisch-dänischer Vertrag von Hamburg	
Juli Eroberung von Salces durch Frankreich; Bauernaufstand in der Normandie (bis Nov.)		
Jan. Bayrisch-französiche Gespräche in Einsiedeln		
30. Juni Vertrag von Hamburg (französisch-schwedisches Bündnis bis Kriegsende)	*30. Juni* Vertrag von Hamburg (französisch-schwedisches Bündnis bis Kriegsende)	

Jahr	Deutschland	Habsburger Länder	Spanien, Niederlande
1641	*24. Juli* Friede Branden-burg-Schweden		
			Aug. Eroberung Angolas durch die Niederländer (bis 1648)
	Nov. Torstensson in Deutschland		
1642	*Jan.* Friede von Goslar (Kaiser – Braunschweig) *März* Einfall der Schweden in Sachsen und Mähren		
	2. Nov. ✕ Breitenfeld II		
1643			*17. Jan.* Sturz von Olivares
	Feb. Frankfurter Depu-tationstag (bis 1645) *Mai* Einfall Schwedens in Dänemark (bis 1645)		
			19. Mai ✕ Rocroi
	Aug. Beginn der Frie-densverhandlungen in Westfalen (bis 1648) *Nov.* ✕ Tuttlingen		
1644			
	Aug. ✕ Freiburg; Elsaß unter französischer Besatzung		
1645	*5. März* ✕ Jankau *Mai* ✕ Mergentheim		*März* Frankreich erobert zehn Städte in Flandern
	3. Aug. ✕ Allerheim; erste Vollversammlung der westfälischen Frie-denskonferenz		

Frankreich, England, Italien	Skandinavien, Polen, Rußland	Siebenbürgen, Osmanisches Reich
Juli Verschwörung von Soissons		
Aug. Englischer Bürger- krieg (bis 1649); Ver- schwörung des 5. März		
4. Dez. † RICHELIEU; MAZARIN ERSTER MINISTER FRANKREICHS (bis 1661)		
14. Mai † Ludwig XIII.; Thronfolger Ludwig XIV. (bis 1715) *19. Mai* ✕ ROCROI	*Mai* Dänisch-schwedi- scher Krieg (bis 1645)	
Nov. ✕ Tuttlingen		*Nov.* Bündnis Schwedens mit Siebenbürgen (bis 1645) *Feb.* Einfall Rákóczis in Ungarn (bis Aug. 1645)
Juli Marston Moor; INNOZENZ X. Nachfolger von URBAN VIII.		
	Nov. Waffenstillstand (Dänemark – Schweden)	
Juni ✕ Naseby		*Juni* Belagerung Kretas durch die Türken (bis 1668)
	Juli † Michael Romanow *Aug.* Friede von Brömsebro	*Aug.* Rákóczi wiederernannt

Jahr	Deutschland	Habsburger Länder	Spanien, Niederlande
1645	6. Sept. Waffenstillstand von Kötzschenbroda (Sachsen – Schweden)	Okt. Belagerung Wiens durch die Schweden	
	Nov. Ankunft v. Trauttmansdorffs in Westfalen (bis Juni 1647)		
1646			Jan. Ankunft der niederländischen Delegierten in Münster
	April Friede von Eilenburg (Schweden – Sachsen) Sept. Vorfrieden zwischen Frankreich und dem Kaiser		
			Okt. Eroberung von Dünkirchen durch die Franzosen
1647			Jan. Waffenstillstand zwischen Spanien und den Niederlanden (bis 1648)
	14. März Waffenstillstand zwischen Bayern und Frankreich (bis Sept.)		
			Mai † Friedrich Heinrich; Aufstand in Sizilien Juli Aufstand Neapels
1648			Okt. Bankrott Spaniens 30. Jan. FRIEDE VON MÜNSTER
	17. Mai ✕ Zusmarshausen		
	6. Aug. Vorfrieden zwischen Schweden und dem Kaiser		20. Aug. ✕ Lens
		Okt. Belagerung von Prag durch die Schweden	
	24. Okt. WESTFÄLISCHER FRIEDE	24. Okt. WESTFÄLISCHER FRIEDE	

Frankreich, England, Italien	Skandinavien, Polen, Rußland	Siebenbürgen, Osmanisches Reich
		Dez. Friede von Wien
Sept. Vorfrieden zwischen Frankreich und dem Kaiser *Okt.* Eroberung von Dünkirchen durch die Franzosen		
14. März Waffenstillstand zwischen Bayern und Frankreich (bis Sept.) *Mai* Aufstand in Sizilien *Juli* Masaniellos Aufstand in Neapel (bis 1648)		
Mai Beginn der Fronde (bis 1654) *20. Aug.* ✗ Lens	*Feb.* † Christian IV.	
24. Okt. WESTFÄLISCHER FRIEDE	*24. Okt.* WESTFÄLISCHER FRIEDE Aufstand Chmielnickis in der Ukraine (bis 1654)	

Jahr	Deutschland	Habsburger Länder	Spanien, Niederlande
1649	*Jan.* Räumung Bayerns *April* Reichsstädte lassen religiöse Gleichheit zu		
1650	*26. Juni* NÜRNBERGER ABKOMMEN ÜBER DIE ABDANKUNG DER ARMEEN		

Frankreich, England, Italien	Skandinavien, Polen, Rußland	Siebenbürgen, Osmanisches Reich
	26. Juni NÜRNBERGER ABKOMMEN	
	Okt. Krönung von Königin Christina	

Kapitel I

Europa zwischen Krieg und Frieden (1607–1618)

Die *Geschichte der Reisen Scarmentados,* die in der Zeit zwischen 1615 und 1620 spielt, gehört nicht zum Besten, was Voltaire geschrieben hat. Das Verständnis dieses Autors vom 17. Jahrhundert als einer außerordentlich gewalttätigen und unsicheren Epoche wird in seinem *Essai sur l'histoire générale et sur les mœurs et l'esprit des nations* besser zum Ausdruck gebracht und an Beispielen belegt. Obwohl ein Gutteil seiner sonst so treffenden bissigen Ironie in der *Geschichte* sein Ziel verfehlt, verdient diese die Aufmerksamkeit des Historikers. Ihr Held und Erzähler, in Kreta geboren und in jungen Jahren von den Eltern nach Rom geschickt, begibt sich auf eine Bildungsreise durch Europa, um die Wahrheit zu suchen, und findet statt dieser nur rohe Gewalt, die durch religiöse und politische Zwistigkeiten ausgelöst wird. In Paris lädt man ihn ein, von einem Stück Fleisch zu kosten, das einem in Ungnade gefallenen Günstling Ludwigs XIII. abgehackt wurde; in London erfährt er, daß »fromme Katholiken zum Heil der Kirche« einige Jahre zuvor versucht haben, den König mitsamt seiner Familie und dem Parlament in die Luft zu sprengen (die »Pulververschwörung«). Danach besucht Scarmentado Den Haag, wo er miterlebt, wie ein hochehrwürdiger Greis zur öffentlichen Hinrichtung geführt wird. Es ist Oldenbarnevelt, 34 Jahre lang leitender Minister der Niederländischen Republik. Ratlos erkundigt sich der Erzähler bei einem der Umstehenden, ob sich der alte Mann des Verrats schuldig gemacht habe. »Er hat weit Schlimmeres getan«, lautet die Antwort. »Dieser Mann glaubte, man könnte das Seelenheil ebenso durch gute Taten wie durch die Kraft des Glaubens erlangen. Sie verstehen wohl: wenn sich derartige Ansichten allgemein verbreiten sollten, könnte unsere Republik nicht weiterbestehen, und es bedarf strenger Gesetze, um solche schändlichen Lehren nicht aufkommen zu lassen.« (Voltaire 1982, S. 167) Voller Abscheu wendet sich unser Held nach Sevilla, wo er von der Inquisition eingekerkert und zu einer Geldbuße verurteilt wird, weil jemand eine unbedachte Äußerung mitgehört hat, die ihm beim Anblick der Verbrennung von 40 Ketzern auf dem Scheiterhaufen entschlüpft war. Schließlich kann er sich glücklich preisen, daß ihm die Flucht in das vergleichsweise friedliche und einträchtige osmanische Reich gelingt.

Merkwürdigerweise hielt Voltaire seinen Helden von Deutschland fern. Einige Literaturwissenschaftler haben vermutet, daß der Dichter nachträglich die Stellen gestrichen hat, wo er gegen dieses Land polemisierte, um die Gefühle seines ehemaligen Gönners Friedrich II. von Preußen zu schonen, aber es mag auch sein, daß die Lage in den deutschen Ländern zwischen 1615 und 1620 einfach zu kompliziert war, als daß man sie in einer kurzen Erzählung hätte wiedergeben können.[4] Was auch immer der Grund gewesen sein mag, es spricht einiges für die Entscheidung Voltaires, sich auf die an der Peripherie gelegenen Länder Europas zu konzentrieren, denn die religiösen und politischen Leidenschaften, die zum Dreißigjährigen Krieg führten, entstanden tatsächlich nicht in Deutschland, sondern in dessen Nachbarländern, ganz besonders in den Staaten, in denen Europas fürstlichste Dynastie regierte, die der spanischen und österreichischen Habsburger.

1 Die Habsburger und Europa

Philipp III., der seinem Vater 1598 als König von Spanien auf den Thron folgte, herrschte über ein Reich, in dem die Sonne nicht unterging. Durch seine Festungen und Seehäfen beherrschte er Untertanen an allen Küsten Afrikas und Südostasiens, auf den Philippinen, in Mexiko und Peru, Spanien und Portugal (seit 1580 vereinigt), in der Lombardei, Neapel und Sizilien – nicht hingegen in den Niederlanden, obgleich dieses Land noch unter seinem Vater Philipp II. einen wichtigen Bestandteil des Reiches gebildet hatte. Nach dessen Tod fielen die südlichen Niederlande an die Schwester Philipps III. und deren Gemahl Albrecht VII., der den Titel eines »Herzogs« trug (s. *Tabelle 1*). In seinem Satellitenstaat war der Erzherzog innenpolitisch der Souverän, außenpolitisch und in militärischen Angelegenheiten jedoch Spanien unterworfen. Diese Einschränkung war bedeutsam, da Philipp III. entschlossen schien, den Krieg seines Vaters gegen den nördlichen Nachbarn des Erzherzogs, die Republik der Vereinigten Niederlande fortzusetzen.

Geboren aus der Rebellion der nördlichen Niederlande gegen die spanische Herrschaft während der 1570er Jahre, hatte die junge Republik dem Ansturm der größten Macht Europas nur durch erbitterte Kämpfe im eigenen Land und unermüdliche diplomatische Anstrengungen im Ausland standhalten können. Freundschaftsverträge mit England (1585), Frankreich (1589), der Pfalz (1604) und Brandenburg (1605) verstärkten die Unterstützung der Rebellen mit Söldnern und Geld so lange, bis die spanischen Herrscher einsehen mußten, daß sie ihren Krieg gegen die Aufständischen nicht gewinnen konnten. Im Frühjahr 1607 wurden trotz einiger militärischer Erfolge in den vorangegangenen Monaten Friedensverhandlungen aufgenommen. Aber nach zwei Jahre währenden Auseinandersetzungen konnten sich Spanien, Albrecht und die Republik noch immer nicht auf Friedensbedingungen einigen. So wurde ein auf zwölf Jahre befristeter Waffenstillstand beschlossen, der im April 1609 in Kraft trat, aber nur für das Gebiet der Niederlande galt. Holländische Kriegsschiffe oder Kauffahrer durften sich nach wie vor in Spanisch-Amerika und Portugiesisch-Ostafrika aufhalten, und die Republik suchte weiterhin nach ausländischen habsburgfeindlichen Bündnispartnern – es wurden Verträge geschlossen mit den osmanischen Türken (1611), mit Algier (1612), den deutschen Protestanten (1613), den Hansestädten und Schweden (1614), sowie Savoyen und Venedig (1619).

Die Niederländische Republik hatte damit nicht nur ein eindrucksvolles Netz der verschiedensten Bündnisse geknüpft, sondern es war ihr auch gelungen, ihren Erzfeind diplomatisch zu isolieren. Spanien fand nicht einmal beim anderen Zweig der Familie, den österreichischen Habsburgern Unterstützung. Trotz zahlreicher Heiratsverbindungen – Philipp II. war gleichzeitig Vetter, Onkel und Schwager von Kaiser Rudolf II., und Philipp III. heiratete wiederum eine Cousine aus dem Haus Habsburg – bot Österreich Spanien in dessen Kampf gegen die Niederländer so gut wie keine Hilfe an.[5] Für die Republik erwies sich dieser Umstand als überaus glücklich, da die österreichischen Habsburger über enorme Hilfsmittel verfügten. Ihre territorialen Besitzungen waren (in den Worten eines Reisenden des 17. Jahrhunderts) »weit umfangreicher als gemeinhin angenommen (wurde)« (Brown 1673 passim). Im Westen lag Vorderösterreich, das von Innsbruck aus regiert wurde und Tirol, einige isolierte Ländereien am Mittelrhein und Teile des Elsaß umfaßte; im Südosten lag Innerösterreich, das die Herzogtümer Steiermark, Kärnten und Krain vereinigte, mit Graz als Hauptstadt und etwa zwei Millionen Untertanen. Hinzu kamen die eigentlichen österreichischen Herzogtümer, Oberösterreich mit der Hauptstadt Linz und Niederösterreich mit der Hauptstadt Wien, die zwar eine geringere Bevölkerung aufwiesen (etwa 600 000 Einwohner), aber wirtschaftlich weit mehr in Blüte standen; hier gab es zahlreiche Städte und einen starken Adel, dessen feudale Macht über seine Vasallen den Neid seiner Standesgenossen im übrigen Europa erweckte. Die beiden letztgenannten waren die »Erblande« des Hauses Habsburg. Zu ihnen

Tabelle 1: Die dynastischen Verbindungen der Habsburger

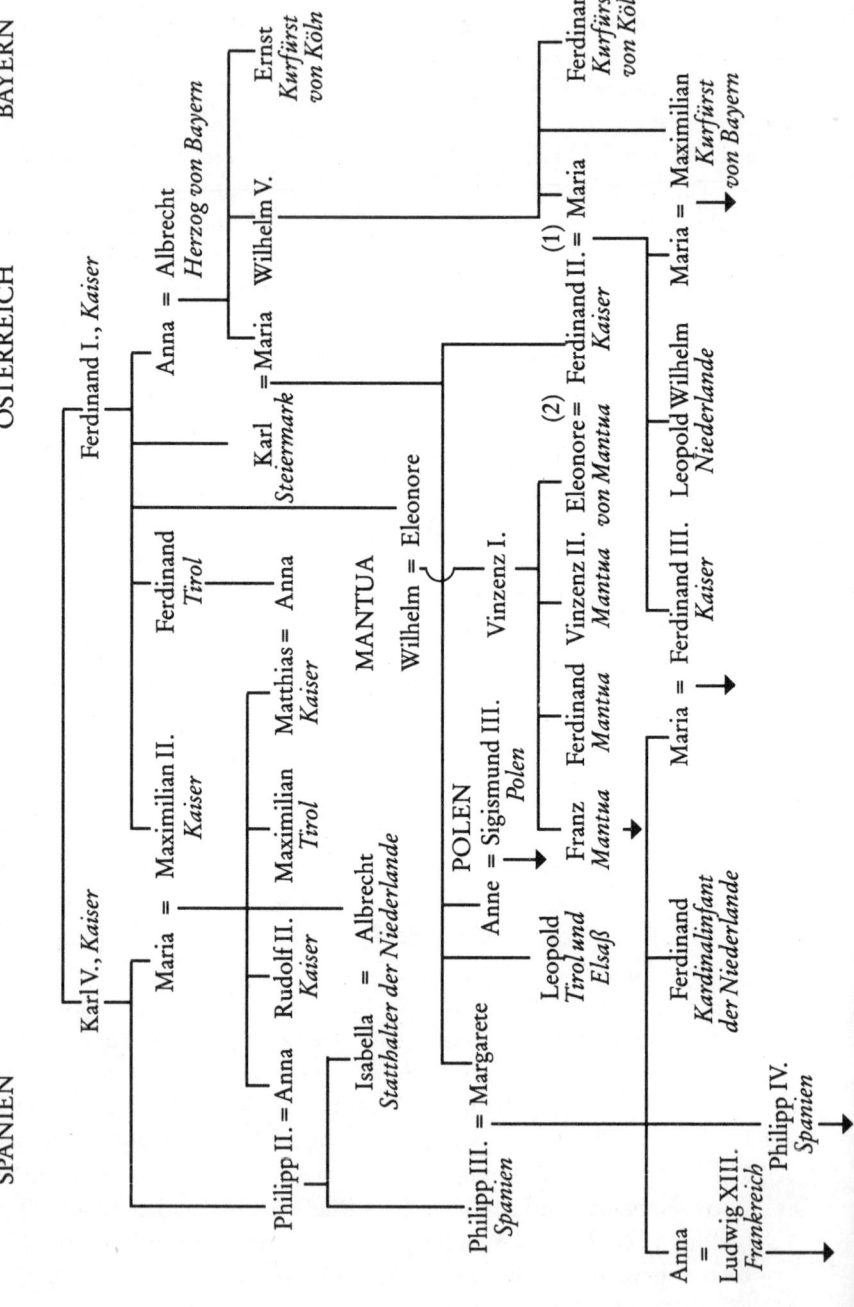

gehörten seit 1526 die Wahlkönigreiche Böhmen (samt Mähren, Schlesien und der Lausitz mit insgesamt etwa vier Millionen Untertanen) und Ungarn (genauer: die nordwestlichen Randgebiete dieses mittelalterlichen Königreichs, denn der übrige Teil befand sich in der Gewalt des türkischen Sultans oder seines christlichen Statthalters, des Fürsten von Siebenbürgen) mit rund einer Million Einwohnern (s. *Karte 1*).

Den Wendepunkt der Entwicklung zu immer weiteren habsburgischen Erbgütern stellte der Tod Ferdinands I. 1564 dar. Ferdinand war 1526 hauptsächlich deshalb zum König von Böhmen und Ungarn gekürt worden, weil die Untertanen dieser Länder, deren Herrscher kurz zuvor bei dem großen Sieg der Türken über die Christen in der Schlacht bei Mohács den Tod gefunden hatten, sich durch ihn deutschen und österreichischen Schutz gegen den scheinbar unaufhaltsamen türkischen Vormarsch donauaufwärts zu sichern hofften. Während seiner gesamten Regierungszeit konnte Ferdinand I. dieses Schutzbedürfnis dazu nutzen, seine Autorität sowohl in den beiden neuen Königreichen als auch in den Erblanden zu stärken (wo er seit 1521 für seinen Bruder Kaiser Karl V. die Regentschaft innehatte). Erfolgreich verstand er es, Städte gegen Adlige auszuspielen, geduldete Protestanten (Hussiten und schließlich auch Lutheraner) gegen nicht geduldete (Wiedertäufer, Böhmische Brüder und am Ende auch Calvinisten) und einen Staat gegen den anderen (so wurden etwa die Anführer des böhmischen Aufstandes von 1547 von Richtern aus Mähren und Schlesien verurteilt). Diese vorteilhafte Lage änderte sich jedoch nach 1564. Vor allem verfügte Ferdinand für die Zeit nach seinem Tod eine Aufteilung seiner Länder: Innerösterreich ging an seinen jüngsten Sohn Karl, Vorderösterreich an seinen zweiten Sohn Ferdinand, und für den Ältesten, Kaiser Maximilian II., blieben nur Ober- und Niederösterreich sowie Böhmen und Ungarn. Damit war es nicht länger möglich, die von Ferdinand geübte Praxis des »Teile und herrsche!« fortzusetzen (vgl. dazu Dillon 1976).

Es gab jedoch zwei Entwicklungen, die eine solche Politik vermutlich in jedem Fall untergraben hätten: die Schaffung von Repräsentativversammlungen in sämtlichen österreichischen Herzogtümern seit 1564, die weitgehend vom Adel beherrscht wurden, und die Ausbreitung des Protestantismus vorwiegend unter den hohen Adligen und den Rittern. 1580 waren rund 80 Prozent des niederösterreichischen hohen Adels protestantisch (zumeist lutherisch), und Ähnliches galt auch für Oberösterreich (wo allerdings einige Adlige sich zum Calvinismus bekehrten). In beiden Herzogtümern schien die römisch-katholische Kirche zum Aussterben verurteilt: Pfarrstellen blieben fast unausgesetzt vakant, Kirchengemeinden wurden aufgegeben, und die noch vorhandenen Einrichtungen vegetierten in einem erbärmlichen Zustand dahin. Niederösterreich besaß 1563 122 Klöster mit insgesamt nicht mehr als 463 Mönchen und 160 Nonnen, aber 199 Konkubinen, 55 Ehefrauen und 443 Kindern.[6] Sie standen dem Ansturm des Protestantismus ohnmächtig gegenüber. In den Jahren 1568 und 1571 gewährte Maximilian II. als Gegenleistung für beträchtliche Steuern, die zur Verteidigung gegen die Türken erhoben wurden, in Niederösterreich allen Adligen und ihren Vasallen (aber nicht den Städten) die freie Ausübung des protestantischen Glaubens. 1578 stellten die protestantisch geführten Stände Oberösterreichs eine Söldnertruppe von 1500 Mann, um ähnliche Zugeständnisse von ihrem neuen Herrscher Rudolf II., dem Sohn Maximilians, zu erlangen. Im selben Jahre gelang es den Ständen Innerösterreichs, ihrem Oberherrn, dem Erzherzog Karl, weitreichende religiöse Garantien dafür abzuringen, daß sie ihm Steuern bewilligten, mit denen die Grenze zu Ungarn dauerhaft militärisch gesichert werden sollte. Jetzt waren es die Untertanen und nicht mehr die Herrscher, die das Vordringen der Osmanen außerhalb der Landesgrenzen ausnutzten, unwichtige Zugeständnisse im Innern zu erringen. So bemerkte der Hofprediger Erzherzog Karls bitter: »Der Türk ist der Lutherischen Glück; sonst würde man anderst mit ihnen umgehen.« (Zit. n. Schulze 1973, S. 70, Anm. 119)[7] Die siegreichen Stände gingen daran, ihren Vorteil nach Kräften zu nutzen, sie gründeten in den größeren Städten protestantische Schulen und einen Ständigen Zentralausschuß als Aufsicht über alle religiösen Angelegenheiten. Die Österreicher machten Anstalten, eine Landeskirche nach dem Vorbild der norddeutschen Staaten wie Mecklenburg oder Sachsen zu schaffen.

Allerdings gab es einen entscheidenden Unterschied zwischen den norddeutschen Staaten und Österreich: Im Süden war der Fürst selbst kein Protestant. Dem gesamten Verfahren der Sicherung von Garantien und des Aufbaus einer Landeskirche fehlte von vornherein das Fundament. Es war eine flagrante Verletzung eines der Grundprinzipien frühmoderner Staatsauffassung, derzufolge jeder weltliche souveräne Herrscher ganz allein den Glauben seiner Untertanen bestimmte, und mußte auf die Dauer unweigerlich zu einem Konflikt führen. 1579 kam es zu einem heimlichen Treffen der Erzherzöge von Tirol und der Steiermark in München mit dem Herzog von Bayern, auf dem beschlossen wurde, dem reformierten Glaubesbekenntnis keine weiteren Zugeständnisse zu machen, sondern das katholische Monopol wiederherzustellen, »nicht mit lautem Getöse, sondern heimlich und behutsam; … nicht mit Worten, sondern mit Taten« (Schulze 1973, S. 82). Das geplante Vorgehen ließ sich leichter in den abgelegeneren habsburgischen Herzogtümern verwirklichen, wo die Reformation noch nicht so tief verwurzelt und der Adel keineswegs geschlossen protestantisch war.[8] Dem Vordringen dieser ersten Welle der Gegenreformation wurde 1590 mit dem Tod Erzherzog Karls von Steiermark Einhalt geboten, dem kurz darauf auch der Erzherzog von Tirol ins Grab folgte, aber allen Beteiligten war klar, daß nunmehr bestenfalls ein Waffenstillstand herrschte. Als Karls Sohn, der siebzehnjährige Ferdinand II., nach einer fünfjährigen Studienzeit bei den Jesuiten in Ingolstadt 1595 in die Steiermark zurückkehrte, hatten ihm seine Erzieher ein Traktat mit auf den Weg gegeben, das den Titel trug: *Eine Erörterung der Möglichkeiten zur Wiederherstellung des Katholizismus*. 1598 reiste er unerkannt nach Italien und wurde vom Papst in Audienz empfangen, dem er allem Anschein nach seine weiteren Pläne offenbarte, denn kurz nach seiner Rückkehr in die Steiermark gab er die Anordnung, daß alle protestantischen Geistlichen und Lehrer das Land zu verlassen hätten. Im Jahr darauf machte sich eine eigene »Reformkommission« daran, lutherische Einrichtungen im Herzogtum zu schließen (innerhalb von zwölf Monaten mußten fast 70 Institutionen ihre Tätigkeit einstellen) und alle verbotenen Bücher zu vernichten (allein in Graz wurden öffentlich 10 000 Bücher verbrannt). 1600 mußten prominente Protestanten, darunter auch der Grazer Mathematiker und Lehrer Johannes Kepler, mit ihren Angehörigen die Steiermark verlassen. Etwa 2 500 Menschen gingen ins Exil. Nach diesem Erfolg wandten der Erzherzog und seine Reformkommission ihre Aufmerksamkeit nach Kärnten und Krain. Wenn auch ein besorgter Bischof das Losbrechen eines Aufstandes «so heftig als in den Niederlanden» prophezeite, so wußte der Erzherzog doch, daß die Furcht vor einem Einfall der Türken (die gerade erst Kanizsa, das heutige Nagykanizsa, nur 250 Kilometer von Graz entfernt genommen hatten) sowie die Abneigung der Lutheraner, sich einem rechtmäßigen Fürsten zu widersetzen, ihm einen entscheidenden Vorteil verschafften. Es war Ferdinand II. auf ebenso überraschende wie überzeugende Weise gelungen, die Politik des »Teile und herrsche!« seines Großvaters wiederzubeleben (Evans 1979, S. 45).

Ähnliche Schritte wurden in Niederösterreich unternommen. Bereits 1578 befahl Rudolf II., der zu dieser Zeit in Wien lebte, die Schließung aller protestantischen Einrichtungen in der Hauptstadt, einschließlich einer angesehenen Lateinschule, die von den Ständen selbst betrieben wurde. Zwar kam es zu Beschwerden des protestantischen Adels, als die Kirchen und Schulen von Wien in die nahegelegene Stadt Horn verlegt wurden, doch damit hatte es sein Bewenden. Ebensowenig Widerstand leisteten die Adligen, als die Regierung auf Geheiß des Bischofs Khlesl in Passau (und später in Wien) seit 1590 den Städten des Herzogtums katholische Stadträte aufzwang. Die Unterwerfung der Städte ging zum Teil auf Erfahrungen mit einem Bauernaufstand zurück, der in den Jahren 1595 und 1596 Niederösterreich weitgehend lahmgelegt hatte und erst mithilfe kaiserlicher Intervention niedergeschlagen werden konnte; das hatte den Grundherren vor Augen geführt, wie sehr sie von der Unterstützung durch die Regierung abhängig waren. Die Machtlosigkeit der lutherischen Pastoren, den Unruhen ein Ende zu bereiten, hatte zugleich gezeigt, daß der Protestantismus nur ein schwacher Garant der öffentlichen Ordnung war, und nach dem Aufstand traten etliche bedeutende Grundherren – unter ihnen auch Karl von Liechtenstein, das Oberhaupt einer der ältesten Familien des Herzogtums – zum Katholizismus über.

Vergleichbar verlief die Entwicklung in den übrigen Ländern. Seit 1590 begannen die Nachfahren maßgeblicher Häuser in allen habsburgischen Landen, die reformierten Kirchen zu verlassen und das katholische Bekenntnis anzunehmen – Wallenstein und Slavata in Böhmen, Eggenberg und Trauttmannsdorf in der Steiermark sowie zahlreiche andere Adlige, die später im Dreißigjährigen Krieg hervortreten sollten. Die Speerspitze der katholischen Offensive bildeten die vom Jesuitenorden betriebenen Kollegs, von denen es 1561 in den Habsburger Ländern noch vier, fast 100 Jahre später jedoch an die 50 gab, in denen 870 Vollmitglieder der Societas Jesu wirkten. Wilhelm Lamormaini SJ, der Beichtvater von Kaiser Ferdinand II., war keineswegs übertrieben patriotisch, als er später behauptete, »wenn es nicht die Schulen der Gesellschaft gegeben hätte, die nach dem weisen Ratschluß der Kaiser und Erzherzöge in Wien, Prag, Graz, Olmütz und andernorts in Deutschland gegründet wurden, dann wäre von der katholischen Religion kaum eine Spur übriggeblieben« (zit. n. Bireley 1981, S. 133 f.); etwa seit 1580 wurde das Gesicht des Katholizismus in den Habsburger Landen in ungewöhnlichem Maße von dem dogmatischen, strengen und unnachgiebigen Glauben der jesuitischen Patres geprägt. Mit dem Ableben der älteren, toleranteren Generation wurden die religiösen Anschauungen zunehmend aggressiver vertreten. Zwar gab es immer noch humanistische Verteidiger der alten Einheit des Christentums, doch waren die meisten von ihnen ohne nennenswerten Einfluß oder ganz und gar Flüchtlinge vor dem religiösen Fanatismus in anderen Ländern. Die Habsburger Lande im Inneren Europas waren ihnen als die einzige Zuflucht erschienen; jetzt wurden sie auch dort bedroht (s. dazu Evans 1973, S. 41 f.; 1979, S. 39 f.).

Dieser Gang der Dinge, der keinem Zeitgenossen verborgen blieb, hätte die protestantischen Untertanen der Habsburger warnen müssen. Das geschah jedoch nicht. Diejenigen unter ihnen, die in Böhmen und Ungarn lebten, fühlten sich besonders sicher, weil es in beiden Königreichen sowohl eine feste, verfassungsmäßige Garantie gegen einen fürstlichen Absolutismus gab – die Goldene Bulle Ungarns aus dem Jahr 1222 verlieh den Untertanen besonders weitgehende Rechte – als auch eine lange Tradition des erfolgreichen Widerstandes gegen monarchische Übergriffe (der Hussitenaufstand von 1418 bis 1436 hatte alle Unterdrückungsversuche durch Kaiser und Papst vereitelt). Außerdem wurden in beiden Königreichen die Herrscher durch Wahl bestimmt, und vor jeder Krönung wurden mit den Bewerbern für dieses Amt Zugeständnisse ausgehandelt. Doch das Vordringen der Reformation in Mitteleuropa schwächte die einst vortreffliche Rüstung dieser Vasallen. Bekanntlich einigten sich die drei großen nichtkatholischen Kirchen Böhmens – Lutheraner, Hussiten und Böhmische Brüder – 1575 auf ein gemeinsames Bekenntnis, die *Confessio Bohemica,* und zwangen Rudolf II., als Gegenleistung für seine Wahl zum König von Böhmen offiziell Toleranz zu gewähren; aber dieses Versprechen war nur ein halbherziges Lippenbekenntnis gewesen. Fast unmittelbar nach der Wahl brach Rudolf sein Wort und befahl die Vertreibung der Böhmischen Brüder (die allerdings aus Mangel an den dafür erforderlichen Hilfskräften erst 1602 erfolgte). In Ungarn war die Lage noch ungewisser, da die Anhänger der drei hier vorherrschenden Bekenntnisse – Calvinisten, Lutheraner und Sozinianer – nicht imstande waren, sich auf eine gemeinsame Konfession zu einigen.

Die prekäre Lage des Protestantismus in beiden Königreichen unter habsburgischer Herrschaft zeigte sich besonders deutlich während des »langen türkischen Krieges« (1593–1606) zwischen Rudolf II. und dem Sultan. Trotz der türkischen Erfolge in den ersten Jahren dieses Krieges erhoben sich die christlichen Vasallen des Sultans – die Fürsten Siebenbürgens, Moldaviens und der Walachei – 1597 gegen ihn und machten gemeinsame Sache mit dem Kaiser. Jetzt bot sich die Möglichkeit, diese Länder vom türkischen Joch zu befreien, doch Rudolf nutzte die Gunst der Stunde, sich Siebenbürgen selbst zu unterwerfen und die Gegenwart seiner Armeen dort und in Ungarn zur Wiederherstellung der Vormacht der römisch-katholischen Kirche zu nutzen. Seit 1602 unterstützten Sondergerichte die Maßnahmen des Militärs, konfiszierten die Besitzungen protestantischer Adliger (und klagten einige von ihnen wegen Verrat an), verjagten protestantische Untertanen und übergaben den Katholiken in Besitz genommene protestantische Kirchen. 1604 verbot der habsburgische Kaiser den Landständen, religiöse Fragen zu erörtern, und ordnete an, gegen alle Ketzer mit äußerster Strenge vorzugehen.

Dieser Schritt war mehr als töricht, denn im Gegensatz zur Steiermark gab es in Siebenbürgen und Ungarn kaum noch Katholiken. Selbst päpstliche Agenten konnten 1606 in ganz Ungarn nur noch 300 katholische Geistliche ausfindig machen, von denen die Mehrzahl in der südlichen, an Innerösterreich angrenzenden Provinz Kroatien lebten; in Siebenbürgen waren es weniger als 30, und seit 1553 war kein einziger ungarischer Prälat mehr nach Rom gereist (vgl. Evans 1979, S. 18; Benda 1978, S. 295). Es gab keine von Katholiken beherrschten Städte und praktisch keine katholischen Adligen. Als 1605 die kaiserlichen Truppen gezwungen waren, nach Süden zu marschieren, um einen türkischen Angriff abzuschlagen, blieb deshalb niemand zurück, um den protestantischen Aufstand in Ungarn und Siebenbürgen unter der Führung der Calvinisten Stefan Bocskay und Bethlen Gabor zu verhindern. Nachdem die ungarischen Stände den Aufstand Bocskays unterstützten, drangen dessen Söldner in Mähren ein.

Es sah ganz so aus, als wäre das Haus Habsburg im Begriff, die Herrschaft über die 1526 erworbenen Königreiche zu verlieren, aber das Oberhaupt der Familie, Rudolf, dessen unbesonnene Politik den Sturm entfacht hatte, schien die Gefahr nicht zu sehen und wurde mehr denn je zum Einsiedler. Nur noch selten verließ er den Hradschin, den mächtigen Burgkomplex oberhalb der Prager Kleinseite, in dem er seit 1581 hauste. Seine nächsten Verwandten befürchteten, daß er die Gefahren für das Reich und das eigene Haus nicht würde abwenden können, und kamen im April 1605 in Linz zu einer geheimen Besprechung zusammen. Sie bevollmächtigten den ältesten Bruder des Kaisers, Erzherzog Matthias, die Dinge in die Hand zu nehmen, und drängten ihn, sowohl mit Bocskay als auch mit den Türken Frieden zu schließen; dafür versprachen sie ihm, seinen Anspruch zu unterstützen, Rudolf als König von Böhmen und Ungarn auf den Thron zu folgen.[9] Zunächst ging alles gut: Eine eilig zusammengestellte, Matthias ergebene Truppe, der für die zukünftigen Ereignisse so wichtige Männer angehörten wie Graf Thurn und der junge Wallenstein, warf Bocskay zurück und machte es Matthias möglich, im Januar 1606 einen Waffenstillstand zu schließen. Im Juni desselben Jahres erkannte der Erzherzog im Frieden von Wien Bocskay als Fürst von Siebenbürgen an, trat ihm acht Grafschaften des Königreichs Ungarn ab und versprach allen Protestanten des Königreichs uneingeschränkte Religionsfreiheit (nicht ohne jedoch auch der römisch-katholischen Kirche seinen Schutz anzubieten). Zum Teil dank der guten Dienste Bocskays schloß Matthias im November in Zsitva Torok ferner einen recht günstigen Vertrag mit den Türken ab, der zwischen 1615 und 1628 fünfmal erneuert wurde und der Grenze zum osmanischen Reich einen jahrzehntelangen Frieden bescherte (vgl. Teply 1975; Heinisch 1974).

Rudolf war über diese Vereinbarungen jedoch nicht glücklich. Unentschlossen und unsicher schenkte der Kaiser den Einflüsterungen bestimmter Katholiken Glauben, die Seuche, von der Böhmen heimgesucht wurde und die selbst ihn aus dem geliebten Hradschin vertrieb, sei die Strafe Gottes für die den Protestanten gewährte Toleranz. Obgleich er den Vertrag von Wien unterzeichnete, erklärte er unter Protest, seine Zustimmung sei ihm abgezwungen worden, und er versuchte nach Kräften zu verhindern, daß die Zugeständnisse tatsächlich eingehalten wurden. 1607 veröffentlichte er eine *Liste von Gravamina*, in der er die Verwaltung seines Bruders in Österreich und Ungarn, dessen Kriegführung sowie dessen Konzessionen an die Türken und die Aufständischen kritisierte.[10]

Die ungarischen Stände und der Erzherzog sahen sich somit genötigt, zu ihrer Verteidigung ein unfreiwilliges Bündnis einzugehen: Die ersteren konnten anbieten, Matthias als ihren König anzuerkennen, sofern sie sichere Garantien erhielten, daß der Friede von Wien gewahrt bleiben würde; der letztere konnte sich den Wunsch der Ungarn nach verfassungsmäßiger Sicherheit zunutze machen, um seine Ansprüche auf die Thronfolge anerkennen zu lassen. Der Vertrag wurde im Frühjahr 1608 bei einer Zusammenkunft des ungarischen Landtags in Preßburg ratifiziert, und Matthias bemühte sich nun darum, seine Ansprüche auch von den übrigen habsburgischen Landen anerkennen zu lassen. Seine eigenen Provinzen Ober- und Niederösterreich boten ihm keine Schwierigkeit, denn eine Abordnung ihrer Stände hatte sich bereits in Preßburg eingefunden – angeführt von Georg Erasmus Tschernembl, einem calvinistischen Adligen, der seine Bildung großenteils in Westeuropa empfangen hatte und dessen fast 1 900 Bücher umfassende Bibliothek zahlreiche protestantische Schriften sowie eine handschriftliche, selbstverfaßte Abhandlung über das Recht der Untertanen auf Widerstand gegen den Herrscher enthielt.[11] Im Februar schlossen die österreichischen Abgeordneten, die ungarischen Stände und der Erzherzog ein Bündnis, um die Einhaltung des Vertrags von Wien zu gewährleisten. Bald darauf schloß sich auch Mähren diesem Bündnis an, und im Mai führte Matthias eine kleine, von den Bundesgenossen zusammengestellte Armee nach Prag; doch Rudolf weigerte sich immer noch, die neuerworbenen Titel seines Bruders anzuerkennen. Erst im Juni 1608, als Matthias mit seiner Armee nur noch zwei Wegstunden von Prag entfernt war, kapitulierte der Kaiser.

Mittlerweile hatten indessen die Stände die süßen Früchte der Erpressung gekostet und schraubten zynisch ihre Forderungen höher. Die von Tschernembl geführten oberösterreichischen Stände verlangten nunmehr von Matthias als Gegenleistung für die Wahl zum König uneingeschränkte Religionsfreiheit für die Städte und den Adel und volle Gleichstellung mit den Katholiken. Als der Erzherzog sich weigerte, schlossen die protestantischen Mitglieder der Stände ein Bündnis mit ihren Glaubensgenossen in Niederösterreich und verpflichteten sich, zur Sicherung dieser neuen Zugeständnisse ein Heer anzuwerben. Da Rudolf unnachgiebig blieb, sah sich Matthias im März 1609 gezwungen, die Bedingungen anzunehmen und die religiösen Sonderrechte der Österreicher zu bestätigen, um als regierender Erzherzog anerkannt zu werden.

Nunmehr unterstanden nur noch Böhmen, Schlesien und die Lausitz der unmittelbaren Herrschaft Rudolfs. Die Ereignisse von 1597–1604 hatten der Bevölkerung gezeigt, daß es geraten war, sich ihre religiösen Privilegien in irgendeiner Form bestätigen zu lassen, und im Januar 1609 kamen die Stände des Königreichs in Prag zusammen, um diese Bestätigung von Rudolf zu erhalten, der ihre Forderung jedoch ablehnte. Im Mai beriefen die Stände einen Ausschuß von 30 Direktoren ein, bewilligten die Werbung von 3 000 Mann Fußvolk und 1 500 Reitern und zwangen auf diese Weise den Kaiser, am 9. Juli 1609 den berühmten *Majestätsbrief* zu unterzeichnen, mit dem offiziell das Recht aller Böhmen anerkannt wurde, entweder das katholische oder eines der Bekenntnisse anzunehmen, auf die man sich in der Konfession von 1575 geeinigt hatte. Jetzt konnten von den Adligen und den Städten protestantische Kirchen und Schulen gebaut werden, und selbst auf den königlichen Krongütern konnten Protestanten eine Kirche oder einen Friedhof errichten, sofern diese Einrichtungen dort nicht bereits existierten. Eine Unklarheit blieb jedoch bestehen, die den Zeitgenossen wahrscheinlich entgangen ist: In dem Majestätsbrief stand nichts über die gesetzlichen Rechte jener Protestanten, die auf Kirchengütern lebten. Möglicherweise nahmen die Stände an, daß für alle Protestanten dieselben Bestimmungen galten – was später vom Kaiser bestritten wurde. Im Vergleich zu den eindeutig errungenen Zugeständnissen war dies allerdings eine Frage von untergeordneter Bedeutung. Rudolf hatte sogar zugestimmt, daß ein ständiger Ausschuß der Stände, die sogenannten »Defensoren«, die Einhaltung der gewährten Konzessionen überwachen sollte. 1611 konnten diese Männer mit dem Säbel rasseln, als Rudolf aus unerklärlichen Gründen seinem Vetter Leopold (dem Bruder Ferdinands von der Steiermark) erlaubte, mit etwa 7 000 Söldnern in Böhmen einzumarschieren. Falls er gehofft hatte, die Stände einzuschüchtern, so befand er sich in einem Irrtum, denn eine schlagkräftige böhmische Streitmacht schlug Leopolds Soldaten in den Vorstädten Prags zurück, und die Defensoren forderten Matthias auf, die Regierung ihres Königreichs zu übernehmen. Rudolf, der sich allein in seinem Palast verkrochen hatte und wahrscheinlich an einer Geisteskrankheit litt, wurde für abgesetzt erklärt, und nachdem Matthias den Majestätsbrief anerkannt hatte, wurde er im Mai zum König von Böhmen gekrönt. Es hatte den Anschein, als wären die Stände der habsburgischen Länder kaum je zuvor so mächtig gewesen wie jetzt. Und doch war dieser Macht keine lange Dauer beschieden: Während die Defensoren nur auf die nächste Gelegenheit warteten, ihre Forderungen noch höher zu schrauben, hoffte Matthias (nach eigenem Eingeständnis) darauf, seine Zugeständnisse möglichst bald zurücknehmen zu können.

Es fällt schwer, diesen wildbewegten Ereignissen von damals mit unserer heutigen Sicht gerecht zu werden. Angesichts der Folgen des böhmischen Aufstands von 1618 erscheinen die dem Kaiser abgerungenen Zugeständnisse als von vornherein unhaltbar, aber das gilt für die meisten bedeutenden politischen Zugeständnisse der europäischen Geschichte, wenn sie nur wenige Jahre später erneut beurteilt werden. Selbst Englands Magna Charta, die im 17. Jahrhundert allgemein als der Eckpfeiler der Verfassung galt, war während des Jahrhunderts, nachdem sie König Johann 1215 in Runnymede von den Baronen abgenötigt worden war, immer wieder verletzt worden und in Gefahr, widerrufen zu werden. Um den Majestätsbrief Böhmens als ebenso unumstößlich anzuerkennen, hätte es Zeit gebraucht. Doch die Zeit ging, wie damals jedermann empfand, rasch zur Neige.

2 Deutschland vor dem Krieg

»Ich befürchte sehr, daß die Staaten des Reiches, die jetzt so grimmig miteinander im Streit liegen, einen verhängnisvollen Brand entzünden, von dem nicht nur sie selbst ergriffen werden …, sondern auch all jene Länder, die in irgendeiner Weise mit Deutschland verbunden sind. All dies wird zweifellos die gefährlichsten Folgen haben und zum vollständigen Zusammenbruch und einer unvermeidlichen Änderung des gegenwärtigen Zustandes von Deutschland führen. Und davon werden vielleicht auch einige andere Staaten betroffen sein.«

Moritz von Hessen-Kassel an Ludwig XIII., 23. März 1615[12]

Diese pessimistische Einschätzung von Moritz von Hessen-Kassel wäre den meisten seiner Zeitgenossen wohl nicht als übertrieben erschienen. Sowohl in den Ländern des Heiligen Römischen Reiches als auch jenseits seiner Grenzen herrschte vielfach die Überzeugung, daß in Europa ein weiterer großer Krieg bevorstand. In ganz Deutschland hatten die Regierenden begonnen, enorme Summen zur Verteidigung ihrer Länder auszugeben. Reisende, die in den Jahren vor 1618 die Niederländische Republik durchquerten und ins Reich gelangten, bemerkten den starken Gegensatz zwischen der Republik, wo man selten Söldner zu Gesicht bekam, und dem Reich, wo jeder Potentat offenbar eine Privatarmee unterhielt, die ebenso durch ihre Uniformen wie ihre ständige Präsenz ins Auge fiel. Selbst Landgraf Moritz, Schutzherr der Künstler und Schöngeister (von denen sich viele früher am Hof Rudolfs in Prag aufgehalten hatten), der Komponisten (unter ihnen auch der junge Heinrich Schütz) und der Theaterleute, stellte 1600 eine neue Söldnertruppe von rund 9 000 Mann auf. Ein Jahr später verfaßte er persönlich eine 288 Seiten starke Anweisung, wie man sich ihrer im Notfall bedienen sollte, und benutzte sie auch prompt dazu, Hessen-Marburg zu besetzen und zu annektieren (s. S. 82). 1618 gründete er eine eigene »Militärakademie« zur Ausbildung der Offiziere seiner Regimenter.[13]

Aber es gab für die Herrscher auch noch andere Möglichkeiten, ihr Land besser zu schützen. So wurden beispielsweise 1601 im Herzogtum Preußen, wo die Stände es abgelehnt hatten, ein Söldnerheer zu finanzieren, Steuern für den Bau neuer Befestigungen der Hafenanlagen von Pillau und Memel sowie für zwei Kriegsschiffe bewilligt, die die Zufahrt über die Ostsee bewachen sollten. Der Kurfürst von Sachsen baute in Dresden ein Arsenal, ein architektonisches Juwel, in dem genügend Waffen und Rüstungen untergebracht waren, um damit ein Heer von (angeblich) 10 000 Mann auszustatten.[14] Seit 1600 nahmen die Verteidigungsausgaben immer rascher zu. Der Kurfürst von der Pfalz ließ um Heidelberg und Frankenthal teure neue Wallanlagen mit Befestigungen und Burggräben bauen, und 1606 schuf er in Mannheim eine komplette Stadtburg, die mit ihrer Zitadelle und ihren ausgedehnten, sternförmigen Wällen uneinnehmbar sein sollte (Charpentrat 1969; vgl auch Wolf 1936). Zwischen 1603 und 1618 erhielt auch die mit der Pfalz verbündete und von einem calvinistischen Grafen regierte Stadt Hanau völlig neue Verteidigungsanlagen. Die katholischen Regierungen des Rheinlands, die sich bedroht fühlten, zögerten nicht lange mit ihren Gegenmaßnahmen. Der Kurfürst von Trier baute die Burg Ehrenbreitstein gegenüber Koblenz zu einer Festung aus; Philipp Christoph von Sötern, Bischof von Speyer, baute die Stadt Uttenheim am Rhein südlich der Pfalz zur später (1623) umbenannten Philippsburg aus. Die Herren des Elsaß warfen in Benfeld, Breisach und Hagenau neue Wälle auf, und der Herzog von Bayern erhöhte zwischen 1598 und 1618 die Zahl der Festungen in der Umgebung von München, Ingolstadt, Rain und einigen Grenzstädten, was ihn insgesamt fast eine Million Taler kostete.[15] Das Ausmaß jeder dieser Unternehmungen war gewaltig: So waren Millionen von Ziegelsteinen erforderlich, um Wallmauern von zwölf Metern Dicke, neun Metern Höhe und einer Länge von mehreren Kilometern zu errichten. Als John Taylor, der englische Dichter, Humorist und Reisende 1617 nach Hamburg kam, fiel ihm die große Anzahl von Handwerkern auf, die mit dem Bau von Befestigungsmauern beschäftigt waren: »Und als ich dieser Befestigungen ansichtig wurde, war ich überrascht, denn es ist kaum zu fassen, wieviele Männer und Pferde Tag um Tag für deren Bau eingesetzt werden; obendrein ist das Werk selbst so groß, daß seine Schilderung auf allgemeinen Unglauben stoßen würde.« (Taylor 1617, S. 6)[16] Im Sommer 1617 schien der Krieg unmittelbar bevorzustehen.

Andererseits wird das damals herrschende Gefühl von Düsterkeit und drohender Vernichtung auch oft übertrieben. Das Jahr 1617 brachte ein Ende der Feindseligkeiten in Frankreich, Rußland und Italien. Der englische Botschafter in Turin, Dr. Isaac Wake, brach nachgerade in Jubel darüber aus, daß »die Pforten des Janus« geschlossen worden waren, was »nicht nur den Bewohnern dieser Provinz Italiens Ruhe und halkyonische Tage (bescheren würde), sondern dem größten Teil der Christenheit überhaupt« (zit. n. Reade 1924, S. 183). Auch wenn die Verstärkung der Befestigungen und der Heere in Deutschland zur Folge hatte, daß der Krieg, nachdem er erst einmal ausgebrochen war, über Jahrzehnte hinweg andauerte, so machten diese Anstrengungen den Kriegsausbruch doch nicht unvermeidlich. Als Thomas Coryat,

ein weiterer reiselustiger Humorist aus England, 1608 eine Reise nach
Venedig unternahm, legte er auf dem Rückweg die Strecke von Basel nach
Mainz zum größten Teil allein und zu Fuß zurück. Er traf auf der ganzen
Strecke nur ein einziges Mal auf Soldaten und machte auch keine unliebsame
Bekanntschaft mit Wegelagerern und Straßenräubern. Im Gegenteil, mehr-
fach lobte er die Ordnung, den Wohlstand und Frieden des Oberrheintals, wo
Brot und Gemüse so billig waren, daß man für ein paar Heller ein nahrhaftes
Mahl bekam und für den Getreidebedarf eines Jahres nicht mehr als zwei
Pfund bezahlen mußte. Coryat hielt es allerdings für ratsam, ab Mainz rhein-
abwärts ein Passagierschiff zu benutzen, da die Straßen jener Gegend für die
zahlreichen Raubüberfälle, die dort verübt wurden, berüchtigt waren. Er tat
gut daran: Ein anderer englischer Reisender aus derselben Zeit, Fynes
Moryson, mußte Westfalen in unterschiedlichen Verkleidungen durchreisen
(einmal sogar versteckt unter der Last eines Frachtwagens), um nicht Räubern
in die Hände zu fallen (Coryat 1611, S. 443–628).[17] Deutschland war das
größte Land in Europa und dabei alles andere als ein einheitliches Territorium!

> »Das liebe, heil'ge Römische Reich,
> Wie hält's nur noch zusammen?«

singt einer der Gesellen in Auerbachs Keller in Goethes *Faust* – und die Antwort darauf läßt sich heute kaum weniger leicht geben als im späten 18. bzw.
frühen 17. Jahrhundert. Tatsächlich war Deutschland oder »das Heilige
Römische Reich Deutscher Nation«, wie sein eigentlicher Titel lautete, ein
Land der unterschiedlichsten Regierungen und Wirtschaftslagen. Der wohl-
habende Süden – die Pfalz, Elsaß, Bayern usw. – bildete schon immer einen
ausgeprägten Gegensatz zu den kahlen Heiden und dem Ödland des Nordwe-
stens, einer Beute der Heere, die in den vom Krieg heimgesuchten Niederlanden und den Ländern ihrer wechselnden Bundesgenossen ihr Unwesen
trieben. 1599 marschierte die gesamte spanische Feldarmee in das benachbarte
Westfalen ein, um dort ihr Winterquartier zu beziehen. Die betroffenen Fürsten versuchten, eine eigene Armee aufzustellen, um die Spanier zu vertreiben, erlitten jedoch eine vollkommene Niederlage, und zum Schaden kam
noch die Schmach, als die Söldner meuterten, weil sie keinen Sold erhalten
hatten. Die Kosten dieses Fehlschlags beliefen auf über 400 000 Taler. Mehr
als alles andere war es dieses Debakel, das in den ersten Jahren des 17. Jahrhunderts zu einer beschleunigten Aufstellung einzelner Landesheere führte,
denn zu dieser Zeit waren die übergeordneten Institutionen des Reichs so gut
wie wirkungslos geworden (vgl. dazu Thies 1973, S. 18 f.; Boersma 1969).

Die seit dem frühen 16. Jahrhundert für die Landesverteidigung verantwortlichen »Reichskreise« waren nicht mehr in der Lage, genügende Streitkräfte aufzubieten und zu unterhalten, um die Sicherheit ihrer Mitglieder zu gewährleisten. So waren z.B. die meuternden Söldner des Jahres 1599 vom niederrheinisch-westfälischen Kreis angeworben worden. Ansätze zu einer Zusammenarbeit zwischen den einzelnen Kreisen gab es kaum. Als kurzfristige Ausnahme lassen sich lediglich die zwischen dem bayrischen, schwäbischen und fränkischen Kreis von 1564 bis 1572 geschlossenen Abkommen über die Weberei, das gemeinsame Münzwesen und Getreidekontrollen anführen. Das Haupthindernis für ein gemeinsames Vorgehen war die extreme religiöse und politische Zersplitterung im Süden und Westen Deutschlands. Schwaben, dessen Territorium flächenmäßig in etwa dem der heutigen Schweiz entsprach, umfaßte 68 weltliche und 40 geistliche Besitzungen sowie 32 freie Reichsstädte. Sie alle waren im Kreistag vertreten, der regelmäßig tagte (64mal zwischen 1555 und 1599), und ihre Herren unterstanden als unmittelbare Vasallen dem deutschen Kaiser. Ihre Bedeutung reichte jedoch vom zusammenhängenden Herzogtum Württemberg mit einer Fläche von 9 200 Quadratkilometern bis hinunter zu den Ländereien der zahlreichen »Reichsritter«, die jeweils über nicht mehr als einen Teil eines Dorfes gebieten mochten. Über die Hälfte der Mitglieder des schwäbischen Kreises und fast exakt die halbe Bevölkerung Schwabens waren katholisch, die übrigen waren Lutheraner oder Calvinisten. Es hätte kein besseres Rezept für eine gegenseitige Lähmung geben können, und die meisten Kreise Süd- und Westdeutschlands waren nach religiösen und politischen Interessen ähnlich gespalten. Im Reich insgesamt, das um 1600 eine Bevölkerung von etwa 20 Millionen aufwies, gab es an die 1 000 voneinander getrennte, halbautonome politische Einheiten, häufig von nur geringer Größe. Doch selbst die winzigsten Gemeinwesen wachten eifersüchtig über ihre Rechte. Die etwa 400 Reichsritter waren in 14 eigenen »Kantonen« zusammengeschlossen, die jeweils einen Ritterhauptmann, ein eigenes Besteuerungsrecht und eine eigene Gerichtsbarkeit hatten. Sie hielten jährlich vier bis fünf Versammlungen ab, und seit 1590 war ihre Unabhängigkeit durch eine besondere kaiserliche Verfügung garantiert. Auf einer wenig höheren Ebene hatten die gut 50 Reichsgrafen ebenfalls ihre eigenen Organisationen. Die wahrscheinlich wichtigste von ihnen (in der Wetterau nördlich von Frankfurt/Main) wurde seit 1565 von den calvinistischen Grafen von Nassau geführt, was zum Teil ihre Rolle erklärt, die sie in der Reichspolitik gespielt haben. Die Reichsgrafen verfügten sogar über zwei ständige Sitze im Reichstag.[18]

Doch alle diese kleineren Potentaten, so sehr sie auch darauf bestanden, ihre religiöse, wirtschaftliche und politische Macht uneingeschränkt auszuüben, hatten kaum eine Bedeutung im Vergleich zu den Herren der acht großen Länder des Reichs. An der Spitze standen Sachsen, Brandenburg und Bayern mit jeweils einer Million Untertanen, die Pfalz mit 600 000 und Hessen, Trier und Württemberg mit jeweils 400 000 Einwohnern. Diese großen Territorien, die in Fläche und Einwohnerzahl etwa den Königreichen Schottland oder Schweden entsprachen, wurden durch zwei gravierende Nachteile daran gehindert, die völlige Oberherrschaft im Reich zu erringen. Erstens galt nicht in allen diesen Ländern die sogenannte »Primogeniturordnung«: Hessen wurde z.B. 1567 unter die vier Söhne von Landgraf Philipp dem Großmütigen, dem Schutzherrn Luthers, aufgeteilt, was einen Verlust an Einfluß in Reichsangelegenheiten zur Folge hatte. Und zweitens waren viele von ihnen geographisch zersplittert. Besonders bemerkenswert war die Aufteilung der Pfalz in zwei große Einheiten: die lutherische Oberpfalz, die früher einmal zu Bayern gehört hatte, im Osten an Böhmen grenzte und etwa 40 Prozent der Einkünfte des Kurfürsten aufbrachte, und die calvinistische eigentliche Pfalz beiderseits des Rheins auf der Höhe von Heidelberg. Darüber hinaus wurden kleinere Gebiete der Pfalz von eigenen Zweigen der Dynastie regiert: Pfalz-Zweibrücken und Pfalz-Neuburg. Da die kleineren Fürstentümer des Reiches in der Regel noch zersplitterter und zerrissener waren, hatte ein Reisender in Deutschland damals oft große Schwierigkeiten herauszufinden, wo er sich überhaupt befand. Nur die Grenzen einiger Länder (wie Lothringen, die Pfalz, Hanau und Saarbrücken) waren durch besondere Grenzpfähle gekennzeichnet. Häufiger waren die Grenzen durch Zollstationen markiert, sowohl zu Lande als auch zu Wasser. So gab es z.B. auf der Elbe zwischen Hamburg und Prag 30 dieser Stationen und elf auf dem Rhein zwischen Mainz und Köln, jeweils mit einer kleinen Kanone bestückt, mit der sie Schiffe beschießen konnten, die vorbeifahren wollten, ohne Zoll zu entrichten (Hiegel 1961, S. 148 ff.).[19]

Aus allen diesen Gründen gab es in ganz Deutschland kein einziges Territorium, dessen Fürst sich mit der Macht der österreichischen Habsburger hätte messen können, die seit 1438 den Kaisertitel für sich allein beanspruchten. Dennoch reichte ihre immense Verfügungsgewalt über Land und Leute nicht aus, auch über das Schicksal Deutschlands als absolute Fürsten bestimmen zu können. Nach 1601 weigerten sich viele bedeutende Landesherren, sich länger den Entscheidungen des Reichskammergerichts zu unterwerfen, und 1620 wurde den Untertanen Sachsens, Brandenburgs und Bayerns verboten, diese Instanz ohne Zustimmung ihrer Landesfürsten anzurufen. Noch gravierender war die Weigerung etlicher großer Fürsten nach 1608, dem Reichstag beizuwohnen. Diese Versammlung aller deutschen Landesfürsten oder deren

Vertreter war zwischen 1555 und 1603 insgesamt nur sechsmal zusammengetreten. Ihre Mitglieder waren in drei »Kollegien« aufgeteilt – Kurfürsten, die übrigen Reichsfürsten und -grafen sowie die Reichsstädte –, berieten zunächst getrennt über die vom Kaiser vorgelegten Anträge und unterbreiteten erst nach angemessener Zeit ihre gemeinsame Antwort. Bei einem ausgedehnten Reichstag konnten über 100 Kollegiensitzungen und gut 20 Vollversammlungen stattfinden. Beträchtliche Verzögerungen wurden durch die große Zahl halbautonomer Teilnehmer verursacht: Während es nur sieben Kurfürsten gab (darunter auch der Kaiser selbst als König von Böhmen), waren im Fürstenkollegium rund 150 Territorien vertreten, und im Kollegium der Reichsstädte saßen 52 Mitglieder. Alle Entscheidungen mußten letztlich einvernehmlich getroffen werden und beruhten deshalb auf Kompromissen. Da jedoch in bestimmten, entscheidenden Fragen, vor allem im Hinblick auf die religiöse Gleichheit von Katholiken und Protestanten in den Reichsinstitutionen, keine Kompromisse mehr möglich waren, konnte der Reichstag 1608 seine Funktion nicht mehr erfüllen. Bis 1640 fand dann nur noch einmal eine Sitzung des Reichstags statt – im August 1613 in Regensburg –, der jedoch zahlreiche Protestanten bereits fernblieben.[20]

Die Paralysierung der wichtigsten Institutionen des Reiches – Reichskreise, Reichskammergericht und Reichstag – war gerade zu dieser Zeit besonders nachteilig, weil das Reich einer Reihe schwerwiegender Probleme gegenüberstand. Wohl am wichtigsten war der Krieg Rudolfs II. mit den Türken von 1593 bis 1606: Ohne den Reichstag konnte er sich vom Reich keine Steuern zur Bezahlung seiner Streitkräfte in Ungarn bewilligen lassen. In welchem Ausmaß Rudolf von deutscher Unterstützung abhängig war, läßt sich ermessen, wenn man seine Forderungen nach »Römermonaten« (eine vom Reichstag zu bewilligende Kriegssteuer) mit denen seines Großonkels Karl V. (deutscher Kaiser 1519–1558) vergleicht: Während Karl nur 73 1/2 Römermonate forderte, waren es bei Rudolf allein für den Krieg gegen die Türken 409. Das Geld war nicht aufzubringen – noch 1619 beliefen sich die Rückstände aus dieser Kriegssteuer auf fast vier Millionen Taler.[21]

Daß das von den Reichsständen durch den Kaiser eingeforderte Geld nicht zusammenkam, lag allerdings nicht nur an Verfassungsstreitigkeiten. Viele Teile Deutschlands litten unter den Folgen einer schweren Wirtschaftsdepression. Das rasche Bevölkerungswachstum in Verbindung mit einer erhöhten Lebenserwartung in Deutschland wie auch im übrigen Europa während des 16. Jahrhunderts brachte viele Probleme mit sich. Einerseits war alles verfügbare Land in Ackerfläche verwandelt worden, so daß weniger Weideland und geringere Anbauflächen für gewerblich nutzbare Feldfrüchte zur Verfügung standen, andererseits führten die übermäßig hohen Lebensmittelpreise in den 90er Jahren des 16. Jahrhunderts zu einem Zusammenbruch des Marktes für gewerbliche Güter – viele Menschen konnten sich nur noch Brot leisten. Von dieser Krise erholte sich die Wirtschaft nur langsam. Zahlreiche Städte, insbesondere im Südwesten, erlebten einen Rückgang der gewerblichen Produktion (denn die Unternehmer bedienten sich mehr und mehr der billigeren Arbeitkräfte auf dem Land). Viele von ihnen verschuldeten sich schwer, weil durch den wirtschaftlichen Niedergang die Steuereinnahmen sanken oder weil sie zusätzliche Gelder für den Bau von Verteidigungsanlagen oder neuer städtischer Einrichtungen benötigten. Und fast alle – auch die freien Reichsstädte – litten unter einer zunehmenden Einmischung ihrer fürstlichen Nachbarn in ihre sozialen, politischen und religiösen Angelegenheiten.[22] Was die Landesfürsten von den Städten verlangten, war vor allem Geld. Um die Jahrhundertwende war kaum noch ein deutscher Fürst zahlungsfähig. Bei seiner Thronbesteigung 1612 hatte Erzherzog Matthias fast 30 Millionen Taler Schulden, der Kurfürst von Sachsen über drei und der Kurfürst von der Pfalz knapp zwei Millionen. Es war kein Zufall, daß gerade zu dieser Zeit eine Fülle von kameralistischen Schriften erschien, in denen den Fürsten Ratschläge erteilt wurden, wie sie mit ihren Einkünften am zweckmäßigsten haushalten konnten (Klein 1974, S. 8–26; vgl. auch Clasen in Trevor-Roper 1968).

Aufgrund ihrer finanziellen Verlegenheiten kamen viele Herrscher in Konflikt mit ihren Ständen, ohne deren Zustimmung in der Regel keine Steuern erhoben werden konnten. Diese Repräsentativorgane setzten sich in den einzelnen Ländern unterschiedlich zusammen. Manche Landstände, besonders in Süddeutschland, umfaßten Adel, Geistlichkeit, Städte und Bauern, in anderen waren nur Städte und Bauern vertreten, und einige der ganz kleinen Gebiete kannten überhaupt nur den Bauernstand. Alle nahmen für sich in Anspruch, bei der Gesetzgebung, Besteuerung und bei Kriegserklärungen mitzureden, aber in den größeren Ländern, in denen der überwiegende Teil der Bevölkerung lebte, gab es keine derartige »Demokratie«. In einem Brief aus dem Jahr 1598 an seinen Vater, der ihm kurz zuvor die Regierung abgetreten hatte, schrieb Herzog Maximilian von Bayern: »Ich siche halt, das sowol bej geistlichen alß weltlichen nur auf die ragion die stato (Staatsräson) gesehen wirdt vnd das der respectiert wirdt, der vil land oder vil gelt hatt...« (Zit. n. Dollinger 1964, S. 299) Während der ganzen Zeit seiner langen Herrschaft hielt sich Maximilian an diese Einsicht und wurde dabei überraschend weitgehend von seinen Ständen unterstützt. Zwischen 1514 und 1579 trat die »Landschaft« von Bayern 33mal, bis 1612 noch sechsmal und danach bis 1669 kein einziges Mal mehr zusammen. Auf der für lange Zeit letzten Zusammenkunft 1612 überredete Maximilian die »Volksvertreter«, ihm auf sieben Jahre eine hübsche jährliche Sondersteuer zu bewilligen (die für sich genommen schon das Doppelte der Einkünfte des Kurfürsten von Sachsen ausmachte), ihm die alleinige Entscheidung über Kriegserklärungen und Friedensschlüsse zu übertragen und das Recht einzuräumen, im Kriegsfall nach seinem Gutdünken alle erforderlichen Steuern zu erheben. Hier bestand zwischen Fürst und Ständen ein völlig anderes Verhältnis als in England, Frankreich oder den habsburgischen Ländern (vgl. Carsten 1959, Kap. 5; Bosl 1974).

Der Hauptgrund für diese Zusammenarbeit war zweifellos die mehrfach unter Beweis gestellte Fähigkeit Maximilians, mit Geld umzugehen. Bis 1612 hatte er die von seinem Vater übernommenen Schulden halbiert, und danach sorgte er für einen ständig wachsenden Überschuß, so daß er selbst in Kriegszeiten sein Heer unterhalten konnte, ohne sich an die Stände wenden zu müssen. Daneben schuf er einen Sonderfond (das »Ärarium«) zur aktiven Verteidigung des Katholizismus im Reich, wo immer sich diese als nötig erweisen sollte. Diese Maßnahmen waren nur möglich, weil Maximilian und seine Vorgänger ihr Herrschaftsgebiet vom Protestantismus weitgehend befreit hatten. In den 50er Jahren des 16. Jahrhunderts hatten die bayrischen Protestanten dem Herzog die Verweigerung von Steuerbewilligungen angedroht und dadurch versucht, ihm ein Toleranzversprechen abzunötigen. 1563 kam es in dieser Frage zu einer heftigen Auseinandersetzung, und danach taten die bayrischen Wittelsbacher alles, um auch den letzten Protestanten aus ihrem Land zu vertreiben. Nachdem ihnen das gelungen war, zeigten sich die Stände gefügiger.

Dieselbe Entwicklung war seit dem Augsburger Religionsfrieden von 1555, der dem offenen Glaubenskrieg in Deutschland vorübergehend ein Ende gemacht hatte, auch in anderen katholischen Ländern zu beobachten. Das in Augsburg verkündete Reichsgesetz sah für die Bewohner des Reiches eine hierarchische Struktur von Rechtsgarantien vor. An der Spitze stand das Recht eines jeden weltlichen Landesherrn, von den Kurfürsten bis hinunter zu den Reichsrittern, darüber zu bestimmen, ob ihre Landeskinder dem katholischen oder dem lutherischen Glauben anhängen sollten (dies waren die beiden einzigen anerkannten Bekenntnisse; der Calvinismus und alle anderen Glaubensrichtungen wurden verboten). Dieser Grundsatz der landesherrlichen Kirchenhoheit erhielt später die Bezeichnung *cuius regio, eius religio:* Landesherr und Untertanen sollten derselben Religion angehören, und wer sich der Religion seiner Landesfürsten nicht anschließen wollte, dem wurde das Recht auf Auswanderung zugestanden. Von dieser Regelung ausgenommen waren allein die Freien Reichsstädte und die katholischen Kirchenländer. Für erstere bestimmte das Gesetz von 1555, daß dort, wo sowohl Katholiken als auch Lutheraner lebten, beide das Recht zur freien Religionsausübung innehaben sollten. Das betraf letztlich jedoch nur acht der insgesamt etwa 60 Freien Reichsstädte, da in den übrigen fast ausschließlich entweder Katholiken oder Lutheraner lebten. Die zweite Ausnahme war viel wichtiger, da sie sich auf die ausgedehnten geistlichen Fürstentümer bezog. Sie bestimmte zum einen, daß »landesherrliche Kirchengüter« (die der politischen Herrschaft eines Landesherrn oder einer Stadt unterstanden), die sich 1552 in protestantischer Hand befanden, dort verbleiben sollten; weitere Säkularisierungen waren jedoch ausgeschlossen. Gänzlich anders war das Schicksal der »reichsunmittelbaren Kirchengüter« (die einem Kirchenherrn – einem Fürstbischof oder Fürstabt – untertan waren, der seinerseits allein dem Kaiser unterstand), denn wenn hier das Prinzip der landesherrlichen Kirchenhoheit Geltung gehabt hätte, so wäre mit der Wahl eines protestantischen Bischofs oder Abtes das gesamte Fürstentum protestantisch geworden. Deshalb wurde vereinbart, daß ein Fürstbischof oder Fürstabt, der sich zum lutherischen Glauben bekehrte, von seinem Amt zurücktreten mußte, um einem katholischen Prälaten Platz zu machen. Mit dieser als geistlicher Vorbehalt *(reservatum ecclesiasticum)* bezeichneten Vorschrift waren natürlich die in Augsburg anwesenden Parteigänger des Protestantismus nicht einverstanden, und sie wurde in den Augsburger Religionsfrieden auch nur kraft kaiserlicher Machtbefugnis und nicht mit den Stimmen des Reichstags aufgenommen.[23] Die Geltung dieses geistlichen Vorbehalts konnte deshalb bestritten werden, was nach 1583 auch geschah, als der geistliche Kurfürst und Erzbischof von Köln protestantisch wurde: Zwischen seinen Anhängern (darunter die junge Niederländische Republik und die Pfalz) und seinem katholischen Ersatznachfolger Ernst von Bayern (unterstützt von Philipp II. von Spanien und Ernsts Bruder, Herzog Wilhelm, der für seinen erfolgreichen Versuch zur Wahrung des *reservatum ecclesiasticum* mehr als 500 000 Taler Schulden machte) wurde ein fünf Jahre dauernder Krieg ausgetragen (vgl. dazu Lossen 1897; v. Lojewski 1962; Albrecht 1969, S. 358 ff.). Trotzdem gab es erstaunlich wenige solcher spektakulären Versuche einer Mißachtung der Augsburger Bestimmungen.[24]

Zahlreicher waren die Konflikte zwischen Herrschern und Beherrschten in den reichsunmittelbaren Kirchenländern, da im Verlauf der erregten Debatten, die der Verkündung des Religionsfriedens vorangingen, die Vertreter Habsburgs eine Garantie abgegeben hatten (die *Declaratio Ferdinandei),* nach der die einem Kirchenfürsten unterstellten Ritter oder Städte ihren lutherischen Glauben beibehalten durften, wenn sie diesem bereits eine gewisse Zeitlang anhingen. Dieses Zugeständnis wurde jedoch nicht als Bestandteil des Religionsfriedens bekanntgemacht, sondern blieb fast zwei Jahrzehnte lang geheim. Es ist nicht verwunderlich, daß es nach seiner Bekanntgabe von vielen Prälaten als Fälschung angesehen wurde, die damit schwere Konflikte mit ihren Ständen provozierten.

Anfangs schienen jedoch die katholischen Herrscher unfähig oder nicht willens, einen einheitlichen Glauben auf ihrem Herrschaftsgebiet durchzusetzen bzw. der raschen Verbreitung des Calvinismus im Reich entgegenzutreten (s.u.). Erst ab 1580 unternahmen die geistlichen Fürsten – insbesondere der Abt von Fulda und die benachbarten Bischöfe von Würzburg, Bamberg und Eichstätt – mit Unterstützung Bayerns und Österreichs ernsthaft den Versuch, trotz der *Declaratio Ferdinandei* die protestantische Glaubensausübung in ihren Ländern zu unterbinden. Hierbei machten sie besonders große Fortschritte nach Beendigung des Kölnischen Kriegs (1583–1588), der als Wendepunkt im Kampf zwischen Katholiken und Protestanten in Deutschland angesehen werden kann. Dieser Krieg stellte den ersten erfolgreichen Versuch dar, sich der Ausbreitung des Protestantismus in einem Kirchenland zu widersetzen, und in seinem Verlauf wurde 1586 (auf Kosten des Herzogs von Bayern) ein bereits 1580 verfaßtes wichtiges Traktat veröffentlicht, in dem es hieß, die katholische Sache werde in Deutschland aus Säumnis verloren und müsse gerettet werden, ehe es zu spät sei – das von einem Anonymus stammende *De Autonomia*.[25] Der Exodus der Lutheraner aus der »Pfaffengasse« (wie damals die Kirchenländer an Rhein und Main genannt wurden) schwoll nun zu einer Flut an. Die meisten suchten eine Zuflucht, die ihrem bisherigen Heimatort möglichst nahelag, und bildeten dort eine kämpferische und ruhelose Gemeinde von Verbannten. Sie trachteten nun unausgesetzt auf Rache an denen, von denen sie vertrieben worden waren. Viele von ihnen sangen ebenso wie die 1588 aus Würzburg in das nahegelegene Ansbach geflohenen Lutheraner den Psalm der Bitterkeit: »An den Wassern Babylons ließen wir uns nieder und vergossen unsre Tränen.« Die Aussichten auf eine Rückkehr waren mehr als gering, denn Julius Echter aus Mespelbrunn, von 1573 bis 1617 Bischof von Würzburg, machte aus seinem Land ein Musterbeispiel für die Errungenschaften der Gegenreformation. Seine Hauptstadt wurde durch eine neue Universität, ein prunkvoll restauriertes Schloß und viele renovierte Kirchen ebenso verschönert wie bereichert. Priester, die mit Konkubinen zusammenlebten, mußten diese nun gezwungenermaßen verlassen, und es wurde ein Sonderfond eingerichtet, um über 300 katholische Kirchen, die man zuvor den Protestanten abgenommen hatte, im »Juliusstil« wiederaufzubauen und um die Einkünfte der Geistlichen zu erhöhen.[26]

Die Wucht der Gegenreformation schien unwiderstehlich; sie bezog ihre Stärke aus der 1568 gegründeten *Congregatio Germanica* (Rat für deutsche Angelegenheiten) in Rom sowie aus überall in Europa neu eingerichteten Diözesanseminaren, Synoden und Schulen. Daneben wurden dank der wachsamen päpstlichen Vertreter (Nuntien) am kaiserlichen Hof und in Köln sowie der Tätigkeit der religiösen Orden die Lehren des tridentinischen Katholizismus immer klarer definiert und mit wachsender Strenge durchgesetzt. Viele der aktiveren katholischen Geistlichen wurden in Rom im 1552 gegründeten *Collegium Germanicum* ausgebildet (Köhler 1973, S. 155 f.).[27]

Die Gewinne der Katholiken gingen größtenteils zu Lasten der lutherischen Kirche, die eine Zeitlang mit inneren theologischen Unklarheiten zu kämpfen hatte. Diese waren das Ergebnis heftiger Auseinandersetzungen zwischen den »Gnesiolutheranern«, die in allen Punkten unverändert an der Lehre Luthers festhielten, und den »Philippisten«, den Anhängern Philipp Melanchthons, die manches an dieser Lehre ändern wollten. Zwischen 1537 und 1577 gab es zwischen den beiden Fraktionen insgesamt zehn Zusammenstöße über die rechte Lehre, über pädagogische und politische Grundsätze. Schließlich gelang es den Gnesiolutheranern, ihre Auffassung der sogenannten Konkordienformel aufzuprägen – einer zwischen 1577 und 1580 von einem Ausschuß lutherischer Hofkapläne (die auf Weisung ihrer Landesherren handelten) erarbeiteten Glaubensformel. Damit wurden etwa zwei Drittel aller Lutheraner unter einem einheitlichen Glaubensbekenntnis zusammengeschlossen, während die Anhänger Melanchthons nur noch die Möglichkeit hatten, in der calvinistischen Kirche aufzugehen. In der Folge kam es zu zahlreichen Austritten aus der lutherischen Kirche, auch von seiten einiger weltlicher Fürsten. Unter denen, die sich dem Calvinismus zuwandten, waren der Kurfürst Friedrich von der Pfalz (1559/1560), Graf Johann von Nassau (1578) und Landgraf Moritz von Hessen-Kassel (1603). Die letztgenannte Konversion löste einen Krieg aus, denn das Aussterben der Linie Hessen-Marburg im darauffolgenden Jahr wurde von dem neu zum Calvinismus bekehrten Landgrafen ausgenützt: Er besetzte das vakante Erbland, insbesondere die berühmte Universität Marburg, die zu einem wichtigen Seminar zur Ausbildung lutherischer Pastoren geworden war. Die Studenten machten einen Aufstand, den Moritz jedoch militärisch niederschlug. Die Lutheraner wurden gezwungen, in die zum lutherischen Hessen-Darmstadt gehörende Gießener Akademie (ab 1607 Universität) auszuweichen, von wo aus sie eine heftige und scharfe Auseinandersetzung mit ihren calvinistischen Enteignern in Marburg führten.[28] Der wohl größte Coup der Calvinisten war jedoch die Konversion zweier protestantischer Kurfürsten. Christian I. von Sachsen unterhielt enge Beziehungen mit der Kurpfalz und begann, Calvinisten in höhere Positionen seiner Schulen, Universitäten und seines Hofes zu berufen. 1590 bot er Heinrich IV., dem calvinistischen König von Frankreich, militärische Hilfe gegen dessen katholische Feinde an, und 1591 schloß er ein Militärbündnis mit dem calvinistischen Herrscher der Kurpfalz. Im selben Jahr führte er bestimmte Änderungen in die sächsische Kirchenordnung ein und näherte sie damit dem Calvinismus an. Es war allein Christians früher Tod im Alter von 31 Jahren, der in Sachsen die Sache der Lutheraner rettete. 1613 bedrohte in etwa der gleiche Vorgang Brandenburg mit einer einschneidenden religiösen Änderung: Der neue Kurfürst Johann Sigismund war ein offener Anhänger des Calvinismus und versuchte, nach dem Grundsatz der landesherrlichen Kirchenhoheit den offiziellen Glauben seiner Untertanen zu ändern. Das führte jedoch zu Aufständen in den Straßen von Berlin und zu einem Aufbegehren der Stände, bis ein Kompromiß ausgehandelt wurde, nach dem beide Formen des protestantischen Bekenntnisses geduldet wurden. Im Zusammenhang mit dieser Streitfrage erschien in Brandenburg eine Fülle von Flugschriften – allein für die Zeit von 1614–1617 werden 200 gezählt.[29]

So kann es kaum wundernehmen, daß die Calvinisten von der lutherischen Geistlichkeit von Herzen gehaßt wurden, mehr noch als die Katholiken. Sprachrohr der anticalvinistischen Bewegung war der aus Österreich stammende Matthias Hoë von Hoënegg, seit 1602 Hofprediger und seit 1613 Oberhofprediger des Kurfürsten von Sachsen. Hoë war besonders militant. Im Prolog zu seinem 1621 erschienenen *Prodromus* schrieb er: »Sonsten bin und bleib ich nochmals unverdrossen des Herrn Krieg zu führen, und danke meinem Gott, der meine Hände hat bisher streiten lehren.« Seine Angriffslust kommt auch in den Titeln seiner zahlreichen Bücher zum Ausdruck, von *Eines wahren Christenmenschen heftiger und rechter Abscheu vor Papisten und Calvinisten* (1601) bis zu *Eine wichtige und in diesen gefährlichen Zeiten sehr nützliche Frage, ob, wie, und warum man lieber mit den Papisten Gemeinschaft haben soll ... denn mit ... den Calvinisten* (1620). In anderen Werken verglich er die reformierte Religion sehr zu deren Nachteil mit dem Islam (vgl. Neveu 1967, S. 8–12).

Doch nicht alle Lutheraner waren so von ihrem Haß gegen die Calvinisten besessen, daß sie ihren älteren Widersacher ganz aus den Augen verloren hätten. Die meisten der aus Anlaß des lutherischen Jubiläums von 1617 veröffentlichten 46 feierlichen Predigten riefen zu einem alsbaldigen Kreuzzug gegen Rom auf, den Mittelpunkt der Götzenverehrung, der Sodomie und anderer Laster und den Wohnsitz des Drachens der Apokalypse. Die zwischen Katholiken und Lutheranern bestehenden Spannungen waren besonders in den deutschen Stadtstaaten ausgeprägt, wo zur Glaubensspaltung häufig soziale Mißstände hinzutraten. Zwischen 1595 und 1618 kam es in etwa 20 Städten des Reiches zu Krawallen oder Aufständen (s. *Karte 1;* vgl. auch Friedrichs 1978; 1983), der schwerste davon in Donauwörth 1606/07. Obgleich Donauwörth zu den acht Freien Reichsstädten gehörte, in denen sowohl Katholiken als auch Lutheraner offiziell geduldet wurden, hatten es die katholischen Geistlichen dieser Stadt bis 1605 kaum gewagt, offen Prozessionen abzuhalten, sie trugen keine Insignien, wenn sie an kirchlichen Feiertagen umherwanderten, und bewegten sich nur in den Seitenstraßen. Dazu hatten sie allen Grund, denn als die Geistlichen am St. Markustag 1606 den Versuch machten, eine richtige Prozession abzuhalten, wurden sie verprügelt und ihre Reliquien und Fahnen verhöhnt und beschlagnahmt. Zwei Monate später besuchte Pater Laurentius von Brindisi, führender Angehöriger des Kapuzinerordens, auf dem Weg zum kaiserlichen Hof diese Stadt und wurde ebenfalls von einer lutherischen Menge bedrängt, die ihn umtanzte und dazu sang: »Kapuziner, Kapuziner, Speck, Speck.« Von den Geistlichen Donauwörths erfuhr er von ihrer mißlichen Lage und versprach, den Kaiser um Abhilfe zu bitten.

Als er in Prag ankam, wütete dort die Pest, so daß im September selbst Rudolf II. seine Hauptstadt verlassen mußte, um nicht selbst angesteckt zu werden. Laurentius hielt unverzüglich eine Predigt, in der er den Zugeständnissen an die Protestanten in Donauwörth und andernorts die Schuld an der Pest gab. Seine Stimme erregte schweres Ärgernis, und er wurde nur deshalb vor Unannehmlichkeiten bewahrt, weil Maximilian von Bayern ihn dringend an seinen Hof bat, um die offenbar geistesgestörte Herzogin zu exorzieren. Die erfolgreiche Behandlung, die mehrere Sitzungen in Anspruch nahm, bot dem Kapuziner eine Chance, Maximilian für die Sache der Donauwörther Katholiken zu gewinnen, und als er im Februar des folgenden Jahres nach Prag zurückkehrte, konnte Laurentius dem Kaiser versichern, daß Bayern bereit sei, die Bestimmungen des Augsburger Religionsfriedens in der Stadt durchzusetzen. Nunmehr wollte Rudolf einen kaiserlichen Beauftragten entsenden, um sicherzustellen, daß die Katholiken im April 1607 unbehindert ihre Markusprozession abhalten konnten, und auch Maximilian schickte einige Agenten. Aber alles vergeblich: die katholischen Geistlichen wurden samt Agenten und dem kaiserlichen Kommissionär von einem lutherischen Haufen praktisch belagert und waren nicht in der Lage, das Kloster zu verlassen, in dem sie sich versammelt hatten. Die Ratsherren, ausnahmslos Protestanten, taten nichts, um den Aufruhr zu unterbinden.

Das war eine offene Mißachtung der kaiserlichen Autorität, und im August befahl Rudolf der Stadt Donauwörth, den Katholiken die freie Ausübung ihres Glaubens zu ermöglichen, wenn sie nicht für ungehorsam erklärt werden wollte; Maximilian war bevollmächtigt, nötigenfalls Gewalt anzuwenden, um den Gehorsam gegenüber dem Kaiser wiederherzustellen. Als auch diese Aufforderung unbeachtet blieb, sammelte der Herzog ein Heer, und obwohl einige protestantische Nachbarn ihrerseits Truppen aufgestellt hatten, marschierten seine Söldner am 17. Dezember 1607 in die Stadt ein und stellten die religiösen Rechte der Katholiken wieder her. Dieser Akt war offensichtliches Unrecht, denn Donauwörth gehörte zum schwäbischen und nicht zum bayrischen Kreis, und die Reichsacht hätte eigentlich vom schwäbischen Direktor (dem lutherischen Herzog von Württemberg) vollzogen werden müssen. Weitere Unrechtmäßigkeiten folgten. Im Juni 1609 überließ der Kaiser – ein Entgegenkommen, das sich 1620 in größerem Maßstab wiederholen sollte – Maximilian die Stadt als Pfand für die Ausgaben, die ihm beim Vollzug der Reichsacht entstanden waren. Sogleich verbot der Herzog die Ausübung des protestantischen Glaubens in Donauwörth, wobei er sich auf seine landesherrliche Kirchenhoheit berief, und vertrieb alle, die sich dem Verbot nicht unterwerfen wollten. Es begann ein neuer Kampf der Flugschriften, diesmal zwischen den lutherischen Flüchtlingen (die sich in der Mehrzahl nach Württemberg gewandt hatten) und den Verteidigern Maximilians.[30]

Als er von der Besetzung Donauwörths erfuhr, klagte der weitsichtige Herzog Philipp Ludwig von Neuburg: »Maximilian, Maximilian, ihr kennt nicht die folgen eures tuns.« (Zit. n. Kossol 1976, S. 167) Er und mit ihm einige andere sahen sofort, daß dieser Streich jede Möglichkeit einer Zusammenarbeit zwischen Protestanten und Katholiken auf dem für Januar 1608 nach Regensburg einberufenen Reichstag zunichte machen würde. Bereits zuvor hatte dort eine Konfrontation gedroht zwischen dem Kaiser, dessen Hauptanliegen die Bewilligung von Geldern war, mit denen er seine Schulden aus dem Krieg gegen die Türken bezahlen konnte, und den militanten Protestanten unter der Führung des Kurfürsten von der Pfalz, die religiöse Änderungen zugunsten der Protestanten im allgemeinen und der Calvinisten im besonderen forderten. Die Besetzung von Donauwörth, das knapp 100 Kilometer von Regensburg entfernt liegt, trieb nun ansonsten gemäßigte lutherische Herrscher wie den Herzog von Neuburg und den Kurfürsten von Sachsen in das pfälzische Lager. Sie forderten zumindest eine stärkere Vertretung der Protestanten beim Reichskammergericht. Aber der Vertreter des Kaisers, Erzherzog Ferdinand, blieb hart: Die Katholiken verfügten noch immer in zwei der drei Kollegien des Reichstags über eine Mehrheit (vier zu drei bei den Kurfürsten und 33 zu 15 bei den übrigen Reichsfürsten; nur die Städte, deren Votum ohnehin keine bindende Kraft hatte, waren von den Protestanten beherrscht). Es ging sogar das Gerücht, der Erzherzog plane insgeheim zusammen mit Maximilian von Bayern einen bewaffneten Anschlag auf den Reichstag für den Fall, daß er sich nicht durchsetzen könnte. Das bewahrheitete sich zwar nicht, doch im Februar 1608 brachten die katholischen Fürsten in ihrem Kollegium einen Antrag ein, in dem sie die Restitution aller Kirchengüter forderten, die seit 1552 säkularisiert worden waren. Eigentlich war dieser Antrag nur als Druckmittel gedacht, um den Protestanten in anderen Fragen Zugeständnisse abzuringen, tatsächlich machte er jedoch ihre Position unhaltbar. Nachdem die Vertreter der Pfalz bei Ferdinand einen formalen Protest eingelegt hatten, zogen sie im April aus dem Reichstag aus, gefolgt von den Vertretern aus Brandenburg, Ansbach, Kulmbach, Baden-Durlach, Hessen-Kassel und Württemberg. Zwar blieben die Abgeordneten Kursachsens und einige andere zurück, aber am 3. Mai löste Erzherzog Ferdinand den Reichstag widerstrebend auf.

Neun Tage später schlossen im Kapitelsaal des säkularisierten Klosters Auhausen (in der Nähe von Nördlingen) sechs führende protestantische Länder (Kurpfalz, Neuburg, Ansbach, Kulmbach, Baden-Durlach und Württemberg) ein Bündnis auf zehn Jahre, die »Protestantische Union«, in dem sie sich im Fall eines Angriffs von außen zu gegenseitiger Unterstützung verpflichteten. Damit waren schon jetzt die Schlachtlinien, die Deutschland in den 20er Jahren des 16. Jahrhunderts durchzogen, weitgehend festgelegt. Die meisten derer, die Ferdinand 1608 trotzten, taten dies auch später; wer in Regensburg auf dem Reichstag zögerte, war sich auch danach unschlüssig, und die Parteigänger des Erzherzogs standen ebenfalls fest. Für Historiker ist es ebenso erstaunlich wie für die damaligen Zeitgenossen, daß es nach dem Konflikt um Donauwörth trotz mehrerer schwerer Zusammenstöße noch zehn Jahre dauern sollte, bis zwischen den schon längst gerüsteten Parteien ein allgemeiner Krieg ausbrach. Die Erklärung dieses Sachverhalts muß in den politischen Zielen bestimmter Staaten außerhalb des Reiches gesucht werden.

3   Die Union, die Liga und die Politik in Europa

Die Gründung der Protestantischen Union war die Ursache für eine neue Phase in der Politik des Deutschen Reiches: Trotz der wiederholten Bemühungen vieler Fürsten, die älteren Reichsinstitutionen wiederzubeleben, beherrschten jetzt konfessionelle Bündnisse die Szene. Je mehr diese Bündnisse den Beistand ihrer Glaubensgenossen im Ausland suchten, desto stärker geriet die traditionelle Opposition gegen die Einbeziehung fremder Mächte in die politischen Vorgänge im Reich unter Druck und desto mehr wirkte sich die Reichspolitik auf das internationale Mächtegleichgewicht aus. Trotzdem hatte der Umsturz niemals alle Länder erfaßt: Während einige Fürsten einen allgemeinen Religionskrieg für unvermeidlich hielten und andere sich durch den Gang der Ereignisse aus Furcht genötigt sahen, einem der beiden Glaubensbündnisse beizutreten, versuchten einige Schlüsselfiguren innerhalb und außerhalb des Reiches immer noch, eine solche Katastrophe zu verhindern. Infolgedessen war das Jahrzehnt zwischen der Besetzung Donauwörths und dem Ausbruch des Böhmischen Aufstandes durch eine komplizierte und verworrene Mischung aus offenem Draufgängertum und vorsichtiger Abwehrhaltung gekennzeichnet.

Die Notwendigkeit einer konfessionell bestimmten Politik wurde besonders vorbehaltlos in der Rheinpfalz akzeptiert. Die Konversion Kurfürst Friedrichs III. (1559–1576) zum Calvinismus und die Fortsetzung seiner Politik durch seinen jüngeren Sohn Johann Kasimir (Regent 1583–1592) hatten Heidelberg zu einem der wichtigsten Zentren des reformierten Bekenntnisses gemacht. Der pfälzische Hof zog eine bemerkenswerte Schar tatkräftiger calvinistischer Adliger und ehemaliger Melanchthon-Anhänger an, unter ihnen der besonders ehrgeizige und später am bekanntesten gewordene Fürst Christian von Anhalt-Bernburg. Anhalt wurde 1595 zum Statthalter der Oberpfalz ernannt, und die Trunksucht und körperliche Schwäche Kurfürst Friedrichs IV. (1592–1610) gaben ihm bald die mehr oder weniger uneingeschränkte Kontrolle über die außenpolitischen Beziehungen der Pfalz. Seine ebenfalls eingewanderten Protégés – wie Ludwig Camerarius, die Brüder Christoph und Achatius von Dohna, Vollrad von Plessen und Hippolytus von Colli – gewannen als Vertreter der pfälzischen Diplomatie zunehmend an Berühmtheit, und der Unterschied zwischen der pfälzischen und Anhalts eigener Politik wurde immer geringer.

Diese aktiven Politiker in pfälzischen Diensten verband ein ausgeprägt ideologisches Verständnis von europäischer Politik. Seit den späten 60er Jahren des 16. Jahrhunderts war Heidelberg von der Existenz eines internationalen katholischen Bündnisses unter Führung der Habsburger und des Papstes überzeugt, das, hatte es erst einmal eine Position der Stärke erreicht, einen Feldzug zur Ausrottung des Ketzertums in ganz Europa unternehmen würde. Den führenden Männern der Pfalz schien ein großer Glaubenskrieg unvermeidlich: Zur Verteidigung der protestantischen Sache mußte das Wiedererstarken des Katholizismus auf jeder Stufe bekämpft werden, nicht nur innerhalb des Reiches, sondern auch durch die Schaffung eines internationalen protestantischen Bündnisses (Schubert 1955, S. 46 und 52). Während der letzten Jahrzehnte des 16. Jahrhunderts hatte die Pfalz wiederholt Bündnisse mit England, den niederländischen Rebellen und den Hugenotten in Frankreich gesucht, konnte aber bis zur Jahrhundertwende ihr Ziel nicht verwirklichen.

Am engsten waren ihre Beziehungen zur Niederländischen Republik. Hier wurde das Band der gemeinsamen Konfession noch verstärkt durch persönliche und dynastische Verbindungen auf den verschiedensten Ebenen und durch ein gemeinsames strategisches Interesse am Rheinland. 1593 hatte Friedrich IV. Louisa-Juliana geheiratet, die Halbschwester von Moritz von Nassau, dem Führer der Niederländischen Republik. Ihr Onkel, Graf Johann VI. von Nassau-Dillenburg, war bis zu seinem Tod 1606 führendes Mitglied im pfälzischen Rat. Johanns Schwager Johann Albert, Graf von Solms-Brauenfels, wurde 1602 Pfälzer Hofkämmerer. Die dynastische Verbindung mit dem Haus Nassau, welche die Pfalz zur zentralen Schaltstelle des fürstlichen Calvinismus in Europa machte, wurde noch ergänzt durch die Dienste einer Reihe pfälzischer Offiziere in der holländischen Armee (van Deursen 1965, S. 45 f.). Das gemeinsame Interesse am Rheinland hatte sich erstmals im Verlauf des Kölnischen Krieges und bei der Invasion Westfalens durch die Spanier (s. S. 74) gezeigt; zum Beginn des 17. Jahrhunderts hatte es einen neuen Ansatzpunkt in der umstrittenen Erbfolge auf den katholischen und kinderlosen Johann Wilhelm, Herzog von Jülich-Kleve und Berg, Graf von Ravensburg und Mark gefunden.

Die Länder waren im Bekenntnis gespalten (Jülich war streng katholisch, während in Kleve, Ravensburg und Mark die Calvinisten und Lutheraner ein Übergewicht hatten); die führenden Anwärter auf die Erbfolge, Kurfürst Johann Sigismund von Brandenburg und Philipp Ludwig, Herzog von Pfalz-Neuburg, waren jedoch beide Lutheraner. Die Herzogin, Antoinette von Lothringen, und die Jülicher Stände waren entschlossen, eine protestantische Erbfolge zu verhindern, und hatten sich der Unterstützung des Kurfürsten von Köln und Rudolfs II. von Spanien versichert.[31] Die Niederlande und die Pfalz waren ebenfalls daran interessiert, eine Besetzung der Herzogtümer durch Spanien abzuwenden. Aufgrund der gespannten Beziehungen zwischen Neuburg und der Pfalz war der vom pfälzischen Kurfürsten und den Holländern bevorzugte Kandidat Brandenburg; dessen Kurfürst war jedoch nicht zu einem formellen Bündnis in der Lage, da ein langfristiger Vertrag mit den Herrscherhäusern Sachsens und Hessens (der »Erbverein«) bestand, der solche Bündnisse mit Dritten ausschloß.[32] Unter diesen Bedingungen kam es lediglich zu einem Geheimabkommen zwischen den drei Parteien im April 1605, in dem die Niederlande als Gegenleistung für einen Kredit von 100 000 Talern von Brandenburg und der Pfalz zusicherten, beim Tod des Herzogs Jülich-Kleve im Namen Johann Sigismunds zu besetzen.

Die diplomatischen Bemühungen Anhalts beschränkten sich keineswegs auf Deutschland, auch wenn die Beziehungen der Pfalz zu England und Frankreich weniger Grund zur Hoffnung boten. Eine Einladung an Jakob I. anläßlich seiner Thronbesteigung 1603, sich an die Spitze eines internationalen protestantischen Bündnisses zu stellen, war höflich ausgeschlagen worden, und er hatte sich an deutschen Angelegenheiten wenig interessiert gezeigt (PRO, S. P. 81/9/6, Jakob I. an Friedrich IV., 8. Juni 1603 ([alter Stil]). Die Beziehungen zu Heinrich IV. hatten sich durch dessen 1593 erfolgten Übertritt zum Katholizismus und durch die Spannungen zwischen der französischen Krone und den Hugenotten verschlechtert. Zwar hatte 1591 Anhalt persönlich zur Unterstützung Heinrichs eine Militärexpedition angeführt – der ihm dafür noch immer 1,3 Millionen Taler schuldete –, doch betrachtete der König internationale protestantische Verbindungen inzwischen mit Argwohn.[33] Hauptziel seiner Außenpolitik war die Verhinderung eines neuen Glaubenskrieges in Europa, der den schwer errungenen und mühsam bewahrten inneren Frieden Frankreichs gefährden würde. Er war wohl bereit, die deutschen Fürsten gegen den Kaiser zu unterstützen, aber die konfessionelle Ausrichtung in der Politik der Pfalz behagte ihm weniger. Seine Befürchtungen bestätigten sich, als die Pfalz dem Herzog von Bouillon Schutz gewährte, einem Hugenotten und alten Freund Anhalts, außerdem verheiratet mit einer Tochter aus dem Haus Nassau, der 1602 in Heidelberg Zuflucht gesucht hatte, nachdem seine Teilnahme an einer Verschwörung gegen die Krone bekannt geworden war. Als er 1606 zu seinem Stammsitz bei Sedan zurückkehrte, wurde er von dem nachmaligen Friedrich V. begleitet, der dort seine Ausbildung beendete. Als Vergeltung für diese offene Unterstützung eines Rebellen lehnte Heinrich Anhalts Einladung ab, sich an der 1605 getroffenen Vereinbarung über Jülich-Kleve zu beteiligen.

Nachdem seine ehrgeizigen Pläne auf internationaler Ebene gescheitert waren, richtete Anhalt seine Aufmerksamkeit auf die Schaffung eines rein deutschen Bündnisses. 1607 schloß er einen Vertrag zwischen der Pfalz, seinen Neffen – den Markgrafen von Ansbach und Kulmbach – und der Stadt Nürnberg, angeblich zum Schutz der Oberpfalz gegen einen Angriff durch Bayern. Die Besetzung Donauwörths sechs Monate später bot ihm die Gelegenheit, sein Bündnis zu erweitern und damit gewichtiger zu machen. Bislang waren die lutherischen Fürsten durch die Unternehmungen des pfälzischen

Kurfürsten ebenso aufgeschreckt wie durch das Vordringen der Gegenreformation, doch Kurfürst Christian II. von Sachsen (1591–1611) hatte sich geweigert, ein lutherisches Glaubensbündnis anzuführen. Nachdem sich Sachsen zurückhielt, war der aktivste lutherische Fürst der von Pfalz-Neuburg, dem die beunruhigende Nachbarschaft Bayerns, sein Anspruch auf die Jülich-Klevesche Erbfolge und die Gegnerschaft zur Pfalz es um so geratener erscheinen ließen, eine feste Haltung einzunehmen. Als Antwort auf die 1605 getroffene Abmachung zwischen den Niederlanden, der Pfalz und Brandenburg hatte er ein eigenes Bündnis mit dem Herzog von Württemberg und dem Markgrafen von Baden-Durlach geschlossen, das dem gegenseitigen militärischen Beistand und der Unterstützung seiner Ansprüche auf Jülich-Kleve diente. Dieser Pakt war ebenso gegen Heidelberg wie gegen München gerichtet, doch die Besetzung Donauwörths durch Maximilian überzeugte Philipp Ludwig, daß dieser die größere Bedrohung darstellte. Nach dem Debakel des Reichstags in Regensburg im April 1608 ging er auf den Vorschlag Ansbachs ein, sein eigenes Bündnis in eine größere Union einzubringen. Neuburgs Vertrag von 1605 war die Grundlage für die Verfassung der Protestantischen Union (s. S. 86), mit drei wichtigen Unterschieden: Mit der Zugehörigkeit zur Union war keinerlei Verpflichtung zur Unterstützung eines der Anspruchsteller im Jülich-Kleveschen Erbfolgestreit verbunden, Zusatzklauseln sollten theologische Auseinandersetzungen zwischen Lutheranern und Calvinisten möglichst verhindern und die Dauer des Bündnisses wurde auf zehn Jahre begrenzt.

Doch die Zukunft der Protestantischen Union war keineswegs klar. Abgesehen von einer impliziten Verpflichtung zu gegenseitigem militärischen Beistand zur Verteidigung gegen Bayern hatten sich die Bündnispartner nicht auf ein gemeinsames politisches Programm geeinigt. Von den acht Gründungsmitgliedern teilten lediglich Ansbach und (zurückhaltender) Württemberg und Baden die Überzeugung Kurfürst Friedrichs von der Pfalz, daß ein Glaubenskrieg unvermeidlich bevorstand. Von Auhausen aus war eine allgemeine Einladung an alle protestantischen Stände des Reiches ergangen, doch bis zum Frühjahr 1609 hatten lediglich der Graf von Oettingen und die Städte Straßburg, Ulm und Nürnberg die Aufnahme in die Union beantragt. Auch der gleichzeitig betriebene Versuch Anhalts, die Union zu einem internationalen Bündnis zu machen, gediehen nicht sehr weit. Die in Rothenburg im August 1608 abgehaltene Versammlung der Union lehnte seinen Antrag ab, Heinrich IV. mit aufzunehmen, und weitere Einladungen an die Holländer, Jakob I. und an Christian IV. von Dänemark wurden aufgeschoben (*Briefe und Akten* II, S. 55 f., Protokoll vom 7. – 14. Aug. 1608). Daraufhin entschloß sich

Anhalt zu selbständigem Vorgehen und leitete damit eine Entwicklung ein, die zu einem ebenso beständigen wie auf die Dauer verhängnisvollen Kennzeichen der Politik der Union werden sollte. Im Herbst 1608 stimmte der pfälzische Rat dafür, eine Ehe zwischen Kurfürst Friedrich und Elisabeth, einer Tochter Jakobs I. anzustreben, während Anhalt persönlich seinen Freund Tschernembl, den Anführer der protestantischen Stände Österreichs aufforderte, sich notfalls an die Union um Unterstützung gegen seinen Habsburger Oberherrn zu wenden.

Das lang erwartete Ableben Johann Wilhelms von Jülich-Kleve am 25. März 1609 (15 Tage, bevor der Krieg zwischen Spanien und den Niederlanden durch einen zwölfjährigen Waffenstillstand zu einem vorläufigen Ende kam) stellte das protestantische Bündnis erstmals auf die Probe. Neuburg und Brandenburg schickten unverzüglich ihre Emissäre zum Stammhaus des Herzogs in Düsseldorf, um ihre Besitzansprüche auf die Herzogtümer vorzubringen. Die von den Jülicher Ständen unterstützte Herzoginwitwe wies diese Ansprüche zurück, und am 2. April bestimmte Rudolf II. sie als Regentin, bis er den Erbfolgestreit geschlichtet hätte. Das Vertrauen von Neuburg und Brandenburg an die Unparteilichkeit des Kaisers war seit dem Zwischenfall von Donauwörth zerstört, und im Juni kamen beide überein, nach einem unabhängigen Schiedsgericht zu suchen und während dieser Zeit die besetzten Gebiete gemeinsam zu regieren. Rudolf erklärte diese Vereinbarung für ungültig und beauftragte seinen Vetter Erzherzog Leopold, Bischof von Straßburg und Passau, der Herzoginwitwe beizustehen, und bevollmächtigte ihn, erforderlichenfalls militärische Hilfe aus den Spanischen Niederlanden zu erbitten. Leopold übernahm am 23. Juli den Befehl über die katholische Garnison der Festung Jülich, fand sich dann jedoch durch Truppen der beiden Prätendenten blockiert.

Keine Seite wollte mit den Feindseligkeiten beginnen, doch Leopolds Mobilisierung von Verstärkungstruppen in der Diözese Passau, seine Reise nach Brüssel im Oktober und die Gründung der Katholischen Liga (s. u.), das alles festigte in den Fürsten der Union die Überzeugung, daß ihre Befürchtungen eines zweiten Donauwörth berechtigt waren. Im Mai 1609 hatte die Union beschlossen, zwar seien die Bündnispartner nicht verpflichtet, die Prätendenten im Jülich-Kleveschen Erbfolgestreit zu unterstützen, doch seien sie dazu berechtigt, wenn sie dazu aufgefordert würden. Im November beschlossen die führenden Fürsten eine gemeinsame Empfehlung an die nächste Vollversammlung der Union, daß diese die Prätendenten als gemeinsame Körperschaft mit 5 000 Bewaffneten unterstützen sollte. Die Begründung für diese Intervention findet sich in einem Gutachten des pfälzischen Geheimen Rates Michael Loefenius:

»Wenn auch die Jülicher sache an sich nicht in die union gehört, so sollten doch die unierten gegenwärtig, da die lande wohl mit geringem aufwand den evangelischen fürsten zu erhalten sind, etwas dazu tun. Denn der union wächst, wenn die lande den fürsten bleiben, ein guter theil des rheinlands zu, während ihr, wenn die lande an Spanien kommen, grosse gefahren entstehen. Lässt man die fürsten hilflos, so wird das ansehen der union sehr sinken. Wenn evangelische stände, wie Donauwörth, durch gefährliche prozesse bedrängt werden und die unierten zu ihrem beistande durch die union nicht verpflichtet sind, so ist doch zu beachten, dass alle evangelischen glieder eines heiligen leibes sind und dass die krankheit des einen auch die anderen leicht ergreifen könnte. Die hilfe für Jülich kann wohl auch der Donauwörther und ähnlichen sachen zugute kommen.« (Zit. n. Kossol 1976, S. 218 f.)

Wenige Wochen zuvor hatten Brandenburg und Hessen-Kassel den Versuch gemacht, Christian II. von Sachsen für die Sache der Prätendenten zu gewinnen. Als er sich weigerte, erklärten sie den Erbverein für aufgelöst und beantragten ihre Aufnahme in die Union. Im Dezember begab sich Anhalt persönlich nach Paris, um mit Heinrich IV. die Möglichkeiten einer Intervention Frankreichs zu erörtern; zur gleichen Zeit wurden ähnliche Vorstöße bei Jakob I. und den Generalstaaten unternommen.

Auf dem im Januar und Februar 1610 abgehaltenen Unionstag in Schwäbisch Hall wurde die Intervention der Unionisten beschlossen, allerdings nicht ohne vorherige eingehende Debatte. Ansbach befürwortete den Antrag mit der zuversichtlichen Begründung: »Mit Donawördt ligt die ganze last auf uns allein. In Gulch (Jülich) aber tragen Franckreich, Staaden (die Generalstaaten), Engelland und andere mehr mit.« (Zit. n. Herold 1973, S. 134) Aber nur er und Baden unterstützten Anhalts Vorschlag, die Union solle sich öffentlich zur Sache der Prätendenten bekennen. Hessen-Kassel, Württemberg und Pfalz-Neuburg befürchteten einen größeren Konflikt und sprachen sich lediglich für eine informelle Vereinbarung über militärische Hilfe aus. Am 4. Februar machte Anhalt das Angebot des französischen Königs publik, Truppen zur Belagerung Jülichs zu entsenden und in den Niederlanden und in Oberitalien Ablenkungsfeldzüge zu führen, um ein Eingreifen Spaniens zu verhindern. Wie er gehofft hatte, beruhigte diese Offerte jene Mitglieder, die eine offene Konfrontation mit Spanien scheuten, und schließlich kam der Unionstag überein, 5 000 Bewaffnete anzuwerben. Die bei der Aushebung anfallenden Kosten sollten als Kredit an Brandenburg und Pfalz-Neuburg betrachtet werden.

Die Einmischung Heinrichs IV. machte aus dem Jülich-Kleveschen Erbfolgestreit eine internationale Krise. Damals hielt der englische Diplomat Sir Ralph Winwood die Entscheidung des Königs für »ein tieferes Geheimnis als es der menschliche Geist zu begreifen vermöchte, und ein so merkwürdiges

Vorhaben, daß es kaum jemand (so denke ich) sogleich für wahr halten wird«
(Winwood an den Earl von Salisbury, 2. Nov. 1609, alter Stil; zit. n. Sawyer
1725, III, S. 83). Die Beweggründe Heinrichs sind bis heute umstritten, doch
die am häufigsten vorgebrachten Theorien – die Verwirklichung hochflie-
gender Pläne oder die Flucht von Charlotte de Montmorency nach Brüssel im
November 1609 – sind als Erklärung für seine Entscheidung weniger überzeugend als das fortwährende Dilemma, in dem sich die französische Außenpolitik befand. Der Streit um Jülich-Kleve beschwor die Gefahr jenes europäischen Glaubenskrieges herauf, den Heinrich mehr als alles andere fürchtete;
mit einer massiven Einmischung konnte er die Union wieder unter seinen Einfluß bekommen, bevor die Lage außer Kontrolle geriet. In diesem Zusammenhang sind die an sein Angebot einer militärischen Unterstützung
geknüpften Bedingungen aufschlußreich: Darin forderte er unter anderem die
Auflösung der Beziehungen, die die Union zu den Hugenotten unterhielt.
Am Ende kam es nicht zum großen Krieg. Spanien beschloß, den mit der
Republik der Niederlande geschlossenen Waffenstillstand nicht durch eine
Intervention in Deutschland aufs Spiel zu setzen, und die Ermordung Heinrichs IV. am 14. Mai 1610 setzte den weiterreichenden französischen Plänen
ein Ende. Die militärischen Operationen beschränkten sich auf eine kurze
Belagerung Jülichs durch ein gemischtes Kontingent aus französischen, nie-
derländischen, englischen und unionistischen Söldnern; Erzherzog Leopold
ergab sich am 1. September. Trotzdem waren die Folgen der Krise für die
Union wie für das ganze Deutsche Reich beträchtlich.

Die Bereitschaft der Union im Jahr 1609/10, militärische Gewalt anzuwenden, bewog schließlich die maßgeblichen Kirchenfürsten (die sich früheren Aufrufen des Bischofs von Würzburg und des päpstlichen Agenten in
Deutschland, des emigrierten Pfälzers Kaspar Scioppius, zur Gründung eines
katholischen Bündnisses widersetzt hatten), Maßnahmen zu ihrer eigenen
Verteidigung zu treffen. Im Laufe des 16. Jahrhunderts hatten die bayrischen
Herzöge mehrfach die Schirmherrschaft für konfessionelle Verbände übernommen, doch die letzte von ihnen, der Landsberger Bund, war 1599 aufgelöst worden, da als Folge des Kölnischen Krieges die herzogliche Schatulle
fast aller Mittel entblößt war. Maximilian, durch die Erfahrung seines Vaters
vorsichtig geworden, wollte einem neuen Bündnis nur unter der Bedingung
zustimmen, daß dessen finanzielle Lasten gleichmäßiger verteilt würden. In
dem am 16. Juli 1609 unterzeichneten Vertrag von München übergaben die
Mitglieder der neuen Katholischen Liga Maximilian die Verfügungsgewalt
über eine zentrale Kriegskasse und den Oberbefehl über sämtliche ausgehobenen Truppen. Die ursprünglichen Mitglieder – Erzherzog Leopold, die

Bischöfe von Würzburg, Augsburg, Regensburg und Konstanz, der Abt von Kempten und der Prior von Ellwangen – waren unmittelbare Nachbarn des Herzogtums Bayern, doch im Herbst kamen aufgrund der zunehmenden Furcht vor einem Krieg in den Rheinlanden noch die Bischöfe von Worms, Speyer und Bamberg und vor allem die drei geistlichen Kurfürsten hinzu. Zu diesem Zeitpunkt tauschten die Kurfürsten von Köln und Mainz ihre französischen Pensionen gegen spanische ein (Kessel 1979, S. 59 und 66; zu den Motiven der Bischöfe vgl. Baumgart 1973).

Die Liga hielt sich allerdings mit einer Einmischung in den Jülich-Kleveschen Streit zurück. Trotz der Hilfsersuchen Erzherzog Leopolds und der Bereitschaft Maximilians, ihn zu unterstützen, hielt die Mehrheit der Fürstbischöfe das Bündnis für eine dem Wesen nach defensive Allianz und war nicht bereit, sich auf kriegerische Maßnahmen einzulassen, solange sie nicht unmittelbar bedroht waren. Überdies trafen die von Maximilian beantragten Subsidien Philipps III. und des Papstes erst im August 1610 ein. Im September bewog die Furcht vor einer Ausweitung des Krieges nach dem Fall Jülichs die Liga zur Mobilisierung eines Heers von rund 19 000 Mann; als sich jedoch zeigte, daß die Union keine weiteren militärischen Ziele hatte, stimmte Maximilian am 24. Oktober einem Waffenstillstand zu. Andererseits hatte die Gründung der Liga einen drastischen Anstieg der Mitglieder der Union zur Folge. Bis zum Januar 1610 waren Brandenburg, Hessen-Kassel, die Brüder Christians von Anhalt, der Herzog von Pfalz-Zweibrücken sowie 13 Freie Städte aus dem Süden und Südwesten Deutschlands hinzugekommen. Der nunmehr zahlenmäßig höhere Anteil der Städte bedeutete für die vorsichtigeren Fürsten eine nennenswerte Verstärkung, denn die Städte waren vorwiegend lutherisch und hatten sich der Union hauptsächlich aus Furcht vor Bayern und der Liga angeschlossen; die waghalsige Politik Anhalts behagte ihnen gar nicht, und sie waren sich ihrer Verletzlichkeit bei Vergeltungsmaßnahmen durchaus bewußt. Die auf dem Unionstag im Januar 1610 verabschiedete Satzung, die der neuen Zusammensetzung des Bündnisses Rechnung tragen sollte, den Städten jedoch lediglich acht gegenüber zwölf Stimmen der Fürsten zugestand, war wenig angetan, ihre Befürchtungen zu zerstreuen.[34]

Diese waren keineswegs unberechtigt, denn der scheinbare Erfolg Anhalts in der Jülich-Kleveschen Streitsache verleitete ihn zu einigen schwerwiegenden Fehleinschätzungen. Anders als die Vorsprachen bei Heinrich IV. waren die Anfragen der Union bei Jakob I. und der Niederländischen Republik auf vorsichtige Zurückhaltung gestoßen. Die Holländer wollten ebensowenig wie die Spanier – trotz des Vertrags von 1605 – den Waffenstillstand durch eine kostspielige einseitige Intervention aufs Spiel setzen und weigerten sich, Truppen zur Verfügung zu stellen, bevor Heinrich IV. nicht mobilgemacht hatte (van Deursen 1965, S. 60). Jakob I. hatte ursprünglich die Absicht, sich als Vermittler anzubieten; erst nachdem er über die Entscheidung Frankreichs informiert wurde, bot er den Dienst englischer Söldner im niederländischen Heer an. Anhalt hatte indessen einige Unterredungen mit Winwood und anderen Diplomaten geführt, die die Krise ähnlich beurteilten wie er selbst. In einem Brief Winwoods an den Earl of Salisbury vom 17. Oktober 1609 heißt es:

»Der Ausgang dieses ganzen Handels mag bei oberflächlicher Betrachtung unbedeutend und als etwas Gewöhnliches erscheinen, doch bei rechter Würdigung aller Folgen, die sich notwendig daraus ergeben, wird er (nach meiner unmaßgeblichen Meinung) am Ende über Sieg oder Niederlage der Macht des Hauses Österreich und der römischen Kirche in dieser Region entscheiden.« (Sawyer 1725, Bd. III, S. 78)[35]

Bestärkt durch die Überzeugung von der Entstehung eines internationalen protestantischen Bündnisses, hatten die Fürsten der Union im Februar 1610 die Bedingungen Heinrichs IV. abgelehnt und statt dessen beschlossen, Jakob I. das Präsidium der Union in Verbindung mit einem englisch-pfälzischen Ehebündnis anzutragen (vgl. Adams 1973, S. 168 f.).

Eine erste Abordnung nach England im Frühjahr 1610 wurde kühl aufgenommen; eine von Anhalt im Oktober persönlich unternommene Mission war nicht erfolgreicher. Was Jakob I. bewog, seine Meinung zu ändern und seine Ansichten über die Zweckmäßigkeit eines Bündnisses mit der Pfalz zu überdenken, war der Gang der Ereignisse in Frankreich nach dem Tod Heinrichs IV., insbesondere der spanisch-französische Heiratsvertrag vom März 1611. Eine kurze Zeitlang hatte er 1611/12 ernsthaft die Möglichkeit erwogen, daß eine internationale katholische Verschwörung im Gange war, und sich entschlossen, sie zu bekämpfen. Im Frühjahr 1611 wurde vom Herzog von Bouillon die englisch-pfälzische Hochzeit arrangiert, und im Herbst stimmte Jakob einem auf sechs Jahre angelegten Verteidigungsbündnis mit der Union zu. Obwohl er es ablehnte, ihr Präsidium zu übernehmen, riet er der Union, ähnliche Bündnisse mit den Generalstaaten und mit Christian IV. von Dänemark abzuschließen. Der Vertrag zwischen der Union und England wurde im April 1612 in Wesel und der mit den Niederlanden im Mai 1613 in Den Haag unterzeichnet (vgl. Adams 1973, S. 183–221).[36]

Diese internationalen Bündnisse bildeten die Eckpfeiler der zukünftigen Diplomatie Anhalts, doch kamen sie nur um den Preis einer zunehmenden Spannung in der Union zustande. Die Risikopolitik von 1610 hatte die Städte das Fürchten gelehrt, und der Vertrag mit den Niederlanden (von dem sie argwöhnten, er werde sie in einen neuen spanisch-niederländischen Krieg verwickeln) wurde von den Fürsten trotz ihrer Einwände ratifiziert. Ebenso mißtrauisch beobachteten sie die Neigung Anhalts und seiner Verbündeten, die Diplomatie der Union heimlich und informell zu betreiben.[36] Ihre Befürchtungen wurden von den kleineren lutherischen Fürsten – insbesondere Oettingen, Kulmbach und Pfalz-Neuburg – geteilt: 1613 trugen sich die Genannten ernsthaft mit dem Gedanken an ihren Austritt aus der Union. Die Enttäuschung Neuburgs verstärkte sich noch, als seine Ansprüche, nach dem Tod Friedrichs IV. am 8. September 1610 die Regentschaft der Pfalz zu übernehmen, offen abgelehnt wurden. In seinem Mißtrauen gegenüber der pfälzisch-brandenburgischen Verbindung wandte er sich zunehmend an Sachsen, Bayern und den Kaiser, um seine Ansprüche auf Jülich-Kleve abzusichern. 1613 brach er endgültig mit der Union, als er auf dem vorzeitig beendeten Reichstag in Regensburg zurückblieb, nachdem die anderen Vertreter der Union abgereist waren. Sein Sohn Wolfgang Wilhelm ging noch weiter und trat am 19. Juli 1613 zum Katholizismus über – später im selben Jahr heiratete er die Schwester Maximilians. Einem zeitgenössischen Bericht zufolge »bedauerte und verabscheute (Philipp Ludwig) zwar zutiefst die Abtrünnigkeit seines Sohnes, aber da sich dieser den Papisten in die Arme geworfen hatte, um seine Rechte und Ansprüche zu sichern, billigte er alles so, als hätte dieser recht gehandelt« (»PAD« an William Trumbull, 22. Juli 1614, BGSA, Kasten Schwarz 16688, Bl. 150). Der Streit um Jülich-Kleve hatte außerdem Christian II. von Sachsen (der im Juli 1610 zum Reichsschiedsrichter ernannt wurde) und seinen Sohn Johann Georg zu offenen Feinden der Union gemacht. Diese Feindschaft des Kurfürsten hinderte jetzt die Union daran, einen der sächsischen Vasallenstaaten im Norden und Nordosten für sich zu werben. Allein Brandenburg näherte sich an; der Bekehrung von Johann Sigismund zum Calvinismus 1613 folgte drei Jahre später die Hochzeit seines Sohnes Georg Wilhelm mit Friedrichs V. Schwester Elisabeth (s. *Tabelle 2*).

Trotz der wachsenden Differenzen in den eigenen Reihen hoffte Anhalt noch immer darauf, mit Hilfe der Union die Schwächen der kaiserlichen Autorität auszunützen. Für ihn war der lange Kampf zwischen Rudolf II. und dessen Bruder Matthias um die Herrschaft über die Habsburger Länder eine günstige Gelegenheit, die Wahl von Erzherzog Albrecht (Herrscher der Spanischen Niederlande und Rudolfs zweiter Bruder) als Nachfolger Rudolfs zu verhindern – Albrecht war Anhalt ein besonderer Dorn im Auge – und zugleich ein kaiserliches Interregnum herbeizuführen, bei dem der Kurfürst von der Pfalz als rangältester Reichsfürst eine führende Rolle in den Reichsangelegenheiten spielen würde (Schubert 1955, S. 50 f.; Herold 1973, S. 171 und 184). Anhalt war jedoch nicht sicher, ob es von größerem Vorteil sein würde, die Unterstützung der Union dem geschwächten Rudolf oder dem scheinbar nachgiebigeren Matthias anzubieten. Während er noch zwischen beiden Möglichkeiten schwankte, wurde er vom plötzlichen Tod Rudolfs am 20. Januar 1612 und der unangefochtenen Thronfolge des Matthias überrascht.

Die Wahl Matthias' bot seinem neuen Kanzler Melchior Khlesl, Bischof von Wien, die Möglichkeit, der sich zuspitzenden konfessionellen Auseinandersetzung vorzubeugen, indem das traditionelle Reichsbündnis mit Mainz und Sachsen erneuert wurde. Khlesl hätte es am liebsten gesehen, wenn man beide Glaubensbündnisse aufgelöst und anschließend die Liga zu einer umfassenderen, konfessionsneutralen Organisation unter dem Präsidium des Reiches gemacht hätte, der auch lutherische Fürsten angehörten, um auf diese Weise vielleicht die Pfalz isolieren zu können. Er versuchte, unzufriedene Mitglieder der Union wie Pfalz-Neuburg und Kulmbach für diesen Plan zu gewinnen, und bot Ansbach sogar den Oberbefehl über die Reichstruppen in Ungarn an. Doch die Union wankte nicht. Auf dem Unionstag in Rothenburg im März 1613 wurde beschlossen, das Bündnis nicht aufzulösen, solange die Liga noch bestand und eine Reihe seit langem beklagter Mißstände nicht behoben waren. Gefordert wurden die Aufhebung des *reservatum ecclesiasticum* (s. S. 80), die Wiederherstellung der Unabhängigkeit Donauwörths und die Anerkennung der Religionsfreiheit in Aachen – wo 1612 nach jahrelangen, zum Teil von der Union unterstützten Unruhen, ein 1598 von den spanischen Truppen eingesetzter Magistrat gestürzt worden war (vgl. hierzu Schilling 1974). Die Vertreter der Union verließen den 1613 nach Regensburg einberufenen Reichstag bald nach dessen Eröffnung, als deutlich wurde, daß von einigen zugestandenen Justizreformen abgesehen ihre Hauptforderungen unerfüllt bleiben würden.

Die Vorschläge Khlesls fielen bei der Liga auf fruchtbareren Boden. Nach der 1612 erfolgten Wahl der probayrischen Prälaten von Salzburg und Eichstätt hatte die Liga zwar neue Mitglieder, doch gleichzeitig wurde Maximilian als Präsidium zunehmend in Frage gestellt. Die geistlichen Kurfürsten waren sehr auf ihre verfassungsmäßige Position bedacht, ganz besonders der Reichserzkanzler Johann Schweickhard von Mainz, und unter seinem Einfluß forderten die übrigen Kurfürsten die Dezentralisierung der Liga in ein oberdeutsches Direktorium unter der Führung Bayerns und ein rheinisches Direktorium unter Mainz. Maximilian betrachtete diese Teilung der Macht mit gemischten Gefühlen, aber noch weniger glücklich war er zweifellos mit der weiteren Forderung des Kurmainzers nach einer Beteiligung Habsburgs, die auch von Philipp III. von Spanien als Bedingung für seine Subsidien gestellt worden war. Maximilian rechnete sich aus, daß eine Mitwirkung Habsburgs die Liga zu einem Instrument der Reichspolitik machen und dazu verpflichten würde, die weitergehenden Interessen Habsburgs mitzutragen (Albrecht 1962, S. 34; Altmann 1978, S. 24). Auf der gleichzeitig während des Regensburger Reichstags abgehaltenen Versammlung der Liga gelang es Khlesl und Mainz, eine Mehrheit der Mitglieder dafür zu gewinnen, sowohl einer Dezentralisierung als auch einer Beteiligung Habsburgs zuzustimmen: Erzherzog Maximilian, der Bruder des Kaisers, wurde in das Bündnis aufgenommen und erhielt das eigens für ihn geschaffene österreichische Direktorium. Maximilian von Bayern hatte sich vehement gegen diesen Schritt ausgesprochen, weil er jetzt die Teilnahme Habsburgs als ein Mittel für Khlesl ansah, die Liga für lutherische Fürsten zu öffnen (Altmann 1978, S. 13). Zur Sicherung der eigenen Lage schloß er im März 1614 einen Sonderbund mit seinen besonderen Anhängern, den wohlhabenden und geographisch zusammenhängenden geistlichen Fürstentümern Würzburg, Bamberg, Eichstätt und Ellwangen.

Die Dezentralisierung machte die Liga zu einer stumpfen Waffe. Während der zweiten Jülich-Kleveschen Krise von 1614 war ihre Reaktion uneinheitlich und zögernd. Außerdem gab es heftige Auseinandersetzungen zwischen dem bayrischen und dem österreichischen Maximilian über die Mitgliedschaft des dritten österrreichischen Direktoriums, vor allem im Hinblick auf die wohlhabenden schwäbischen Bistümer, die Maximilian von Bayern in seinem eigenen Direktorium behalten wollte. Als Folge dieser und anderer Ärgernisse trat er im Frühjahr 1616 aus der Liga aus. Damit war diese ihrer Führung beraubt, und als Matthias im April 1617 formell die Auflösung beider Bündnisse verlangte, wurde die Liga mit Zustimmung ihrer Mitglieder von Mainz und Erzherzog Maximilian aufgelöst. Im folgenden Monat schloß Maximilian von Bayern auf Bitten seiner Verbündeten von 1614 ein rein lokales und geheimes Schutz- und Trutzbündnis gegen die Union (Altmann 1978, S. 76, 84 und 113 f.).

Durch das Wiederaufleben der Spannungen im Zusammenhang mit der Schlichtung des Jülich-Kleveschen Erbfolgestreits waren jedoch zu diesem Zeitpunkt auch die Schwächen der Union zutage getreten. Im Mai 1614 bewogen die sich verschlechternden Beziehungen zwischen Brandenburg und Pfalz-Neuburg den holländischen Kommandeur der neuburg-brandenburgischen Garnison in Jülich, Oberst Pithan, Verstärkung durch holländische Soldaten anzufordern. Wolfgang Wilhelm, der eine Verschwörung zwischen Brandenburg und den Niederlanden befürchtete, bemächtigte sich daraufhin Düsseldorfs, und Pithan entließ die neuburgischen Truppen aus Jülich. Die Generalstaaten versuchten zu vermitteln, doch im August besetzten nach einem Ersuchen Wolfgang Wilhelms 15 000 Söldner aus den Spanischen Niederlanden die Herzogtümer, um die Herrschaft Pfalz-Neuburgs auch über die anderen Städte zu sichern. Wie 1609 waren die Holländer nicht bereit, von sich aus zu intervenieren (vgl. hierzu van Deursen 1967). Doch diesmal wollten weder England noch Frankreich militärische Maßnahmen ergreifen. Sowohl Jakob I. (der zunehmend unter den Einfluß des neuen spanischen Gesandten in London geriet, Don Diego Sarmiento de Acuña, späterer Conde von Gondomar) als auch Maria de Medici (die den französisch-spanischen Heiratsvertrag nicht aufs Spiel setzen wollte) suchten vielmehr in dem Konflikt zu vermitteln. Die Holländer machten erst mobil, nachdem sich die Spanier des wichtigen Rheinübergangs bei Wesel bemächtigt hatten. Da jedoch keine Seite einen Krieg wollte, kam es schnell zu einem Waffenstillstand in Xanten, und nachdem englische und französische Gesandte eingegriffen hatten, wurde der Waffenstillstand im November vertraglich besiegelt. Die Herrschaft über die Herzogtümer wurde bis zu einer endgültigen Regelung geteilt: Kleve und Mark kamen zu Brandenburg, Jülich und Berg zu Pfalz-Neuburg. Weniger leicht zu bewerkstelligen war der Abzug der holländischen und spanischen Truppen, denn trotz wiederholter Bemühungen Jakobs I. 1615 und 1616 blieben die Holländer in Jülich und die Spanier in Wesel.

Die zweite Jülich-Klevesche Krise hatte eine Reihe von Nebenwirkungen. Für Jakob I. war es die vergleichsweise erfolgreiche Beilegung einer potentiell bedrohlichen Auseinandersetzung, die im Einklang mit Frankreich und Spanien gelungen war, und er sah sich mehr als Vermittler in künftigen Krisen und weniger als Anführer eines religiösen Bündnisses. Anderen Personenkreisen in England, der Niederländischen Republik und in Deutschland wollte es hingegen scheinen, als wäre die Vermittlung mit der Preisgabe protestantischer Interessen erkauft worden. Friedrich V. erinnerte Jakob daran, daß die Besetzung der Herzogtümer durch die Spanier der militärischen Zusammenarbeit zwischen den Vereinigten Niederlanden und der Pfalz, auf der letztlich die Sicherheit der Union beruhte, einen Riegel vorschob (Friedrich an Winwood, 19. Jan. 1615; in: BGSA, Kasten Schwarz 16734, Bl. 141).

Innerhalb der Union trieb die Krise die Spannungen zwischen den Städten und den Fürsten auf ihren Höhepunkt. 1615 weigerten sich die Städte schlichtweg, einen Krieg um Brandenburgs Ansprüche in Jülich-Kleve zu unterstützen, und sie rieten dem Kurfürsten, weitere Militärhilfe bei den Holländern zu suchen. Die volle Wirkung trat jedoch erst zwei Jahre später zutage. Im April 1617 fand in Heilbronn ein großer Unionstag statt (vgl. hierzu Müller 1912, S. 484 f.), auf dem die Bedingungen für die Erneuerung des alten Vertrags beraten werden sollten, der im folgenden Jahr auslaufen würde. Seit 1610 war die Zusammensetzung des Bündnisses weitgehend stabil geblieben: Lediglich zwei weitere kleine Städte waren hinzugekommen, Pfalz-Neuburg und eine Stadt waren ausgetreten, und man hatte einen begrenzten Vertrag mit den Fürsten der niedersächsischen Kreise abgeschlossen, die zunehmend um die Sicherheit ihrer säkularisierten Kirchengüter besorgt waren. Schwerer ins Gewicht fiel, daß sich etliche Fürsten, insbesondere Brandenburg, Ansbach, Baden und Württemberg, mit ihren Beitragszahlungen beträchtlich im Rückstand befanden und daß das Bündnis inzwischen finanziell von den Städten abhängig war. Unter der Führung von Nürnberg, Ulm und Straßburg zögerten die Vertreter der Städte nicht, ihre finanzielle Macht dazu zu gebrauchen, die Bedingungen des neuen Vertrags zu diktieren. Nunmehr erhielten sie ein Vetorecht bei allen künftigen Militärmaßnahmen des Bündnisses; die Union durfte nur noch Ansprüche auf die bestehenden Territorien ihrer Mitglieder unterstützen, und um ausdrücklich jede Beteiligung an einem Wiederaufleben des spanisch-niederländischen Krieges zu verhindern, sollte das Bündnis nur bis zum 14. Mai 1621 Bestand haben und nicht bis 1625, wie von den Fürsten gefordert. Damit wurden Brandenburgs Interessen in Jülich-Kleve ausgeschlossen, und bald darauf trat der Kurfürst aus der Union aus.

Der Verlust eines der beiden führenden Fürsten und der gestiegene Einfluß der Städte machten die Union zu einem weit weniger eindrucksvollen Bündnis als sie es anfangs gewesen war; doch für Anhalt wurde ihre Schwäche durch den Niedergang der Liga wieder aufgewogen. Jedenfalls wurde seine Aufmerksamkeit einmal mehr auf die Bedrohung durch Habsburg gelenkt. Im Zug der Besetzung Jülichs hatte der spanische Befehlshaber Ambrosio Spínola eine kaiserliche Vollmacht erhalten, in Aachen den katholischen Magistrat wiedereinzusetzen – eine Maßnahme, die den Kurfürsten von der Pfalz in seinem Argwohn bestätigte, daß kein Habsburger Kaiser Skrupel haben würde, spanische Truppen im Reich einzusetzen, und ihn von der Notwendigkeit überzeugte, daß für Matthias ein Nachfolger gefunden werden mußte, der nicht dem Hause Habsburg angehörte (Herold 1973, S. 206, 209 und 217; Schubert 1955, S. 50 f.). In dieser Überzeugung wurden die Pfälzer 1617 noch durch die Aufdeckung des Pakts der Habsburger untereinander bestätigt, die Kandidatur Erzherzog Ferdinands von Steiermark zu unterstützen (s. S. 106); Anhalt bemerkte später, eher werde er den Türken oder den Teufel wählen (Herold 1973, S. 229). Möglicherweise hoffte er eine Zeitlang auf eine Krönung Friedrichs V. Jakob I. behauptete später, im Oktober 1610 sei ihm ein Plan für die Wahl Friedrichs zum Kaiser vorgelegt worden (BL,

Zusatzmskr. 34324, Bl. 119, Tagebuch von Sir Julius Caesar: Notizen zur vertraulichen Ratssitzung vom 29. Sept./9. Okt. 1920; vgl. a. NLS, Advocates Library MS. 33.1.12, art. 35, Pfalz-Zweibrücken an Jakob I., 19. März 1612). Es stellte sich jedoch als unmöglich heraus, im Kurkollegium eine Mehrheit für Friedrich zu gewinnen, und in der Hoffnung, die katholischen Kurfürsten zu spalten, befürwortete die Pfalz nunmehr eine Kandidatur Maximilians von Bayern. Zwischen 1616 und 1618 kam es zu zahlreichen Gesprächen zwischen Heidelberg und München, ohne daß es gelungen wäre, Maximilian als Strohmann für die Protestanten einzusetzen, während Jakob I. und Ludwig XIII. keinen Zweifel daran ließen, daß sie die Behinderung der Wahl eines Habsburgers nicht unterstützen würden.[38]

Nachdem die Verhandlungen mit Bayern ergebnislos verlaufen waren, kehrte Anhalt zu seiner früheren Strategie zurück, die kaiserliche Macht an ihrer Wurzel zu treffen, indem er die protestantischen Stände Österreichs und Böhmens unterstützte. Im Winter 1616/17 wurden Camerarius und Christoph von Dohna nach Prag geschickt, um die Beziehungen zwischen Heidelberg und den böhmischen Protestanten zu festigen (Altmann 1978, S. 199). Zur gleichen Zeit wuchs das Interesse Anhalts, in Norditalien mit Venedig und Savoyen eine habsburgfeindliche Front zu errichten. Seit Venedigs großer Auseinandersetzung mit dem Papsttum 1605–1608 waren seine Agenten dort tätig, und obgleich man in calvinistischen Kreisen Karl Emmanuel von Savoyen seit seiner »Escalade« (der versuchten Einnahme Genfs 1602) mißtraute, ließen die Kriege zwischen Savoyen und Spanien um Montferrat 1613–1617 vermuten, daß er bereit war, sich einer habsburgfeindlichen Front anzuschließen. Überdies hatte Jakob I. die Pfalz ermutigt, den Kontakt zu Savoyen zu pflegen, und auch die Möglichkeit, für Spanien die Alpenpässe zu sperren, stellte eine Verlockung dar, der man schwerlich widerstehen konnte (Jakob I. an Friedrich, 12./22. März 1616; in: BGSA, Kasten Schwarz 16688, Bl. 171). 1617 erhielt ein ehemaliger Bündnispartner Anhalts, Graf Ernst von Mansfeld, als Geste des guten Willens die Erlaubnis, in den Ländern der Union ein Regiment für Karl Emmanuel anzuwerben.

Aus diesen Gründen kehrte Anhalt 1618 zu seiner risikofreudigen Politik von 1609/10 zurück, nur ging es diesmal nicht mehr um zwei kleine – allerdings strategisch wichtige – Herzogtümer, sondern um die Zukunft des Reiches. Unter diesem Blickwinkel war indessen die Herausforderung der Habsburger nicht unbedingt ein hoffnungsloses Unternehmen. Hatten die jüngsten Ereignisse auch die Schwäche der Union erwiesen, so war andererseits die Liga an ihren inneren Meinungsverschiedenheiten zerbrochen. Und seine auswärtigen Verbündeten, vor allem England und Frankreich, hatten sich

zwar als weniger zuverlässig erwiesen, als er gehofft hatte, doch stand der
Gefahr eines isolierten Vorgehens die Tatsache gegenüber, daß 1621 mit dem
Auslaufen des alten Waffenstillstands in den Niederlanden der große Krieg
gegen Spanien wiederaufflammen würde. England, unter Umständen auch
Frankreich, würde gezwungen sein, sich auf die Seite der Habsburggegner zu
stellen. Was Anhalt nicht vorhersehen konnte war, daß die zeitliche Abstim-
mung seiner Pläne durch unerwartete und höchst dramatische Nachrichten
zunichte gemacht würde, die im Mai 1618 aus Prag nach Deutschland
gelangten.

4 Der Sturm zieht herauf

Als Rudolf II. im Mai 1611 abdanken mußte, war er körperlich und seelisch
ein gebrochener Mann. Bald darauf – im Januar 1612 – starb er, kaum 60 Jahre
alt. Wenige Monate später wurde sein Bruder und Erbe Matthias zum Kaiser
des Heiligen Römischen Reiches gewählt und vereinigte damit unter einem
einzigen Zepter nun alle Länder und Titel wieder, die Rudolf ehedem innege-
habt hatte. Aber seine Voraussetzungen für ein so hohes Amt waren alles
andere als gut. 1577 war er entgegen dem ausdrücklichen Verbot seiner
Familie heimlich von Wien nach Brüssel gereist und hatte sich zum nomi-
nellen Oberhaupt der niederländischen Aufständischen gegen Philipp II.
ernennen lassen. Damit verirrte er sich jedoch – den Worten eines seiner
Berater zufolge – in einem »Labyrintho, darbey nachgestalt der sachen wenig
danckhs zu hoffen« (zit. n. Sturmberger 1957, S. 164). Diese Einschätzung
erwies sich als zutreffend, denn 1581 wurde Matthias von seinen eigenen
Untertanen zur Abdankung gezwungen. Danach begab er sich nach Linz, um
für seinen Bruder als Statthalter Oberösterreichs zu wirken. Zum Ärger
Rudolfs wurde er von einigen Calvinisten beraten, und 1586 und 1587 unternahm er eine Reise nach Nordeuropa, auf der er das protestantische Dänemark besuchte. 1590 verlegte er seine Residenz von Linz nach Wien, wo sich
seine Sympathien für die Reformierten unter dem Einfluß Melchior Khlesls,
des Bischofs von Wien, allmählich abkühlten; doch bei hartgesottenen Katholiken stieß er noch immer auf keine Gegenliebe. Erzherzog Ferdinand von
Steiermark war entsetzt, als Matthias 1608 den Kaiser gegen die österreichischen, mährischen und ungarischen Stände ausspielte, um für seine Sache
Unterstützung zu finden: »Allen Catholischen Ständen gefällt es sehr übel,
die lutherischen aber triumphirn sehr darüber.« (Zit. n. Franzl 1978, S. 116)

Ferdinand hatte natürlich ein ganz besonderes Interesse an einer Aufrechterhaltung des kaiserlichen Ansehens: Er betrachtete sich als den Nächsten in der Reihe der Thronfolger nach dem kinderlosen Matthias, sowohl als Kaiser wie auch als Oberhaupt Österreichs, Böhmens und Ungarns. Damit waren jedoch nicht alle einverstanden, nicht einmal alle Mitglieder des Hauses Habsburg. Seine Verwandten und deren Berater waren der Meinung, er habe sich zu sehr in die Abhängigkeit der Jesuiten begeben. Der Rektor der Universität Ingolstadt, auf die ihn seine bayrische Mutter geschickt hatte, bemerkte zufrieden über den jungen Fürsten, »nichts, das auf diesen fruchtbaren Boden gesät wird, scheint zu verderben«; und 1616 beklagte sich ein erschöpfter Khlesl bei Matthias, nachdem er mit Ferdinand über die Thronfolge zu verhandeln versucht hatte, »am Graetzerhofe regieren sowohl die Herren als die Räthe der Jesuiten, die sich Tag und Nacht mit, neben und bei diesem Herrn befinden« (zit. n. Novotny/Suttner 1967, S. 110).[39] Während Ferdinands musterhafte Frömmigkeit seine Habsburger Vettern lediglich irritierte, ließ sie die Protestanten freilich das Schlimmste befürchten. Viele von denen, die 1599/1600 aus Innerösterreich vertrieben worden waren, hatten in Böhmen Zuflucht gesucht und warnten vor dem, was eine Herrschaft Ferdinands bedeuten würde, und nicht lange darauf stand der Grazer Hof in Verbindung mit bedrängten Katholiken in anderen Habsburger Provinzen, hielt sie zu Standhaftigkeit an und begrüßte Übertritte zum Katholizismus. In Niederösterreich z.B. stieg der Anteil der katholischen Adligen zwischen 1580 und 1610 von einem Zehntel auf knapp ein Fünftel, und im letzten Jahr dieses Zeitraums gründeten 48 von ihnen (sehr zur Freude Ferdinands) eine Konföderation »zur Defension Gottes, des Allmächtigen Ehre und seiner Kirche« (Mecenseffy 1956, S. 136). Im Bistum Olmütz, das sich über einen Großteil von Mähren erstreckte, verbesserte Kardinal Franz von Dietrichstein die kirchlichen Grundsätze, reformierte Klöster und gründete ein Seminar, um die römische Kirche zu stärken; daneben tat er alles, was den Olmützer Protestanten das Leben schwer machen konnte. In seinen gegenreformatorischen Bemühungen hatte er die uneingeschränkte Unterstützung des Hofs zu Graz (vgl. hierzu Köhler 1977). Seit 1612 wurde Ferdinands religiöser Eifer allerdings durch drei Schwierigkeiten politischer Art gedämpft, die miteinander zusammenhingen: die Frage der Thronfolge, die Kämpfe in Norditalien und die Gefahr eines neu entbrennenden Krieges in den Niederlanden.

Im Mittelpunkt jedes dieser Probleme stand Spanien. Matthias war kaum gekrönter Kaiser, da nahm Philipp III. bereits die ersten Gespräche mit seinen österreichischen Verwandten um die Thronfolge auf. Im Oktober 1612 ließ der König seinen Anspruch vortragen, als einziger männlicher Enkel Maximi-

lians II. nach Matthias die Thronfolge anzutreten. Er erklärte sich bereit,
zugunsten Ferdinands auf die Wahrnehmung dieser Rechte zu verzichten,
verlangte jedoch als Gegenleistung Elsaß, Tirol und bestimmte Reichsgüter in
Italien. Der Preis erschien dem Erzherzog zu hoch, so daß es zu keiner Einigung kam, doch als fünf Jahre später die Verhandlungen um die Thronfolge
wiederaufgenommen wurden, war Ferdinands Verhandlungsposition gegenüber Spanien wesentlich schwächer. 1615 hatte eine venezianische Armee
unter beträchtlicher holländischer und englischer Verstärkung den »Gradiskanerkrieg« begonnen und des Erzherzogs Stadt Gradiska belagert, und Ferdinand benötigte verzweifelt die Unterstützung Spaniens.

Der Gradiskanerkrieg gehört eigentlich eher zu den Kuriositäten unter den
historischen Episoden des frühen 17. Jahrhunderts, doch er lieferte ein alar-
mierendes Beispiel dafür, wie ein unbedeutender politischer Konflikt in einer
abgelegenen Gegend Europas den gesamten Kontinent leicht mit Krieg über-
ziehen konnte. Die Verteidigung der Grenze Österreichs gegen die Türken
lag zum Teil in den Händen von Balkanflüchtlingen, die in die Habsburger
Länder geflohen waren; nach dem serbischen Wort für »Flüchtling« hießen
sie »Uscoken«, weshalb der Gradiskanerkrieg gelegentlich auch als »Usco-
kenkrieg« bezeichnet wurde. Einige von ihnen ließen sich in den kleineren
Hafenstädten der östlichen Adria, insbesondere in Zengg nieder (das 1537
eingenommene Segna) und verwehrten türkischen Schiffen in diesen Gebieten
die Durchfahrt. Das Unglück für Christian wollte es, daß sie auch keine
christlichen Seefahrer durchließen: Niemand war vor ihren Piratereien sicher,
und venezianische Kauffahrer waren das häufigste Ziel ihrer Angriffe.
Anfangs gab die Republik große Summen für einen Geleitschutz ihrer Han-
delsflotte, für Wachttürme und für die Bewaffnung aus, und 1575 wurde
sogar ein besonderer *capitano contra gli uscocchi* ernannt, doch die Kosten
wurden bald untragbar (120 000 Taler jährlich von 1590–1600, 200 000 Taler
von 1600–1610 und 360 000 Taler im Jahr 1615). Hinzukam, daß sich den
Uscoken weitere Seeräuber angeschlossen hatten, darunter auch spanische
Korsaren, die von Neapel aus operierten, so daß es einem zeitgenössischen
Chronisten erschien, »als hätten sich alle Segler auf dem Mittelmeer ver-
schworen, die venezianische Flotte auszurauben (zit. n. Tenenti 1967, S. VI,
12 und 15).[40]

Die Republik beschloß etwas überraschend, Angriff sei die beste Verteidigung, und im Dezember 1615 überquerten ihre Truppen den Isonzo und belagerten Gradiska. Gleichzeitig unternahmen überall im Ausland venezianische
Abgesandte einen umfassenden diplomatischen Vorstoß, um im Kampf gegen
Ferdinand Verbündete zu gewinnen. Im September 1616 erklärte sich Johann

Ernst von Nassau-Siegen bereit, in den Vereinigten Niederlanden eine Armee von 3 000 Mann für den Krieg Venedigs gegen den Erzherzog anzuwerben, die im Mai des folgenden Jahres in Italien anlangten; sechs Monate später kamen nochmals 2 000 dazu, zusammen mit einem Kontingent englischer Freiwilliger. Inzwischen segelte eine Flotille von zehn englischen und zwölf holländischen Kriegsschiffen in die Adria, um zu verhindern, daß Ferdinand aus dem spanischen Neapel irgendwelche Hilfsgüter erhielt. Wegen des Ausbruchs des Mantuanischen Erbfolgekrieges konnte der Erzherzog auch von Spanisch-Mailand keinerlei Hilfe erwarten.

Mantua war ein Reichslehen, das nur in männlicher Linie vererbt werden konnte, und als Herzog Franz nach seinem Tod 1612 zwar eine Tochter, aber keine Söhne hinterließ, ging das Territorium an seinen Bruder Ferdinand über (s. *Tabelle 1*). Das Herzogtum Montferrat hingegen, das seit Generationen von den Gonzagas, Herzögen von Mantua, regiert wurde, war mit keiner derartigen Einschränkung verbunden: Hier war eine Vererbung über die weibliche Linie erlaubt. Deshalb beanspruchte Franz' Tochter das Land für sich und bemühte sich um Unterstützung durch den Herzog von Savoyen, ihren Großvater.[41] Herzog Ferdinand suchte Hilfe bei den Habsburgern, aber trotz ihrer Unterstützung gelang es ihm nicht, bis zum Sommer 1615 ganz Montferrat zu sichern, als französische Diplomaten einen Waffenstillstand aushandelten. Doch im folgenden Jahr boten die französische Regierung (zeitweilig geführt vom Bischof von Luçon, dem späteren Kardinal Richelieu) und die Venezianer Savoyen ihre Unterstützung an, falls er Montferrat erneut besetze, um auf diese Weise die spanischen Truppen zu binden. Der Herzog ließ überall Söldner anwerben, und schließlich zählten zu seiner Armee 4 000 deutsche Protestanten, die mit Zustimmung der Anführer der Union von Graf Ernst von Mansfeld geworben worden waren, sowie etwa 10 000 französische Freiwillige. Obgleich es dem Statthalter der Spanischen Lombardei gelang, sich gegen diesen buntscheckigen Haufen so lange zu behaupten, bis durch die Vermittlung des Papstes 1617 ein Waffenstillstand zustandekam, war es ihm nicht möglich, Erzherzog Ferdinand gegen Venedig zu Hilfe zu kommen.

Angesichts dieser Umstände schien der Erzherzog einer vernichtenden Niederlage entgegenzugehen. Das nur von 4 000 bewaffneten Männern verteidigte Gradiska mußte seinen Belagerern in die Hände fallen, falls es Ferdinand nicht gelang, Geld für die Anwerbung weiterer Söldner aufzubringen. Tatsächlich verfügte nur Spanien über die erforderlichen Geldmittel, um einen Verlust Gradiskas zu verhindern, und die Abtretung des Elsaß und zweier Reichsenklaven in Italien (Finale Liguria und Piombino) erschienen

Ferdinand nunmehr ein niedriger Preis dafür, daß Spanien ihn als Erbe von Matthias anerkannte und ihm Barmittel von fast einer Million Taler verschaffte (AGS, Contaduria Mayor de Cuentas 2a época, 706 und 2059). So unterzeichneten am 20. März 1617 Ferdinand und der spanische Abgesandte am kaiserlichen Hof, Graf Oñate, ein Abkommen (eben den Oñate-Vertrag), das diese Bedingungen enthielt. Mit dieser spanischen Unterstützung in der Tasche begab sich Ferdinand zu Kaiser Matthias, und gemeinsam reisten sie nach Dresden zu Johann Georg von Sachsen, »etwas von Wohlfahrt des Heiligen Reiches vertraulich zu conversieren«, nämlich die Thronfolge (zit. n. Franzl 1978, S. 169).[42] Der Kurfürst zeigte sich entgegenkommend, und die Habsburger Kavalkade ritt erst nach Prag und dann weiter nach Preßburg, wo Ferdinand von den Ständen Böhmens und Ungarns als »designierter König« akzeptiert wurde. Jetzt schien alles nach den Plänen des Erzherzogs zu laufen. Unter dem militärischen und diplomatischen Druck Spaniens schlossen die Venezianer im Laufe des Jahres 1618 mit Ferdinand ein Abkommen, aufgrund dessen viele Uscoken hingerichtet oder in die Verbannung geschickt wurden, und in Zengg wurde eine ständige österreichische Garnison errichtet. Endlich war Innerösterreich sicher.

Trotz seiner scheinbar geringen Bedeutung war der Gradiskanerkrieg wichtig, weil er einen allgemeinen europäischen Konflikt wahrnehmbar näherrücken ließ. Auf der diplomatischen Ebene festigte oder ermöglichte er Bündnisse, die eine Aggression befürworteten: Die umstandslose Zusammenarbeit der Protestantischen Union mit Savoyen und Venedig und die offensichtliche Bereitschaft Englands und der Niederländischen Republik, Verbündeten in entfernten Ländern militärische Hilfe zu gewähren, machten allenthalben militanten Protestanten Hoffnung, während die eindrucksvolle und sofortige Unterstützung Ferdinands durch den König von Spanien den langen Jahrzehnten des Mißtrauens und der Mißverständnisse ein Ende machte, die die beiden Hauptzweige des Hauses Habsburg voneinander geschieden hatten. Obgleich das Elsaß niemals wirklich in spanische Hände gelangte, schuf der Oñate-Vertrag einen Rahmen, innerhalb dessen Wien und Madrid zusammenarbeiten konnten, um ihre gemeinsamen Interessen nördlich und südlich der Alpen zu schützen. Darin lag jedoch ein Problem logistischer Art: Wie ließen sich Absichten in Taten umsetzen? Wie konnten Truppen aus Österreich in die Lombardei verlegt werden und umgekehrt? Die westlichen Alpenpässe wurden von dem feindlichen Herzog von Savoyen kontrolliert; die in der Mitte gelegenen Alpenpässe lagen im Herrschaftsbereich der mächtigen, aber neutralen Schweizer Kantone. Allein die vom protestantischen Graubünden beherrschten Alpenpässe, das dem Helvetischen

Bund noch nicht angehörte, schien eine mögliche Verbindung zwischen der spanischen Lombardei und dem habsburgischen Tirol und bot damit im Bedarfsfall einen Zugang zum Elsaß, Lothringen und zu den Niederlanden (s. *Karte 2*). Darüber hinaus wies die Lage Graubündens eine entscheidende Schwäche auf: den katholischen Korridor des Veltlins, unmittelbar zwischen Inn und Comer See. Bereits 1572 und 1607 hatte es Aufstände der Veltliner Katholiken gegen ihre protestantischen Herren gegeben, während die spanische Regierung 1603 am Eingang des Tals eine riesige Festung errichten ließ, die Feste Fuentes (benannt nach ihrem Gründer, dem Grafen von Fuentes, der die spanische Lombardei von 1600 bis 1610 mit eiserner Faust regiert hatte).[43] 1618 gab es abermals Demonstrationen der Veltliner gegen ihre protestantischen Oberhäupter, die so vehement unterdrückt wurden, daß viele ihrer katholischen Anführer gezwungen waren, nach Innsbruck oder Mailand zu fliehen. Dort begannen sie die Vertreter beider Zweige der Habsburger zu überzeugen, daß eine katholische Restauration in ihrem Interesse lag. Ihr Vorhaben war erfolgreich: Im Juli 1620 besetzten Habsburgs Truppen beide Ausgänge des Veltlins, die Protestanten wurden in einem neuen Aufstand niedergemacht, und anschließend marschierten die Spanier ein und schufen einen sicheren militärischen Durchgang von der Lombardei nach Österreich und Nordeuropa.

Diese neue Route wurde dringend benötigt. Der 1609 von Philipp III. unterzeichnete zwölfjährige Waffenstillstand hatte sich in Spanien nicht als populär erwiesen. Obgleich die Kampfhandlungen in den Niederlanden selbst ein Ende hatten und die flandrischen Truppen auf eine Friedensstärke von 15 000 Mann reduziert wurden, und obgleich es praktisch keine Seeräuberei der Holländer in der Nordsee mehr gab, gingen die niederländischen Angriffe auf spanische und portugiesische Besitzungen in Übersee unvermindert weiter. Unter der Gesamtleitung der Niederländisch-Ostindischen Kompanie wurden überall Forts angelegt: an der Küste Guyanas in Südamerika, am Hudson in Nordamerika, an der Goldküste Afrikas und in vielen Teilen Südostasiens. In den Jahren 1615/16 segelte eine Flotte aus sechs großen Kriegsschiffen westlich zu den Molukken, plünderte etliche spanische Kolonien in Amerika und zerstörte jedes spanische oder portugiesische Schiff, das ihren Kurs kreuzte. Mit diesen brutalen Mitteln waren die Holländer binnen kurzem in der Lage, doppelt soviel asiatischen Pfeffer zu exportieren – der wertvollste Artikel im Gewürzhandel – wie die Portugiesen. Erregten diese Entwicklungen schon den Zorn Madrids, so brachte die niederländische Unterstützung der Gegner Spaniens in Europa das Faß schier zum Überlaufen. Bereits im Dezember 1616 hatte der Staatsrat beschlossen, für den Fall, daß dem Herzog von Savoyen holländische Truppen zu Hilfe geschickt würden, den Krieg gegen die Niederlande wiederaufzunehmen (AGS, Guerra Antigua, 808, *consulta* vom 26. Dez. 1616).[44] Obgleich diese Drohung nicht wahrgemacht wurde, eröffneten im März 1618 die Minister Philipps III. eine interne Debatte darüber, ob der in drei Jahren auslaufende Waffenstillstand erneuert werden sollte. Von Anfang an wurde auf die außergewöhnliche wirtschaftliche Blüte Hollands hingewiesen, und allgemein herrschte die Überzeugung, der Waffenstillstand sollte nur verlängert werden, wenn seine Bedingungen, insbesondere im Hinblick auf den überseeischen Handel, zugunsten Spaniens geändert werden konnten. In den wegen ihrer zwingenden Logik häufig zitierten Worten von Carlos Coloma, des Befehlshabers der Armee in Flandern: »Wenn die Holländer in nur zwölf Jahren des Friedens all dies unternommen und erreicht haben, ist leicht zu sehen, wozu sie imstande sind, wenn wir ihnen noch mehr Zeit geben... Wird der Waffenstillstand fortgesetzt, so sind wir dazu verurteilt, alle Übel eines Friedens und zugleich alle Gefahren des Krieges zu erdulden.« (Zit. n. *The New Cambridge Modern History*, Bd. 4, S. 280) Es zeichnete sich also ab, daß es im Frühjahr 1621 in Europa zu einem großen Krieg kommen würde, und die meisten politischen Beobachter wußten dies. Die Ereignisse in Böhmen 1618 nahmen diesen allgemeinen Konflikt lediglich vorweg und führten die gärenden, aber voneinander unabhängigen Krisen zusammen, die bereits die Gemüter im Reich und den habsburgischen Herzlanden polarisiert hatten.

Nachdem Ferdinand von den böhmischen und ungarischen Ständen endgültig – und vorbehaltlos – zum designierten Thronfolger gewählt worden war, begab sich der kaiserliche Hof wieder nach Wien und ließ einen Ausschuß von zehn Regenten zurück (unter ihnen sieben glaubensfeste Katholiken), die in Prag regieren sollten. Auf Anweisung Ferdinands führten die Regenten eine Reihe provozierender Maßnahmen durch: Sie führten ein Zensorenamt in der Hauptstadt ein, um alle Druckschriften zu kontrollieren; sie untersagten die Bezahlung protestantischer Geistlicher aus katholischen Stiftungen, und sie wollten nur noch Katholiken für städtische Ämter zulassen. Noch aufrührerischer war ihr Verbot der Abhaltung protestantischer Gottesdienste in zwei Städten – Braunau und Klostergrab –, die katholischen Prälaten gehörten (über Kirchengüter enthielt der Majestätsbrief keine besonderen Bestimmungen). Jede einzelne dieser Maßnahmen verstärkte die Gefahr einer Konfrontation. Polyxena Lobkovic, die Frau des böhmischen Kanzlers, brachte keineswegs nur eine persönliche Befürchtung zum Ausdruck, wenn sie bemerkte: »Die Dinge trieben jetzt immer schneller zu einem Punkt, an dem die Papisten ihre Rechnung mit den Protestanten oder die Protestanten ihre Rechnung mit den Papisten begleichen würden.« (Zit. n. Polišenský 1971, S. 94)

Die Führungsrollen in der heraufziehenden Krise wurden fast ausschließlich von Angehörigen des grundbesitzenden böhmischen Adels gespielt: etwa 200 hohe Adlige und an die 1 000 Ritter. Diese Elite bildete jedoch weder eine Einheit, noch war sie stabil. Von 69 Familien des grundbesitzenden Hochadels im Jahr 1557 waren 1615 37 gänzlich ausgestorben und hatten neuen Männern Platz gemacht wie Kanzler Lobkovic, Kardinal Dietrichstein oder dem Führer des Regentschaftsrats 1617–18, Vilém Slavata. Man hat viel geschrieben über dieses »biologische Scheitern« der böhmischen Aristokratie, doch bei weitem entscheidender war der Umstand, daß die überlebenden Familien und die neu hinzugekommenen Großgrundbesitzer einen wachsenden Anteil der Krongüter erwarben. Dieser Anteil betrug 1529 weniger als die Hälfte des seigneurialen Territoriums, 1629 waren es bereits knapp drei Viertel.

Gerade unter diesen großen Grundherren fand die katholische Kirche in den Jahren vor dem Aufstand die meisten ihrer Konvertiten, und zu ihnen gehörten auch die bedeutendsten Helfer Habsburgs (vgl. Polišenský/Snider 1978, S. 202-216). Diejenigen, die sich 1618 für die protestantische Religion und die konstitutionelle Freiheit erhoben, entstammten in der Regel dem niederen Adel, und sie waren sich des Niedergangs ihrer wirtschaftlichen und politischen Stärke schmerzhaft bewußt. Ihnen entging nicht, daß ihre Stellung unter dem Majestätsbrief nur vorläufig gesichert war. »Was der Erbherr gemacht, das kann der Erbherr rejizieren«, bemerkte Tschernembel, der Führer der oberösterreichischen Stände. Diese Unterlegenheit war es, welche die böhmischen Führer nach äußeren Verbündeten suchen ließ, die ihnen moralische und notfalls auch politische oder gar militärische Unterstützung gewähren würden. Eine Liste der Stifter, die sich an den Kosten für den Bau einer protestantischen Kirche in der Altstadt Prags 1610 beteiligten – außer ihr wurden nach dem Majestätsbrief in Prag noch zwei weitere Kirchen erbaut -, vermittelt einen guten Eindruck davon, bei wem die Stände Hilfe suchten. An erster Stelle auf der Liste stand Jakob I. mit einer Spende von über 3 000 Talern, gefolgt von den Kurfürsten von Sachsen, Brandenburg und der Pfalz, den Herzögen von Braunschweig, Hessen und Württemberg usw. Die Spendenliste liest sich wie ein Namensregister bedeutender protestantischer – lutherischer wie calvinistischer – Fürsten (vgl. Schreiber 1956). Es war jedoch nicht allein die Verfolgung ihrer Religion, was die protestantischen Untertanen Habsburgs an die Seite ihrer auswärtigen Gesinnungsgenossen trieb, sondern auch die ihrer Bildungseinrichtungen. 1622 gab Ferdinand den

»umstürzlerischen calvinistischen Schulen« die Schuld am Aufstand in
Böhmen, weil die Adligen des Landes hier »in ihrer Jugend den Geist der
Rebellion und der Opposition gegenüber der gerechten Herrschaft in sich
aufgesaugt« hätten (zit. n. Zeman 1977, S. 45). In der Tat besuchten zwischen
1574 und 1620 über 200 Studenten aus Böhmen und Mähren die Universitäten
in Heidelberg, Basel und Genf, wo sie unter anderem Duplessis-Mornays
Verteidigung der Freiheit gegen Tyrannen und Bezas *Rechte der Herrscher
über ihre Untertanen* »in sich aufsaugten«. Es war ein mährischer Edelmann,
der 1605 Bezas gesamte Bibliothek käuflich erwarb und mit nach Hause
nahm. Mehr als 300 böhmische Studenten immatrikulierten sich während desselben Zeitraums an den radikalen lutherischen Universitäten Jena (in
Sachsen-Weimar) und Altdorf (vor den Toren Nürnbergs): Ein Dutzend von
ihnen gehörte später der Aufständischenregierung an. Die Professoren beider
Universitäten schlugen sich 1619/20 auf die Seite der Rebellen, und einige von
ihnen gingen sogar so weit, die habsburgfreundliche Haltung der Universitäten Leipzig und Wittenberg in Kursachsen zu kritisieren. Ein in Jena oder
Altdorf erworbener Magister mußte Ferdinand tatsächlich wie ein Diplom in
der Kunst der Revolution erscheinen (vgl. hierzu Polišenský 1957/58, S. 441-
447; Ernstberger 1966, Teil II).

Die radikalen Professoren taten indessen nichts anderes, als die Vorurteile
ihrer mächtigen Schutzherren wiederzugeben. Jena kritisierte fortwährend
Wittenberg, weil die Herzöge von Sachsen-Weimar unversöhnliche Gegner
sowohl Habsburgs als auch Kursachsens waren.[45] Altdorf unterstützte die
Sache Böhmens, weil die meisten der dortigen Studenten aus der nahegelegenen Oberpfalz stammten, das von Christian von Anhalt in Amberg
beherrscht wurde, dem aktivsten Vertreter der gegen Habsburg gerichteten
Front, der seine Vorstellungen nicht nur über die Staats-, sondern auch über
die Kulturpolitik zu verwirklichen suchte. 1617 wurden auf Anregung seines
Bruders Ludwig zwei Sprachgesellschaften mit eindeutig protestantischer
Ausrichtung gegründet: die »Fruchtbringende Gesellschaft« (zum Schutz der
deutschen Sprache) in Weimar und der »Ordre de la Palme d'Or« (für calvinistische Adlige) in Amberg. Innerhalb kurzer Zeit sammelten sich dort die
meisten Befürworter der Bewerbung Friedrichs V. um die böhmische Krone,
die vielfach ihren Sitz außerhalb des Deutschen Reiches hatten (vgl. Evans
1977; Bircher/van Ingen 1978).[46]

Verständlicherweise waren die böhmischen Führer von Anhalt und seinen
zahlreichen mächtigen und gebildeten Freunden tief beeindruckt. Als sie 1618
überstürzt beschlossen, dem Kaiser Widerstand zu leisten, rechneten sie
zweifellos mit der Mobilisierung einer nachdrücklichen Unterstützung ihrer

Sache im Ausland, wie dies zuvor 1616 und 1617 für Venedig der Fall war. Ihre Rechnung enthielt jedoch einen verhängnisvollen Fehler. Von Amberg oder Prag aus gesehen mochte ein Staatsmann, mit dem man Korrespondenz pflegte und der den eigenen Geschmack und die eigenen Überzeugungen mehr oder weniger teilte, in Friedenszeiten als politischer Bundesgenosse erscheinen, doch wie die Ereignisse zeigen sollten, tat sich eine breite Kluft zwischen Absicht und Handeln auf, wenn es zum Krieg kam, und ebenso zeigte sich, daß unter den Nationen Europas zwar die Unterstützung eines unabhängigen Staates hingenommen wurde, aber nicht die Unterstützung von Rebellen.

Kapitel II

Der unentschiedene Krieg (1618–1629)

Die Ereignisse des auf das Jahr 1620 folgenden Jahrzehnts stellen die Historiker des Dreißigjährigen Krieges vor ihr größtes Problem. Auf der einen Seite muß der beispiellose Erfolg der katholischen Mächte erklärt werden, andererseits ist der gewundene Weg der Protestanten in die Niederlage zu untersuchen. Die zweite Aufgabe ist die schwierigere, weil sich die Kräfte der Protestanten zersplitterten. Sicher ging es bis 1621 bei dem Kampf nur um eines – die böhmische Frage; in diesem Jahr flammte jedoch der Krieg zwischen Spanien und den Niederlanden wieder auf, und das protestantische Schweden begann einen Angriff auf das katholische Polen. Obgleich der Verlauf dieser beiden neuen Konflikte insgesamt gesehen bis zum Ende des Jahrzehnts eng mit dem Fortgang des Krieges in Deutschland verknüpft war, wurden sie unabhängig voneinander ausgetragen. Darüber hinaus mischte sich 1624 erstmals Frankreich ein: Es beteiligte sich an zwei der bereits anhaltenden Kriege und begann selbst einen eigenen Krieg in Norditalien und den Alpenländern. Diese Beteiligung war jedoch immer wieder unterbrochen und unberechenbar. Erst gab es innere Unruhen, verursacht durch adlige Dissidenten und militante Protestanten, dann Kämpfe verschiedener Machtgruppen um die Staatsgewalt. Beides machte eine konsequente Außenpolitik fast unmöglich.

Mit dieser Unbeständigkeit stand Frankreich freilich keineswegs allein. Die meisten der Staaten, die sich damals in den Krieg einmischten, waren sich zugleich im Zweifel über die Richtigkeit ihrer Beweggründe. Manche politischen Führer sahen sich als Opfer einer internationalen Verschwörung, die konfessionell orientiert und darauf gerichtet war, nicht nur ihre Freiheit, sondern überhaupt die Religion auszurotten, der sie anhingen. Andere behaupteten dagegen, der Krieg werde einzig im Interesse Friedrichs von der Pfalz geführt – anfangs um seine Wahl als »König von Böhmen«, später um die Rückeroberung der ihm aberkannten Kurwürde. Diese unterschiedlichen

Standpunkte führten dazu, daß sich an fast allen Höfen Europas zwei Fraktionen bildeten. In Frankreich forderten die katholischen Extremisten (die sogenannten *dévots*) ein Eingreifen zugunsten des Kaisers, um sich der protestantischen Flut entgegenzustemmen, während die puritanischen Anführer im englischen Parlament den widerstrebenden König bedrängten, mannhaft »für die protestantische Sache« zu kämpfen.[47] Nicht anders war es in Spanien, in den Niederlanden, in Schweden oder an den deutschen Fürstenhöfen (selbst an denen der Hauptkontrahenten Friedrich und Ferdinand): Überall kämpften Interventionisten gegen Isolationisten. Und da sich beide Deutungen begründen ließen und tatsächlich immer wieder von den Ereignissen scheinbar bestätigt wurden, war keine einzelne Fraktion in der Lage, für längere Zeit die Außenpolitik ihrer Regierung zu bestimmen. Das ist der Grund, warum die europäische Diplomatiegeschichte in den Jahren nach 1620 (und zum Teil noch nach 1630) gespickt ist mit verweigerten Verhandlungen und mit nicht ratifizierten Verträgen. Es ist auch der Grund, warum die Geschichte des ersten Jahrzehnts des Dreißigjährigen Krieges, die in diesem Kapitel hauptsächlich unter protestantischem Blickwinkel behandelt wird, so ungeheuer kompliziert ist.

1 Der Krieg um Böhmen

Die Defensoren, die man 1609 ernannt hatte, um in Böhmen das prekäre religiöse Gleichgewicht zu bewahren, beriefen zum 5. März 1618 die Stände ein, um über die gegen die Protestanten gerichteten Maßnahmen der Regenten zu beraten. Besondere Besorgnis herrschte über die Vergabe von Krongütern (die durch den Majestätsbrief geschützt waren) an katholische Prälaten (die offenbar durch den Majestätsbrief keinen Bindungen unterlagen). Da allein seit 1611 dem Erzbischof von Prag 132 »königliche« Pfarrgemeinden übertragen worden waren, kam der Frage nach dem Status solcher Güter unter dem Majestätsbrief einige Bedeutung zu. Deshalb richtete die Ständeversammlung in Prag eine dringende Petition an den Kaiser, in der um eine Änderung der bisherigen Politik ersucht wurde. Matthias weigerte sich und forderte seinerseits die Ständevertreter auf, auseinanderzugehen. Zwar kamen sie dieser Aufforderung nach, doch wurde beschlossen, daß in zwei Monaten eine neue Versammlung einberufen werden sollte, um die weitere Entwicklung der Dinge zu erörtern. Am 23. Mai, nach erst zweitägiger Beratung, wurde die Versammlung wiederum aufgefordert, sich unverzüglich aufzulösen. Da diese Anordnung, die offensichtlich der Verfassung widersprach (derartige Ständetage waren durch die königlichen Zugeständnisse von 1609 und 1611 ohne Zweifel rechtmäßig), vom Regentenrat kam, der seinen Sitz im Hradschin hatte, marschierten die ergrimmten Ständevertreter zum Palast, drangen in die Ratskammer ein und warfen (in bewußter Nachahmung der Ereignisse, welche 1418 den Hussitenaufstand ausgelöst hatten) zwei der rigorosesten katholischen Räte und ihren Sekretär aus dem Fenster. Sodann ernannten die Vertreter eine provisorische Regierung aus 36 Direktoren und ermächtigte sie zur Anwerbung einer kleinen Armee, wie dies 1611 schon einmal geschehen war. Zum dritten Mal innerhalb von zehn Jahren befanden sich die Böhmen im Aufstand.

Die Nachricht vom »Prager Fenstersturz« schlug an den meisten europäischen Höfen wie ein Blitz aus heiterem Himmel ein. Alle Diplomaten am kaiserlichen Hof waren Matthias im Winter 1617 von Prag nach Wien gefolgt, so daß ihre Lageberichte den ganzen Winter hindurch kaum einen Hinweis auf die sich verschärfende Krise in Böhmen enthielten. Als sie das Ereignis schließlich erfuhren, zeigten die meisten von ihnen eine Überreaktion. Der spanische Gesandte Graf Oñate (der seinen Posten erst seit einem Jahr bekleidete) glaubte zunächst, »die Schwere der Beleidigung und die Leichtigkeit, mit der sie ihr Ziel erreicht haben, (werde) sie dazu bewegen, das einmal Begonnene auch zu Ende zu bringen«. Und seine Briefe nach Madrid – wo die Nachricht vom Fenstersturz erst am 6. Juli eintraf – vermittelten weiterhin Panikstimmung. Im Januar 1619 war Oñate zu dem Schluß gekommen, daß Böhmen nur durch eine schlagkräftige spanische Armee zu retten sein würde: »Es scheint unabdingbar«, so mahnte er, »daß Ihre Majestät einen Entschluß fassen, was für uns von größerem Nutzen ist, der Verlust dieser Provinzen oder die Entsendung eines Heeres von 15 000 bis 20 000 Mann, um die Angelegenheit auf diese Weise zu regeln«. (Oñate *parecer* vom 30. Mai 1618; in: AGS, Estado 2503, Bl. 7; Oñate an den König, 10. Jan. 1619; in: BNM, Ms. 18434)

Es ist unwahrscheinlich, daß selbst diese verzweifelten Aufforderungen in Madrid offene Ohren gefunden hätten, wäre nicht gerade zu dieser Zeit der überragende Balthasar de Zúñiga Vorsitzender des Kronrats geworden. Nachdem er sich in der Armee (wie auch im Armada-Unternehmen) ausgezeichnet hatte, und nach einer langjährigen Tätigkeit als Botschafter in Brüssel, Paris, Rom und (später) Wien war Zúñiga 1617 nach Madrid zurückgekehrt, wo er seine Stimme zu den Angelegenheiten Nordeuropas mit unangefochtener Autorität erhob. Obgleich die kurze Spanne seiner Macht in den Geschichtsbüchern lediglich als ein Intermezzo zwischen den prächtigeren

Amtszeiten von Lerma und Olivares erscheint, nutzte Zúñiga in der Zeit vom Frühjahr 1618 bis zu seinem Tod Ende 1622 seine persönlichen Kenntnisse von den am Konflikt beteiligten Ländern und Personen dazu, seine eigene, innovative Außenpolitik zu rechtfertigen und der seiner Rivalen unter der Führung des Herzogs Lerma eine Niederlage beizubringen. 20 Jahre lang hatte der Herzog die Geschäfte Philipps III. und seiner Regierung geführt, doch dann ließen seine Kräfte nach. Zunächst hatte er die Rolle des besonderen königlichen Günstlings an seinen Sohn abgetreten; jetzt wurden seine Entscheidungen zur spanischen Überseepolitik in Frage gestellt. Der Mann, der ein Privatvermögen von 44 Millionen Taler aufgehäuft hatte (was den Einkünften Philipps III. in fünf Jahren entsprach), der zwei Schlösser gebaut und elf Klöster, drei Universitätslehrstühle und zwei Stiftskirchen gegründet hatte, wurde jetzt öffentlich der Korruption bezichtigt. Einer seiner Hauptratgeber wurde wegen Mordes und der Veruntreuung öffentlicher Güter verhaftet. Um sich gegen ähnliche Mißgeschicke zu schützen, beschloß Lerma im Frühjahr 1618, in die Kirche einzutreten (und sich einen Kardinalshut zu sichern), und er traf Anstalten, sich aus seinem weltlichen Amt zurückzuziehen. Zuvor wollte er jedoch noch ein Vorhaben verwirklichen, das ihm besonders am Herzen lag, die Entsendung einer großen Flottenexpedition nach Algier.

Das Piratenkönigreich Algier war fast ein Jahrhundert hindurch ein Stachel im Fleische Spaniens gewesen, doch zu Beginn des 17. Jahrhunderts hatten Piratenüberfälle auf Kauffahrer und Küstensiedlungen eine beispiellose Grausamkeit angenommen. Deshalb war die Madrider Regierung übereingekommen, 1618 eine große Strafexpedition nach Nordafrika zu entsenden; aber jetzt verlangte Zúñiga statt dessen Hilfe für Wien. Es stand außer Frage, daß Spanien nicht beides gleichzeitig finanzieren konnte, dies um so weniger, als die teuren Kriege um Mantua und gegen die Uscoken anhielten – es mußte eine Grundsatzentscheidung getroffen werden, welcher Konflikt den Vorrang hatte. Im Juli 1618 versuchten Lerma und seine Anhänger die Übersendung von 200 000 Talern an den Kaiser mit dem (völlig plausiblen) Argument zu verhindern, dieser werde sich dadurch zu einer unnachgiebigeren Haltung ermutigt fühlen, was den Krieg unnötig verlängern würde. Lerma drang damit nicht durch, auch nicht im September, als trotz starken Widerstandes weitere 500 000 Taler nach Wien beordert wurden. Und er hatte endgültig verloren, als der König, wenn auch widerstrebend, im Januar 1619 entschied, die Strafexpedition nach Algier zugunsten der Unterstützung Wiens aufzugeben: »Da es unmöglich wäre, uns in beiden Unternehmungen zu engagieren, und wegen der Risiken, die entstehen,... wenn die Hilfe gegen

Böhmen verzögert wird, ... erscheint es uns unumgänglich, dem letzteren den Vorzug zu geben«. (AGS, Estado 1867, Bl. 256, *apostil* von Philipp III. zu einer *consulta* vom 11. Jan. 1619) So zog im Mai 1619 eine Streitmacht von 7 000 altgedienten Soldaten der spanischen Armee in Flandern durch das Reich nach Wien, und am Ende der Regierungszeit Philipps (im März 1621) standen etwa 40 000 seiner Soldaten im Dienst der österreichischen Habsburger. Hinzu kam ein anhaltender Zustrom von Hilfsgeldern: 3,4 Millionen Taler im Juli 1619 und sechs Millionen Ende 1624 (Kessel 1979, S. 53, Anm. 171).

Die entschlossene Haltung Spaniens, die von den Erzherzögen in Brüssel uneingeschränkt unterstützt wurde, bewog die deutschen Katholiken, ihre Meinungsverschiedenheiten beizulegen und die Liga unter der alleinigen Führung Maximilians von Bayern wieder ins Leben zu rufen. Einige katholische Fürsten erklärten sogleich ihre Sympathien. So ergötzte z.B. der Erzbischof von Salzburg im Juli 1619 Erzherzog Ferdinand, der sich auf dem Weg zur Kaiserwahl nach Frankfurt befand, mit einem militärischen Schauspiel, einer Wasserkunst, einer Aufführung von Peris *Orfeo* und – was am wichtigsten war – mit einem Kredit von 40 000 Talern (Heinisch 1968, S. 10 f.).[48] Doch die meisten übrigen Katholiken zögerten noch, Ferdinand in seinem Kampf gegen die böhmischen Rebellen ihre Unterstützung zuzusichern: Viele wären gern neutral geblieben, und nur die wiedererwachte Furcht vor einer »Protestantischen Internationalen« zwang sie schließlich zum Handeln.

Die Kriege um Gradiska und Mantua, die sich zum Zeitpunkt des Prager Fenstersturzes ihrem Ende näherten, hatten bereits wichtige Verbindungen zwischen einzelnen habsburgfeindlichen Mächten geschaffen. Die aus Böhmen kommenden Nachrichten hielten sie weiterhin aufrecht. Der Herzog von Savoyen hatte sie kaum vernommen, als er dem Kurfürsten von der Pfalz in einem Brief die Dienste jenes Regiments anbot, das Mansfeld für ihn dank der guten Dienste der Protestantischen Union im Jahr zuvor angeworben hatte. Im August 1618 nahm Friedrich das Angebot dankbar an, und die savoyardischen Söldner marschierten nach Deutschland, um dort die weitere Entwicklung der Dinge abzuwarten (vgl. Reade 1924, Bd. I, S. 182 f.).[49] Eine ganze Zeitlang waren sie die einzigen, die abwarteten. Die Führer der Protestanten – Friedrich, Anhalt und Ansbach – wurden von den Ereignissen in Böhmen ebenso überrascht wie alle anderen. Zwar hatten sie die Möglichkeit erörtert, daß der Kurfürst von der Pfalz nach dem Tod des Matthias König von Böhmen wurde, doch die vorgezogene Wahl Ferdinands durch die Stände schien die Frage, wer in Prag herrschte, zumindest für eine weitere Generation beantwortet zu haben. Jetzt aber, mitten im Juni, schrieben die böhmischen Stände an die Protestantische Union, baten um ihre Aufnahme als volle Mitglieder und ersuchten um militärische Unterstützung. Dabei ließen sie durchblicken, als Gegenleistung für eine rasche Hilfe würden sie den Führer der Union – den Kurfürsten Friedrich – statt Ferdinand zu ihrem König wählen. Leider machten sie diese Hoffnung nicht nur Friedrich, sondern gleichzeitig auch dem Herzog von Savoyen, Bethlen Gabor von Siebenbürgen und dem Kurfürsten von Sachsen, und dieses böhmische Doppelspiel wurde von den Habsburgern schadenfroh ans Licht gebracht, die anscheinend jeden aus Prag ins Ausland abgeschickten Brief abfingen und entschlüsselten. Vorläufig blieben solche Enthüllungen jedoch wirkungslos, da der Aufstand sich immer weiter ausbreitete. Im Sommer 1618 schlossen sich die Lausitz, Schlesien und Oberösterreich Böhmen an, und im Sommer darauf auch Mähren und Niederösterreich. Nur Ungarn stand noch abseits, doch war damit zu rechnen, daß die Truppen Bethlen Gabors dort über die loyalistischen Kräfte die Oberhand behalten würden. Im September 1618 nahm Mansfeld mit dem Regiment des Herzogs von Savoyen die Festung Pilsen ein. Im Mai 1619 marschierte das Heer der Konföderierten unter Heinrich Matthias, dem Grafen von Thurn (der beim Fenstersturz eine maßgebliche Rolle gespielt hatte), nach Wien und belagerte die Stadt. Zur selben Zeit reiste Christian von Anhalt nach Turin und bewog den Herzog von Savoyen, seine finanzielle Unterstützung der protestantischen Sache zu verstärken, und die Niederländische und die Venetische Republik führten Gespräche über ein gegenseitiges Verteidigungsbündnis gegen Spanien. Diese Erfolge alarmierten wiederum die Katholiken, und im Juni 1619 hatte Ferdinand eine genügend große Streitmacht gesammelt, um in Böhmen einzufallen.

Nach dem Ende des Krieges gegen die Uscoken konnten die Truppen des Erzherzogs im Norden eingesetzt werden, und während des ganzen Jahres 1618 wurden Truppeneinheiten in die Städte verlegt, die loyal geblieben waren. Doch vorläufig waren es nicht mehr als 13 000 Mann, ein Drittel davon in spanischem Sold, und Ferdinands Oberbefehlshaber Graf Buquoy drängte seinen Herrn, im Ausland weitere Soldaten anzuwerben – in den Spanischen Niederlanden (wo Buquoy seine ersten Sporen verdient hatte), in Lothringen, Italien und Kroatien. Bis zum Sommer 1619 war die kaiserliche Armee durch die Hilfsgelder Philipps und des Papstes auf rund 30 000 Mann angewachsen, und weitere Verstärkung hatten die Toscana, die Spanische Lombardei und die Spanischen Niederlande zugesagt. Am 10. Juni schlug Buquoy das Mansfeldsche Regiment bei Záblatí in Südböhmen in die Flucht und schnitt die Verbindungen zwischen Prag und den Truppen von Thurns vor den Toren Wiens ab. Die Belagerung wurde fast sofort aufgehoben. Als nicht weniger nachteilig für die Sache der Aufständischen erwies sich der Verlust ihres wichtigsten Helfers aus dem Ausland, des Herzogs von Savoyen. Den Kaiserlichen war Mansfelds gesamte Korrespondenz in die Hände gefallen, die sämtliche Beziehungen des Herzogs von Savoyen zu den Böhmen, Niederländern, Venezianern und Engländern bis ins einzelne aufdeckte. Der Herzog, der sich damit in einer peinlichen Lage befand und außerdem wußte, daß man ihn nicht zum König von Böhmen machen würde, entzog schleunigst seine Unterstützung (die ihn bereits fast 40 000 Taler gekostet hatte). Doch auch ohne ihn ging der Aufstand weiter. Am 31. Juli 1619 schlossen die Stände der böhmischen Krone einen gegenseitigen Vertrag mit 100 Artikeln, mit dem ein föderatives Bündnis geschlossen wurde; kurz danach unterzeichneten sie einen besonderen Bündnisvertrag mit den Ständen Ober- und Niederösterreichs. Am 22. August setzten die Konföderierten in einem feierlichen Akt Ferdinand als ihren König ab und beschlossen am 26. August mit überwältigender Mehrheit – eine Minderheit hatte für den Fürsten von Siebenbürgen oder für den Kurfürsten von Sachsen votiert –, die böhmische Krone dem Kurfürsten Friedrich von der Pfalz anzubieten.

Es war in vieler Hinsicht eine merkwürdige Entscheidung. Obgleich ein Teil von Friedrichs Erbe, die Oberpfalz, an Böhmen angrenzte, hatte er diese Region bislang kaum aufgesucht. Außerdem war Friedrich weder ein reicher noch ein erfahrener Kurfürst. 1622 stellte ein ihm feindlich gesonnener Beobachter während der Belagerung Frankenthals durch die Protestanten die Frage, ob es klug war, »einen Mann (zu wählen), der noch nie in seinem Leben eine Schlacht oder einen Toten gesehen hatte, ... einen Fürsten, der mehr vom Gartenbau als von der Kriegskunst verstand« (zit. n. Toegel 1973, S. 560, Anm. 16). Doch drei Jahre zuvor hatte das offenbar keine Rolle gespielt. Friedrich verfügte unter den protestantischen Fürsten Europas über beste Beziehungen (s. *Tabelle 2*). Wenn einer von ihnen Unterstützung für die protestantische Sache mobilisieren konnte, dann er.

Trotz alledem befand sich der junge Kurfürst im August und September 1619 in einer Zwickmühle, und seine Berater konnten ihm im Hinblick auf das Angebot der böhmischen Stände keinen einhelligen Rat geben. Während die gebürtigen Pfälzer unter ihnen insgesamt zu dem Schluß kamen, es spreche zwar einiges für die Annahme der Krone, mehr jedoch dagegen – unter anderem die Wahrscheinlichkeit, daß eine »Annahme einen allgemeinen Glaubenskrieg auslösen würde« –, argumentierten die übrigen, unter der Führung von Anhalt und Camerarius, ein Krieg sei in jedem Fall unvermeidlich:

Tabelle 2.1: Kurfürst Friedrich von der Pfalz und seine Verwandten I

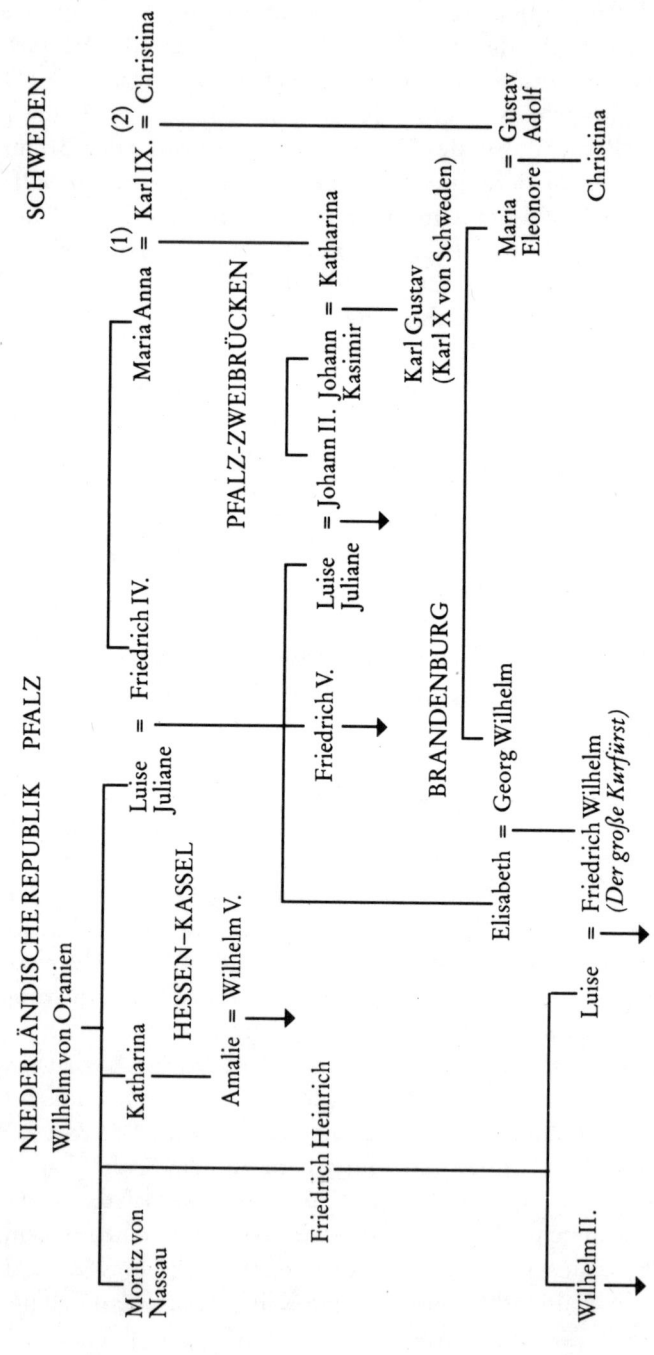

Tabelle 2.2: Kurfürst Friedrich von der Pfalz und seine Verwandten II

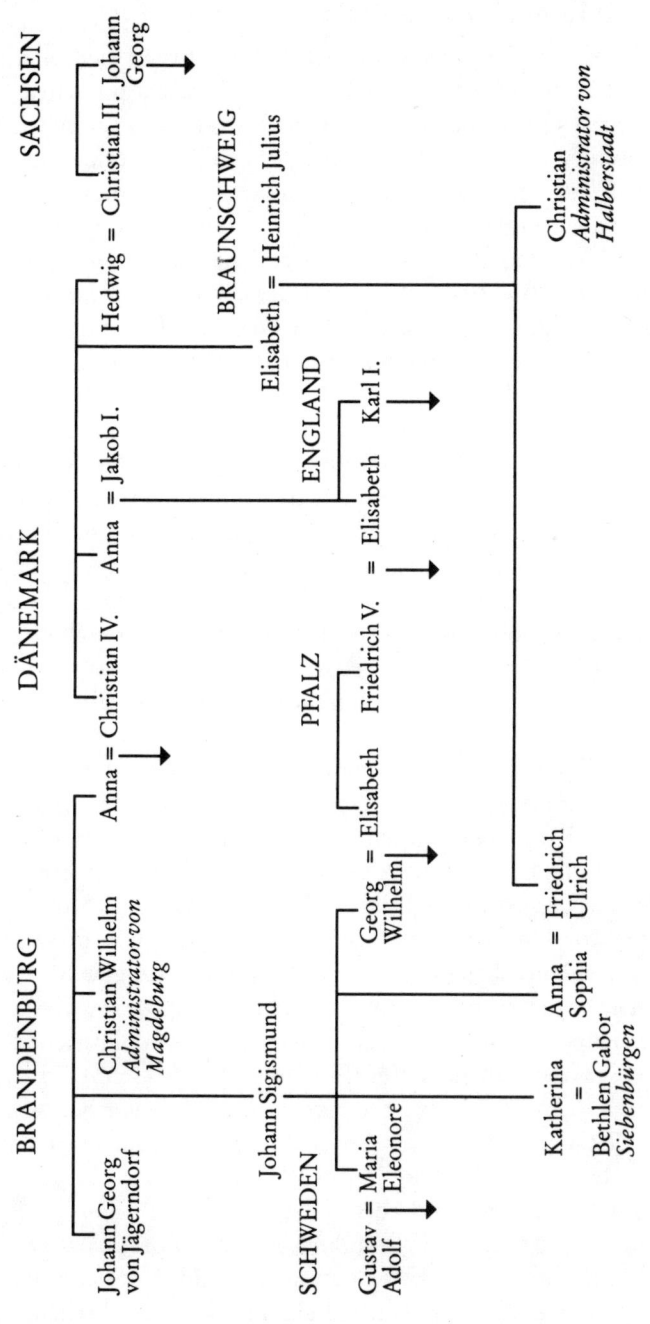

Nach dem Ablauf des Waffenstillstandes werde der Krieg zwischen Spanien und den Niederlanden wieder ausbrechen, während sich allenthalben die Anzeichen für ein militantes katholisches Bündnis mehrten, das auf die Vernichtung des Protestantismus in ganz Mitteleuropa gerichtet sei. Würde der böhmische Aufstand niedergeschlagen, so die Überlegung Camerarius' und seiner Freunde, dann hätte die Religionsfreiheit dieses Königtums ein Ende; wie lange würden sich die Protestanten in Deutschland dann noch sicher fühlen können? Dies war ein gewichtiges Argument, dem viele ver-antwortungsbewußte Beobachter aus dem Ausland zustimmten. Dudley Carleton, der englische Botschafter in Den Haag, notierte im September 1619, »diese Sache in Böhmen wird noch die ganze Christenheit in Aufruhr versetzen«, und hielt auch die Schlußfolgerung der führenden holländi-schen Politiker fest, daß »wenn uns schon der Weltenlauf aus diesen friedli-chen Zeiten befördert, (wir besser daran tun), den Wandel mit Vorteil als mit Nachteil zu beginnen«. Denn würde Böhmen »im Stich gelassen und in der Folge unterdrückt, dann werden wohl die Fürsten der Nachbarländer die Last einer siegreichen Armee tragen müssen ... Wie weit diese gehen wird«, so fügte er düster hinzu, »weiß nur Gott, da sie von den Jesuiten angetrieben und von einem Kaiser befehligt wird, der sich etwas auf seine Verheißungen zugute hält, die reformierte Religion zu vertilgen und die frühere Größe der Römischen Kirche wiederherzustellen.« (Zit. n. Lee 1972, S. 270 f.)

Doch zu dieser Zeit kam der böhmische Aufstand wieder gut voran. Nachdem Bethlen Gabor seinen Ärger darüber verwunden hatte, daß nicht er die böhmische Krone bekommen sollte, machte er sich Ende August daran, das habsburgische Ungarn zu erobern. Am 5. September nahm er Kosiče ein, die Hauptstadt des östlichen Teils des Königreichs, und wurde vom Landtag zum »Protektor Ungarns« erkoren. Die Nachricht von diesem Erfolg ließ Friedrich anscheinend neue Hoffnung schöpfen. Obgleich er sich, wie er damals seiner Frau bekannte, »im Widerstreit (befand), was zu tun sei«, nahm er am 28. September die böhmische Krone an. Das böhmische Angebot, so erklärte er, sei »eine göttliche Berufung, der ich den Gehorsam nicht verwei-gern darf. Es ist mein einziges Streben, Gott und Seiner Kirche zu dienen«. Und eine Zeitlang hatte es den Anschein, als hätte der Herr seinen Diener erhört. Am 13. Oktober schlug Bethlen Gabor die letzte Habsburger Armee in Ungarn unter dem Befehl Leopolds, Ferdinands Bruder, und marschierte bald darauf in die Hauptstadt Preßburg ein. Von dort aus zogen die Sieben-bürger im November donauaufwärts und verbanden sich mit der Armee von Thurns, um Wien ein zweites Mal zu belagern. Von verschiedenen Seiten weitere Unterstützung angeboten. Im Dezember kam ein Abgesandter Osmans II., des neuen Türkensultans, nach Preßburg und bot seine militärische Unterstützung gegen Habsburg an; und nach langen Debatten über die Freiheit des Handels an den Küsten der Adria unterzeichneten Venedig und die Vereinigten Niederlande ein Bündnis auf 15 Jahre und verpflichteten sich, während dieser Zeit dem Vertragspartner monatlich 30 000 Taler zukommen zu lassen, falls dieser das Opfer eines Angriffs würde (vgl. hierzu Geyl 1913, S. 188 f.; van der Essen 1947).

Die politische Lage war nun offensichtlich außer Kontrolle geraten, und viele Staatsmänner befürchteten das Schlimmste für die Zukunft. Am 28. Aug. 1619 beschlossen die sieben Kurfürsten in Frankfurt, kein Risiko einzugehen, und wählten einstimmig Ferdinand zum neuen deutschen Kaiser. Es war die bedeutsamste Wahl seit der von Karl V. genau ein Jahrhundert zuvor. Aber er war auch die erste Wahl, die ernsthaft umstritten war. Johann Georg von Sachsen, dessen Land an Böhmen und die Oberpfalz angrenzte, erklärte sich erst bereit, für Ferdinand zu stimmen, nachdem er eine Woche vor der Wahl von der Regierung in Brüssel die Zusicherung erhalten hatte, »für den Fall, daß der Kurfürst von den Böhmen belästigt werden sollte, sollen ihm die Truppen zu Hilfe kommen, die Seine Majestät (Philipp III. v. Spanien) in Deutschland hat, und nötigenfalls auch einige Truppen des flandrischen Heers« (Pedro de San Juan an Oñate, 21. Aug. 1619; in: AGS, Estado 2504, Bl. 110).[50]

Etliche erfahrene Beobachter hofften, die Ereignisse in Frankfurt würden der Krise des Reichs ein Ende machen – und tatsächlich zog im September die flandrische Armee die Truppen wieder ab, die sie während der Wahl an der Grenze zu Deutschland aufgestellt hatte. Doch die gleichzeitig erfolgte Annahme der böhmischen Krone durch Friedrich verschärfte die Spannungen erneut. So begab sich Kaiser Ferdinand von Frankfurt aus – in Begleitung des spanischen Botschafters Graf Oñate und eines hohen Beamten des Kurfürsten von Köln – nach München, um mit Maximilian von Bayern zu beraten, in welcher Form die neubelebte Katholische Liga das Haus Habsburg unterstützen könnte. Da die deutschen Katholiken nicht bereit waren, ohne die Hilfe Spaniens in den Konflikt einzugreifen, lag die Initiative fast allein bei Oñate; und er handelte entschlossen. Ohne Instruktionen aus Madrid oder Brüssel abzuwarten, versprach der Botschafter, der Liga unverzüglich 1 000 Berittene aus den Niederlanden zu schicken, desgleichen eine beträchtliche Verstärkung aus dem spanischen Italien nach Österreich, und eine größere Armee aus den Niederlanden in das Rheinland einmarschieren zu lassen. Maximilian forderte jedoch noch mehr als Gegenleistung dafür, daß die Armee der Liga in voller Stärke gegen Böhmen eingesetzt wurde. So bewog der einfallsreiche Oñate

Ferdinand dazu, dem Herzog nicht nur eine Aufwandsentschädigung sowie die Zusicherung anzubieten, daß die Habsburger sich nicht in die Angelegenheiten der Liga einmischen würden, sondern auch den Besitz aller pfälzischen Gebiete, die von der Liga erobert würden, einschließlich des Versprechens, die Kurwürde von Friedrich von der Pfalz auf den Herzog von Bayern zu übertragen. Da sowohl Friedrich als auch Maximilian den Wittelsbachern angehörten, und da Bayern einen gewissen rechtlichen Anspruch auf das Land wie auf den Titel habe, so lautete das Argument Oñates, lasse sich die Übertragung der Kurwürde vergleichsweise einfach bewerkstelligen. Als eher pragmatisches Argument fügte er hinzu, wahrscheinlich würden die Armeen Maximilians gegenüber dem protestantischen Bündnis kaum einen so großen Vorsprung gewinnen, daß er diese zusätzlichen Belohnungen beanspruchen könne. So wurde am 8. Oktober 1619 der Vertrag von München geschlossen, und am 5. Dezember bewilligten die Führer der Katholischen Liga die Aushebung von 25 000 Soldaten, die Maximilian nach Gutdünken einsetzen konnte.

Oñate hatte sehr viel im Namen Spaniens versprochen, und dies zu einem Zeitpunkt, da die Regierungen in Madrid und Brüssel zunehmend mit den Vorbereitungen für einen neuen Krieg mit den Holländern beschäftigt waren. Wenigstens äußerte Zúñiga offen, er wisse nicht mehr, ob der Waffenstillstand verlängert werden sollte oder nicht. »Uns einzureden, daß wir die Holländer bezwingen können, heißt das Unmögliche zu versuchen und uns selbst zu betrügen«, klagte er im April 1619, als er um die richtige Entscheidung rang (zit. n. Brightwell 1974, S. 289).

»Denen, welche alle Schuld an unseren Nöten dem Waffenstillstand geben und einen großen Vorteil darin sehen, diesen zu brechen, können wir mit Gewißheit erwidern, daß wir immer im Nachteil sein werden, ob wir ihn beenden mögen oder nicht. Die Dinge können so weit kommen, daß jede getroffene Entscheidung zum Schlechten ausschlägt, nicht weil es an gutem Rat mangelte, sondern weil die Lage so verzweifelt ist, daß sich kein denkbares Heilmittel mehr finden läßt.«

Spaniens erster Minister war kaum optimistischer, wenn er die Lage in Deutschland betrachtete:

»Die Situation erfordert, daß wir alle äußersten Anstrengungen unternehmen, zu denen jedermann seine Zuflucht nimmt, der sich dem vollkommenen Verderben ausgesetzt sieht, daß wir alle uns zu Gebote stehenden Mittel einsetzen, um dem Erzherzog zu verschaffen, wonach er verlangt, und auch alle anderen jetzt erforderlichen Dinge, soweit dies menschenmöglich ist, in Angriff zu nehmen.« (Entwurf v. 10. Dez. 1619; in: AGS, Estado 1897, Bl. 375)

Diese und zahlreiche andere Äußerungen einer tiefen und vollkommenen Enttäuschung in den letzten Jahren der Herrschaft Philipps III. lesen sich wie Zitate aus einer Tragödie Calderons. Denn Zúñiga sah das Dilemma nur zu deutlich: Wenn Spanien nicht wirksam zugunsten Ferdinands eingriff, würden die Aufständischen den Sieg davontragen, so daß die Protestanten das Reich in ihre Gewalt bekommen und Spaniens Position in Italien und den Niederlanden untergraben würden; andererseits bestand die Gefahr, daß eine solche Unterstützung einen weiteren Konflikt auslöste, der so lange anhalten konnte wie der niederländische Krieg, wenn nicht gar (wie manche meinten) für immer.[51]

Doch jetzt war es zu spät für Spanien, sich aus Deutschland zurückzuziehen. Im Frühjahr 1620 schickte Oñate, der ein zweites Mal in Wien von den Armeen Bethlen Gabors und der Konföderierten belagert wurde, einen äußerst beunruhigenden Bericht nach Madrid. Darin betonte er aufs Neue, wenn die österreichischen Habsburger gerettet werden sollten, müsse Ferdinand Unterstützung in einem bisher noch nicht dagewesenen Umfang gewährt werden. Einmal mehr konnte die alarmierende Stimme des Botschafters nicht übergangen werden, und der Hofrat Philipps III. war der Meinung, das wirksamste Mittel zur Entlastung des Drucks auf Wien sei ein Ablenkungsangriff auf die Rheinpfalz. Dies würde außerdem die Wahrscheinlichkeit dafür erhöhen, daß die Bedingungen des »Oñate-Vertrags« mit Ferdinand eingehalten würden, aufgrund deren das Elsaß zu Spanien kommen sollte; zugleich konnte auf diese Weise die Liga ihren Feldzug in Böhmen führen, ohne einen Angriff in ihrem Rücken befürchten zu müssen. Nach einigem Hin und Her über Umfang und Zeitpunkt wurde schließlich beschlossen, daß im Frühjahr 1620 ein Heer von 20 000 erfahrenen Söldnern unter dem Befehl Ambrosio Spínolas von den Niederlanden aus die Pfalz besetzen sollte. Damit war ein entscheidender Schritt getan, aus dem »Aufstand in Böhmen« den »Dreißigjährigen Krieg« zu machen.

Die Ironie der Geschichte wollte es, daß die verhängnisvolle Entscheidung Philipps III. wegen der langen Nachrichtenwege zu einem Zeitpunkt getroffen wurde, als die Belagerung Wiens bereits wieder aufgehoben war. Am 27. November 1619 erhielt Bethlen Gabor die Nachricht, daß eine große Armee aus Polen in Oberungarn eingefallen war und ihn von Siebenbürgen abgeschnitten hatte. In Wirklichkeit war die Meldung stark übertrieben, doch sie reichte aus, der Belagerung Wiens ein Ende zu machen: Bethlen eilte nach Ungarn zurück, und so mußte auch von Thurn nach Böhmen zurückkehren. Obwohl der ungarische Landtag den Siebenbürger am 15. Januar 1620 in

Preßburg zu seinem »Fürsten« wählte, blieb die Situation für ihn ungünstig. Gabor hatte fünf Monate lang ein großes Heer unterhalten, obgleich sein Fürstentum arm war (es exportierte lediglich Vieh, Salz und Quecksilber, und ein beträchtlicher Teil seiner Produkte mußte Jahr für Jahr dem Sultan als Tribut entrichtet werden). Einige hatten den Feldzug des Fürsten von Anfang an als einen »Gießbach ohne Quelle« angesehen, der ohne unverzügliche finanzielle Unterstützung aus Prag austrocknen mußte (Zaller 1974, S. 166). Aber die Finanzmittel der Konföderierten waren ebenso erschöpft wie die Bethlen Gabors: Sie konnten die von ihm geforderten 400 000 Taler nicht bezahlen. Überdies war der wichtigste Aktivposten des Fürsten in der Vergangenheit seine von ihm selbst gepriesene Rolle als Vermittler türkischer Hilfe an die Feinde Ferdinands gewesen. Jetzt aber hatten die habsburgischen Diplomaten den Sultan bewogen, der Sache der Konföderierten seine Unterstützung zu entziehen, während der Ausbruch von Feindseligkeiten zwischen Türken und Polen 1619–1621 jeden osmanischen Feldzug donauaufwärts verhinderte. Als somit Bethlen von einer kaiserlichen Abordnung ein neunmonatiger Waffenstillstand angeboten wurde, der ihm außerdem den vorübergehenden Besitz seiner ungarischen Eroberungen zusicherte, nahm er dieses Angebot (am 20. Januar 1620) hocherfreut an.

Die Neutralisierung Siebenbürgens war nur ein Teil einer sorgfältig geplanten Kampagne zur Isolierung der Aufständischen. Es war nicht nur gelungen, Spanien dafür zu gewinnen, dem Kaiser (und nach dem April 1620 auch der Liga) Soldaten und Geld in großem Umfang zur Verfügung zu stellen; es gab auch einige italienische Fürsten, die den Kaiser unterstützten. Seit Juli 1618 ließ der Papst Wien monatliche Subsidien in Höhe von 8 000 Talern zukommen, und bis Ende 1620 waren diese Gelder auf die Summe von 304 000 Talern angewachsen; im selben Zeitraum wurden 204 000 Taler an die Armee der Liga übermittelt. Genua unterstützte Ferdinand ebenfalls mit Geld, während der Herzog der Toscana Truppen schickte. Zwar waren Savoyen und Venedig Feinde, doch ohne die Unterstützung anderer konnten beide wenig ausrichten. Der einzige Grund zur Beunruhigung war für Habsburg das Versprechen der Holländer, Böhmen zu Hilfe zu kommen.

Während des Jahres 1618 debattierten die Generalstaaten, das Regierungsorgan der Niederländischen Republik, wiederholt darüber, ob sie dem Hilfeersuchen der konföderierten Stände nachkommen sollten, doch jedesmal fiel das Ergebnis negativ aus. Ihre Vorsicht war wohlbegründet: Das ganze Jahr hindurch war die Republik gelähmt durch die Auseinandersetzung zwischen den Ständen von Holland unter der Führung ihres Ratspensionärs Jan van Oldenbarnevelt und den Ständen der übrigen Provinzen unter der Führung ihres Staatsoberhaupts Moritz von Nassau. Nachdem im Frühjahr 1619 Oldenbarnevelt verhaftet und seine Anhänger zerstreut waren, beschlossen die gesäuberten Generalstaaten monatliche Hilfsgelder für Böhmen in Höhe von 25 000 Talern – allerdings nur für drei Monate und nur so lange, wie die Böhmen weiterkämpften und die Niederlande sich im Frieden befanden. Letztlich wurden diese Subsidien (wenn auch widerstrebend und vor allem gegen den Widerstand der inneren Provinzen) bis zum Dezember 1620 gewährt; aber die Generalstaaten weigerten sich bis es zu spät war, Truppen nach Deutschland zu entsenden, um Friedrich von der Pfalz zu helfen oder die Union zu schützen. Noch nachteiliger wirkte sich aus, daß die Generalstaaten zwar beschlossen, »einen Diversionskrieg dergestalt zu führen, daß die spanischen Truppen in den Provinzen unter dem Erzherzog (Albrecht) nicht freigestellt werden oder nach Deutschland verlegt werden können«, den Beschluß aber nicht in die Praxis umsetzten. Statt dessen ließen sie sich fast bis zum Schluß von General Spínola an der Nase herumführen, der sie glauben machte, das Ziel seiner Armee sei nicht die Pfalz, sondern Prag, und als sie die Wahrheit erkannten, verhinderte die ausbleibende Unterstützung durch England und die Union jede wirksame Gegenmaßnahme.[52]

Nach einigem Zögern machte Jakob I. seine Abneigung gegenüber dem böhmischen Abenteuer seines Schwiegersohns (des Kurfürsten von der Pfalz) im Herbst 1619 öffentlich. Er sträubte sich, Geld für die Sache Friedrichs aufzubringen; statt dessen versuchte er, zwischen beiden Parteien zu vermitteln, und er drängte die Union, sich aus dem Konflikt herauszuhalten. Diese war jedoch bereits in der Auflösung begriffen. Auf einer Versammlung im Juni 1619 beschlossen die Mitglieder, ein Heer von 11 000 Mann aufzustellen, das allein der Verteidigung gegen die Liga dienen sollte – um »freyheiten und recht« zu schützen –, und es wurde gefordert, »allerseit ohne ansehen deß unterschidts in der religion allß getreue patrioten zusammen(zu)tretten«. Weiter wollte niemand gehen, denn es schien geraten, sich »nicht leichtlich vom Hauss Österreich bewegen (zu) lassen«, vor allem nicht ohne »Volck oder Geld« aus England (Magen 1975, S. 190). Auf einem weiteren Unionstag im November unterstützten nur die Markgrafen von Ansbach und von Baden Friedrichs Entscheidung, die böhmische Krone anzunehmen (obgleich einige ihre Bereitschaft erklärten, sich gegen die Liga zu verteidigen). Andere protestantische Fürsten waren ebenfalls zurückhaltend. Außer dem Herzog von Sachsen-Weimar bot nur der calvinistische Kurfürst von Brandenburg seine Unterstützung an, und dieser starb zu Weihnachten 1619. Sein junger Nachfolger Georg Wilhelm war zwar mit Friedrichs Schwester verheiratet, konnte die lutherischen Stände jedoch nicht dazu bewegen, die trotzige Politik seines Vaters fortzusetzen. Da die brandenburgischen Staatsschulden zu den größten in Deutschland zählten, blieb ihm angesichts der Verweigerung neuer Steuern nur eine Politik des vorsichtigen Abwartens. Um die Finanzen Johann Georgs von Sachsen war es kaum besser bestellt, ein Umstand, den die katholischen Fürsten ganz in ihrem Interesse zu nutzen wußten. Auf einem Kurfürstentag, der Anfang 1620 nach Mühlhausen einberufen wurde, um ein Übergreifen des »böhmischen Brandes« nach Deutschland zu verhindern, versprachen die katholischen Kurfürsten (einschließlich Ferdinands), sie würden keinen Versuch unternehmen, die säkularisierten Kirchengüter in den ober- und niedersächsischen Kreisen zurückzugewinnen, solange die Fürsten, in deren Besitz sie sich jetzt befanden, nicht vor Gericht Gehör gefunden hätten – stets vorausgesetzt, daß diese den Kaiser loyal unterstützten. Johann Georg schien durch den »Vertrag von Mühlhausen« (20. März 1620) beruhigt, und so bot ihm der Kaiser außerdem die Lausitz als Pfand an, sofern der Kurfürst eine Armee aufstellte und diese Markgrafschaft den Rebellen wieder entriß. Johann Georg nahm dieses Angebot bereitwillig an.

Der entscheidende Schlag wurde den Protestanten von Frankreich versetzt. Ludwig XIII. hatte selbst mit Schwierigkeiten durch seine rebellischen protestantischen Untertanen zu kämpfen und zeigte deshalb zunächst volles Verständnis für Ferdinands mißliche Lage. Einmal erklärte er sich sogar spontan bereit, an der Spitze einer Armee seinem Vetter zu Hilfe zu eilen. Zwar gab er dieses Vorhaben bald wieder auf, doch statt dessen schickte er eine hochkarätige diplomatische Mission unter der Führung des Herzogs von Angoulême nach Deutschland. Angoulême begab sich zunächst nach Ulm, wo die Armee der Liga unter dem persönlichen Oberbefehl Maximilians von Bayern versuchte, sich gegenüber den Truppen der Union unter dem Markgrafen von Ansbach in eine günstige Ausgangsposition zu bringen. Angoulême bewog die beiden Befehlshaber zur Unterzeichnung eines Abkommens, in dem sie sich verpflichteten, sofort ihre Feindseligkeiten gegeneinander einzustellen und ihre Streitkräfte abziehen zu lassen (3. Juli 1620, Vertrag von Ulm). In der Hoffnung, ein ähnliches Abkommen zwischen Ferdinand und Friedrich zu bewerkstelligen, begab er sich anschließend nach Wien, allerdings erfolglos. Der in Ulm erreichte Waffenstillstand hatte dem Kaiser einen entscheidenden Vorteil verschafft, den er auch zu nutzen gedachte: Die Armee der Union war gezwungen, sich den aus den Niederlanden herannahenden Truppen Spínolas entgegenzustellen, während die nunmehr nicht länger gebundenen Streitkräfte der Liga Ferdinand im Osten zu Hilfe eilen konnten. So kam es, daß am

17. Juli, genau 14 Tage nach dem Ulmer Vertrag, eine Armee von 30 000 Söldnern der Liga (darunter zahlreiche Freiwillige von Rang und Namen wie der
französische Philosoph René Descartes) von Graf Tilly nach Oberösterreich
geführt wurde. Innerhalb von zwei Wochen hatte er das Herzogtum unterworfen und seine Kräfte mit den Kaiserlichen unter Buquoy vereinigt, die
jetzt die Herren von Niederösterreich waren. Im Norden besetzten die
Sachsen die Lausitz fast kampflos (nur Bautzen leistete Widerstand), während
Spínola im Westen gemächlich die Pfalz durchquerte. Die Streitkräfte der
Union waren hoffnungslos in der Minderzahl und wurden nur von kleinen
Kontingenten aus England und den Niederlanden verstärkt. So konnte es
kaum wundernehmen, daß die Bemühungen des Herzogs von Angoulême,
Ferdinand für Friedensgespräche zu begeistern, ein Schlag ins Wasser
wurden: Mit Verträgen sei jetzt nichts mehr zu gewinnen, ließ man den
Herzog wissen, der Kaiser sei vielmehr »entschlossen, den vollständigen
Gehorsam seiner Untertanen zu erlangen, und dazu brauche es des Schwerts«
(zit. n. Pagès 1939, S. 71). Dieser Maxime entsprechend marschierten die
Truppen unter Buquoy und Tilly unerbittlich in Böhmen ein, während Maximilian in Wartestellung blieb, und suchten die Entscheidungsschlacht mit der
feindlichen Hauptarmee (unter dem gemeinsamen Oberbefehl von Anhalt,
Mansfeld und von Thurn). Am 8. November führten die Aufständischen
einen verzweifelten Kampf am Weißen Berge, unmittelbar vor den Toren
Prags. Die Katholischen brauchten nicht mehr als eine Stunde für einen überwältigenden Sieg. Damit war der Aufstand in Böhmen zu Ende.

2 Europa und der Pfälzische Krieg

»Der Verlust an Soldaten hielt sich ungefähr die Waage; es ist der Verlust an Geschützen, Troßgepäck und Ansehen, was den Sieg der Kaiserlichen ausmacht, die allem Anschein nach Böhmen jetzt wie ein erobertes Land behandeln und sämtliche Sonderrechte und Privilegien außer Kraft gesetzt haben. Und selbst wenn es auf Ersuchen der Stände eine neue Verfassung geben sollte, so wird sie nichts anderes sein als das Gesetz des Eroberers, der jetzt schon feinsinnig die Anhänger der (protestantischen) Religion auffordert, ihre Habe aufzuführen und in sicheren Gewahrsam zu bringen, so daß sie alsbald einen Vorgeschmack davon bekommen, was sie erwartet.«

Sir Edward Conway, der englische Gesandte in Prag[53]

Sir Edward Conways Prophezeiung über die Folgen der böhmischen Niederlage in der Schlacht am Weißen Berge erwies sich als höchst zutreffend: In der Tat wurde Böhmen unbarmherzig das Gesetz des Siegers aufgezwungen (s. Kapitel 3). Doch der Feldzug von 1620 spielte den Siegern mehr als nur Böhmen in die Hände. Die Lausitz, Mähren, Schlesien und Österreich waren ebenso militärisch besetzt wie die halbe Rheinpfalz, während die Oberpfalz ungeschützt offenlag. Diese Erfolge machten indessen dem Krieg nicht etwa ein Ende, sondern dehnten ihn im Gegenteil sogar noch aus. Wäre der Kampf militärisch unentschieden ausgegangen, dann hätte es vielleicht ein Kompromißabkommen gegeben. Angesichts des Ausmaßes seiner Niederlage und der unversöhnlichen Feindschaft Habsburgs hatte Friedrich von der Pfalz jedoch durch einen fortgesetzten Widerstand nichts mehr zu verlieren.

Der Kaiser sah sich unter diesen Umständen vor dem Problem, jede Unterstützung Friedrichs im Reich auszuschalten, ohne dabei einen allgemeinen europäischen Krieg zu provozieren. 1619 und 1620 hatte er sich den militärischen Sieg durch sorgfältige diplomatische Unternehmungen gesichert, mit denen das von der pfälzischen Partei geknüpfte Netz aus Bündnissen zerrissen und Friedrich von seinen mächtigeren potentiellen Helfern isoliert wurde; aber ob dieses diplomatische Meisterstück auch in der Zukunft Bestand haben würde, war eine andere Frage. Eine allzu geschickte Propaganda konnte leicht Befürchtungen eines grenzenlosen Ehrgeizes der Habsburger wecken. Das war schon einmal so gewesen – innerhalb von fünf Jahren nach dem großen Sieg Karls V. über die deutschen Protestanten bei Mühlberg 1547 gingen alle Eroberungen des Reiches wieder verloren –, und eine ähnliche Wendung des Schicksals wurde nach der Schlacht am Weißen Berge nicht für unmöglich gehalten (vgl. Schubert 1955, S. 96 und 194 f.).[54]

Die Chancen hierfür schienen zunächst freilich gering. Die aktiven Anhänger Friedrichs in Deutschland waren nie sehr zahlreich gewesen, und jetzt wandten sich sogar noch einige von ihnen von seiner Sache ab – allen voran Ansbach und Anhalt, die 1621 ihren Frieden mit dem Kaiser machten.[55] Nur noch eine kleine Schar von Fürsten – als bedeutendste die Herzöge von Sachsen-Weimar und von Braunschweig-Wolfenbüttel, letzterer der Administrator des säkularisierten Bistums Halberstadt – unterstützte vorbehaltlos den pfälzischen Kurfürsten. Markgraf Georg von Baden blieb 1621 neutral, weil er befürchtete, andernfalls zugunsten des rivalisierenden katholischen Zweigs seiner Familie abgesetzt zu werden (und 1622 zog er nur deshalb in den Krieg, weil er inzwischen zu der Überzeugung gelangt war, daß er nach Friedrichs Niederlage in jedem Fall seine Markgrafschaft verlieren würde). Ähnliche Überlegungen hielten auch die calvinistischen Herrscher von Hessen-Kassel und Brandenburg davon ab, Friedrich militärisch zu unterstützen: Der erstere befürchtete seine Depossedierung zugunsten des gut kaiserlichen (und lutherischen) Herrn von Hessen-Darmstadt, während der letztere von seinen streng lutherischen und neutralistischen Ständen am Eingreifen gehindert wurde. Johann Georg von Sachsen, der die Lausitz und den Vertrag von Mühlhausen in der Tasche hatte, tat sein Äußerstes, um alle übrigen lutherischen Herrscher daran zu hindern, Friedrich in irgendeiner Weise zu Hilfe zu kommen.

Dieses anhaltende Unvermögen, bei den deutschen protestantischen Fürsten eine nennenswerte Unterstützung zu finden, machte Friedrich nur um so abhängiger von eben jenen auswärtigen Verbündeten, die ihn 1619-1620 im Stich gelassen hatten. Sein Onkel Moritz von Nassau richtete für ihn ein glänzendes Begrüßungsbankett aus, als er im April 1621 nach Den Haag kam, und erlaubte ihm, dort seinen Exilhof aufzuschlagen. Doch genau zu diesem Zeitpunkt lief der zwölfjährige Waffenstillstand mit Spanien ab, und etliche halbherzige Versuche, ihn zu erneuern, blieben erfolglos. Deshalb stimmten die Generalstaaten einer Verlängerung der monatlichen Subsidienzahlungen an Friedrich nur unter der Bedingung zu, daß es ihm gelang, auch von England Unterstützung zu erwirken. Nachdem Spínola mit seinen Veteranen siegreich aus der Pfalz zurückgekehrt war, wollten die Generalstaaten kein Risiko eingehen: Sie konnten Offiziere und einen Kredit zum Kauf von Waffen zur Verfügung stellen, aber sie konnten es sich nicht leisten, sich zum Zahlmeister der protestantischen Sache zu machen.[56]

Auch Christian von Dänemark nahm eine vorsichtige Haltung ein. Zwar hatte er 1618/19 einige seiner Offiziere den böhmischen Ständen zur Verfügung gestellt, andere dienten später im Regiment Mansfelds, und 1620 hatte er

Friedrich und dessen Verbündeten Geld geliehen. Aber alle weiterreichenden Maßnahmen stießen auf den hartnäckigen Widerstand seines Kronrates (s. S. 141 ff.), und es befielen ihn schlimme Ahnungen bei dem unbesonnenen Vorhaben seines Neffen, »Könige (zu) verjagen und Königreiche ein(zu-) nehmen«. Auf dem niedersächsischen Kreistag in Segeberg im Februar 1621 erklärte er, er werde sich in die Auseinandersetzung nur einmischen, wenn die Unterstützung Englands gesichert sei (Magen 1975, S. 228 f.; Wertheim 1929, Bd. 2, S. 210).[57]

So hing also für die Diplomatie der Pfälzer – und überhaupt aller Protestanten – alles von England ab. Dort gab es sowohl am Hof wie im Parlament viele, die Friedrichs Argument teilten, vom Erfolg seiner Sache hänge das Schicksal des Protestantismus ab. Im Juni 1621 veröffentlichte das Unterhaus eine Erklärung, in der jede militärische Maßnahme unterstützt wurde, die vonnöten sei, um »die wahren Bekenner derselben christlichen Religion in anderen Ländern (zu verteidigen), wie sie von der anglikanischen Kirche bekannt wird ... da wir uns als Glieder desselben Körpers von einem tiefen Mitgefühl für ihre Not betroffen sehen« (Bischof Carleton an seinen Bruder, Mai (?) 1624; in: PRO, S.P. 14/164/11).[58] Das Unterhaus sprach sich für die Bildung einer Koalition auf der Grundlage eines Bündnisses zwischen England und der Niederländischen Republik aus. Doch Jakob I. brannte nicht darauf, daß aus einem regionalen Konflikt ein internationaler Glaubenskrieg wurde, und war zu der Überzeugung gelangt, der beste Weg zur Wahrung des Friedens sei ein enges Bündnis zwischen ihm und Spanien, das auf der Heirat seines Sohnes und Erben Prinz Karl mit Philipps IV. Schwester Maria beruhte. Zwar hatte er sich nach der Besetzung der Rheinpfalz durch die Spanier im Herbst 1620 verpflichtet, diese für Friedrich zurückzugewinnen, aber er dachte daran, dieses Ziel im Rahmen einer umfassenderen diplomatischen Regelung zu erreichen. Deshalb bestand England paradoxerweise darauf, die pfälzische Frage als rein deutsche Angelegenheit zu behandeln, während es zugleich bemüht war, sie mit den verschiedensten anderen Streitfragen zu verknüpfen, mit denen sie in Wirklichkeit überhaupt nichts zu tun hatte.

In den ersten Monaten des Jahres 1621 versuchte Jakob I., auf dem Verhandlungsweg einen allgemeinen Waffenstillstand im Reich herbeizuführen, um so der angestrebten Einigung einen Schritt näherzukommen, von der er sich die Wiedereinsetzung Friedrichs in sein Kurfürstentum versprach, wenn dieser auf die böhmische Krone verzichtete. Tatsächlich wurde im April in Mainz zwischen den in der Pfalz operierenden Armeen eine kurze Waffenruhe vereinbart, die bis zum Juli anhielt; Friedrich, dem anscheinend Moritz von Nassau den Rücken stärkte, konnte jedoch nicht zum bedingungslosen

Verzicht auf seine Ansprüche in Böhmen bewogen werden. Aber auch die Habsburger blieben unnachgiebig. Der Tod Philipps III. am 31. März und von Erzherzog Albrecht am 15. Juli 1621 erzeugten eine Art politisches Vakuum, so daß die Initiative des Handelns für kurze Zeit bei Albrechts Witwe, der Erzherzogin Isabella, und ihrem ergebenen General Ambrosio Spínola lag. Beide wollten die vollständige Eroberung der Pfalz in möglichst kurzer Zeit, und darin wurden sie rückhaltlos vom Kaiser und von Maximilian von Bayern unterstützt. Der Krieg verlief zweifellos ganz in ihrem Sinne: Im Rahmen des Mainzer Waffenstillstands hatte sich die Union bereit erklärt, sich aufzulösen, sofern ihre Länder von Angriffen verschont blieben, und nach ihrer im Mai erfolgten Auflösung konnte Spínola einen Großteil seiner Armee in die Spanischen Niederlande zurückverlegen, so daß er auf einen Angriff der Holländer besser vorbereitet war. Zurück blieben noch etwa 11 000 Mann unter dem Befehl von Don Gonzalo Fernández de Córdoba, um die Pfalz endgültig zu erobern. Kaum war die vereinbarte Waffenruhe abgelaufen, da belagerten sie Frankenthal, eine der drei mächtigen Festungen (neben Mannheim und Heidelberg), von denen aus die Pfalz beherrscht wurde.

Zu diesem Zeitpunkt gab es im Osten noch immer einige Truppen, die loyal zu Friedrich standen, aber sie konnten sich nicht mehr lange halten. Im Spätsommer 1621 führte Tilly die Armee der Liga in die Oberpfalz, die er fast kampflos besetzte. Einige Truppen Friedrichs beschlossen, sich nach Osten durchzuschlagen und ihr Schicksal in die Hände Bethlens zu legen, doch im Januar 1622 schloß der Fürst von Siebenbürgen mit dem Kaiser in Nikolsburg Frieden. Die übrigen Soldaten Friedrichs unter Mansfeld waren nach Frankenthal marschiert, um dessen belagerte Besatzung zu verstärken, was ihnen auch gelang. Aber Tilly war ihnen hart auf den Fersen, und im Frühjahr 1622 hatten die Katholischen im Rheinland eine drückende Übermacht. Ihre vorteilhafte Lage verbesserte sich noch weiter, als Spínola die holländische Garnison in Jülich zur Übergabe zwang und damit den Weg blockierte, auf dem England der Pfalz hätte Unterstützung schicken können. Tatsächlich kam es jedoch gar nicht dazu. Im Dezember 1621 widersetzte sich Jakob der Forderung des Parlaments nach einem Krieg gegen Spanien und dirigierte statt dessen eine komplizierte diplomatische Quadrille mit dem Ziel, alle an der Auseinandersetzung beteiligten Parteien zu einer allgemeinen Friedenskonferenz zusammenzuführen. Zunächst jedoch sträubte sich Friedrich gegen die Forderung Jakobs, die Kämpfe einzustellen, wenn er nicht jeder englischen Unterstützung verlustig gehen wolle (Jakob an Friedrich, 22. April u. 2. Mai 1622; in: PRO, S. P. 81/24/42). Statt dessen ermächtigte er Mansfeld, der sich im Elsaß aufhielt, durch ausgedehnte Anwerbungen bei den Schweizer Protestanten und den französischen Hugenotten ein Heer von 43 000 Mann zu sammeln. Im April stießen weitere 11 000 Mann zu ihnen, die Georg von Baden-Durlach zusammengetrommelt hatte. Die beiden Heerführer waren jedoch nicht zu einem gemeinsamen Vorgehen bereit, und am 6. Mai fügten Tilly und Córdoba gemeinsam der badischen Armee bei Wimpfen am Neckar schwere Verluste zu. Fast hätte sich das Blatt noch gewendet, denn Friedrich konnte sich noch auf eine dritte Armee stützen, die Christian von Braunschweig für ihn aufgestellt hatte, doch am 20. Juni fing der Kriegsheld Tilly diese neue Streitmacht bei Höchst am Main ab und brachte auch ihr massive Verluste bei.

Endlich erklärte sich Friedrich zu Verhandlungen bereit. Am 13. Juli entließ er Mansfeld und Braunschweig und zog sich zurück, um das Ergebnis der von England so sehr gewünschten Konferenz abzuwarten, die inzwischen in Brüssel begonnen hatte (vgl. Friedrich an Elisabeth, 14. August 1622; in: PRO, S. P. 81/26/179-180). Die siegreichen Katholischen hatten freilich kein Interesse an Verhandlungen mehr. Tilly folgte einer Weisung Maximilians und nahm seinen Vorteil wahr: Am 19. September wurde Heidelberg gestürmt, und am 2. November mußte sich auch Mannheim ergeben. Die Konferenz in Brüssel endete ergebnislos. Frankenthal blieb wegen der späten Jahreszeit vorerst verschont, doch im März 1623 gab Jakob der vorwiegend aus Engländern bestehenden Garnison der Stadt den Befehl, diese den Offizieren der Erzherzogin Isabella zu übergeben, die sie in Besitz nehmen sollten, bis die Friedenskonferenz erneut zusammentrat.

Jakob wollte oder konnte nicht sehen, daß die Spanier gar nicht daran dachten, ihre Stellungen im Rheinland zu räumen, die ihnen eine unschätzbare Verbindungsroute zwischen den Niederlanden und den Alpen sicherten. Solange der Krieg mit den Holländern anhielt, machten es die logistischen Probleme der Versorgung der in Flandern stehenden Truppen mit Mannschaften, Geld und Munition zur zwingenden Notwendigkeit, alle zuverlässigen und sicheren Militärkorridore zwischen Spanien, der Lombardei und den Niederlanden in Besitz zu behalten (s. *Karte 2*). Dieselbe Überlegung bestimmte auch das Vorgehen der spanischen Regierung im Veltlin, das 1620 militärisch erobert worden war. Auch hier wurde sie – diesmal von Frankreich – unter wachsenden diplomatischen Druck gesetzt, das besetzte Gebiet wieder zu räumen. Von Anfang an hatten die protestantischen Kantone der Schweiz, Venedig und Graubünden (die Oberherren des Veltlins, zu deren Schutz Frankreich seit 1602 vertraglich verpflichtet war) Ludwig XIII. um seine Intervention ersucht. Aber der König konnte keine Hilfe leisten. Er war vollauf damit beschäftigt, den Aufstand einiger extremer Katholiken unter der

Führung der Königinmutter niederzuschlagen (April – August 1620); zum Teil, um diese Dissidenten zu beschwichtigen, machte er sich anschließend an die gewaltsame Katholisierung des Fürstentums Béarn in den Pyrenäen (August 1620 – Oktober 1622). Als die Nachricht von der Besetzung des Veltlins durch Habsburg Paris erreichte, verfügte Ludwig über keine zusätzlichen Hilfsmittel mehr. Deshalb beschloß Graubünden gegen Ende 1621, selbständig vorzugehen, wobei es von Bern, Zürich und Venedig eine gewisse Unterstützung erhielt, erlitt jedoch eine völlige Niederlage, so daß die Sieger auch einen Teil seines Gebietes besetzten. Jetzt stand allerdings das Ansehen Frankreichs auf dem Spiel, und die »Veltlinfrage« nahm in Paris dieselbe Bedeutung an wie die Restitution der Pfalz für den englischen König. Nachdem Ludwig mit den Hugenotten ein Abkommen geschlossen hatte, traf er zu einer Reihe allgemein bekanntgemachter Beratungen mit dem Herzog von Savoyen und einem venezianischen Gesandten zusammen, in deren Verlauf es zu einem Dreierbündnis kam, dem Lyoner Bund, dessen Partner sich verpflichteten, die Habsburger aus Graubünden zu vertreiben und die Ansprüche Savoyens auf Genua und Montferrat durchzusetzen (7. Februar 1623). Die Tinte auf dem Vertrag war noch nicht trocken, als Spanien einen Rückzieher machte. Die spanische Herrschaft im Veltlin war bereits im Sommer 1622 durch einen neuen Aufstand erschüttert, und im Oktober starb der erfahrene Don Balthasar de Zúñiga. Sein Neffe und Nachfolger als erster Minister, Graf Olivares, war nicht bereit, wegen eines abgelegenen Alpentals einen Krieg mit Frankreich zu führen. Deshalb willigte er am 14. Februar 1623 ein, daß das Veltlin für eine Übergangszeit von vier Monaten, in der sich die spanischen Truppen zurückziehen könnten, von Truppen des Papstes übernommen wurde.[59]

Inzwischen richtete sich das Augenmerk Europas wieder auf die Pfalz. In den dunklen Tagen des Oktobers 1619 hatte der Kaiser angesichts einer drohenden Niederlage Maximilian von Bayern großzügige Versprechungen gemacht – vor allem die Übertragung der Oberpfalz und der Kurwürde als Gegenleistung für seine militärische Unterstützung gegen Friedrich. Dieses Versprechen war vorschnell und unter der Annahme gegeben worden, daß Maximilian unmöglich ein genügend starkes Heer aufstellen konnte, um den Aufstand ohne fremde Hilfe niederzuschlagen; nach der Schlacht am Weißen Berge mußte die Schuld allerdings früher oder später eingelöst werden. Im August 1621 drängte Maximilian bereits, und wie ein englischer Gesandter in Deutschland bemerkte, war angesichts des noch immer im Westen kämpfenden Mansfeld und Bethlens im Osten »die Zeit für den Kaiser nicht gerade günstig, um dem Herzog von Bayern eine abschlägige Antwort zu erteilen«

(Digby an Calvert, 12. August 1621; in: *State Papers Clarendon*, Appendix
S. XVII). Ferdinand sagte also zu, die Übertragung der Kurwürde auf dem
nächsten Reichstag vorzunehmen, sofern Sachsen und Spanien ihre Zustimmung erteilten. Einer der Kuriere, die die Meldung von dieser Entscheidung
überbringen sollten, wurde jedoch von Mansfeld abgefangen. Die Briefe
kamen sogleich in die Hände von Ludwig Camerarius, dem wichtigsten
Berater Friedrichs, der einen der größten verlegerischen Coups des Jahrhunderts landete, als er die Briefe im März 1622 zusammen mit einem vernichtenden Kommentar als Buch drucken ließ, das hauptsächlich unter seinem
lateinischen Titel *Cancellaria Hispanica* bekannt wurde.[60]

Der allgemeine Aufschrei der Entrüstung, der dieser ungewollten Veröffentlichung seiner Pläne folgte, bewog Ferdinand zu der Einsicht, daß die
Übertragung der Kurwürde aufgeschoben werden mußte, und in der Zwischenzeit schickte der Papst eine regelrechte Sondereinheit diplomatischer
Handelsreisender auf den Weg, allesamt Kapuziner, um zumindest die katholischen Länder davon zu überzeugen, daß die Übertragung in ihrem wohlver-
standenen Interesse lag. Valerio Magno wurde nach Paris, Alexander von
Hales nach Brüssel geschickt, während Pater Hyacinth de Casale einen rastlosen diplomatischen Pendelverkehr zwischen München, Wien, Madrid und
dem Rheinland eröffnete und im Lauf eines einzigen Jahres mehr als 17 000
Kilometer zurücklegte. Welche Bedeutung der Tätigkeit Hyacinths beigemessen wurde, wird an dem ständigen Strom von Briefen deutlich, die der
Kapuziner aus der bayrischen Kanzlei erhielt: neun allein in der Zeit zwischen
dem 25. November und dem 22. Dezember, mindestens zwei Briefe in der
Woche. Und schließlich waren seine Bemühungen von Erfolg gekrönt.
Anfangs widersetzte sich die spanische Regierung der Übertragung der Kur-
würde an Bayern (obwohl die Idee von ihrem eigenen Gesandten, dem Grafen
Oñate stammte); wie jedoch ein bayrischer Korrespondent in Madrid sogleich
bemerkte, hatte der Tod Zúñigas zur Folge, daß niemand mehr in Madrid
»wissenschaft vom teutschen wesen« hatte (zit. n. Kessel 1979, S. 90). So sah
sich der Kaiser in der Lage, die spanischen Einwände zu übergehen, und im
Januar 1623 trat ein mager besuchter Deputationstag deutscher Fürsten in
Regensburg zusammen, um der Übertragung der Kurwürde an Bayern Geset-
zeskraft zu verleihen. Angesichts der hartnäckigen Opposition der Kurfürsten von Sachsen und Brandenburg sah sich Ferdinand nach sechs Wochen
erbitterter Debatten bestenfalls in der Lage, Maximilian die Kurwürde auf
Lebzeiten öffentlich zu übertragen, so daß das spätere Geschick der Pfalz
offenblieb.[61]

Doch selbst das war mehr, als die meisten europäischen Mächte hinzunehmen gewillt waren. Als entthronter Fürst fand Friedrich mehr Unterstützung als je zuvor. Und er konnte ein Heer einsetzen, das noch immer von Mansfeld und Braunschweig befehligt wurde. Nach ihrer fristlosen Entlassung durch Friedrich im Juli 1622 waren die beiden Befehlshaber in holländische Dienste getreten und hatten sich sogleich nützlich gemacht, indem sie zuerst Córdobas Truppen in der Schlacht von Fleurus besiegten (26. August) und anschließend Spínola und das flandrische Heer zwangen, die Belagerung von Bergen-op-Zoom aufzuheben (4. Oktober). Diese Erfolge bewogen die Generalstaaten, die verbündete Armee nicht aufzulösen; Mansfelds Truppen wurden kurz hinter der holländischen Grenze nach Ostfriesland, dessen Herrscher mit den Habsburgern geliebäugelt hatte, ins Winterquartier geschickt. Mansfelds unwillkommene Anwesenheit beraubte Spínola einer möglichen Ausgangsbasis im Nordosten für einen Einfall in die Niederländische Republik. Inzwischen plante Friedrich einen neuen Anschlag auf den Kaiser, um seine Ländereien und Titel wiederzugewinnen. Es wurde vereinbart, daß Braunschweig mit Unterstützung durch Mansfeld und die Holländer von Norden her auf Böhmen marschierten, während Bethlen Gabor mit Hilfe einer Gruppe von Verbannten unter dem Grafen von Thurn von Osten einen Angriff führen sollte. Der neue Feldzug kam jedoch kaum vom Fleck. Nachdem sich schließlich die gesamte Pfalz unter der Herrschaft Habsburgs befand, führte Tilly im Mai 1623 sein Heer nach Norden zur niedersächsischen Grenze, um Braunschweig den Weg nach Böhmen zu verlegen. Der »tolle Halberstädter« (wie er von den Katholischen genannt wurde) beschloß daraufhin, seine 21 000 Mann, in der Mehrzahl frisch angeworbene und obendrein schlecht bewaffnete Rekruten, in die Niederländische Republik zu führen – wie ihm dies im Jahr zuvor schon einmal geglückt war. Diesmal jedoch wurde er am 6. August bei Stadtlohn zum Kampf gestellt, und sein Heer wurde bis auf 6 000 Mann aufgerieben. Tilly wollte seinen Sieg mit einem Angriff auf Mansfeld vollständig machen, was indessen durch das Wetter (und die Stärke von Mansfelds Verteidigung) vereitelt wurde. Weniger glorreich war es allerdings mit Mansfelds Finanzen bestellt. Den größten Teil des Jahres 1623 hatte er von geringen Pensionsgeldern gelebt, die ihm die Partner des Lyoner Bundes als Gefolgsmann bezahlten für den Fall, daß seine Truppen für einen Feldzug im Veltlin benötigt wurden. Als diese Zahlungen jedoch Anfang 1624 aufhörten, blieb ihm nichts anderes übrig, als seine Armee aufzulösen. Wie bei Braunschweig im Jahr zuvor traten die meisten seiner Soldaten sofort in holländische Dienste ein.

Der Sieg von Stadtlohn war von allen Siegen der Katholischen der entscheidendste. Bethlen Gabor, jetzt ganz ohne Verbündete, mußte abermals mit dem Kaiser Frieden schließen; nachdem Friedrich von der Niederlage seiner Armee erfahren hatte, entsagte er allen weiteren militärischen Ambitionen und übergab seine Sache ohne weitere Vorbehalte der Vermittlung durch Jakob I. Der »englische Salomo« war jedoch nicht mehr zu einer Vermittlung bereit. Fast sechs Jahre lang hatte er für seinen Sohn Karl eine »spanische Verbindung« gesucht und seine Hoffnungen auf eine Beilegung des Zwists um die Pfalz auf diese Verbindung mit Spanien gegründet. 1623 befiel ihn endlich ein böses Erwachen. Bewirkt wurde dies durch eine romantische, geheime Reise im Frühling dieses Jahres, die von dem jungen Prinzen unternommen wurde, da er des endlosen diplomatischen Vorgeplänkels zu seiner Hochzeit müde geworden war. In Begleitung des Herzogs von Buckingham (des höchsten Ministers seines Vaters) kam Karl unangemeldet an den spanischen Hof und verlangte den zügigen Abschluß des Heiratsvertrags und die Restitution der Pfalz. Jetzt war die spanische Regierung gezwungen, ihre Forderungen offen auf den Tisch zu legen: den Übertritt zum Katholizismus sowohl Karls als auch der Erben Friedrichs. Die englischen Abgesandten standen wie vom Donner gerührt – solche Bedingungen waren für England undenkbar. Deshalb beugte sich Jakob 1624 dem Verlangen des Parlaments (und seines Sohnes), alle Verhandlungen mit Spanien abzubrechen und statt dessen mit der französischen Regierung Gespräche über ein gemeinsames Expeditionsheer aufzunehmen, das unter dem Kommando Mansfeld stehen und die Rheinpfalz für den abgesetzten Kurfürsten wiedergewinnen sollte (vgl. hierzu Lockyer 1981, Kap. 5 und 6).

Friedrich und seine Berater waren allerdings nicht der Meinung, daß dies genügte. Ludwig Camerarius wurde vielmehr in geheimer Mission nach Stockholm beordert, um zu sondieren, ob die schwedische Regierung Bereitschaft zeigte, für die Sache des Pfälzers in Deutschland zu kämpfen. König Gustav Adolf war für seine wohlwollende Haltung in dieser Frage bekannt: Bereits 1618 hatte er begonnen, im Rahmen regelmäßig abgehaltener Bittage die Bevölkerung durch die schwedische Geistlichkeit vor der wachsenden Bedrohung des Protestantismus in Mitteleuropa zu warnen. Darüber hinaus wurde die Sache der Kurpfalz am Hof des Schwedenkönigs nachdrücklich von Johann Kasimir vertreten, dem Herzog von Pfalz-Zweibrücken, einem Bruder des ehemaligen Administrators der Pfalz, verheiratet mit der Schwester des Königs. Der Wunsch nach einer Intervention wurde allerdings von den übrigen Mitgliedern des schwedischen Rates unter der Führung Axel Oxenstiernas nicht geteilt: Für sie drohte die Hauptgefahr für Schweden nicht von Deutschland, sondern von Polen.[62]

Sigismund III. von Polen, der Schwager des Kaisers, war 1592 König von

Schweden geworden. Schon nach wenigen Jahren wurde er durch eine Ver-schwörung seines Onkels Herzog Karl entthront, der selbst die Königswürde annahm und sie seinem Sohn Gustav Adolf vermachte. Doch Sigismund als Vertreter der älteren und legitimen Wasa-Linie gab seinen Anspruch auf die schwedische Krone nie auf und sorgte so bei seinen jüngeren Vettern für eine ähnliche Besorgnis wie ein Jahrhundert später die jakobitischen Anwärter auf den Thron bei ihren Hannoveraner Verwandten. Während jedoch Georg I. und sein Sohn darauf warteten, daß sie angegriffen würden, ergriff Gustav Adolf die Initiative und überzog das Land des rivalisierenden Thronbewer-bers mit Krieg. Schweden hatte kaum mit Rußland Frieden geschlossen (1617), als seine Armee in das polnische Livland geschickt wurde. Im Herbst 1618 wurde ein Waffenstillstand geschlossen, freilich nur für zwei Jahre, so daß ein erneuter schwedischer Angriff im Frühjahr 1621 niemanden über-raschte. Die militärtechnischen Finessen dieses Feldzuges zogen allerdings die internationale Aufmerksamkeit auf sich. Der König überquerte die Ostsee, um die Belagerung Rigas persönlich zu leiten, und er erprobte etliche neue Kriegstechniken – Feuerwalze, totale Sperrzonen und die allerneuesten Bela-gerungstechniken. Die Stadt fiel. Offenbar hoffte Gustav Adolf, Riga als Pfand gegen Sigismunds Thronanspruch einzutauschen, und um die hierfür notwendigen Verhandlungen zu erleichtern, wurde im Juli 1622 ein zwölfmo-natiger Waffenstillstand geschlossen, der später bis 1624 verlängert wurde.[63]

Um diese Zeit (im November 1623) reiste Camerarius nach Stockholm und war sogleich tief beeindruckt von der Persönlichkeit des jungen Königs – »Gideon«, wie er ihn nannte. »Ich kann nicht genug die heroischen Tugenden dieses Königs preisen«, schrieb er: »Frömmigkeit, Klugheit und Entschluß-kraft. In ganz Europa hat er nicht seinesgleichen« (Camerarius an Baron Rus-dorf, 24. Dezember 1623, zit. n. Schubert 1954, S. 672). Camerarius verließ den berückenden Bannkreis des Königs in der Überzeugung, es sei nunmehr der Grundstein zu einer allgemeinen protestantischen Allianz unter schwedi-scher Führung gelegt, die Friedrich die böhmische Krone zurückgewinnen und Gustav Adolf zum neuen Kaiser des Heiligen Römischen Reiches machen würde (Schubert 1955, S. 252–257). Schweden konnte dies jedoch nicht allein bewerkstelligen, so daß Friedrichs Diplomaten als nächstes die Niederländi-sche Republik und Frankreich aufsuchen mußten. Von der ersteren war wenig zu erwarten, denn im Sommer 1624 begann die Armee in Flandern mit der Belagerung von Breda in Nordbrabant, und während eines ganzen Jahres waren alle Bemühungen der Republik auf ihren Entsatz gerichtet. Deshalb setzte die pfälzische Exilregierung alle ihre Hoffnungen auf Frankreich, wo im Februar 1624 der habsburgfeindliche Marquis de La Vieuville zum Außenminister ernannt worden war. Unmittelbar darauf wurden Verhandlungen zwischen Frankreich und England aufgenommen, in denen es nicht nur um ein Bündnis zur Wiedereinsetzung des pfälzischen Kurfürsten ging, sondern auch um eine Ehe zwischen Prinz Karl und Ludwigs XIII. Schwester Henriette Marie. Nicht lange, und es erschienen französische Gesandte an deutschen Fürstenhöfen, die Subsidien anboten und Hilfe versprachen, falls solche benötigt würde.[64] Im Juni wurde das französisch-niederländische Bündnis wiederbelebt, das seit der Hinrichtung Oldenbarnevelts geruht hatte: Im Vertrag von Compiègne erklärten sich die Holländer bereit, gegen einen sofortigen Kredit von 480 000 Talern und das Versprechen regelmäßiger Subsidien, ihren Krieg gegen Spanien drei weitere Jahre zu führen (vgl. Bonney 1981, S. 122). Schließlich wurde auch der Lyoner Bund mit Venedig und Savoyen wieder ins Leben gerufen.

Den katholischen Extremisten am Hof Ludwigs XIII. war nicht entgangen, daß die Mehrzahl dieser Verträge mit Protestanten geschlossen wurde, und deshalb mußte im August 1624 La Vieuville Kardinal Richelieu weichen. Es bedurfte jedoch mehr als nur eines Ministerwechsels, um die Dilemmas der französischen Außenpolitik zu überwinden. Zwar konnte sich der Allerchristlichste König die Probleme zunutze machen, die sich für die Habsburger aus der von Camerarius und seinen Freunden geschaffenen protestantischen Allianz ergaben, doch deren Mitgliedschaft blieb ihm verwehrt. Richelieu äußerte sich hierzu mißmutig gegenüber einem Vertrauten: »Wir können wegen unseres katholischen Glaubens nichts (zur Wiedereinsetzung Friedrichs von der Pfalz) beitragen, können einen solchen Beitrag aber auch nicht verweigern, ohne uns den Vorwürfen unserer Verbündeten auszusetzen.« (Richelieu an Sieur Eschieli, Mai 1625 [?], zit. n. Avenel 1853, Bd. 1, S. 85)[65] Auch mußte Ludwig die (vom Papst geförderten) Bemühungen Maximilians von Bayern zurückweisen, sich unter den Schutz Frankreichs zu stellen und sich auf diese Weise von Habsburg unabhängig zu machen, da Frankreich sich noch nicht dazu durchringen konnte, die neu erworbene Kurwürde Maximilians anzuerkennen. Zum Teil um diese schwierigen Entscheidungen zu umgehen, beschloß Richelieu, sich auf Italien statt auf Deutschland zu konzentrieren. Unter dem Vorwand, die päpstlichen Truppen seien vertragswidrig nicht aus dem Veltlin abgezogen worden (s. S. 134 f.), besetzten französische und schweizerische Truppen das Gebiet Graubündens. Sie waren dabei überraschend erfolgreich, und nachdem sich die Alpenübergänge unter der Kontrolle von Bündnisgenossen befanden, versprach Richelieu die Entsendung eines Heeres, das dem Herzog von Savoyen bei der Belagerung Genuas zu Hilfe kommen sollte. Leider war keine dieser Maßnahmen für die

Gegner einer habsburgischen Vormacht in Europa von unmittelbarem
Nutzen, und die kurpfälzischen Politiker begannen bereits zu verzweifeln.
Doch genau zu diesem kritischen Zeitpunkt griff eine neue Macht zu ihrer
Rettung ein: der ehrgeizige und reiche Christian IV. von Dänemark.

3 Das dänische Intermezzo

Seit dem Augsburger Religionsfrieden von 1555 hatte sich das Schwergewicht
der dänischen Außenpolitik von Deutschland nach Schweden verlagert. Zwei
große Kriege waren geschlagen worden (1563–1570 und 1611–1613), um die
dänische Hegemonie in Skandinavien und das *Dominium maris Baltici* zu
bewahren, doch am Ende des zweiten Jahrzehnts des 17. Jahrhunderts schien
die schwedische Expansion beides in Frage zu stellen. Seit der Jahrhundertwende verzichteten beide Länder auf den Versuch, ihre Zwistigkeiten durch
Verhandlungen oder die Vermittlung Dritter beizulegen, und selbst in Friedenszeiten gab die dänische Regierung große Summen für die Landesverteidigung und die Flotte aus. In den ersten 25 Jahren der persönlichen Regentschaft Christians IV. (seit 1696) wurden rund eine Million Taler auf die Befestigungen Kopenhagens, Malmös und entlang der schwedischen Grenze verwendet. Ständig drohte der Konflikt offen auszubrechen.

Die Verfassung sah eigentlich eine Gewaltenteilung zwischen König und
Reichsrat *(rigsraad)* vor, der theoretisch alle Stände vertrat, sich in der Praxis
jedoch fast ausschließlich aus der aristokratischen Elite rekrutierte. In der
Hauptsache beruhten das Mächtegleichgewicht und die Möglichkeiten einer
Beschränkung monarchischer Unabhängigkeit auf dem Recht des Reichsrats,
Sondersteuern zu bewilligen oder zu verweigern, sowie in seinem absoluten
Vetorecht bei Kriegserklärungen. Im Zentrum des politischen Programms des
Reichsrats, das zum Teil die Interessen der Großgrundbesitzer widerspie-
gelte, standen die Bewahrung des Friedens mit Schweden und die Vermeidung
einer Verwicklung in ein europäisches Bündnis.

Natürlich war der Reichsrat ebenso beunruhigt über Schwedens Expansion
jenseits der Ostsee wie über die Siege der katholischen Partei in Deutschland
nach 1619, zögerte jedoch, darüber einen Krieg anzufangen. Zwar bewilligte
er 1624 neue Steuern, um die Garnisonen entlang der Grenze zu Schweden zu
verstärken, doch gleichzeitig zwang er Christian klugerweise zur Abdankung
eines kleinen Söldnerheeres, das dieser zu dem Zweck angeworben hatte, die
dänische Neutralität gegen mögliche deutsche Übergriffe zu schützen; unter

den gegebenen Umständen hätte es in den Händen des Monarchen zu einem gefährlichen Instrument werden können. Mittlerweile bestimmte der Adel jedoch längst nicht mehr die dänische Außenpolitik. Nach dem Tod Friedrichs II. 1588 war es der Regentschaftsregierung einmal mehr gelungen, den Staatshaushalt auszugleichen, und die günstige finanzielle Lage schuf die Voraussetzung dafür, daß sich in den folgenden Jahrzehnten in der königlichen Schatzkammer eine beträchtliche Geldmenge anhäufte. Im Jahr 1608 beliefen sich die Überschüsse des ordentlichen Haushalts Christians IV. auf jährlich rund 250 000 Taler (nach Deckung sämtlicher Verbindlichkeiten); hinzu kamen die in Elsinor auf den internationalen Handelsschiffsverkehr erhobenen Zölle (um 1620 etwa 200 000 Taler jährlich); doch der größte Einzelposten war die Kriegsentschädigung von einer Million Taler, die den Schweden 1613 auferlegt und bis 1618 dem König persönlich in Raten bezahlt wurde (vgl. Petersen 1982).

1618 schätzte Christian sein Vermögen auf eine Million Taler, und er legte sein Geld umsichtig an. Insbesondere in den Jahren 1618 bis 1624, einer Periode internationaler Wirtschaftskrisen, verlieh der König über 400 000 Taler an adlige Großgrundbesitzer, um auf diese Weise den Reichsrat politisch enger an sich zu binden. Die enormen Geldmittel, die dem König zur Verfügung standen, machten die Hoffnungen des Reichsrats auf eine Kontrolle der königlichen Außen- und Militärpolitik zunichte, denn solange Christian nicht auf ihre Bewilligung von Steuern angewiesen war, hatten sie kein Machtmittel gegen ihn in der Hand. 1625 belief sich sein Gesamtvermögen einschließlich der Investitionen auf dem europäischen Festland auf knapp 1,5 Millionen Taler – genug, um einen größeren Krieg zu beginnen. Mit Ausnahme der Königinwitwe Sophia mit ihrer unerschöpflichen Schatztruhe (die auch ihrem Sohn offenstand) war ihm in ganz Europa ausgerechnet allein Maximilian von Bayern ebenbürtig, der 1618 über ein Barvermögen von vier Millionen Talern verfügte. Auch wollte es die Ironie des Schicksals, daß zur Anhäufung dieses königlichen Vermögens vor allem die schwedischen Kriegsreparationen beigetragen hatten.

Christian wurde durch zwei voneinander unabhängige Entwicklungen in den Dreißigjährigen Krieg verwickelt. Zum einen machte ihn seine starke Stellung im eigenen Land zu einer geschätzten und bedeutenden internationalen Persönlichkeit. Anfangs wirkte sich das gegen ihn aus: Aus Furcht vor weiteren dänischen Angriffen schloß Schweden 1614 ein Verteidigungsbündnis mit der Niederländischen Republik, deren Schiffe mit über 60 Prozent am gesamten Schiffsverkehr im Sund beteiligt waren. Die holländischen Handelsinteressen, wirksam vertreten durch Jan van Oldenbarnevelt, for-

derten deshalb eine Lockerung des dänischen Würgegriffs um den Ostsee-
handel (der während des Kriegs 1611–1613 besonders deutlich zutage getreten
war) durch eine Stärkung der schwedischen Macht. 1618 wurde Oldenbarnevelt jedoch entmachtet, und es begannen die kriegerischen Auseinandersetzungen im deutschen Reich; 1621 lief der zwölfjährige Waffenstillstand zwischen Spanien und den Niederlanden ab. Jetzt galt in der Republik die Politik
mehr als die Handelsinteressen, und ihre Führer entschlossen sich zu einem
gezielten Versuch, Christian in die protestantische Sache hineinzuziehen,
indem sie seine dynastischen Ambitionen in Deutschland stillschweigend
unterstützten. Dieser Ermutigung hätte es allerdings kaum bedurft; der
König war bereits tief in die Auseinandersetzung verstrickt.

In seiner Eigenschaft als Herzog von Holstein verfügte Christian über
einen nicht unbeträchtlichen Einfluß im niedersächsischen Kreis, und diesen
wollte er weiter ausdehnen. Seine begehrlichen Augen hatte er vor allem auf
die säkularisierten Bistümer Bremen, Verden und Osnabrück geworfen, nicht
nur als passende Apanage für seine jüngeren Söhne, sondern auch als Mittel
zur Errichtung der politischen und steuerlichen Oberhoheit über die Mün-
dungsgebiete von Weser und Elbe; außerdem ließ sich mit ihnen ein Gegengewicht zur schwedischen Expansion in den östlichen Anrainerstaaten der
Ostsee schaffen, die sich seit dem Frieden mit Rußland in Stolbowa (1617)
verstärkt hatte. 1616 konnte Christian einen frühen Erfolg verzeichnen, als er
den Hafen Glückstadt nördlich von Hamburg erbaute und 1620 befestigte;
1621 wurde Hamburg gezwungen, die Oberlehensherrschaft der dänischen
Krone anzuerkennen. Als nächstes bezahlte der König mindestens 135 000
Taler aus seiner Privatschatulle, »um meinem Sohn Friedrich zum Bistum
Verden zu verhelfen«, was ihm 1623 auch gelang. Zu diesem Zeitpunkt war
der Prinz bereits Koadjutor des Erzbistums Bremen (vgl. Schleif 1972; Loose
1963, Kap. 1–3).

Demnach hatte die dänische Außenpolitik 1624 anscheinend alle ihre
gesteckten Ziele erreicht. Das niederländisch–schwedische Bündnis war zerbrochen; Christian behauptete eine starke Stellung in Norddeutschland, und
Dänemark schien es zumindest nach außen hin gelungen, sich nicht in den
europäischen Strudel ziehen zu lassen. Dennoch befand sich Dänemark zu
Beginn des Jahres 1625 im Krieg mit dem Kaiser und seinen Verbündeten,
obwohl sich überdies der Reichsrat eindeutig gegen eine Rüstung und gegen
Kriegshandlungen ausgesprochen hatte. Wie kam es dazu?

Die Erklärung hierfür ist wohl hauptsächlich in der Politik der nach möglichst vielen Bündnissen strebenden Helfer Friedrichs von der Pfalz zu
suchen, denen es geglückt war, die skandinavischen Rivalitäten und Chri-

stians Ambitionen in Norddeutschland einem Punkt zuzutreiben, an dem der König sich mit ihnen auf Gedeih und Verderb zusammentun mußte, wenn er das Gefüge seines politischen Systems in Skandinavien und Norddeutschland erhalten wollte. Zunächst weigerte sich Christian, auf einer Zusammenkunft in Segeberg (Februar 1621), allein gegen den Kaiser vorzugehen. Er war wohl bereit zu handeln, konnte jedoch keine ausreichend starken Verbündeten in anderen Ländern gewinnen. So beschränkte er sich darauf, Kredite zu geben: 300 000 Taler auf Verlangen Jakobs zur Unterstützung Friedrichs 1621/22 und eine weitere Million Taler an andere protestantische Führer in Deutschland, wie den Kurfürsten von Brandenburg und dessen Neffen, die Herzöge von Braunschweig (Christiansen 1937, S. 33; Petersen 1974, S. 46–58, 102 f., 116 ff. und 169 ff.). Die meisten dieser Transaktionen wurden jedoch geheimgehalten: Das ganze Ausmaß der finanziellen und politischen Verpflichtungen des Königs, die auf diese Weise die von den Ständen erstrebte Politik der Nichteinmischung in Frage stellten, enthüllte sich erst 1623/24. Anfangs bestand der Reichsrat hartnäckig auf seiner Haltung und zog eine klare Trennungslinie zwischen den »Verpflichtungen des Königreiches« und den persönlichen des Königs, doch die Lage änderte sich völlig, als 1624 die Holländer, Engländer, Brandenburg und Friedrich von der Pfalz beschlossen, Gustav Adolf von Schweden anzutragen, ein gemeinsames Heer der Verbündeten nach Deutschland zu führen.

Im November 1623 hatte Gustav Adolf mit Ludwig Camerarius vereinbart (s. S. 139), daß Schweden mit Unterstützung einer allgemeinen protestantischen Allianz die Weichsel hinaufmarschieren, in Böhmen einfallen, Friedrich in seine alten Rechte wiedereinsetzen und Ferdinand entthronen sollte. Der Kurfürst von Brandenburg (Gustavs Schwager) erhob jedoch den Einwand, eine direkte Herausforderung des Kaisers werde potentielle Bündnispartner eher verprellen als gewinnen. Er schlug statt dessen vor, Schweden solle im Westen eingreifen und die Pfalz zurückerobern. Gustav war bereit, auf diese Änderung der Strategie einzugehen, sofern ihm ein Heer von 40 000 Mann (das zu je einem Drittel von England, Schweden und den deutschen Fürsten aufzubieten war) samt Stützpunkten im niedersächsischen Kreis zur Verfügung gestellt wurden. Der König stemmte sich jedoch gegen Frankreich als vollwertiges Mitglied der von ihm vorgeschlagenen protestantischen Koalition, obwohl Jakob I. bereits zugestimmt hatte, unter der Führung des Grafen Mansfeld eine englisch-französische Streitmacht in die Pfalz zu entsenden; darüber hinaus weigerte er sich, an irgendeinem Feldzug teilzunehmen, bei dem ihm nicht der Oberbefehl über sämtliche Truppenkontingente übertragen würde.

Diese Entwicklungen beunruhigten Christian zutiefst, denn die Beziehungen Dänemarks zu Schweden waren zu diesem Zeitpunkt aufgrund angeblicher oder tatsächlicher schwedischer Verletzungen des Abkommens von 1613 äußerst angespannt, und er mußte befürchten, daß die Ostsee zu einem schwedischen Binnenmeer gemacht wurde, wenn sein Rivale eine große Armee kommandierte und vielleicht sogar noch von der niederländischen Flotte unterstützt wurde. Deshalb bot Christian im Januar 1625 seinerseits eine Intervention unter der Voraussetzung an, daß England Dänemark 7 000 Soldaten als Bestandteil eines Invasionsheeres schickte und in den Niederlanden einen Ablenkungsfeldzug führte (nötigenfalls unter dem Befehl des »ruchlosen und suspekten« Grafen Mansfeld). Noch hoffte Jakob darauf, die Teilnahme sowohl Schwedens als auch Dänemarks erwirken zu können, und er befürwortete einen großen Konvent der Verbündeten, der im April 1624 in Den Haag stattfinden und dem Zweck dienen sollte, die Zwistigkeiten zwischen Schweden und Dänemark beizulegen und sich der weiteren Unterstützung Frankreichs zu versichern. Nachdem jedoch Jakob I. und Moritz von Nassau im selben Monat starben, wurde die Konferenz auf November verschoben.[66] Das alles konnte Christian nicht abhalten; er preschte allein vor und schwang sich Hals über Kopf zum »Verteidiger des protestantischen Glaubens« auf. Im Frühjahr 1625 trat er in seiner Eigenschaft als Herzog von Holstein in den Krieg ein, ohne von irgendeiner Seite bindende Zusagen politischer oder finanzieller Unterstützung erhalten zu haben.

Dänische Historiker neigten in der Vergangenheit dazu, die Intervention als Produkt der »tollkühnen« oder »infantilen« Projekte des Königs darzustellen. Doch diese Erklärung muß sich ebenso ernsthafte Einwände gefallen lassen wie das in jüngster Zeit vorgebrachte Argument, das königliche Vorhaben sei im Prinzip vernünftig gewesen und nur an der systematischen – und allein dem wirtschaftlichen Eigeninteresse dienenden – Obstruktion der Stände gescheitert. Es war wohl eher der außergewöhnliche finanzielle Spielraum des Königs, der ihm die Möglichkeit zu weit ausgreifenden politischen Aktionen eröffnete, die sich einer verfassungsmäßigen Kontrolle entzogen; und das Zusammentreffen der skandinavischen Rivalität um die Vorherrschaft im Ostseeraum mit der verschlungenen und zugleich brisanten Diplomatie Englands, des Kurfürsten von der Pfalz und der Niederlande hatten auf die religiöse Überzeugung und die persönlichen Ambitionen Christians einen Einfluß, dem er kaum zu widerstehen vermochte.

Zur Rechtfertigung seiner Entscheidung, ein Heer nach Deutschland zu führen, läßt sich anführen, daß die militärische Lage im Frühjahr 1625 entwaffnend simpel zu sein schien. Die Streitkräfte der Liga und des Kaisers standen an den Grenzen des niedersächsischen Kreises; nur die Franzosen (im Veltlin), Mansfeld (in den Niederlanden), Bethlen Gabor von Siebenbürgen und Karl Emanuel von Savoyen waren anscheinend bereit, den Kampf aufzunehmen. Christian gelangte zu der Überzeugung, daß er handeln mußte, ehe es zu spät war. Trotz der Opposition des Reichsrats ließ er sich im April 1625 zum niedersächsischen Kreisoberst wählen und verpflichtete sich, den Kreis gegen Angriffe des Kaisers oder der Katholischen Liga zu schützen. Im Juni führte er ein Heer aus etwa 20 000 Söldnern über die Elbe, die vorläufig hauptsächlich aus seiner Privatschatulle bezahlt wurden, und marschierte nach Süden auf Hameln.

Aufgrund eines höchst merkwürdigen Zusammentreffens verschiedener Umstände, das häufig übersehen wird, hatte Christian dennoch den denkbar ungünstigsten Zeitpunkt für dieses Unternehmen gewählt. Bislang war der Hauptfeind der Protestanten die größtenteils von der Liga finanzierte und in Westfalen und Hessen einquartierte Armee Tillys gewesen. Im Frühjahr 1625 beschloß der Kaiser jedoch nach einem Vorschlag der Führer der Liga, eine eigene große Feldarmee aufzustellen und deren Oberbefehl einem tschechischen Adligen zu übertragen, der aus dem Kauf und Verkauf der konfiszierten Güter in Böhmen ein enormes Vermögen angehäuft hatte: Wallenstein. Mit Hilfe der Mittel aus seinen neuerworbenen Gütern, von Krediten, die ihm der Antwerpener Bankier Hans de Witte vermittelte, und der von seinen eigenen Soldaten eingetriebenen Kontributionen hatte Wallenstein im Sommer 1625 etwa 30 000 Söldner angeworben. Diese Streitmacht, von der die Dänen nichts wußten, marschierte nach Norden in das Territorium von Magdeburg und Halberstadt. Somit stand Christian, weit von seinem Heimatstützpunkt entfernt, plötzlich zwei Armeen statt einer gegenüber und sah sich zum Rückzug gezwungen. Der totalen Vernichtung entging sein Heer nur deshalb, weil Tilly und Wallenstein sich nicht über ihre Zuständigkeiten einigen konnten.

Christian hätte jetzt verzweifelt Hilfe gebraucht, doch die Schar seiner Verbündeten schmolz schnell dahin. Als erstes brach das englisch-französische Bündnis auseinander. Ende 1624, noch vor dem Eingreifen Christians, hatte Richelieu der Expedition unter Mansfeld die Unterstützung entzogen. Als der Graf im Januar 1625 mit 12 000 englischen Rekruten in der niederländischen Republik landete, führte er außer der strikten Anweisung Jakobs, sich an keinerlei Kriegshandlungen außerhalb der Pfalz zu beteiligen, nichts im Schilde. Der Streit um Mansfeld fiel mit dem Aufstand des hugenottischen Herzogs de Soubise in Westfrankreich zusammen. Richelieu forderte von England und den Niederlanden Unterstützung zur See als Gegenleistung für seine weitere Unterstützung der Antihabsburger, doch diese drohende Zusammenarbeit der beiden Länder bei der Unterdrückung von Protestanten löste hier wie dort heftige öffentliche Reaktionen aus. Gefangen in den Dilemmata einer Konfessionspolitik, änderte Richelieu seinen Kurs und gab den Krieg auf: Er weigerte sich, seine Verpflichtungen gegenüber dem Herzog von Savoyen zu erfüllen, der Genua belagerte (Spaniens Bündnisgenossen und wichtiges Verbindungsglied zwischen den spanischen und den österreichischen Habsburgern), und er erklärte sich bereit, das Veltlin an Spanien abzutreten, wobei er lediglich vage formulierte Durchmarschrechte für französische Truppen behielt (Friede von Monzón am 5. Mai 1626). Wenige Monate später weigerte sich die französische Regierung formell, dem gegen Habsburg gerichteten Bündnis beizutreten, und – besonders verhängnisvoll – schloß im März 1627 sogar einen Vertrag mit Spanien, einen Krieg gegen England zu führen (s. S. 180). Im Gegenzug bot Karl I. dem Herzog de Soubise, dem Führer der Hugenotten, seine Unterstützung an und entsandte im Juli eine kleine Streitmacht unter dem Herzog von Buckingham, um in La Rochelle einen Aufstand anzuzetteln. Über ein Jahr lang stand die Belagerung dieser Hafenstadt im Mittelpunkt des europäischen Interesses: England nahm Partei für die Hugenotten, Spanien und die Niederländer unterstützten für kurze Zeit Ludwig XIII. und Richelieu, die die Belagerung persönlich leiteten. Bis zur Übergabe von La Rochelle am 28. Oktober 1628 waren Frankreich die Hände gebunden, so daß es an keiner anderen Stelle einzugreifen vermochte.

Im Sommer 1625 verließ auch Gustav Adolf die Koalition und begab sich auf einen eigenen Feldzug gegen den König von Polen, wobei er zunächst Restlivland überrannte und anschließend das polnische Preußen angriff. Darauf erklärte sich Brandenburg wieder für neutral. Schwerer wog indessen der Umstand, daß auch der neue englische König Karl I. seinen Verbündeten weniger anbieten konnte als er ursprünglich zugesagt hatte. Im April, kurz nach seiner Thronbesteigung, hatte er noch eingewilligt, Christian statt durch ein englisches Armeekontingent durch monatliche Subsidien zu unterstützen, doch die Auflösung des Parlaments 1625 verschlechterte seine finanzielle Lage beträchtlich. Schließlich wurde der größte Teil der verfügbaren Mittel für die Ausrüstung einer Flotte verwendet, die im November zu einem Überfall von Cádiz ausgeschickt wurde, und auch das geriet zu einem traurigen Fehlschlag. 90 holländischen und englischen Schiffen mit knapp 9 000 Bewaffneten gelang es nicht, die von Amerika kommende Silberflotte zu kapern, spanische Kauffahrer in nennenswerter Zahl zu zerstören oder gar eine feindliche Stadt einzunehmen. Die Heimkehr der geschlagenen Expedition im November, die 30 Schiffe und zahlreiche Soldaten gekostet hatte, trug nicht dazu bei, die Bevölkerung für neue Abenteuerunternehmungen im Ausland zu begeistern.

So war es im Herbst 1625 nur noch ein Torso der großen Allianz – England, Dänemark und die Vereinigten Niederlande –, der überhaupt Abgeordnete nach Den Haag entsandte, um den nächsten Feldzug gegen die Habsburger zu beraten. Anfangs beschränkte sich die englische Delegation unter der Führung Herzog Buckinghams auf den Versuch, einen Teil der finanziellen Bürde ihren Verbündeten zuzuschieben.[67] Doch im Oktober machte der dänische Hauptunterhändler Jakob Ulfeld deutlich, daß das Auftreten des Wallensteinschen Heers das Wesen des Problems völlig verändert hatte, denn wenn sich der Kriegsschauplatz nach Norddeutschland verlagern sollte, dann wären die Dänen wahrscheinlich gezwungen, mit dem Kaiser einen Separatfrieden zu schließen. Am 9. Dezember kam es zu einem Kompromiß, der Haager Konvention. England und die Niederländische Republik versprachen, an Dänemark monatlich jeweils 144 000 Taler zu zahlen, und das Mansfeldsche Heer sollte in die dänische Armee integriert werden.[68] Man hoffte, daß Bethlen Gabor – bislang noch nicht in Unterhandlungen mit Christian – die kaiserlichen Truppen erneut angreifen würde, und Frankreich sagte zu, den Fürsten in diesem Fall mit Subsidien zu unterstützen.

Obgleich die Koordinierung und Nachschuborganisation von länderübergreifenden Militäroperationen im 17. Jahrhundert nicht einfach war, beschlossen die Verbündeten für 1626 einen ehrgeizigen Feldzug. Mansfeld sollte elbaufwärts nach Schlesien vordringen, die habsburgischen Länder verwüsten und sich mit Bethlen Gabor vereinigen; ihre vereinten Streitkräfte würden Wallenstein auf sich ziehen und dessen Truppen vernichten. Der Sieg der Kaiserlichen an der Dessauer Brücke im April 1626 verzögerte Mansfelds Abmarsch, doch im Juni begann er seinen Feldzug, und nach den an Christians Hauptquartiere ergangenen Meldungen gelang es ihm auch, die Armee Wallensteins auf sich zu ziehen. Im Juli wurde der König in seinem Vorhaben zusätzlich bestärkt, als er von dem allgemeinen Bauernaufstand in Oberösterreich erfuhr (s. S. 166 f.), der erst durch den Einsatz regulärer Einheiten der kaiserlichen und bayrischen Armeen niedergeschlagen werden konnte. In der festen Überzeugung, daß zwischen ihm und Wien nur noch das dem seinen an Schlagkraft und Truppenstärke gleichwertige Heer Tillys lag, brach Christian im August von Wolfenbüttel auf. Seine Truppen sollten den einen Arm einer gigantischen Zangenbewegung um die Habsburger Herzlande bilden – den anderen die Heere Mansfelds und Bethlens. Dennoch war Christian zahlenmäßig und strategisch der Unterlegene: Tatsächlich hatte Wallenstein bedeutende Kräfte in Niedersachsen zurückgelassen, und Tilly wußte alle Vorteile einer jungen Schlachtenerfahrung auf seiner Seite. Als Christian nach tagelangen heftigen Scharmützeln im Regen Tilly am 26. August zur Schlacht bei Lutter am Barenberg stellte (vgl. hierzu Jespersen 1973), machte er anschließend folgende lakonische Eintragung in sein Tagebuch: »Mit dem Feind gefochten und verloren. Am selbigen Tag nach Wolfenbüttel zurückgekehrt.« Seiner Streitmacht, der unter ständigem feindlichen Druck nur noch der ungeordnete Rückzug blieb und die von ihrem Befehlshaber verlassen worden war, wäre dieser Kommentar vermutlich etwas untertrieben erschienen.

Was eigentlich genau bei Lutter vorgefallen ist, wird durch eine Fülle von Flugblättern verdunkelt, die unmittelbar nach der Schlacht von Tillys Feldkanzlei gedruckt wurden – sie betonen allesamt die Unvermeidlichkeit einer Niederlage von Ketzern, die sich dem rechtmäßigen Kaiser und seinen treuen Heerscharen widersetzt hätten. Demgegenüber machte die protestantische Propaganda – aus innenpolitischen Gründen – die Vernichtung der Kavallerie in einem entscheidenden Augenblick und die hinter ihren Linien gelegten Hinterhalte für die Niederlage verantwortlich. Soweit sich sehen läßt, verdankte sich der Sieg Tillys weniger der Überlegenheit seiner Truppen als groben taktischen Fehlern auf der Seite des Königs. Was allerdings in jedem Fall außer Zweifel steht, ist die Bedeutung dieses Treffens: Die fragwürdige Geschlossenheit des niedersächsischen Kreises brach auseinander, und nichts konnte jetzt die katholischen Streitmächte mehr davon abhalten, in Dänemark einzufallen. Wenn der entscheidende Feldzug auf 1627 verschoben wurde, so lediglich deshalb, um Wallenstein und der neuen kaiserlichen Armee Gelegenheit zu geben, einen Anteil an der Beute zu bekommen.

Mansfeld war nicht erfolgreicher als Christian. Als er am 3. September 1626 von der Niederlage erfuhr, befand er sich in Schlesien, und Wallenstein war ihm dicht auf den Fersen. Seines Fluchtwegs nach Norden beraubt, beschloß er unverzüglich, seine Truppen mit denen Bethlen Gabors zu vereinigen, was ihm innerhalb einer Woche gelang. Bald darauf erhielten sie Verstärkung durch einige Kontingente des Sultans, und am 30. September wollten sich die unähnlichen Verbündeten den Kaiserlichen zum Kampf stellen. Dazu kam es jedoch nicht, denn Wallenstein (dessen Truppen auf ihrem Gewaltmarsch durch Ungarn schwere Entbehrungen erlitten hatten) fehlte es ebenso an Infanterie wie Bethlen Gabor (der erst spät auf dem Kampffeld erschienen war) an Artillerie. Es war die letzte Chance des Siebenbürger Fürsten zu einem großen Sieg: Wenige Wochen später erreichte ihn die Nachricht, daß die Türken im Vorderen Orient eine vernichtende Niederlage erlitten hatten – trotz einer fast ein Jahr währenden Belagerung gelang es der osmanischen Armee nicht, das von den Persern 1624 eingenommene Bagdad zurückzuerobern. Bethlen erkannte sogleich, welche Folgen diese Niederlage für seine eigenen Pläne hatte. »Ich sehe, daß ich Frieden schließen muß«, war sein erster Kommentar. Nach der Niederlage bei Lutter ohne Unterstützung im Westen und nunmehr auch ohne Hilfe aus dem Osten, konnte er es sich nicht leisten, den Habsburgern ganz allein zu trotzen. Im Frühjahr 1627 wurde der Friede von Preßburg unterzeichnet, und Wallenstein marschierte nach Nordwesten, um Mecklenburg, Pommern und Jütland einzunehmen.

Der Kaiser forderte jetzt einen horrenden Preis für den Frieden. Den Herzögen von Mecklenburg, die Christian unterstützt hatten, wurden sämtliche Titel und Rechte aberkannt, und das heimgefallene Herzogtum wurde Wallenstein übertragen. Christian sollte sich verpflichten, ganz Jütland abzutreten, unmäßig hohe Reparationen zu bezahlen und für immer auf seine Reichsterritorien zu verzichten. Diese ungeheuren Forderungen gingen zu weit. Christian war nicht bereit, sie zu erfüllen, und auch seine Verbündeten hätten dies nicht zulassen können. England und die Niederlande, die einen Separatfrieden zwischen Dänemark und dem Reich als den Anfang vom Ende ihrer Sache betrachteten, schickten neuen (wenngleich begrenzten) Nachschub an Geld und Truppen. Gustav Adolf schloß mit seinem ehemaligen Rivalen ein Verteidigungsbündnis und traf sogar im Februar 1629 zu einer wohl für beide Seiten unangenehmen persönlichen Beratung über ihre gemeinsame Grenze zusammen, offenbar zum Zweck einer Einschüchterung des Feindes. Zu diesem Zeitpunkt zeichnete sich jedoch bereits ab, daß die zum Ende 1627 noch so eindrucksvoll starke Stellung des Kaisers zu bröckeln begann. Die Bemühungen Wallensteins, mit spanischer Hilfe eine kaiserliche Flotte in der Ostsee aufzubauen, scheiterte daran, daß weder Polen noch die hansischen Hafenstädte daran interessiert waren. Sein Projekt, zwischen Ostsee und Nordsee einen Kanal zu graben, um auf diese Weise die Sundzölle zu umgehen, blieb ein Luftschloß. Von größerer Bedeutung war, daß es dem kaiserlichen Heer nicht gelang, die dänischen Inseln einzunehmen – die notwendige Voraussetzung für eine bedingungslose Übergabe; und es erwies sich als unfähig, trotz langer Belagerung die Hafenstadt Stralsund zu erobern, wo sich eine voll einsatzbereite Flotte befand (s. S. 173 f.).

Während Wallenstein erfolglos seinen Zielen nachstrebte, stiegen die Kosten seiner Armee für die deutschen Staaten ins Unermeßliche. Es stand außer Zweifel, daß das Reich ebenso dringend den Frieden brauchte wie Dänemark, und so kam es in Lübeck zu ernsthaften Friedensverhandlungen. Kriegsreparationen und die Abtretung von Gebieten waren jetzt kein Thema mehr. Mit dem im Mai 1926 geschlossenen Frieden erhielt Christian alle verlorenen Territorien zurück, und auch sein Recht, auf der Elbe Zölle zu erheben, wurde bestätigt. Als Gegenleistung versprach der König, sich nicht mehr in die inneren Angelegenheiten des Reiches einzumischen, eine rein persönliche Verpflichtung, ohne Einfluß auf die politischen Randbedingungen, innerhalb deren er im Interesse seiner Nachfolger agieren konnte – und auch tatsächlich agierte.

So endete das dänische Intermezzo. Wie teuer es bezahlt wurde, läßt sich schwer in exakten Zahlen angeben. Christian IV., der nicht einmal den Versuch machte, seine Armee durch Kontributionen der jeweils von ihr besetzten Gebiete zu unterhalten wie Tilly und Wallenstein, gab entsprechend mehr Geld aus seiner Privatschatulle und der Reichskasse aus. Allein während der beiden Kriegsjahre auf dem Kontinent gingen 2,6 Millionen Taler durch seine Kriegskasse. Der größte Teil davon wurde in Dänemark aufgebracht: Erst ab dem Frühjahr 1625 begannen die Subsidien aus dem Ausland zu fließen, zudem zögernd und nicht in voller Höhe (so erhielt er von England nicht mehr als 547 000 Taler). In dieser Zahl sind weder die von Christian persönlich noch die von seinen westlichen Verbündeten bezahlten Subsidien an Bundesgenossen wie z. B. Mansfeld berücksichtigt. 1628 zog der dänische Reichsrat wieder die letzte Entscheidung in Finanzfragen an sich: Steuern zu Kriegszwecken wurden nur unter der Bedingung bewilligt, daß sie von besonderen, durch den Rat gewählten Beauftragten verwaltet wurden. Das galt für die rund 700 000 Taler, die für Rückstände oder für die Abdankung von Einheiten in Dänemark bezahlt werden mußten. Nach Begleichung aller Rechnungen sah sich die Regierung nicht unbeträchtlichen Forderungen im Inland wie im Ausland gegenüber, so daß Christians deutsches Abenteuer seine Königreiche insgesamt zwischen sechs und acht Millionen Taler gekostet haben dürfte (vgl. hierzu Petersen 1982 a).[69]

Das war ein harter Schlag, dessen langfristige Folgen allerdings nicht übertrieben werden sollten. Sicherlich war Jütland (vor allem seine Wälder) verwüstet, und seine Bevölkerung mußte der kaiserlichen Besatzungsarmee in nur vier Monaten zwei Millionen Taler bezahlen. Der Krieg hatte eine große Armut und starke soziale Spannungen hinterlassen, die sich zu einem nicht geringen Teil gegen jene Adligen richteten, die sich durch eine Flucht auf die Inseln »geschützt« hatten. Mißernten, Epidemien und hohe Steuern verschlimmerten die ohnehin schlechte Lage. Doch diese Nachkriegskrise hielt nicht lange an. Der in Deutschland fortdauernde Krieg schuf einen Markt für dänische landwirtschaftliche Erzeugnisse, der Händlern und Großbauern zu Reichtum verhalf, bis Christians gegen Schweden gerichtete Diplomatie den Blitzangriff Lennart Torstenssons auf Dänemark im Jahr 1643 provozierte (s. S. 258 f.).

Wenn der Krieg demnach Dänemark keinen dauerhaften Schaden zufügte, welche Folgen hatte er dann für den Dänenkönig? Hier lagen die Dinge schon schlechter. Auf der internationalen Ebene hatten Christians Niederlagen ihn in Mißkredit gebracht, während sich Schweden mit seinem erfolgreichen Eingreifen nach 1630 (mit französischer, holländischer und russischer Unterstützung) das *Dominium maris Baltici* sicherte und nun Dänemark einkreisen konnte – eine Entwicklung, die Christian gerade zu vermeiden gesucht hatte. Der Krieg hatte erstmals die Verwundbarkeit der dänischen Südgrenze gezeigt, andere würden sich diese Schwäche zunutze machen. Auf der innenpolitischen Ebene waren sich König und Reichsrat darin einig, daß von nun an mehr Geld für die Landesverteidigung ausgegeben werden mußte, »da ... die drohende Gefahr sich mehr und mehr unseren Grenzen nähert«; sie konnten sich jedoch nicht einigen, wer über die Außenpolitik und die Erhebung von Steuern bestimmen sollte (Heiberg 1976). 1629 erpreßte Christian vom Rat die Bewilligung von Steuern in Höhe von einer Million Talern, »zur Begleichung seiner Schulden, die ihm während des Krieges für das Reich entstanden waren«, mit der Drohung, andernfalls den Frieden von Lübeck nicht zu ratifizieren. Der König beabsichtigte offenbar mit diesem Manöver, seine finanzielle Unabhängigkeit aus der Zeit vor dem Krieg zurückzuerlangen, scheiterte jedoch an der systematischen Obstruktion des Rates. 1637 waren seine »zehn Fässer voll Gold« – wie sein Schatz von Zeitgenossen bezeichnet wurde – geleert, und die Notwendigkeit der Einrichtung eines stehenden Heeres bot den Ständen, die sich einer sprunghaften Vermehrung der Steuern widersetzten, zum ersten Mal die Möglichkeit, ihre Forderung durchzusetzen, die Erhebung von Steuern für militärische Zwecke von gewählten adligen Beauftragten überwachen zu lassen (Heiberg 1976, S. 49–57; vgl. auch Petersen 1980, Bd. 3, S. 317–413; 1983). Seit 1645, nach einem weiteren und noch verhängnisvolleren Krieg, kontrollierten die Beauftragten auch die Militärausgaben. Es waren diese Entwicklungen – im Verein mit einer wirtschaftlichen Depression in den 40er Jahren – und nicht so sehr die unmittelbaren Folgen des dänischen Intermezzos, welche die Epoche des Niedergangs dieses Landes eingeleitet haben.

Was war nun mit diesem Abenteuer erreicht worden? Christian hatte sein Ansehen eingebüßt und eine Niederlage erlitten; Karl I., dessen halb verhungerte Truppen sich im April 1628 ergaben, zog sich faktisch aus dem Krieg zurück; Mansfeld und Bethlen Gabor, im Felde unbesiegt, waren gezwungen, sich ebenfalls aus dem Krieg zurückzuziehen. Sie starben beide 1629. Zu diesem Zeitpunkt lag die protestantische Sache gänzlich am Boden, doch sie hatte immerhin überlebt. Und sie hatte eine Veränderung erfahren. Alle diejenigen, die von Anfang an die Sache des pfälzischen Kurfürsten mit der protestantischen gleichgesetzt hatten, sahen sich nun bestätigt. Die europäischen

Staatenlenker, katholische wie protestantische, waren von jetzt an überzeugt, daß hinter den kriegerischen Unruhen der 20er Jahre mehr steckte als der Ehrgeiz und Starrsinn Friedrichs V. Diese veränderte Sicht der Dinge verdankte sich jedoch nicht hauptsächlich der Propaganda der pfälzischen Exilregierung und ihrer Verbündeten. Sie beruhte weit mehr auf dem Vorgehen und den Äußerungen der siegreichen Habsburger und ihrer Anhänger, die Europa nicht darüber im Zweifel ließen, daß es ihre Absicht war, ihre Erfolge uneingeschränkt für sich zu nutzen. Nachdem sie sich ein Jahrhundert lang in der Defensive befunden hatten, gab es für die Katholiken in Deutschland manche Rechnung zu begleichen.

Kapitel III

Sieg für die Habsburger

Noch nie seit der Reformation hatten sich die großen katholischen Staaten Europas tatkräftig zusammengeschlossen, um das Ketzertum auszurotten. Karl V. hatte ständig gegen den Widerstand Frankreichs anzukämpfen und gelegentlich auch gegen den des Papstes; Philipp II. lag fast ebenso häufig mit seinen katholischen Glaubensbrüdern im Streit wie mit den Protestanten. Dem gegenüber konnte nach 1619 Ferdinand II. in seinen Kriegen gegen Aufständische und Ketzer gleichermaßen eine Zeitlang auf die aktive Unterstützung durch Spanien, Frankreich, Polen, die deutschen Katholiken und die führenden Staaten Italiens rechnen. Zwar fielen die Bündnisgenossen nach und nach wieder ab – Polen und Frankreich 1621, der Papst und die meisten italienischen Staaten 1623 –, doch die Achse Madrid–Brüssel–Wien, nur noch von den deutschen Katholiken unterstützt, brachte den Protestanten weiterhin eine Niederlage nach der anderen bei. Schließlich waren die kaiserlichen Truppen sogar in der Lage, zusammen mit den Spaniern eindrucksvolle gemeinsame Operationen in Italien und in den Niederlanden durchzuführen – obgleich viele Ratgeber Ferdinands ihre tiefen Zweifel an der Weisheit einer derart offenen Unterstützung Spaniens hegten. Wenn man sich in Darstellungen des Dreißigjährigen Krieges auch daran gewöhnt hat, die Ereignisse der Jahre nach 1620 hauptsächlich unter dem Blickwinkel der geschlagenen Protestanten zu betrachten, liefert eine solche Sichtweise ein sowohl entstelltes als auch irreführendes Bild. Sie läßt insbesondere die geduldigen Bemühungen der Sieger außer Betracht, aus ihrem vorläufigen Triumph einen endgültigen zu machen, zunächst in den zurückeroberten Gebieten der Aufständischen und später im Reich insgesamt. Unter einem so verengten Blickwinkel läßt sich nicht erklären, warum diese ein volles Jahrzehnt anhaltenden Aktivitäten schließlich zur Isolierung der Habsburger führten, so daß sie entscheidend geschlagen werden konnten. Deshalb ist es wichtig, das erste Jahrzehnt des Krieges erneut, und zwar diesmal vom katholischen Standpunkt aus

zu untersuchen, selbst wenn wir damit bestimmte Ereignisse wie die Belagerung von La Rochelle und Stralsund 1628 ein zweites Mal aufgreifen müssen,
weil sie je nach der gewählten Perspektive eine ganz verschiedene Bedeutung
annehmen können.

1 Die Reichsidee

Das Jahr 1620 markiert einen Wendepunkt in der Geschichte Mitteleuropas.
Das liegt allerdings nicht an der kurzen und verworrenen Begegnung auf dem
Schlachtfeld am Weißen Berge und noch weniger an dem kurzatmigen und
ängstlichen Rückzug des Kurfürsten von der Pfalz. Kaiser Ferdinand traf im
Zuge seines Sieges vielmehr eine Reihe persönlicher Entscheidungen, mit
denen die Natur der Habsburger Souveränität in ihren eigenen Territorien
entscheidend verändert und die Wahrscheinlichkeit eines langen Krieges in
Deutschland wesentlich erhöht wurde.

In Böhmen schritten die kaiserlichen Statthalter zur Verwirklichung eines
Programms, das aus einer Mischung von religiöser Verfolgung und Reorganisation bestand. Wenn er auch hier und da höchst chaotisch in die Tat umgesetzt
wurde, so war der Plan doch in sich schlüssig. Zuerst wurden die Rädelsführer
des Aufstands ausgeschaltet, als nächstes mußten die gefährlichsten ideologischen Widersacher, die calvinistischen Geistlichen, außer Landes gehen, dicht
gefolgt von den Lutheranern. Danach begann ein Angriff auf die protestantischen Städte, und schließlich, 1627/28, sah sich der gesamte Adel vor die Entscheidung gestellt, zum Katholizismus überzutreten oder das Land zu verlassen. In der Zwischenzeit arbeiteten vertrauenswürdige kaiserliche Ratgeber
eine revidierte Verfassung für Böhmen und Mähren aus, mit der die neuen
königlichen Befugnisse bewahrt und verewigt werden sollten: Erblichkeit der
habsburgischen Herrschaft mit erweiterten legislativen und judikativen
Rechten, Aufhebung der religiösen Toleranz, Verantwortlichkeit der Beamten
gegenüber dem Souverän statt den Ständen, ausschließliches Recht zur Nobilitierung bei der Krone, die damit Landesfremde in die Verwaltung schleusen
konnte, und Gleichberechtigung der deutschen Sprache, die am Hof dominierte, mit dem Tschechischen, der Sprache der Bevölkerung. Und obgleich
Böhmen als Hauptherd der Aufstände am strengsten behandelt wurde, waren
überall in den habsburgischen Landen Bestrebungen im Gange, die Protestanten zu ächten und die Unterwerfung unter die neue politische Lienie durchzusetzten. In Oberösterreich löste das Zusammenspiel einer Besetzung durch

bayrische Truppen und der kaiserlichen Gegenreformation 1626 die heftigsten Bauernunruhen des Dreißigjährigen Krieges aus.

Der Mann, der hinter diesem politischen Programm stand, hat seit je in der Historikerzunft Verwirrung gestiftet, was kaum verwunderlich ist – konnten sich doch bereits seine Zeitgenossen über ihr Bild von Ferdinand nicht einig werden. Einige fanden ihn freundlich und von umgänglicher Wesensart – er war zweifellos nicht ungesellig und konnte selbst jene für sich einnehmen, die seine Handlungen mißbilligten; andere hingegen stellten seine Härte und Unbeweglichkeit in den Vordergrund. Einige zeichneten ihn selbstbewußt, während andere auf die, je nach gusto, segensreiche oder verhängnisvolle Rolle seiner Vertrauten hinwiesen. In einem Punkt stimmten sie jedoch alle überein: Der katholische Glaube des Kaisers wuchs sich zu einer verzehrenden Leidenschaft aus. Zu jeder Tages- und Nachtzeit ging er in die heilige Messe; er verehrte die Jungfrau Maria und die Reliquien der Heiligen; er zeigte ein auffälliges Wohlwollen gegenüber den Priestern und Institutionen der römischen Kirche, insbesondere gegenüber ihren Klöstern; er begab sich auf Wallfahrten und kasteite sich selbst; sein Privatleben war ein Muster an Frömmigkeit und Familientugend. Diese gläubige Verehrung war nicht nur allgemein bekannt, sie wurde auch öffentlich zur Schau gestellt, insbesondere gegen Ende seines Lebens in einem homiletischen Traktat seines jesuitischen Beichtvaters Lamormaini. Tatsächlich war es dieser asketische Glaube, auf den alle politischen Handlungen des Kaisers zurückgingen. Nicht umsonst räumte er der Geistlichkeit in Böhmen nach der Schlacht am Weißen Berge in der konstitutionellen Hierarchie den ersten Platz ein. Zweifellos war er davon überzeugt, daß das Ketzertum in seinen Territorien zu allen Zeiten auch Ungehorsam hervorbrachte, aber vor diesem mußte zuerst jenes ausgerottet werden.

Um die Geschehnisse des Jahrzehnts nach 1620 zu verstehen, müssen wir zu den politischen Ursprüngen Ferdinands zurückkehren. Denn erst wenige Jahre zuvor war dieser internationale Kriegsherr, der durch Familienheiraten mit Spanien und Polen, Bayern, Mantua und der Toscana verbundene König und Kaiser nichts als ein junger Erzherzog gewesen, der unter der allgemeinen Ägide des Hauses Habsburg in der Steiermark geherrscht hatte. Es steht wohl außer Zweifel, daß Ferdinand durch diese Erfahrung geprägt wurde und daß Graz, der innerösterreichischen Hauptstadt, nach wie vor seine besondere Zuneigung galt: Er beauftragte persönlich den dortigen Bau eines Mausoleums, in dem 1637 seine sterblichen Überreste bestattet wurden. Schon als Jüngling hatte er den erbitterten Kampf seiner Eltern, insbesondere seiner eifernden, überaus ehrgeizigen bayrischen Mutter gegen die hochfahrenden und selbstgerechten Führer der protestantischen steirischen Stände erlebt. Er hatte beobachtet, wie unter diesen Umständen eine Stärkung der fürstlichen Gewalt Hand in Hand ging mit einer Stärkung der katholischen Macht, wie das schlecht zusammengehaltene oppositionelle Lager der Adligen, Bürger und Prediger gespalten und die Zaghaften durch die mannigfaltigsten Formen geistiger oder materieller Überredung unter Druck gesetzt wurden, unterstützt vor allem anderen durch eine neugegründete Jesuitenuniversität. Kaum volljährig, machte sich Ferdinand, bestärkt durch einen Besuch der heiligen Stätte von Loretto und eine Unterredung mit dem Papst, an die praktische Anwendung der Methoden der politischen Gegenreformation. Zwischen 1599 und 1602 bereisten seine geistlichen und weltlichen Kommissare Städte und Dörfer, um die Treue zur katholischen Kirche zu festigen. Die Bürger mußten einen katholischen Eid leisten, den Besuch der Beichte nachweisen und allen sektiererischen Büchern und entsprechenden religiösen Unterweisungen abschwören. Wer sich dagegen sträubte, mußte den protestantischen Geistlichen in die Verbannung folgen.

Das Wagnis glückte in überwältigender Manier. Von nun an unterwarf sich die südösterreichische Provinz dem Willen Habsburgs; der Adel, in seiner Mehrheit noch immer lutherisch, sah sich isoliert und wehrte sich nicht. Weder die überstürzten Ereignisse von 1608/09 noch der sich anschließende Aufstand verleiteten ihn zur Illoyalität. Ferdinand, inzwischen ganz von seiner Mission im Dienst der Mutter Kirche überzeugt, wartete seinerseits auf einen günstigen Zeitpunkt und intrigierte mit der extremeren, spanisch–bayrischen Fraktion an den Höfen seiner kaiserlichen Vettern Rudolf und Matthias. Nach seiner Thronbesteigung begab er sich nach Wien, in der Absicht, von dort aus seinen neuen Untertanen einen ähnlichen Kodex göttlicher Vorschriften aufzuerlegen. Bezeichnenderweise hatten viele seiner engsten Mitarbeiter ebenfalls in Graz ihre politischen Lehrjahre verbracht: der Kanzler Werdenberg, sein Beichtvater Lamormaini und allen voran der ebenso scharfsinnige wie wendige erste Minister Eggenberg. Innerhalb weniger Jahre wiederholte sich dasselbe Muster: Kommissare, Beichtgänge und Glaubenseide, ein von den Jesuiten dominiertes Schul- und Zensurwesen und die Ausübung von Gewissenszwang, wobei gegenüber den Angehörigen der höheren Stände eine Mischung aus Schmeichelei und Nötigung gebraucht wurde. Schließlich mußten auch die letzten Ketzer in der Steiermark sich entscheiden – mochten sie auch noch so edler Abkunft sein; viele folgten ihrem Gewissen und gingen nach Deutschland in die Emigration.

Die Lösung, die sich aus alldem ergab, ist häufig als »konfessioneller Absolutismus« bezeichnet worden. Dieser Begriff mag seinen Zweck erfüllen, wir müssen ihn jedoch negativ definieren, indem wir festhalten, was mit ihm *nicht* gemeint ist. Er bezeichnete vor allem kein politisches Ideal. Die Vorstellungen Ferdinands konnten völlig legalistisch sein, nach Art eines radikalen Konservativismus: Für ihn hatten die protestantischen Stände in Mitteleuropa zu keiner Zeit eigene konstitutionelle Rechte besessen und durften deshalb nach dem Willen ihres Souveräns enteignet werden. Man würde jedoch vergeblich unter den Tausenden, vom getreuen Diplomaten und Chronisten des Kaisers, dem Grafen Khevenhüller, zusammengetragenen Seiten nach einer theoretischen Formulierung eines solchen Prinzips suchen, wie auch Wien 1619 imstande war, die wohlbegründete *Apologie* der böhmischen Rebellen ausreichend zu widerlegen, ohne auf ein derartiges Prinzip zurückzugreifen. Abgesehen von ein paar Brocken, die er während seiner makellos orthodoxen Ausbildung an der Universität Ingolstadt von den Jesuitenvätern mitbekommen hatte, war Ferdinands Denken frei von jeder Philosophie. Ihm genügten Entschlossenheit und praktischer Einfallsreichtum für den Erfolg.

Zum zweiten war konfessioneller Absolutismus keine Theokratie. Bei allem Vertrauen in das Walten himmlischer Mächte nahm der Kaiser seine irdischen geistlichen Helfer doch fest an die Kandare. Insbesondere die von seinen Gegnern verbreiteten Geschichten, er werde von den Jesuiten beherrscht, waren stark übertrieben, und wo Ferdinand ihnen tatsächlich eine gewisse Macht übertrug, da tat er es mit vollem Wissen und Willen. Sein ganzes Leben hindurch erfuhr er immer wieder die Untrennbarkeit von Kirche und Politik, wenn es etwa um Fragen der Souveränität über Kirchengüter ging. Seine bayrischen Vettern herrschten in etlichen deutschen Bistümern, und seine jüngeren Brüder Leopold und Karl waren schon in frühem Alter Bischöfe geworden. Der unmittelbare Grund für den Aufstand in Böhmen lag genau in dieser Überschneidung von geistlicher und weltlicher Sphäre: Wenn die Protestanten seit dem Majestätsbrief Kirchen auf Krongütern bauen durften, hatten sie dann auch das Recht, dies auf Kirchengütern zu tun? Während Ferdinand einerseits vorbehaltlos den Anspruch unterstützte, katholische Besitztümer seien in dieser Hinsicht unverletzlich, hegte er andererseits doch keinerlei Zweifel an dessen praktischer Folgerung (mochte diese auch theoretisch zu Widersprüchen führen): daß nämlich ein *katholischer* Herrscher sich durchaus daran vergreifen durfte. Als Melchior Khlesl, der langjährige Berater von Kaiser Matthias und bis zu Ferdinand der stärkste Arm der österreichischen Gegenreformation, hinter den Kulissen eine Einigung mit den Aufständischen aushandeln wollte, ließ Ferdinand ihn festnehmen und in eine abgelegene Abtei verbringen. Und er war auch nicht abge-

neigt, mit Rom selbst (wohin sich Khlesl später grollend zurückzog) einen
Streit vom Zaun zu brechen. Die Entfremdung zwischen Ferdinand und
Urban VIII. wurde in den 20er und 30er Jahren seines Jahrhunderts zu einem
wichtigen internationalen Faktor. Das Restitutionsedikt war zumindest für
Wien als Ausdruck des souveränen kaiserlichen Willens in sich völlig
schlüssig, obwohl es manchen Katholiken kaum weniger Verdruß bereitete
als den Protestanten.

Und schließlich bedeutete konfessioneller Absolutismus keine konsequente Zentralisierung der Regierung oder eine klare Vorstellung von einem
eigenständigen »Habsburgerreich«. Zwar wurde nach 1620 *ein* neues Verwal-
tungsorgan geschaffen, die österreichische Hofkanzlei. Aber ihre Bezeichnung implizierte (zu dieser Zeit) keine neue politische Instanz – ihr Zweck
war die Umgehung der Autorität des deutschen Reichserzkanzlers, des
katholischen Kurfürsten von Mainz – und noch weniger eine radikal neue
Führung der politischen Geschäfte. In Tirol und im Elsaß erlaubte Ferdinand
bereitwillig seinem Bruder Leopold (der nunmehr seiner kirchlichen Gelübde
entbunden war), fast ganz nach eigenem Gutdünken zu herrschen, und als
Leopold 1632 starb, ging die Regierung an seine Witwe, eine italienische Prin-
zessin über. Selbst in Böhmen konnte man feststellen, nachdem sich der Staub
gelegt hatte, daß die früheren Regierungsinstitutionen praktisch weitgehend
intakt geblieben waren. Überall führten die lokalen Stände ihr altes Dasein
fort und florierten sogar, sofern sie sich nur zu Katholizismus und Loyalität
bekannten.

Trotz der vielen Vertreibungen und der Flut von Nobilitierungen zwischen
1620 und 1630 brachte das habsburgische Regierungssystem keine neue
gesellschaftliche Elite hervor. Nur wenige militärische Abenteurer oder Hof-
günstlinge konnten festen Fuß fassen, während die neuen Titel in der Hauptsache Familien schmückten, die bereits innerhalb der Monarchie eine Macht-
stellung erlangt hatten. Die Politik der Habsburger wurde nach wie vor weitgehend von lokalen Würdenträgern ausgeführt (lediglich etwas oligarchischer
als bisher), die sie den Erfordernissen der einzelnen Provinz anpaßten. Ferdinand war sich wohl bewußt, wenn er an die gefährlichen protestantischen
Konföderationen vor 1620 dachte, daß eine straffe und zentralisierte Regierung solch vielfältiger Regionen leicht eine ebenso fest geführte internationale
Opposition auf den Plan rufen konnte. Im übrigen gab es noch zwei Elemente,
die zu jedem monarchischen Absolutismus gehören, der diesen Namen verdient, und die dennoch in den habsburgischen Ländern fehlten. Erstens gab es
weder eine etablierte Schicht von Finanzleuten noch ein entwickeltes Unter-
nehmertum. Im Gegenteil, der Kaiser hatte mit seiner Vernichtung des prote-

stantischen Bürgertums bereits alles getan, Handel und Gewerbe verkümmern zu lassen (wenn er auch die Juden in gewisser Hinsicht begünstigte). Gegen Ende seiner Regierung ernannte Ferdinand sogar zwei Äbte zu Vorstehern der Staatskasse: Der Staat der Gegenreformation war noch immer größtenteils wie ein gigantisches kirchliches Latifundium verfaßt. Und zweitens übte die Armee keinen entscheidenden politischen Einfluß aus. Ferdinand selbst hatte als Soldat kaum bessere Referenzen vorzuweisen als seine unmittelbaren Vorgänger auf dem Kaiserthron. Die ganze Wallensteinepisode zeigt, wie sehr es an bewährten Kanälen zur Kontrolle des Heers fehlte und daß die Soldaten des Reichs (wie die anderer Länder) in der Regel ihre Schlachten gewannen, obwohl – und nicht weil – man versuchte, sie einer religiösen oder moralischen Macht zu unterwerfen.

Die wiedererwachte Habsburger Monarchie erfuhr demnach nur einen bescheidenen Strukturwandel. In den Jahren nach 1630 verdeckten die neuen ideologischen Sanktionen der Zivilgewalt im Verein mit ihren auswärtigen Triumphen, wie unzureichend das Gebäude noch immer im Boden verankert war. Eine Achillesferse lag allerdings deutlich genug zutage: das Königreich Ungarn. In Ungarn war die Bedrohung durch die Türken vorläufig gebannt; an ihre Stelle trat ein nationaler Aufstand gegen Österreich, der in der Hauptsache von Protestanten angeführt wurde. Die Fürsten von Siebenbürgen, Bethlen Gabor und Georg Rákóczi, Calvinisten mit guten Beziehungen zu den Osmanen, hatten kaum Schwierigkeiten, sich die Unterstützung der herrschenden Klasse in weiten Teilen des von Habsburg kontrollierten Gebiets zu sichern, trotz Ferdinands Wahl zum König wenige Wochen nach dem Prager Fenstersturz. Der Gegenreformation in Ungarn, die maßgeblich zur Entstehung der Unzufriedenheit beigetragen hatte, gelang es dank der festen Führung des unermüdlichen Pfalzgrafen Nikolaus Esterházy und des wackeren Streiters Erzbischof Pázmány, sich der Wucht der Aufstände entgegenzustemmen. Dennoch blieb die Lage instabil: Selbst auf die katholische Kirche war nicht immer Verlaß, und Esterházy und Pázmány konnten sich über bestimmte Grundsatzfragen nicht einigen. Obwohl keine starken Loyalitätsvorbehalte bestanden, mußte die Unterwerfung unter Ferdinands Herrschaft doch mit Wohlverhalten erkauft werden. Zwar wäre eine Befriedung Ungarns immer noch möglich gewesen (Pläne dazu lagen bereits vor), sofern die Habsburger sich aus Deutschland hätten zurückziehen können, doch dieser Weg war für Ferdinand II. nicht gangbar. Sein größtes Glaubenswerk – wobei der Glaube sich auf die eigene göttliche Berufung bezog – hatte zur Voraussetzung, daß er das Patrimonium der christlichen Kaiser ungeschmälert in Besitz nahm. Abgesehen davon, daß sie das glanzvolle Vermächtnis Karls des

Großen war, schien die heilige Stefanskrone mit ihren Zacken für den Kaiser nur unangenehme Stiche aus der Provinz bereitzuhalten.

Jede Darstellung des Wiederaufbaus des katholischen Österreich muß sich auf Ferdinand II. konzentrieren. Doch wie verhält es sich mit seinem begabtem Sohn, Ferdinand III., den die Nachwelt so einhellig vernachlässigt hat? Der jüngere Ferdinand wuchs mitten in der Auseinandersetzung auf: geboren im selben Jahr, in dem Matthias gegen Rudolf zu den Waffen griff, zwischen zwei Feldzügen gegen Bethlen Gabor zum ungarischen König und im Jahr der neuen Verfassung zum böhmischen König gekrönt, schließlich seit Generationen der erste österreichische Habsburger, der persönlich eine wichtige Schlacht (bei Nördlingen) siegreich angeführt hat. Nach seiner Thronbesteigung 1637 mußte er sich den neuen Pflichten widmen, obwohl er sich privat mit geistigen und künstlerischen Dingen beschäftigte (so war er z.B. derjenige, der das aktive Musizieren als Familientradition begründete). Dennoch erwies sich Ferdinand III. in Regierungsdingen noch weniger als eigenständiger Neuerer als sein Vater. Änderungen in der Wahl seiner Schwerpunkte erfolgten zögernd und waren nur geringfügiger Natur. Auf die ihm eigene unspektakuläre Weise bestätigte der neue Kaiser lediglich die allmähliche Verschiebung zu einer orthodoxeren, stärker nach Wien orientierten Donaumonarchie, als Ganzes autark und mit wechselseitiger Abhängigkeit zwischen ihren einzelnen Bestandteilen.

Natürlich war es Deutschland noch immer wert, daß man darum kämpfte. Jetzt kam indessen alles darauf an, die bisherigen Errungenschaften der Gegenreformation zu sichern, indem man die Schweden vertrieb, die ihre eigenen Pläne mit Mitteleuropa hatten und weiterhin die emigrierten Protestanten unterstützten. Ferdinand begnügte sich am Ende mit einem Minimum an erfüllten Forderungen im Ausland, um in seiner näheren Umgebung freie Hand zu haben. 1648 verfügten die Habsburger über halb konsolidierte staatliche Institutionen in Deutschland, wo ihre Einflußsphäre schrumpfte, und in Böhmen und Ungarn, wo ihre Einflußmöglichkeiten entsprechend zunahmen. Während dem Haus Österreich noch immer die Substanz zu einer absolutistischen Herrschaft fehlte, konnte es von jetzt an wenigstens ungehindert ihren Spuren folgen.

2 Die Praxis des Absolutismus I (1621 – 1626)

Die erste Folge von Ferdinands II. Sieg über die Aufständischen war der Verfall der Währung, die der größte Teil der Bevölkerung zu spüren bekam: Er begann wie der Aufstand selbst in Böhmen. Bereits unter der Städteregierung hatte in Böhmen eine Münzverschlechterung eingesetzt, um mit derselben Menge Silber eine größere Menge Münzen prägen zu können. Das Ausmaß dieser Operation war jedoch bescheiden im Vergleich zu den Maßnahmen des neuen Regimes unter Ferdinands Statthalter Karl von Liechtenstein: Allein während des Jahres 1621 kam es zu einer Geldentwertung von 25 Prozent. Aber auch das war noch wenig im Vergleich zum darauffolgenden Jahr. Am 18. Januar 1622 wurde zwischen dem kaiserlichen Schatzamt und einem Konsortium aus 15 prominenten Untertanen Ferdinands ein Vertrag geschlossen, nach dem die letzteren auf ein Jahr sämtliche Münzstätten in Böhmen, Mähren und Niederösterreich pachteten und ein Jahr lang die Prägung von Münzen übernahmen. Das Konsortium, dessen Zusammensetzung so sehr geheimgehalten wurde, daß bis heute lediglich fünf Mitglieder mit einiger Sicherheit ausgemacht werden können, schaffte es, im Laufe seiner kurzen Amtszeit die böhmische Wirtschaft völlig zu ruinieren. Der Markt wurde mit 34 Millionen Talern überschwemmt, deren Silbergehalt um 25 Prozent niedriger lag. Insgesamt kam es zu einer Münzverschlechterung von etwa 90 Prozent, so daß es fast unmöglich war, diese sogenannten »langen Münzen« des Konsortiums außerhalb der habsburgischen Länder zu wechseln. Während ein Reichstaler 1618 noch den Wert von 90 böhmischen Kreuzern hatte, lag 1623 der handelsübliche Wechselkurs bei 675 Kreuzern. Aber damit hatte die Sache noch lange kein Ende, denn einige Mitglieder des Konsortiums waren gleichzeitig Mitglieder des »Konfiskationshofs«, der Ende 1620 eingerichtet wurde, um über die Schuld derer zu befinden, die der Unterstützung des Aufstands bezichtigt wurden. Mehr als 1500 Großgrundbesitzer kamen vor Gericht, und knapp die Hälfte von ihnen wurde verurteilt, durch Konfiszierung alle oder einen Teil ihrer Ländereien zu verlieren. Der Hof konfiszierte ausnahmslos das gesamte Eigentum derer, die der Beteiligung an dem Aufstand verdächtig waren, und selbst wenn nur ein bestimmter Anteil – die Hälfte oder ein Viertel usw. – für verfallen erklärt wurde, behielt er alles Land. Der Wert des nicht verfallenen Anteils wurde geschätzt und in »langen Münzen« ausbezahlt. Das bedeutete den Ruin selbst jener Adligen, deren Eigentum nur zum Teil an den Kaiser fiel (insgesamt vielleicht 600), und den Verlust fast des gesamten städtischen Grund und Bodens. Als das Konsortium und der Konfiskationshof im Herbst 1623 aufgelöst wurden, war die Macht der böhmischen Städte und Adligen gebrochen, während die Wirtschaft des Königreichs durch das Fehlen einer verläßlichen Währung so sehr darniederlag, daß Schülern und Studenten kein Besuch von Schulen und Universitäten mehr möglich war, daß die Empfänger von Löhnen oder Pensionen völlig verarmten und Händler und Handwerker ihre Waren nur noch gegen andere Güter tauschten (»wir wollen kein gutes Fleisch für schlechte Münze verkaufen«, so protestierten die Metzger). In seiner 1633 erschienenen Schrift *Die böhmische Republik* schrieb Pavel Stránsky: »Damals lehrte uns zum ersten Mal die Erfahrung ..., daß keine Seuche und kein Krieg, kein feindlicher Einfall in unser Land, keine Plünderungen und keine Feuersbrunst guten Menschen einen solchen Schaden zufügen können, wie häufige Änderungen im Wert des Geldes.«(Zit. n. Klima 1978, S. 377)[70]

Die durch diese Manipulationen erzeugte Verwirrung der Geldverhältnisse beschränkte sich nicht auf Böhmen. Überall wurde das »Kippergeld« des Konsortiums von den Fürsten imitiert, die daraus einen Gewinn ziehen wollten. Von 1621 bis 1623 waren die Währungen des Reiches völlig in Unordnung geraten. In manchen Gebieten wurde dadurch selbst die Bürokratie lahmgelegt. Die Beamten der Stadtkämmerei in Nördlingen waren z.B. nicht mehr imstande, die Summe der städtischen Einnahmen und Ausgaben zu berechnen; der Wert der Münzen änderte sich so rasch, daß sie ab 1622 nur noch Einzelposten vermerkten und versuchten, möglichst viele Silbermünzen in ihren Kisten zu horten (Friedrichs 1979, S. 27, Anm. 45). In einigen Gebieten, vor allem in Sachsen, kam es zu Straßenunruhen gegen die Ämter, die sich als unfähig erwiesen, die Stabilität der Währung wiederherzustellen. In ganz Deutschland bewahrten Volkslieder und Verse die Erinnerung an die länger als zwei Jahre dauernde »Kipper- und Wipperzeit«, während der das Reich genötigt war, an einem Kupferstandard festzuhalten.[71]

Ruinierten diese Machenschaften an sich schon die wirtschaftliche Lage breiter Bevölkerungsschichten, so sahen sich die Protestanten in vielen Teilen Deutschlands noch einem zusätzlichen Druck anderer Art ausgesetzt, der Rekatholisierung. Zwar vollzog sich dieser Prozeß weit langsamer als der der Münzverschlechterung, aber dafür waren seine Folgen länger spürbar. In der Oberpfalz beispielsweise, die 1621 von den Truppen Maximilians von Bayern erobert worden war, hatte es seit der Mitte des 16. Jahrhunderts keinen Katholizismus mehr gegeben, so daß die ersten Priester, die dort wieder einen katholischen Gottesdienst abhalten wollten – zwei jesuitische Feldprediger im bayrischen Heer –, nur unter großen Schwierigkeiten die dafür erforderlichen Utensilien, etwa einen Meßkelch, auftreiben konnten. Hier machte die Rekatholisierung bis 1625 kaum Fortschritte, nicht zuletzt deshalb, weil die Verwaltung weierhin in den Händen der zumeist calvinistischen Beamten Friedrichs V. blieb; mit der Zeit wurden die Behörden jedoch gesäubert, und in der Landeshauptstadt Amberg wurden katholische Kirchen, die eine katholische Schule und eine Jesuitenmission eingerichtet. 1626 begann die Vertreibung calvinistischer Geistlicher, 1628 stellte man alle lutherischen Pastöre vor die Wahl, zum Katholizismus überzutreten oder das Land binnen sechs Monaten zu verlassen, und die katholische Geistlichkeit führte einen obligatorischen Katechismusunterricht an allen Schulen ein. Ein Jahr später begannen die bayrischen Verwalter mit der Verwirklichung eines Programms zur Errichtung eines kirchlichen Apparates in der Oberpfalz. So wuchs etwa die katholische Gemeinde in Amberg von 1 000 Mitgliedern (1625) auf 5 000 (1629) und nach einem Rückgang in den Jahren nach 1630 auf 10 000 Mitglieder und mehr im Jahr 1645 (Gegenfurtner 1977, S. 170; vgl. a. Schertl 1962).

Auch außerhalb der Grenzen des Habsburgerreiches ging die Rekatholisierung nur langsam vonstatten. Die von Ferdinand mit allen Kräften unterstützten Katholiken vertrieben zwar erfolgreich die protestantischen Geistlichen aus den Kirchen, schienen jedoch eine ganze Zeitlang nicht in der Lage, für sie Ersatz zu schaffen. Noch in der Zeit nach 1640 war etwa die Hälfte der böhmischen Pfarrstellen unbesetzt, so daß polnische Geistliche (die sich ihren tschechischen Gemeinden nicht immer ganz verständlich machen konnten), in die Bresche springen mußten. In Mähren gab es noch 1635 lediglich 257 ortsansässige Geistliche (in der Mehrzahl Ordenspriester), die 636 Pfarreien zu versorgen hatten, und in Ungarn mußten die bislang gültigen Voraussetzungen für eine Ordinierung aufgehoben werden, um auch nur eine Mindestzahl von Priestern stellen zu können (Evans 1979, S. 123 und 425 f.). In Oberösterreich sah sich die Regierung gezwungen, italienische Priester kommen zu lassen, weil es dort zuwenig katholische Geistliche gab.

Dasselbe Bild zeigte sich auch im Westen. Im Rheinland vollzog sich die Rekatholisierung unter der Führung von Philipp Christoph von Sötern, Bischof von Speyer, einem frühen Förderer der Katholischen Liga, den 1621 die Armeen, die die Rheinpfalz für Friedrich V. verteidigten, ins Exil vertrieben hatten. Abgesehen von der erlittenen Schmach und den Unbequemlichkeiten der Verbannung schätzte er die durch den Pfälzischen Krieg in seinem Territorium entstandenen Schäden auf acht Millionen Taler. Jetzt beschloß er, Vergeltung zu üben, und seine Ernennung zum Kurfürsten von Trier 1623 bot ihm hierzu besondere Möglichkeiten. Das Hauptziel von Söterns und seinen Prälaten war die Wiedergewinnung aller säkularisierten Kirchengüter der Rheinpfalz; als zweites nahmen sie sich vor, in dieser Region das protestantische Bekenntnis mit Stumpf und Stiel auszurotten und durch das katholische zu ersetzen. Anfangs ging alles gut: Im Februar 1623 ließ der bayrische Statthalter in den rechtsrheinischen Gebieten der Pfalz alle calvinistischen Prediger vertreiben; zwei Jahre später folgte ihm darin der spanische Befehlshaber in den sehr viel ausgedehnteren linksrheinischen Territorien. Zur selben Zeit bereiteten die Beamten des Kurfürsten von Mainz ein Programm zur Rekatholisierung der calvinistischen Grafschaft Nassau vor. Im Herbst 1626 begann seine Verwirklichung, die sich noch beschleunigte, als 1627 die Truppen Tillys in diesem Gebiet Quartier nahmen (Menk 1979). Doch ähnlich wie in den Habsburger Landen hatte die Zerstörung weniger Mühe gekostet als der Wiederaufbau. Auch hier gab es einfach nicht genug Priester für den Einsatz in den zurückeroberten Gemeinden: Ende 1630 waren kaum 20 Prozent der Pfarrstellen in der Pfalz mit einem katholischen Priester besetzt, und die Kirchengemeinden zählten überall nur wenige Mitglieder. Auch die Restitution ehemaliger Kirchengüter wurde nirgends mit besonderer Begeisterung durchgeführt, da die spanischen Besatzungstruppen in der linksrheinischen Pfalz diese Güter vielfach für den eigenen Unterhalt mit Beschlag belegt hatten (vgl. Egler 1971, S. 134 und die Karte auf S. 149; Kessel 1979, S. 269 ff.). Andererseits war hier ein langsames Vorgehen eher von Vorteil. Zum mindesten provozierte eine derart gemäßigte Rekatholisierung in der Pfalz nur geringen oder gar keinen Widerstand in der Bevölkerung; in Oberösterreich kam es dagegen zu einem großen Aufstand.

1620 hatten die oberösterreichischen Stände unter der Führung Tschernembls offen Friedrich von der Pfalz unterstützt. Innerhalb weniger Wochen schlug Maximilian von Bayern den Aufstand nieder und ließ eine Garnision von 5 000 Mann zurück, die er aus den Steuern der ansässigen Bevölkerung zu bezahlen gedachte. 1621 willigte Ferdinand ein, daß der bayrische Herzog Oberösterreich und die Oberpfalz so lange als Pfänder behielt, bis dessen beträchtliche Kriegsausgaben bezahlt waren.[72] Statt der Zinsen aus dieser Schuld erhielt Maximilian die Erlaubnis, in den beiden besetzten Ländern Steuern von jährlich jeweils 240 000 Talern zu erheben. Diese Vereinbarung stieß in der Pfalz auf keine Schwierigkeiten, da über den Kurfürsten die Reichsacht verhängt war, während in Oberösterreich die bayrischen Besatzungskräfte anscheinend nicht nur im Namen Maximilians, sondern auch des Erzherzogs Ferdinand handelten. Zwischen den beiden Oberherren bestand ein grundsätzlicher Interessenkonflikt. Für Maximilian stellte Oberösterreich eine wichtige Quelle von Einkünften dar, mit denen er sein Heer bezahlen konnte; deshalb wollte er in dem Herzogtum um jeden Preis Frieden und wirtschaftliches Wohlergehen sichern, weil andernfalls eine prompte und ungeminderte Steuerzahlung gefährdet gewesen wäre. Ferdinand war seinerseits weniger am Geld als an der Loyalität seiner Untertanen interessiert: Er wollte das Herzogtum von Verrätern und Ketzern säubern, und als Landesherr fühlte er sich aufgrund des im Augsburger Religionsfrieden garantierten

Prinzips der landesfürstlichen Kirchenhoheit hierzu auch berechtigt. Widerwillig befahlen die bayrischen Besatzungsbehörden unter dem wohlmeinenden Adam von Herberstorff im Oktober 1624 die Vertreibung aller protestantischen Pfarrer und Lehrer und erlaubten katholischen Gläubigern die Zwangsvollstreckung bei ihren protestantischen Schuldnern, um diese zum Verkauf ihres Eigentums zu zwingen. Im Oktober 1625 berief die Verwaltung eine Reformkommission mit der Aufgabe, alle säkularisierten Kirchengüter und Stiftungen wieder in Besitz zu nehmen, und es wurde bestimmt, daß die Einwohner des Herzogtums sich bis Ostern 1626 entscheiden mußten, entweder zum Katholizismus überzutreten oder das Land zu verlassen. Nur die Adligen wurden verschont – sie konnten sich für diese Entscheidung 50 Jahre Zeit lassen.

Der Tropfen, der das Faß zum Überlaufen brachte, kam von der Kongregation zur Verbreitung des Glaubens, die von Gregor XV. eigens zu dem Zweck gegründet worden war, aus den Siegen Ferdinands und seiner Verbündeten jenseits der Alpen einen möglichst großen Nutzen für die katholische Kirche zu ziehen. 1625 erteilte die Kongregation den Auftrag zur Entsendung zahlreicher italienischer Missionare ins Reich, um dort die Rekatholisierung zu betreiben – zum Teil, weil es zuwenig qualifizierte Priester deutscher Zunge gab, zum Teil, weil die Italiener hervorragend Latein sprachen, zum Teil aber auch (in den eigenen Worten der Kongregation), »weil die Italiener weniger dem Wein und dem Trunk ergeben« waren als die aus den deutschen Ländern stammenden Geistlichen. Diese Tugenden waren für die österreichischen Laien allerdings nicht so offensichtlich, und so wehrten sie sich mehr oder weniger heftig gegen die Priester, die in die ehemals protestantischen Pfarrstellen eingesetzt wurden. Unter dem Druck Ferdinands beschloß Herberstorff ein Exempel zu statuieren: Die Männer einiger Pfarreien wurden zum 15. Mai 1626 auf Schloß Frankenfeld bestellt und wegen ihres unbotmäßigen und respektlosen Verhaltens gegenüber den neuen Pfarrern gerügt. Sodann beschuldigte Herberstorff die lokalen Beamten, zu den Unruhen aufgehetzt zu haben, und befahl, 17 von ihnen durch das Los zu bestimmen und unverzüglich hinzurichten (*Der oberösterreichische Bauernkrieg*, S. 8–11; Tüchle 1962, S. 488).

Dieses unerhört willkürliche Vorgehen, zu dem Herberstorff vom Kaiser gezwungen wurde, brachte eine Gruppe von protestantischen weltlichen Beamten dazu, unter der Führung von Stephan Fadinger (einem kleinen Bauern und Beisitzer des örtlichen Magistrats) einen allgemeinen Aufstand zu organisieren, dem es fast gelungen wäre, sowohl den bayrischen als auch den österreichischen Oberherrn zu vertreiben. Anders als frühere Bauernaufstände, die gegen die unmittelbaren Grundherren gerichtet waren, zielte dieser auf die Hauptstadt und den Sitz der Regierung Linz. Fadinger erhielt von allen Seiten Zulauf, von Protestanten und Katholiken gleichermaßen: Sie alle hatten unter der 14fach höheren Steuer gelitten, die für die Bezahlung der bayrischen Truppen benötigt wurde, und unter dem Zusammenbruch der Währung zwischen 1621 und 1623. Im Mai 1626 wurde ein kleines Heer unter Herberstorff von den Aufständischen aufgerieben, und es begann eine regelrechte Belagerung von Linz. Fadinger fiel jedoch im Juli, und die Belagerung wurde aufgehoben. Den Bauern war es auch nicht gelungen, Hilfe aus dem Ausland zu erlangen, obwohl Verbindungen zu Scultetus geknüpft wurden, einem pfälzischen Hofprediger in Botschafterdiensten Christians IV., der zu dieser Zeit ebenfalls mit einem Heer gegen den Kaiser kämpfte. In kurzer Zeit war aus dem Bauernaufstand so etwas wie ein Guerillakrieg geworden. Trotzdem bedurfte es eines Heeres von rund 12 000 Mann und einer Reihe offener Feldschlachten, ehe die Lage wieder unter Kontrolle gebracht werden konnte (s. *Karte 2*). Die einzigen Erfolge, welche die Rebellen für sich verbuchen konnten, waren das Ende der bayrischen Besatzung und die Entfernung der italienischen Priester. Nach langwierigen Verhandlungen, in denen Graf Max von Trauttmansdorff sein Debüt als Unterhändler des Kaisers gab, wurde die Oberpfalz für zehn Millionen Taler an Maximilian verkauft, für den exakten Betrag, der als Schuld Ferdinands an Maximilian und die Liga anerkannt wurde. Im Gegenzug wurde Oberösterreich wieder der habsburgischen Herrschaft unterstellt. Zugleich gab die päpstliche Kurie die Erlaubnis, daß anstelle der unbeliebten italienischen Priester nunmehr 300 Ordensgeistliche einen Großteil der ehemaligen protestantischen Pfarreien in Oberösterreich betreuten, weil es noch immer zuwenig katholische Geistliche gab (Tüchle 1962, S. 181).

Nichts von alledem konnte indessen den Kaiser und seine Bündnisgenossen von ihrem Kreuzzug gegen die Ketzer abhalten. »Gott ist für uns und nicht für sie« war der Jubelruf von Pater Hyazinth von Casale (der sich besonders für die Übertragung der Kur an Maximilian eingesetzt hatte) im Frühjahr 1624 (zit. n. Goetz 1912, S. 122). Fast zur selben Zeit legte Kaiser Ferdinand in Wien im Beisein seines Beichtvaters ein feierliches Gelübde ab, er werde zum Nutzen der katholischen Religion »alles tun, was die Umstände zuließen«. Sein Beichtiger, Wilhelm Lamormaini, war sich über die Folgen dieser Erklärung durchaus nicht im unklaren: »Es können durch diesen Kaiser große Dinge vollbracht werden«, benachrichtigte er voll Triumph den Vatikan. »Vielleicht (kann) sogar ganz Deutschland zum alten Glauben zurückgebracht werden, vorausgesetzt, ... (Papst und Kaiser) nehmen sich der Aufgaben entschlossen und ausdauernd, ungeachtet aller Widrigkeiten an.« (Zit. n. Bireley 1981, S. 21) Die Ereignisse sollten zeigen, wie gut Lamormaini seinen Mann kannte.

3 Die Praxis des Absolutismus II (1626 – 1629)

Eigentlich ist es verwunderlich, daß die Eroberungen der Habsburger und ihrer katholischen Verbündeten in den fünf Jahren seit der Schlacht am Weißen Berge so wenig Protest bei den Lutheranern ausgelöst haben. Natürlich gab es einige Kritiker dieser Einverleibungspolitik, aber sie hatten nur geringen Einfluß (s. Gross 1975 passim sowie Dreitzel 1971). Typischer für seine protestantischen Standesgenossen und einflußreicher war der Kurfürst von Sachsen, der 1626 versuchte, seine Nachbarn im niedersächsischen Kreis davon zu überzeugen, daß sie falsch daran taten, sich dem Kaiser zu widersetzen. In einer ausführlichen Darlegung beschuldigte Johann Georg seinen Glaubensgenossen Christian IV. von Dänemark des Angriffs auf eine fremde Macht und seine Landsleute Christian von Braunschweig und die Herzöge von Sachsen-Weimar, die sich den Dänen angeschlossen hatten, des Verrats. Er behauptete, Ferdinand führe einen gerechten Krieg gegen Rebellen und keinen religiösen Eroberungskrieg; die Furcht vor einer Beherrschung Deutschlands durch die spanischen Habsburger sei eine krasse Übertreibung; die Theorie von einer Verschwörung der Jesuiten zur abermaligen Bekehrung der Lutheraner werde durch das gemäßigte Vorgehen Ferdinands widerlegt (im Jahre 1626!) und das Gebot Luthers, den bestehenden Mächten Gehorsam zu leisten, gelte auch gegenüber Ferdinand, da dieser keinen Grund zum Widerstand gegeben habe. Was der Kaiser in Böhmen und Österreich getan hatte, das wurde nach Johann Georg durch das *ius reformandi*, die landesherrliche Kirchenhoheit gedeckt. Und als wäre all dies immer noch nicht genug, verstieg sich der Kurfürst sogar zu der Behauptung, Tilly sei ein patriotischer General, der loyale Deutsche gegen die Dänen und die von den Holländern bezahlten Freibeuter des Grafen Mansfeld verteidige; deshalb müsse auch das Heer der Liga von allen Lutherischen in einem gemeinsamen Feldzug für Frieden, Gerechtigkeit und Gehorsam im Reich unterstützt werden (Klopp 1862, insbes. S. 86–90).[73]

Das Plädoyer des sächsischen Kurfürsten war letztlich ein konservativer Aufruf zu Frieden und Einheit sowie zur Loyalität gegenüber Ferdinand als dem rechtmäßig gewählten Kaiser. Sein schwacher Punkt lag in der Annahme,

daß Ferdinand die Dinge genauso sah. Dennoch ist es die eindeutigste uns
zugängliche Formulierung des lutherischen Pazifismus, Quietismus, Lega-
lismus und der Fremdenfeindlichkeit in Deutschland, kurz bevor die
unkluge und aggressive Politik des Kaisers selbst Sachsen dazu zwang, sich
mit dem Gedanken an Widerstand vertraut zu machen. Freilich wahrte
Johann Georg selbst in dieser ausführlichen politischen Erklärung von 1626
ein drohendes Schweigen über die beiden neuen habsburgischen Heere – ein
spanisches und ein kaiserliches –, die begonnen hatten, auf Reichsterrito-
rium zu operieren.

Die Mitglieder der katholischen Liga wurden im Winter 1624/25 durch
das hartnäckige Gerücht aufgeschreckt, daß Christian von Dänemark eine
Invasion in Deutschland vorbereite. Sie fürchteten um ihre Streitmacht, die
kaum geschützt in Nordwestdeutschland Quartier bezogen hatte. »Tilly
kann das Werk allein nicht erheben«, wurde Maximilian von Bayern
gewarnt. »Danus hab' großen Vorteil, werde das Werk aufziehen und uns
konsumieren.« (Zit. n. Mann 1971, S. 369) Der neue Kurfürst beriet die
Angelegenheit mit dem Kaiser. Eine leichte Verstärkung war alles, was er
brauchte, doch für Ferdinand lagen die Dinge weniger einfach. Vor allem
gingen auch Gerüchte, daß Bethlen Gabor von Siebenbürgen einen neuen
Angriff auf die habsburgischen Herzlande im Schilde führe. Spanien, das in
der Vergangenheit seine Hilfe angeboten hatte, konnte keine Truppen ent-
behren; im Gegenteil, von den 16 Reichsregimentern, die es damals gab,
standen sechs in den Niederlanden zur Unterstützung Spínolas bei der Belagerung von Breda, und eines befand sich in der spanischen Lombardei. Die
in Wien zurückgelassenen Soldaten reichten nicht einmal aus, die Stadt zu
verteidigen, geschweige denn das Heer Tillys zu verstärken. So unterzeichnete Ferdinand am 7. April 1925 ein Patent, mit dem Albrecht von Wallenstein (seit 1623 Herzog von Friedland in Böhmen) zum »Capo über alles
Ihro Volk (ernannt wurde), so dieser Zeit im Heiligen Romischen Reich und
Niederland vorhanden« und den Auftrag erhielt, »eine Armada, theils von
unserem alten unterhaltenen, als auch neugeworbenen kriegsvolk, aufzubringen, so in Allem 24 000 sein soll«.

Im September 1625 ließ die »Friedlandsche Armada« eine Stammtruppe
zur Verteidigung Wiens zurück und marschierte von Böhmen aus nach
Norden zur Grenze von Niedersachsen, um dort an der rechten Flanke von
Tillys Heer in Stellung zu gehen.

Auf Tillys linkem Flügel standen Abteilungen des flandrischen Heeres.
Nach der triumphalen Einnahme Bredas im Juni 1625 wurden etwa 11 000
Soldaten aus den südlichen Niederlanden in Garnisonen an Rhein, Ems und

Lippe verlegt, um eine rigorose Wirtschaftsblockade der Niederländischen Republik zu Wasser und zu Lande zu erzwingen. Dort blieben sie bis 1629. Gleichzeitig wurde in Sevilla eine neue Institution geschaffen, der *Almirantazgo* oder die Admiralität, um zu gewährleisten, daß keine holländischen Waren nach Spanien und möglichst wenig spanische Waren in die Republik gelangten. Diese Maßnahmen stießen in Deutschland auf wenig Gegenliebe. Die hansischen Hafenstädte protestierten laut und lange gegen die strengen Kontrollen, denen ihre Schiffsladungen durch die Beamten des *Almirantazgo* unterworfen wurden, und die Flußblockade wurde von den rheinischen Landesherren gebrandmarkt, deren Untertanen nicht nur ihrer wertvollen Handelskontakte beraubt waren, sondern nach noch die schlecht bezahlten spanischen Truppen einquartieren und bei Laune halten mußten. Die Bistümer Münster, Osnabrück, Paderborn und Minden des Kurfürsten von Köln standen bei diesem Wirtschaftskrieg in vorderster Front, und dieser führte bittere Klage darüber, daß »sich die spannische Ministri daselbsten unverhoelen vernehmen (lassen), das sie bey wehrendem kriegh kheine Reichs Constitutiones respect, verwandtnus oder anders in achtunge zunehmen gedachten, sondern Ihr praetendirte necessitas oder commoditas praevalirn musten« (zit. n. Kessel 1979, S. 197, Anm. 90).[74]

Im Jahr darauf erregten die Spanier erneut Ärgernis, als sie ein Urteil des Reichskammergerichts vollstreckten, das die Teilung Hessens betraf. Nach dem Erlöschen der Marburger Linie 1604 hatte Moritz von Hessen-Kassel das gesamte Erbe in Besitz genommen (s. S. 82); jetzt wurde er durch einen kaiserlichen Spruch gezwungen, den größten Teil des Erbes seinem Vetter Georg von Hessen-Darmstadt zu übergeben und obendrein über eine Million Taler Schadenersatz für die widerrechtliche Inbesitznahme Marburgs zu bezahlen (vgl. Beck 1978; Thies 1973; Keim 1962).[75] War dieser Gebrauch der kaiserlichen Macht für die deutsche Bevölkerung bereits empörend, so wurde er noch durch die gleichzeitig erfolgte Absetzung der Herzöge von Mecklenburg in den Schatten gestellt, wiederum kraft eines Urteils des Reichskammergerichts wegen ihrer Unterstützung des Dänenkönigs. Diesmal wurden die konfiszierten Ländereien nicht einem Verwandten übertragen, sondern Wallenstein. Anfangs (im Februar 1627) dienten sie lediglich als Pfand für das Geld, das der Kaiser seinem General schuldete, doch im Jahr darauf wurde Wallenstein als Herzog anerkannt und nahm mit einem Hofgesinde von über 1000 Personen seinen Wohnsitz im großen Schloß von Güstrow.[76]

Es wird wohl nie eine einhellige Meinung über den Charakter und die Rolle Wallensteins geben, doch sein angeblicher Verrat und seine Ermordung 1634 haben diesen Aspekt zu einem Hornissennest der Geschichtsschreibung gemacht und damit seine tatsächliche Bedeutung als hemmungslos neuerungssüchtigen, aber loyalen habsburgischen Kriegsunternehmer während seines ersten kaiserlichen Generalats (1625 – 1630) in den Hintergrund treten lassen. Dies waren die eigentlich entscheidenden Jahre seines Lebens, dies war die Zeit seines wirklich bedeutsamen Einflusses auf den Gang der Ereignisse. Und doch traf Wallenstein selbst in diesen Jahren keine eigenen politischen Entscheidungen von Bedeutung, sondern führte lediglich aus, was sein Herr beschlossen hatte. In Fragen der Religion handelte er beispielsweise nicht weniger berechnend und pragmatisch als ein moderner Manager, der ein multinationales Unternehmen führt.[77] Als seine dänenfreundlichen Feinde Christian von Braunschweig und Johann Ernst von Sachsen-Weimar 1626 versuchten, das lutherische Magdeburg mit der Behauptung für sich zu gewinnen, die kaiserliche Armee, welche die Stadt besetzen wollte, eröffne damit einen religiösen Angriffskrieg zur Rekatholisierung ganz Deutschlands, forderte Wallenstein den Kaiser auf, der Stadt Magdeburg zuzusichern, daß dies kein Religionskrieg sei. Als einer dem Kaiser ergebenen Stadt würde ihr keines der geistlichen oder weltlichen Privilegien beschnitten werden, sondern im Gegenteil jeglicher Schutz gegen derartige Bedrohungen zuteil.[78]

Die Befürchtungen der Magdeburger waren allerdings wohlbegründet. Drei Jahre später hatte die Stadt unter den Ambitionen Franz Wilhelms von Wartenburg, des Bischofs von Osnabrück, zu leiden, der als kaiserlicher Sonderbeauftragter alles daransetzte, das traditionell lutherische Domkapitel zu infiltrieren, indem er zehn wichtige Pfründen konfiszierte, um die Wahl eines katholischen Herrschers – zum ersten Mal wieder seit knapp hundert Jahren – zu fördern. Nachdem er sein Spiel so weit getrieben hatte, plante er im Juli 1630, die *autonomia* anzuwenden, das verfassungsmäßige Recht eines katholischen Herrschers, seinen Landeskindern einen einheitlichen Glauben aufzuerlegen (Klopp 1862; Tupetz 1883; Gebauer 1899; Günter 1901). Und dies war kein Einzelfall: Die Magdeburger Ereignisse waren Bestandteil einer großangelegten Kampagne, die im gesamten Reich geführt wurde, um säkularisierte Kirchengüter ein für allemal für die katholische Kirche zurückzuerobern.

Das Unternehmen wurde im Herbst 1627 in Mühlhausen geplant, als die Kurfürsten (oder ihre Vertreter) zusammenkamen, um über die Folgerungen aus der Niederlage Dänemarks zu beraten. Der kaiserliche Gesandte verkündete im Auftrag seines Herrn, nach neun Kriegsjahren sei nunmehr der Zeitpunkt gekommen, eine konfessionelle Neuordnung Deutschlands und insbesondere die Restitution jener Kirchengüter zu erwägen, die den Katholiken widerrechtlich genommen worden waren. Dies war in den Worten Ferdinands »der große Gewinn und die Frucht des Krieges«, worauf er es abgesehen hatte, und er versicherte der katholischen Partei in Mühlhausen, die Taten sehen wollte, »so wie wir in der Vergangenheit nie daran gedacht haben, eine Gelegenheit zur Wiederherstellung der Kirchengüter zu versäumen, so ist es auch jetzt und künftig nicht unsere Absicht, gegenüber den Nachgeborenen die Schuld auf uns zu laden, daß wir nicht jede noch so kleine Gelegenheit zu nutzen verstanden haben« (Instruktion Ferdinands an Stralendorf vom 4. Okt. 1627; zit. n. Bireley 1981, S. 54).

Trotzdem wurden monatelang keine konkreten Maßnahmen getroffen, und im September 1628 baten fünf süddeutsche Prälaten den Kaiser in einem Brief flehentlich darum, sein Versprechen zu halten. Im Oktober wurde ein Entwurf des später als »Restitutionsedikt« bekannten Dokuments zur Stellungnahme an den Reichsrat und an die Kurfürsten von Mainz und von Bayern verschickt. In der Präambel behauptete Ferdinand, er wolle nichts anderes, als den Status quo von 1555 wiederherstellen – kurz nach dem Augsburger Religionsfrieden –, und das Edikt sei demnach einzig darauf gerichtet, den Gesetzen des Reiches Geltung zu verschaffen. Die ersten Abschnitte des Entwurfs schienen dies zu bestätigen: Alle Kirchengüter, die den Katholiken seit 1552 (dem »Normaljahr« des Augsburger Religionsfriedens) von den Protestanten genommen worden waren, sollten zurückgegeben werden. Das Edikt bestimmte jedoch darüber hinaus, daß geistliche Fürsten dasselbe Recht wie die weltlichen Fürsten haben sollten, ihren Untertanen die eigene Religion aufzuerlegen. Das ging weit über die Vereinbarung von 1555 hinaus, da es die *Declaratio Ferdinandei* (s. S. 80) praktisch außer Kraft setzte. Den katholischen Prälaten genügte allerdings auch das nicht: Sie forderten, in das Edikt ein neues Verbot des Calvinismus aufzunehmen und seine Bestimmungen auch auf die Freien Reichsstädte auszudehnen. Nach fünfmonatigen Beratungen beschlossen der Kaiser und seine Ratgeber schließlich, über alle protestantischen Sekten außer den Lutheranern die Acht zu verhängen, die Städte jedoch von dieser Bestimmung auszunehmen. Die übrigen Passagen des Entwurfs blieben mehr oder weniger unverändert.

500 Exemplare des Edikts wurden heimlich in Wien gedruckt und den Direktoren der Reichskreise und den maßgeblichen Fürsten mit der Anweisung zugeleitet, zahlreiche Nachdrucke davon gleichzeitig am 28. März 1629 zu veröffentlichen. Das Dokument wirkte entwaffnend simpel – ein einzelnes Blatt Papier mit vier engbedruckten Spalten und der Unterschrift des Kaisers –, doch der äußere Anschein trog. Auf ein in Würzburg gedrucktes Exemplar hatte ein Zeitgenosse die Worte *Radix omnium malorum* geschrieben, die

Wurzel allen Übels.[79] Ein ganzes Jahr lang bildeten das Edikt und seine Ausführungen das zentrale Problem der deutschen Politik. Die Bistümer und
Erzbistümer Niedersachsens und Westfalens waren unmittelbar betroffen,
ebenso 500 Mönchs- und Nonnenklöster und andere Kirchengüter, die seit
1552 von unzähligen protestantischen Herrschern säkularisiert worden
waren. Allein der Herzog von Württemberg sollte des Besitzes von 14 großen
Mönchs- und 36 Nonnenklöstern verlustig gehen; die Herzöge von Braunschweig sahen sich kaum weniger exorbitanten Forderungen gegenüber
(s. *Karte 2*).

Obgleich die nicht reichsunmittelbaren Kirchengüter in Brandenburg und
Kursachsen vorläufig sicher schienen, da sie lange vor 1552 säkularisiert
wurden, bestand durchaus Anlaß zu Befürchtungen, daß eines Tages ein neues
Edikt auch ihre Immunität in Frage stellen könnte. Vor allem wurden in
anderen deutschen Gebieten Güter beansprucht, die 1552 bereits lutherisch
waren: So hatten von den 45 Reichsstädten, die von den zwischen 1627 und
1631 erhobenen Forderungen der Reichsbeauftragten betroffen waren, nur
acht tatsächlich die Bestimmungen des Passauer Vertrags von 1552 verletzt
(während z. B. die Reichsstadt Lindau schon seit 1528 protestantisch war).
Zum zweiten folgte der Verkündung des Edikts sogleich die Veröffentlichung
eines Traktats von einflußreicher Seite, das zu enthüllen schien, welche Vorstellungen dem Erlaß Ferdinands zugrundelagen: Pau Laymanns *Pacis Compositio*. Der Autor – ein Jesuit – forderte darin, »alles, was nicht als gewährt
befunden wird, muß als versagt gelten«, weshalb die Protestanten alles zurückgeben müßten, auf das sie keinen gültigen Rechtstitel hätten. Diese Flugschrift
erregte natürlich großes Aufsehen. Als Gustav Adolf im Jahr darauf deutsches
Territorium betrat, gab er bekannt, er sei entschlossen, drei Männer hinrichten
zu lassen, deren Namen mit einem »L« anfingen – einer davon war Laymann
(vgl. Heckel 1959; Bireley 1973).[80] Der dritte Grund für die Beunruhigung in
Brandenburg und Sachsen war eher praktischer Natur: die Stärke der in der
Nähe der Landesgrenzen zusammengezogenen katholischen Truppen und
deren Rolle bei der Durchsetzung der Rückgabe von Kirchengütern. Tilly und
seine Söldner der Liga unterstützten die Reichsbeauftragten in den Diözesen
Osnabrück, Bremen, Verden und Hildesheim wie auch in so wichtigen Städten
wie z.B. Augsburg. Wenn das Heer Wallensteins noch nicht so weit vorge-
rückt war, so lag das nur daran, daß es durch umfangreiche Operationen gegen
die Dänen und durch die Belagerung der Hansestadt Stralsund gebunden war.
Letztere war eine der Städte, die aufgrund eines 1627 geschlossenen Unterwer-
fungsvertrags zwischen Herzog Bogislaw von Pommern und Wallenstein mit
einer kaiserlichen Garnison belegt werden sollte.

Zwischen Stralsund mit seinen rund 15 000 Einwohnern und den Herzögen von Pommern hatte es eine Zeitlang starke Spannungen gegeben. 1612 ließ Bogislaw XIII. die unbotmäßige Stadt von seinen Truppen besetzen, um sie besser unter Kontrolle zu halten, aber bald danach kam es zu Aufständen gegen die neue Ordnung, und der Streit zwischen Herzog und Magistrat zog sich jahrelang hin. Aus Furcht vor den Truppen Wallensteins holten die Stadtväter 1627 schwedische Ingenieure für den Bau einer neuen, starken Befestigungsanlage, und die Bürgerwehr wurde auf knapp 5 000 Mann verstärkt. Als nun der Herzog befahl, die Kaiserlichen in die Stadt einzulassen, versagten sie ihm den Gehorsam. Diese Weigerung wurde zwar von Christian IV. begrüßt, doch konnte er die Stadt kaum militärisch unterstützen und schloß deshalb mit den Schweden ein Abkommen, in dem beide Mächte sich verpflichteten, Stralsund im Fall eines Angriffs zu verteidigen. Kaum hatte die Belagerung im Mai 1628 begonnen, als sieben Kompanien schottischer Veteranen in dänischen Diensten eintrafen, denen einen Monat später 600 Schweden folgten. Diese fremden Truppen wehrten gemeinsam die Angriffe der Kaiserlichen vom 27. bis 29. Juni ab, und neue – schottische, dänische, schwedische und deutsche – Verstärkungen kamen hinzu. Am 24. Juli wurde die Belagerung aufgehoben.[81]

Die erfolgreiche Verteidigung von Stralsund führte nicht zum Kriegszustand zwischen dem Kaiser und Schweden, dessen König noch in Polen kämpfte, wenngleich Ferdinand sich bewegen ließ, den Polen 1629 beträchtliche Militärunterstützung zu gewähren (s. S. 199). Ebensowenig beeinflußte die Niederlage der Kaiserlichen ihre militärische Gesamtposition – Dänemark stand nach wie vor im Begriff, den Krieg zu verlieren. Trotzdem war es ein vernichtender politischer Schlag. Bereits im September 1628 warnte Wallenstein Ferdinand, seine zur Zeit in Holstein stehenden Truppen seien dort so verhaßt, daß er den Feldzug nur fortsetzen könne, wenn er über genügend starke Truppen verfügte, um die ansässige Bevölkerung zu wöchentlichen festen Kontributionszahlungen zu zwingen. Wallenstein empfahl dem Kaiser, immer mehr Söldner anzuwerben und auszurüsten, um einen möglichst großen Teil des Reichs zu besetzen. Nur so könnten Landesfürsten wie der Herzog von Sachsen und der Kurfürst von Bayern gezwungen werden, loyal zu bleiben und ihre Pläne aufzugeben, im Ausland Unterstützung zu suchen oder der Pfälzer Exilregierung ihre Hilfe anzubieten (Schulz 1917, Dok. 33). Aber es war schlichtweg nicht möglich, endlos neue Truppen auszuheben: Der Kaiser mußte schon jetzt zuviele Soldaten in seinen Heeren unterhalten. Wallensteins eigene Heerlisten zeigen zeigen das Ausmaß des von ihm selbst geschaffenen Problems (s. *Tabelle 3*). Und obendrein mußte das Reich auch die Streitkräfte Spaniens und der Liga im Nordwesten bezahlen.

Tabelle 3: Wallensteins Heerlisten (1625 – 1630)

Jahr	Fußvolk	Anteil in %	Reiterei	insgesamt	Anstieg gegenüber dem Vorjahr in %	Anteil deutscher Söldner in %
1625	45 300	73	16 600	61 900	—	61
1626	86 100	77	25 000	111 100	79	72
1627	83 100	74	29 600	112 700	1	79
1628	102 900	79	27 300	130 200	16	74
1629	111 000	86	17 900	128 900	−1	80
1630	129 900	86	21 000	150 900	17	87

Der erste gemeinsam verabredete Angriff auf Wallenstein und sein Kontributionssystem erfolgte auf demselben Kurfürstentag im Spätherbst 1627, auf dem auch das Restitutionsedikt geplant wurde. Die katholischen Kurfürsten kritisierten sowohl die Höhe der erhobenen Steuern als auch die Art ihrer Verwendung. Am Beispiel des Generalleutnants Arnim, der allein 3 000 Taler im Monat erhielt, belegten sie die übertriebene Höhe der Kontributionen, die durch derart maßlose Entlohnungen erforderlich wurden. Außerdem beklagten sie sich über Wallensteins Praxis der Vergabe von Werbepatenten an Offiziere: »Er gibt sie Jedem, der darum sich anmeldet, nicht bloß Fremden, die in ausländischen Diensten gestanden, sondern auch solchen, die des Kriegswesens unkundig sind, und gibt sie nicht bloß für ein Regiment, sondern bis zu vier zu Roß und zu Fuß.« Sie erwähnten die schlechte Disziplin, die er hielt, und die nicht lange zurückliegende Meuterei der Regimenter des Herzogs von Sachsen-Lauenburg in der Wetterau. Doch ihre hauptsächlichen Beschwerden galten natürlich der Zerstörung und der Entvölkerung, die seine Armee verursachte, sowie der Unmöglichkeit, die in den eigenen Ländern stationierten Truppen des Kaisers zu kontrollieren. »Fürsten und Stände des Reiches sollen Obristen und Befehlshabern bittend nachlaufen … Diese prassen und werden dann noch reich dazu … Die Obersten und Offiziere kümmern sich um keine Satzung des Reiches.« (Zit. n. Klopp 1861, Bd. 2, S. 808 und 810)[83]

Die Kurfürsten forderten, Ferdinand solle keine neuen Werbungen mehr zulassen und statt dessen die Stärke des Wallensteinschen Heeres reduzieren (insbesondere im Rheinland, wo sowohl die habsburgischen als auch die Truppen der Liga in großer Zahl standen). Außerdem verlangten sie ein neues Befehlssystem, das geeignet sei, das Vertrauen der Landesfürsten zum Reich zu erhöhen, und zum Schutz der »armen Witwen und Waisen« dem Heer das Recht zur eigenen Erhebung von Kontributionen zu entziehen und einer zivilen Aufsicht zu unterstellen. Wallenstein sollte nur noch mit Zustimmung von Reichsbeauftragten neue Söldner anwerben und keine Kriegssteuern mehr erheben ohne die Zustimmung, Verwaltung und Prüfung der Landesherren, auf deren Gebiet er sich befand.

Solange der Krieg anhielt, war der Kaiser geneigt, diese Klagen zu ignorieren. Doch nach der Niederlage Dänemarks berief der neue Kurfürst von Mainz, Anselm Kasimir von Wambold, im Dezember 1629 einen Ligatag nach Mergentheim und bestand erstmals offen darauf, daß Wallenstein entlassen werden müsse. Nach Meinung des Kurfürsten würde es keinen Frieden im Reich geben, solange Wallenstein den Oberbefehl über das kaiserliche Heer innehatte und Mecklenburg besaß. Im März 1630 berief Wambold in seiner Eigenschaft als Reichskanzler für den 3. Juni einen Kurfürstentag in Regensburg ein, um das Problem zu lösen.

Diesmal konnte Ferdinand die Beschwerden seiner deutschen Verbündeten nicht übergehen, denn ihm waren kaum noch andere geblieben. Urban VIII., seit 1623 Papst in Rom, teilte die habsburgfreundliche Haltung seiner Vorgänger nicht. Er machte den von Rom an Ferdinand und die Liga gezahlten Subsidien ein Ende und zog es vor, sich auf das zu beschränken, was er als das Interesse des Kirchenstaats in Italien ansah – eine Aufgabe, die in seinen Augen die Neutralisierung des Habsburger Einflusses auf die Halbinsel notwendig machte. Sigismund von Polen , ein vorübergehender Helfer des Kaisers, hatte nur taube Ohren für die Hilferufe Ferdinands. Sigismund, dessen Königreich erschöpft darniederlag, hatte im Sommer 1629 dankbar einen sechsjährigen Waffenstillstand mit Schweden geschlossen, der Gustav Adolf freie Hand für die Intervention im Reich gab, wenn ihm diese geraten schien: Er verfügte mit Stralsund bereits über einen Brückenkopf. Nachdem Ludwig XIII. schließlich den Hugenottenaufstand unterdrückt hatte, konnte auch er den Widersachern des Kaiser seine Hilfe anbieten, sofern er dies nicht bereits wie in Italien tat. Noch verhängnisvoller wirkte sich der Umstand aus, daß Spanien zu diesem Zeitpunkt Ferdinand wegen schwerer Rückschläge in den Niederlanden die Unterstützung entziehen mußte. 1628 kaperte ein holländischer Schiffsverband die gesamte spanische Silberflotte auf dem Weg von den Karibischen Inseln in die Heimat und verschaffte damit gleichzeitig der Republik die nötigen Mittel zur Vorbereitung eines umfassenden Angriffs auf die

Spanischen Niederlande und beraubte Philipp IV. der Mittel zur Finanzierung eines wirksamen Widerstands.

Im Frühjahr 1629 nahm der niederländische Statthalter und oberste Feldherr Friedrich Heinrich (der jüngere Bruder Moritz') im Vertrauen auf seinen Erfolg und mit einem beispiellos großen Heer aus 128 000 Söldnern die Belagerung der strategisch wichtigen Stadt Herzogenbusch auf. Die Habsburger übten Vergeltung, indem sie zwei Streitmächte – eine aus 10 000 Kaiserlichen, die andere aus dem flandrischen Heer – tief in holländisches Gebiet einmarschieren ließen. Im August nahmen sie Amersfoort ein, nur 40 Kilometer vor Amsterdam. Zum Unglück für die Habsburger nahmen die Holländer noch im selben Monat Wesel im Sturm, und im September zwangen sie Herzogenbusch zur Übergabe und die nunmehr gefährlich isolierten Habsburger in Amersfoort zu einem ungeordneten Rückzug. Aber damit noch nicht genug. Während des Winter 1629/30 vertrieben die Holländer fast alle spanischen Garnisonsbesatzungen aus Nordwestdeutschland. Die Flußblockade brach zusammen, und im Juli 1630 übergab Spanien die restlichen Sützpunkte den Ligatruppen Tillys (vgl. hierzu Israel 1982).

Es war eine traurige Wahrheit, daß die Last der Verteidigung der katholischen Sache in Deutschland jetzt fast ausschließlich auf den Schultern Tillys ruhte, da die Armee in Flandern wegen ihrer Schwächung nicht mehr außerhalb von Philipps IV. Erblanden operieren konnte, und die Soldaten Ferdinands II. selbst alle Hände voll zu tun hatten. Der Hauptgrund für diese beiden Entwicklungen war sehr einfach. Im Verlauf des Jahres 1629 wurden beide Zweige des Hauses Habsburg dank der unermüdlichen Diplomatie des Grafen und Herzogs Olivares in einen verhängnisvollen Krieg mit Frankreich in Italien verwickelt.

4 Spanien und der Krieg

»Gott ist spanisch und kämpft in diesen Tagen für unsere Nation.« (Olivares an Gondomar, zit. n. Brown/Elliott 1980, S. 190) Es gab 1625, in jenem *anno mirabile* der spanischen Waffen, zweifellos Augenblicke, in denen selbst Spaniens Feinde zähneknirschend zugeben mußten, daß Graf Olivares mit seiner zuversichtlichen Einschätzung der nationalen Zugehörigkeit Gottes vielleicht nicht so ganz unrecht hatte . Im Laufe dieses Jahres ergab sich Breda der flandrischen Armee unter dem Befehl des unvergleichlichen Spínola; die Republik Genua, Spaniens Verbündeter und Vasall, wurde vor dem Anschlag der vereinigten Streitkräfte Frankreichs und Savoyens gerettet; eine gemeinsame Schiffsexpedition Spaniens und Portugals vertrieb die Holländer aus Bahíha in Brasilien, und eine englische Flotille, die einen Angriff auf Cádiz gewagt hatte, erlitt eine demütigende Niederlage. Rechnete man noch die habsburgischen Siege in Mitteleuropa hinzu, dann mochte es durchaus so scheinen, als wäre Gott wenn schon kein Spanier, so doch dem Haus Österreich besonders gewogen.

Dennoch verschafften die Siege von 1625, so ermutigend sie auch sein mochten, dem in Madrid über seinen Landkarten brütenden Grafen Olivares bestenfalls eine Atempause. Spanien brauchte Frieden – brauchte ihn unbedingt, um die erschöpften königlichen Schatzkammern wieder zu füllen, der darniederliegenden kastilischen Wirtschaft wieder aufzuhelfen und jene großen Reformen in Angriff zu nehmen, die Olivares als dringend notwendig für das Überleben seines Landes erachtete. Doch der Friede lag in scheinbar unerreichbarer Ferne. Der König von Frankreich wurde zwar zeitweilig durch die rebellischen Hugenotten abgelenkt, war aber nichtsdestoweniger eine ständige Bedrohung jener *pax austriaca*, die Madrid für das Überleben des Katholizismus und die Aufrechterhaltung einer Stabilität in weiten Teilen Europas als unverzichtbar galt. Der Angriff auf Cádiz im November 1625 (s. S. 147) hatte zwischen England und Spanien einen Kriegszustand geschaffen. Die Lage in Italien war prekär, da Venedig fortwährend in irgendwelche Machenschaften gegen Habsburg verwickelt, Karl Emanuel von Savoyen hoffnungslos wankelmütig und auch Papst Urban VIII. ein Mann war, dem man nicht trauen konnte. Vor allem schien jedoch das Problem der Niederlande von einer Lösung weiter entfernt denn je. Der Krieg gegen die Vereinigte Republik stellte nicht nur eine anhaltende und fast unerträgliche Belastung der militärischen und finanziellen Ressourcen Spaniens dar – und selbst das war schon schlimm genug –, es kam noch hinzu, daß die Holländer bei jeder neuen Koalition gegen die Habsburger ihre Hand im Spiel hatten: Die Aktivitäten der Ostindischen und der Westindischen Kompanie gefährdeten die überseeischen Besitzungen der Krone Kastiliens und Portugals, und das Wirtschaftsleben der iberischen Halbinsel wurde durch den Erfolg holländischer Handels- und Gewerbeunternehmungen unerbittlich untergraben.

Olivares machte sich keine Illusionen über die Möglichkeit, die Vereinigten Niederländischen Provinzen unter die Botmäßigkeit des Königs von Spanien zurückzubringen. Der dafür günstige Zeitpunkt war seit langem überschritten. Er war jedoch mit einer gewissen Berechtigung davon überzeugt, daß die Bedingungen des 1609 ausgehandelten Waffenstillstands sich für die spanische Monarchie höchst nachteilig ausgewirkt hatten, und er hegte die

Hoffnung, mit militärischem und wirtschaftlichem Druck die Holländer bewegen zu können, ein neues, dauerhafteres Friedensabkommen zu schließen, mit dessen Bestimmungen Spanien leben konnte. Dafür benötigte Spanien allerdings Hilfe, und die konnte nur vom Reich kommen.

Es gehörte zu den Grundprinzipien von Olivares' Außenpolitik, daß »diese beiden Häuser (der Habsburger) sich um keinen Preis entzweien lassen« durften (Olivares im Staatsrat am 10. Nov. 1630; in: AGS, Estado 2331 f. 126). Der Abbruch der englischen Heiratsverhandlungen gab ihm die Möglichkeit, die schon bestehenden Bindungen zwischen beiden Häusern noch dadurch zu verstärken, daß er eine Ehe zwischen der Schwester Philipps IV., der Infantin Maria, und Ferdinand, dem König von Ungarn und Sohn des Kaisers vermittelte. Nach seiner Überzeugung bedurfte es jedoch außerdem eines formellen Abkommens, mit dem sich beide Parteien gegenseitige Unterstützung in Notfällen zusicherten. 1625 beriet der Staatsrat erstmals die Möglichkeit eines offiziellen Bündnisses zwischen Spanien, dem Kaiser und den – katholischen wie protestantischen – Reichsfürsten, da ihm viel daran gelegen war, zwischen Lutheraner und Calvinisten einen Keil zu treiben.[84] In den Jahren danach verfolgte Olivares hartnäckig diesen Plan eines offensiven und defensiven Militärbündnisses zwischen Madrid und Wien, das er für den einzig wirksamen Schlüssel zu einer dauerhaften Stabilität in Mitteleuropa und zur Lösung des niederländischen Problems ansah. War es ihm erst einmal gelungen, den Kaiser in den Krieg Spaniens mit den Niederlanden zu verwickeln, indem er Ferdinand etwa davon überzeugte, daß ein endgültiger Frieden in Deutschland von der Befriedung der Niederlande abhing, dann konnte man diese rebellischen Vasallen vielleicht doch noch in die Knie zwingen.

Die Siege der Habsburger in Deutschland boten die, wie es schien, ideale Gelegenheit für ein gemeinsames Vorgehen. Seit 1625 verhandelte Olivares unermüdlich mit Ferdinand und Maximilian von Bayern über die Möglichkeiten zur Verwirklichung eines großen »Ostseeplans«, der den Zweck verfolgte, Spanien zu einem Seestützpunkt im Norden zu verhelfen. Dieser sollte als Heimathafen einer neuen Handelskompanie dienen, der günstig genug plaziert war, um den Holländern die Herrschaft über den lukrativen Handel zwischen Mittelmeer und Ostsee zu entreißen – einen Handel, den Olivares zutreffend als Fundament des wirtschaftlichen Wohlergehens und der militärischen Schlagkraft der Niederlande charakterisierte. Ein gangbarer Weg zur Verwirklichung dieses ehrgeizigen Vorhabens bestand darin, mit Hilfe der Armeen des Kaisers und der Katholischen Liga die Holländer aus dem der Republik benachbarten Ostfriesland zu vertreiben, das über gute Häfen verfügte. Doch Maximilian von Bayern, der ein eingefleischtes Mißtrauen gegen die spanischen Pläne hegte, zeigte wenig Neigung, die Liga für solche Zwecke einspannen zu lassen, so daß Madrid gezwungen war, nach anderen Lösungsmöglichkeiten Ausschau zu halten.

Der spektakuläre Aufstieg Wallensteins bot Olivares wiederum eine Chance. Die Annäherungsversuche des Grafen gegenüber dem Feldherrn im Jahr 1627 weckten ein ermutigendes Echo: Anscheinend war Wallenstein erfreut, seine Hilfe gegen die Holländer anbieten zu können. Diese Hilfe war in zweierlei Formen möglich, die sich nicht notwendig gegenseitig ausschlossen. Entweder besetzte er mit seiner Armee einen der Ostseehäfen, oder er marschierte nach Ostfriesland und fiel über die Ems in die Niederlande ein, an denen er später vielleicht seine Gier nach neuen Ländern stillen konnte. Wenn es der flandrischen Armee gleichzeitig gelang, die Holländer von Süden her in Bedrängnis zu bringen, dann war die Republik zweifellos gezwungen, einem Abkommen zuzustimmen, das einen für Spanien ehrenvollen Frieden garantierte.

Die Aussichten für Spanien wurden im Juni 1627 noch besser, als zwischen England und Frankreich Feindseligkeiten ausbrachen. In der Hoffnung, aus Richelieus Schwierigkeiten Kapital zu schlagen, änderte Olivares abrupt seinen Kurs und hielt Frankreich den Köder einer französisch-spanischen Annäherung hin. Der spanische Botschafter in Paris hatte Anweisung, Ludwig XIII. für ein Bündnis gegen alle potentiellen Feinde beider Mächte zu gewinnen: die französischen Protestanten, die Engländer und wenn möglich auch die Holländer. Zum Zeichen ihrer guten Absichten segelte die spanische Atlantikflotte von Cádiz hinauf zum Golf von Morbihan, um Ludwig bei der Belagerung von La Rochelle zu unterstützen, dessen hugenottische Einwohner im Vertrauen auf versprochene englische Hilfe gegen ihren König rebellierten. Trotzdem war das spanisch–französische Bündnis, das vom Papst erfreut begrüßt wurde, zu keiner Zeit ganz unproblematisch. In Madrid gab es Opposition – dort warnte einer der Berater Philipps, »es gibt nichts in der Theologie, das Eure Majestät verpflichten würde, Ihre bewaffneten Kräfte gegen die Ketzer an allen Orten auszuschicken« –, und in Paris herrschte Mißtrauen gegenüber den Beweggründen der Spanier (zit. n. Straub 1980, S. 285).[85]

1628 trat indessen eine dramatische Verschlechterung der Situation ein. Der Kaiser gab seine Zustimmung zum »großen Plan« in der Ostsee, doch unmittelbar darauf mußte Wallenstein die Belagerung Stralsunds aufheben, und alle vorläufigen Hoffnungen, die sich an das Vorhaben geknüpft hatten, zerschlugen sich. Es sollte aber noch schlimmer kommen, denn fast zur selben Zeit hatte sich Olivares auf ein unüberlegtes Abenteuer in Italien eingelassen, das seine Pläne, den Krieg mit den Holländern zu beenden, zunächst ins Wanken und schließlich zum Scheitern brachte und eine völlig veränderte internationale Lage zur Folge hatte.

Das erneute Aufleben des Streits um die Erbfolge in Mantua und Montferrat (s. S. 105) nach dem Tod des Herzogs Vinzenz II. im Dezember 1627 beschwor in Italien eine Situation herauf, deren Gefahr Olivares so wenig übersehen konnte, wie er ihrem verführerischen Reiz zu widerstehen vermochte. Wenn der in Frankreich geborene Herzog von Nevers, der am meisten berechtigte Bewerber, sein herzogliches Erbe antrat, dann waren die Franzosen in der Lage, Mailand zu umklammern, jenen Stützpunkt, von dem aus Spanien Norditalien beherrschte. Mailand war außerdem der Ausgangspunkt jenes lebenswichtigen Systems von Militärkorridoren, die durch das Veltlin nach Mitteleuropa (s. *Karte 2)* oder rheinaufwärts zu den Niederlanden verliefen. Zum Mißgeschick für die Spanier traf der Herzog von Nevers, vom bevorstehenden Tod seines Verwandten rechtzeitig unterrichtet, bereits Mitte Januar 1628 in Mantua ein und übernahm sogleich die Regierung. Er sandte alsbald einen Emissär nach Wien, um den Kaiser (dessen zweite Frau, eine Schwester des verstorbenen Herzogs, bereits auf seiner Seite stand) von der Rechtmäßigkeit seines Schrittes zu überzeugen.

Durch diese Gefahren aufgeschreckt und im eigenen Land wegen der angeblichen Fehlschläge der Regierung einer heftigen Kritik ausgesetzt, beauftragte Olivares Don Gonzalo Fernández de Córdoba, den Oberbefehlshaber der mailändischen Armee, die Festung Casale in Montferrat zu belagern. Die Eroberung dieses fast uneinnehmbaren Bollwerks wäre ein brillanter Coup, würde den Ruhm der spanischen Waffen mehren und die spanische Herrschaft über die lombardische Ebene verstärken. Doch die Armee Gonzalos, schlecht ausgerüstet trotz aller Versuche von Olivares, Geld für sie aufzutreiben, blieb jämmerlich vor den Mauern von Casale stecken, und was ursprünglich als triumphaler nächtlicher Überraschungsschlag geplant war, entpuppte sich statt dessen als nicht enden wollender Alptraum. Es war die einzige politische Tat, für die Philipp IV. später sein Bedauern äußerte: »Wenn ich jemals geirrt und Gott Anlaß zur Unzufriedenheit gegeben habe«, so bekannte er 1645 einem seiner Vertrauten, »so war es hierin.« (Zit. n. Seco Serrano 1958, S. 28) Papst Urban VIII. klagte am 1. Mai 1632 seinerseits, der Mantuanische Erbfolgekrieg habe die katholische Sache zu Fall gebracht, »denn jedermann weiß, daß vor dem Krieg die Habsburger, die Franzosen und alle anderen katholischen Fürsten sich über auswärtige Fragen einig waren und daß ... die katholische Religion in Deutschland, in Frankreich und überall gute Fortschritte machte« (zit. n. Aldeo Vaquero 1958, S. 32).

Die lange Belagerung Casales bedeutete eine neue schwere Belastung für die Finanzen der spanischen Krone und machte es erforderlich, ein Kontingent der ohnehin schwachen flandrischen Armee nach Italien abzukommandieren, was wiederum verheerende Rückwirkungen auf den Krieg in den Niederlanden hatte, und dies zu einem Zeitpunkt, als bereits Friedensverhandlungen mit den Holländern geführt wurden. Wie schon bemerkt, waren die Holländer dank des Silbers, das sie 1628 von der spanischen Silberflotte erbeutet hatten, in der Lage, 1629 gegenüber der flandrischen Armee in die Offensive zu gehen; diese war durch die Abreise Spínolas nach Madrid geschwächt, der dort an den Beratungen über einen Friedensvertrag mit der Republik teilnahm. So sah sich Madrid 1629 einmal mehr vor dem alten Dilemma: Flandern oder Italien? Nach einer qualvollen Debatte ermächtigte der Staatsrat unter dem Einfluß Spínolas und entgegen den Wünschen von Olivares die Erzherzogin Isabella in Brüssel, ein Abkommen mit den Holländern zu schließen, so daß der Krieg in Italien verstärkt fortgesetzt werden konnte. Die Folgen dieser Entscheidung waren genau die von Olivares befürchteten. Nachdem die Republik die neue Schwäche Spaniens im Norden erkannt hatte, verlor sie jedes unmittelbare Interesse an einem Friedensvertrag, während die loyalen Provinzen der südlichen Niederlande nach einer Serie von Niederlagen zutiefst demoralisiert und kriegsmüde waren und fast einen Aufstand gewagt hätten.

Das war jedoch nur eines der vielen Probleme, von denen Olivares in den kritischen Jahres des Zweiten Mantuanischen Erbfolgekrieges zwischen 1628 und 1631 fast erdrückt worden wäre. Die wirtschaftliche Lage Kastiliens verschlechterte sich von Tag zu Tag. 1627 war ein besonders schlimmes Jahr: Nachdem die Regierung in ihren ersten Jahren zur Linderung ihrer Geldnöte bereits begonnen hatte, riesige Mengen an entwertetem Kupfergeld zu prägen, kamen jetzt noch Mißernten hinzu; beides trieb die Preise steil in die Höhe. Die Produktivkräfte Kastiliens waren durch ein ungerechtes Steuersystem gehemmt; die steigenden Preise drohten Unruhen in den Städten auszulösen, und das Reformprogramm, auf das Olivares 1621 so große Hoffnungen gesetzt hatte, war praktisch ins Stocken gekommen – durch den Widerstand der Cortes, der städtischen Oligarchien und der Regierungsmaschinerie selbst. Das Regime war äußerst unbeliebt, und seine verschiedenen widersprüchlichen Versuche, der Inflation Herr zu werden, hatten nur den Effekt, seine Unpopularität und das allgemeine Elend noch zu erhöhen. Die Verwicklung Spaniens in einen kostspieligen und offensichtlich erfolglosen Krieg in Italien lieferte den Feinden des Grafen Olivares weitere Munition. 1628 kursierten in Madrid zahlreiche Manifeste und Spottgedichte auf Flugblättern, die Philipp IV. drängten, sich seines Günstlings zu entledigen und ein wahrhafter König zu werden.

Philipp zeigte sich nicht sofort bereit, den Rat der Feinde von Olivares anzunehmen, aber im Frühjahr und Sommer 1629 gab es Anzeichen einer Spannung zwischen dem König und seinem Premierminister, als Philipp sich der Mehrheit im Staatsrat zuneigte und sogar davon sprach, in eigener Person ein Heer nach Italien zu führen. Als der Staatsrat Italien den Vorrang einräumte und sich für eine Friedensschlichtung mit den Niederlanden aussprach, hatte er sich den Argumenten Spínolas angeschlossen, der sich für einen Frieden im Norden einsetzte. Eine wichtige Überlegung war dabei freilich das Verhalten Frankreichs. Olivares hatte immer darauf gesetzt, daß Don Gonzalo de Córdoba Casale einnehmen würde, bevor Ludwig XIII. die Hugenotten in La Rochelle besiegt hatte; doch auch diese Rechnung ging nicht auf. Im Oktober 1628 ergab sich La Rochelle, und im Januar warnte Olivares den päpstlichen Nuntius mit verblüffender Weitsicht, wenn Frankreich die Alpen überquere, würden Frankreich und Spanien in einen Krieg verwickelt, der mindestens 30 Jahre dauern werde. Einen Monat später führte Ludwig XIII., der die Warnung in den Wind geschlagen hatte, seine Armee in heftigem Schneetreiben über den Paß des Mont Cenis, und Don Gonzalo, durch das Herannahen der Franzosen erschreckt, war gezwungen, die lange und verlustreiche Belagerung von Casale abzubrechen.

Wie Olivares vorausgesehen hatte, brachte das Vorgehen Ludwigs, der dabei einem Rat Richelieus gefolgt war, Frankreich und Spanien auf Kollisionskurs. Keine der beiden Mächte war auf einen Großkrieg vorbereitet, so daß es noch nicht zu einer Konfrontation um Mantua kam. Aber seit dem Frühjahr 1629 gewannen die Erfordernisse einer selbstbewußten Außenpolitik in Madrid wie in Paris die Oberhand über alle Gedanken an eine innere Reform. Mit Blick auf den bevorstehenden Konflikt bemühten sich jetzt Olivares wie Richelieu gleichermaßen um die Mobilisierung ihrer militärischen und finanziellen Hilfsmittel. Beide beeilten sich, mit England Frieden zu schließen – Frankreich im April 1629, Spanien im November 1630 –, und hofierten beflissen potentielle Bündnisgenossen, während sie gleichzeitig ein kompliziertes politisches Schachspiel um die Kontrolle jenes stategisch wichtigen Abschnitts des Spielbretts eröffneten, der von Norditalien bis zur niederländischen Grenze verlief.

Auf der Suche nach Bündnispartnern wandte sich Olivares einmal mehr nach Wien, diesmal mit einigem Erfolg. Der Preis dafür war allerdings hoch. Die Anwesenheit französischer Truppen in Italien beunruhigte Ferdinand weit mehr als der Verlauf des Krieges in den Niederlanden, und im Sommer

1929 widerrief er die Wallenstein erteilte Erlaubnis, einen Teil seiner Armee gegen die Holländer in Friesland einzusetzen. Statt dessen beorderte er ihn mit seinen Truppen nach Italien, wodurch er zwar das Gleichgewicht in Mantua wiederherstellte (was dieses unglückliche Herzogtum teuer bezahlen mußte), zugleich aber auch eine wohl unwiederbringliche Gelegenheit zur Verwirklichung der Pläne von Olivares zerstörte, gemeinsam mit den kaiserlichen Kontingenten gegen die Niederländer vorzugehen. Und selbst in Italien führte die Anwesenheit von rund 50 000 kaiserlichen Söldnern nicht zu dem eindeutigen habsburgischen Triumph, den Olivares erhofft hatte.

Die Beziehungen zwischen Wien und Madrid erreichten über der mantuanischen Frage einen gefährlichen Tiefstand, womit einmal mehr drastisch zutage trat, daß die beiden Höfe nicht dieselben Anschauungen und Prioritäten teilten. Olivares hegte tiefstes Mißtrauen gegen den Einfluß, den des Kaisers Frau, eine Gonzaga, und sein Beichtvater Lamormaini auf Ferdinand ausübten, und er war überzeugt, daß von allen kaiserlichen Ratgebern nur Eggenberg ein treuer Freund Spaniens war.[86] Für Olivares bedeutete der 1630 geschlossene Frieden von Regensburg (s. S. 188 f.) einen kaiserlichen Verrat an den Interessen Spaniens – »der schändlichste Frieden, den wir je gehabt haben« –, und es war ihm durchaus nicht unlieb, das Frankreich ihn nicht anerkannte (Olivares im Staatsrat am 10. Nov. 1630; in: AGS, Estado 2331 f. 126). Doch er selbst konnte es auch nicht besser. Als die mantuanische Frage schließlich im Frühjahr 1631 durch den Frieden von Cherasco bereinigt war, behielt der Herzog von Nevers noch immer sein Erbe; die Franzosen hatten es fertiggebracht, sich die Festung Pinerolo als militärischen Sützpunkt auf der italienischen Seite der Alpen zu sichern, und den Spaniern war es nicht gelungen, Casale für sich zu erobern.[87]

Die Endphasen des Mantuanischen Erbfolgekriegs wurden zwangsläufig überschattet vom anscheinend unaufhaltsamen Vordringen der Schweden. Olivares, der 1631 und 1632 voll tiefer Sorge auf Europa blickte, entdeckte eine großangelegte internationale Verschwörung gegen das Haus Österreich – eine Verschwörung, bei der diejenigen, die sich als loyale Anhänger der katholischen Sache bekannten (Frankreich, Bayern und der Papst höchstpersönlich), Kräfte entfesselten, die große Teile der Christenheit unter einer Flut der Ketzerei begraben würden. Es war an Spanien als dem wahren Verteidiger des Glaubens, sich dieser Flut mit allen Kräften entgegenzustemmen. Doch der Kampf der Giganten, den Olivares' Intervention in Mantua ausgelöst hatte, sollte am Ende unwiderruflich erweisen, daß Gott schließlich doch kein Spanier, sondern Franzose war.

Kapitel IV

Totaler Krieg

Obgleich er fast 18 Jahre lang Kaiser war, berief Ferdinand II. nie einen Reichstag ein. Er zog es statt dessen vor, das Reich durch Verordnungen zu regieren, die er entweder aus eigener Machtbefugnis erließ oder nach Beratungen mit den Kurfürsten und anderen gleichgesinnten Landesherren. Das wäre ein durchaus gangbarer Weg gewesen, wenn er sich damit begnügt hätte, eine unumstrittene Politik zu betreiben, aber das tat er nicht. Die Absetzung von Landesoberhäuptern wie dem Kurfürsten von der Pfalz oder den Herzögen von Mecklenburg, die Übertragung der Kurwürde auf Maximilian von Bayern, die verweigerte Abdankung der Wallensteinschen Armee oder das Restitutionsedikt – das waren Maßnahmen, die auch unter anderen Umständen einen Streit und Widerstand ausgelöst hätten. Da jedoch zwischen 1613 und 1640 kein einziger Reichstag zusammentrat, wurde die Legalität dieser und anderer von der Reichsregierung ergriffenen Maßnahmen zum Thema der Auseinandersetzung an allen deutschen Fürstenhöfen; politische Berater und Akademiker ließen zahllose Flugblätter, sogenannte Denkschriften kursieren, die im Rahmen des »öffentlichen Rechts« des Reiches (»öffentlich«, weil es in ihm auch um die Beziehungen zwischen korporativen Ständen ging) eine bestimmte Entscheidung rechtfertigten oder kritisierten.

Das Publikum für diese Schriften war sehr groß. Das Recht war nach der Theologie die in Deutschland verbreitetste akademische Disziplin, und fast die Hälfte jener rund 8 000 Studenten, die zu Beginn des 17. Jahrhunderts eine der Universitäten des Reiches besuchten, wählte es als Fach.[88] Darüber hinaus sickerten die Argumente der Denkschriften und der gelehrten Pamphlete durch illustrierte Flugblätter und Volksbücher, von denen Tausende während des Krieges gedruckt wurden, auch in andere Bevölkerungsschichten ein. Auf diese Weise entwickelte sich eine informierte »öffentliche Meinung«, die mit der Zeit zu bestimmten Fragen einen beträchtlichen Einfluß ausübte. Das Ausmaß der für den böhmischen Aufstand gezeigten Unterstützung, um das herausragendste Beispiel anzuführen, wurde sehr stark von den Meinungen beeinflußt, die in den Flugschriften und Volksbüchern zum Ausdruck kamen. Von den 1 000 Exemplaren aus dem Dreißigjährigen Krieg, die die Flugschriftensammlung Gustav Freytags in Frankfurt enthielt, wurden fast 400 zwischen 1618 und 1621 gedruckt. Nur noch einmal während des Krieges gab es einen vergleichbaren Boom an Flugblättern: zwischen 1629 und 1633, als die wichtigsten Parteien des Kampfes um die Unterstützung der bislang unbeteiligten Mächte warben. 229 Blätter der erwähnten Sammlung stammen aus dieser Zeit.[89]

Da alle umstrittenen Fragen in Deutschland veröffentlicht wurden und der Erbauung der Reichsuntertanen dienen sollten, könnte man versucht sein, den Dreißigjährigen Krieg entgegen allem äußeren Anschein letztlich doch zu einer rein deutschen Angelegenheit zu erklären. Ein Historiker hat sogar gemeint: »Der Dreißigjährige Krieg sollte der Deutsche Konfessionskrieg heißen.« (Rassow 1952, S. 306) Diese Auffassung ist jedoch höchst irreführend. Der letzte Zeitraum, zu dem die politischen Führer in Deutschland über ihr weiteres Geschick noch selbst bestimmen konnten, lag zwischen dem Juli 1630 und dem März 1631, zwischen dem Kurfürstentag in Regensburg und der Zusammenkunft der Protestanten in Leipzig. Beide Versammlungen sowie mehrere kleinere, dazwischenliegende Treffen versuchten eine Neuordnung der Kräfte innerhalb des Reichs, mit der sich der Frieden bewahren ließ – denn solange die deutschen Fürsten neutral und ungebunden blieben, bestand noch eine Chance für den Frieden. Doch im Frühjahr 1631 zerbrachen die schwedische Mußheirat mit Brandenburg und der französisch-bayrische Vertrag von Fontainebleau die Einheit und stürzten die Staatsmänner Europas kopfüber in den Abgrund. Ein allgemeiner europäischer Krieg war jetzt unausweichlich.

1   Am Rande des Abgrunds

Sowohl der Kaiser als auch seine Verbündeten der Liga begrüßten den Kurfürstentag in Regensburg im Sommer 1630, da er die Gelegenheit bot, die in letzter Zeit zwischen ihnen aufgekommenen Meinungsverschiedenheiten zu beheben. Welche Bedeutung ihm von allen Seiten beigemessen wurde, läßt sich am ehesten an denen ablesen, die daran teilnahmen: der Kaiser, alle katholischen Kurfürsten, der päpstliche Nuntius sowie diplomatische Vertreter aus Frankreich, Spanien, Venedig, der Toskana und England. Die Kurfürsten von Sachsen und Brandenburg weigerten sich, persönlich zu erscheinen, da sie sich dem Restitutionsedikt widersetzten, waren jedoch durch Delegierte vertreten. Alles in allem gab es etwa 2 000 Teilnehmer und Beobachter.

Ferdinand benötigte die Zustimmung der Kurfürsten für seine finanzielle und militärische Unterstützung Spaniens im Krieg gegen die Niederländische Republik. Außerdem brauchte er ihre Hilfe gegen einen drohenden schwedischen und französischen Angriff sowie unmittelbar für die Wahl seines ältesten Sohnes und rechtmäßigen Thronfolgers zum römischen König. Die Kurfürsten ihrerseits waren vor allem an einer Entlassung Wallensteins interessiert, die sie nach kaum einwöchiger Beratung am 16. Juli formell verlangten. Dabei kam ihnen noch die rätselhafte Haltung dieses Mannes selbst zustatten, der den Sommer in Memmingen in der Nähe von Regensburg verbrachte. Er war müde und niedergeschlagen über die sich verschärfende finanzielle Krise, in der er sich befand: Die Kosten seines Heers überstiegen die vom Kaiser empfangenen Einkünfte so sehr, daß Wallenstein es sich einfach nicht leisten konnte, weiterhin oberster Feldherr zu bleiben. Er schien es fast als Erleichterung zu empfinden, daß sich der Kaiser am 13. August den lautstarken Forderungen nach Wallensteins Entlassung beugte. Der General zog sich auf seine böhmischen Güter zurück; sein Hauptgeldgeber Hans de Witte beging Selbstmord. Es blieb Graf Tilly vorbehalten, nach wie vor General der ligistischen Truppen, drei Viertel der kaiserlichen Armee abzudanken und den Rest mit seinem eigenen Heer zu vereinigen. Tilly wurden jedoch die Mittel für den Unterhalt selbst dieser stark verminderten Streitmacht verweigert, der jährlich rund eine Million Taler verschlang: Die Gelder kamen nun von den Kreistagen, und die dort vertretenen Länderregierungen versäumten es regelmäßig, ihr Soll rechtzeitig zu erfüllen. Die Probleme verschärften sich noch, als die Hauptstreitkräfte der Armee zur Belagerung Magdeburgs zusammengezogen wurden, einer Stadt, die dem Kaiser seit August 1630 offen Trotz bot. Die in der Nähe verfügbaren Hilfsmittel waren bald aufgebraucht; ohne Wallensteins Kontributionssystem breitete sich Unruhe unter den Soldaten aus.

Eine durchgreifende Militärreform war nicht das einzige Zugeständnis, das dem Kaiser in Regensburg abgerungen wurde. Der Kurfürstentag geriet zu einem Untersuchungsausschuß über Ferdinands Außen- und Innenpolitik. Sein Urteil fiel vernichtend aus, und etliche Neuerungen der letzten zehn Jahre mußten rückgängig gemacht werden: Das Reichskammergericht in Speyer wurde wieder der allgemeinen Aufsicht der Landesfürsten statt Wiens unterstellt, und der Kaiser mußte versprechen, daß in Zukunft »kein neuer

Krieg erklärt (würde), ohne daß die Kurfürsten dazu geraten haben«. Als Gegenleistung für all das erhielt Ferdinand praktisch nichts: Weder wurde ein römischer König gewählt, noch verpflichtete sich die Liga, die habsburgischen Armeen in den Niederlanden zu unterstützen. Sein einziger Sieg bestand in der Beibehaltung des Restitutionsedikts in seiner ursprünglichen Form, obwohl einige seiner katholischen Bündnisgenossen (angeführt von Bayern) gewisse Lockerungen der Bestimmungen für ratsam hielten. Nach dem Bericht eines Zeitgenossen zu urteilen, der eine Unterredung zwischen Maximilian (als Befürworter geringer Zugeständnisse an die Protestanten) und dem kaiserlichen Beichtvater Lamormaini (als Gegner jeglicher Zugeständnisse) wiedergibt, hing das Seelenheil des Kaisers allein von der kompromißlosen Durchführung des Edikts ab:

»(Lamormaini) schloß die Augen und erwiderte . . ., das Edikt muß bestehen bleiben, mag es auch noch so schlimme Folgen haben. Es bedeutet wenig, wenn der Kaiser darüber nicht nur Österreich, sondern alle seine Königreiche verliert . . ., wenn er dabei nur seine Seele rettet, und das ist allein möglich durch die Verwirklichung des Edikts.« (Zit. n. Bireley 1981, S. 125)

Statt die Probleme zu lösen, denen Kaiser und Reich 1630 gegenüberstanden, hat der Regensburger Kurfürstentag diese nur noch verschlimmert. Als er Wallenstein opferte, verlor Ferdinand den einzigen Mann, dessen Fähigkeit und Macht ihn möglicherweise in den Stand gesetzt hätten, das in den letzten Jahren Erreichte zu festigen und ein schwaches und geteiltes Deutschland unter einer starken Habsburger Monarchie zu einigen. Indem sie am Restitutionsedikt festhielten, machten sich der Kaiser und die Fürsten der Liga die norddeutschen Kurfürsten noch mehr zu Feinden und vertieften die schon bestehenden Gräben zwischen Katholiken und Protestanten. Die Vorgänge in Regensburg hatten letztlich ein Machtvakuum geschaffen. Jetzt besaß keiner mehr die Herrschaft über das Reich.

Genau zu dieser Zeit der Schwäche und der Krise wurden Frankreich und Schweden auf unterschiedliche Weise in den Strudel der Kämpfe gezogen. Im Sommer 1630 reiste eine französische Abordnung zum Kaiser nach Regensburg, um etliche Streitfragen zu klären: die Kontrolle des Veltlins (die trotz des Friedens von Monzón 1626 offen war), die Oberhoheit über die drei lothringischen Bistümer (die trotz der Eroberung durch Frankreich 1552 noch immer vom Reich beansprucht wurden) und der Anspruch des Herzogs von Nevers auf Mantua und Montferrat. Die Unterhandlungen zogen sich über den ganzen Juli bis in den August hin, und die französischen Diplomaten nutzten ihre knappe Zeit dazu, den Widerstand gegen den Kaiser zu schüren (indem sie beispielsweise die Kurfürsten ermutigten, Ferdinands Sohn die

Anerkennung als rechtmäßiger Thronerbe zu verweigern). Doch dann erreichte eine sensationelle Nachricht Regensburg: Am 18. Juli hatten die Kaiserlichen die Stadt Mantua erobert und den Herzog gefangengenommen. Eine rasche Beendigung des Krieges in Norditalien erschien den französischen Unterhändlern nunmehr als dringendes Gebot der Stunde, bevor sich die Lage noch weiter verschlechterte. Sie ersuchten in Paris um eine sofortige Vollmacht zum Abschluß eines Abkommens, ohne jedoch eine solche zu erhalten. Schließlich unterzeichneten sie eigenmächtig und voll böser Ahnungen am 13. Oktober einen Vertrag, der nicht nur den gemeinsamen Abzug aller kaiserlichen und französischen Truppen aus Norditalien vorsah, sondern Ludwig XIII. außerdem verpflichtete, keine Gegner des Kaisers zu unterstützen.

Man kann sich leicht vorstellen, welche Reaktion diese Zugeständnisse am französischen Hof hervorriefen. Seit der Einnahme von La Rochelle im Oktober 1628 hatte sich der König die Verteidigung Mantuas als ehrgeizigstes Ziel vorgenommen. Nur um dem Herzogtum möglichst rasch zu Hilfe zu kommen, hatte die französische Regierung den besiegten Hugenotten weitreichende Zugeständnisse gemacht (Vertrag von Alais im Juni 1629); sie hatte ihren Stolz unterdrückt und mit England einen Frieden geschlossen, der ihr keinen unmittelbaren Vorteil brachte (Vertrag von Susa im April 1629), und sie hatte das kostspielige Bündnis mit der Niederländischen Republik erneuert (Juni 1630). Bei all diesen Kompromissen mit Protestanten war Frankreich nachdrücklich von Papst Urban VIII. unterstützt worden, da sie dazu angetan waren, Italien vom »spanischen Joch« zu befreien – ein Herzensanliegen des Papstes.[91] Jetzt, nach der unbefugten Vertragsunterzeichnung der französischen Abgesandten, sollte das ganze Unternehmen aufgegeben und obendrein Ludwig XIII. gezwungen werden, den Gegnern Habsburgs seine Unterstützung zu verweigern. Das Ansehen und die Glaubwürdigkeit des Königs hatten schweren Schaden gelitten, und er war außer sich vor Zorn. Wie wütend er war, kommt noch in einem Schreiben zum Ausdruck, das er eine Woche später an seine Botschafter diktierte:

»Der Vertrag steht nicht nur im Widerspruch zu Ihrer Vollmacht, zu den Ihnen bei der Abreise erteilten Instruktionen und den Anordnungen, die ich Ihnen seitdem verschiedentlich übermitteln ließ, sondern er enthält auch mehrere Bestimmungen, die mir zu keiner Zeit auch nur in den Sinn gekommen wären und für uns so nachteilig sind, daß ich sie nur unter größtem Mißfallen vernommen habe.« (Zit. n. O'Connell 1967, S. 84)

Schließlich weigerte sich der König, den Vertrag von Regensburg zu unterzeichnen, und da Richelieus Autorität durch diesen Vorfall offenbar eine Einbuße erlitten hatte, wurde ein ernsthafter Versuch unternommen, ihn aus seiner Position zu verdrängen. Die von der ultrakatholischen Fraktion am Hof angezettelte »journée des Dupes« (11. November 1630) wäre beinahe geglückt. Mantua aber blieb vorläufig in der Hand Habsburgs.

Und dennoch hätte die französische Diplomatie unter längerfristiger Perspektive kaum erfolgreicher operieren können: Mit seiner scheinbaren Zustimmung in Regensburg und dem späteren Wortbruch fügte Ludwig den Kaiserlichen einen weit größeren Schaden zu, als wenn seine Botschafter von vornherein die Bestimmungen des Vertrags abgelehnt hätten. Eine Zeitlang ermutigt durch den scheinbaren Rückzug Ludwigs XIII., verweigerte Ferdinand nicht nur eine Milderung des Restitutionsedikts, sondern faßte auch den Entschluß, die kleine schwedische Armee anzugreifen, mit der Gustav Adolf am 6. Juli 1630 in Pommern gelandet war, ohne sich zu bemühen, seine Politik für die deutschen Protestanten annehmbarer zu machen. Es war eine verhängnisvolle Fehleinschätzung, denn als die Kaiserlichen erkannten, daß sie ihre Truppen nicht aus Italien abziehen konnten, war es zu spät, um die Schweden wieder aus Pommern zu vertreiben.

Die von dem schwedischen Einfall am unmittelbarsten betroffenen Fürstentümer waren die norddeutschen protestantischen Länder. Wie deren Herrscher, allen voran die beiden Kurfürsten, sich verhalten würden, war für den weiteren Verlauf des Krieges von entscheidender Bedeutung. Johann Georg von Sachsen und Georg Wilhelm von Brandenburg, der eine Lutheraner, der andere Calvinist, hatten in der Vergangenheit kaum herzliche Beziehungen miteinander unterhalten. Als »höchster lutherischer Fürst« des Reiches sah sich Johann Georg als den »Beschützer der Wiege der Reformation«, und mit den meisten seiner Glaubensgenossen mißtraute er den Calvinisten mehr als den Katholischen. Als politischer Konservativer hatte er im allgemeinen den Kaiser unterstützt. Die Rolle des Kurfürsten von Brandenburg war dagegen schwieriger. Obgleich Georg Wilhelm nach der Aberkennung der Kurwürde Friedrichs von der Pfalz die deutschen Calvinisten ebenso anführte wie Johann Georg die Lutheraner, war seine Position in Wirklichkeit viel schwächer. Der Kurfürst hätte in den Jahren nach 1620 einen Kurs der bewaffneten Neutralität vorgezogen, aber Brandenburgs mächtige lutherische Stände befürchteten, in den Konflikt mit hineingezogen zu werden, und verweigerten ihrem reformierten Herrscher die für eine solche Politik notwendige Unterstützung. Als dann 1626 sowohl dänische wie kaiserliche Armeen das Kurfürstentum ungestraft durchquerten, mußte eine Entscheidung für eine der beiden kriegführenden Parteien getroffen werden. Zwar gehörten die meisten der Berater Georg Wilhelms (wie er selbst) dem Calvinismus an, aber sein Hauptratgeber, Graf Adam von Schwarzenberg, war Katholik, und er machte sich das Bedürfnis der lutherischen Stände nach Sparsamkeit und Sicherheit zunutze, um seinen Fürsten zu einem Bündnis mit dem Kaiser zu bewegen (Vertrag von Königsberg im Mai 1626). Dieses Bündnis sollte ihm jedoch kein Glück bringen: Schon bald klagten seine Untertanen über die grausame Behandlung durch die kaiserlichen Truppen, als diese den Dänen nachsetzten und dabei in ihr Land einfielen.

Die beiden protestantischen Kurfürsten trafen im April 1630 in Annaberg in Sachsen zusammen, um eine Woche lang die jüngsten politischen Entwicklungen und den bevorstehenden Kurfürstentag in Regensburg zu besprechen. Sie bestätigten noch einmal ihre frühere Entscheidung, dem Kurfürstentag nicht persönlich beizuwohnen, und kamen überein, ihren Vertretern gleichlautende Instruktionen mitzugeben. Die reformierten Berater Georg Wilhelms hätten es lieber gesehen, wenn sich die Kurfürsten entschiedener gegen den Kaiser gestellt hätten – sie erwogen sogar die Möglichkeit eines protestantischen Verteidigungsbündnisses –, doch die Sachsen waren zu solchen Unternehmungen mit geteiltem Risiko noch nicht bereit. Als sich die beiden Kurfürsten jedoch Anfang September mit ihren Ratgebern erneut trafen, diesmal auf Schloß Zabeltitz in Sachsen, hatte sich die Meinung der Sachsen gründlich geändert. Johann Georg war durch das Eindringen der Schweden und den Verlauf des Kurfürstentags, insbesondere die unnachgiebige Haltung der Katholiken im Hinblick auf das Restitutionsedikt zutiefst beunruhigt, was den Brandenburgern die ideale Möglichkeit bot, ihre Vorschläge abermals zu unterbreiten und diesmal auf positive Resonanz zu stoßen. Die Geheimräte Georg Wilhelms, die schon zuvor für eine entschiedenere Haltung gegenüber dem Kaiser plädiert hatten, befürworteten jetzt eine ähnliche Strategie gegenüber dem Schwedenkönig. Im Grunde ist ihre Schwedenpolitik im unmittelbaren Zusammenhang mit ihrer Reichspolitik zu sehen: Beide waren darauf gerichtet, die Unversehrtheit und die Verfassung des Reiches im allgemeinen und die Rechte und Freiheiten der protestantischen Länder im besonderen zu bewahren; in beiden Fällen ging es darum, zwischen dem schwedischen König und dem deutschen Kaiser eine dritte, neutrale Macht zu schaffen, um eine weitere Ausbreitung des Krieges zu verhindern. In Zabeltitz setzten sich die Vorschläge des Brandenburgers durch, und Johann Georg erklärte, er werde in allernächster Zeit alle deutschen protestantischen Fürsten zu einer Beratung nach Leipzig bitten, wo ihre Beschwerden erörtert und geeignete Gegenmaßnahmen besprochen werden könnten.

Johann Georgs Entschlossenheit war jedoch nur von kurzer Dauer. Als Lutheraner und unerschütterlicher Anhänger der Reichsverfassung widersetzte er sich nach wie vor einer unmittelbaren Konfrontation mit dem Kaiser.

So war es nicht überraschend, daß Johann Georg unter dem gemeinsamen Druck der katholischen Kurfürsten und seiner lutherischen Glaubensbrüder (insbesondere seines Schwiegersohns, des erzkonservativen Landgrafen Georg II. von Hessen-Darmstadt) bald danach zu der Überzeugung gelangte, daß bilaterale Verhandlungen mit dem Kaiser eher zu Ergebnissen führen würden als multilaterale Gespräche mit anderen protestantischen Herrschern. Im November wurden dann die Katholischen durch die Weigerung Ludwigs XIII. aufgeschreckt, den Frieden von Regensburg zu unterzeichnen; sie ließen mit einem Mal verbreiten, es seien noch Änderungen des Restitutionsedikts möglich, und schlugen für das kommende Frühjahr in Frankfurt ein Treffen mit den Protestanten vor, um über die Durchführung des kaiserlichen Edikts zu beraten. »(Es ist) benebens verspürt worden«, erklärten die geistlichen Kurfürsten später, »daß in gentzlicher Verweigerung der güte das ganze römische Reich, bevorab aber unser alleinseligmachende catholische religion in große gefahr geraten dörffen.« (Lundorp 1668, Bd. IV, S. 103) Mit der Einladung nach Frankfurt sollte also verhindert werden, daß die Protestanten sich zu gemeinsamen Maßnahmen verbündeten.

Daß die Versammlung der Protestanten in Leipzig dann doch noch stattfand, lag hauptsächlich an den calvinistischen Ratgebern Brandenburgs, die nicht müde wurden, den Kurfürsten von Sachsen zu bedrängen, und auf der Notwendigkeit eines Zusammentreffens der protestantischen Landesherren zu bestehen, allein schon aus dem Grund, sich für Frankfurt auf ein gemeinsames Vorgehen zu einigen. Schließlich gelang es, Johann Georg trotz der Einwände einiger seiner Berater zu überreden, und im Januar 1631 erhielten rund 160 größere und kleinere Fürstentümer die Nachricht, daß die seit langem erwartete Tagung am 6. Februar eröffnet würde. Die Reaktion war überwältigend: Mit Ausnahme Georgs von Hessen-Darmstadt nahmen alle bedeutenden protestantischen Fürsten teil, und auch einige Reichsstädte entsandten ihre Vertreter.

Allerdings war das Hauptproblem noch immer die Haltung Johann Georgs: Würde er daran festhalten, daß die Zusammenkunft in Leipzig einzig und allein der Vorbereitung auf die Gespräche in Frankfurt diente, oder würde er auch Defensivmaßnahmen unterstützen? Fünf Tage vor Beginn der Zusammenkunft hatte Ferdinand dem Kurfürsten einen Drohbrief geschickt, in dem er den protestantischen Herren verbot, sich zu bewaffnen. Andere drängten ihn hingegen, gemeinsame Verteidigungsmaßnahmen in Betracht zu ziehen, darunter auch der einflußreiche sächsische Hofprediger Matthias Hoë von Hoënegg, der sich in der Vergangenheit mit seinen lautstarken Angriffen auf die Calvinisten einen Namen gemacht hatte (s. S. 83). Durch das Restitutionsedikt war bei ihm jedoch ein Sinneswandel eingetreten. Wenige Wochen vor dem Treffen in Leipzig hatte Hoë zu Johann Georg bemerkt, wenn das Restitutionsedikt nicht neugefaßt werde, habe der Kurfürst als Lutheraner die Pflicht, gegen den Kaiser zu kämpfen. Und in der Predigt, die er am ersten Tag der Versammlung hielt, forderte der Hofprediger die Anwesenden auf, sich zusammenzuschließen und sich gegen die Willkürherrschaft Ferdinands und seiner Verbündeten zu verteidigen (vgl. Hoë von Hoënegg 1631).

Die calvinistischen Geistlichen am Berliner Hof begrüßten diese neuen Töne. Seit Jahren hatten sie ohne nennenswerten Erfolg auf eine engere Zusammenarbeit mit den Lutheranern gedrungen, und ihre militantere politische Ausrichtung erhielt noch ideologische Schützenhilfe von den reformierten Irenäern; ihr führender Sprecher in den 20er und 30er Jahren des 17. Jahrhunderts war Johann Peter Bergius, Hoës Widerpart in Berlin. Seine Studien in Heidelberg, Straßburg und Cambridge sowie Reisen nach Frankreich und Holland hatten ihn mit dem internationalen Protestantismus in Berührung gebracht. Als theologisch Gemäßigter war er überzeugt, daß sich die zwischen Lutheranern und Calvinisten bestehenden Meinungsverschiedenheiten zum größten Teil ausräumen ließen, da die beiden protestantischen Kirchen in den Grundwahrheiten des christlichen Glaubens übereinstimmten. Seine Auffassungen entsprachen der offiziellen Glaubensrichtung sowohl der calvinistischen Kirche Brandenburgs als auch des Kurfürsten und seiner Ratgeber. Wie Hoë forderte auch er die Fürsten in Leipzig auf, sich zu vereinigen und selbst zu verteidigen.[92]

Während der Beratungen der Politiker hielten die Theologen ihre eigene Gesprächsrunde ab. Hoë und zwei seiner lutherischen Kollegen aus Sachsen trafen sich mit Bergius aus Brandenburg und zwei weiteren Calvinisten aus Hessen-Kassel. Auf der Grundlage der Augsburger Konfession zeigten diese sechs Männer eine beispiellose Einigkeit. Sicher wurden die Hauptstreitfragen zwischen Lutheranern und Calvinisten – die Bedeutung des Abendmahls und die Prädestinationslehre – nicht gelöst, doch kamen beide Seiten überein, diese Unterschiede bei späteren Begegnungen weiter zu erörtern. Überdies erklärten sie, »es wollen auch beiderseits Theologi einander christliche Liebe ins künftige erzeigen« (zit. n. Gericke 1977, S. 156). Dieses theologische Gespräch war deshalb von Bedeutung, weil es dazu beitrug, eine Atmosphäre des guten Willens und eine wertvolle ideologische Grundlage für die politische und militärische Zusammenarbeit zu schaffen, die von den Fürsten in Leipzig angestrebt wurde (vgl. Bergius 1644).

Doch die überraschende Harmonie, die an der theologischen Front zu beobachten war, herrschte bei den politischen Beratungen weniger rückhaltlos. Anfangs schienen Johann Georg und seine ängstlicheren weltlichen Berater entschlossen, über nichts anderes als den bevorstehenden Konvent in Frankfurt zu reden. Aber die Brandenburger brachten offenbar ein allgemeines Anliegen zur Sprache, als sie am 15. März das Problem eines militärischen Widerstandes aufwarfen (Protokolle der Tagung in Leipzig; ZSM, Ber. 21.127, Teil I, S. 27 ff.; vgl. auch Nischan 1979). Ein protestantisches Verteidigungsbündnis, so lautete ihr Vorschlag, ließ sich bewerkstelligen, ohne die Reichsverfassung zu verletzen. Eine solche Allianz richte sich gegen niemand besonderen, sondern diene allein dem Schutz der fürstlichen Rechte gegen jeden, der sie gefährden mochte, gleichgültig, ob die Gefahr vom Schwedenkönig oder vom Kaiser ausging. Die Reaktion auf diesen Vorstoß war so ermutigend, daß die Brandenburger beschlossen, einen formellen Vorschlag zur Schaffung eines Defensivbündnisses auszuarbeiten. Dieser wurde die Grundlage des Leipziger Manifests – die abschließende Resolution der Fürsten vom 12. April 1631, die damit den »Leipziger Bund« ins Leben riefen und übereinkamen, ein Heer von 40 000 Söldnern ausschließlich zu Verteidigungszwecken aufzustellen. Anwerbung und Unterhaltung oblag einzelnen Reichskreisen, während die Koordination von einem Ausschuß unter dem Vorsitz Johann Georgs von Sachsen übernommen wurde. Der Zweck dieses Waffenbündnisses wurde so formuliert:

»So haben die Anwesenden Evangelische und Protestirende Chur-Fürsten und Stände … dahin eynhelliglichen geschlossen/ solche … notorie lauffende Kriegs-Trangsaln, Contributiones, Extorsiones, Einlagerung/ unordentliche Durchzüge/ unnd andere verbottne Kriegs-Pressuren länger nicht … zu dulden … Ein jeder seine von Gott anbefohlene Unterthanen/ auch Land und Leuthe/ wider solche/ in der offtangeregten königlichen Capitulation/ Reichs-Constitutionen/ unnd hochverpönten Land-Frieden verbottne Gewalt/ durch Gottes gnädige Hülffe und Beystand/ so gut Er könte/ zu schützen.« (Lundorp 1668, Bd. IV, S. 144 ff.; Abelin 1646, Bd. II, S. 309 ff.)

Das Leipziger Manifest war ein Versuch in letzter Stunde, die religiösen und politischen Interessen der protestantischen Herrscher zu schützen. Es sollte Ferdinand II. und seinen Verbündeten eine deutliche Warnung sein, daß sich die protestantischen Fürsten einer militärischen Unterdrückung und einer weiteren Rekatholisierung widersetzen würden. Zugleich war es eine Mahnung an Gustav Adolf, daß die Kurfürsten von Brandenburg und Sachsen sowie die meisten übrigen lutherischen Stände sich nicht freiwillig mit ihm verbünden würden. Kurz, das Manifest zielte darauf ab, die Verfassung des Heiligen Römischen Reiches zu verteidigen, indem es eine neutrale dritte Macht zwischen die kaiserliche Liga und die Heere aus dem Ausland schuf, deren Angriffe den Krieg in Mitteleuropa zu einem großen internationalen Konflikt auszuweiten drohten.

Auch Maximilian von Bayern war tief beunruhigt durch die Ereignisse im Sommer 1630. Auf den ersten Blick schienen seine Befürchtungen vielleicht nicht ganz berechtigt, denn mehr als jeder andere deutsche Fürst hatte er von der Entlassung Wallensteins profitiert. Tilly, der General der Liga, befehligte jetzt auch das kaiserliche Heer, und nichts schien Maximilian mehr im Weg zu stehen, um das militärische Übergewicht über Ferdinand wiederherzustellen, das er vor 1625 besessen hatte. Aber neben der Wahrung seiner Rechte und Interessen als deutscher Fürst und römischer Katholik ging es Maximilian um den Erhalt der Kurwürde und der Länder, die er in jüngster Zeit erworben hatte. Und dafür benötigte er eine Periode des Friedens. Die wachsenden Spaltungen im Reich und der Konflikt, der sich 1630 ausweitete, bedrohten seine Erwerbungen und zwangen ihn, neue Mittel und Wege zum Schutz seiner Rechte und Interessen zu finden. Maximilians Lage wurde noch durch sein Eintreten für das Restitutionsedikt verschlimmert (so daß ein Bündnis mit protestantischen Fürsten nicht in Frage kam) und noch mehr durch die geographische Nähe Frankreichs und dessen zunehmende Feindseligkeit gegenüber den Habsburgern.

Die Franzosen und die Bayern hatten bereits einige Jahre zuvor Verhandlungen wegen eines möglichen Bündnisses geführt. In dem Bemühen, die Macht der Habsburger zu schwächen, hatte Richelieu versucht, Maximilian dafür zu gewinnen, eine konfessionell nicht gebundene Allianz von Fürsten zu gründen und zu führen, doch der auf seine Unabhängigkeit bedachte Bayer hatte sich allein aus dem Grund an Frankreich gewandt, um seine Kurwürde und sein Land zu schützen. Da sich der französische König dazu nicht durchringen konnte, wurden die Verhandlungen 1627 abgebrochen (s. S. 140). Die Drohung eines habsburgischen absolutistischen Regimes im Reich, die prinzipiell durch Wallensteins Heer gegeben war, stimmte Maximilian für französische Annäherungsversuche empfänglicher. Mit der Ankunft von Richelieus Beauftragtem Hercule de Charnacé in München am 16. März 1629 begann eine neue Verhandlungsrunde.

Eine Zeitlang sah es so aus, als würden auch diese Gespräche zu nichts führen, und Charnacé drängte. Doch dann konnte Pater Joseph im Oktober 1630 in Regensburg vermelden, daß Bayern bereit sei, ernsthaft ein Bündnis zu erörtern. Für diesen Sinneswandel gab es mehrere Gründe. Einer war Maximilians Befürchtung, Spanien habe Karl I. von England das geheime Versprechen gegeben, Friedrich von der Pfalz wieder in seine alten Rechte einzusetzen (vgl. Vaquero 1958, S. 34).[93] Ein weiterer Grund war die sich zuspitzende politische Krise im Reich: Statt der Furcht vor Wallenstein und der Opposition gegen eine Verwicklung in den Mantuanischen Krieg gab es jetzt die Furcht vor Gustav Adolf. Obgleich sich das ganze Ausmaß von Schwedens Intervention in den Krieg nicht sogleich zeigte, trieb die Anwesenheit des Schwedenkönigs auf deutschem Boden, die als schwere Bedrohung der Reichsverfassung und der bayrischen Interessen empfunden wurde, Maximilian unerbittlich auf ein Bündnis mit Frankreich zu. War dieses im Herbst 1630 bereits wünschenswert wegen der noch ungewissen Haltung Schwedens und der protestantischen Fürsten, so wurde es für Maximilian zu einer dringenden Notwendigkeit nach dem Vertrag von Bärwalde (Januar 1631), mit dem Frankreich und Schweden im Interesse der »Restitution der unterdrückten Stände des Reiches« sich verbündeten.

Nicht anders als bei den protestantischen Kurfürsten bildeten jedoch auch bei Maximilian seine religiösen Anschauungen das Fundament seiner politischen Zielsetzung. Adam Contzen SJ, sein Vertrauter und Beichtvater, hatte seit dem Frühjahr 1629 auf einen Vertrag mit Frankreich in der Hoffnung gedrängt, daß ein solches Bündnis der katholischen Sache im Reich förderlich sein werde. Er träumte von einer katholischen Front in ganz Europa (eine höchst unrealistische Vorstellung, solange die Rivalität zwischen den Bourbonen und den Habsburgern anhielt), aber Contzens profranzösische Argumente – die von den päpstlichen Diplomaten nachdrücklich unterstützt wurden – hatten zweifellos einen Einfluß auf Maximilian und seine weltlichen Berater, vor allem als sich zeigte, daß Schwedens lutherischer König seine militärische Macht dazu gebrauchen würde, die Katholischen im Reich aus ihren neu errungenen Positionen zu drängen (vgl. Bireley 1975, S. 168 f.).[94]

Das größte Hindernis bei den bayrisch-französischen Gesprächen war die Weigerung Richelieus, zwei Forderungen zuzustimmen, die Maximilian zum Schutz seiner eigenen Rechte und der Reichsverfassung für unabdingbar hielt. Zum einen sollte Frankreich die Erblichkeit der neu erworbenen Kurwürde anerkennen, während Richelieu diese auf die Person Maximilians beschränkt sehen wollte, so daß nach dessen Tod über ihre Vergabe neu entschieden werden mußte. Darüber hinaus verlangte Maximilian, daß durch eine eigene Vertragsklausel seine verfassungsmäßigen Pflichten gegenüber Kaiser und Reich anerkannt würden, was Richelieu nicht akzeptieren konnte, da er ja die Unterstützung Bayerns gegen die Habsburger anstrebte. Um sich jedoch neben den Schweden eines weiteren Bündnispartners zu versichern und um seine katholischen Kritiker zu beschwichtigen, gab Richelieu schließlich nach: Maximilians Forderungen wurden gewährt, und im Mai 1631 wurde der Vertrag von Fontainebleau unterzeichnet (abgedruckt bei Albrecht 1962, S. 378 f.). Er sollte eine Geltungsdauer von acht Jahren haben und völlig geheim bleiben. Beide Vertragsparteien verpflichteten sich, einander weder anzugreifen noch gegnerische Mächte des Partners zu unterstützen. Die Fürsten der Liga waren allerdings in den Vertrag nicht eingeschlossen – eine Unterlassung, die im darauffolgenden Jahr böse Folgen haben sollte.

Der Vertrag von Fontainebleau bildet das katholische Gegenstück zum Leipziger Manifest der Protestanten, das nur wenige Wochen vorher verabschiedet wurde. Beides waren unmittelbare Reaktionen auf die Unfähigkeit des Regensburger Kurfürstentages, die Ordnung wieder herzustellen. Beide Bündnisse verfolgten den Zweck, die Verfassung des Reiches und die Rechte und Freiheiten der Fürsten zu schützen. Beide zielten auf die Schaffung einer neutralen dritten Kraft als Puffer zwischen dem Kaiser und seinen auswärtigen Gegnern, um eine weitere Ausbreitung des Krieges zu verhindern. Beide Bemühungen – und das war Deutschlands tiefe Tragik – scheiterten jedoch am Ende, weil niemand die Schweden aufhalten konnte, die ihre eigene Vorstellung von dem hatten, was das Reich brauchte, und die über die Macht geboten, all diejenigen niederzutreten, deren Ansichten zu diesem Thema sich von den ihrigen unterschieden.

2 Die Intervention der Schweden (1630-1632)

Eine anonyme englische Flugschrift aus dem Jahr 1638 mit dem Titel *The civil wars of Germany* vermittelte ihren Lesern einen guten Einblick in den Krieg und dessen Feldherren. Sie enthielt 21 Porträts der Heerführer samt einer kurzen Lebensbeschreibung, und der Krieg selbst wurde in 167 numerierte »Episoden« unterteilt, die alle höchst anschaulich und ereignisreich geschildert wurden. Es war allerdings kein Zufall, daß sich lediglich 32 davon auf die ersten zwölf Kriegsjahre bezogen: Für die englischen Beobachter wie auch für die meisten Deutschen begann der eigentliche Krieg erst mit »Episode 33«, der Landung Gustav Adolfs von Schweden mit seinem Heer an der Küste des Reiches im Juli 1630.

Als der König in Peenemünde anlangte, hatte er noch nicht die erklärte Absicht, Europa tiefer in den Krieg zu ziehen. Seine »Deduktion« vom Juni 1630, die die größte Verbreitung aller bekannten Flugschriften jener Zeit erfuhr (21 Auflagen in fünf Sprachen), war in gemäßigtem Ton gehalten. Sie begann harmlos genug mit einer Aufzählung kleinerer persönlicher Kränkungen, um dann fortzufahren: »Insonderheit weren … Ihrer Mayestat Schreiben an den Fürsten in Siebenbürgen wieder aller Voelcker Recht/ auffgefangen/ erbrochen/ offentlich ausgesprenget/ zu jhrem mercklichen

Vnglimpff den Worten ein frembder Verstand angedichtet/ vnd vber diß der Bott in gefängliche Hafft genommen worden.« (Zit. n. Abelin 1646, S. 230) Gustav Adolf klagt des weiteren darüber, daß er vom Frieden von Lübeck ausgeschlossen und daran gehindert wurde, dem Kaiser eine Gesandtschaft zu schicken, und daß Wallenstein 1629 dem König von Polen zu Hilfe gekommen war: »... eine grosse Armee/ vnder dem Commando des Hertzogen von Holstein der Cron Polen zu Hülff in Preussen außgefertiget/ vnd zwar nicht vnder jhrem oder der Cron Polen/ sondern vnder der Roemischen Keyserlichen Mayestat Fahnen-Zeichen.« (Ebd.) Sodann wandte sich der Schwedenkönig gegen Habsburgs »Ostseeplan«, der in seinen Augen gegen die gegenwärtige Vorherrschaft Schwedens in der Ostsee gerichtet war. Erst am Schluß und sehr zurückhaltend ging das Manifest auf die Unterdrückung der deutschen Libertät durch den Kaiser als Grund für die Invasion ein. Und vergeblich sucht man in diesem Dokument danach, was sich Schweden von seinem Eingreifen selbst erhoffte, oder daß es etwa von dem Wunsch beseelt war, die protestantische Sache gegen die kaiserlichen Söldner zu verteidigen. Noch im August 1630 beteuerte der König, das Magdeburger Bündnis sei »keineswegs wider die römische kaiserliche Majestät ... angesehen und gemeinet, sondern einig und allein zur Rettung und in göttlichen, natürlichen und weltlichen Rechten auch Reichssatzungen zugelassenen Defension wider die turbatores pacis publicae tam ecclesiasticae quam politicae« (zit. n. Böttcher 1953, S. 194). Dieses Beharren auf der Reichsverfassung sollte offensichtlich die öffentliche Meinung für den König einnehmen – dieser wußte sehr wohl, wie wertvoll es war, einen Krieg zu führen, den die Zeitgenossen als »gerecht« ansahen –, aber wahrscheinlich war Gustav Adolf selbst davon überzeugt, daß sein Manifest den Zweck seiner Mission aufrichtig zum Ausdruck brachte. Noch 1636, vier Jahre nach dem Tod des Schwedenkönigs, bestritt sein enger Mitarbeiter, der Kanzler Axel Oxenstierna, daß die Invasion von 1630 in erster Linie ein protestantischer Kreuzzug gewesen sei. Vor dem Staatsrat (dem er wohl nichts zu verheimlichen hatte) erinnerte er daran, das damalige Unternehmen sei »nicht so sehr eine Frage der Religion (gewesen) als der Bewahrung des *status publicus* (der algemeinen politischen Situation), der unter anderem auch die Religion umfaßt« (zit. n. ebd.).[95]

Und der *status publicus* Nordeuropas im Sommer 1630 gab den Führern Schwedens zweifellos Anlaß zur Sorge. Drei Jahre zuvor waren die Armeen Tillys und Wallensteins nach der Niederlage Christians IV. und seiner Verbündeten nach Norden zur Ostsee marschiert. Die Halbinsel Jütland wurde vollständig besetzt; die Herzöge von Mecklenburg wurden abgesetzt, und Wallenstein nahm ihren Platz ein; der Herzog von Pommern mußte gegen seinen Willen Garnisonen auf seinem Territorium dulden. Wohl hielt Stralsund der Belagerung durch die Kaiserlichen stand, aber im September 1628 wurde eine neue Offensive Christians, der Verstärkung durch die in Stralsund stationierten Schotten erhalten hatte, unter schweren Verlusten bei Wolgast zurückgeschlagen. Damit hatte Wallenstein freie Hand, dem Schwager des Kaisers, Sigismund von Polen, der seit 1625 eine Invasion der Schweden abzuwehren suchte (s. S. 147), 12 000 seiner Söldner zur Verfügung zu stellen. Anfangs behielten die Truppen Gustav Adolfs die Oberhand: Dorpat wurde fast im Handstreich genommen, ganz Livland fiel an die Schweden, und 1626 wurden mehrere peußische Häfen erobert. Aber hier endete vorläufig der schwedische Vormarsch. Während der in Polen herrschende Landadel nicht bereit war, für Livland zu kämpfen, eine neuere Erwerbung, die in seinen Augen allenfalls der Krone Vorteile brachte, gehörte Preußen als polnisches Lehen jener Gemeinschaft an, für die er sich sehr wohl bis in den Tod schlagen wollte. So blieben Gustav Adolf und sein Heer an die Ostseeküste gefesselt und erschöpften die von ihnen beherrschten Gebiete ebenso wie die schwedische Staatskasse.[96] Dem Heer aus polnischen und kaiserlichen Soldaten, das im Sommer 1629 die Vistula abwärts marschierte, waren sie nicht gewachsen. In der Schlacht von Honigfelde (oder Stuhm) am 27. Juni erlitten die Schweden eine schwere Niederlage, aus der Gustav Adolf mit viel Glück sein Leben rettete.

Sein Glück war es auch, als kurz nach dieser Niederlage ein französischer Gesandter das schwedische Lager aufsuchte. Hercule de Charnacé, Richelieus Sonderbeauftragter in Deutschland, dem es nicht gelungen war, Maximilian von Bayern zum Bruch mit dem Kaiser oder Christian von Dänemark zur Fortsetzung des Krieges zu überreden, hatte nunmehr Anweisung, Gustav Adolf aus dem polnischen Konflikt zu lösen und auf diese Weise die schwedische Intervention in Deutschland vorzubereiten. Diesmal hatte er Erfolg. In Altmark, zwischen den beiden feindlichen Lagern, konnten französische Diplomaten (unterstützt von Sir Thomas Roe als Vertreter Karls I.) die Wasa-Vettern dazu bewegen, am 25. und 26. September einen auf sechs Jahre befristeten Waffenstillstandsvertrag zu schließen, in dem die schwedische Herrschaft über Livland anerkannt wurde, während Schweden bis auf einige wenige preußische Häfen alle eroberten Gebiete zurückgeben mußte. Schweden akzeptierte diese harten Bedingungen gegen die Überlassung aller Zolleinnahmen auf die Güter, die ihren Weg über die polnischen und preußischen Häfen nahmen. Dies war eine äußerst lukrative Einnahmequelle, denn die meisten der rund 1 500 Schiffe, die damals im Jahr die Ostsee befuhren, hatten die Häfen Danzig, Königsberg und Elbing zum Ziel. Tatsächlich

wurden die schwedischen Gesamteinkünfte zu einem Drittel aus diesen
Zöllen gedeckt. Als die Konzession 1635 erlosch, klagte Oxenstierna ver-
drossen gegenüber seinem Bruder: »Ich versichere Dir, daß Schweden jetzt
nicht mehr halb die Krone ist, die es im Vorjahr gewesen ist.« (Zit. n. Böhme
1969, S. 657)[97]

Doch das lag noch in der Zukunft. Im Herbst 1629, nach dem Waffenstillstand mit Polen und mit einer reichlichen Geldquelle sowie dem Versprechen
künftiger Unterstützung durch Frankreich versehen, war Gustav Adolf bereit
und bestens gerüstet, in Deutschland einzufallen. Er befehligte eine diszipli-
nierte und erfahrene Armee, er herrschte über ein geordnetes und loyales
Land, und er besaß kriegswichtige Rohstoffe – insbesondere Eisen- und Kup-
fererze. Zweimal hatte die schwedische Ständeversammlung sich bereit
erklärt, den Feldzug in Deutschland zu unterstützen, und dabei die Wahl des
Zeitpunkts ganz in das Ermessen des Königs gestellt. Wie wir gesehen haben,
entschied sich Gustav Adolf dafür, die Intervention der Kaiserlichen in Polen
zu seinem hauptsächlichen *casus belli* zu machen, ohne daß ihm freilich Zeit
geblieben wäre, sich vorher nach Verbündeten umzusehen. Als er im Juli 1630
an der deutschen Küste an Land ging, war Stralsund der einzige schwedische
Verbündete im ganzen Reich. In den folgenden Monaten zeichnete sich kaum
eine Besserung der Lage ab: Nur diejenigen, die etwas verloren (die Herzöge
von Mecklenburg und von Sachsen-Weimar) oder zu erwarten hatten (einer
der Anwärter auf Braunschweig-Lüneburg) bzw. unmittelbar von kaiserlichen Truppen bedroht oder besetzt waren (Hessen-Kassel und das säkularisierte Bistum Magdeburg), erklärten sich für Gustav Adolf. Von den auswärtigen Mächten bot lediglich Rußland konkrete Unterstützung an – und auch
diese beschränkte sich auf die Erlaubnis, von Narwa aus große Mengen an
Getreide zollfrei nach Amsterdam zu exportieren, so daß es dort mit einem
Gewinn weiterverkauft werden konnte, der ebenfalls der Kriegsfinanzierung
diente. Er belief sich im Jahr 1630 allerdings nur auf 78 000 Taler.[98]

Dieses unkoordinierte Häuflein von Verbündeten konnte den siegreichen
katholischen Truppen, denen es gegenüberstand, kaum etwas anhaben, und
anfangs kam das Unternehmen Gustav Adolfs nur mühsam voran. Seine
Diplomaten konnten weder irgendwelche Abkommen mit den großen norddeutschen Ländern noch eine feste Zusage regelmäßiger Subsidien durch
Frankreich erwirken, und ohne diese unerläßlichen flankierenden Maßnahmen waren seine Truppen nicht in der Lage, aus ihrem Brückenkopf an
der Ostsee auszubrechen. Der Grund für die Neutralität der deutschen
Lutheraner war kein Geheimnis: Die Fürsten ließen jedermann wissen, daß
sie keinen offenen Verrat begehen würden; sie zogen es vor, die Bedrohung

durch die Schweden als Druckmittel zu benutzen, um Wien Zugeständnisse abzuringen, ohne selbst mit dem Kaiser zu brechen. Sie versprachen sich mehr von den Konventen in Leipzig und Frankfurt als von den unruhigen Heeren in Pommern und Mecklenburg. Weit weniger offensichtlich für die sorgenvollen Beobachter an der Ostseeküste waren hingegen die Gründe für die französische Zurückhaltung. Frankreich hatte wie Schweden einen jahrelangen großen Krieg geführt, und die Regierung war sich der Vorteile sehr wohl bewußt, die ein Frieden und die Abdankung der Truppen nach sich ziehen würden. Hätte der Kaiser im Sommer 1630 nachgegeben und Zugeständnisse gemacht – im Hinblick auf die lothringischen Bistümer, das Veltlin oder Mantua –, dann hätte sich Richelieu wahrscheinlich von den Schweden wieder losgesagt, doch nach der Einnahme Mantuas durch die Kaiserlichen schien ein Bündnis Frankreichs mit Schweden unvermeidlich. Die schwere Erschütterung der politischen Postition Richelieus im Herbst 1630 (s. S. 189 f.) verhinderte ein sofortiges Abkommen, aber am 23. Januar 1631 verpflichtete sich Frankreich im Vertrag von Bärwalde, fünf Jahre lang den schwedischen Krieg um die deutschen Freiheiten und die Freiheit des Ostseehandels mit jährlichen Subsidien in Höhe von 400 000 Talern zu unterstützen. Es wurde vereinbart, das in den eroberten Gebieten bereits bestehende katholische Bekenntnis zu dulden und die Territorien der Mitglieder der Katholischen Liga als neutral zu behandeln, solange von diesen keine Feindseligkeiten ausgingen.[99]

Die französischen Hilfsgelder waren nicht umfangreich – sie betrugen wesentlich weniger als die Einnahmen aus den preußischen Hafenzöllen –, aber sie kamen zu einem für die schwedischen Kriegsfinanzen überaus wichtigen Zeitpunkt. Aus der schwedischen Schatzkammer mußten nämlich jetzt 50 000 Söldner in Deutschland und Livland und weitere 20 000 in Schweden und Finnland unterhalten werden, und die Kosten hierfür waren exorbitant: Allein im Jahr 1630 gab das Schatzamt hierfür 2,3 Millionen Taler aus – mehr als die gesamten Jahreseinnahmen –, und selbst dieser Betrag reichte nur für knapp die Hälfte der Truppen. Der König hatte ursprünglich damit gerechnet, den Bedarf des Heeres aus den besetzten Ländern decken zu können; aber bis zum August 1631 waren diese einfach nicht ausgedehnt genug, um eine derart große Truppenkonzentration zu unterhalten (in der zweiten Jahreshälfte von 1630 brachten sie monatlich nur 35 000 und in den ersten sechs Monaten 1631 nur 75 000 Taler auf). Auch die Ostseeprovinzen, von mehreren Besatzungsarmeen kahlgefressen, waren der Belastung nicht sehr lange gewachsen. Selbst ein bislang verschontes Gebiet wie die Grafschaft Memel, 1629 vorübergehend an Schweden abgetreten, wurde innerhalb eines Jahres von den dort stationierten 17 berittenen Kompanien völlig verwüstet. Wo es vor der Besatzung 154 Pferde, 236 Ochsen, 103 Kühe, 190 Schweine und 810 Schafe gegeben hatte, da fanden sich 1631 gerade noch 26 Ochsen und eine Kuh, alles andere Vieh war von den Soldaten getötet oder mitgenommen worden. Selbst die schwedische Obrigkeit beschrieb das Gebiet als »verwüstet«. Das Geld Richelieus hätte wirklich zu keinem günstigeren Augenblick eintreffen können (Böhme 1969, S. 701; Ekholm 1974 passim; vgl. auch Böhme 1963).

Aber wenn auch die französischen Subsidien der unmittelbaren Geldknappheit etwas abhalfen, so waren damit doch noch keine Verbündeten geworben. Im Westen hielten die Truppen Tillys nach wie vor Magdeburg belagert und Hessen-Kassel besetzt, und das Heer Gustav Adolfs befand sich noch 250 Kilometer weit entfernt in Stettin, wo seine 30 000 Soldaten von einer zahlenmäßig stärkeren Armee der Kaiserlichen eingeschlossen waren. Die in Leipzig versammelten protestantischen Fürsten zeigten kein Interesse an einem Bündnis mit Schweden. Gustav Adolf blieb also keine andere Wahl, als eine »stürmische Werbung« zu versuchen.

So marschierten die schwedischen Truppen im April 1631 nach Süden und fielen in Brandenburg ein, wo sie Küstrin und Frankfurt an der Oder (die von kaiserlichen Garnisonen verteidigt wurden) eroberten, plünderten und verwüsteten. Sie kamen allerdings zu spät, um den einzigen bewaffneten Verbündeten Gustav Adolfs, die Stadt Magdeburg zu retten, die am 20. Mai den Kaiserlichen in die Hände fiel. Die gesamte Stadt wurde sogleich von der rasenden Soldateska geplündert, die in den Belagerungsgräben die schlimmsten Entbehrungen gelitten hatte. Ein großer Teil der Bevölkerung wurde massakriert, und noch mehr Einwohner kamen in dem Feuer um, das bald nach der Eroberung überall ausbrach. Nur wenigen gelang die Rettung, so z.B. dem Bürgermeister (und Erfinder) Otto von Guericke. Das grausame Vorgehen der Soldaten in Magdeburg war an sich für die damalige Zeit nichts Besonderes – die Plünderung und Verwüstung einer Stadt, die Widerstand leistete, war allgemein geübter Kriegsbrauch –, ungewöhnlich war lediglich das Ausmaß des Gemetzels. Daß ein Dorf oder ein kleiner Marktflecken geplündert oder gebrandschatzt wurde, kam alle Tage vor, aber die Vernichtung einer Stadt von 20 000 Einwohnern, noch dazu einer Hochburg des Protestantismus, war etwas Unerhörtes. Nicht weniger als 20 Zeitungen, 205 Flugschriften und 42 illustrierte Flugblätter, die den Schrecken schilderten, wurden damals gedruckt und in ganz Europa verbreitet, so daß den Beobachtern in London, Paris, Amsterdam, Stockholm, Rom und Madrid sowie an den deutschen Fürstenhöfen die Augen dafür geöffnet wurden«, wie der Kaiser seine protestantischen Untertanen behandelte. Das überall bekanntgemachte Schicksal Magdeburgs, gleich jenseits der brandenburgischen Grenze und unter der Verwaltung des Markgrafen Christian Wilhelm, eines Onkels des Kurfürsten, hatte ohne Zweifel einen wesentlichen Anteil daran, daß der so lange zaudernde Georg Wilhelm sich schließlich doch (am 21. Juni 1631) mit Gustav Adolf auf Gedeih und Verderb zusammentat.[100]

Der Vertrag mit Brandenburg kam für Schweden gerade rechtzeitig zustande. Der Friede von Cherasco (am 19. Juni von Ferdinand unterzeichnet) setzte endlich die große kaiserliche Armee in Norditalien für Operationen im Reich frei, was Tilly ermutigte, sich von Magdeburg aus nach Nordosten zu wenden, um auf Gustav Adolf zu treffen. Eine militärische Schlüsselstellung nahm jetzt das zwischen den Schweden und den Kaiserlichen gefangene Sachsen ein, denn beide Seiten mußten erst die bislang vom Krieg verschonten Gebiete des reichen Kurfürstentums durchqueren, wenn sie den Feind angreifen wollten. Im August ersuchte Tilly um die Erlaubnis für den Durchmarsch seiner Armee, der die Nahrungsmittel ausgingen, wurde jedoch von Johann Georg abschlägig beschieden. Dessen Antwort ist uns wie folgt überliefert: »Er sehe nun wol/ daß man das Sächssische bißhero so lang gesparte Confect aufzusetzen gesinnet wäre; man solte aber bedencken/ daß man auch bey demselbigen allerhand Nüsse ... auffzutragen pflegte/ welche oftmal hart zu beissen wären.« (Zit. n. Wang 1976, S. 103) Als Tilly seine Armee am 4. September vom »Sächssischen Confect« kosten ließ, vereinigte Johann Georg unverzüglich seine Armee des »Leipziger Bundes« aus 18 000 unerfahrenen Rekruten mit den 23 000 altgedienten Soldaten Gustav Adolfs. Eine Woche später wurde zwischen den beiden Herrschern ein Bündnis geschlossen, und sie kamen überein, Tilly bei Breitenfeld unweit von Leipzig eine Schlacht zu liefern. Die Verbündeten waren den Kaiserlichen an Zahl deutlich überlegen, die nur über 31 000 Soldaten verfügten, darunter auch 7 000 ermüdete Mannschaften, die gerade von Mantua gekommen waren (weitere 5 000 befanden sich im Anmarsch, waren allerdings noch 350 Kilometer weit entfernt). Demnach waren die Protestanten zahlenmäßig um 30 Prozent stärker als ihre Gegner, und sie verfügten über eine vernichtend überlegene Artillerie: Den 27 gewöhnlichen Feldgeschützen Tillys standen 51 schwedische gegenüber, unterstützt durch eine Batterie von vier fahrbaren (und äußerst wirkungsvollen) Dreipfündern je Regiment. Außerdem waren die Schweden beweglicher: Obgleich die sächsische Infanterie in der Schlacht am 17. September durchbrochen wurde, als die Kaiserlichen zum Sturm ansetzten, schwärmten die nur sechs Mann tief gestaffelten Schweden (die Kaiserlichen waren 30 Mann tief gestaffelt) sofort aus, um die Lücken wieder zu schließen. Dank der Kanonade, einem anhaltenden Musketenfeuer und einer überlegenen Taktik der schwedischen Armee wurden Tillys Soldaten schon nach zwei Stunden in die Flucht geschlagen. 7 600 Kaiserliche blieben auf dem Schlachtfeld, von denen die meisten durch das Geschützfeuer umgekommen waren; 9 000 wurden gefangengenommen oder waren desertiert; weitere fielen beim Rückzug. Zwei Drittel der bislang unbesiegten kaiserlichen Armee gingen verloren, dazu die gesamte Artillerie und 120 Regiments- und Kompaniefahnen.[101]

Breitenfeld war der erste große Sieg der Protestanten auf dem Schlachtfeld seit Beginn des Krieges. Aber wie konnte er genutzt werden? Gustav Adolf hatte die Absicht gehabt, die Ostsee für Schweden sicher zu machen, indem er deren Südküste von den Kaiserlichen säuberte, und das hatte er im Triumph erreicht. Doch der König hatte keine Pläne für einen derart überwältigenden Sieg gefaßt – er verfügte nicht einmal über genaue Karten für die Gebiete südlich von Brandenburg oder westlich von Magdeburg.[102] So konnte man es dem Schwedenkönig vielleicht nachsehen, wenn er es unterließ, seinen Hauptfeind Tilly zu vernichten (der sich hinter die Saale und die Weser zurückzog), und statt dessen seine abgekämpften Veteranen südwestlich komfortablen Quartieren in den katholischen Ländern am Rhein und am Main entgegenführte, während seine sächsischen Bündnispartner sich nach Südosten wandten, um über Schlesien nach Böhmen einzudringen. Friedrich V. von der Pfalz und die Herzöge von Sachsen-Weimar begleiteten Gustav Adolf, um in Mainz zu überwintern, während die böhmischen Exilanten zumeist bei den Sachsen blieben und am 15. November 1631 wieder in Prag einmarschierten.

Immerhin bewirkte diese Strategie die Vernichtung der »dritten Kraft«, ob unter der Führung des protestantischen Sachsen oder des katholischen Bayern. Der Frankfurter Konvent war schließlich am 4. August zusammengetreten, doch nur 13 katholische (davon zehn geistliche) und eine Handvoll protestantischer Fürstentümer (unter der Führung Sachsens) nahmen daran teil. Die Abordnung aus Brandenburg erschien erst im September, und man hatte noch keine wesentlichen Beschlüsse gefaßt, als die katholischen Teilnehmer sich am 14. Oktober aus dem Staub machten, um den heranrückenden Schweden nicht in die Hände zu fallen. Der Kurfürst von Mainz, der die Garnisonen seines Territoriums umsonst verstärkt hatte, floh nach Köln und ihm dicht auf den Fersen der Bischof von Würzburg, dessen eigens aufgestellte Miliz von 1 700 Mann ihm auch nichts mehr helfen konnte. Ihre Untertanen machten sich in hellen Scharen davon und nahmen ihre Zuflucht in Westfalen, Lothringen oder in den Schweizer Kantonen – wo immer sie sich ihnen bot.[103]

Merkwürdigerweise zog die schwedische Fahne jedoch immer noch keine

Bündnisgenossen in nennenswerter Zahl an, abgesehen von denen, die nichts zu verlieren hatten. So waren die ersten – und eine Zeitlang die einzigen – Machthaber, die sich in Franken für Gustav Adolf erklärten, die Reichsritter, Gebieter über winzige Territorien. Herrscher mit größerer Machtfülle waren weniger begeistert vom großen Sieg des Königs, denn auf die Ankunft des schwedischen Heeres folgte unweigerlich eine Aufforderung an die Fürsten, ihre Neutralität aufzugeben und dem Kaiser den Krieg zu erklären. Dem Markgrafen Christian von Brandenburg-Kulmbach z.B., einem glaubensfesten Lutheraner, war es gelungen, während der ersten Kriegsjahre neutral zu bleiben: Trotz seiner führenden Position in der Protestantischen Union (s. S. 86) verschloß er sich dem Ersuchen des pfälzischen Kurfürsten um Unterstützung, und trotz seiner Loyalität gegenüber dem Kaiser verweigerte er dessen Truppen jegliche Hilfe, als diese nach Norden gegen Dänemark zogen. Er nahm am Leipziger Konvent teil (einer seiner zahlreichen Besuche Sachsens, um dort politische Gespräche zu führen) und stellte anschließend zum Schutz seiner Grenze eine Miliz von 1 200 Mann auf. Das alles half ihm jetzt nichts mehr. Die Schlacht bei Breitenfeld lag noch keinen Monat zurück, da erreichte ihn ein Brief Gustav Adolfs, der ihm nur die Wahl ließ, sich als Freund oder Feind zu erkennen zu geben. Angesichts des heranrückenden schwedischen Heeres war es allerdings keine echte Wahl mehr: Am 31. Oktober hatte Markgraf Christian eine Audienz beim König, schwor ihm Bündnistreue gegen den Kaiser und erklärte sich bereit, Militärquartiere zu stellen und Kontributionen erheben zu lassen. Damit wurden seine Untertanen beispiellosen Bedrückungen durch die schwedischen Söldner, Quartiermeister und Steuereintreiber ausgesetzt. Als die Bauern im November 1632 den Versuch unternahmen, die Eindringlinge zu vertreiben, wurden sie niedergemetzelt: Ein Chronist, der die letzte Stellung der kämpfenden Bauern aufsuchte, war entsetzt über die blutgeröteten Weinberge und Felder, auf denen im Umkreis von fünf Kilometern verstümmelte Leichen überall verstreut waren. Der Markgraf hatte sich inzwischen in seine einzige verteidigungsfähige Burg zurückgezogen, die Plessenburg, um dort auszuharren, bis der Sturm sich wieder gelegt hatte. Solcher Art waren die Folgen des schwedischen Sieges bei Breitenfeld für die bislang »Neutralen« im Krieg (Sticht 1965, S. 154).

Überall im Reich standen die protestantischen Fürsten vor derselben qualvollen Entscheidung. Besonders schwierig erwies sich die Lage für Georg von Hessen-Darmstadt, da die Bestätigung seines Rechtsanspruchs auf die Marburger Erbfolge einzig vom guten Willen des Kaisers abhing. Als er sich in den ersten Monaten des Jahres 1632 zwischen den lutherischen Schweden vor der

Tür und dem katholischen Kaiser im fernen Wien entscheiden mußte, berief
Landgraf Georg seine Ratgeber und Hoftheologen zu einer Sitzung, um eine
Antwort auf folgende drängende Frage zu finden: »Wen Seine Fürstlichen
Gnaden ie eine aus beyden Kriegspartheyen im Reich erwehlen müße, wohin
sie die option richten, und mit welchem theil sie sich coniugiren solten?«
(Zit. n. Beck 1972, S. 175) Die Theologen – wer hätte das gedacht? – neigten
eher zur Loyalität mit dem Kaiser als zu einem Bündnis, dem auch Calvinisten
und – noch schlimmer – Wilhelm von Hessen-Kassel angehörten. Am Ende
gaben jedoch das Restitutionsedikt und das Beispiel Johann Georgs von
Sachsen, des Schwiegervaters von Markgraf Georg den Ausschlag: Auch er
schlug sich auf die Seite der Schweden.

Dank der Hilfsmittel dieser unfreiwilligen neuen Verbündeten konnten die
Truppen Gustav Adolfs zu guter Letzt ausreichend versorgt werden. Wie effi-
zient der schwedische Nachschub funktionierte, läßt sich indirekt einem
Bericht über ihr Lager entnehmen, der im April 1632 in einem englischen
Journal erschien. Es herrschte ein Überfluß an lebendem Vieh, so heißt es
dort: Man konnte ein Pferd für ein englisches Pfund, einen Ochsen für ein
halbes und Gänse und sonstiges Federvieh fast umsonst haben; in der Tat
fanden die Soldaten überall in ihren fränkischen Quartieren reichliche und bil-
lige Nahrung. Dem waren zweifellos massive Erpressungen vorausgegangen.
Nur Wein war knapp, vermerkte der Bericht, und der Autor mutmaßte, die
Katholiken hätten damit »ihre zaghaften Gemüter ... vor ihrem traurigen
Auszug wiederaufgerichtet« (The continuation of our forraine avisoes, 28.
April 1632).[104]

Ob mit den Tröstungen des Alkohols versehen oder nicht, die katholische
Armee war zu dieser Zeit vollauf damit beschäftigt, sich jenseits der Weser
neu zu formieren. Die Garnisonen im Nordwesten unter dem Befehl des
Grafen Pappenheim störten die schwedischen Verbindungslinien; die Hauptarmee unter Tilly zog im November in das schützende Bayern und warb Verstärkung für den nächsten Feldzug an. Tilly war inzwischen 73 Jahre alt und
nach einer Schilderung eines bayrischen Beraters in seinem Hauptquartier
»ganz perplex und gleichsam perso, in consiliis ganz irresolut, weiß ihm nicht
daraus zu helfen, kommt von einem proposito aufs andere, konkludiert nichts,
sieht die großen Diffikultäten und Extremitäten, bekennt aber diserte, daß er
keinen Rat und Mittel wisse« (zit. n. Riezler 1890, Bd. 5, S. 395 f.). Im März
verwirkte er durch seine Unbesonnenheit den durch den Vertrag von Bärwalde gewährten Schutz, als er eine schwedische Abteilung aus Bamberg vertrieb. Innerhalb von drei Wochen rückte Gustav Adolf mit 37 000 Mann nach
Süden vor, der Armee Tillys mit 22 000 Mann entgegen. Unbarmherzig

erkämpfte er sich trotz der bayrischen Armee auf der anderen Seite des Flusses den Übergang über den Lech bei Rain: Unter schwedischem Sperrfeuer aus 72 schweren Geschützen ließ er eine Brücke schlagen, über die seine Truppen das andere Ufer erreichten. In der Schlacht, die nun folgte, wurde Tilly tödlich verwundet (vgl. Abbildung auf dem Vorsatz).[105]

Nachdem Tilly tot und seine Armee aufgerieben war, gab es nichts mehr, was eine Plünderung des geliebten Herzogtums Maximilians hätte verhindern können; viele Städte, selbst in einer Entfernung von 70 oder 80 Kilometern, ergaben sich spornstreichs den Siegern; zahlreiche weitere Städte wurden heimgesucht, und nur wenige blieben verschont. Gustav Adolf und Friedrich V. hielten am 17. Mai triumphal Einzug in München, inspizierten ihre siegreichen Truppen, spielten Tennis auf den herzöglichen Plätzen, durchforsteten Maximilians Kunstschätze und plünderten sie nicht weniger gründlich, als die Bayern zehn Jahre zuvor Heidelberg geplündert hatten. Außerdem erbeuteten sie über 100 Artilleriegeschütze, von denen viele einst der Besitz Friedrichs und seiner Verbündeten gewesen waren. Drei Jahre lang blieb es Maximilian verwehrt, in seine Hauptstadt zurückzukehren.[106]

Die katholische Sache schien jetzt am Ende zu sein. Die Armee der Liga war zerschlagen, ihre Hauptstütze Bayern lag in Trümmern. Für kurze Zeit sah es so aus, als kämen die Spanier noch einmal zu Hilfe, nachdem ihre Kräfte im Frühjahr 1632 Speyer und einige unbedeutende Orte am Niederrhein erobert hatten, doch dann wäre Philipp IV. beinahe die Herrschaft über die südlichen Niederlande entglitten. Im Juni eroberte die holländische Armee kurz nacheinander Venlo, Roermond, Straelen und Sittard, was die Spanier zwang, ihr Entsatzheer zurückzurufen, das die Pfalz gegen einen schwedischen Angriff verteidigen sollte. Das hinderte die Holländer allerdings nicht daran, die große Festung Maastricht zu belagern, die sämtliche Verbindungen zwischen Brüssel und der katholischen Partei in Westfalen beherrschte. Zu dieser Zeit floh eine kleine Schar niederländischer Adliger unter der Führung Henrijk van den Bergh aus den südlichen Niederlanden, um sich der holländischen Armee in Limburg anzuschließen, und rief ihre Landsleute auf, »das spanische Joch« abzuwerfen. Niemand rührte sich, mit Ausnahme der Belagerer von Maastricht, die trotz eines Verzweiflungsangriffs eines Entsatzheers unter Graf Pappenheim ihr Werk am 23. August erfolgreich zu Ende führten. Zweifellos unter dem Eindruck dieser Entwicklungen beschloß eine zweite Verschwörergruppe, die (ohne Kenntnis von der Existenz der ersten) ursprünglich die Franzosen zu Hilfe rufen wollte, nichts zu unternehmen.[107] Fast wie durch ein Wunder blieb auf diese Weise die Herrschaft Spaniens über die südlichen Niederlande erhalten, doch es sollte noch eine Weile dauern, bis Brüssel Wien erneut zu Hilfe kommen konnte.

Auch Italien war 1632 zu einer Hilfeleistung für den Kaiser nicht imstande. Zum Ende des Mantuanischen Krieges brach eine Pestepidemie aus, welche die nördliche Hälfte der Halbinsel in einem noch nie dagewesenen Ausmaß verheerte. Im April 1631 klagte der Statthalter von Spanisch-Mailand, »die Seuche hat die Bevölkerung (dieser Provinz) so sehr dezimiert, daß es unmöglich ist, Söldner anzuwerben«, und daran änderte sich in der nächsten Zeit nichts (Herzog von Feria an Philipp IV., 12.4.1631; AGS, Estado 3336 Bl. 138).[108] Auch der Papst berief sich auf die herrschende Not, als der Kaiser ihn vergeblich um Hilfe bat. Zwar wurden im Dezember 1631 die Subsidien an die deutschen Katholiken wieder aufgenommen, aber sie beliefen sich auf die geringe Summe von monatlich 5 000 Talern: Während der vier Jahre von 1631 bis 1634 betrugen diese Gelder insgesamt nicht mehr als 550 000 Taler, und selbst diese Summe war an die Bedingung geknüpft, daß kein Friede mit den Protestanten geschlossen wurde. Andernfalls werde »Seine Heiligkeit Seine Hilfe zurückziehen, dies um so mehr, als seit dem Ausbruch des Vesuvs die Einziehung von Abgaben schwieriger geworden ist« (zit. n. Repgen 1962, S. 290, Anm. 347).[109] Die Kaiserlichen befanden sich wirklich in einer verzweifelten Lage. Im April 1631 schrieb ein Wiener Hofrat an Wallenstein: »Jizt haist's helff, helff, und non est, qui exaudiat.« (Zit. n. Suvanto 1963, S. 72)

Als sich die Schweden auf der Bahn ihres Erfolgs München und Wien näherten, mußte selbst Maximilian einsehen, daß eine Rettung nur noch von einer neu aufgestellten kaiserlichen Armee zu erwarten und daß nur Wallenstein in der Lage war, ein solches Heer anzuwerben, zu unterhalten und zu führen. So wurde dem General nach dreimonatiger Anwerbung neuer Söldner wieder der uneingeschränkte Oberbefehl übertragen. Sein Vorgehen während des neuen Feldzugs war von äußerster Vorsicht bestimmt: Er wußte genau, daß angesichts der Handlungsunfähigkeit von Ferdinands Verbündeten und eines neuen Bauernaufstandes in Österreich (den Exilanten in den Diensten Schwedens angestiftet hatten) eine weitere Niederlage der kaiserlichen Sache den Todesstoß versetzen würde. So bezog er im Juli eine stark befestigte Stellung in der Nähe einer mittelalterlichen Burg, der »Alten Veste« vor den Toren Nürnbergs, die von den Schweden belagert wurde. Dort waren Gustav Adolf und seine Truppen zwei Monate lang in nutzlose Gefechte verwickelt, während Wallensteins Vertreter die Sachsen aus Böhmen und Schlesien vertrieben. Die Schweden unternahmen mehrere verlustreiche und erfolglose Versuche zur Erstürmung der Alten Veste, und die Belagerung zog sich bis in den Oktober hin, so daß die ganze Gegend um Nürnberg völlig verwüstet wurde. »Vom Feind drei Monat belagert, vom Freund vier Monat ausgefressen«, lautete das bündige Urteil des Nürnberger Patriziers Lukas Behaim über das Jahr 1632 (zit. n. Ernstberger 1966, S. 10). Schließlich führte Gustav Adolf seine entmutigte und erschöpfte Armee wieder zurück nach Nordwesten, während Wallenstein sich nordöstlich wandte und in das Territorium des wichtigsten schwedischen Verbündeten, des Kurfürsten von Sachsen einfiel: Am 1. November wurde Leipzig erobert.

Doch jetzt beging Wallenstein den schwersten Fehler seiner Laufbahn. Nachdem er seine Armee zwei Wochen lang gefechtsbereit gehalten hatte, gelangte er offenbar zu dem Schluß, daß für diesmal der Feldzug beendet sei, und gab am 14. November seinen Truppen Order, sich aufzulösen und Winterquartier zu beziehen. Bereits am nächsten Tag erhielt er die Nachricht, daß die Schweden im Anmarsch auf sein Hauptquartier in Lützen waren. Sofort rief er alle Einheiten zurück. Aber als die Schlacht am 17. November begann, hatte er nicht mehr als 19 000 Mann, so viel wie die Schweden nach all den im Sommer erlittenen Verlusten. Wie immer, wenn zwei gleich starke Heere aufeinander treffen, zog sich der Kampf lange hin, und auf beiden Seiten gab es schwere Verluste. Nach einem Bericht des englischen Hauptmanns Sydnam Poyntz, der in Wallensteins Heer diente, »hatten wir uns (nach Einbruch der Dunkelheit) kaum niedergelegt und lagen in tiefem Schlaf, als ein Befehl des Generals an alle Obersten und Oberfeldwebel erging, die Stärke ihrer Regimenter festzustellen« (zit. n. Poyntz 1908, S. 73). Das Ergebnis war niederschmetternd. Poyntz waren von zwölf Offizieren noch drei geblieben, und der Anteil der Gefallenen in anderen Einheiten war ebenso hoch, so daß Wallenstein es für ratsam hielt, sich vom Schlachtfeld zurückziehen, Troß und Artillerie dem Feind zu überlassen, seine sächsischen Eroberungen preiszugeben und sich nach Böhmen abzusetzen. Außerdem ließ er etwa 6 000 Gefallene zurück, unter denen sich auch sein Generalleutnant Graf Pappenheim befand. Mit sich nahm er die Überzeugung, der Sieg sei durch den Verrat oder die Desertion einiger seiner rasch angeworbenen lutherischen Soldaten verspielt worden. Deshalb ließ er nach der Schlacht 17 von ihnen (davon zwölf Offiziere) wegen Feigheit hinrichten, entließ sieben Offiziere unehrenhaft und setzte auf die Köpfe von 40 weiteren Soldaten einen Preis aus – Maßnahmen, die viel dazu beitrugen, die Armee ihrem launischen Feldherrn zu entfremden, und die es später erleichtern sollten, sich seiner ganz zu entledigen (Elster 1903, S. 40).

Auf protestantischer Seite gab es ebenfalls Vergeltungsmaßnahmen – der Befehlshaber der Leipziger Zitadelle wurde wegen vorschneller Übergabe hingerichtet –, doch Gustav Adolf nahm an der Verhandlung nicht teil. Er war in der Schlacht am 17. November gefallen, nachdem er drei Schußverletzungen erlitten hatte – am Arm, am Rücken und am Kopf. Einige Wochen lang stieß die Nachricht von seinem Tod auf Unglauben. Wallenstein selbst ließ sich erst am 30. November überzeugen; in England wurden am Hof noch im Dezember 200 Pfund darauf gewettet, daß Gustav Adolf noch am Leben sei. Die Intervention Schwedens hatte die allgemeine Phantasie so sehr gefangengenommen, daß selbst Friedrich von der Pfalz, der ebenfalls im Herbst 1632 gestorben war, später in England als »der Fürst, für den Gustav Adolf fiel« im Gedächtnis blieb. Als im selben Jahr dem Enkel Axel Oxenstiernas und dem Neffen von Gustav Horn von der Universität Oxford die Ehrendoktorwürde verliehen wurde, verglich der Vizekanzler in seiner Laudatio ihre illustren Verwandten mit »zwei Donnerkeile(n) des Krieges ..., (die) zum Schrecken des Hauses Österreich nun schon seit langem die strahlenden Kämpfer sind für Heim und Herd, die Religion und die Freiheit in ganz Deutschland« (zit. n. Seaton 1935, S. 79 und 83; vgl. a. Breslow 1970, S. 134-137).

Die Schlacht bei Lützen ist trotz ihres unentschiedenen Ausgangs deshalb von besonderer Bedeutung, weil sie der kurzen Serie militärischer Erfolge der Protestanten ein Ende machte. Auch nur ein einziger weiterer schwedischer Sieg wie der von Breitenfeld oder Rain hätte alle katholischen Hoffnungen ein für allemal zunichte gemacht. Jetzt waren beide Seiten wieder ungefähr gleich stark, was die Gegner nötigte, verzweifelt nach weiteren Verbündeten im Ausland zu suchen, die den Ausschlag geben könnten, wobei die Schweden mehr und mehr auf Frankreich und die Kaiserlichen auf Spanien rechneten.

3 Oxenstierna gegen Wallenstein (1633–1635)

Der schwedische Feldzug 1631–1632 war für Spanien ebenso katastrophal wie für die deutschen Katholiken. Die Truppen Philipps IV. wurden aus der Pfalz, die ihrer Verbündeten aus dem Elsaß vertrieben: Damit war die »spanische Straße« blockiert. Anfangs hatte Olivares gehofft, die Verbindung zwischen der Lombardei und den Niederlanden mit Hilfe der Armee Flanderns wiederherzustellen, aber die Krise 1632 in den südlichen Niederlanden (s. S. 207) ließ eine solche Lösung nicht zu. Erst im Sommer 1633 marschierte eine Streitmacht von 20 000 Mann unter dem Herzog von Feria, dem Statthalter in der Spanischen Lombardei, durch das Veltlin nach Süddeutschland, um dort den Einfluß Habsburgs wieder zur Geltung zu bringen: Konstanz und Breisach wurden ebenso zurückerobert wie Bregenz und Rheinfelden. Die Straße durch das Elsaß war wieder sicher. Aber das genügte nicht mehr: Noch während Feria sich auf dem Marsch befand, fielen die Franzosen in das Herzogtum Lothringen ein, besetzten Nancy und alle anderen wichtigen Festungen und vertrieben den Herzog ins Exil. In ihrer Verzweiflung ermächtigte die spanische Regierung Feria, von Breisach aus Nancy zurückzuerobern, womit sie de facto einen neuen Krieg gegen Frankreich billigte; aber jetzt war die Jahreszeit für Feldzüge zu Ende, und der Herzog begab sich in die scheinbar sichere Zuflucht der Voralpenregion, wo er und der größte Teil seines Heeres im Laufe des Winters an der Pest starben.[110]

Trotzdem war der Krieg in Südwestdeutschland 1633 nur eine kleine Episode am Rande: Er wurde von kleinen Kontingenten geführt, die weitgehend unabhängig von den Hauptarmeen im Osten operierten. Dasselbe gilt von den Kriegshandlungen im Nordwesten, wo Wilhelm von Hessen-Kassel seine Privatarmee mit einer schwedischen Streitmacht unter dem Herzog Georg von Braunschweig-Lüneburg vereinigt hatte. Gemeinsam besetzten sie die geistlichen Territorien von Paderborn und Fulda, eroberten mehrere kleinere Städte an der Weser und besiegten eine kaiserliche Armee bei Hessisch-Oldendorf (vgl. Altmann 1938, Teil I).[111] Aber auch das war nur eine Episode und erschien nur darum von Bedeutung, weil die Hauptarmeen kaum kämpften. Das zentrale Problem war das durch den Tod Gustav Adolfs bei Lützen geschaffene Vakuum. Seine Erbin, Königin Christina, war erst sechs Jahre alt, so daß die Führung der schwedischen Außenpolitik in die Hände des engsten Vertrauten des verstorbenen Königs, Axel Oxenstiernas gelegt wurde. Dieser bemerkenswerte Mann von mittlerweile 50 Jahren genoß in Europa ein Ansehen wie kaum einer vor ihm, der »nur« Untertan war. Er behandelte Fürsten als seinesgleichen und nahm auch in Anwesenheit von Königen kein Blatt vor den Mund; er trug die alleinige Verantwortung für die Operationen und den Nachschub einer Armee von rund 100 000 Mann und für die schwerfällige Verwaltungsmaschinerie, die im Gefolge der schwedischen Siege in Deutschland errichtet wurde. Und obendrein wurde er als Kanzler von Schweden und Vorsitzender der Regentschaftsregierung auch noch bedrängt mit unzähligen Entscheidungsfragen über innenpolitische Probleme (die oft so unbedeutend waren wie z.B. die Auswahl und der Versand von Rheinwein für den Hof in Stockholm, die genaue Liste der Insignien, die Gustav Adolf auf den Katafalk mitgegeben werden sollten, oder die Frage nach der richtigen Politik der staatlichen Münze). Die Fülle an präzisen Informationen, über die er verfügte und die sich in seiner umfangreichen Korrespondenz über eine unglaubliche Vielfalt politischer Fragen im Hinblick auf Schweden und dessen Nachbarländer niederschlug, ist überwältigend. Doch so groß seine Fähigkeiten auch waren, den Herausforderungen, denen er sich

1633 gegenübersah, konnten sie nicht standhalten; es läßt sich sogar füglich bezweifeln, daß ihnen überhaupt die Fähigkeiten eines Menschen gewachsen gewesen wären (vgl. Roberts 1982).

Zunächst schienen die Aussichten gar nicht so düster. Der 1632 zwischen Polen und Rußland ausgebrochene »Krieg von Smolensk« bannte vorläufig die von dieser Seite drohende Gefahr und bot so die Möglichkeit einer dauerhaften und für Schweden vorteilhaften Lösung der deutschen Frage (s. Porshnev 1960). Im Frühjahr 1633 unterbreitete Oxenstierna dem Regentschaftsrat in Stockholm eine ausführliche Denkschrift über die nach dem Tod des Königs einzuschlagende Richtung der schwedischen Außenpolitik. Von 36 Punkten berührten Deutschland lediglich sechs, die jedoch im Hinblick auf die zu treffenden Maßnahmen sehr eindeutig waren. Der Kanzler befürwortete eine Strategie der doppelten Sicherheit: Zum einen mußte die schwedische Präsenz in Pommern und Preußen auf Dauer gestellt werden, um die Ostsee sowohl gegen Polen als auch gegen den Kaiser zu schützen, wobei weiter im Süden nur wenige Vorposten benötigt würden, und zum anderen sollte in Mitteldeutschland eine Konföderation schwedenfreundlicher Fürsten gegründet werden, die für den Fall weiterer kaiserlicher Angriffe als Puffer dienen würde. Zu diesem Zweck schlug er vor, die Hauptarmee aufzulösen und den größten Teil der nationalen schwedischen Einheiten nach Pommern zu verlegen. Es sollten jedoch nicht alle Truppen abgezogen und nicht alle Eroberungen im Süden aufgegeben werden. Oxenstierna wollte vor allem Mainz behalten, das Gustav Adolf im Winter 1631/32 als Hauptquartier gedient hatte. Das strategisch wichtige Kurfürstentum erhielt eine eigene Regierung, die zu einem Großteil mit den Reichsrittern besetzt wurde, die sich in dieser Gegend als erste für Schweden erklärt hatten, und es kam zu einer umfangreichen Neuverteilung katholischer Güter an loyale Protestanten. Ein Programm zur wirtschaftlichen Gesundung wurde erstellt, eine neue Währung herausgegeben, und eine lutherische Geistlichkeit und Kirchenordnung wurden eingeführt. Der eigentliche Eckpfeiler von »Schwedisch Mainz« war ein großes befestigtes Militärlager, die Gustavsburg an der Mündung des Mains in den Rhein mit Brückenköpfen auf den gegenüberliegenden Ufern beider Flüsse und im Notfall mit Raum für 17 000 Mann. Die Festung, die sich an die wiederaufgebauten Stadtmauern von Mainz anschloß, sollte zum einen die Herrschaft über die Region sichern und zum anderen als Notzuflucht dienen – ein militärisches Bollwerk zur Untermauerung der schwedischen Macht in Westdeutschland. Es war der Drehpunkt des komplizierten Machtgleichgewichts, das Schweden durch die »Atomisierung« Deutschlands in eine Vielzahl locker organisierter, aber eifersüchtig ihre Unabhängigkeit hütender Einheiten zu schaffen suchte. Von Mainz aus konnte Oxenstierna gewährleisten, daß im Westen kein anderer die Oberhand gewann.[112]

Aber wie sollte man die Garnison dieser schwedischen Vorposten fern von ihrer heimatlichen Basis bezahlen? Und wie stand es mit den anderen Truppen in schwedischen Diensten, in einer Stärke von immer noch über 100 000 Mann? Oxenstierna wollte alles daransetzen, daß die Kosten für Schweden niemals wieder das Niveau von 1631–1632 erreichten, als die Ausgaben für den Krieg in Deutschland die normalen Einkünfte des Landes um das Zehnfache überstiegen. Für eine geraume Zeit gab es wenigstens die Zolleinnahmen aus Preußen, Pommern und Mecklenburg und die Subsidien aus Frankreich und den Niederlanden, die es ihm ermöglichten, den unmittelbar auf Schweden lastenden Druck zunächst zu verringern. Doch die ersteren hörten 1635 auf, und die letzteren flossen nach 1632 nur noch unpünktlich und manchmal überhaupt nicht. Weitere Geldmittel aus den ersten Jahren der Eroberung – Abstandszahlungen von Städten, die von Plünderungen verschont wurden (z.B. 100 000 Taler aus Nürnberg), und Dankgelder von Fürsten, die durch die schwedischen Waffen in ihre ehemaligen Güter wiedereingesetzt wurden (60 000 Taler vom pfälzischen Kurfürsten, 220 000 von Baden-Durlach) – kamen nach Lützen ebenfalls nicht mehr in Betracht. Doch die Armee konnte unmöglich allein von Schweden und Pommern unterhalten werden. Gustav Adolf hatte seine Söldner einen Treueid auf die schwedische Krone schwören lassen und sich dafür verbürgt, daß sie auch ihren Sold erhielten. Oxenstierna beschloß deshalb, sowohl die Loyalität der Truppen als auch die Pflicht zu ihrer Unterhaltung anderen zu übertragen.

Bereits im Oktober 1632 hatte der König seinen Kanzler beauftragt, eine Versammlung der fränkischen, schwäbischen und rheinischen Kreise in Ulm einzuberufen, um über die Bildung einer Verteidigungsliga im Bündnis mit Schweden zu beraten. Zu dieser Versammlung kam es dann im Januar des folgenden Jahres. Die Teilnehmer erörterten die Möglichkeiten der Gründung einer solchen Liga, der Aufstellung einer Armee und deren Finanzierung. Nachdem die Kreise über diese Fragen getrennt beraten hatten, trafen sie in Heilbronn (das sicherer war als Ulm) erneut zusammen, und am 23. April wurde die von Schweden erstrebte Liga ins Leben gerufen. Die Teilnehmer verpflichteten sich im Heilbronner Vertrag, den Krieg wieder aufzunehmen und so lange zu kämpfen, bis drei Ziele erreicht waren: zum ersten die »(Stabilisierung der) teütscheh Libertaet, auch Observanz des Hayligen Reichs Satzungen vnnd Verfassungen«, zweitens »in Religion vnnd Prophan Sachen ein richtiger und sicherer Frieden« und schließlich »auch der Cronn Schweden gebührende Satisfaction« (zit. n. Roberts 1968, S. 146 f.). Darüber hinaus

wurde die Verwirklichung dieser Ziele fest in die Hände des Kanzlers Oxenstierna gelegt: In Anerkennung seiner »gottgegebenen, außergewöhnlichen
Fähigkeiten« (wie die Bündnispartner edelmütig zugestanden) wurde er zum
alleinigen Direktor der Heilbronner Liga bestimmt.[113]

Freilich war die politische Organisation des neuen Bündnisses besser als
seine finanzielle Grundlage. Die Liga war übereingekommen, eine Armee von
56½ Infanterieregimentern und 216 Reiterkompanien mit jährlichen Kosten
von fast zehn Millionen Talern zu unterhalten; zu diesem Zweck wurden die
französischen und niederländischen Subsidien in die Kasse der Liga geleitet.
Aber darüber hinaus – und hierin lag die verhängnisvolle Schwäche des Bündnisses – hatten sich die Mitglieder der Liga bereit erklärt, auch die Soldrückstände der bereits unter Waffen stehenden Einheiten zu übernehmen. Diese
waren so enorm – in manchen Fällen reichten sie bis 1627 zurück –, daß es sich
als unmöglich erwies, sich auf eine Gesamtsumme zu einigen. Hinzu kam,
daß die Tinte auf dem geschlossenen Vertrag kaum trocken war, als die in Süddeutschland stehende Armee meuterte. In dieser Zwangslage übertrug Oxenstierna den lokalen Befehlshabern das Recht, unter der allgemeinen Oberauf-
sicht eines militärischen Unternehmers, des Obersten Brandenstein, die Kontributionen direkt einzutreiben. So erhielt Bernhard von Sachsen-Weimar in
Franken die Bistümer Würzburg und Bamberg, um die rückständigen Forderungen seiner Truppen zu begleichen: Das war mehr oder weniger ein Frei-
brief zum Plündern. Darüber hinaus wurde den Befehlshabern in den Ländern unter schwedischer Herrschaft gestattet, Ländereien zum Nominalwert
zu verkaufen, und die Offiziere in Gustav Horns schwäbischer Armee
erhielten ihren Lohn in bar aus der schwedischen Schatzkammer. Mit diesen
Maßnahmen war zwar der kurzfristigen Krise beizukommen, wenn auch die
Jahreszeit für Feldzüge zum größten Teil verstrichen war, als die Meuterei im
August niedergeschlagen wurde, aber zugleich schufen sie für die Heilbronner Liga ein schwerwiegendes Hindernis in der näheren Zukunft, da sie
nunmehr zahlreicher besteuerungsfähiger Gebiete beraubt war, die sie für die
laufende Entlohnung der Truppen benötigte. Das Problem verschärfte sich
zunehmend, je mehr Gebiete zur Begleichung von Rückständen zugeteilt
wurden und je weniger deshalb für die laufenden Ausgaben übrigblieben. Es
dauerte nicht lange, bis die Truppen dazu übergingen, ihren Sold selbst einzutreiben, was zwangsläufig zu Brutalität und Verwüstungen führte. Zum Jahresende 1633 stand fest, daß die Liga die Belastung durch die Armee nicht
tragen konnte; wenn sie überleben wollte, mußte sie neue Mitglieder werben.

Eine Zeitlang richtete Oxenstierna seine Hoffnungen auf Brandenburg,
dessen Kurfürst der Onkel Königin Christians war und dessen calvinistische

Berater nach wie vor eine aggressive Politik gegenüber dem Kaiser zu befürworten schienen. Doch Georg Wilhelm blieb unter dem Einfluß des katholischen, kaisertreuen Grafen Schwarzenberg, und außerdem hegte er einen persönlichen Groll gegen Schweden, der alle anderen Motive überwog. 1529 hatten die Stände Pommerns, das im Norden an Brandenburg grenzte, den damaligen Kurfürsten und dessen Erben als Nachfolger in ihrem Herzogtum anerkannt, wenn die herrschende Linie aussterben sollte. Nunmehr schien dieser Zeitpunkt absehbar: Herzog Bogislaw XIV. (der 1637 starb) war endgültig der Letzte seines Geschlechts. 1630 hatte Gustav Adolf jedoch den Herzog zur Unterzeichnung eines Vertrags gezwungen, der für die Dauer des Krieges Schweden die gesamte Herrschaft über das Herzogtum garantierte. So stellte sich für den Kurfürsten die Frage, was geschehen würde, wenn der Herzog starb, noch ehe der Krieg beendet war. Die Schweden ließen keinen Zweifel daran, daß sie Pommern nicht zurückgeben konnten, und die Verlegung ihrer schwedischen Truppen aus Mitteldeutschland in das Herzogtum nach der Schlacht bei Lützen bestätigte Georg Wilhelms schlimmste Befürchtungen, daß nämlich Schweden trotz der Rechte Brandenburgs die Annexion Pommerns im Schilde führte. Umsonst schickte der Kurfürst seinen Sohn und Erben Friedrich Wilhelm nach Stettin, der 1633–1634 am Hof Bogislaws residierte – die Schweden ließen sich nicht erweichen.

Georg Wilhelm war bereits zu der Überzeugung gelangt, daß eine Aussöhnung mit dem Kaiser der einzige Weg zur Erlangung eines Friedens war, der seine Länder von der fremden Besatzung befreien würde. Im Januar 1633 sandte er Abgeordnete nach Dresden, die Johann Georg überreden sollten, sich seiner Friedensinitiative anzuschließen. Doch in der sächsischen Hauptstadt wimmelte es bereits von Diplomaten und Würdenträgern aus anderen Ländern, die alle um die Unterstützung des Kurfürsten warben. Oxenstierna war als erster gekommen und versuchte in den Weihnachtstagen 1632 seinen Gastgeber für eine neue Invasion in die habsburgischen Herzlande zu gewinnen. Kurz danach erschien Landgraf Georg von Hessen-Darmstadt und lud Johann Georg ein, sich ihm zu formellen Beratungen mit einer kaiserlichen Delegation über ein mögliches Friedensabkommen anzuschließen. Am Ende erwiesen sich die von den Habsburgern gestellten Bedingungen jedoch als unannehmbar hart, und Johann Georg schlug sich (wie auch Brandenburg) auf die Seite Schwedens, das einen neuen Feldzug führen wollte. Allerdings forderte er für seine Teilnahme einen hohen Preis: Er setzte insbesondere durch, daß die Hauptoffensive der Protestanten sich gegen Schlesien richtete und von Offizieren seiner Wahl geführt wurde.

Die Spannungen zwischen Schweden und seinen deutschen Verbündeten

konnten nicht lange verborgen bleiben. So bemerkte Wallenstein scharf-
sinnig: »Ich glaub wol das die Schweden friedt begehren, denn sie wollen nach
haus und habens ursach die beyde Churfürsten sehen selbsten in was vor labi-
rint sie stecken.« (Zit. n. Suvanto 1963, S. 181) Der kaiserliche General
bemühte sich deshalb vordringlich darum, diesen Zwist für sich auszunutzen.
Als erstes versuchte er, die tschechischen Vertriebenen am sächsischen Hof zu
verleiten, indem er ihnen Hoffnungen machte, er – als geborener Tscheche
wie sie – könnte unter Umständen für sie mit dem Kaiser ein vorteilhaftes
Abkommen schließen. Um diese Bedrohungen zu parieren und um den Faden
zu den Vertriebenen nicht abreißen zu lassen, war Oxenstierna gezwungen, in
den sauren Apfel zu beißen und den von Johann Georg vorgeschlagenen
Grafen Thurn (den glücklosen General der böhmischen Konföderation zehn
Jahre zuvor) als schwedischen Befehlshaber in Schlesien zu akzeptieren. Doch
im Juni 1633 gelang es Wallenstein, die sächsischen und die schwedischen
Truppen in Schlesien zu spalten, als er zwecks Friedensverhandlungen mit
Arnim, seinem früheren Untergebenen und dem jetzigen Befehlshaber der
Sachsen, einen einmonatigen Waffenstillstand schloß. Die Verhandlungen
verliefen ergebnislos, und zur Erleichterung des schwedischen Kanzlers
wurden die Kampfhandlungen im Juli wiederaufgenommen. Im August aber
stimmte Arnim einem zweiten Waffenstillstand zu, um die Gespräche fortzusetzen, und als am 27. September die Kämpfe doch wieder aufflackerten,
führte Wallenstein unvermutet einen Angriff mit massierten Kräften auf
Thurns schwedisches Kontingent bei Steinau, schnitt es völlig ab und zwang
innerhalb von einer Woche 8 000 Mann, sich zu ergeben. Thurn selbst wurde
gefangengenommen und willigte ein, alle von den übrigen böhmischen Vertriebenen gehaltenen Städte in Schlesien als Preis für seine Freiheit herauszu-
geben. Das war ein vernichtender Schlag, und Wallenstein nutzte seinen
Erfolg, indem er Sachsen und Brandenburg erneut das Angebot einer Friedensregelung unterbreitete. Oxenstierna hielt es für nötig, im Frühjahr 1634
Georg Wilhelm persönlich aufzusuchen, um die Ablehnung dieses Vorschlags
zu erreichen (vgl. hierzu Suvanto 1979, S. 146–166). Allerdings wurde der
Kanzler völlig überraschend am 25. Februar durch die Ermordung seines
Hauptwidersachers weiterer Schwierigkeiten enthoben.
    Obgleich bald nach Wallensteins Tod kaiserliche Kommissare eine umfas-
sende Untersuchung seiner letzten Tage in Angriff nahmen und obwohl buch-
stäblich Tausende von Gedichten, Theaterstücken, Flugschriften und
Büchern später zu diesem Thema geschrieben wurden, ist der verwickelte
Prozeß, in dessen Verlauf der General beiseite geschafft wurde, bis heute im
dunkeln geblieben. Freilich lag genau dies in der Absicht der Verschwörer,

von denen einer einem engen Vertrauten gegenüber geäußert hat: »Kurz gesagt, Dissimulation ist das A und O des Geschäfts.« (Piccolomini an Aldringen, zit. n. Mann 1971, S. 1071)[114] Trotzdem lassen sich bestimmte Gründe für die Ermordung anführen. Zum ersten war der Kaiser ohne Zweifel erzürnt darüber, daß er während des ganzen Jahres 1633 für den Unterhalt einer riesigen Armee aufkommen mußte, die kaum etwas erreicht hatte: Bayern befand sich noch immer zum Teil unter protestantischer Besatzung, Heidelberg und Regensburg waren verloren; Schlesien wurde erst im Oktober befreit. Außerdem hatte Wallenstein darauf bestanden, seine Horden im Winter 1633/ 34 wie schon einmal zuvor in habsburgischen Provinzen Quartier nehmen zu lassen, was die ernste Gefahr von Bauernaufständen gegen die Kontributionsforderungen der Truppen heraufbeschwor. Zum zweiten gab es den spanischen Aspekt. Die Regierungen in Madrid und Wien hatten beschlossen, 1634 eine große Armee unter dem persönlichen Befehl des Kardinalinfanten Ferdinand, des Bruders von Philipp IV., von der Lombardei aus ins Reich zu führen, um vereint mit den kaiserlichen Truppen Süddeutschland von allen Feinden zu säubern. Aufgrund der Vollmachten Wallensteins hätten der Kardinalinfant und seine Männer unter dem Befehl des Generals gestanden, und Spanien ließ keinen Zweifel daran, daß dies unannehmbar sei. Vermutlich bewog jedoch keiner dieser Gründe den Kaiser dazu, eine Ermordung Wallensteins in Betracht zu ziehen. Weit schädlicher für das Ansehen des Generals in den Augen seines Oberherrn waren die weitgehend ohne Rücksprache mit Wien genommenen diplomatischen Schritte gegenüber Sachsen und Brandenburg, obwohl er dazu offenbar ermächtigt war. Als er im April 1632 erneut den Oberbefehl über die kaiserlichen Armeen innehatte, war ihm eine außergewöhnliche Machtfülle übertragen worden. Auf einer Geheimsitzung in Göllersdorf, auf halbem Weg zwischen seinem Hauptquartier und Wien, wurde vereinbart, daß der General seine Truppen nach Belieben einquartieren durfte, auch in den habsburgischen Erblanden; daß er über alle Soldaten befehlen sollte, die für die kaiserliche Sache kämpften (womit auch alle aus Spanien stammenden Truppen eingeschlossen waren); und daß er seine Macht *in absolutissime forma* ausüben konnte. Da das Original der in Göllersdorf getroffenen Vereinbarung nicht überliefert ist (sofern sie überhaupt jemals schriftlich niedergelegt wurde), läßt sich unmöglich sagen, was mit der letztgenannten Bestimmung genau gemeint war. Jedenfalls verhielt sich Wallenstein so, als hätte er damit die Vollmacht, mit seinen Feinden Waffenstillstände und sogar einen Frieden auszuhandeln, und er blieb in ständigem Kontakt mit Dresden, da er überzeugt war, daß Sachsen (sicher) und Schweden (wahrscheinlich) ein Ende des Krieges wünschten; aber er führte seine Verhandlungen, ohne sich dabei besonders auf Wien zu berufen.[115]

Wallenstein hatte von Anfang an Feinde am Wiener Hof gehabt, und obgleich diese 1631 seine abermalige Berufung nicht verhindern konnten, so ließen sie doch während seines gesamten zweiten Generalats nicht ab, sowohl seine persönlichen Gewohnheiten als auch seine Politik zu kritisieren. In beidem verhielt er sich überspannter als je zuvor. So konnte er z.B. keinerlei lauten Geräusche mehr ertragen. Wenn er in einer Stadt ankam, so wurde kolportiert, befahl er als erstes, alle Hunde und Katzen zu töten; er untersagte das Tragen von Stiefeln mit Sporen in seiner Gegenwart, und alle, die laut sprachen oder schrien, wurden von ihm hart und willkürlich bestraft. In seinem Verhalten gegenüber seiner Umgebung schwankte er zwischen übermäßiger Großzügigkeit und erschreckender Grausamkeit (Strafen wurden sogleich von seinem persönlichen Adlatus vollzogen). Seine Äußerungen zur Politik wechselten zwischen rätselhaften Vorhersagen und brutalen Drohungen. Der Autor einer Flugschrift bemerkte nach Wallensteins Tod, er sei »ein zum Souverän gewordener Untertan« gewesen. Er war »aufgestiegen zu höchster Macht, wie sie vor ihm noch keinem übertragen wurde«, und die Erfahrung dieser höchsten Macht führte zweifellos zu seinem maßlosen Verhalten (vgl. Hollaender 1958).[116] Seine Gegner hatten auf jeden Fall keine Schwierigkeiten, in seinen prahlerischen oder verächtlichen Worten und seinen extravaganten Handlungen genügend Anhaltspunkte zu finden, um seine Loyalität gegenüber dem Kaiser in Zweifel zu ziehen. Wallenstein hatte die Bemühungen Wiens, die spanischen Ziele in Italien und den Niederlanden zu unterstützen, fortwährend kritisiert (und gelegentlich auch hintertrieben); darüber hinaus hatte er einen ausgeprägten Mangel an Begeisterung für das Restitutionsedikt an den Tag gelegt. Hinzu kam, daß er sich mehrfach für einen Verhandlungsfrieden zwischen dem Kaiser und zumindest den Lutheranern ausgesprochen hatte. Jetzt führte er seine eigene diplomatische Offensive mit diesem Ziel und weigerte sich, entgegen den Anordnungen Wiens, militärische Schritte zu unternehmen, weil diese seine Friedensbemühungen gefährden konnten. Als wäre all dies noch nicht genug, um den Wiener Hof aufschrecken zu lassen, forderte Wallenstein im Januar 1634 von seinen Obersten einen Treueid auf seine Person. So war es durchaus verständlich, wenn der Kaiser und seine Umgebung in dieser Maßnahme offenen Verrat sahen und entsprechend handelten.[117]

Welches auch immer die Gründe waren, die Ferdinand schließlich bewogen, sich seines übermächtigen Vasallen zu entledigen, die Ausführung der Absicht erwies sich als vergleichsweise einfach. Als das Jahr 1633 seinem Ende zuging, traute dem General keiner mehr: weder Schweden, dessen Truppen er durch eine List bei Steinau gefangengenommen hatte, noch

Sachsen oder Brandenburg, die sich unschlüssig waren, wie weit seine Versprechungen vom Kaiser gedeckt wurde, noch Bayern, dessen Länder schutzlos waren, und auch nicht die Böhmen im Exil, die inzwischen erkannten, daß Wallenstein gar nicht daran dachte, ihnen die Länder zurückzugeben, die er (und seinesgleichen) ihnen genommen hatte. Im Februar 1634 erließ der Kaiser einen Geheimbefehl, seinen General zur Vernehmung nach Wien zu bringen. In der Erkenntnis, daß es wahrscheinlich unmöglich sein würde, sich Wallensteins lebendig zu bemächtigen, erteilte er die Genehmigung, ihn nötigenfalls zu töten. Aber selbst jetzt schien das Risiko eines Fehlschlags noch hoch, und Ferdinand bat seinen Beichtvater, die Gebete der Jesuiten auf der ganzen Welt um ein Gelingen des Plans zu erflehen. Der Orden nahm diese Bitte in der Tat sehr ernst. Der Ordensgeneral beschloß, »zusätzlich tausend Messen in der Woche für den Schutz des Kaisers und das Glück des Reiches« lesen zu lassen, und stellte später (mit Genugtuung) fest, daß gerade zu diesem Zeitpunkt »wunderbare Werke durch den Arm des Allerhöchsten vollbracht wurden ... Je länger ich mich in Betrachtungen ergehe, desto deutlicher sehe ich, daß der barmherzige Gott durch unsere Fürbitten bewegt wurde.« (Vitelleschi an Lamormaini, 1. April 1634; zit. n. Bireley 1981, S. 203)[118] Er spielte damit natürlich auf die brutale Ermordung Wallensteins und seiner Leibwache in der Nacht vom 25. Februar an, als dieser nach Sachsen fliehen wollte, nachdem der Geheimbefehl des Kaisers inzwischen öffentlich bekanntgemacht war. Und vielleicht war es ja wirklich ein Wunder, daß es nach der Ermordung des Generals praktisch keine Unruhen unter den kaiserlichen Truppen gab. Den Oberbefehl über die kaiserliche Armee hatte nunmehr der Sohn des Kaisers, Ferdinand, König von Ungarn, unterstützt von einem Triumvirat altgedienter Offiziere: Piccolomini, Gallas und (für die Streitkräfte der Katholischen Liga) Aldringen.

Immerhin bot die Ermordung Wallensteins Schweden die Gelegenheit, einige der Risse zu flicken, die in der Heilbronner Liga aufgetreten waren. Oxenstierna berief eine Tagung der protestantischen Länder im Reich nach Frankfurt ein, wovon er sich eine Erweiterung der Liga um Sachsen, Brandenburg und die übrigen nordöstlichen Territorien sowie die exakte Festlegung jener deutschen Gebiete versprach, die Schweden nach dem Krieg behalten würde. Die Versammlung lief ganz nach Oxenstiernas Wunsch, bis Georg Wilhelm im April 1634 an Schweden die entscheidende Forderung richtete, auf Pommern zu verzichten, andernfalls werde er der Liga nicht beitreten. Im Juni kamen die Vertreter des niedersächsischen Kreises überein, ihn darin zu unterstützen. Im Anschluß daran gab der Kurfürst von Sachsen vor, über derart irdischen Dingen zu stehen und versuchte, für die Friedensgespräche,

die in Leitmeritz zwischen kaiserlichen Abgeordneten und Georg von
Hessen-Darmstadt begonnen hatten, um Unterstützung zu werben.

So war die protestantische Sache in einer Sackgasse gelandet, noch ehe im
Juli die Feindseligkeiten – abermals auf zwei verschiedenen Schauplätzen –
wieder eröffnet wurden: Die Sachsen unter Arnim drangen in Schlesien ein,
während die Schweden mit ihren Heilbronner Verbündeten unter dem
gemeinsamen Befehl von Gustav Horn und Bernhard von Sachsen-Weimar
die südöstlichen Gebiete Deutschlands erobern wollten. Zunächst war dem
Feldzug Erfolg beschieden: Arnim fiel in Böhmen ein und stand bald einmal
mehr vor den Toren Prags, während die Heilbronner Landshut erstürmten
und im Verlauf der Kampfhandlungen Johann von Aldringen, den Oberbefehlshaber Maximilians töteten. Diese Erfolge wurden jedoch wieder wettge-
macht durch die Rückeroberung von Regensburg und Donauwörth durch die
Kaiserlichen unter Ferdinand von Ungarn, der damit die Verbindung zwischen Bayern und den Habsburger Landen wiederherstellte. Arnim hielt es
für ratsam, sich aus seiner dadurch exponierten Stellung wieder zurückzuziehen. Als nächstes belagerte Ferdinand die protestantische Stadt Nördlingen und erwartete die Ankunft seines Vetters, des Kardinalinfanten Ferdinand mit seinen 15 000 Mann aus Spanien und Spanisch Italien. Sie langten am
2. September an, kurz vor den Streitkräften von Bernhard und Horn. Die
beiden Ferdinands erkannten, daß ein Zusammenstoß beider Heere wahrscheinlich zu ihren Gunsten ausgehen würde, und schlugen ein stark befestigtes Lager in den Hügeln im Süden der Stadt auf. Ihre Zuversicht war nicht
unberechtigt. Als beide Armeen am 6. September aufeinandertrafen, zählten
die Habsburger 33 000 und die Protestanten lediglich 25 000 Mann. Bei Einbruch der Dämmerung, nach dem »größten Sieg in unserer Zeit« (wie Olivares ihn triumphierend bezeichnete), lagen etwa 12 000 Protestanten tot auf
der Walstatt, und weitere 4 000, unter ihnen Gustav Horn, wurden gefangengenommen. Nördlingen fiel sofort, und die Überreste der geschlagenen
Armee unter Bernhard von Sachsen-Weimar zogen sich ins Elsaß zurück,
während Schweden widerwillig alle Garnisonen südlich des Mains räumte
(s. Rystad 1960).[119]

Oxenstiernas Mut begann zu sinken. Im November 1634 schrieb er an
Johan Banér, den einzigen fähigen General, der in Deutschland zurückge-
blieben war: »Ich mag nicht mehr kämpfen, nur noch treiben, wohin die Flut
mich trägt ... Wir sind gehaßt, beneidet, verfolgt.« In Schweden selbst wurde
seine Politik vom Regentschaftsrat offen kritisiert, so daß er gegenüber
seinem Bruder klagte, »solches Vorgehen macht mich meines Lebens müde«
(zit. n. Roberts 1968, S. 86 und 98, Anm. 15). Im Ausland verschlechterte sich

die diplomatische Lage zusehends, und dies nicht allein wegen der verlorenen Schlacht bei Nördlingen. Obgleich 1633 die Türken und die Russen zur Freude Schwedens Polen angegriffen hatten, schlossen Polen und Rußland im Jahr darauf Frieden, nachdem die Türken wie so oft gezwungen waren, ihre Kräfte gegen Persien zusammenzuziehen. Nunmehr bestand die ernste Gefahr, daß der für Schweden so vorteilhafte Waffenstillstand von Altmar, der 1635 ablief, nicht mehr erneuert wurde – zumindest nicht zu den bisherigen günstigen Bedingungen. Auch im Reich wurde die Lage für Schweden kritisch. Die Mitglieder der Heilbronner Liga, denen jetzt die ungeteilte Aufmerksamkeit der Kaiserlichen galt, schickten im November 1634 ohne Wissen Oxenstiernas eine Gesandtschaft nach Paris, die umfangreiche Zugeständnisse anbot, falls Frankreich Spanien und dem Kaiser den Krieg erklärte (s. S. 228). Einen Monat später verließ Oxenstierna die Heilbronner Liga für immer. Selbst Wilhelm von Hessen-Kassel, der älteste Verbündete Schwedens, hatte erkannt, daß jetzt nur noch das katholische Frankreich die protestantische Sache retten konnte. Im November 1634 schrieb er, »daß das haus Oesterreich Teuschland gentzlich subjugiren, die libertet und euangelische religion extirpiren will, so wirdt man extrema an hand nehmen, Franckreich zum römischen König machen müssen« (zit. n. Altmann 1938, S. 84). Der Landgraf wollte sogar den König von Frankreich zum Kaiser küren, da in seinen Augen nur so die »libertet Teutschlands« in ihrem Fortbestand gesichert werden konnte.

Doch die genannten Abtrünnigen von der protestantischen Sache bedeuteten wenig im Vergleich zum Abfall Sachsens. Nur zehn Wochen nach der Schlacht bei Nördlingen führten die Verhandlungen Hessen-Darmstadts und Sachsens mit den Kaiserlichen (die im Sommer von Leitmeritz nach Pirna verlegt wurden) zu einem Abkommen. Die »Pirnaer Noteln« waren für beide Seiten von erheblichem Vorteil: Sachsen erhielt volles Anrecht auf die Lausitz (die dem Kurfürsten 1620 als Pfand für seine Unterstützung Ferdinands während des böhmischen Aufstandes abgetreten worden war) sowie das Territorium von Magdeburg; aus sächsischen, bayrischen und kaiserlichen Truppen sollte eine einzige Armee gebildet und gegen alle fremden Mächte auf dem Boden des Reichs eingesetzt werden; und schließlich wurde die Übertragung der pfälzischen Kurwürde auf Bayern beschlossen. Vor allem wurde der 12. November 1627 als Stichtag eines »Normaljahrs« für die Restitution von Kirchengütern und die Ausübung eines zugelassenen Bekenntnisses festgelegt – ein entscheidender Kompromiß, der den Katholiken ermöglichte, ihre Eroberungen im Süden und Südwesten zu behalten, zugleich jedoch den säkularisierten Ländereien der norddeutschen Fürsten Unantastbarkeit zugestand (das Restitutionsedikt selbst wurde für 40 Jahre außer Kraft gesetzt; vgl. hierzu Repgen 1981, S. 180).[120]

Die weiteren militärischen Erfolge der kaiserlichen Armee im Lauf des
Winters 1634/35 schwächten indessen die Verhandlungsposition Sachsens.
Ein protestantischer Verfasser einer Flugschrift behauptete später, er habe 371
seinem Glauben abträgliche Änderungen der »Pirnaer Noteln« festgestellt,
die in die im Mai 1635 unterzeichnete Endfassung aufgenommen wurden.
Johann Georg erklärte sich schließlich einverstanden, daß die der Familie des
Pfälzers, Hessen-Kassel und anderen versprochene Amnestie zurückge-
nommen und daß das Edikt in zahlreichen weiteren Gebieten durchgesetzt
wurde. Er hätte womöglich noch weitere Zugeständnisse machen müssen,
wären nicht im Winter 1634/35 französische Truppen ins Reich einmar-
schiert, um Heidelberg gegen die kaiserlichen Truppen zu verteidigen.
Obgleich es keine formelle Kriegserklärung gab, war so gut wie jedem am kaiserlichen Hof klar, daß schleunigst Frieden mit Sachsen geschlossen werden
mußte, bevor die Protestanten neue materielle Unterstützung erhielten.
Selbst der päpstliche Nuntius in Deutschland, der sich hartnäckig jedem
Abkommen widersetzte, mit dem das Restitutionsedikt geopfert wurde,
bemerkte, »wenn die Franzosen in Deutschland eingreifen, wird der Kaiser
gezwungen sein, mit Sachsen um jeden Preis Frieden zu schließen«. Deshalb
war es durchaus sinnvoll, frühzeitig zu einer Einigung zu kommen. Der prag-
matische Primas von Ungarn, Kardinal Pázmány, erklärte sich mit jedem Vertrag mit Sachsen einverstanden, »solange die katholische Religion in den Erblanden bewahrt bleibt und kein anderes Bekenntnis zugelassen wird« (Repgen
1962, S. 337, Anm. 124, S. 333, Anm. 116, S. 335 f.).

Im Februar 1635 legte Ferdinand seine Friedensvorschläge einem Gremium
von 24 Theologen vor, dem auch sein vertrauter Beichtvater angehörte.
Lamormaini, der wie immer, wenn es um Angelegenheiten des Kaisers ging,
die göttliche Vorsehung beschwor, deutete den großen Sieg in der Schlacht bei
Nördlingen als weiteres Zeichen des göttlichen Schutzes und sprach sich
gegen jede Friedensvereinbarung mit den Protestanten aus. Diesmal stimmten
jedoch nur sechs Mitglieder des Gremiums mit ihm. Die Mehrheit war der
Meinung, dieser Sieg sei nur mit knapper Not erfochten worden, und diesem
Urteil schloß sich der Kaiser an. Noch im selben Monat wurde nicht nur mit
Sachsen, sondern auch mit Brandenburg, das wegen Pommern nach wie vor
einen tiefen Groll gegen Schweden hegte, ein Waffenstillstand geschlossen.
Am 30. Mai wurde unter allgemeinem Jubel der Prager Friede verkündet. Die
sächsische Armee, die noch Teile Schlesiens besetzt hielt, wurde jetzt in das
kaiserliche Heer integriert (ebenso wie – zu Maximilians großem Bedauern –
die bayrischen Truppen), und die meisten lutherischen Staaten beeilten sich,
mit dem Kaiser zu denselben Bedingungen Frieden zu schließen wie die

beiden Kurfürsten. Oberst Brandenstein, dessen Überlassung katholischer Ländereien an die protestantischen Truppen so viel Elend nach sich gezogen hatte, wurde gefangengesetzt und starb 1640 in einem sächsischen Schuldturm. Wer wie Wilhelm von Hessen-Kassel eine Versöhnung ablehnte und sich statt dessen auf die großzügig gegebenen und kaum gehaltenen Hilfsversprechen Frankreichs und der Niederlande verließ, der wurde von den neuen, vergrößerten kaiserlichen Armeen unbarmherzig angegriffen und zur Strecke gebracht. Der calvinistische Landgraf wurde von einer Streitmacht unter dem Kommando seines lutherischen Rivalen Georg von Hessen-Darmstadt aus seinem Territorium verjagt und starb völlig verarmt im Exil. Noch im Spätjahr 1635 wurde die Mainz vorgelagerte mächtige Festung Gustavsburg belagert, deren 5 000 Mann starke Besatzung sich 1636 ergab. Jetzt hielt nur noch Hanau für die protestantische Sache aus, doch auch diese Stadt fiel 1637 trotz ihrer umfangreichen Verteidigungsanlagen und eines verzweifelten Widerstandes. Die Schweden hatten bereits Bremen und Verden ihrem alten Rivalen Christian IV. von Dänemark abgetreten.

Der Prager Friede markierte einen entscheidenden Wendepunkt des Dreißigjährigen Krieges. Auf der einen Seite spielte von nun an der religiöse Aspekt der Auseinandersetzung eine wesentlich geringere Rolle als bisher. Jetzt standen sich nicht mehr Protestanten und Katholiken in fast monolithischen Blöcken gegenüber, und die extremen Katholiken hatten kein Monopol mehr auf die Reichspolitik. Die Ablehnung der immer wieder hartnäckig vorgetragenen Ratschläge Lamormainis war in diesem Zusammenhang von entscheidender Bedeutung: Die Gestaltung der Reichspolitik lag nunmehr in den Händen von Pragmatikern wie Trauttmansdorff (Präsident des Reichshofrats seit 1637), der erkannte, daß Opfer zu bringen waren, wenn die nach 1620 gemachten Eroberungen zurückgewonnen werden sollten. Doch der Friedensschluß mit den deutschen Lutheranern war nicht nur ein Triumph für die Pragmatiker; er war zugleich die Bestätigung der von Olivares verfolgten politischen Strategie, der seit über zehn Jahren den Kaiser drängte, sich mit seinen inneren Feinden zu einigen, um danach seine ausländischen Feinde zu schlagen und seine Mittel gegen die Niederlande und wenn nötig auch gegen Frankreich einzusetzen. Die Freude der Spanier über den Prager Frieden währte indessen nicht lange. Der Sieg über die Schweden bei Nördlingen, dem der Abfall so vieler ihrer Verbündeten auf dem Fuß folgte, stellte anscheinend die Fähigkeit Oxenstiernas in Frage, eine schlagkräftige Opposition gegen die Kaiserlichen wirkungsvoll anzuführen – vor allem, wenn diese auf weitere Unterstützung durch Spanien rechnen konnten. Das war der Grund, warum der König von Frankreich noch im selben Monat, als der Prager Friede verkündet wurde, Philipp IV. den Krieg erklärte.

4   Frankreichs »Diversionskrieg«

Der französischen Kriegserklärung gegen Spanien im Mai 1626 war am 26. März die Festnahme des Kurfürsten von Trier, eines Bündnisgenossen Frankreichs, durch einen Trupp spanischer Söldner vorausgegangen. In einer Beratung dieses Vorfalls gelangte der Staatsrat Ludwigs XIII. zu dem Schluß: »Der König kann nicht umhin, zu den Waffen zu greifen, um sich für die Beleidigung zu rächen, die ihm mit der Gefangennahme eines Fürsten angetan wurde, der unter seinem Schutz stand.« (Zit. n. Leman 1920, S. 492) Die Spanier behaupteten, dies sei nur ein Vorwand, und Frankreich hätte in jedem Fall den Krieg erklärt. Damit hatten sie nicht so ganz unrecht: In einer Geheimnote Ludwigs XIII. an Richelieu vom 4. August 1634 erörtert der König ausführlich das Für und Wider eines »mit aller Macht geführte(n) offene(n) Krieg(es) gegen Spanien, um einen vorteilhaften allgemeinen Frieden zu sichern« (*Acta Pacis Westfalicae* I, S. 18 ff.).[121] Ludwig XIII. seinerseits war zutiefst davon überzeugt, daß die Spanier nur darauf aus waren, in Frankreich einzufallen, wann immer ihnen die Gelegenheit dazu günstig schien, und auch diese Einschätzung war nicht unzutreffend. Der spanische Staatsrat hatte am 13. April 1634 darüber beraten, ob Frankreich der Krieg erklärt werden sollte, und obwohl die Entscheidung negativ ausfiel, wurde einen Monat später ein Bündnis mit Gaston d'Orléans geschlossen, dem mutmaßlichen Thronerben, der sich in den Spanischen Niederlanden als Verbannter aufhielt (vgl. Leman 1920, S. 382). In einer derart gespannten Lage sprachen gewichtige Gründe für einen französischen Präventivschlag, mit dem die habsburgischen Territorien zum Schlachtfeld wurden, statt daß »in den Eingeweiden« Frankreichs ein langwieriger Verteidigungskrieg geführt wurde (»une longue guerre dans ses entrailles«; du Plessis 1838, 2e série, VIII, S. 437).

Beide Seiten waren demnach mehr oder weniger darauf vorbereitet, die Feindseligkeiten zu eröffnen. Zwischen 1630 und 1635 war die französische Regierung mit den unterschiedlichsten Bundesgenossen Verpflichtungen eingegangen, die fast zwangsläufig irgendwann einen internationalen Konflikt auslösen mußten. Die bekanntesten Bündnisse wurden mit der Niederländischen Republik und – Anfang 1631 – mit Schweden geschlossen (zwischen Frankreich und den Niederlanden bestand seit 1624 ein Subsidienvertrag, der im Juni 1630 erneuert und dessen vereinbarte Summe im April 1634 erhöht wurde; der Vertrag mit Schweden wurde mit dem Tod Gustav Adolfs vorübergehend außer Kraft gesetzt, da er zwischen Königen geschlossen worden war und mit dem Ableben eines der Vertragspartner automatisch erlosch, jedoch im April 1633 erneuert). Der Zweck dieser Bündnisse bestand darin, gegen Habsburg einen Stellvertreterkrieg zu führen und eine offene Einmischung Frankreichs in den europäischen Krieg zu vermeiden, da diese innenpolitisch höchst umstritten war. An der »journée des dupes« (10. Nov. 1630) wäre es Richelieus Gegnern beinahe geglückt, ihn seiner Macht zu entheben, und die Kritik an seiner Außenpolitik – insbesondere an der Einmischung in den Mantuanischen Erbfolgekrieg – hatte in ihren Beschwerden eine besondere Rolle gespielt. Die durch innenpolitische Verschwörungen und Aufstände bedingte Unsicherheit war ein wesentlicher Grund für den Aufschub einer direkten französischen Einmischung in den deutschen Konflikt.

Neben dieser innenpolitischen Bedrohung mußten auch außenpolitische Aspekte berücksichtigt werden, insbesondere die Verwundbarkeit der französischen Grenze bei feindlichen Angriffen sowie die geographische Nähe der beiden von Habsburg abhängigen Herzogtümer Savoyen und Lothringen, deren Herren immer wieder adligen Gegnern der französischen Regierung Zuflucht gewährt oder diese anderweitig unterstützt hatten. Ludwig XIII. und sein Kanzler beschlossen, den ersten Schlag gegen Karl Emanuel von Savoyen zu führen, der 1628 den für ihn verhängnisvollen Versuch unternommen hatte, Montferrat auf Kosten des französischen Anwärters, des Herzogs von Nevers, zwischen sich und Spanien zu teilen. Mit stillschweigendem Einverständnis des Papstes fiel Frankreich 1629 und 1630 in Savoyen ein und gewann zunächst die Festung Susa und später das strategisch bedeutsamere Pinerolo. Viktor Amadeus I., der seinem Vater 1630 als Herzog von Savoyen folgte, trat Pinerolo endgültig an Frankreich ab (entgegen den Bestimmungen des Friedens von Cherasco, nach denen sich Frankreich und Spanien aus allen eroberten Gebieten zurückziehen sollten), und 1635 gehörte Savoyen zu den wenigen Mitgliedern einer von Frankreich veranlaßten Liga gegen das Vordringen Habsburgs in Italien.

Der Zwist mit Karl IV. von Lothringen lag verworrener. Zum Teil ging es um Rechtsfragen: Das Herzogtum Bar wurde von der französischen Krone als Lehensgut beansprucht, für das Herzog Karl keine Huldigung geleistet hatte (ein Versäumnis, das er erst 1641 nachholte); weitere Gebiete, die eigentlich der Souveränität des französischen Königs unterstanden, waren angeblich »usurpiert« worden, und Kaiser Ferdinand wiederum erklärte, das Herzogtum Lothringen sei schlicht und einfach ein Reichslehen. Diese Streitigkeiten hätten keine große Bedeutung erlangt, wenn Herzog Karl nicht zweimal zwischen 1629 und 1632 Gaston d'Orléans in seinem Land Zuflucht gewährt und ihm die Heirat mit seiner Schwester ohne die Einwilligung Ludwigs XIII. ermöglicht hätte. Darüber hinaus hatte der Herzog 1630 kaiserlichen Truppen gestattet, die beiden Festungen Vic und Moyenvic zu besetzen, welche die Straße von Straßburg nach Nancy beherrschten. Im Dezember 1631 erließ der französische König ein Ultimatum für den Rückzug dieser kaiserlichen Besatzung; nachdem es keine Beachtung fand, kam es im Verlauf der nächsten beiden Jahre zu drei Einfällen Frankreichs. Jedesmal unterwarf sich der Herzog und versprach, den Habsburgern keine Hilfe zu leisten, wofür er sich mit seinen Ländern verbürgte, und jedesmal wurde er wieder wortbrüchig. 1634 brach schließlich jeder Widerstand gegen die Besatzungsarmee Ludwigs XIII. zusammen, es wurde eine französische Verwaltung eingerichtet, und der Herzog ging als General unter den Habsburgern in ein Dauerexil, das mit Ausnahme eines kurzen Intermezzos 1641 28 Jahre währen sollte.

Im Fall Savoyens und Lothringens hatte der französische König seine Grenzen verstärkt, indem er einen unzuverlässigen Nachbarn kaltstellte bzw. vertrieb. Seit Dezember 1631 steckte er sich jedoch weit höhere Ziele: Ludwig XIII. erbot sich, alle katholischen Fürsten zu unterstützen, die seine Hilfe gegen spanische oder schwedische Heere benötigten. Von den drei geistlichen Kurfürsten im Rheinland machte nur der von Trier Gebrauch von diesem Angebot, dafür war jedoch sein Gebiet strategisch bei weitem das wichtigste. Entscheidend waren hier die mächtigen Festungen von Koblenz und Ehrenbreitstein sowie Philippsburg, das dem Kurfürsten in seiner Eigenschaft als Bischof von Speyer unterstand. Im April 1632 erkannte Gustav Adolf die Neutralität des Kurfürstentums an und stimmte zu, daß diese drei Stützpunkte von den Franzosen besetzt werden sollten (die beiden erstgenannten wurden im Mai und Juni 1632 übernommen, Philippsburg dagegen erst im August 1634, und seine Rückeroberung im Januar 1635 durch eine habsburgische Streitmacht war ein wesentlicher Faktor, der die Entscheidung Frankreichs zur Intervention in den Krieg beschleunigte). Trier war allerdings nur der Prüfstein für die Ernsthaftigkeit des französischen Angebots; sobald der Krieg beendet war, würde es seine frühere Stellung innerhalb des Reiches wiedereinnehmen. Dasselbe galt für die folgenden Schutzverträge, die von 1633 bis 1636 mit den überwiegend protestantischen Herrschern im Elsaß geschlossen wurden. Die Verworrenheit der konkurrierenden territorialen Rechtsansprüche im Elsaß, die miteinander im Streit liegenden Interessen Frankreichs, der Schweizer Kantone und der Habsburger im Verein mit dem Machtvakuum aufgrund der weit entfernt ansässigen erzherzoglichen Regierung, dies alles begünstigte indessen mit der Zeit den Ausbau der politischen und militärischen Oberhoheit Frankreichs in dieser Region. Bis zur Schlacht bei Nördlingen genügte Frankreich im Elsaß gerade so viel Macht, daß der

Zugang zum Rhein gesichert blieb; danach mußte es dort unbedingt über die Machtmittel verfügen, mit denen sich verhindern ließ, daß sich die Habsburger am Ostufer des Flusses festsetzten. Deshalb drängte Richelieu von 1634 bis 1636 verstärkt darauf, die elsässischen Gebiete zu französischen Protektoraten zu machen, und bemühte sich anschließend darum, diese neuen Schutzverhältnisse in bindende Herrschaftsverhältnisse umzuwandeln.

Die Wahl des genauen Zeitpunktes für die Kriegserklärung an Spanien war von taktischen Erwägungen bestimmt: Der erfolgreiche Feldzug des Kardinalinfanten, der Spanien bewog, 1634 Frieden zu halten, bewog Frankreich dazu, ihn 1635 zu brechen. Die siegreiche Zerschlagung der schwedischen Armee bei Nördlingen und der Zerfall der Heilbronner Liga machten ein entschlossenes Eingreifen Frankreichs unumgänglich, um eine schwedische Kapitulation zu verhindern. Zunächst sollte diese Intervention allerdings begrenzt und indirekt sein. Frankreich wollte zwar einen machtvollen »Diversionskrieg« führen, aber gleichzeitig das Engagement in Deutschland auf ein Minimum beschränken. Dieser Strategie lag die Annahme zugrunde, daß die größte Bedrohung der Sicherheit Europas nicht vom Kaiser ausging, sondern vom spanischen König, und wenn dessen Macht entscheidend geschwächt würde, dann würde der Kaiser, wie man in Frankreich glaubte, keinen Krieg mehr »nach Lust und Laune der Spanier« machen *(Acta Pacis Westfalicae* I, S. 47). Sicherlich traten die Franzosen für »Frieden und Freiheit in Deutschland« ein, für eine gerechte Behandlung der Ansprüche aller beteiligten Parteien auf einem freien Reichstag (auf dem Frankreich als vollberechtigtes Mitglied vertreten sein würde) und für ein interkonfessionelles Bündnis gegen den Versuch, in Deutschland eine Habsburger Monarchie zu errichten; auch hatte Richelieu keineswegs sein Ziel aus den Augen verloren, Maximilian von Bayern auf die Seite Frankreichs zu ziehen, und war sogar bereit, dafür dessen neuerworbene Kurwürde anzuerkennen. Aber die französische Kriegserklärung richtete sich gegen Spanien und nicht gegen den Kaiser. Die Franzosen kämpften 1635 in Deutschland im Namen Schwedens, und alle Operationen der französischen Truppen auf dem Boden des Reiches wurden streng überwacht.

Seit Gustav Adolfs Tod hatte Richelieu damit gerechnet, daß der Oberbefehl über die Truppen der Habsburggegner in Deutschland an Bernhard von Sachsen-Weimar übergehen würde, da dieser als General über die größte Erfahrung sowie über ein eigenes Söldnerheer verfügte; als einem Lutheraner mit eigenen territorialen und dynastischen Ansprüchen konnte man ihm freilich den Befehl über französische Truppen unmöglich anvertrauen. Deshalb hatten die 1635 in Lothringen und Deutschland stehenden französischen

Streitkräfte ihre eigenen Befehlshaber (den Herzog von La Force bzw. den Kardinal de la Valette mit dem Vicomte von Turenne als stellvertretendem Kommandeur), ihr eigenes Nachschubsystem und ein eigenes Finanzwesen, das von französischen Armeeintendanten beaufsichtigt wurde. Falls also Bernhard von Sachsen-Weimar die Seiten gewechselt hätte, so wäre das für Frankreich zwar ein empfindlicher Schlag gewesen, aber es hätte nicht das völlige Verderben bedeutet. Über die Stärke der französischen Truppen an allen Fronten in den Jahren 1634–1636 liegen unterschiedliche Schätzungen vor. Die niedrigste geht von 9 500 Mann Reiterei und 115 000 Mann Fußvolk aus, doch auch diese Zahlen können noch zu hoch gegriffen sein und lassen keine endgültige Überprüfung zu, da keine vollständigen Stammrollen aus dieser Zeit erhalten geblieben sind. Wenn man berücksichtigt, daß 6 000 Berittene und 20 000 Mann Fußtruppen 1635 am niederländischen Feldzug teilnahmen und weitere Truppen nach Savoyen und ins Veltlin kommandiert wurden, dann müssen die in Deutschland und Lothringen operierenden Armeen vergleichsweise klein gewesen sein. Um Lothringen vor einem 1635 drohenden Einfall der Kaiserlichen zu verteidigen, mußten 12 000 Mann angeworben werden, und für den Entsatz Corbies 1636 hoffte man 15 000 Reiter und 35 000 Fußsoldaten rekrutieren zu können. In den ersten Jahren des Krieges kämpften die meisten französischen Truppen außerhalb Deutschlands, und an manchen Fronten waren die Verluste verheerend: Während des niederländischen Feldzugs 1635 blieben von ursprünglich 26 000 Soldaten am Ende noch 8 000 übrig.[122]

Bei dieser hohen zahlenmäßigen Beteiligung an allen Fronten waren die Franzosen in Deutschland selbst natürlich vorsichtig; so wurde die Kriegserklärung an den Kaiser so lange aufgeschoben, bis der französisch-schwedische Beistandspakt im März 1636 in Wismar erneuert worden war. Das alles war nicht besonders nach dem Geschmack der Schweden. Frankreich zeigte sich zwar immer noch daran interessiert, das Bündnis mit Schweden fortzusetzen und dessen Ansprüche auf Pommern zu unterstützen, um »das Haus Österreich kurz zu halten«, und versprach sogar, Schweden nach dem Frieden den Rücken zu stärken, falls dies erforderlich würde (*Acta Pacis Westfalicae* I, S. 47); es war jedoch nicht bereit, Schweden freie Hand in der Führung eines Krieges zu lassen, der von Frankreich so nachhaltig mit Geld und Soldaten unterstützt wurde. Wohl trifft es zu, daß Feuquières, der französische Sonderbotschafter in Deutschland, zu einem bestimmten Zeitpunkt eine bedeutend höhere Unterstützung seines Landes in Aussicht stellte; aber selbst nach der Schlacht bei Nördlingen mußten die Botschafter der Heilbronner Liga im November 1634 in Paris zur Kenntnis nehmen, daß ihnen weit weniger angeboten wurde als eine Kriegserklärung an den Kaiser. Als Gegenleistung für ein Hilfsversprechen über 20 Jahre im Fall eines Angriffs von außen sollte Schweden an Frankreich die oberste Leitung der Kriegführung und die Kontrolle über die Verwendung der schwedischen Subsidien abtreten. Oxenstierna lehnte diesen Vorschlag natürlich ab, und Feuquières erhielt Anweisung, die französischen Subsidien so lange zurückzuhalten, bis der schwedische Kanzler zustimmen würde. Als es selbst dem schwedischen Sonderbotschafter Hugo Grotius nicht gelang, die Franzosen zur Nachgiebigkeit zu bewegen, sah sich Oxenstierna gezwungen, im Frühjahr 1635 dem französischen König und seinem ersten Minister persönlich einen Besuch abzustatten. Richelieu fand den Besucher »etwas grob und sehr gewieft« (Avenel 1853, Bd. IV, S. 735).[123] Dessen Vorstoß endete mit dem Vertrag von Compiègne am 28. April, in dem sich beide Parteien verpflichteten, die Protestanten in Deutschland mit Waffengewalt zu unterstützen, ohne daß eine von beiden einen Separatfrieden oder -waffenstillstand schloß. Der Umfang der französischen Truppen und auch der Subsidien wurde allerdings nicht festgelegt, und daran änderte sich auch nichts bis zum Vertrag von Wismar im März 1636. Ebensowenig konnte es Schweden gefallen, daß Richelieu schwedische Befehlshaber in französische Dienste zu ziehen versuchte, was ihm im Sommer 1635 mit Bernhard von Sachsen-Weimar als erstem gelang. Am 27. Oktober wurde ein formeller Vertrag geschlossen, nach dessen Bestimmungen Bernhard jährlich die Summe von 1,6 Millionen Talern erhielt (etwa das Vierfache der französischen jährlichen Subsidien), wofür er eine feldbereite Armee von 18 000 Mann zu unterhalten hatte. Seit dieser Zeit hatten die Franzosen die militärischen Operationen in Süddeutschland fest unter ihrer Kontrolle.

Daß Richelieu vergleichsweise wenig Mühe hatte, Bernhard von Sachsen-Weimar dem Schwedenkönig abspenstig zu machen, verrät etwas über die Stärke und zugleich die Schwäche der französischen Position. Die Schwäche lag in einem Mangel an erfahrenen Militärführern und kampferprobten Truppen. Montglat, ein stellvertretender Kommandeur, der an den meisten Feldzügen teilnahm und dessen Memoiren eine gute Darstellung der Kämpfe enthalten, berichtet, daß man damals einem Franzosen, der in den Niederlanden gedient hatte, zuhörte wie den Worten der Offenbarung. Er gelangte zu dem Schluß, daß die Franzosen während einer langen Zeit des Friedens die Kriegskunst verlernt hatten (Baron de Montglat 1838, 3 sér., V, S. 38). Diese Ausführungen mögen auf den ersten Blick überraschen, wenn man an die französischen Bürgerkriege nach 1620 denkt, an die Intervention im Veltlin 1624–1626, die Teilnahme am Mantuanischen Erbfolgekrieg 1628–1631 und an die Besetzung Lothringens 1632–1634, aber jeder Feldzug war nur von kurzer Dauer, und kaum einer von ihnen ließ sich als überwältigenden Erfolg bezeichnen. Die Franzosen mußten bis 1643 auf ihren ersten großen Sieg gegen die Spanier in einer offenen Feldschlacht (bei Rocroi) warten.

Demgegenüber lag die große Stärke der französischen Position wenigstens zum Teil in der relativ passiven Rolle, die Frankreich zwischen 1618 und 1635 im deutschen Konflikt gespielt hatte. Jetzt trat Frankreich unverbraucht auf den Plan und war in der Lage, einen an mehreren Fronten gleichzeitig geführten Krieg zu finanzieren. Genau aus diesem Grund hatte Richelieu eine französische Intervention so lange wie möglich hinausgezögert (wenn man einmal davon absieht, daß er innenpolitisch seine Kritiker und den aufständischen Hochadel niederringen mußte). Deshalb war es auch möglich, auf dem tiefsten Punkt des Schicksals der schwedischen und der protestantischen Sache in Deutschland eine bis an den Rand gefüllte neue Kriegskasse bereitzustellen, mit der sich weder die kaiserliche noch die des spanischen Königs messen konnte (s. *Tabelle 4*). Auf der Basis der damals gültigen Wechselkurse betrugen die französischen Kriegsausgaben 1635 an allen Fronten (auch der mittelmeerischen) 16,5 Millionen Taler. Die durchschnittlichen Ausgaben zwischen 1636 und 1639 betrugen jährlich knapp unter 13 Millionen, und von 1640–1645 fast 16 Millionen Taler (Bonney 1981, S. 306 f.).[124] Das war in der Tat ein machtvoller »Diversionskrieg«. Auch wenn der Zustrom von Kapital nicht zwangsläufig einen militärischen Erfolg garantierte, so bildete die französische Finanzkraft doch einen neuen Faktor im Mächtegleichgewicht, vor allem deshalb, weil sie in dem langen Erschöpfungskrieg, zu dem der deutsche Krieg inzwischen geworden war, sehr spät wirksam wurde.

Tatsächlich klappte trotz dieses Mitteleinsatzes in den beiden ersten französischen Feldzügen so gut wie nichts. 1635 hatte man noch die Hoffnung gehegt, ein unvermuteter Schlag gegen die spanische Position in den Niederlanden, in Italien und im Veltlin werde Philipps IV. Stellung schwächen und einen Aufstand seiner unzufriedenen Untertanen besonders in den Spanischen Niederlanden auslösen (wo sich diese Hoffnung 1632 fast erfüllt hatte). Es kam jedoch nicht zu einem Aufstand, und als er 1640 überraschend doch noch ausbrach, war es nicht in den Niederlanden, sondern völlig unerwartet auf der iberischen Halbinsel. Der französisch-holländische Feldzug von 1635 war ein völliger Fehlschlag – keines der gesteckten Ziele wurde erreicht, am wenigsten eine Spaltung der Spanischen Niederlande –, und er endete mit gegenseitigen Beschuldigungen der Verbündeten. Der spanischen Armee in Flandern gelang es, mehrere Städte zurückzuerobern und die französischen Eindringlinge zurückzuschlagen (die von den Holländern von der Seeseite her fortgeschafft werden mußten). Als diese Armee 1636 in Frankreich einfiel,

Tabelle 4: Frankreichs Militärausgaben 1618–1648

Jahr	Militärausgaben in Millionen Talern	innenpolitische Konflikte	äußere Kriegsereignisse
1618	3,2		
1619	4,5	Aufstand der	
1620	5,2	Königinmutter	
1621	7,5	1. Hugenotten-	
1622	9,0	aufstand	
1623	4,8		
1624	4,6		
1625	6,9	2. Hugenotten-	Veltliner
1626	4,9	aufstand	Krieg
1627	5,7		Englische Invasion
1628	7,8	3. Hugenotten-	Mantuanischer
1629	7,4	aufstand	Erbfolgekrieg
1630	9,2		
1631	6,0		
1632	7,4	Aufstand Gaston	Besetzung
1633	6,7	d'Orléans	Lothringens
1634	9,9		
1635	16,5		Kriegserklärung an Spanien
1636	13,5		Habsburger Invasion
1637	11,0		in Frankreich
1638	12,8		Breisach
1639	12,8	Bauernaufstand (Normandie)	
1640	12,5		
1641	13,4	Aufstand Graf de Soissons	Französische Hilfe
1642	13,0	Verschwörung vom 5. März	für Katalonien
1643	19,4	Intrige der *„Importants"*	Rocroi; Tuttlingen
1644	19,0		Freiburg
1645	18,0		Allerheim
1646	15,4		
1647	15,8		
1648	13,0	Beginn der Fronde	Zusmarshausen; Lens

Quelle: R. J. Bonney, *The King's Debts. Finance and Politics in France, 1589–1661*, Oxford 1981, Appendix II, Tab. 2.

taten die Niederländer nichts, um sie davon abzuhalten. Und auch in Italien wurde nichts Wesentliches erreicht, bis es den Franzosen 1639 gelang, Turin zu entsetzen und den Krieg bis an die Grenzen zur Lombardei zu tragen. Die französische Besetzung des Veltlins unter Rohan (dem früheren Heerführer

der Hugenotten) begann sehr hoffnungsvoll, bis der unregelmäßige Eingang
der Subsidien 1637 einen allgemeinen Aufstand in den Tälern gegen alle auswärtigen Besatzer auslöste. Bernhard von Sachsen-Weimar und Kardinal de la
Valette kommandierten im September 1635 gemeinsam einen Einfall Frankreichs in Süddeutschland, doch der kaiserliche Befehlshaber Gallas hätte beinahe ihre Verbindungslinien in der Nähe Frankfurts abgeschnitten, und die
Invasionstruppen mußten einen dreizehntägigen Gewaltmarsch hinter sich
bringen, bis sie in Lothringen wieder sicheren Boden unter den Füßen hatten.
    Richelieu konnte natürlich sein Mißvergnügen über den ausbleibenden
Erfolg des ersten französischen Feldzugs kaum verhehlen. Wie es heißt, war
er darüber »erstaunt«, daß dieses Militärunternehmen trotz der »vielen Millionen«, die man dafür aufgewendet hatte, gescheitert war (Baron de Montglat
1838, S. 38). Im Februar 1636 warf er den Finanzministern ungerechtfertigte
Verzögerungen bei der Weiterleitung der Kriegsgelder vor: »Ich sage das . . .,
ohne Streit (zu suchen), aber mit großem Befremden und Mißvergnügen: . . .
Die Angelegenheiten entwickeln sich nicht so, wie es der Dienst des Königs
und das Wohl des Staates erfordern . . .« (Zit. n. Avenel 1853, Bd. V, S. 965)
Die Minister erwiderten, sie täten alles, was in ihrer Macht stehe, befürchteten
jedoch einen allgemeinen Bankrott, der Frankreich zu einem Waffenstillstand
zu sehr nachteiligen Bedingungen zwingen und ein Ende des »Diversions-
kriegs« bedeuten könnte (Bullion und Bouthillier an Richelieu, 22.2.1636; in:
AMAE, Mémoires et Documents: France, Vol. 820, Bl. 131). Der König
mußte sich zwischen seinen Ministern entscheiden, da Bullion, der oberste
Intendant der Finanzen, dem seit fast sechs Jahren als Kriegsminister amtie-
renden Abel Servien die Schuld an den Fehlschlägen gab. Im März 1636 wurde
Servien zum Rücktritt gezwungen. Sein Nachfolger, der bis April 1643 im
Amt blieb, war François Sublet des Noyers. Er verfügte über beträchtliche
Erfahrungen in der Finanz- und Militärverwaltung (als Heeresintendant hatte
er an der Planung eines neuen Verteidigungskonzepts für Nordfrankreich
mitgearbeitet), was sich in der Krise von 1636 als ein unschätzbarer Vorteil
erwies.
    Der zweite Feldzug Frankreichs nahm einen völlig anderen Anfangsver-
lauf: Bernhard von Sachsen-Weimar versuchte, ins Elsaß vorzustoßen, wo die
Franzosen bereits Protektorate besaßen, und Condé belagerte Dôle in der
Franche-Comté. Im Spätherbst wurden die kämpfenden zu flüchtenden
Truppen. Condé mußte spät im Oktober die Belagerung abbrechen, um
Dijon vor der Eroberung durch ein Invasionsheer unter Gallas zu retten, und
der Vorstoß der Kaiserlichen wurde weniger durch französischen Widerstand
als durch den schwedischen Sieg bei Wittstock und das Hochwasser der Saône

aufgehalten. Auch in Nordfrankreich rückten die Habsburger in einer spektakulären Erfolgsserie vor, zum Teil aufgrund der übereilten Kapitulation dreier Festungskommandanten, die später wegen Feigheit vor dem Feind zum Tod verurteilt wurden (Le Bec von La Capelle, Saint-Léger von Le Câtelet und Soyecourt von Corbie). Dieses Invasionsheer aus spanischen und kaiserlichen Truppen drang von den südlichen Niederlanden aus in Frankreich ein und nahm am 15. August Corbie, eine Stadt an der Somme, etwa 140 Kilometer von Paris. Diese Festung wurde erst am 9. November zurückerobert (s. *Karte 3*). Hätte zu dieser Zeit die geplante Invasion des Languedoc von Spanien aus stattgefunden (tatsächlich wurde sie auf das kommende Jahr verschoben), dann wäre Frankreich möglicherweise zu einer schmählichen Kapitulation gezwungen worden. Damit war für die Habsburger eine große Gelegenheit unwiederbringlich verloren. Im Vergleich mit der *année de Corbie* waren die späteren Invasionen in Frankreich nur noch halbherzige Versuche.

In den drei folgenden Jahren blieb der Ausgang des Kriegs in der Schwebe. Die Franzosen verbanden eine überehrgeizige Strategie mit einer unterentwickelten Kriegskunst und einer schlecht vorbereiteten Kriegsmaschine.[125] Die großen französischen Heerführer – Harcourt, Condé der Jüngere und Turenne – hatten entweder nicht von der Pike auf gedient oder es fehlte ihnen auf andere Weise die Mittel, sich gegen den Feind zu behaupten. Einer der wenigen französischen Erfolge in den ersten vier Jahren war die Einnahme Breisachs im Dezember 1638 durch Bernhard von Sachsen-Weimar; doch selbst das hätte sich für Frankreich als ein trügerischer Gewinn erweisen können, wäre der Sieger nicht im Juli des folgenden Jahres ohne männlichen Nachkommen gestorben, denn Frankreich hatte zugestimmt, daß Bernhard in den Teilen des Elsaß, die er mit der finanziellen Unterstützung des französischen Königs eroberte, seine eigene Dynastie begründete. Durch seinen Tod profitierte Frankreich von allen Vorteilen dieses politischen Handels, ohne dessen Risiken künftig fürchten zu müssen (Livet 1956, S. 68 und 78 f.). Bernhards Nachfolger Erlach war ebenfalls Lutheraner, und es gab Befürchtungen, er könnte sich wieder einem Bündnis mit den Schweden zuwenden (so z.B. Bullion an Richelieu, 1639; in: AMAE, Mémoires et Documents: France, Vol. 834, Bl. 11v)[126], aber seine Loyalität kam nicht ins Wanken, da die Franzosen seine Subsidien regelmäßig bezahlten. Abgesehen davon wurden ihm nicht dieselben dynastischen Rechte eingeräumt wie Bernhard.

Obgleich die großen französischen Siege im Krieg gegen die Habsburger sich erst nach dem Aufstand der Katalonier im Mai 1640 einstellten, waren die Jahre des »Diversionskrieges« nicht gänzlich nutzlos gewesen. Keine Frage, daß Frankreich sich als unfähig erwiesen hatte, im Krieg um die deutschen

Freiheiten seine eigene Lösung durchzusetzen – dazu hätte es sowohl einer Wiederauferstehung der schwedischen Militärmacht als auch eines Verzichts der deutschen protestantischen Fürsten auf den Prager Frieden bedurft. Aber Frankreich hatte immerhin – wenn auch um den Preis drückender Steuerlasten im eigenen Land und der Vernichtung von Leben und Gut im Ausland – der protestantischen Partei durch die Schaffung von Einfallspforten nach Deutschland wie Ehrenbreitstein, Philippsburg und vor allem Breisach eine wichtige taktische Unterstützung gewährt. Die eigentliche Errungenschaft des »Diversionskrieges« bestand jedoch darin zu verhindern, daß es jemals ein zweites Nördlingen – eine Lösung des Konflikts durch die beiden Häuser Habsburgs – geben würde.

Kapitel V

Der Frieden rückt näher

In der langen Entwicklung, in deren Verlauf aus dem böhmischen Aufstand ein großer europäischer Krieg wurde, spielten drei Ereignisse eine wesentliche Rolle, die jeweils eine neue Phase des Geschehens einleiteten: die Einmischung Friedrichs von der Pfalz und Spaniens 1619, die Landung Gustav Adolfs in Pommern 1630 und – so paradox es klingt – der Prager Friede im Mai 1635. Dieser Friede versöhnte zwar den Kaiser mit vielen seiner Feinde, aber jetzt wurde die Rolle der Habsburggegner fast ausschließlich von außerdeutschen Fürsten übernommen. Nicht daß jetzt mehr Länder in den Krieg verwickelt gewesen wären als zuvor (vgl. Tabelle 5) – das Gegenteil war der Fall. Geändert hatte sich jedoch die Interessenlage der Beteiligten. Außerhalb des Reiches war kaum noch die Rede von der »protestantischen Sache«, und auch die »deutschen Freiheiten« lagen nur noch wenigen am Herzen. Die Staatsmänner, die jetzt den Krieg beherrschten, sahen in Deutschland hauptsächlich einen Kriegsschauplatz. Die Kosten und Folgen ihrer Politik für das Reich bereiteten diesen Männern wenig Kopfzerbrechen; ihnen ging es allein um ihren Vorteil und ihr Ansehen.

Es liegt vielleicht nahe, Richelieu und (seit 1643) Mazarin als die Hauptvertreter der neuen »Realpolitik« in den Vordergrund zu stellen, obwohl sie in dieser Hinsicht weniger Einfluß ausgeübt haben als Oxenstierna. Frankreich kämpfte an mehreren Fronten gleichzeitig und verteilte seine Kräfte fast gleichmäßig auf den Krieg mit Italien, Spanien, den Niederlanden und dem Reich; daß es gegenüber Schweden im deutschen Krieg unterlegen war, stand außer Frage. Das läßt sich vor allem an der Größe der gegen den Kaiser aufgestellten Heere ablesen: Oxenstierna befahl über rund doppelt soviele Söldner wie Mazarin. Selbst 1648, bei Kriegsende, standen 127 schwedische, 52 französische und 43 hessische Garnisonen im Reich mit insgesamt (einschließlich der Feldarmeen) 915 schwedischen, 432 französischen und 224 hessischen Kompanien (KrA, *Historiska planscher*, 1648, Bl. 24, »Amore pacis: geogra-

phische Carten von gantz Teutschland«).[127] In den späteren Phasen des
Krieges hielt Schweden die Initiative so fest in der Hand wie der Kaiser in den
Jahren zwischen 1620 und 1630. Spätestens seit dem Prager Frieden standen
die schwedischen Ziele und Forderungen im Mittelpunkt der Kriegführung
und der Friedensverhandlungen. Deshalb ist die Kenntnis der fast zehn Jahre
währenden und teilweise erbittert geführten Debatte um die schwedische
Außenpolitik im Regentschaftsrat für ein angemessenes Verständnis der
zweiten Hälfte des Krieges unabdingbar.

1   Das schwedische Dilemma

Mit dem Tod Gustav Adolfs nahm die schwedische Beteiligung am deutschen
Krieg einen prinzipiell anderen Charakter an. Das Vorhaben, die Reichsverfassung zu ändern, und ähnliche Pläne, die er gehegt haben mochte, wurden
unverzüglich aufgegeben. Noch vor seinem Tod äußerten einige Mitglieder
des Staatsrates in Stockholm, Schweden habe seine Kriegsziele erreicht, so
daß es sinnlos sei, die Kämpfe fortzusetzen. Oxenstierna war nicht dieser
Meinung. Zwar teilte er mit vielen seiner Kollegen im Rat die Überzeugung,
daß Schweden sich jetzt aus dem Krieg zurückziehen müsse, aber seine Vorstellungen, wie dies am besten zu bewerkstelligen sei, deckten sich nicht
immer mit den ihren. Auch wenn das Ziel nunmehr ein Frieden war, blieben
doch zwei wichtige Fragen unbeantwortet: Mit welchen Mitteln und zu welchen Bedingungen sollte er erreicht und geschlossen werden? Oxenstierna
hegte nie einen Zweifel daran, daß er nach Möglichkeit von einer Position der
Stärke aus verhandeln mußte; und obwohl ihn die Umstände dazu zwangen,
dieses Prinzip zu verletzen, tat er dies immer nur vorübergehend und mit
tiefem Widerwillen. Der sicherste Weg zum Frieden war für Schweden demnach die Fortsetzung der Kämpfe, allerdings nicht mehr nach den bisher ange-
wandten Methoden. Im Frühjahr 1633 begann Oxenstierna, alle rein schwedischen Einheiten aus Mitteldeutschland an die Küste zu verlegen, und er hatte
es sich zum Grundsatz gemacht, daß die Verantwortung für die Fortsetzung
des Krieges künftig bei den deutschen Fürsten selbst liegen müsse. Von nun
an würde Schweden dem Krieg zwar »seinen Namen leihen«, ließ er am 4.
Februar 1633 den Staatsrat wissen, aber darüber hinaus sich nach Möglichkeit
zurückhalten. Der eigentliche Krieg sollte von Stellvertretern geführt werden
(in: RAOSB, 1. Folge, VII, S. 162; vgl. Memorandum für Johan Oxenstierna
28. Aug. 1634; in: ebd., XII, S. 324f.).[128] Mehr als alles andere mußte

Tabelle 5: Die am Dreißigjährigen Krieg beteiligten Länder und Staaten

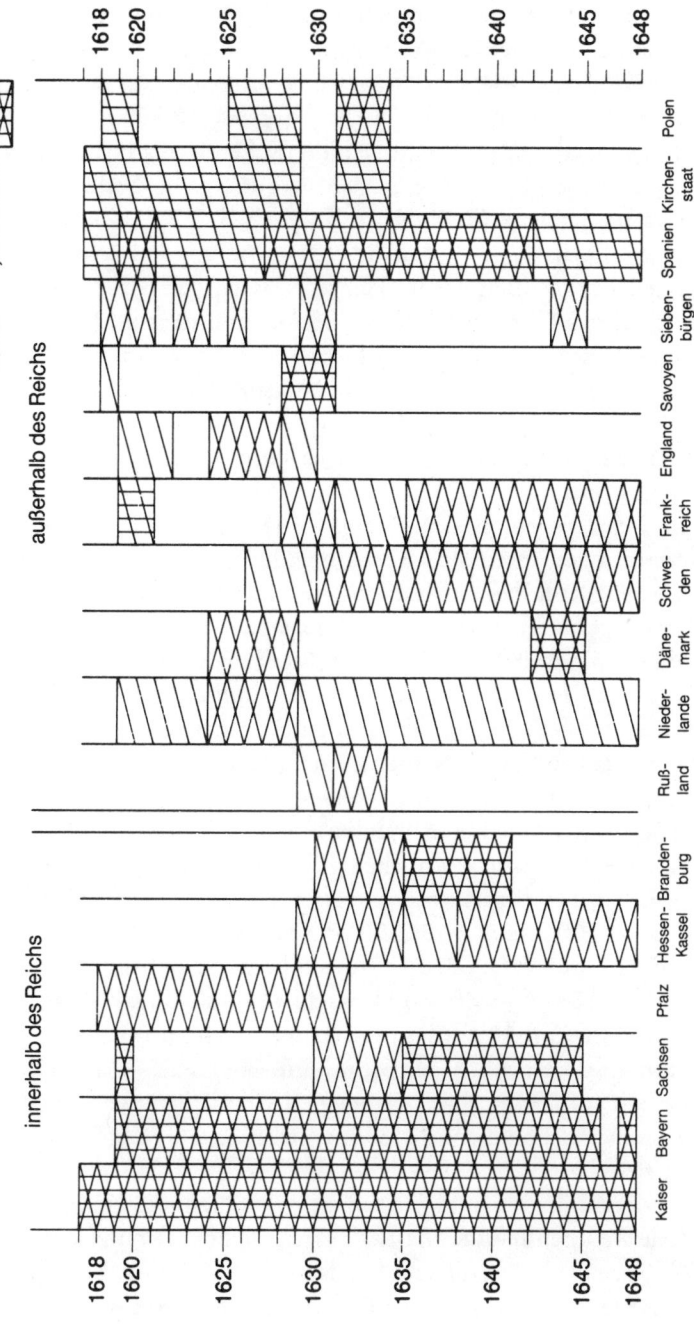

Schweden jetzt darauf bedacht sein, sich vor möglichen Angriffen der Nachbarländer – Dänemarks und insbesondere Polens – zu schützen. »Der polnische Krieg«, schrieb Oxenstierna wenig später (am 28. Oktober 1634) an den General Banér, »ist unser Krieg; Sieg oder Niederlage sind unser Sieg und unsere Niederlage. Von diesem deutschen Krieg weiß ich nichts, als daß wir hier unser Blut für unseren Ruf vergießen und dafür nichts als Undank zu erwarten haben.« (RAOSB, 1. Folge, XII, S. 633) Für ihn folgte daraus, wie er dem Staatsrat am 7. Januar 1635 mitteilte, daß Schweden »diese deutsche Angelegenheit den Deutschen überlassen (muß), den einzigen, die daraus noch etwas Gutes machen können ... und deshalb hier kein Geld mehr für Menschen und Material ausgeben, sondern mit allen Mitteln versuchen (sollte), sich (aus dem Streit) herauszuziehen« (RAOSB, 1. Folge, XIII, S. 27).

In dieser Einschätzung der Lage wurde Oxenstierna von den übrigen Ratsmitgliedern nachhaltig unterstützt. Alle waren sich jedoch darin einig, daß ein Friedensschluß drei Hauptforderungen Schwedens Rechnung tragen mußte: zum ersten die »Abtragung der Dankesschuld«, die ihnen nach ihrer Meinung von den protestantischen Ländern zustand, denen sie gegen den Kaiser geholfen hatten, und die sie sich in Form umfangreicher Übertragungen deutscher Gebiete vorstellten; zweitens die schwedische Herrschaft über alle Ostseehäfen, um sich vor feindlichen Invasionen zu schützen; als drittes schließlich die Verwirklichung eines umfassenderen Sicherheitskonzepts, das zur Voraussetzung hatte, daß alle habsburgischen Ansprüche auf eine Vorherrschaft in Deutschland zunichte gemacht wurden. Gustav Adolf hatte diesen Gedanken bereits mit den Worten zum Ausdruck gebracht: »Wenn ein Kurfürst unbehelligt als Kurfürst sein Land regieren kann und wenn ein Herzog ein Herzog ist mit allen seinen Freiheiten, dann sind wir sicher.« (*Handlingar rörande Skandinaviens Historia*, 3. Folge, VII, S. 423 und 427 und VIII, S. 315, Protokolle der Reichsratssitzungen vom 22. Jan. 1639 und 14. Nov. 1640) Deutschland mußte also wieder in seinen »freien« Zustand von 1618 zurückversetzt werden – im Interesse nicht nur und nicht einmal hauptsächlich der protestantischen Sache, sondern Schwedens. Das war ein politisches Ziel, bei dem geflissentlich außer acht gelassen wurde, daß es im Deutschland von 1618 für eine Entschädigung Schwedens keinen Raum gegeben hatte.

Die Heilbronner Liga (s. *Karte 3*) schien sich der meisten schwedischen Ziele anzunehmen: Sie hatte sich verpflichtet, für die deutschen Freiheiten zu kämpfen und diesen Kampf so lange fortzusetzen, bis Schweden seine angemessene Entschädigung erhalten hatte; sie stand fest unter Oxenstiernas Leitung, und mit ihrer Gründung war Richelieus Plan gescheitert, Johann Georg zum Nachfolger Gustav Adolfs zu machen, und zumindest der Absicht nach stellte sie die Mittel bereit, die für den von Schweden gewünschten Stellvertreterkrieg benötigt wurden. Wenn die Liga jedoch all das leisten sollte, was Oxenstierna von ihr erwartete, dann mußte sie neue Mitglieder werben – die vier oberdeutschen Kreise waren militärisch, finanziell und vor allem politisch zu schwach, um die Aufgaben allein zu erfüllen, die Oxenstierna ihr zugedacht hatte. So kam es auf dem Frankfurter Konvent 1634 (s. S. 219) zu dem Versuch, die ober- und niedersächsischen Kreise zum Beitritt zu bewegen. Dabei zeigte sich ein tiefgreifender Konflikt zwischen dem Bedürfnis nach Sicherheit und der Forderung nach einer Entschädigung. Denn Schwedens Weigerung, den Anspruch auf Pommern aufzugeben, verhinderte den Beitritt Georg Wilhelms von Brandenburg, und das hatte wiederum zur Folge, daß die beiden sächsischen Kreise ebenfalls der Liga fernblieben. Von da an hatte der Weg über die Heilbronner Liga keine Erfolgsaussichten mehr. Noch vor Beendigung des Frankfurter Konvents wurde die militärische Schlagkraft der Liga in der Schlacht bei Nördlingen entscheidend geschwächt, und vor Jahresende bahnten die Pirnaer Noteln den Weg zu ihrer Auflösung, ohne daß Oxenstierna dies hätte verhindern können.

Jetzt wurde die Notwendigkeit immer dringender, einen Ersatz für die Liga zu finden. Mitteldeutschland schien so gut wie verloren, Schwedens Waffenstillstand mit Polen lief im kommenden Jahr ab, und die Regierung in Stockholm, erschreckt von der Aussicht auf einen erneuten Krieg in jener Region Europas, verlangte lautstark nach Frieden um jeden Preis. Für Oxenstierna stand anscheinend fest, daß in der unmittelbaren Zukunft einzig Frankreich an die Stelle der Heilbronner Liga treten konnte. Deshalb wurde es sein vordringlichstes Ziel, Richelieu zu einer Intervention in Deutschland zu bewegen und – unter Vermeidung eigener Verpflichtungen – Frankreich wie zuvor die Liga als Schwedens Stellvertreter zu benutzen. Nach dem Prager Friedensschluß befand sich Schweden in einer offenbar verzweifelten Lage: Zum Jahresende 1635 hatten fast alle seine ehemaligen Verbündeten diesem Frieden zugestimmt, und sein militärischer Rückhalt in Deutschland war auf Banérs kleines Heer in Pommern zusammengeschrumpft. Schweden sah sich mit einem Mal einem Wiedererwachen des deutschen Patriotismus unter der Führung des Kaisers, einem allgemeinen Wunsch nach Frieden und einem grimmigen Haß gegenüber allen fremden Eindringlingen konfrontiert: eine bei weitem bedrohlichere Situation als die von 1629. Unter diesen Umständen war es kein Wunder, daß die Regentschaftsräte bereit waren, für die Erneuerung des Waffenstillstands mit Polen in Stuhmsdorf (20. Sept. 1635) einen Preis zu bezahlen, den Oxenstierna bitter als katastrophal bezeichnete. Weitaus die meisten der »schwedischen«Streitkräfte in Deutschland (und ihre Offiziere) waren Deutsche, die nun von der Acht bedroht waren, wenn sie sich der Aufforderung des Kaisers widersetzten, zur Loyalität ihm gegenüber zurückzukehren. An wen sollten sie sich nun wegen der enormen Summen an rückständigem Sold wenden? Im August 1635 hielten die meuternden Offiziere in ihrem Lager bei Magdeburg Oxenstierna als Gefangenen, als Geisel und Unterpfand in den Verhandlungen mit Johann Georg von Sachsen, und bevor ihm die Flucht gelang, wurde er von ihnen noch zu dem Versprechen gezwungen, nur einem Frieden zuzustimmen, der die Bezahlung ihrer Rückstände sicherte, andernfalls könnte es gut geschehen, daß die Offiziere samt ihren Mannschaften nach Schweden kämen, um das Geld selbst einzutreiben. Es war eine furchtbare Drohung, da Oxenstierna das Versprechen unmöglich einhalten konnte. Von diesem Zeitpunkt an wurde die »Armeesatisfaktion« für Schweden zu einem wesentlichen Bestandteil jedweder Friedensregelung.

Die Regierung in Schweden sah mittlerweile keine Hoffnung mehr. Schon 1634 klagte einer der Regentschaftsräte unter dem Eindruck der Niederlage bei Nördlingen: »Was haben wir davon, viele Länder zu erwerben und dafür unser ganzes Geld auszugeben?« Ein Jahr später verkündete ein anderer, der ganze Gedanke der territorialen Entschädigung sein von Anfang an ein Fehler gewesen, und im April 1636 erklärte auch Oxenstiernas Bruder: »Es ist unerträglich, weiterhin einen Krieg zu führen, an dem wir kein Interesse haben.« (*Handlingar rörande… 3.* Folge, IV, S. 253 und VI, S. 185, Protokolle der Reichsratssitzungen vom 4. Dez. 1634 und 25. April 1636) Angesichts dieser Stimmung war Oxenstierna im Herbst 1635 genötigt, die Möglichkeiten des Friedens durch die Vermittlung Sachsens zu erkunden, was ihm unerträgliche Demütigungen und Zurückweisungen eintrug: Johann Georg verlangte den sofortigen Abzug aller schwedischen Truppen aus Deutschland und die Zustimmung zum Prager Frieden (was einen Verrat an Wilhelm von Hessen-Kassel, dem letzten schwedischen Verbündeten bedeutet hätte), und selbst dann wollte er als Gegenleistung lediglich eine unzureichende Geldsumme und keinerlei territoriale Entschädigungen anbieten; außerdem wollte er keine Garantie dafür übernehmen, daß auch der Kaiser einen eventuell geschlossenen Frieden ratifizieren werde. Diese Bedingungen hätten das Ende der schwedischen Bemühungen um Sicherheit bedeutet, das Ende der Hoffnungen auf finanzielle Entschädigung, das Ende jeder Aussicht auf einen Stützpunkt an der Ostsee und schließlich das Ende aller Versuche, das Problem der Armeesatisfaktion zu lösen.

Es sah ganz danach aus, als ließe jetzt nur noch ein Bündnis mit Frankreich darauf hoffen, noch etwas aus den Trümmern bergen zu können. Ein solches Bündnis würde indessen den Weg zu einem Separatfrieden für Schweden versperren, falls die militärische Lage sich so weit besserte, daß ein Rückzug aus dem Krieg zu annehmbaren Bedingungen möglich wurde. Vor diesem Dilemma stand Oxenstierna sechs Jahre lang bis zu seiner endgültigen Entscheidung 1641. Vorläufig versuchte er, auf beiden Hochzeiten zu tanzen. Einerseits schloß er im März 1636 den Vertrag von Wismar, der ihm – vorbehaltlich seiner Ratifizierung – ein Bündnis mit Frankreich sicherte. Andererseits war er sorgsam darauf bedacht, daß dieser Vertrag nicht ratifiziert wurde. Und als er im Juli nach Schweden zurückkehrte, gelang es ihm allein aufgrund seiner Persönlichkeit, die Moral oder übrigen Ratsmitglieder wieder zu heben und sie auf seine Politik der schmalen Gratwanderung und des Aufschubs einzuschwören. Sie waren nicht länger bereit, Schwedens Handlungsfreiheit für ein »Almosen« dahinzugeben, und vielleicht kam ihnen auch zu Bewußtsein, daß Frankreich nach der Eroberung von Corbie durch habsburgische Truppen Schweden fast ebenso nötig brauchte wie Schweden Frankreich. Deshalb wollten sie die französische Option offenhalten und nach Möglichkeit an das französische Geld kommen, gleichzeitig jedoch einen erneuten Versuch machen, in Deutschland einen Verhandlungsfrieden zu schließen. Schon längst hatten sie die grandiosen Pläne von territorialen Erwerbungen aufgegeben, von denen sie noch 1633 beflügelt wurden; und einige von ihnen glaubten, daß wenn sie überhaupt keine derartigen Forderungen stellten, wenn sie sogar auf Pommern verzichteten und lediglich die Bezahlung ihrer Soldaten forderten, die Aussichten auf einen Frieden gar nicht so schlecht wären. Zwar sollte auch in diesem Fall das Konzept der nationalen Sicherheit nicht einfach aufgegeben werden, aber es nahm eine neue Form an – die der Forderung nach einer Amnestie jener Fürsten und Städte, die vom Prager Frieden ausgeschlossen waren: Schweden mußte wenn irgend möglich in Deutschland eine Partei am Leben erhalten, die für die Verteidigung der »deutschen Freiheiten« eintrat. Im Juli war jedoch die militärische Lage so prekär, daß letzten Endes selbst diese Forderung aufgegeben werden mußte, wie Per Brahe im Staatsrat bemerkte: »Amnestie ist ehrenwert, Entschädigung ist nützlich, aber entscheidend ist die Armeesatisfaktion.« (*Handlingar rörande* ..., VI, S. 504, Protokoll der Ratssitzung vom 30. Juli 1636) Wenn es ihnen gelang, auch nur einen Teil dieses Programms zu verwirklichen, dann schien eine Allianz mit Frankreich nach wie vor zweifellos nur die zweitbeste Lösung darzustellen.

Der Faktor, der die Chancen dieser Politik einschränkte, war freilich der Zweifel, ob im Fall einer Fortsetzung der Kämpfe bis zu einem annehmbaren Verhandlungsfrieden der Krieg den Krieg noch ebenso ernähren konnte wie in den glorreichen Tagen nach der Schlacht bei Breitenfeld. Das war kaum möglich, solange Schweden auf eine schmale und erschöpfte Basis in Pommern und Mecklenburg beschränkt blieb. Um den Verhandlungen den nötigen Nachdruck zu verleihen, mußte offensiv Krieg geführt werden, die schwedischen Truppen mußten aus ihrem Stützpunkt ausbrechen und neue Gebiete besetzen, in denen sie sich Nahrungsmittel verschaffen und neue Söldner anwerben konnten. Und es war sehr die Frage, ob sich das ohne französisches Geld und somit ohne ein Bündnis mit Frankreich verwirklichen ließ. Banérs großer Sieg bei Wittstock im Oktober 1636 und sein kraftvoller Offensivfeldzug zu Beginn des Jahres 1637 (s. S. 245) schienen dafür zu sprechen, daß das Kunststück gelingen konnte. Die Entscheidung, zu kämpfen und zu verhandeln und in der Zwischenzeit Frankreich am Gängelband zu halten – die Entscheidung, auf die Oxenstierna die Regenten im August 1636 eingeschworen hatte –, schien die richtige zu sein. Aber die Ereignisse in der zweiten Jahreshälfte 1637 sprachen sehr schnell dagegen. Auf Banérs Offensive folgte sein brillanter, aber verhängnisvoller Rückzug von Torgau; und am Ende des Jahres kämpften die Schweden mit dem Rücken zum Meer und hielten sich unter größten Schwierigkeiten auf dem letzten Fleckchen Pommerns. Aus dieser Lage führte nur noch ein Weg heraus. Die Verhandlungen mit den Franzosen begannen erneut, und im März 1638 wurde der Vertrag von Wismar schließlich durch den Vertrag von Hamburg ratifiziert, der jede Partei verpflichtete, innerhalb der nächsten drei Jahre keinen Separatfrieden zu schließen, und der den Schweden die Subsidien verschaffte, die sie so dringend benötigten.[129] Die Option, die Oxenstierna vorgezogen hätte, blieb ihm wenigstens für die nächste Zeit versperrt. Es war eine diplomatische Niederlage, aber die französischen Hilfsgelder änderten mit einem Schlag die militärische Lage – allerdings erst, als Oxenstierna unter Verletzung des Grundsatzes, unter dem er den Krieg seit 1633 geführt hatte, seinem General Banér 14 000 Soldaten aus der schwedischen Heimat zu Hilfe schickte. Mit seinen neuen Truppen konnte Banér derart erfolgreiche Feldzüge führen, daß es erstmals seit 1632 möglich schien, dem Krieg durch die Eroberung Wiens ein Ende zu machen.

Unter diesen glücklicheren Umständen war es verführerisch, die Abmachungen des französischen Bündnisses zu verletzen, solange die Sache gut stand. Der Gedanke wurde mehr als einmal eingehend im Staatsrat erörtert, was unter anderem auch mit der schwedischen Verärgerung darüber zusammenhing, daß Frankreich nach dem Tod Bernhards von Sachsen-Weimar 1639 dessen Armee (die von Gustav Adolf angeworben und durch einen Treueid an Schweden gebunden war) auf seine Seite gezogen hatte. Wenn auch ein so eklatanter Vertragsbruch vermieden wurde, so schien es doch eine berechtigte Frage, ob angesichts der augenblicklichen, militärisch günstigen Lage eine Erneuerung des französischen Bündnisses, das 1641 ablief, noch sinnvoll war.

Solchen Überlegungen wurde (zumindest bei Oxenstierna) ein schnelles Ende bereitet, als nach dem Tod Banérs im Mai 1641 erneut eine gefährliche Meuterei bei den schwedischen Truppen ausbrach. Einmal mehr ging es um größere Soldrückstände, und wenn der neue Befehlshaber Lennart Torstensson aus der Armee wieder ein schlagkräftiges Heer machen sollte, dann waren die französischen Subsidien notwendiger denn je. Als dann 1641 die Allianz tatsächlich erneuert wurde, verpflichtete sich Schweden als Gegenleistung für erhöhte Subsidien, Seite an Seite mit Frankreich zu kämpfen, und zwar nicht für einen begrenzten Zeitraum, sondern für die gesamte Dauer des Krieges.

Der Versuch, einen eigenen Entscheidungsspielraum zurückzugewinnen, war gescheitert. 1641 hatte Oxenstierna endgültig seine Wahl getroffen, und das Ergebnis sollte zeigen, daß er recht daran getan hatte, an ihr festzuhalten. Gleichzeitig hatte er jedoch eine zweite Entscheidung getroffen. Von nun an rechneten territoriale Entschädigungen nur noch zu den zweitrangigen schwedischen Kriegszielen. Zwar mußte Schweden nach wie vor auf einem gewissen Einfluß an der Ostseeküste bestehen, doch wenn es einige Seestützpunkte behalten konnte, dann war die Erwerbung deutscher Territorien nur noch von untergeordneter Bedeutung. Worauf es jetzt noch ankam, war eine Amnestie der vom Kaiser enteigneten Fürsten und ihre Wiedereinsetzung in die alten Rechte. Oxenstierna war nunmehr bereit, auf Pommern zu verzichten, sofern nur das Deutschland von 1618 wiederhergestellt würde.[130] Im April 1641 definierte er seine Hauptziele: Verhinderung einer Versklavung Deutschlands durch das Reich und Satisfaktion für die Armee: »Diese Forderungen sind *realistisch*, was sich von der Forderung nach territorialer Entschädigung nicht sagen läßt.« (*Handlingar rörande...*, VII, S. 571–573, 16. April 1641)[131] Das wichtigste Kriegsziel war jetzt die Torpedierung des Prager Friedens statt einer Erweiterung des schwedischen Territoriums. Beim Westfälischen Frieden zeigte sich, daß die Realisierung der wesentlichen auch die Verwirklichung der wünschenswerten Ziele ermöglichte, und Schweden konnte Bestimmungen durchsetzen, die durch Oxenstiernas Politik des Lavierens von 1635 bis 1638 nie erreicht worden wären: die Aufhebung des Prager Frie-

dens, Wiederherstellung der »deutschen Libertät«, umfassende Amnestie und
Restitution und die Aufnahme Schwedens in die Reichsstände. Es war die
Erlangung uneingeschränkter Sicherheit. Zugleich erbrachte der Westfälische
Friede als »Entschädigung« auch territoriale Gewinne, die strategisch und
ökonomisch sinnvoll schienen, eine umfangreiche Geldabfindung, die Übernahme der Armeerückstände durch Deutschland – und nebenbei (obgleich
dies seit langem nur noch von untergeordneter Bedeutung war) eine Stützung
der protestantischen Sache. Das alles, ohne daß die Schweden – wie Oxenstierna stets befürchtet hatte – in die Rolle des Handlangers der wendigen
Franzosen manövriert wurden.

2   Ausbruch aus der Sackgasse (1635–1642)

Als der Prager Friede geschlossen wurde, war Ferdinand II. bereits 57 Jahre
alt. Seit er 1596 seinen ersten Thron bestiegen hatte, war er von vielen Seiten
auf Widerstand gestoßen, den er im großen und ganzen jedoch überwinden
konnte. Im Laufe seiner Amtszeit als Kaiser hatte er einen Kurfürsten und
etliche Herzöge, Markgrafen und Grafen abgesetzt. Er hatte die kaiserliche
Macht in einem seit Karl V. nicht erreichten Maße wiederhergestellt. Es war
ihm allerdings nicht gelungen, die Kurfürsten zu bewegen, seinen Sohn Ferdinand, den Sieger von Nördlingen, als rechtmäßigen Thronfolger anzuerkennen. Jetzt schienen die Chancen dafür besser zu stehen: Ferdinand war
König von Böhmen; Sachsen und Brandenburg, gerade erst durch den Prager
Frieden mit dem Kaiser versöhnt, bekundeten ihr Wohlverhalten; der habsburgfeindliche Kurfürst von Trier, Philipp von Sötern, schmachtete im
Gefängnis (aus dem er erst 1645 wieder freigelassen wurde), weil er sich offen
unter den Schutz Frankreichs gestellt hatte. Damit blieben nur noch die
beiden Brüder aus dem Haus Wittelsbach – die Kurfürsten von Bayern und
Köln – sowie der aus Mainz vertriebene Kurfürst Anselm Kasimir von Wambold, der sich seit 1631 in Köln im Exil aufhielt. Ferdinand rechnete zuver-
sichtlich damit, daß diese Männer seinen Sohn als seinen Nachfolger anerkennen würden, und berief im September einen Kurfürstentag in Regensburg
ein.

Die Kurfürsten verfügten jedoch über eine beeindruckende Machtfülle.
Solange kein Reichstag abgehalten wurde, waren sie imstande (nach einer sar-
kastischen Wendung des protestantischen Verfassungsrechtlers David Chy-
traeus), sich »in das Gewand von Adlerfedern zu hüllen« und sich bestimmte

Befugnisse sowohl des Reichstags als auch des Kaisers anzumaßen. Obgleich 1636 der junge Ferdinand als einziger Kandidat ernsthaft in Frage kam – die Versuche Frankreichs, zunächst Wladislaw von Polen und dann Maximilian von Bayern aufzustellen, brachten nichts ein –, gelang es den Kurfürsten, die gewünschte Anerkennung bis zum Dezember hinauszuschieben, während sie gleichzeitig versuchten, den Kaiser zum Frieden mit seinen Feinden zu zwingen. Dabei hatten sie gewisse Erfolge, was die innerdeutschen Verhältnisse betraf: Ferdinand erklärte sich widerstrebend bereit, allen Fürsten zu verzeihen, die sich ihm unterwerfen würden. Außerdem versprach er, eine internationale Friedenskonferenz abzuhalten, auf der die Ansprüche der am Krieg beteiligten auswärtigen Mächte geregelt werden sollten, aber weitere Fortschritte in dieser Hinsicht wurden durch die übertriebenen Forderungen der Kurfürsten selbst verhindert. Maximilian von Bayern verlangte von Frankreich, Lothringen zu räumen und seinen enteigneten Vetter, den Herzog Karl IV., wieder in seine alten Rechte einzusetzen. Georg Wilhelm von Brandenburg, dem Pommern nach wie vor besonders am Herzen lag, bestand darauf, Schweden dürfe »kein fuss auf dem reichboden gelassen (werden) und noch weniger einige plaz oder vestung (oder landt oder auch seecanthen)« (zit. n. Haan 1967, S. 163 f.). Schließlich mußten sich die Kurfürsten mit der kaiserlichen Zusage begnügen, daß bald Verhandlungen aufgenommen würden. Aber am 15. Februar 1637 starb Ferdinand II., und es kam zu keinen ernsthaften Gesprächen mit den auswärtigen Mächten.

Der Krieg wurde also fortgesetzt. Während die Franzosen erfolglos versuchten, die südlichen Niederlande und das Rheinland zu erobern (s. S. 230 ff.), bereitete sich die schwedische Hauptarmee unter Johan Banér darauf vor, auf die Armee des Kaisers zu treffen, die seit dem Prager Frieden mit den Heeren Bayerns, Sachsens und Brandenburgs eine wenig glückliche Verbindung eingegangen war. Im Herbst 1635 schlug Banér einige Gefechte gegen die Sachsen, um einen größeren Vorstoß elbaufwärts, entlang der Saale bis nach Naumburg im Frühjahr 1636 vorzubereiten. Wie beabsichtigt, zog er damit einen Angriff der Kaiserlichen auf sich, die er am 4. Oktober 1636 bei Wittstock vernichtend schlug. Die Schweden erbeuteten den gesamten Troß, die militärische Ausrüstung und über 100 Feldgeschütze des Feindes. Mit diesem Sieg wurde Brandenburg endgültig aus dem Krieg ausgeschaltet: Von nun an blieb Kurfürst Georg Wilhelm in Königsberg in Ostpreußen, einem der wenigen Orte, die er noch in seiner Gewalt hatte, während die Schweden ihren Machtbereich bis zur Elbe ausdehnten.

Nach diesem Sieg verfolgte Banér drei Ziele: seine Feinde von den neu erworbenen Ostseebesitzungen Schwedens fernzuhalten, seine Verbündeten

Georg von Braunschweig-Lüneburg und Wilhelm von Hessen-Kassel im Notfall zu unterstützen und Kursachsen einzuschüchtern wenn nicht sogar einzunehmen. Aber der Feind war erfolgreicher. Im Januar 1637 scheiterte Banérs Belagerung von Leipzig, und er zog sich nach Torgau an der Elbe zurück. Im Juni wurde er auch von dort vertrieben, und die kaiserlichen und sächsischen Truppen zwangen ihn, den Rückzug nach Pommern anzutreten. Hier mußte die schwedische Armee, der es an Geld und Munition mangelte, über ein Jahr lang ausharren. Die einzigen Operationen des Feldzugs von 1638, die internationale Aufmerksamkeit erregten, waren der Sieg Bernhards von Sachsen-Weimar bei Rheinfelden und seine Eroberung von Breisach.

Auf der lokalen und regionalen Ebene jedoch schien der Krieg kein Ende zu nehmen. Große Armeen verhungerten, und kleine wurden geschlagen, doch nichts konnte dem Marodieren von Garnisonskommandeuren und Freibeutern Einhalt gebieten. Die Schilderung Thomas Crownes und die Radierungen Wenzel Hollars, die beide den Gesandten des englischen Königs Karl I. zum Regensburger Kurfürstentag 1636 begleiteten, liefern uns ein bedrückendes Bild der vom Krieg heimgesuchten deutschen Länder. Obgleich sie nur ein einziges Kampfgebiet durchquerten (bei Ehrenbreitstein am Rhein, wo die Belagerung unterbrochen werden mußte, damit die Boote der Gesandtschaft flußaufwärts passieren konnten), bekamen sie überall Verwüstungen zu Gesicht. Das gesamte Territorium zwischen Mainz und Frankfurt lag verlassen, während die Mainzer Bevölkerung vom Hunger so entkräftet war, daß die Menschen nicht einmal mehr kriechen konnten, um die von den Reisenden ausgeteilten Almosen entgegenzunehmen. In Nürnberg erwarb der Gesandte (Thomas Howard, Earl of Arundel) die berühmte Pirckheimer Bibliothek, die Manuskripte mit Illustrationen Dürers und anderer Meister enthielt, für 350 Taler, da ihr Eigentümer »in Ansehung der harten Zeiten und der Schwierigkeit, Nahrungsmittel zu beschaffen«, Geld brauchte.[132] Das gesamte Gebiet hinter Nürnberg war bis zur Donau wiederum verwüstet. Die Engländer kamen durch ein Dorf, das innerhalb von zwei Jahren 18 Plünderungen erdulden mußte, davon zwei an ein und demselben Tag. An etlichen anderen Orten gab es niemanden mehr, der von dem Vorgefallenen hätte berichten können, und die Reisegesellschaft mußte inmitten verlassener Trümmer lagern und von den Vorräten leben, die sie vorsichtigerweise mitgenommen hatte, und sich mit Regenwasser als Tischgetränk begnügen. Gelegentlich trafen sie auf Ansiedlungen, wo sie – mit ihren 18 Pferdewagen und einer berittenen Eskorte – für eine feindliche Truppe gehalten wurden und panische Verteidigungsmaßnahmen auslösten. In Linz, der Hauptstadt Oberösterreichs, wurden sie schließlich Zeugen der Hinrichtung von Martin Laimbauer, dem Anführer eines der zahlreichen Bauernaufstände gegen die Habsburger, der noch vor wenigen Monaten großen Zulauf durch die Bauern der Umgebung erhalten hatte (vgl. Wilflingseder 1959).[133]

Die Engländer konnten von Glück sagen, daß sie nur unbeteiligte Zuschauer waren. Andere waren weniger vom Schicksal begünstigt. »In den Wäldern und auf den Wegen jagt der Mensch den Menschen wie das Wild«, schrieb der Reisende Sir Thomas Roe 1639 (zit. n. Beller 1926, S. 74), und wir verfügen sogar über gut belegte Berichte über Fälle von Kannibalismus im Rheinland aus dem Jahr 1636 (s. Kuczynski 1981, S. 87 f.; Wedgwood 1938, S. 360). Niemand war vor Angriffen sicher. Im Januar 1638 befand sich eine Gruppe von Nürnberger Kaufleuten mit sieben Wagen auf dem Rückweg von der Leipziger Messe, als ihnen einige berittene Söldner auflauerten. Sie forderten 1 000 Taler in bar, der Anführer des Zuges bot ihnen dagegen 300, worauf die Soldaten über die Kaufleute herfielen und die Wagen plünderten. Sie töteten einige Kaufleute und nahmen etwa 80 Pferde mit, die sie mit der Beute beluden; was sie nicht mitnehmen konnten, zerstörten sie. Der Verlust wurde auf 100 000 Taler geschätzt, aber die Identität der Wegelagerer kam nie ans Tageslicht (obgleich viele die bayrische Armee verdächtigten). Es war der siebte Zug, den die Nürnberger Kaufleute innerhalb von zwei Jahren verloren, so daß die Stadt eine diplomatische Abordnung an alle kriegsführenden Mächte von Bedeutung sowie an die übrigen Freien Reichsstädte schickte und um einen verstärkten Schutz des Handels bat (vgl. Ernstberger 1962).[134] Es war natürlich vergeblich.

Mit ihrer Not stand die Stadt Nürnberg keineswegs allein da. Zwischen den Schlachten bei Breitenfeld und vor Nördlingen hatten die Territorien Mitteldeutschlands Furchtbares zu erleiden, als die schwedischen Truppen vorführten, wie weit sie es in der Kunst brachten, den Krieg sich selbst ernähren zu lassen. Das Bistum Würzburg erlitt zwischen 1631 und 1636 einen geschätzten Verlust von über einer Million Talern. Im selben Zeitraum verlor die unter schwedischer Besatzung stehende Stadt Mainz vielleicht ein Viertel ihrer Behausungen, zwei Fünftel ihrer Bevölkerung und knapp zwei Drittel ihres Vermögens. Die Bibliothek des Kurfürsten wurde gewaltsam geöffnet, die meisten ihrer Bücher wurden nach Västeras in Schweden verschleppt, während einige Manuskripte (dank der Fürsprache des Erzbischofs Laud, des damaligen Kanzlers der Universität Oxford) in der Bodleyanischen Bibliothek landeten (vgl. Weber 1979, S. 171; Müller 1979, S. 140 und 237 f.). Nach Nördlingen waren es nunmehr die Protestanten, die dran glauben mußten. Wie die Minister Georgs von Hessen-Darmstadt (der sich zu dieser Zeit in Dresden versteckt hielt) ermittelten, gingen in den drei Monaten unmittelbar nach dem großen Sieg der Habsburger 30 000 Pferde, 100 000 Kühe und 600 000 Schafe verloren, und die dem Land zugefügten Schäden beliefen sich auf zehn Millionen Taler. 1635 verließen auch die Grafen im benachbarten Nassau ihr Land, um in Metz Zuflucht zu suchen; es war »das Jahr des großen Landverderbens«, wie es später von Chronisten bezeichnet wurde (Herrmann 1916, S. 115; vgl. auch Börst et al. 1975, S. 39 f.). Das Herzogtum Württemberg, von 1634 bis 1638 unter der Besatzung kaiserlicher und bayrischer Truppen, erlitt einen Schaden, der auf 34 Millionen Taler beziffert wurde, und verlor in dieser Zeit mehr als drei Viertel seiner Einwohner (450 000 im Jahr 1620 gegenüber unter 100 000 im Jahr 1639; vgl. von Hippel 1978).[135] Zweifellos wurde Schwaben in den Jahren nach 1630 besonders schwer verwüstet, doch weiter im Norden lagen die Dinge kaum besser. In Mecklenburg ergab eine 1639 und 1640 durchgeführte Bestandsaufnahme in einem Teil des Herzogtums die Zahl von 360 bewirtschafteten Bauernhöfen, wo vor dem Krieg fast 3 000 existiert hatten. In Werben in Brandenburg (einst das Hauptquartier Gustav Adolfs) sank die Zahl der bewohnten Häuser im selben Zeitraum von 267 auf 105; in der Hauptstadt Berlin, in der 1618 noch 12 000 gezählt wurden, waren es 20 Jahre später nur noch 7 500, und der Bevölkerungsrückgang durch Krieg, Hungersnöte oder Pest lag in mehreren ländlichen Gebieten bei über 40 Prozent (Mager 1955, S. 137 ff.; Zahn 1904, S. 58 ff.; Schröer 1966, S. 118 ff. und 127–131; Faden 1927, S. 232). In Dresden, der Hauptstadt Kursachsens, das nie unter fremder Besatzung stand, verringerte sich das vor 1630 festgestellte Verhältnis von Lebendgeburten zu Todesfällen von 121:100 in den folgenden zehn Jahren auf 39:100. Die Bevölkerungszahl der Stadt blieb nur aufgrund von Zuwanderungen konstant (s. Sparmann 1914, S. 15–19; Lammert 1890, S. 87 und 233).[136] Und zu diesen Verlusten an Menschen kamen die drückenden Steuern, die von allen Regierungen zur Finanzierung der Verteidigungsmaßnahmen erhoben wurden, die aber selten ausreichten, um Sicherheit zu gewährleisten.[137]

Alle diese Schilderungen von Elend und Grausamkeit, so verallgemeinernd und unpersönlich sie uns scheinen mögen, betrafen in Wirklichkeit unzählige Individuen, deren persönliches Leiden sich nicht deshalb verringerte, weil sie es mit anderen teilten. Die Autobiographie von Johann Valentin Andreä, in seiner Jugend der Verfasser rosenkreuzerischer und utopischer Schriften und seit 1620 Superintendent in Calw, vermittelt uns eine Vorstellung von der Pein selbst der Überlebenden. 1639 schrieb er voll Verzweiflung, daß von seinen 1 046 Kirchenmitgliedern des Jahres 1630 nur noch 338 geblieben waren. »Allein in den letzten fünf Jahren wurden 518 durch mancherlei Unfall aufgerieben.« Unter diesen befanden sich, wie wir erfahren, fünf »innigste«

und 33 gewöhnliche Freunde, 20 Verwandte und 41 seiner geistlichen Mit-
brüder. »Ich mußte Tränen darüber vergießen, daß ich so verwaist und einsam
blieb. Kaum sind aus meinem ganzen Leben noch fünfzehn übrig, mit denen
ich auf diesen Schauplatz trat und die noch Spuren der Freundschaft zeigen.«
(Zit. n. Anthony/Christmann 1970, S. 128)

Dr. William Harvey, ein weiterer Begleiter von Arundels Mission nach
Regensburg im Jahre 1636, machte sich Gedanken über die gefährlichen
Folgen, die eine derart extreme Kriegsmüdigkeit und Verzweiflung nach sich
ziehen konnte. »Dieser Krieg in Deutschland«, schrieb er an einen Kollegen,
»droht am Ende mit Anarchie und Aufruhr«, und er sprach von der »Not-
wendigkeit, hier um jeden Preis Frieden zu schließen, wo es keine Mittel zur
Kriegführung mehr gibt und kaum genug für den Unterhalt da ist« (zit. n.
Springell 1963, S. 113, Anm. 96). Zu diesem Zeitpunkt hatte Papst Urban
VIII. gerade die ersten Schritte zur Organisation von Friedensgesprächen
getan, die dem Krieg ein Ende machen sollten. Im Oktober 1636 kam ein
päpstlicher Legat nach Köln und forderte alle interessierten Mächte auf, ihre
Vertreter zu einem allgemeinen Friedenskongreß zu entsenden. Es war ver-
gebliche Liebesmüh: Weder Frankreich noch Spanien glaubten an die Unparteilichkeit des Papstes, und die Protestanten waren überhaupt gegen jede
päpstliche Vermittlung, weshalb sie statt dessen eine eigene Konferenz in
Hamburg abhielten. Diese Zusammenkunft entstand aus einem Abkommen
zwischen Frankreich und England im März 1637, in dem Karl I. den Franzosen die Anwerbung von Söldnern in England erlaubte und ihnen für einen
neuen Feldzug gegen den Kaiser 30 Schiffe zur Verfügung stellte. Dafür verpflichtete sich Ludwig XIII., keiner Regelung zuzustimmen die nicht die
Wiedereinsetzung der Erben Friedrichs von der Pfalz in ihre Güter und Titel
enthielt, sowie eine Friedenskonferenz in Hamburg oder Den Haag einzuberufen, auf der Schweden, Dänemark, die Niederlande und Frankreich ihre
Wiedergutmachungsforderungen beraten konnten, die sie dem Kaiser vor-
legen wollten. Obwohl sich Frankreich am Ende weigerte, den Vertrag zu
ratifizieren, entsandte es Botschaften nach Hamburg, wo bereits Gespräche
zwischen schwedischen Diplomaten und den Kaiserlichen stattfanden. Dem
machte Frankreich bald ein Ende (mit dem bereits auf S. 242 erwähnten Subsidienvertrag), und schließlich wurde das Hamburger Protokoll im April 1639
nur von Dänemark und England unterzeichnet, die beide nicht mehr aktiv am
Krieg beteiligt waren (s. Leman 1923; Beller 1926).[138]

Die deutschen Landesfürsten waren indessen geneigt, die Gefahr von
»Anarchie und Aufruhr« desto ernster zu nehmen, je länger der Frieden auf
sich warten ließ. Da die Aussichten auf eine allgemeine Regelung vorläufig

geschwunden waren, versuchten einige Landesherren, auf regionaler Ebene Separatabkommen zu schließen. Wolfgang Wilhelm, Herzog von Neuburg und Jülich, war besorgt über die Reaktion der Untertanen seines rheinischen Herzogtums auf die Anwesenheit starker kaiserlicher Truppen in den beiden Wintern von 1635 bis 1637 und machte auf einer Versammlung des niederrheinischen Kreises den Vorschlag, das gesamte Gebiet als neutral zu erklären. 1639 trat er deshalb in unmittelbare Verhandlungen mit den örtlichen – sowohl kaiserlichen wie protestantischen – Befehlshabern ein und wandte sich sogar an die Niederländische Republik zum Schutz seiner Neutralität. Doch auch diese Friedensinitiative blieb wie so viele andere erfolglos: Das Herzogtum Jülich bot mit seinen Rheinübergängen strategische Vorteile, die sich keine der beiden rivalisierenden Parteien entgehen lassen konnte (vgl. hierzu Leffers 1971).[139]

Alle diese Entwicklungen – die Siege seiner Feinde, die allgemeine Verwüstung und Demoralisierung Deutschlands und die Versuche seiner Verbündeten, separate Friedensschlüsse zu erlangen – waren Warnsignale, die der neue Kaiser Ferdinand III. nicht übersehen konnte. So hielt er im Februar 1640 in Nürnberg wiederum einen Kurfürstentag ab. Als dessen Beratungen ins Stocken gerieten, schlug er vor, zum ersten Mal seit 1613 wieder den Reichstag einzuberufen, um den Weg zu einem allgemeinen Frieden zu ebnen. Die Eröffnungszeremonie fand im September 1640 in Regensburg statt, und länger als ein Jahr erörterten die drei Kollegien des Reichstags eingehend die Zwistigkeiten, derentwegen sich ihr Land im Krieg befand. Die Kurfürsten traten 185mal, die übrigen Fürsten 153mal zu formellen Sitzungen zusammen, daneben fanden 26 gemeinsame Tagungen statt. Natürlich nahmen die Landesfürsten nicht das ganze Jahr über persönlich an den Veranstaltungen teil – einige von ihnen wagten gar nicht erst, sich dort zu zeigen –, so daß es zu unzähligen Verzögerungen aufgrund der Korrespondenz zwischen den Fürstenhöfen und ihren Delegationen in Regensburg kam. Briefe von München benötigten zwei bis drei, solche von Mainz und Wien fünf bis acht Tage, und Briefe aus Königsberg (wo der Kurfürst von Brandenburg jetzt residierte) brauchten im Sommer drei und im Winter fünf Wochen. Manche Fürsten schickten nicht einmal eine Delegation: Ferdinand schloß die protestantischen Administratoren von Diözesen aus, die unter das Restitutionsedikt fielen, sowie alle Fürsten, die noch mit ihren Waffen gegen den Kaiser im Feld standen. Tatsächlich war eines der schwerwiegendsten Probleme, die der Reichstag zu lösen hatte, die Wiederzulassung dieser Herrscher. Am Ende lehnten nur noch Braunschweig, die Erben Friedrichs V. von der Pfalz und Hessen-Kassel eine Einstellung des Kampfs und die erneute Unterwerfung unter die kaiserliche Oberhoheit ab, alle übrigen versöhnten sich mit Ferdinand III. Dennoch war dieses Problem vergleichsweise geringfügig gegenüber der Frage der säkularisierten Kirchengüter. Auch hier zeigte der Kaiser Nachgiebigkeit. Trotz päpstlicher Proteste, die im April 1641 dem Reichstag vom päpstlichen Nuntius formell vorgelegt wurden, hielt der Kaiser das Restitutionsedikt nicht länger aufrecht: Alle Kirchengüter, die zum 1. Januar 1627 säkularisiert waren, sollten dies auch bleiben. Obgleich der Papst nicht müde wurde, alle künftigen Vereinbarungen einschließlich des Westfälischen Friedens selbst zu verurteilen, die das Restitutionsedikt außer Kraft setzten, wurde dieses Problem in Regensburg de facto ein für allemal gelöst.[140]

Ferdinand hatte gar keine andere Wahl, als diese weitreichenden Zugeständnisse zu machen, denn er war im Begriff, den Krieg zu verlieren. Im Spätjahr 1638 trieb Banér, der sich nach seinem Rückzug von Torgau in Pommern über ein Jahr lang in der Defensive befunden hatte, mit schwedischer Verstärkung im Rücken und französischen Subsidien in der Tasche die Kaiserlichen zurück nach Schlesien. Während im Jahr darauf Bernhard von Sachsen-Weimar ins Elsaß einfiel und die spanische Franche-Comté angriff, schlug Banér die Sachsen bei Chemnitz (April 1639) und bedrohte Prag. Zwar mußten sich die Schweden im Juni wieder aus Böhmen zurückziehen, doch im folgenden Jahr gelang ihnen zum ersten Mal eine gemeinsame Operation mit ihren französischen Verbündeten. Den Truppen Banérs in Sachsen schlossen sich die bislang von Bernhard von Sachsen (der im Juli 1639 gestorben war) befehligten Soldaten ebenso an wie die von Braunschweig und Hessen-Kassel (unter der Regierung Amalias Gräfin von Hanau, der Witwe Wilhelms V.) gestellten Kontingente. Die vereinigten Streitkräfte in einer Stärke von rund 40 000 Mann führten an der Weser einige unbedeutende Gefechte, doch im Januar 1641, als der Reichstag gerade beriet, erschienen sie plötzlich vor Regensburg und setzten die Stadt einem kurzen Bombardement aus. Das war eine drohende Mahnung an den dringend notwendigen Frieden, der bald danach eine zweite folgte: Brandenburg schloß einen Separatfrieden mit Schweden.

Seit dem Prager Frieden, mit dem Georg Wilhelm das schwedische gegen ein kaiserliches Bündnis getauscht hatte, war Brandenburg Kriegsgebiet geworden. Nach der Schlacht von Wittstock 1636 gerieten seine Länder fast gänzlich unter schwedische Herrschaft: Kleve und Mark waren völlig besetzt, Brandenburg war immer wieder umkämpft, und allein Preußen blieb frei, obgleich Schweden auch dort Zölle erhob. Das kurfürstliche Heer zählte kaum 6 000 Mann, die alle in Garnisonen standen. Als Georg Wilhelm im Dezember 1640 nach mehr als einjähriger Tatenlosigkeit (die von seinen Zeitgenossen euphemistisch als »Melancholie« bezeichnet wurde) starb, verlor sein kaum 21jähriger Sohn Friedrich Wilhelm keine Zeit und schlug den brandenburgischen Ständen (oder was von ihnen übriggeblieben war) einen Separatfrieden mit Schweden vor. Nach dem Tod des Hauptratgebers seines Vaters, des kaisertreuen Grafen Schwarzenberg im März 1641 wurden Gesandte nach Stockholm geschickt, um einen Waffenstillstand zu erwirken. Im Juli, fast auf den Tag zehn Jahre, nachdem Gustav Adolf mit seinem Heer in Brandenburg eingedrungen war, wurden dort die Kampfhandlungen eingestellt. Der »Große Kurfürst« war nicht bereit, seine väterlichen Erblande von den Schweden einfach aus dem Grund verwüsten zu lassen, weil er mit einem Kaiser verbündet war, der ihn nicht zu schützen vermochte.

Kurz darauf gelang es auch Brandenburgs westlichen Nachbarn, den Herzögen von Braunschweig, den verschiedenen Mitgliedern des Welfenhauses, die gemeinsam die Länder zwischen Mittelelbe und Weser regierten, sich dem Krieg zu entziehen. In der Vergangenheit hatten sie beiden Seiten als unbeständige Verbündete gedient. Unter der Führung des Herzogs Georg von Braunschweig-Lüneburg hatten sie Ferdinand II. unterstützt, bis 1630 kaiserliche Beauftragte die Rückgabe des säkularisierten Bistums Hildesheim forderten. Statt diesem Verlangen nachzukommen, schlossen Herzog Georg und seine Vettern ein Bündnis mit Schweden und stellten ein Heer auf, mit dem sie die Kaiserlichen in Schach hielten. 1635 überwarf sich Herzog Georg mit Oxenstierna und trat schließlich dem Prager Frieden bei; da jedoch der Kaiser nach wie vor auf der Rückgabe Hildesheims bestand, schloß Georg ein neues Bündnis mit Hessen-Kassel und Schweden. Er starb im April 1641, als er gerade seine Truppen nach Süden in eine Schlacht mit den Kaiserlichen führen wollte. Den Vettern fehlte seine diplomatische und militärische Beweglichkeit, und im Laufe des Sommers fielen die Truppen des Kaisers in große Teile Braunschweigs ein. Im Winter darauf kehrten die Schweden zurück, und es kam zu schweren Kämpfen in den Herzogtümern. Das war ein wichtiger Grund für die Welfenherzöge, im Januar 1642 einen vorläufigen Vergleich mit dem Kaiser zu schließen (Friede von Goslar), obgleich damit die Rückgabe von Hildesheim verbunden war, die ein Jahr später pflichtschuldigst an den Kurfürsten Ferdinand von Köln erfolgte. Dafür erhielten die Protestanten Toleranz zugesichert (sogar in Hildesheim selbst, wo sechs Kirchen für den lutherischen Gottesdienst freigestellt wurden), und seitdem wurde ganz Braunschweig als neutral anerkannt.[141]

Diese Ereignisse brachten weiten Teilen Nordost- und Nordwestdeutschlands einen gewissen Frieden, doch anderwärts ging der Krieg weiter wie bisher. Der Tod Banérs im Mai 1641, dem die Meuterei einiger Einheiten seiner Armee wegen rückständiger Soldzahlungen folgte, verschaffte den Kaiserlichen eine kurze Atempause, doch am 30. Juni schlossen Oxenstiernas Gesandte in Hamburg ein endgültiges Bündnis mit Frankreich, das bis zu einem Friedensschluß dauern sollte, und Lennart Torstensson, einer der erfolgreichsten schwedischen Generäle, wurde nach Deutschland geschickt, um für Schweden den Krieg zu gewinnen. Im Frühjahr 1642 fiel der neue Oberbefehlshaber in Sachsen ein, schlug erneut die Truppen Johann Georgs (bei Schweidnitz) und drang über Schlesien bis nach Mähren vor. Im Juni nahm er die Hauptstadt Olmütz und bedrohte Wien, ehe er sich mit seiner Hauptarmee nach Sachsen zurückzog, um Leipzig zu belagern. Dort stellte die kaiserliche Armee (unter dem persönlichen Befehl des Bruders des Kaisers, des Erzherzogs Leopold Wilhelm) die Schweden zum Kampf. Torstensson wich geringfügig in nördlicher Richtung nach Breitenfeld aus und erfocht dort einen fast ebenso vollständigen Sieg wie Gustav Adolf auf demselben Kampfplatz elf Jahre zuvor. Die Kaiserlichen verloren 5 000 Mann als Gefallene und weitere 5 000 als Gefangene sowie 46 Feldgeschütze, die Kriegskasse und Kanzlei des Erzherzogs und den Troß. Einen Monat später fiel Leipzig und bezahlte eine Abstandssumme von 400 000 Talern, um von weiteren Verwüstungen verschont zu werden. Bis 1650 blieb es in schwedischer Hand.[142]

Diese verheerenden Niederlagen lehrten die katholischen Verbündeten des Kaisers in Westdeutschland, besonders Bayern, das Fürchten. Im Januar 1640, noch vor dem Zusammentreten des Kurfürstentags in Nürnberg, fanden in Einsiedeln Geheimverhandlungen mit französischen Emissären statt, in deren Verlauf Maximilian anbot, unter drei Bedingungen mit Frankreich einen Separatfrieden zu schließen: Anerkennung der Kurwürde für sich und seine Nachkommen; Rückzug der Franzosen aus dem Elsaß und Auflösung des französischen Bündnisses mit dem protestantischen Schweden. Diese anmaßenden Forderungen wurden von Richelieu kurzerhand vom Tisch gewischt, der sich bereits entschlossen hatte, den Bündnisvertrag mit Schweden zu erneuern. Bald danach bewogen jedoch der Erfolg der vereinigten Armee unter Banér und die Lösung so vieler Streitfragen auf dem Reichstag in Regensburg Maximilian dazu, eine andere Möglichkeit zu versuchen. Diesmal hoffte er, mit Hilfe des Papstes und der übrigen geistlichen Kurfürsten Frankreich zur Annahme des in Regensburg erreichten Kompromisses und zu einem Friedensschluß notfalls ohne Schweden zu bewegen. Im April und Mai 1642 fanden Beratungen zwischen ihm und den Kurfürsten von Mainz und Köln statt, als Vorbereitung einer gemeinsamen Plattform für die geplanten Verhandlungen; im Anschluß daran wurde eine Abordnung zu

Gesprächen nach Paris entsandt (s. Schweinesbein 1967, Kap. 3 und 4).[143] Nachdem der Krieg sich fast ein Vierteljahrhundert lang hingezogen hatte, war der Kaiser schließlich von fast allen seinen deutschen Verbündeten verlassen. Die Sackgasse, in der der Krieg seit Lützen steckte, war endlich überwunden. Jetzt mußten nur noch die Habsburger zur Einsicht in das Unabänderliche gezwungen werden.

3　Die Niederlage der Habsburger (1643–1647)

Erst der plötzliche und anscheinend vollständige Zusammenbruch der spanischen Macht führte dazu, daß Ferdinand III. auf die Rufe nach einem Friedensschluß positiv reagierte. Seit der Schlacht bei Nördlingen hatte Philipp IV. seinem Schwager umfangreiche Hilfe zukommen lassen. Er unterhielt Garnisonen in der Pfalz, unterstützte ihn mit Subsidien im Wert von jährlich rund 500 000 Talern und band mit seinen Heeren in der Lombardei, den Niederlanden und in Katalonien den größten Teil der französischen Streitkräfte.[144] Sein Bruder, der Kardinalinfant, der bis zu seinem Tod 1641 die Spanische Niederlande regierte, drang mit seinen Truppen sogar fast bis Paris vor (s. S. 233). Die Franzosen waren jedoch nicht die einzigen Feinde Spaniens. Der Kardinalinfant war noch immer gezwungen, die meisten seiner Truppen gegen die Armee der Niederländischen Republik einzusetzen (die 1637 das zwölf Jahre zuvor an Spínola verlorene Breda zurückeroberte); und Philipp selbst setzte wichtige Kontingente an Soldaten und Material für die Verteidigung der überseeischen Besitzungen seiner spanischen und portugiesischen Krone ein (insbesondere in Südamerika, wo die Holländer sich seit 1630 in den Besitz Pernambucos, der brasilianischen Nordprovinz gebracht hatten). Im Oktober 1639 wurde eine große Kriegsflotte, die Mannschaften und Nachschub von Spanien nach den Niederlanden transportieren sollte, von den Holländern im Kanal abgefangen und fast vollständig vernichtet (Schlacht bei den Downs); eine zweite, die Pernambuco entsetzen sollte, erlitt drei Monate später vor Recife das gleiche Schicksal.

Doch den Spaniern standen 1640 noch schlimmere Niederlagen bevor. Im Mai erhob sich die Provinz Katalonien und erhielt sogleich französische Unterstützung; im Dezember schloß sich das Königreich Portugal diesem Beispiel an und sicherte sich sofortige französische und holländische Hilfe. Philipp IV. sah sich gegen seinen Willen genötigt, sein Augenmerk nicht länger auf Nordeuropa, sondern auf die Unruhen in den eigenen Ländern zu richten. Einige seiner Berater – unter ihnen auch der einst so kriegerische Graf Oñate – drängten vergeblich auf einen Rückzug Spaniens aus den überseeischen Besitzungen.[145] Statt dessen gab es Verluste an allen Fronten: Arras und der größte Teil des Artois 1640, Salces und Perpignan 1642. Der Graf und Herzog Olivares, der zahlreiche Niederlagen überstanden hatte, konnte diesmal der an ihm geübten massiven Kritik nicht länger Trotz bieten und trat im Januar 1643 zurück. Aber ein Wechsel im Amt des leitenden Ministers änderte noch nichts an der spanischen Außenpolitik: Von Frieden war keine Rede. Im Mai folgte die vernichtende Niederlage der flandrischen Armee bei Rocroi. Auch wenn die Schlacht vermutlich weniger bedeutsam war, als gelegentlich behauptet wird – sie hatte keinen unmittelbaren Einfluß auf die spanische Herrschaft in den südlichen Niederlanden –, so machte sie doch mit einem Mal allen Hoffnungen auf eine erneute Invasion Frankreichs durch spanische Truppen von den Niederlanden aus ein Ende. Nachdem sich Trier, das Elsaß und Lothringen in französischer Hand befanden und die Holländer über Limburg, die Nordsee und den Ärmelkanal herrschten, war es der Regierung Philipps IV. absolut unmöglich, den Truppen in den südlichen Niederlanden Verstärkung zu schicken. Die »spanische Straße« war blokkiert, so daß die Spanischen Niederlande das weitere Vordringen französischer und holländischer Armeen nicht mehr verhindern konnten – Gravelingen ging 1644, Hulst 1645 und Dünkirchen 1646 verloren.

Mittlerweile hatte jedoch auch Frankreich ernsthafte Schwierigkeiten, die Kriegführung im bisherigen Umfang fortzusetzen. Zwischen 1636 und 1643 brachen etliche schwere Volksaufstände aus, von denen sowohl Städte als auch ländliche Gebiete betroffen waren, so daß zu ihrer Niederschlagung einzelne Abteilungen von der Front abgezogen werden mußten. Daneben gab es Widerstände seitens der königlichen Bürokratie, die sich entweder weigerte, die benötigten Steuern zu erheben, oder den Gang der Dinge in anderer Weise behinderte, während gegen den ersten Minister des Königs, Kardinal Richelieu, mehrere verschwörerische Anschläge durch den Hochadel ausgeheckt wurden. 1641 gewann eine Verschwörung unter der Führung des Vetters des Königs (des Grafen von Soissons), die für ein Friedensprogramm und den Rückzug der französischen Truppen aus den Kämpfen im Ausland eintrat, in kurzer Zeit zahlreiche Anhänger. Die Regierung wurde nur durch den überraschenden Tod des Grafen gerettet. Im Jahr darauf kam es zu einer Verschwörung, die von einem Günstling des Königs, dem Marquis von Cinq-Mars, angeführt wurde, der unvorsichtigerweise den Spaniern versprochen hatte, bald nach dem Sturz Richelieus Frieden zu schließen. Drei Monate nach der Hinrichtung des Marquis starb jedoch auch Richelieu. Zwar änderte dies zunächst nichts an der Politik Frankreichs, doch im Mai 1643 – kurz vor dem großen Sieg bei Rocroi – segnete auch Ludwig XIII. das Zeitliche. Nunmehr lag die Macht in den Händen der in Spanien geborenen Regentin Anna von Österreich, einer Schwester Philipps IV. und des Kardinalinfanten, außerdem Schwägerin von Ferdinand III. Natürlich war sie einem Frieden mit ihren habsburgischen Verwandten weniger abgeneigt als Ludwig XIII., doch in Fragen der Außenpolitik hörte sie auf den Rat des obersten Ministers, der jetzt den Platz Richelieus einnahm, des Kardinals Jules Mazarin. Dieser war zwar als spanischer Untertan geboren und hatte seine Studien zum Teil in Spanien absolviert, doch hatte ihn seine diplomatische Ausbildung zunächst bei Urban VIII. und dann bei Richelieu zu einem überzeugten Feind der so mächtigen Habsburger gemacht. Sein Hauptziel war es, die beide Zweige dieses Hauses zu schwächen und nach Möglichkeit einen Keil zwischen sie zu treiben, und damit hatte er schließlich auch Erfolg. Als Neuling in seinem Amt betrieb Mazarin allerdings vorerst noch eine vorsichtige Politik. Ihm konnte nicht entgehen, daß eine unbegrenzte Fortsetzung des Krieges Gefahr lief, eine Revolution und den Sturz der Monarchie auszulösen – wie dies offenbar auf der anderen Seite des Kanals geschah, in den von Karl I. und seiner französischen Königin Henriette Maria regierten Ländern. Der englische Bürgerkrieg, der 1642 ausbrach, war eine furchtbare Warnung und machte die Fürsten vorsichtig.

Auch in Schweden gab sich die Regierung keinerlei Illusionen darüber hin, daß der Krieg mit seinen Steuern und Konskriptionen beim größten Teil der Bevölkerung zutiefst verhaßt war. »Der gemeine Mann möchte lieber tot sein«, schrieb Oxenstiernas bekümmerter Bruder, dessen lange, mutlose Berichte über den Gang der Staatsangelegenheiten die Zahl der Kreuze vermehrten, die der Kanzler zu tragen hatte. »Wir dürfen wohl sagen, daß wir die Länder anderer erobert und darüber unser eigenes ruiniert haben. Während die Zweige immer weiter wachsen, fault der Stamm an der Wurzel.« (Zit. n. Roberts 1979, S. 25) Und das war nicht übertrieben, denn die militärischen Verluste Schwedens steigerten sich rasch ins Unerträgliche: Ganze Dörfer waren von jungen Männern entvölkert, denn ein Konskriptionsbefehl (s. S. 280 f.) war gleichbedeutend mit einem Todesurteil.

Während in Schweden eine Zensur dafür sorgte, daß sich die allgemeine Unzufriedenheit nicht öffentlich äußerte, gab es im Reich keine derartigen Beschränkungen. Überall in Deutschland erschienen Traktate, in denen der Friede gefordert wurde, und dieser Ruf fand seinen Widerhall in den unterschiedlichsten Medien: Gebeten, Flugschriften, illustrierten Flugblättern, Liedern, Denkmünzen und Schauspielen. Die letzteren waren von besonderem Einfluß, da die besten »Friedensspiele« von Anhängern des Pietismus geschrieben wurden, der gerade das Luthertum zu erneuern begonnen hatte. Die Inbrunst des Gefühls und die moralische Aufrichtigkeit der Sprache in Stücken wie *Neu erfundenes Freudenspiel, genannt Friedens Sieg* von Justus Schottel, einem Pastorensohn, oder *Friedens Spiegel* von Johann Rist, einem Hamburger Pastor, löste bei den Zuschauern in der Tat eine machtvolle Wirkung aus. Und die Stücke erreichten ein breites Publikum. Schottel war Rat am Hof der Herzöge von Braunschweig, und *Friedens Sieg* wurde erstmals von den Kindern des Herzogs aufgeführt, während sich Friedrich Wilhelm von Brandenburg unter den Zuschauern befand (Stein 1971). [146]

So lag also zu Beginn des Jahres 1643 der Friede deutlich wahrnehmbar in der Luft, die von den deutschen wie den ausländischen Teilnehmern am Krieg geatmet wurde, und bald tagten zwei Friedenskonferenzen. In Frankfurt kamen im Januar 1643 die Vertreter zahlreicher deutscher Landesherren einschließlich der Mehrzahl der Kurfürsten zusammen, um die verbliebenen rein deutschen Fragen zu lösen und über eine Verhandlungsstrategie gegenüber den auswärtigen Mächten zu beraten. Deren Abgeordnete strömten inzwischen von allen Seiten nach Münster und Osnabrück, in jene Städte, die im schwedisch-französischen Vertrag von 1641 als Verhandlungsorte bestimmt und jetzt zu einer »entmilitarisierten Zone« gemacht wurden. Frankreich, Spanien und andere katholische Länder tagten in Münster, die übrigen in dem 45 Kilometer entfernten Osnabrück.

Es entsprach einer Absicht Ferdinands III., die Versammlungen getrennt zu halten, da er hoffte, seine eigenen Abgesandten könnten ihre Gespräche mit den Vertretern der ausländischen Mächte im Namen des ganzen Reiches führen. Die katholischen Fürsten waren damit einverstanden – »vox Caesaris est vox catholicorum«, wie einer von ihnen später bemerkte –, die protestantischen hingegen nicht. Zum einen waren sie in der Anfangszeit in Frankfurt zahlenmäßig weit unterlegen; das Verhältnis Katholiken zu Protestanten betrug vier zu zwei im kurfürstlichen und zehn zu vier im Kollegium der übrigen Reichsfürsten. Zum anderen standen einige führende Protestanten theoretisch noch immer in der Reichsacht und konnten darum auch nicht an den Beratungen in Frankfurt teilnehmen. Die Opposition gegen Ferdinands zweigleisige Friedenspolitik wurde innerhalb der Versammlung von Friedrich Wilhelm von Brandenburg und außerhalb von Amalia von Hessen-Kassel angeführt. Ohne die Unterstützung durch Frankreich und Schweden hätten sie sich jedoch vermutlich nicht durchsetzen können. Die Standpunkte dieser beiden Mächte wurden vom schwedischen Bevollmächtigten Johan Adler Salvius in einem offenen Brief an die protestantischen Fürsten vom April 1643 deutlich gemacht. »Man hat in dreißig Jahren keinen Reichstag gehalten«, heißt es dort (nicht ganz zutreffend), »und gleichwohl hat interim der Kaiser allein alle *jura majestatis de facto* usurpiert. Solches ist der rechte Wege zum absoluten Dominat und der Stände Servitut. Die Kronen (Schwedens und Frankreichs) werden solches pro posse hindern. Ihre Sekurität besteht in der deutschen Stände Libertät.« (Zit. n. Dickmann 1959, S. 115)[147] Mit der Zeit verlegten die protestantischen Abordnungen ihr Quartier nach Osnabrück. Aber noch immer blieb der Kaiser halsstarrig und weigerte sich, das Recht seiner Vasallen anzuerkennen, auf den Sitzungen des Kongresses ihre eigene Stimme zur Geltung zu bringen. Erst am 29. August 1645, einem entscheidenden Datum auf dem Weg zum Frieden, wurde allen unabhängigen Landesherren das *ius belli ac pacis* zugestanden, das Recht, selbständig Kriege zu erklären und Frieden zu schließen. Damit erhielten die Beratungen auf der Westfälischen Friedenskonferenz den Status eines Reichstags, und ihre Resolutionen erlangten die Kraft von Reichsgesetzen. Der Konvent in Frankfurt wurde geschlossen.

Tatsächlich konnte der Kaiser die Gespräche nur aufgrund eines kurzlebigen militärischen Glücksfalls in die Länge ziehen: 1643 trat Schweden unvermittelt in einen Krieg gegen Dänemark ein. Für diese überraschende Entwicklung gab es mehrere Gründe. Christian IV., dessen Verlangen nach kriegerischen Ruhmestaten sich weder mit seinen Jahren noch durch seine früheren Niederlagen abgeschwächt hatte, war seit längerem damit beschäftigt, seinem Nachbarn im Norden möglichst viel Verdruß zu bereiten: Er bot rachsüchtigen politischen Feinden der Stockholmer Regierung Zuflucht, blockierte den Hafen Hamburgs, das mit Schweden verbündet war, und belästigte schwedische Handelsschiffe in der Ostsee, deren Ladung er sogar gelegentlich konfiszierte. Als durchsickerte, daß Christian mit dem Kaiser in geheimen Bündnisverhandlungen stand, entschloß sich Schweden zu einem Präventivschlag. Seine besten Generäle, Torstensson und Königsmarck, erhielten Order, von der böhmischen Grenze (wo sie seit ihrem Sieg bei Breitenfeld im November 1642 operierten) auf Dänemark zu marschieren. Königsmarck fiel in die säkularisierten Bistümer Verden und Bremen ein, die Neutralität genossen, seit Schweden sie nach der Schlacht bei Nördlingen an Dänemark zurückgeben mußte. Jetzt wurden sie in kurzer Zeit besetzt und einer prokonsularischen Regierung unter Königsmarck unterstellt, was den Weg für eine schwedische Annexion nach dem Westfälischen Frieden ebnete. Inzwischen besetzte Torstensson Holstein und nahm 1644 die Eroberung der Halbinsel Jütland mit derselben Leichtigkeit in Angriff wie 16 Jahre vor ihm Tilly und Wallenstein (s. Böhme 1976, S. 34; Eichberg 1976). Im Oktober öffnete ein großes Seegefecht bei Fehmarn die Inseln einer schwedischen Invasion, nachdem die Streitkräfte Christians eine Niederlage erlitten hatten, und im folgenden Monat begannen Friedensverhandlungen. Eine im Februar 1645 eröffnete formelle Konferenz legte die Bestimmungen des für Schweden sehr günstigen Friedens von Brömsbro fest (23. August).

Diese Entwicklung der Dinge entsprach ganz und gar nicht den Erwartungen des Kaisers. Kaum war die Absicht der Schweden deutlich geworden, in Dänemark einzufallen, als Ferdinand Christian seine Unterstützung versprach und seine Feldarmee unter Graf Gallas in Marsch setzte, um Torstensson nach Holstein nachzusetzen. Damit hatten die Schweden jedoch gerechnet und ein Bündnis mit Georg Rákóczy geschlossen, dem Nachfolger Bethlen Gabors in Siebenbürgen: Mit dem Segen des osmanischen Sultans und Subsidien aus Frankreich versehen, versprach dieser, in das habsburgische Ungarn einzufallen. Das tat er dann auch im Februar 1644 und brachte damit Ferdinand III. in gefährliche Bedrängnis, der sich genötigt sah, die nach Dänemark entsandte Feldarmee zurückzurufen. Torstensson trieb die Kaiserlichen auf ihrem Rückzug freilich so geschickt durch verwüstetes Gebiet, daß die meisten von ihnen Hungers starben. Nach Angaben des habsburgerfeindlichen Chronisten von Chemnitz erreichten von den 18 000 Mann, die den Rückzug ursprünglich angetreten hatten, nur noch 1 000 den Schutz Böhmens, womit diese Armee »in kurzer Zeit ohne Hauptstreich in solchern Ruin gesetzet, das dargleichen in Historien nicht leichtlich werd zu finden sein« (von Chemnitz 1859, S. 168). Gallas, der auch den katastrophalen Rückzug aus Burgund 1636 geführt hatte, wurde entlassen.

Es brauchte allerdings mehr als die Bestallung eines neuen Generals, um den Schweden Einhalt zu gebieten. Im Frühjahr 1645, als Dänemark endgültig aus dem Krieg ausgeschieden war, beschloß das schwedische Oberkommando die Einleitung einer Operation, die in kurzer Zeit zum Zusammenbruch des habsburgischen Widerstandes führen würde. Ein Einfall in Böhmen mit starken eigenen Kräften und den Truppen Siebenbürgens schien hierfür die größten Aussichten zu bieten, da dies »den Kaiser mitten ins Herz treffen« mußte. Außerdem sollte die französische Rheinarmee in Bayern eindringen, so daß Ferdinand auch von dieser Seite keine Hilfe erwarten konnte. Das war freilich leichter gesagt als getan. Seit dem Tod Bernhards von Sachsen-Weimar hatten die Franzosen im Rheinland glücklos operiert. Der Zwang, militärische Unterstützung nach Katalonien und Portugal zu schicken und den Krieg an der holländischen Grenze weiterzuführen, verminderte zusehends die Ressourcen der in Deutschland stehenden Armee unter dem Befehl des Vicomte von Turenne. Anfangs wurden die militärischen Möglichkeiten, die sich Bayern aufgrund dieser Lage boten, nicht wahrgenommen, da Maximilian noch immer auf einen Separatfrieden mit Frankreich hoffte (s. S. 253). Als sich die Verhandlungen jedoch zerschlugen, führte das bayrische Heer unter Franz von Mercy einen mustergültigen Angriff auf Tuttlingen (November 1643), der Turenne zum Rückzug an den Rhein und zur Aufgabe seiner gesamten Heeresausrüstung zwang. Der mitten im Winter erfolgende Rückzug führte zum Verlust von fast zwei Dritteln der ursprünglich 16 000 Mann starken Streitmacht Turennes (die »Bernhardiner« oder die »deutsche Brigade«, die früheren Regimenter Bernhards von Sachsen-Weimar, waren besonders hart betroffen). Obgleich 1644 Verstärkungen ins Elsaß geschickt wurden, gelang es den Franzosen nicht, aus dem Rheintal auszubrechen. Im August 1644 fügte von Mercy Turenne abermals schwere Verluste zu (wobei die »deutsche Brigade« praktisch ganz vernichtet wurde; von drei Regimentern blieben nur drei Offiziere und 50 Mann), und eine weitere Schlacht bei Mergentheim im Mai 1645 bestätigte erneut die Überlegenheit Bayerns über Frankreich in dieser Region (s. allg. hierzu Schaufler 1979).[148] Das Eintreffen schwedischer Verstärkungen aus dem Norden gab Turenne jedoch die Möglichkeit zu einem Gegenangriff, und in der Schlacht bei Allerheim am 3. August wurde Mercy geschlagen und fiel, und seine Armee wurde durch die vereinigten Heere Schwedens, Frankreichs und Hessens völlig aufgerieben.

Die schwedische Abteilung, die bei Allerheim mitgekämpft hatte, war noch an einem zweiten Sieg beteiligt, der fünf Monate zuvor erfochten wurde. Die schwedische Hauptarmee hatte bereits vor Frühlingsanfang ihren Marsch von Sachsen nach Böhmen begonnen. Torstensson gebot über 15 000 Mann, und die Kaiserlichen konnten trotz des Vormarschs der Truppen aus Siebenbürgen donauaufwärts dieselbe Zahl von Söldnern ins Feld führen. Allerdings verfügten die Schweden über eine unvergleichlich stärkere Artillerie: 60 Feldgeschütze gegenüber 26. Nach einigem Vorgeplänkel trafen die beiden Heere am 6. März bei Jankau im Südosten Prags in einer langwierigen offenen Feldschlacht aufeinander. Deren Ausgang war entscheidend: Die Kaiserlichen verloren ihre Artillerie, die Hälfte ihrer Soldaten, ihre Feldkanzlei und sogar ihre Kommandeure. Der Kaiser und seine Familie flohen sogleich nach Graz.[149] Diese Vorsichtsmaßnahme war keineswegs überflüssig, denn bis zum Ende des Monats hatten Torstenssons Söldner Krems eingenommen, einen Brückenkopf über die Donau errichtet (und das lutherische Bekenntnis wiedereingeführt). Schweden und Siebenbürgen bereiteten sich schon auf eine Belagerung Wiens vor, und die wenigen noch in der Stadt lebenden Lutheraner brachen öffentlich in Jubel aus und erwarteten ihre Befreiung. Sie sollten vergeblich warten. Der Kaiser wurde von den Türken gerettet.

Im Frühjahr 1645 beschloß der Osmanenherrscher, gegen die Venezianische Republik um Kreta einen Krieg zu führen. Er begann seinen Feldzug im Juni und setzte sogleich seine gesamten militärischen Hilfsmittel für dieses Vorhaben ein, und damit endete die Unterstützung für Rákóczy. Der Fürst von Siebenbürgen, der sich derart im Stich gelassen und in Geldnöten sah, sträubte sich nicht länger gegen die habsburgischen Friedensangebote und schloß – trotz eines im April unterzeichneten neuen Bündnisvertrags mit Frankreich – am 16. Dezember 1645 mit Ferdinand den Vertrag von Wien. In Ungarn wurde die religiöse Toleranz wiedereingeführt und garantiert, und abermals wurden ausgedehnte Gebiete an Rákóczy abgetreten. Für ein Land, dem fast alle Ressourcen fehlten, um einen anhaltenden Krieg durchzustehen, hatte sich Siebenbürgen überraschend gut aus der Affäre des Dreißigjährigen Kriegs gezogen.

Dieser Abfall Siebenbürgens änderte jedoch nichts an der entscheidenden Bedeutung des Feldzugs von 1645. Deshalb wurde auch von beiden Seiten so erbittert gekämpft. Die Schlacht bei Jankau dauerte z.B. länger als die meisten anderen Kämpfe dieses Krieges, weil alle ihren entscheidenden Charakter erkannten. Der Kaiser warf seine ganzen ökonomischen und militärischen Hilfsmittel, das Ansehen seines Hauses und den eigenen Ruf als überlegener Feldherr in die Waagschale. Die Tatsache, daß er mit seiner Niederlage alles verlor, bedeutete fast zwangsläufig, daß die Friedensvereinbarungen für die Habsburger nachteilig ausfallen würden. Nach den Schlachten bei Jankau und Allerheim gab es keine katholische Feldarmee mehr, die den Schweden und ihren Verbündeten Widerpart bieten konnte; und alle Welt wußte es. Am 6. September schloß Johann Georg von Sachsen in Kötzschenbroda widerwillig einen Waffenstillstand mit Schweden und zog sich damit aus dem Krieg zurück. Inzwischen bemerkte Oxenstierna in Westfalen, daß »der Feind beginnt, courtois und humaner zu reden«, und daß die Vertreter des Reichs auf der Friedenskonferenz beträchtliche Zugeständnisse anboten (zit. n. Odhner 1877, S. 97).[150] Im August 1645 wurde vereinbart, alle Fürsten und Städte mit Sitz und Stimme im Reichstag gleichberechtigt zu den Friedensgesprächen zuzulassen; im September stimmte der Kaiser wohl oder übel zu, für Katholiken, die in protestantischen Reichsterritorien lebten, keine besonderen Vorteile im Friedensvertrag anzustreben. Bald darauf erließ er eine Amnestie für alle seine aufrührerischen Vasallen, so daß sie in eigener Person an der Konferenz teilnehmen und ihre Ansprüche vortragen konnten, und am 29. November 1645 kam der Vertraute und oberste Vertreter des Kaisers, der Graf von Trauttmansdorff, mit weitgehenden Instruktionen in Münster an, um jeden Preis einen Frieden zu sichern.

Zu diesem Zeitpunkt, als gerade ernsthafte Gespräche über eine Beendigung des deutschen Kriegs aufgenommen wurden, reisten die Vertreter der Niederländischen Republik nach Münster, um ihren Zwist mit Spanien beizulegen (s. hierzu Poelhekke 1948). Bereits im Januar 1642 hatte der Erbstatthalter der Niederlande und Prinz von Oranien Friedrich Heinrich die Generalstaaten aufgefordert, Bevollmächtigte zu bestimmen und Friedensbedingungen aufzustellen; doch bis zum Oktober 1645 hatte man sich noch nicht endgültig auf die Delegierten und deren Instruktionen einigen können. Im Januar 1646 reisten die holländischen Abgesandten nach Westfalen. Ihre Anwesenheit auf der Konferenz vervollständigte einerseits das Puzzle aus politischen Bündnissen und erschwerte andererseits die Aufgabe eines deutschen Friedensschlusses. Zwar mochte es zutreffen, daß nach einem überlieferten Wort Gustav Adolfs »alle Kriege, die in Europa geführt werden, zu einem einzigen Krieg verschmolzen (waren)«, aber die Bündnisse, mit denen die einzelnen Kontrahenten zusammengehalten wurden, konnten die gravierenden Interessenkonflikte zwischen ihnen nicht überdecken. Selbst ein und derselbe Staat (das galt vor allem für Frankreich) konnte auf der Konferenz zwei verschiedenen politischen Strategien folgen, einer für Deutschland und einer für die Niederlande. Zuweilen erhielten die Delegierten unterschiedliche und sogar widersprüchliche Instruktionen, oder die verschiedenen Mitglieder derselben Delegation waren untereinander uneinig. Die erste Friedenskonferenz der Neuzeit war ein einziges Tohuwabohu.

Geführt wurden die Verhandlungen von 176 Bevollmächtigten (die Hälfte von ihnen Juristen), die für 194 größere und kleinere europäische Fürsten handelten. Obwohl nur 109 der auf dem Kongreß vertretenen Staaten, Länder oder Städte eigene Abordnungen entsandten, drängten sich zwischen 1643 und 1648 dennoch Tausende von Diplomaten und ihr Personal in den Straßen von Münster und Osnabrück. Der Umfang der einzelnen Gesandtschaften reichte von den einsamen Vertretern der kleinen deutschen Fürstentümer bis zu den 200 Männern, Frauen und Kindern der französischen Delegation.

Für die Konferenzteilnehmer bestand das Leben aus einer merkwürdigen Mischung aus Mangel und Überfluß. Auf der einen Seite mußten sich häufig zwei Personen ein Bett teilen (für die 29 Angehörigen der bayrischen Abordnung standen beispielsweise nur 18 Betten zur Verfügung), auf der anderen Seite gab es mehr als genug zu essen und zu trinken (die erwähnten Bayern verkonsumierten z.B. pro Person täglich zwei bis drei Liter Wein, so daß sie möglicherweise zu benebelt waren, um sich noch wegen der Betten zu streiten (s. Bosbach 1984, S. 14, 16, 33, 57, 110, 168, 196, 211 und 224 ff.). Aber ob nun beduselt oder nüchtern, die meiste Zeit über waren die Abgesandten damit beschäftigt, Verhandlungen und Korrespondenzen zu führen, und der Verbrauch an Tinte durch die Diplomaten war in der Tat gewaltig. Es wurde eigens ein kompliziertes postalisches Netz eingerichtet, um den regelmäßigen Austausch wortreicher Denkschriften und endlos langer Briefe zwischen den Gesandten und ihren Auftraggebern zu ermöglichen, so daß kein Beschluß ohne die volle und ausdrückliche Zustimmung jeder Regierung gefaßt werden konnte.[151] Das führte natürlich zu erheblichen Verzögerungen der Verhandlungen: Ein Brief von Münster nach Paris oder Wien benötigte zwölf, nach Madrid gar 23 bis 30 Tage; ein Brief von Osnabrück nach Stockholm war wohl 20 Tage oder länger unterwegs (vor dem Frieden von Brömsebro mit Dänemark noch wesentlich länger), und die Antwort ließ natürlich nicht weniger lang auf sich warten. Diese Verzögerungen verringerten jedoch den Umfang der Korrespondenz um kein Jota. Der Briefwechsel zwischen den Abgesandten des Herzogs von Württemberg in Osnabrück und ihrem Herrn in Stuttgart kann hierfür als ziemlich typisch gelten: Von 1644 bis 1649 schrieben sie sich theoretisch nur einmal in der Woche, gewöhnlich an einem Freitag, doch am Ende hatten beide Seiten jeweils fast 400 Briefe verfaßt (s. Bosbach 1984, S. 196).

Angesichts der Vielzahl der Teilnehmer und der unterschiedlichsten Interessen lassen sich deutlichere Umrisse des Verhandlungsverlaufs nur schwer ausmachen und noch schwerer knapp darstellen; trotzdem kann man mit einiger Berechtigung von drei Phasen der Konferenz sprechen. Die erste, die weitgehend von Verfahrensfragen bestimmt wurde, begann mit dem Konvent in Frankfurt 1643 und dauerte – mit immer neuen Anläufen und Unterbrechungen – bis November 1645, als Graf Trauttmansdorff in Münster eintraf. Die zweite Phase dauerte bis Juni 1647, als der Graf Münster wieder verließ. Es war eine Zeit des hartnäckigen Feilschens, in der fast alle offenen Streitfragen zwischen den Kontrahenten im deutschen wie im niederländischen Konflikt beigelegt wurden. Während der dritten und letzten Phase, die bis zur Unterzeichnung der drei Friedensverträge 1648 währte, versuchte Frankreich erfolglos, die Beendigung der Feindseligkeiten in Holland und in Deutschland so lange hinauszuzögern, bis Spanien in die Knie gezwungen war. Die ganzen fünf Jahre hindurch wurden das Verhandlungstempo sowie der Inhalt der Zugeständnisse von den jeweiligen Wechselfällen des Kriegsglücks bestimmt. Der Prior Adami von Murrhart, einer der katholischen Falken auf der Konferenz, drückte es damals in zynischen Worten so aus: »Sonsten seind wir schon gewohnt, im Winter zu traktieren und im Sommer zu lavieren.« (Zit. n. Heckel 1971, S. 324) Der Pfad zum Frieden war schmal und alles andere als geradlinig.

4 Der lange Weg zum Frieden (1647–1650)

»Sie sagen, der schreckliche Krieg sei jetzt vorbei. Ist aber noch nirgends ein Fried zu spüren. Überall sind Neid, Haß und schlimmere Ding – der Krieg hat uns so gelehrt ... Wir Leut leben wie die Tier, essen Rinden und Gras. Kein Mensch kann sich denken, daß so etwas vor uns geschehen sei. Viele Leute sagen, es sei jetzt gewiß, daß kein Gott ist...«

Handschriftliche Eintragung in eine Familienbibel aus dem schwäbischen Dorf Gerstetten, 17. Januar 1647[152]

Diese verzweifelten Sätze wurden niedergeschrieben, nachdem wieder einmal eine Schar von Flüchtlingen angekommen war, die von räuberischen Verfolgern berichtete. »Wir aber glauben, daß Gott uns nicht verlassen hat«, ist in der Bibel weiter zu lesen. »Wir müssen jetzt alle zusammenstehen und Hand anlegen...« Doch zum Unglück für viele sollten immer noch 20 Monate weiterer Kämpfe vergehen, bis endgültig Frieden geschlossen wurde: fast zwei Jahre, in denen Schwaben (ebenso wie Bayern, Österreich und viele andere Länder des Reiches) einmal mehr verwüstet wurde. Im größten Teil Deutschlands hielten die Kämpfe bis zum letzten Augenblick an – bis zu jenem 24. Oktober, an dem die letzten Unterschriften unter die Friedensverträge gesetzt wurden. Obgleich zu diesem Zeitpunkt einige der unversöhnlichsten Kontrahenten gestorben oder von ihrem Amt zurückgetreten waren – Richelieu und Olivares, Ferdinand II. und Gustav Adolf, Bernhard von Sachsen-Weimar und Wilhelm von Hessen-Kassel –, zeigten ihre Nachfolger dieselbe Entschlossenheit, für die lang anhaltende und reichliche Hingabe von Gut und Blut eine möglichst große Entschädigung herauszuschlagen. Sie verhandelten nicht weniger erbittert als sie zuvor gekämpft hatten.

Zwar wurden fast alle zur Debatte anstehenden Fragen auf der Friedenskonferenz gleichzeitig behandelt, aber dennoch bestand zumindest zwischen den französischen und schwedischen Vertretern Einigkeit darüber, daß die allein Deutschland betreffenden Probleme als erste gelöst werden sollten. So schrieb Graf d'Avaux im April 1644 von Münster: »Es scheint, daß der Ehre und dem Nutzen Frankreichs am besten gedient ist, wenn wir zuvörderst die Punkte zur Sprache bringen, welche den öffentlichen Frieden und die Freiheiten des Reiches betreffen ..., denn wenn sie (die deutschen Länder) noch nicht ernstlich den Frieden wollen, dann wäre es abträglich und schädlich für uns, wenn die Gespräche an unseren eigenen, besonderen Forderungen scheitern würden.« (Zit. n. Philippe 1976, S. 54) Und auf schwedischer Seite schrieb im Dezember desselben Jahres der listenreiche Oxenstierna an seinen Sohn (der in Osnabrück für Schweden die Verhandlungen führte): »Solange, als rerum Germanicarum restitutio in pristinum statum unser Prätext propter regni interesse et proprium nostrum (d.h. solange die Wiederherstellung des ursprünglichen Zustandes in Deutschland der schwedische Vorwand für die geforderten Änderungen ist), so ist es dasselbe, welches unsere Wege justificiret.« (Zit. n. Schmid 1953, S. 206)

Viele untergeordnete Bedingungen für die »deutsche Libertät« waren bereits im Prager Frieden und im Reichsabschied von Regensburg festgelegt worden, doch die wichtigsten Punkte waren zweifellos die dornigsten: offizielle Duldung des Calvinismus, Restitution der säkularisierten Kirchengüter, Wiedereinsetzung des Kurfürsten von der Pfalz in seine alten Rechte und eine Generalamnestie. Die letztere wurde, wie bereits erwähnt, nach der Schlacht bei Jankau gewährt. Der dritte Punkt war zwar Gegenstand eines hartnäckigen Feilschens, wurde jedoch bereits in einer Geheiminstruktion des Kaisers an Trauttmansdorff vom Oktober 1645 als Zugeständnis in Erwägung gezogen: »in extremo casu (im Extremfall) und wann nicht anders zu erhalten sein kundte«, sollte eine achte Kurwürde geschaffen werden, um sowohl Bayern als auch der Pfalz Sitz und Stimme im Kurfürstenkollegium zu verschaffen (zit. n. Ruppert 1979, S. 134). Diese Fragen konnten jedoch im wesentlichen vom Kaiser allein entschieden werden. Woran sich die Geister wirklich schieden, waren dagegen die beiden erstgenannten Punkte, weil sie die grundsätzlichen Fragen aufwarfen, wer letztlich berechtigt war, in religiösen Streitfragen zu entscheiden, und ob alle Landesfürsten das Recht hatten, sich über kaiserliche Erlasse hinwegzusetzen. Die katholische Partei war nicht müde geworden zu behaupten, der Augsburger Religionsfriede von 1555 sei nur ein begrenzt gültiger, aus der Not geborener Kompromiß gewesen, aber allen Beteiligten an der Friedenskonferenz war klar, daß das von ihnen festzulegende neue Gleichgewicht der Konfessionen von Dauer sein würde, und deshalb verhielten sie sich auch so hart in ihren Verhandlungen.

Die eigentliche Schlacht begann im August 1645, als sich sämtliche Delegationen des Kongresses zum ersten Mal zusammenfanden. Es dauerte kaum länger als einen Monat, bis die geistlichen Reichsfürsten ihr erstes separates Gespräch in Münster abhielten, und bald danach nahmen die Protestanten ihre regelmäßigen separaten Beratungen in Osnabrück auf. Obgleich die beiden Parteien zahlenmäßig fast gleich stark waren (72 Mitglieder des *Corpus Catholicorum* gegenüber 73 des *Corpus Evangelicorum*), schienen sich die Katholiken anfangs im Vorteil zu befinden. Erstens standen die Vertreter des

Reiches eindeutig auf ihrer Seite, zweitens war der Zusammenhalt unter ihnen stärker, weil etliche Miglieder über mehr als eine Stimme verfügten. An der Spitze stand der Kurfürst von Köln mit 15 Stimmen, die von seinem höchsten Berater (und Vetter) Bischof Wartenburg von Osnabrück wahrgenommen wurden (der außerdem selbst fünf Stimmen in die Waagschale werfen konnte). Prior Adami von Murrhart vertrat mehrere schwäbische Abteien und 41 schwäbische Prälaten. Ebenso verhielt es sich mit den Reichsstädten: Der Vertreter Augsburgs, Johann Leuchselring, vertrat daneben noch 15 weitere Städte (s. Bosbach 1984, S. 14; Ruppert 1979, S. 251). Dieses äußere Bild von Einheit und Stärke war jedoch trügerisch. Zwar stand der Kaiser grundsätzlich auf der Seite der Katholiken, aber nicht alle Katholiken standen auf der Seite des Kaisers. Es gab eine starke Gruppe von Gegnern des Kaisers, angeführt vom Kurfürsten von Trier (der seine zehnjährige Gefangenschaft unter dem Kaiser noch nicht verschmerzt hatte), die Zugeständnisse an Frankreich und notfalls auch an die Protestanten befürworteten, um einen Frieden zu erreichen. Gegen sie traten im katholischen Lager etwa 15 Extremisten unter der Führung von Wartenburg, Adami und Leuchselring (den »Triumvirn«) auf, die von Spanien unterstützt wurden. Diese Männer waren entschlossen, in Religionsfragen keine wesentlichen Zugeständnisse zu machen. Aber damit war es der Zwistigkeiten auf katholischer Seite noch nicht genug – auch zwischen einzelnen Fürsten bestanden Mißhelligkeiten. So beanspruchten etwa Maximilian von Bayern ebenso wie der Herzog von Neuburg die Oberpfalz für sich, der erstere als Entschädigung für seine Kriegskosten und der letztere als nächster katholischer Verwandter der geächteten Familie des Pfälzers. Die von den wichtigsten Teilnehmern kontrollierten Stimmblöcke erwiesen sich damit nicht als Instrument der Stärke, sondern lähmten vielmehr die katholische Seite. Zum Jahresende 1646 war es dem *Corpus Catholicorum* bereits unmöglich, gemeinsame Erklärungen für den Kongreß abzugeben, und im Frühjahr 1648 verließen die Extremisten Münster aus Protest gegen die »knieweiche« Haltung ihrer Standesgenossen, um künftig ihre Beratungen getrennt abzuhalten.

Der *Corpus Evangelicorum* war bei oberflächlicher Betrachtung nicht einiger als die Katholiken. Zunächst fehlte dieser Partei ein Führer, der es an Statur mit Maximilian von Bayern hätte aufnehmen können: Dazu waren weder der junge Karl Ludwig, der Sohn Friedrichs von der Pfalz, noch der alte Kurfürst von Sachsen in der Lage; und Friedrich Wilhelm von Brandenburg, die bei weitem eindrucksvollste Gestalt unter den Protestanten, hatte seinen Frieden bereits geschlossen. Das vielleicht tatkräftigste Mitglied dieser Partei war eine der wenigen Frauen, die an diesem Kongreß teilnahmen, Amalia von Hessen-Kassel, die Witwe Wilhelms V. und Regentin an Stelle ihres jungen Sohnes. Sie und eine Anzahl kleinerer Fürsten, darunter auch die Herzöge von Sachsen-Weimar und die calvinistischen Fürsten des Rheinlands, forderten Garantien für das protestantische Bekenntnis in den überwiegend katholischen Gebieten sowie die völlige Aufhebung des Restitutionsedikts. Auf der anderen Seite standen die Herrscher über die größeren lutherischen Länder, die fast um jeden Preis Frieden schließen wollten. Ähnlich wie bei den Katholiken gab es zudem auch bei ihnen Meinungsverschiedenheiten über den Besitz einzelner Territorien – den ewigen Streit zwischen den Landgrafen von Hessen um Marburg, zwischen Brandenburg und Braunschweig um Halberstadt, zwischen Brandenburg und Schweden um Pommern. Doch am Ende besaß der *Corpus Evangelicorum* sowohl den Zusammenhalt als auch den Willen, diese »Vanitäten« (wie sie in einer bedeutsamen Entschließung vom März 1646 bezeichnet wurden) außer acht zu lassen und als einheitlicher Block zu stimmen, sobald es um wichtige Konfessionsfragen ging (s. Schmid 1953, S. 209).[153] Auf diese Weise gelang es den Protestanten, sich so lange zu behaupten, bis ihnen durch die Zersplitterung des *Corpus Catholicorum* endgültig der Sieg zufiel. Am 24. März 1648 schloß der Kongreß einen – für die Protestanten außergewöhnlich vorteilhaften – Schlußvertrag über alle religiösen Streitfragen. Als »Normaljahr« wurde 1624 festgelegt. Die private Glaubensausübung religiöser Minderheiten war überall dort zu tolerieren, wo sie auch vor dem 1. Januar 1624 schon bestanden hatte; alle vor diesem Datum säkularisierten Kirchengüter sollten weiterhin in protestantischem Besitz bleiben. Das Prinzip der landesherrlichen Kirchenhoheit (*cuius regio, eius religio*) und die *declaratio Ferdinandei* von 1555 wurden ein für allemal außer Kraft gesetzt, und der geistliche Vorbehalt (*reservatum ecclesiasticum*) wurde nur noch auf die vor dem 1. Januar 1624 in katholischem Besitz befindlichen Gebiete angewandt. Darüber hinaus mußten alle künftigen Änderungen dieser Abmachung im Reichstag in einem »gütlichen Vergleich« zwischen Katholiken und Protestanten und nicht mehr per einfachem Mehrheitsbeschluß getroffen werden.[154]

Nachdem somit die »Fragen, die den öffentlichen Frieden und die Libertät des Reiches betreffen« als erste gelöst worden waren, wie die Regierungen Frankreichs und Schwedens dies gewünscht hatten (s. S. 264), mußte sich der Kongreß nunmehr mit den Forderungen der auswärtigen Mächte beschäftigen. Bis zu einem gewissen Grad änderten sich diese immer wieder, je nach den Wechselfällen des Kriegsglücks, was manche Beobachter irritierte. So bemerkte der gestrenge Presbyterianer Robert Baillie aus Glasgow 1638:

»Was die Schweden angeht, so scheinen sie jetzt in Deutschland keinen anderen Auftrag mehr zu erfüllen, als protestantisches Blut zu vergießen.« (Zit. n. Seaton 1935, S. 81)[155] Dennoch blieben ihre Ziele im Laufe der Jahre bemerkenswert konstant: Nach wie vor strebten sie eine »Satisfaktion« an (in Form von bestimmten norddeutschen Gebieten), »Sicherheit« (in Form einer Garantie, daß keine Macht des Reiches je wieder die schwedischen Interessen bedrohen würde) und schließlich eine Ausgleichszahlung. Was sich jeweils änderte, war lediglich der Umfang jeder dieser Forderungen. Statt sich wie anfangs auf Pommern zu beschränken, verlangte die schwedische Regierung jetzt Teile Mecklenburgs und die säkularisierten Bistümer Bremen und Verden dazu. 1648 ging es den Schweden nicht mehr allein um eine »Atomisierung« der Heilbronner Liga, sondern des gesamten Reiches, um zwischen den einzelnen Fürsten und Konfessionen ein dauerhaftes Machtgleichgewicht herzustellen. Und anstelle einer bescheidenen Ausgleichszahlung, für die man hätte Pommern zurückgeben können, forderte im Sommer 1647 Oberst Erskine, der schwedische Gesandte des Heeres, eine Summe von 30 Millionen Talern.

Natürlich regte sich auf der Friedenskonferenz gegen alle diese Forderungen heftiger Widerstand, obwohl die Schweden ihnen durch ihre überlegene militärische Stärke Nachdruck verliehen. Besonders umstritten war die Pommernfrage. Die Stockholmer Regierung betrachtete es als dringend notwendig, ihre Ostseebesitzungen und vor allem Stralsund und Wismar zu behalten; den Grund dafür nannte am 4. Februar 1647 Sten Bielke, ein Mitglied des Staatsrats: »Diese beiden Seeports sind nicht allein claustra Germaniae, sondern auch die rechten Plätze, worinnen royale Armadas formirt werden können, und alsdann von dort aus die Chron Schweden in Gefahr gebracht.« (Zit. n. Odhner 1877, S. 4) Aber Schweden hatte auf Pommern keinen juristischen Anspruch. Friedrich Wilhelm von Brandenburg war ohne Zweifel der legitime Nachfolger des letzten Landesherzogs, der 1637 gestorben war (s. S. 215). Als sich der Kurfürst 1643 während des Kriegs zwischen Schweden und Dänemark weigerte, Christian IV. in irgendeiner Weise zu unterstützen, tat er dies in der Hoffnung, sich Schweden geneigt und zu Zugeständnissen bereit zu machen. Im Jahr darauf wurde er mit der Räumung Frankfurts an der Oder durch die Schweden belohnt, aber aus Pommern zogen sie sich nicht zurück. So begann Friedrich Wilhelm einen diplomatischen Feldzug, um die europäischen Höfe davon zu überzeugen, daß Pommern restituiert werden müßte. 1646 begab er sich nach Kleve, um den Friedensgesprächen näher zu sein, und mehr als allem anderen war es seiner hartnäckigen diplomatischen Tätigkeit während des Kongresses zu verdanken, daß Brandenburg aus seinem bisherigen Schattendasein zu einer Großmacht aufstieg. Insbesondere konnte er Kardinal Mazarin für sich gewinnen, der befürchtete, Schweden könnte in Norddeutschland ebenso übermächtig werden wie der Kaiser in den Jahren 1627 bis 1629. Deshalb entschied sich Frankreich für eine Politik der Stärkung Brandenburgs als Gegengewicht zu Schweden, der es auf lange Zeit hinaus anhängen sollte.[156] Im Februar 1647 beschloß Schweden endlich, von der starken auswärtigen Unterstützung Brandenburgs beunruhigt, Pommern zu teilen, nur den westlichen Teil mit seinen strategisch wichtigen Häfen zu behalten und den Osten an Friedrich Wilhelm abzutreten (dessen Rechte auf die säkularisierten Bistümer Halberstadt und Magdeburg sowie die Herzogtümer Mark und Kleve außerdem bestätigt wurden). Kurz darauf wurde ein Abkommen mit Dänemark geschlossen, mit dem Bremen und Verden an Schweden gingen.

Nachdem nun eine »Satisfaktion« in solch großartigem Umfang zustandegekommen war, spielte die Frage der »Sicherheit« eine etwas verminderte Rolle. Außerdem war der Begriff weniger klar zu definieren. Die Unterhändler des Reiches (unter der Führung von Graf Trauttmansdorff von 1645-1647 und danach von Dr. Isaak Volmar) zeigten großes Geschick darin, Frankreich gegen Schweden auszuspielen und den noch verbliebenen Rest an deutschem Patriotismus gegen beide zu mobilisieren. So verbündeten sich die kaiserlichen Bevollmächtigten erfolgreich mit Frankreich gegen die schwedische Forderung nach Toleranz für alle Protestanten in habsburgischen Ländern. Die Reichsvertreter intrigierten auch, um sowohl Frankreich als auch Schweden daran zu hindern, einen zu großen Einfluß im Reich zu gewinnen. In den Worten des Grafen Salvius, der seinen Auftraggebern im Spätjahr 1646 vom Kongreß aufgebracht Bericht erstattete: »Man fängt an, die Macht Schwedens als dem Gleichgewicht gefährlich zu betrachten. Primum principium status (oberster politischer Grundsatz) ist, daß in aequilibrio singulorum imperiorum consistit securitas universi (daß die Sicherheit des Ganzen vom Gleichgewicht der einzelnen Staaten abhängt). Wann einer beginnt mächtig und den andern formidabel zu werden, so legen sie sich per uniones et foedera (durch Bündnisse und Verträge) in eine Wagschale dagegen, um ihn aufzuwiegen und das Gleichgewicht zu erhalten.« (Zit. n. Odhner 1877, S. 163) Das war allerdings kein besonders neuer Gedanke. Bereits 1632 hatte die päpstliche Kurie ihre Diplomaten im Ausland davon unterrichtet, daß »dem Interesse der römischen Kirche« mit einem Machtgleichgewicht besser gedient sei als mit dem Sieg eines einzelnen Staates. Und auf dasselbe Prinzip hatte sich Schweden früher selbst oft genug berufen: 1633 erklärte Kanzler Oxenstierna gegenüber einem ausländischen Würdenträger, die Hauptabsicht der schwedischen Intervention in Deutschland sei es, »das aequilibrium in ganz Europa nach möglichkeit zu conserviren« (zit. n. Müller 1979, S. 19, Anm. 66). Jetzt war er gezwungen, sich an seine eigenen Grundsätze zu halten. Es war der Beginn einer neuen Ordnung in Europa – eines internationalen Mächtegleichgewichts mit Deutschland als Drehpunkt –, und Schweden war schließlich gezwungen, diese Ordnung auch selbst anzuerkennen.

Die territorialen Forderungen Frankreichs waren bescheidener. Mazarin erstrebte die Anerkennung der rheinischen Eroberungen – einige Brückenköpfe auf dem rechten Rheinufer und die Gerichtsbarkeit über das gesamte Elsaß – sowie die Sanktionierung der französischen Herrschaft über die drei 1552 erworbenen lothringischen Bistümer. Die kaiserlichen Berater sträubten sich selbst gegen diese Ansprüche, denn das Elsaß gehörte zu den ältesten Erbprovinzen der Habsburger (ein Umstand, an den Ferdinand von seinem Beauftragten in Münster, Isaak Volmar, dem ehemaligen Kanzler des Elsaß, immer wieder erinnert wurde). Aber im September 1646 wurde das Elsaß gegen eine Zahlung von 1,2 Millionen Talern abgetreten, und Frankreich und der Kaiser schlossen einen Vorfrieden.

Trotzdem ging der Krieg nach diesem Abkommen noch zwei lange Jahre weiter. Warum? Ein Grund dafür war die Politik Maximilians von Bayern. 1646 beschloß das schwedische Oberkommando, beim nächsten Feldzug den Hauptschlag gegen Bayern und Österreich zu führen. Im Frühjahr zog sich die Hauptarmee nach Westen zurück, und im August wurden Krems und die übrigen schwedischen Stützpunkte in Niederösterreich aufgegeben. Dennoch war es den Habsburgern unmöglich, einen Gegenangriff zu führen. Zwar gelang es ihnen, eine Feldarmee von 40 000 Mann zusammenzutrommeln, die bis nach Hessen-Kassel vorrückte, doch war diese kein gleichwertiger Gegner für die feindliche Hauptarmee von 34 000 kampferprobten Söldnern unter dem gemeinsamen Kommando Turennes und Karl Gustav Wrangels. Obwohl es nicht zu einer offenen Feldschlacht kam, wurde die habsburgische Armee bis nach Böhmen zurückgetrieben, was Bayern und das Rheinland militärisch so sehr entblößte, daß beide Gebiete im Winter 1646/47 systematisch ausgeplündert wurden. Es konnte kaum überraschen, daß die verzweifelten Kurfürsten von Bayern und Köln und einige ihrer Verbündeten am 14. März 1647 mit den Vertretern Frankreichs, Schwedens und Hessen-Kassels einen Waffenstillstand vereinbarten, dem Mainz sich im Mai anschloß. Dessen Bestimmungen sahen vor, daß die Antikaiserlichen drei strategisch wichtige Städte auf bayrischem Gebiet besetzen durften und daß die katholischen Kurfürsten nicht mehr auf der Seite des Kaisers kämpften, sondern über die Bedingungen eines Separatfriedens berieten. Inzwischen führte Wrangel seine Kräfte zurück nach Österreich, drang diesmal in Vorarlberg ein, eroberte Bregenz und verwüstete dessen Umgebung.

Zu diesem Zeitpunkt glaubten viele Beobachter (wie der zu Beginn dieses Abschnitts zitierte Bauer), der Krieg sei zu Ende. Er wäre es auch gewesen, hätte nicht Mazarin beschlossen, Frankreichs Forderungen höher zu schrauben. Seine Unterhändler in Münster strebten für Ludwig XIV. nunmehr den Rang eines Reichsfürsten an (mit Sitz und Stimme im Reichsrat), eine Kriegsentschädigung sowie eine Lösung der Pfälzer Frage, die für Maximilian wertlos war. Maximilian gelangte zu dem Schluß, »daß die Krone Frankreich keinen Frieden zur Libertät, sondern zur Oppression des Reiches mit einer neuen Form des Kaisertums und der Stände suche« (zit. n. Heinisch 1968, S. 195 f.), und im September 1647 erneuerte er sein früheres Bündnis mit dem Kaiser. Es war ein übereilter Schritt: Seit dem Verlust seiner besten Leute bei Allerheim (s. S. 260) war Maximilians Armee für die Franzosen kein Gegner mehr. Zwar wurden kaiserliche Verstärkungen (die Ernst von Traun, Ferdinands fähiger Generalquartiermeister angeworben hatte) nach Bayern geworfen, doch vergeblich. Am 17. Mai 1648 wurde die letzte Feldarmee, die sich für den Kaiser schlug, in der Schlacht von Zusmarshausen vernichtet. Maximilian floh nach Salzburg.[157] Zweifellos beabsichtigte Mazarin, auch diesen Sieg für sich auszunutzen, um weitere Zugeständnisse zu gewinnen; er wurde daran jedoch durch den Ausbruch eines schweren Aufstandes im eigenen Land kurz darauf gehindert. Anfangs beschränkte sich der Aufstand (die «Fronde») auf Paris, wo die Beamten in den Ausstand traten; doch das Beispiel des Ungehorsams machte bald auch in den Provinzen Schule und beraubte die Regierung jeglicher Steuereinnahmen. Mitte August war der Kardinal von der Notwendigkeit überzeugt, »bei der ersten Gelegenheit Frieden zu schließen«, und er instruierte seine Gesandten in Münster, so bald wie möglich zu einer Vereinbarung zu gelangen. »Es grenzt an ein Wunder«, so schrieb er am 14. August an Servien, »daß wir trotz aller selbst errichteten Hindernisse unsere eigenen Geschäfte weiter betreiben und sie sogar gedeihen lassen können; die Klugheit gebietet uns jedoch, nicht unser ganzes Vertrauen darauf zu setzen, daß dieses Wunder noch lange anhält.« (Mazarin 1883, Bd. 3, S. 173–181)

Auch Schweden war inzwischen an einer Schlichtung interessiert. Im Sommer 1648 stand tatsächlich nur noch eine wichtige Frage zur Debatte – der Umfang der an die schwedische Armee zu zahlenden Abfindung –, und im Juni 1648 stimmte die schwedische Delegation nach langem Feilschen einer endgültigen Entschädigung in Höhe von fünf Millionen Talern zu (1,8 Millionen in bar, 1,2 Millionen in Assignaten und die restlichen zwei Millionen innerhalb der beiden folgenden Jahre). Damit war der Weg frei für einen »Vorfrieden« zwischen Schweden und dem Kaiser – ähnlich dem 1646 abgeschlossenen Abkommen mit Frankreich –, und dieser wurde am 6. August 1648 unterzeichnet. Die Kämpfe hielten indessen an, und ein weiteres Mal fielen die Schweden in Böhmen ein und belagerten Prag. Die in der Gegend ansässigen Lutheraner kamen zusammen, um die Feldgeistlichen predigen zu hören, und die Schweden unternahmen einen letzten Versuch, für ihre böhmischen Glaubensbrüder Toleranz zu erwirken. Da sie in dieser Sache jedoch nicht von Frankreich unterstützt wurden, scheiterten sie: Zwar erhielten die Protestanten Schlesiens im Westfälischen Frieden konfessionelle Garantien, aber was die übrigen Gebiete anging, blieb Ferdinand III. unnachgiebig. Dort gab es keine Restitution von konfiszierten Gütern und keine Duldung nichtkatholischer Bekenntnisse (Chesler 1979, S. 209 f.; Evans 1979, S. 76).[158] In einer anderen Frage mußte sich der Kaiser allerdings französischem Druck beugen: Trotz der Fronde war Mazarin sichtlich entschlossen, den Kampf so lange fortzusetzen, bis die österreichischen Habsburger ihr Bündnis mit Spanien auflösten.

Kein Zweifel, Philipp IV. benötigte jetzt die kaiserliche Unterstützung mehr denn je. Die Aufstände in Katalonien und Portugal hielten dank französischer Hilfe immer noch an; 1647 brach in der Stadt Neapel ein großer Aufstand aus, der die Unterstützung eines bedeutenden Teils des Adels und ein französisches Hilfsversprechen fand; bald darauf kam es zu städtischen Revolten in Sizilien und Andalusien, und ganz Spanien war von einem virulenten Ausbruch der Pest betroffen. Einige königliche Ratgeber sprachen sich für ein sofortiges Abkommen mit Frankreich aus, wurden jedoch von denen überstimmt, die eine Vereinbarung mit den Niederlanden vorzogen. Diese Partei stand unter der Führung von Don Gaspar de Bracamonte, dem Grafen von Peñaranda, der als Philipps IV. oberster Vertreter an den Friedensberatungen in Münster teilgenommen hatte. Kaum war dort im Januar 1646 die holländische Delegation angekommen, begann Peñaranda Zugeständnisse zu offerieren. Er ließ sogleich die Bereitschaft Spaniens erkennen, die holländische Souveränität und Unabhängigkeit anzuerkennen. Im Mai stimmte er zu, daß die Schelde nur noch von Schiffen befahren werden sollte, die eine niederländische Konzession hatten; er willigte in die Abtretung großer Gebiete in Nordbrabant ein (der Meierij von Herzogenbusch) und in die Belegung flandrischer Häfen mit holländischen Zöllen. Als letzter wichtiger Punkt stand jetzt noch der Überseehandel zur Debatte. Die niederländischen Delegierten forderten unter dem Druck der Ost- und der Westindischen Kompanie eine

Sicherung des Freihandels in allen Teilen der iberischen Welt. Das konnte Spanien nicht zugeben, und eine Zeitlang stockten die Verhandlungen. Aber im Dezember 1646 stimmte Philipp IV. zu, alle von den Holländern der portugiesischen Krone abgerungenen Besitzungen anzuerkennen, sofern diese sich verpflichteten, ihre Schiffe nicht mehr in den Gewässern von Spanisch Amerika segeln zu lassen. Im Januar 1647 wurde zwischen den beiden Kontrahenten eine vorläufige Vereinbarung unterzeichnet, die trotz Mazarins Torpedierungsversuchen im Januar 1648 ratifiziert wurde. Damit war der »Aufstand der Niederlande« endlich beendet.[159]

Spanien hatte jetzt freie Hand, die Armee von Flandern ausschließlich gegen Frankreich einzusetzen, und in den ersten Monaten des Jahres 1648 waren auch einige kleinere Eroberungen zu verzeichnen. Mazarin nutzte jedoch die Niederlage Bayerns in der Schlacht bei Zusmarshausen und verlegte eine starke Truppenabteilung von Süddeutschland an die Nordfront. Mit ihrer Hilfe fügte er am 20. August der spanischen Armee unter dem persönlichen Befehl des Bruders der Kaisers, Leopold Wilhelm, eine vernichtende Niederlage zu; diese verlor 8 000 Mann, 30 Feldgeschütze und ihren gesamten Troß. Es war ein schmerzhafter Augenblick für Ferdinand III. Einerseits wünschte er aufrichtig, seinem Bruder zu Hilfe eilen zu können, andererseits mußte er jedoch die prekäre Lage in Böhmen berücksichtigen. Am 26. Juli hatten die Schweden bereits die Prager Kleinseite und den Hradschin erobert. Der Kaiser lief Gefahr, das gesamte Königreich Böhmen zu verlieren, wenn er nicht schleunigst Frieden schloß. Ende September, unter unbarmherzigem militärischem Druck seiner Feinde und verzweifeltem diplomatischen Drängen seiner Freunde, gab Ferdinand klein bei; er konnte es sich nicht leisten, den Kampf nur wegen Spanien fortzusetzen.[160] Die Verbindungen zwischen Spanien und Österreich, die seit der Thronbesteigung Karls V. die europäische Politik so sehr destabilisiert hatten, waren entscheidend geschwächt. Da dem Frieden nun kein Hindernis mehr im Wege stand, wurden die Anschlußdokumente zur Beendigung des Krieges – 128 Klauseln, einschließlich der bereits in Vorvereinbarungen getroffenen Bestimmungen – am 24. Oktober 1648 in Münster unterzeichnet.

Die allgemeine Aufmerksamkeit galt jetzt der Verwirklichung der zahlreichen Friedensregelungen, angefangen bei den konfessionellen Problemen. In Württemberg, wo man nach dem Restitutionsedikt im Jahr 1630 und nach der Schlacht bei Nördlingen insgesamt 30 Klöster rekatholisiert hatte, wurden die Protestanten im Winter 1648/49 wieder zugelassen. Im April 1649 erfüllten die Reichsstädte, die gehalten waren, eine konfessionelle Parität zuzulassen, ihre vertraglichen Verpflichtungen: Selbst Augsburg, dessen Vertreter

(Leuchselring) in Münster einer der führenden katholischen Extremisten war, sah sich gezwungen, 14 Pastöre zuzulassen, die sich sogleich daranmachten, neben der bereits bestehenden katholischen eine eigene protestantische Kirchenordnung wiederherzustellen (Philippe 1976, passim; 1980, S. 409 ff.).[161] Gleichzeitig erhielten diejenigen, die ihr Territorium wegen ihres Bündnisses mit Schweden oder Frankreich (nicht jedoch wegen eines Aufstandes) verwirkt hatten, dieses zurück. Es wurde eine Generalamnestie verkündet, und der Sohn Friedrichs V. nahm als achter Kurfürst wieder einen Platz im Kurfürstenkollegium ein. Bald darauf packten die Diplomaten ihre Koffer, tauschten Abschiedsgeschenke aus (wobei sich unter den katholischen Teilnehmern Reliquien einer besonderen Beliebtheit erfreuten) und schrieben letzte Briefe. Die Gesamtkosten ihrer fünfjährigen Tätigkeit beliefen sich auf etwa 3,2 Millionen Taler: jeweils 500 000 für Spanien und Frankreich, je 250 000 für den Kaiser, Schweden und die Niederlande, im Durchschnitt 60 000 je Kurfürst usw. Diese Summen waren beträchtlich und wurden zum Teil von den verschiedenen souveränen Territorien des Reiches übernommen. Dennoch waren sie in den meisten Fällen fast nichts im Vergleich zu den Kosten der Demobilisierung (vgl. hierzu Bosbach 1984, S. 224 ff.).[162]

Viele der Delegierten von Münster und Osnabrück versammelten sich bald darauf wieder in Nürnberg, wo eine neue Konferenz eröffnet wurde, um die Abdankung der verschiedenen Armeen zu überwachen, die im Krieg gekämpft hatten. Die kleineren Kontingente wurden als erste bezahlt. So erhielten beispielsweise zum Jahresende 1648 die von katholischen Fürsten angeworbenen Söldner (die Einheiten der sogenannten Mediatarmee wie die vom Kölner Kurfürsten Ferdinand unterhaltene Rheinarmee) eine Abfindung von einem Vierteljahressold, während die Mitglieder des bayrischen Kreises für die Bezahlung der Rückstände der bayrischen Armee verantwortlich waren; so mußte z.B. der Erzbischof von Salzburg 240 000 Taler bezahlen (Heinisch 1968, S. 196 f.).[163] Als nächstes räumten im Januar 1649 die kaiserlichen Garnisonen Bayern. Bei den Hauptarmeen traten allerdings größere Schwierigkeiten auf. Als im August 1 649 500 kaiserliche Söldner in Lindau den Befehl zum Abmarsch erhielten, brach eine Meuterei aus, die zwei Monate andauerte. Auch in der französischen Armee gab es Unruhe. Der Aufstand der Fronde unterbrach den Zustrom der Soldzahlungen ins Elsaß, und selbst ein so erfahrener Mann wie Erlach konnte nicht verhindern, daß seine Männer Amok liefen.

Allein die Schweden, die den größeren Teil Deutschlands besetzt hielten und die erste Rate ihrer Entschädigung von insgesamt fünf Millionen Talern erhalten hatten, schienen von den Verzögerungen bei der Demobilisierung vergleichsweise wenig betroffen. Doch die schwedischen Truppen erhielten noch immer ihren Sold – eine Million Taler im Monat –, so daß die Rückstände immer größer wurden, je länger sie in ihren Garnisonen ausharrten. Im Herbst 1649 drohten die schwedischen Befehlshaber mit der Wiederaufnahme von Feindseligkeiten, wenn nicht ein geeigneter Abzugsplan vereinbart würde. Doch erst am 26. Juni 1650 unterzeichneten die schwedischen Delegierten (geführt von Prinz Karl Gustav) und die Kaiserlichen (unter dem unermüdlichen Ernst von Traun, einem der unbesungenen Helden des Krieges) unter dem Geknatter eines Feuerwerks und allgemeinem Jubel ein Abkommen über den stufenweisen Abzug zu festgelegten Terminen sämtlicher Truppen aus allen Gebieten Deutschlands, die nicht an Frankreich, Schweden oder den Kaiser abgetreten waren.

Die Operation erwies sich als langwierig. Der Kongreß in Nürnberg tagte bis Juli 1651; eine spanische Garnison blieb bis 1653 in Frankenthal in der Pfalz (bis der Kaiser Philipp IV. zum Ausgleich die Reichsstadt Besançon übergab); und die letzten schwedischen Truppen blieben noch bis 1654 an der Ostsee. Die Demobilisierung verlief auch nicht ohne Verletzungen des Westfälischen Friedens, vor allem durch den Kaiser. Obgleich seine Truppen unverzüglich aus dem Elsaß (das an Frankreich ging), der Ober- und Niederlausitz (die an Sachsen abgetreten wurden) und zwei schlesischen Herzogtümern abzogen (die Polen als Sicherheit für die Schulden Ferdinands erhielt), wurden einige Regimenter unter eindeutiger Verletzung der Bestimmungen III und IV des Westfälischen Friedens in die südlichen Niederlande und nach Italien abkommandiert, um dort auf der Seite Spaniens zu kämpfen. Der größere Teil des kaiserlichen Heeres verblieb allerdings in Ferdinands Diensten. Einige bezogen Garnisonen in den Erbprovinzen, doch die Mehrheit wurde an die ungarische Grenze verlegt, die man während der letzten Kriegsjahre gefährlich vernachlässigt hatte. Die kampferprobten Söldner bildeten, wie die Regierung feststellte, »eine essenz von einer guten Armada«, die von erfahrenen Offizieren wie Ottavio Piccolomini (der seit 1618 im Krieg mitgekämpft hatte) und Raimondo Montecuccoli (Feldkommandeur seit Lützen) befehligt wurde, und später erwiesen sie sich als ernstzunehmende Gegner für die Franzosen, die Polen, die Türken und jeden anderen Feind ihres Oberherrn. Die 1648 nicht aufgelösten Regimenter, von denen einige bereits eine kollektive Geschichte hatten, die 30 Jahre weit zurückreichte, kämpften weiter für die Habsburger bis zum endgültigen Zusammenbruch der österreich-ungarischen Armee 1918.[164] Wie Grimmelshausens Mutter Courage kannten viele von denen, die im Krieg mitgekämpft hatten, kein anderes Leben und hatten nicht den Wunsch, aus den Mannschaften auszuscheiden:

Für sie waren die Vereinbarungen von Münster und Nürnberg lediglich der Übergang von einem Kapitel zum nächsten und nicht das Ende der Geschichte. Aber für die übrige Menschheit bezeichneten sie das Ende des Krieges. Wie der Dichter Johann Vogel aus Nürnberg schrieb (zit. n. Glaser 1980 b, Bd. II, 2, S. 483):

> »Was du nit glaubtest das geschiht.
> Wie? sol nicht ein Camel durch eine Nadel gehn?
> Wann du den teutschen Fried
> jetzt wider sihst entstehn.«

Kapitel VI

Der Krieg als Mythos, Legende und Geschichte

Gavin Douglas, ein schottischer Dichter des 15. Jahrhunderts, beschloß seine Übersetzung der *Aeneade* mit einem vernehmbaren Seufzer der Erleichterung: »Hier endet das lange, verzweiflungsvolle Werk.« Aber leider hat die Geschichte im Gegensatz zur Literatur keine erkennbaren Abschlüsse. Die Bedeutung des Dreißigjährigen Krieges war von Anfang an bei Historikern und Politikern umstritten, und die Debatte wurde am heftigsten um drei Fragestellungen geführt: eine militärische, eine ökonomische und eine politische. Zur ersten gab es die unvermeidlichen traditionellen militärgeschichtlichen Darstellungen unter nationalchauvinistischem Gesichtswinkel, in denen die heldenmütigen Führer und die nimmermüden Söldner jeder Armee verherrlicht werden; dem gegenüber haben allerdings einige Autoren (angefangen mit Augenzeugen wie Grimmelshausen und Moscherosch) die Soldateska dieses Krieges als die grausamsten und gewissenlosesten Kriegshaufen geschildert, die Europa je erleben mußte, geführt von Offizieren, deren Unfähigkeit höchstens noch von ihrer Korruptheit übertroffen wurde. Auch die gesellschaftlichen und ökonomischen Auswirkungen des Krieges werden ähnlich radikal verschieden bewertet. Von der einen Seite wird behauptet, der Krieg habe eine vor Gesundheit strotzende Wirtschaft verkrüppelt und beispiellose Verwüstungen angerichtet, während andere die Meinung vertreten, er habe keine wirtschaftlich nachteiligen Folgen gehabt. Und schließlich sind auch die Urteile über die Ziele und Leistungen der am Krieg beteiligten Staatsmänner alles andere als einhellig. Die Mehrzahl der außerdeutschen Autoren verleihen politischen Führern wie Oxenstierna und Richelieu fast göttliche Gaben der Klugheit und Voraussicht, während sie deren deutsche Bündnisgenossen als unfähig, charakterlos und selbstsüchtig darstellen. Deutsche Forscher haben dasselbe Bild mit umgekehrten Vorzeichen entworfen. Nach einer mehr als 300jährigen Debatte ist es bedauerlicherweise noch immer nicht möglich, ein schlichtes und eindeutiges Urteil zu jeder dieserdrei zentralen Fragen abzugeben. Immerhin verfügt der Historiker heute über weit mehr Quellenmaterial als je zuvor, so daß es sinnvoll erscheint, jede dieser Kontroversen noch einmal aufzurollen.

1 »The universal soldier«

Als der Westfälische Friede unterzeichnet wurde, unterhielten die Gegner Ferdinands III. – Frankreich, Hessen-Kassel und vor allem Schweden – insgesamt rund 140 000 Mann auf dem Boden des Reiches. Die Kaiserlichen und ihre wenigen verbliebenen Verbündeten zählten dagegen alles in allem nur etwa 70 000 Mann. Heutzutage wären derartige Massierungen bewaffneter Truppen in Europa unbedeutend, doch im 17. Jahrhundert waren sie schlichtweg beispiellos.

Wer waren diese Männer, die davon lebten, andere zu töten? Leider fließen hier die Quellen spärlich und unsystematisch und sind nicht ausreichend erforscht, um weitgehende Verallgemeinerungen zuzulassen.[165] Zunächst einmal wissen wir nicht zuverlässig, wie ein Söldner von damals aussah, denn selbst über die Kleidung, die von den im Dreißigjährigen Krieg kämpfenden Truppen getragen wurde, bestehen Meinungsverschiedenheiten. Nach dem damaligen Stand der Technik und den in verschiedenen Militärmuseen erhaltenen Militärkostümen zu urteilen, war es (zumindest in den Anfangsphasen des Krieges) anscheinend den meisten Soldaten freigestellt, was sie tragen wollten.[166] In einigen Ländern gab es jedoch Ansätze, die militärische Kleidung zu vereinheitlichen und »Uniformen« zu schaffen. Als z. B. der Herzog von Neuburg 1605 eine Miliz ins Leben rief, ließ er alle Männer mit »gleicher Militärlivree« ausrüsten. Die 1619 aufgestellten Garden der Stadt Nürnberg sollten alle gleich eingekleidet werden, und die im selben Jahr vom Herzog von Braunschweig-Wolfenbüttel neu ausgehobenen Regimenter trugen durchweg blaue Uniformen. Wenig später befehligten Mansfeld und Gustav Adolf Regimenter, die unter ihren Farben bekannt waren (die »Roten« und die »Blauen«), was sich jedoch offenbar nur auf die Regimentsfahnen bezog, unter denen sie kämpften. Die Feldzeichen im Dreißigjährigen Krieg, die in der Regel etwa 1,80 Meter im Geviert maßen (und bei der Reiterei einen Schwalbenschwanz oder ein zusätzliches spitzes Ende trugen), genossen eine hohe Verehrung, da sie das einzige gemeinsame Symbol einer Kompanie oder eines Regiments waren. Die meisten zeitgenössischen Berichte scheinen sogar die Entscheidung über Sieg oder Niederlage von der Anzahl der eroberten oder verlorenen Feldstandarten abhängig gemacht zu haben, denn dies war bei zahlreichen kriegerischen Treffen der einzig greifbare Anhaltspunkt für einen militärischen Erfolg oder Fehlschlag.[167]

In seinem 1651 erschienenen *Kriegsbüchlein* riet Hans Konrad Lavater aus Zürich künftigen Soldaten, »vernünftige« Kleidung zu tragen: derbes Schuhwerk, dicke Socken, kräftige Beinkleider, zwei grobe Hemden (wenn nicht mehr: Gustav Adolf trug drei in der Schlacht bei Lützen), ein Wams aus Büffelleder, durch einen Umhang gegen Regen geschützt, und einen breitkrempigen Hut. Lavater empfahl eine weit geschnittene Kleidung, weil diese zusätzliche Wärme gebe, ohne Pelzbesatz und mit möglichst wenig Nähten (in denen leicht Ungeziefer nisten konnte). Doch bereits zur Zeit der Niederschrift seines Büchleins verringerte sich der Spielraum für individuelle Kriegsmode sehr schnell. 1647 ordnete der französische Staatssekretär des Kriegswesens, Michel le Tellier, die Herstellung von Armeekleidung in drei verschiedenen Größen an – zur Hälfte »normal« und zu je einem Viertel »groß« und »klein« –, ließ jedoch Qualität und Farbe völlig offen (s. Lavater 1651, S. 63; André 1906, S. 339). Die kaiserliche Armee hatte allerdings bereits mit der Einführung von perlgrauen Uniformen begonnen, wie sie dann im 18. Jahrhundert allgemein in Gebrauch waren. Als Graf Gallas 1645 österreichische Tuchschneider mit der Anfertigung von 600 Uniformen für sein Regiment beauftragte, legte er ein Muster des gewünschten Materials und der Farbe (hellgrau) bei. Auch von den Pulverhörnern und Patronengürteln, die von den lokalen Herstellern in großen Mengen produziert werden sollten, übersandte er Musterstücke.[168] Daß es tatsächlich möglich war, solche Artikel massenhaft zu produzieren, läßt sich an der Sammlung von Waffen und Rüstungen aus dem 17. Jahrhundert im Arsenal in Graz ablesen: Tausende von Waffen samt Zubehör, alle weitgehend vereinheitlicht und dennoch in verschiedenen Werkstätten hergestellt, befinden sich dort in gebrauchsfertigem Zustand. 8 000 Mann konnten damit an einem einzigen Tag ausgerüstet werden. Im schwedischen Vira wurde eine Fabrik eingerichtet, die nach einer einzigen Vorlage Degenklingen für die gesamte schwedische Armee erzeugte.

Eine weitergehende Standardisierung war allerdings den meisten europäischen Staaten jener Zeit nicht möglich. Erstens unterstanden nicht alle Soldaten einer Armee demselben Kriegsherrn: In den Jahren nach 1640 kämpften unter den Kaiserlichen auch sächsische, bayrische, westfälische und spanische Einheiten neben den österreichischen Regimentern. Zweitens umfaßte häufig selbst eine einzelne Militärformation Söldner, die zu den unterschiedlichsten Zeiten in den verschiedensten Ländern angeworben worden waren. Ein bayrisches Regiment, von dem uns genauere Angaben überliefert sind, zählte 1 644 Mannschaften aus nicht weniger als 16 Nationalitäten. Die größten Anteile stellten die Deutschen (534 Mann) und die Italiener (217) neben den in geringerer Zahl vertretenen Polen, Slowenen, Kroaten, Ungarn, Griechen, Dalmatinern, Lothringern, Burgundern, Franzosen, Tschechen, Spaniern, Schotten und Iren. Auch 14 Türken waren darunter (Redlich 1964, Bd. 1, S. 456). Selbst wenn man alle diese Männer bei ihrem Eintritt ins Regiment mit derselben Uniform versehen hätte, wäre diese bald abgetragen gewesen und hätte durch Kleidungsstücke ersetzt werden müssen, die die Söldner der Zivilbevölkerung geraubt, den Toten abgenommen oder in jenen seltenen Augenblicken käuflich erworben hätten, da es ihnen weder an der nötigen Zeit noch am Geld dazu fehlte. Solange es den Soldaten einer Partei an Uniformen mangelte, mußten sie sich also nach anderen einheitlichen Erkennungsmerkmalen umsehen. Die Soldaten Gustav Adolfs trugen normalerweise ein blaues Band mit gelbem Rand um den Hut, und als sie sich kurz vor der Schlacht bei Breitenfeld mit den Sachsen vereinigten, die andere Erkennungszeichen hatten, steckten sich die Kämpfer beider Armeen ein grünes Zeichen an den Hut (häufig einen belaubten Zweig oder einen Farnwedel, den sie während des Marschs durch einen Wald gepflückt hatten). Ganz ähnlich waren die – österreichischen und spanischen – Soldaten der Habsburger überall an ihren roten Zeichen zu erkennen (gewöhnlich eine Feder oder eine Feldbinde, bei den Offizieren eine Schärpe). Im Mai 1632 erließ Wallenstein einen Befehl, daß für die Zeichen nur noch diese Farbe zu verwenden sei. Selbst wenn also innerhalb eines Regiments eine Zeitlang eine bestimmte Farbe der militärischen Kleidung vorherrschte, so boten die Söldner doch über kurz oder lang das Bild von Veteranen in abgetragenem, staubbedecktem Zeug oder aber von durcheinander gewürfelten Haufen in bunter Tracht, wie sie von den Militärmalern jener Zeit dargestellt wurden.

Wir mögen uns fragen, was einen Mann bewogen haben könnte, sich einer solchen Truppe freiwillig anzuschließen, und tatsächlich gab es nicht wenigee Söldner, die gegen ihren Willen in den Reihen kämpften. Die Truppen aus Schweden und Finnland wurden beispielsweise durch eine Konskription ausgehoben, das sogenannte *indelningsverk*, mit der bestimmte Gemeinden verpflichtet wurden, eine festgesetzte Anzahl von Soldaten zu stellen. Die meisten von ihnen waren Bauern: In den umfangreichen (aber bislang noch kaum ausgewerteten) Unterlagen der schwedischen und finnischen Streitkräfte, die unter Gustav Adolf und später unter seiner Tochter dienten, taucht in den Rekrutierungslisten mit Abstand am häufigsten als Beruf *bönde* (Kleinbauer) auf. Sie stammten aus Dörfern wie Bygdeå in Nordschweden, das zwischen 1621 und 1939 230 junge Männer für den Krieg in Polen und Deutschland stellte, von denen 215 in diesen Ländern fielen und fünf nur noch als Krüppel heimkehrten. Eine Aushebung war somit gleichbedeutend mit einem Todesurteil, und ihre Auswirkungen auf die Bevölkerungsstruktur waren erheblich. Die Zahl der männlichen Erwachsenen in Bygdeå ging ebenso zurück – von 468 (1621) auf 288 (1939) – wie das Alter der Konskribierten, da immer jüngere Männer ausgehoben wurden, die nie mehr in die Heimat zurückkehrten. Auch die sozialen Folgen waren schwerwiegend: Anfangs stellten die »müßigen Armen« den Löwenanteil der Rekruten, doch mit der Zeit kamen auch die Söhne der wohlhabenderen Familien an die Reihe, und schließlich mußten auch die einzigen Söhne selbst reicher Bauern in den Krieg und in den Tod in Deutschland ziehen. In manchen kleineren Ansiedlungen war zehn Jahre nach der Landung Schwedens in Pommern jeder männliche Erwachsene entweder von der Konskription erfaßt, kämpfte bereits im Heer oder war für den Kriegsdienst untauglich. Die Gesamtverluste der schwedischen Armee zwischen 1621 und 1632 wurden auf 50 000 bis 55 000 Mann geschätzt, während sie zwischen 1633 und 1650 wahrscheinlich doppelt so hoch lagen. Es steht außer Frage, daß der Krieg in Schweden und Finnland eine beispiellose und letztlich untragbare Entvölkerung zur Folge hatte (Lindgren 1980, S. 256 f.).[169]

Etliche andere Länder, die Bedenken gegen ein Konskriptionssystem hatten, verlegten sich darauf, Verbrecher zum Heeresdienst zu verurteilen oder Freiheitsstrafen aufzuheben, wenn sich die Betreffenden dafür anwerben ließen, da es nur in den seltensten Fällen genügend Freiwillige gab. Die Armeen Spaniens wurden regelmäßig durch freigelassene Sträflinge verstärkt. Von den etwa 25 000 Schotten, die in Deutschland für die Sache des Protestantismus kämpften, waren viele »herrenlose Männer« (d.h. ohne Arbeit); andere waren örtliche Unruhestifter, die man mit Genehmigung des Magistrats entführt und zum Kriegsdienst gepreßt hatte, und nicht wenige von ihnen waren Verbrecher – 1629 übernahm Oberst Sir James Spens 47 verurteilte Sträflinge (darunter auch eine Frau) von den Londoner Gefängnissen (s. Parker 1972, S. 46 f.; Ogle/Bliss 1872, Domestic 1628–29, S. 395 und 568).

Trotz alledem waren die meisten Soldaten des Dreißigjährigen Krieges Freiwillige, auch auf schwedischer Seite. In normalen Zeiten kam ein unverhältnismäßig hoher Anteil von ihnen aus drei unterschiedlichen Regionen: den Bergen, den Städten und dem eigentlichen Kriegsgebiet. Die Voralpenländer Deutschlands, Österreichs und der Schweiz hatten sich schon immer als ergiebig für die Werber erwiesen, und daran änderte sich offenbar während des gesamten 17. Jahrhunderts nichts. Die besondere Rolle der beiden anderen Regionen wird aus einer bahnbrechenden Untersuchung an rund 15 000 Veteranen deutlich, die vor 1648 für die französische Armee angeworben wurden und lange genug lebten, um im Hôtel des Invalides (gegründet 1671) in Paris Aufnahme zu finden: Von den in Frankreich Geborenen stammte im Zeitraum 1671–1691 etwa die Hälfte aus den Städten (in denen damals lediglich etwa 15 Prozent der Bevölkerung lebten), die übrigen kamen meistens aus Dörfern im Norden und Nordosten in der Nähe der Hauptkriegsschauplätze. Das Durchschnittsalter dieser Männer betrug bei der Anwerbung 24 Jahre, und knapp ein Viertel von ihnen war zu diesem Zeitpunkt noch keine 20 Jahre alt (s. Caboche 1973).

Welches waren ihre Beweggründe für diese Entscheidung? An erster Stelle ist hier die Notlage zu nennen, unter der die Freiwilligen in dieser oder jener Form litten. In Jahren mit hohen Nahrungsmittelpreisen und politischen oder religiösen Unruhen hatten die Werber immer leichteres Spiel. So erhielt z. B. Wallenstein im April 1633 starken Zulauf von Protestanten aus Österreich, die sich durch die von Ferdinand betriebene Rekatholisierung genötigt sahen, sich anwerben zu lassen (s. Jessen 1964, S. 335). Selbst dort, wo keine unmittelbare Bedrohung durch eine angespannte Wirtschaftslage oder religiöse Verfolgungen gegeben war, mochte ein sofort gezahltes Handgeld und neue Kleidung im Verein mit der Aussicht auf Sold und Beute eine attraktive Alternative zu einer bürgerlichen Existenz sein, in der Arbeit und Lohn häufig nur schwer zu bekommen waren und ein hohes Risiko bestand, von Söldnern beraubt oder durch die zahlreichen Steuern ruiniert zu werden. Trotz der geringen Höhe des Soldes war es häufig *sicherer*, wenn man sich während des in Deutschland tobenden Krieges in einer Armee befand.

Andererseits dürfen wir aber die Söldner des Dreißigjährigen Krieges auch nicht zu reinen Erwerbsmenschen ohne Zukunftsaussichten machen. Viele von ihnen haben ihre Entscheidung mehr oder weniger ausführlich begründet, und eine wirtschaftliche Notlage findet dabei nur selten Erwähnung. Statt dessen betonten sie den Reiz und die Gefahr militärischer Unternehmungen, die Möglichkeit, Ruhm zu erwerben, sowie das erhebende Gefühl, einer exklusiven »In-group« anzugehören (die sich sogar ihren eigenen Jargon schuf).[170] Sir James Turner, ein Schotte in dänischen und schwedischen Diensten, schrieb von sich: »Mein Denken war von dem rastlosen Wunsch beseelt, wenn schon kein Akteur, so doch zum wenigsten ein Zuschauer dieser Kriege zu sein.« Andere Freiwillige mit einem schwächer ausgeprägten Hang zur Neugierde wurden durch freundschaftliche oder verwandtschaftliche Bindungen mit ihren Offizieren zum Kriegsdienst bewogen. Viele der schottischen Soldaten, die der Marquis von Hamilton 1631 dem Schwedenkönig zuführte, trugen denselben Namen wie ihr Oberst, mehrere Angehörige der Leslies aus Aberdeenshire kämpften zusammen usw. Wieder andere vertauschten bereitwillig ihr unsicheres Dasein als Pächter, denen die Pacht jederzeit fristlos gekündigt werden konnte, mit einem möglicherweise sichereren Söldnerleben. Ein weiterer Schotte in der schwedischen Armee, Robert Monro, der als erster die Geschichte eines Regiments in englischer Sprache verfaßte, hat sich noch ausführlicher über seine Motive geäußert: Zwar räumte auch er ein Bedürfnis nach Reisen und Abenteuer und nach militärischen Erlebnissen unter einem glanzvollen Heerführer ein, doch mehr als dies alles bewog ihn der Wunsch, den protestantischen Glauben und die Ansprüche und die Ehre von Elisabeth Stuart zu verteidigen, der Schwester seines Königs und der Witwe des böhmischen »Winterkönigs«. An mehr als einer Stelle seiner Schilderung verleiht der Autor seiner Überzeugung Ausdruck, daß die »Sache Böhmens« für ihn der Hauptgrund des Kampfes war; für ihn waren die tiefen religiösen Empfindungen der Grund, daß »so wenige Angehörige unserer Nation bereit sind, diesen katholischen Machthabern zu dienen« (Monro 1637, Bd. 2, S. 62 f. und 75; Dukes 1982; Rubinstein 1973, S. 26–37; Grimble 1965, S. 81– 105).

Dieses beeindruckende religiöse Treuebekenntnis war allerdings leicht übertrieben. Wir wissen von etlichen Schotten (und Engländern), die vor allem für die Franzosen in katholischen Heeren kämpften; daneben gab es einige, die wie der Rittmeister Sydnam Poyntz (ein weiterer Offizier, der uns eine interessante Schilderung seiner militärischen Dienstzeit hinterlassen hat) mehr als einmal die Fronten wechselten. Selbst Sir James Turner bekannte später, daß er sich »in Deutschland bedenkenlos einen sehr gefährlichen Grundsatz zu eigen gemacht (habe), der dort von den Kriegsleuten allzusehr befolgt wird, daß wir nämlich unserem Herrn wohl aufrichtig dienen, daß es jedoch gleichgültig ist, welchem Herrn unser Dienst gilt« (Turner 1829, S. 14).[171] Diese Denkweise war besonders unter lutherischen Truppen verbreitet, da deren politische Führer, insbesondere Johann Georg von Sachsen, während der meisten Zeit des Krieges die Notwendigkeit hervorhoben, dem katholischen Kaiser gegenüber loyal zu bleiben. Die Militärbefehlshaber mußten selbst ihre Entscheidung treffen, wenn ihre religiöse mit der politischen Loyalität in Konflikt geriet. General Hans Georg von Arnim, der während des Krieges so häufig die Fronten wechselte wie kaum ein anderer, tat dies aus Gewissensgründen und nicht aus materiellen Erwägungen. Der Anteil derer, die sich jedem beliebigen Kriegsherrn zur Verfügung stellten, lag vermutlich nicht höher als in anderen Kriegen.

Die unerschütterliche Loyalität von höheren Offizieren wie Turner, Monro und Arnim war während des Dreißigjährigen Krieges von größerer militärischer Bedeutung als üblich. Das hing mit der Art und Weise zusammen, wie ihre Armeen aufgestellt wurden. Von Anfang an war es um die Finanzen der am Krieg beteiligten Regierungen so schlecht bestellt, daß sie aus ihren laufenden Einkünften niemals ein Heer hätten unterhalten können. Das gelang ihnen nur mit Hilfe einer neu entstehenden Gruppe von »Militärunternehmern«, die den Werbeoffizieren im Namen der Regierung das nötige Geld vorschossen. Während fast des gesamten Krieges widmeten sich etwa 100 Personen dieser Aufgabe; in den Jahren der besonders intensivierten Militäraktionen (1631–1643) stieg ihre Zahl auf etwa 300. Insgesamt haben während des Dreißigjährigen Krieges etwa 1 500 solcher Unternehmer die Anwerbung eines oder mehrerer Regimenter für einen der beteiligten Kriegsherren finanziert. Daneben gab es einige erfolgreiche Versuche, nach diesem Prinzip ganze Armeen aus dem Boden zu stampfen, wobei sich ein General vertraglich verpflichtete, für einen verarmten Fürsten ein Heer aus mehreren Regimentern zu rekrutieren. Obgleich Wallenstein, der zweimal (1625 und 1631/ 32) eine komplette kaiserliche Armee aufstellte, das berühmteste Beispiel für diese Übertragung unternehmerischer Funktionen auf einen Heerführer ist, gab es außer ihm noch andere: Graf Mansfeld im Dienst Friedrichs von der Pfalz, Marquis von Hamilton in schwedischen und Herzog Bernhard von Sachsen-Weimar in französischen Diensten.

Dieses System der Aushebung von Armeen hatte sowohl für die rangniederen Offiziere wie für die Mannschaften Loyalitätskonflikte zur Folge, da nunmehr statt der Kriegsherren die Unternehmer für den Sold und mögliche Profite sorgten. Die Entscheidung, einem General (oder Oberst) zu folgen, der für ihren Sold und Unterhalt aufkam, oder einem Souverän, der sich weder um das eine noch das andere kümmerte, war nicht leicht. Insgesamt gesehen muß es überraschen, daß es nur selten zu blankem Verrat kam, und es ist kein Fall eines Militärunternehmers bekannt, der ohne rechtmäßigen Auftrag eine Streitmacht aufgestellt und sie wie eine Mietsache angeboten hätte (wie dies während des Hundertjährigen Krieges immer wieder vorkam). Es gab allerdings einige, die sich hart an der Grenze des Erlaubten bewegten. Die 1635 von Bernhard von Sachsen für Frankreich angeworbene Armee hätte im Frühjahr 1639 beinahe die Fronten gewechselt, und selbst nach dem Tod ihres Urhebers wenige Monate später kämpften die »Bernhardiner« oder die »deutsche Brigade« (wie diese Regimenter genannt wurden) bis zum Friedensschluß als halbautonome Einheit in der französischen Armee unter dem Befehl ihres nach Bernhard ranghöchsten Offiziers, des Schweizers Hans Ludwig von Erlach weiter.

Das Verhalten Wallensteins während seines ersten Generalats, als er im eigenen Namen Werbepatente verkaufte, hatte damit nichts zu tun. Hierfür waren rein finanzielle Erwägungen ausschlaggebend: Da aus den Mitteln der kaiserlichen Schatzkammer kein Sold und keine Militärausrüstung bezahlt werden konnten, mußte der Oberbefehlshaber Männer finden, die dazu in der Lage waren, und ihnen den entsprechenden Auftrag erteilen. Auf diese Weise verhalfen die Generäle und Obersten der Regierung zu einem Kredit: Wallenstein selbst streckte dem Kaiser zwischen 1621 und 1628 über sechs Millionen Taler vor, und seine Obersten liehen wiederum den niederen Offizieren der von ihnen angeworbenen Regimenter Geld. Ein solches unternehmerisches Risiko zahlte sich aus, und es ist nicht verwunderlich, daß etliche dieser Militärunternehmer am Ende ihrer Laufbahn reiche Männer geworden waren. Bernhard von Sachsen-Weimar, der als der jüngere Sohn nur ein bescheidenes Erbe erhielt, schätzte 1637 sein Privatvermögen auf 450 000 Taler (etwa ein Drittel davon in bar, ein Drittel in Wechseln und ein Drittel als Depositen auf einer Pariser Bank); der kaiserliche Oberst Heinrich von Holk, ursprünglich aus ärmlichen Verhältnissen stammend, kehrte 1627 in seine Heimat Dänemark als ein so begüterter Mann zurück, daß er für ein Gut auf Fünen 50 000 Taler bar bezahlen konnte; der schwedische General Königsmarck, der früher als Page und gemeiner Soldat gedient hatte, hinterließ bei seinem Tod 1663 ein Vermögen von zwei Millionen Talern – 183 000 Taler in bar, 1,14 Millionen in Schuldverschreibungen und 406 000 Taler in Grundbesitz (s. Redlich 1964, Bd. I, S. 420–426; Böhme 1976, S. 34).[172]

Doch auch der Kredit dieser Männer floß nicht unerschöpflich: Sie konnten ihre Soldaten nicht ewig unterhalten. Sie waren ja nicht einmal in der Lage, ihnen viel zu bezahlen – selbst Wallensteins Söldner kämpften bereitwillig für einen Sold, der kaum höher lag als die Entlohnung eines Landarbeiters. Deshalb entwickelten die einzelnen Armeekommandeure ein kompliziertes System der Geldbeschaffung nach dem Vorbild der holländischen und spanischen Armeen, die in den Niederlanden fochten. Die erste und wichtigste Voraussetzung war eine (wenn auch unzureichende) regelmäßige Barzahlung aus der Staatskasse. In einem berühmten Brief vom Januar 1626 zu Beginn seines ersten Generalats informierte Wallenstein den kaiserlichen Finanzminister: »(Man) mache ein paar Millionen alle Jahr fertig, diesen langwierigen Krieg zu führen.« Das Geld wurde benötigt, um den Kredit der Militärunternehmer – einschließlich des Generals – zu tilgen, die den unter ihrem Befehl stehenden Männern enorme Summen vorgeschossen hatten; es ging nicht direkt an die Söldner. Dieses System wurde in einem berühmten Roman über den Krieg, dem *Abenteuerlichen Simplicissimus,* einer bissigen Satire

unterzogen. Der Autor, Hans Jakob Christoph von Grimmelshausen, widmete diesem Thema eine treffende Parabel, in der die Militärhierarchie am
Zahltag einer Schar von Vögeln gleichgesetzt wird, die sich auf einem Baum
niedergelassen haben. Über die Vögel, die auf den höchsten Zweigen saßen,
heißt es dort:

»Am tunlichsten und geschicktesten fiel es ihnen, wenn ein Kommissarius daherkam
und eine Wanne voll Geld über den Baum abschüttete, diesen zu erquicken, daß sie das
Beste von oben herab auffingen und den untersten soviel als nichts zukommen ließen.
Daher pflegten von den untersten mehr Hungers zu sterben, als ihrer vom Feinde
umkamen ...« (von Grimmelshausen 1668, S. 37)

In Wirklichkeit verhielten sich die Dinge etwas anders, da die Vögel auf den
untersten Zweigen – die gemeinen Soldaten – einen Großteil ihres Lebensun-
terhalts aus anderen Quellen bestritten. Am wichtigsten war die Stellung von
freien Unterkünften: Die meiste Zeit über lebten die Soldaten in mehr oder
weniger bequemen Quartieren, deren Besitzer ihnen ein Bett, eine Bedienung
und unter Umständen auch die Verpflegung stellte. Das war ein Glück für sie,
da sie das Leben in Kasernen oder Militärlagern, wo sie sich um diese Dinge
selbst kümmern mußten, nicht lange aushalten konnten. Wie Michel le Tellier, der damalige Inspekteur der französischen Armee in Italien, 1642
bemerkte, waren »ein doppelter Monatssold und zwei Monate Unterkunft bei
den Bauern (in Frankreich) von wesentlich größerem Wert (für die Soldaten)
als drei Monate Sold und Unterkunft in den Kasernen von Turin« (zit. n.
André 1906, S. 64). Nach einer gewissen Zeit waren jedoch die lokalen Hilfs-
quellen zum größten Teil erschöpft und mußten ergänzt werden. Das war der
Grund für die Einführung von »Kontributionen«, Steuern, die unmittelbar
von jeder Gemeinde in der jeweiligen Umgebung der Armee erhoben und entweder bar oder in Form von Gütern und Dienstleistungen entrichtet wurden,
an denen die Truppen Mangel litten (Nahrungsmittel, Kleidung, Munition
oder Transportmittel). Auf welche Weise im einzelnen die Leistungen
erbracht werden sollten, wurde zwischen den Regiments- und Kompani-
eschreibern einerseits und lokalen Gemeindevertretern andererseits ausgehandelt. In Gebieten, die häufig von Armeen durchquert wurden, z. B. in
Franken, hatten die entlang des voraussichtlichen Marschweges liegenden
Gemeinden eine Art »Frühwarnsystem« eingerichtet, so daß sie sich schon
vorher auf die zu erwartenden Bedürfnisse der Soldaten einstellen konnten
(vgl. hierzu Bog 1952, S. 142–154; Benecke 1973). Wenn sich aus den Vorge-
sprächen zwischen den Vertretern der Armee und der Gemeinden ergab, daß
die erforderlichen Mengen an Nahrungsmitteln voraussichtlich nicht
beschafft werden konnten, mußten Kontraktoren aus Gebieten, die vom

Krieg unberührt blieben, in die Bresche springen. Einige Generäle kauften in großen Mengen Vieh aus der Schweiz oder Tuch aus England; Wallenstein organisierte die regelmäßige Lieferung von Bier, Brot, Bekleidungsstücken und anderer Bedarfsgüter von seinen ausgedehnten böhmischen Gütern an seine Armee. Um wiederum le Tellier zu zitieren (n. André 1906, S. 64): »Den Lebensunterhalt der Soldaten zu sichern heißt, den Sieg für den König zu sichern.« In den letzten Kriegsjahren rechneten die meisten Militärverwalter damit, daß rund zwei Drittel des fälligen Soldes in Naturalien beglichen wurden.

Die Verwalter mußten sich aber auch um die Beschaffung ungeheurer Mengen an jenen schwerfälligen Waffen kümmern, wie sie in allen Armeen um die Mitte des 17. Jahrhunderts in Gebrauch waren. Die Hälfte der Fußtruppen benötigte Piken von vier Meter Länge, Helme und Rüstungen; die andere Hälfte mußte mit Luntengewehren samt Stützgabel, Pulverflasche, Kugeln und Lunten ausgerüstet werden; und alle Soldaten, auch die Berittenen, brauchten Pistolen und Degen.[173] Diese Waffen mußten zwar nicht einheitlich sein (von den Soldaten wurde erwartet, daß sie einen Klumpen Blei mit sich führten, aus dem sie ihre Kugeln selbst gossen), aber das machte die Ausrüstung einer Feldarmee von 30 000 Mann noch nicht zu einer leichten Aufgabe. Bei der Belagerung Stralsunds 1628 wurden allein am ersten Tag etwa 760 Kanonenkugeln (darunter auch 50 kg schwere Mörserkugeln) gegen das Frankentor abgefeuert; bei der Belagerung von Kronach in Franken, im Mai und Juni 1632, gaben die Geschütze der Belagerer nicht weniger als 1260 Schüsse ab (s. Monro 1637, Bd. 1, S. 68–75; Pusch 1978, S. 112 f.). Auch war die Speisung der Menge keineswegs mit fünf Broten und zwei Fischen abgetan. Die tägliche Zuteilung von zwei Pfund Brot, einem Pfund Fleisch und drei Litern Bier (die Ration, die theoretisch jedem Soldaten, Stallmeister und Offizier zustand) erforderte das Backen von 300 Zentnern Brot, das Schlachten von 225 Ochsen (oder deren Äquivalent) und das Brauen von 90 000 Litern Bier – Tag für Tag (vgl. van Crevelt 1977, S. 34 ff.; Kroener 1980, passim).[174] Dazu kamen noch die vielen Pferde, die von der Artillerie, der Kavallerie, den Offizieren und den Troßwagen benötigt wurden, so daß eine größere Feldarmee insgesamt an die 20 000 Stück Vieh mit sich führte, das pro Tag 900 Zentner Futter oder eine Weidefläche von 160 Hektar benötigte. Und die Pferde mußten häufig ersetzt werden. In der ersten Schlacht bei Breitenfeld wurden etwa 4 000 der 9 000 mitgeführten Pferde getötet; in der Schlacht bei Lützen wurde allein dem General Piccolomini siebenmal das Pferd unterm Sattel weggeschossen. Streif, Gustav Adolfs schweres Schlachtroß, trug seinen Herrn bei Lützen in den Tod und starb bald darauf selbst an seinen Wunden.[175] Die Beschaffung und Verwaltung derart umfangreicher Kriegsausrüstungen warf erhebliche logistische Probleme auf.

Darüber hinaus gab es in der frühen Neuzeit keine Armee, die nur aus kämpfenden Truppen bestanden hätte. Viele Söldner wurden von ihren Frauen oder Mätressen begleitet, und noch mehr von ihnen hatten Diener oder Lakaien dabei.[176] Als die spanische Armee in Flandern nach der Eroberung der Pfalz 1622 in die Niederlande zurückkehrte, marschierte sie auf direktem Weg nach Bergen-op-Zoom, um die Stadt zu belagern. Drei calvinistische Pastöre in der Stadt verzeichneten in aller Sittsamkeit: »Noch nie hat man einen so langen Schwanz an einem so kleinen Körper gesehen: ... eine so kleine Armee mit so vielen Karren, Gepäck- und Reitpferden, Marketenderinnen, Lakaien, Frauen und Kindern und hinterdrein einem Pöbelhaufen, der weit mehr Köpfe zählte als die Armee selbst.« (Campan 1622, S. 247) Diese Beschreibung mochte durchaus zutreffen. Zwar ergibt sich aus den Archiven der Armee in Flandern, daß die Zahl der Mitläufer in den niederländischen Kriegen zumeist nicht mehr als die Hälfte aller Soldaten betrug, aber wir verfügen auch über nähere Angaben zu zwei bayrischen Regimentern, die 1646 aus 480 Fußsoldaten in Begleitung von 74 Dienern, 314 Frauen und Kindern, drei Marketenderinnen und 160 Pferden und aus 481 Berittenen mit 236 Dienern, neun Marketenderinnen, 102 Frauen und Kindern und 912 Pferden bestand (s. Redlich 1964, Bd. I, S. 521 f.).

Der Vorstoß in solche Dimensionen schuf militärlogistische Probleme, die sich mit den Ressourcen der europäischen Regierungen nicht mehr bewältigen ließen. Es war zwar noch möglich, durch eine Kombination aus eigenen Geldmitteln, Krediten, Armeelieferanten und Kontributionen den Nachschub für kleinere oder standortgebundene Truppenteile aufrechtzuerhalten. So erhielten beispielsweise die 2 000 englischen und schottischen Söldner, die während des Winters 1627/28 Christians IV. neuerbaute Festung Glückstadt verteidigten, gegen Empfangsbescheinigungen 313 000 kg Brot, 33 500 kg Käse, 36 Fässer Butter, acht Fässer mit Hammel- und sieben Fässer mit Rindfleisch, acht Fässer mit Hering, 9 000 kg Schinken, 37 Fässer Salz und 1 674 Fässer Bier (in der Regel ein ziemlich schwaches Getränk, das als »Regimentsbräu« bezeichnet wurde). Das war eigentlich keine schlechte Verpflegung (vgl. Fallon 1972). Aber der für den Normalfall organisierte Nachschub erlitt bei Kampfhandlungen oder auf dem Marsch häufige Unterbrechungen. Bei derart großen Mengen an mitgeführten Vorräten waren die Armeen genötigt, sich in der Nähe von schiffbaren Flüssen zu halten: Im 17. Jahrhundert konnte der Nachschub nur über Flußkähne und Schiffe erfolgen. Nirgendwo auf dem Land hätte man die für den Transport erforderliche Anzahl an Wagen und Zugtieren beschaffen können (obwohl sich auf einem großen vierrädrigen Karren bis zu sieben Tonnen schwere Lasten befördern ließen). Sobald sich also die Truppen von den deutschen Flüssen entfernten, gerieten sie in ernsthafte Schwierigkeiten. In der Nacht vor der ersten Schlacht bei Breitenfeld schlief z. B. die schwedische Armee in Schlachtordnung auf den Feldern; anschließend kämpfte sie sieben bis acht Stunden, zuletzt sogar inmitten dichter Staubwolken, und dennoch wurden die Kämpfenden nach dem Sieg erst dann mit Speise und Trank versorgt, als sie sich anderntags aus dem von den Kaiserlichen verlassenen Lager bei Leipzig bedienen konnten.

Manchmal kam es auch vor, daß sich die Truppen schneller fortbewegten als die Nachschubkolonne (wobei sie an einem Tag bis zu 40 Kilometer zurücklegten); und als die Truppen einmal 1631 einen Überraschungsangriff auf Ochsenfurt südlich von Würzburg führen sollten, schafften sie in einem nächtlichen Gewaltmarsch in sieben Stunden 35 Kilometer. In solchen Situationen, in denen der Troßzug weit hinter den Marschierenden zurückblieb, kam es zu Plünderungen, Raub- und Beutezügen. Natürlich standen die Starken immer in Versuchung, sich an den Schwachen schadlos zu halten. Eines der im Krieg verbreiteten Sprichwörter lautete: »Jeder Soldat braucht drei Bauern. Einen, der ihn ernährt, einen, der ihm seine Frau überläßt, und einen, der an seiner Stelle in die Hölle fährt.« Die Plünderungen gingen zumeist von den Musketieren eines Regiments aus, die einerseits beweglicher und andererseits schlechter bezahlt waren als die Pikeniere, und gelegentlich lösten sie größere Bauernunruhen aus. So berichtet z. B. Monro über das Eindringen der schwedischen Armee nach Bayern im Sommer 1632:

»Die Bauern behandelten unsere Soldaten (die sich von der Truppe entfernten, um auf Raub auszugehen) aufs grausamste. Sie schnitten ihnen die Nasen und Ohren, Hände und Füße ab, stachen ihnen die Augen aus und verübten noch manch andere grausame Tat an ihnen; und die Soldaten zahlten ihnen mit gleicher Münze heim, brandschatzten unterwegs gar manches Dorf und erschlugen die Bauern, wo sie ihnen gerade begegneten.« (Monro 1637, Bd. II, S. 122)

In den meisten Fällen wurden jedoch die Soldaten Gustav Adolfs, die sich an der Zivilbevölkerung vergriffen, schwer bestraft – mit Auspeitschen, zusätzlichem Wachdienst oder mit dem Pranger. Mindestens fünf Männer in Monros Regiment wurden durch ein Erschießungskommando hingerichtet, und einige andere wurden vom Profoß wegen Mißhandlung von Zivilpersonen zum Tod verurteilt. Die Armee konnte es sich nicht leisten, sich jene zum Feind zu machen, von denen sie mit Arbeitskräften, Führern und Auskünften über den Feind sowie mit Verpflegung und Quartier versorgt wurde.

In der Regel wurden in der Armee Todesurteile sonst nur noch bei Feigheit, Meuterei und Desertion ausgesprochen. 1632 ließ Wallenstein 17 Offiziere und Gemeine wegen angeblicher Feigheit in der Schlacht bei Lützen enthaupten. (Das Urteil wurde in Prag auf demselben Platz vollstreckt, auf dem die Anführer des böhmischen Aufstandes elf Jahre zuvor ihr Leben lassen mußten – ein Zusammentreffen, das den Unmut der Soldaten über den General noch erhöhte). Kommandeure, die eine ihnen anvertraute Stadt oder Festung übergaben, bevor ihre Vorgesetzten dies für nötig erachteten, konnten ebenfalls hingerichtet werden, *pour encourager les autres*, und dasselbe galt für Deserteure (wie es einigen Söldnern der Armee des Kardinalinfanten 1634 erging, die gefangen wurden, als sie in die Lombardei zurückkehren wollten, um nicht an den Kriegen in Deutschland teilnehmen zu müssen).[177]

Meutereien kamen weit seltener vor, obgleich es bei den deutschen Söldnern Sitte war, bei ausbleibender Soldzahlung oder schlechter Behandlung aus ihrer Mitte einen oder mehrere Anführer zu wählen, um mit den Kriegsherren zu verhandeln, und den Dienst so lange zu verweigern, bis die Mißstände behoben waren. Im Jahr 1633 weigerten sich die Soldaten der schwedischen Armee – die nach Monros exakter Berechnung seit ihrer Landung in Peenemünde drei Jahre zuvor 5 000 Kilometer marschiert waren –, Befehlen der Offiziere zu folgen, solange sie den rückständigen Sold nicht erhielten. 1635 wiederholten sie dieses Manöver und hielten den Kanzler Oxenstierna wochenlang fest, um ihre Verhandlungsposition zu verbessern. Die französische Armee weigerte sich 1638, den Rhein zu überqueren, solange nicht wenigstens ein Teil des rückständigen Soldes ausbezahlt wurde. Das waren jedoch Ausnahmefälle. Gewöhnlich reagierten die Soldaten auf schlechte Bezahlung oder Versorgung mit Fahnenflucht.

Leider enthalten die Aufzeichnungen der meisten Armeen keine Angaben über den Anteil der Deserteure.[178] Ein Vergleich der Gesamtverluste französischer Regimenter, die im eigenen Land kämpften, mit einem deutschen Regiment (Wallensteins Leibgarde: die oberösterreichischen Truppen des Grafen von Hardegg) sowie mit den Verlusten ausgewählter ausländischer Einheiten weist einen etwas höheren Verlust bei den am Ort angeworbenen Soldaten aus (s. *Tabelle 6*). Dieser Unterschied ist so gut wie sicher mit Desertion zu erklären, da die Verluste fremder Söldner während des aktiven Dienstes durch Verwundung oder Tod im allgemeinen sehr hoch waren. So lag das schottische Regiment Mackays, das während der Belagerung Stralsunds einen wichtigen Abschnitt der Wallanlagen zu verteidigen hatte, sechs Wochen ohne Unterbrechung unter feindlichem Beschuß. Die Männer erhielten ihr Essen

Tabelle 6: Verluste einiger ausgewählter Regimenter[179]

Datum		4 englische Regimenter	4 schottische Regimenter						3 schwedische Regimenter		Hardeggs deutsche Garderegimenter		10 franz. Infanterieregimenter	
		Anzahl	monatl. Verluste (%)	Hamilton & Meldrum	Hepburn	Spens	Mackay	insgesamt	monatl. Verluste (%)	Anzahl	monatl. Verluste (%)	Anzahl	monatl. Verluste (%)	Anzahl	monatl. Verluste (%)
1627	Juni	4 913	} 6				2 000		} 13						
	Oktober	3 764	} 8				900								
1628	April	1 882	} 13												
	Mai	1 630													
1629	August			2 219											
1630	Januar			600			1 000	1 900	} 7						
	Juni						638								
1631	März				1 402	830			} 2						
	Mai				837	608									
	September				829					2 577	} 9	c. 1 400	} 6		
1632	März				1 248			1 300	} 3	1 212					
	Oktober					416	518			828	} 4	866			
	Dezember				936	350	300	200							
1634	Februar											1 156	} 11		
	Juni											654			
	Oktober														
1635	Juni											1 101	} 9	5 571	} 20
	Juli											796	} 4	4 470	
	Oktober											600			
1636	Januar														
	August														

auf Gefechtsstation, und »es war uns nicht erlaubt, unseren Posten auch nur für eine Erholungspause oder zum Schlafen zu verlassen«. Sogar seine Kleidung behielt der Oberst am Leib, »sofern nicht die Wäsche oder die Kleidung selbst gewechselt werden mußte«. Aufgrund dieses fortgesetzten Einsatzes an vorderster Front wurden von den ursprünglich 900 Mann des Regiments 500 getötet und weitere 300 (darunter Monro selbst) verwundet. Trotzdem konnten sich die Schotten glücklich preisen, denn wäre Stralsund im Sturm genommen worden, dann hätte der Feind sie alle getötet – wie die Garnisonen in Magdeburg oder Frankfurt an der Oder 1631, die von den Siegern an Ort und Stelle massakriert wurden. Nach der Plünderung Frankfurts, wo die kaiserlichen Verteidiger 3 000 Mann und die Schweden nur 800 Mann verloren, dauerte es sechs Tage, bis alle Toten begraben waren, und »am Ende wurden sie haufenweise in Gruben geworfen, in jedes Grab mehr als hundert« (Monro 1637, Bd. 1, S. 62, 67, 79 f.; Bd. 2, S. 35).

Natürlich gab es noch zahlreiche andere Gründe für die militärischen Verluste, die nichts mit den Kämpfen selbst zu tun hatten. Als Christian IV. sein Hauptquartier 1625 bei Tangermünde an der Elbe aufgeschlagen hatte, »(ging) der Stank des Heerlagers in die Nase« (wie ein Chronist berichtet), und in kurzer Zeit waren die dänischen Truppen durch das Wüten der roten Ruhr beträchtlich dezimiert. Die Kaiserlichen, die im Winter 1634/35 in Hessen-Darmstadt nach ihrem Sieg bei Nördlingen Quartier bezogen, waren genötigt, in Gruppen von 10 bis 20 Mann mit einem einzigen Haus vorlieb zu nehmen; es dauerte denn auch nicht lange, bis durch die Überbelegung bedingte Krankheiten ihren Tribut forderten (s. Zahn 1904, S. 16).[180] In der schottischen Brigade, die von 1626 bis 1633 in Deutschland kämpfte, waren ständig mindestens zehn Prozent der Regimenter krank, und diese Zahl erhöhte sich sprunghaft durch die immer wieder auftretenden Seuchen. So verloren z. B. die an der unteren Oder stationierten Schotten 1631 wöchentlich 200 Mann, die an der Pest und noch mehr am Lagerfieber (Typhus) und anderen Krankheiten starben, die in den Armeen der damaligen Zeit gang und gäbe waren. Trotz alledem erlitten jedoch zumindest die ausländischen Einheiten ihre größten Verluste auf dem Schlachtfeld. Diese waren im allgemeinen immer schwer, unabhängig von der Dauer des Gefechts, und die fremden Truppen standen dabei stets in vorderster Linie. Waren beide Seiten zahlenmäßig etwa gleich stark – wie in Lützen 1632, in Rocroi 1643, in Freiburg 1644 oder Jankau 1645 –, dann gab es ein furchtbares Gemetzel. Andererseits folgte dem Sieg einer überlegenen Armee eine wilde Verfolgung der Fliehenden und ein womöglich noch schlimmeres Massaker: Auf der Flucht befindliche Soldaten wurden häufig entweder vom Feind oder von den Bauern kaltblütig niedergemacht. Und selbst wenn es dem geschlagenen Heer gelang, zusammenzubleiben, konnte der Rückzug in einem Debakel enden. Die Rückzüge des Grafen Gallas aus Burgund (1636) und Holstein (1642), Banérs aus Torgau (1637) und Turennes nach der Schlacht bei Tuttlingen (1643), die alle bereits erwähnt wurden, forderten unter den Soldaten noch ungeheure Opfer.

Gelegentlich wurde allerdings das Morden durch die Praxis der Auslösung von Kriegsgefangenen etwas eingeschränkt. Nach der Schlacht bei Jankau (1645) boten die Sieger an, den gesamten gefangengenommenen kaiserlichen Generalstab gegen ein Lösegeld von 120000 Talern freizulassen. Nach anderen, weniger katastrophalen Niederlagen handelte man Auslösungen nach folgendem öffentlichen Tarif aus: 25000 Taler für einen General, 100 für einen Oberst usw. Gelegentlich wurden Gefangene einfach ausgetauscht, z.B. der schwedische General Torstensson gegen den kaiserlichen Schatzkämmerer Graf Harrach. Es kam selten vor, daß einem gefangenen Kommandeur die Möglichkeit verweigert wurde, sich freizukaufen. Das war etwa bei Gustav Horn der Fall, Oxenstiernas Schwiegersohn, der nach seiner Gefangennahme in der Schlacht bei Nördlingen (1634) acht Jahre lang im Gefängnis schmachten mußte (obgleich Maximilian von Bayern einmal daran dachte, Horn gegen die während der schwedischen Besatzung aus München geraubten Schätze einzutauschen; Stockholm war jedoch an diesem Handel nicht interessiert). Die gemeinen Soldaten, besonders die in Deutschland angeworbenen, wurden dagegen im allgemeinen weder ausgelöst noch ausgetauscht. Man ließ sie entweder frei, nachdem sie geschworen hatten, für eine bestimmte Zeit keine Waffen mehr gegen den Sieger in die Hand zu nehmen, oder sie wurden aufgefordert, sich der siegreichen Armee anzuschließen – eine Maßnahme, die in den letzten Phasen des Krieges noch dadurch begünstigt wurde, daß es in jedem Heer einige Söldner gab, die auf allen Seiten gekämpft hatten und deshalb die Skrupel der Gefangenen wegen ihres Fahnenwechsels beschwichtigen konnten. 1631 waren sogar die von Gustav Adolf während seines Feldzugs im Rheinland gefangengenommenen Italiener in der schwedischen Armee willkommen (obgleich sie desertierten, sobald das Heer im folgenden Sommer das Alpenvorland erreicht hatte).

Soldaten, die man gefangengesetzt hatte, konnten trotzdem von Glück sagen. Die meisten Kommandeure fanden kaum Zeit, sich um die Verwundeten zu kümmern, sofern es dazu keinen besonderen Anlaß gab – beispielsweise auf dem Höhepunkt eines schwedischen Angriffs auf die Alte Veste 1632, als Wallenstein unter den Verteidigern umherging und den Scharen von

Verwundeten Münzen zuwarf, um den übrigen Mut zu machen. Auch für die Kranken wurde offenbar keine ärztliche Vorsorge getroffen, und es gab auch keine Militärhospitäler oder Pensionen für die Verwundeten und Invaliden, ausgenommen bei den schwedischen und spanischen Expeditionsstreitkräften, und selbst dort war die Versorgung weit schlechter als etwa in der spanischen Armee in den Niederlanden, die über ein Lazarett mit 330 Betten in Mechelen und ein Heim für Armeepensionäre in Hall verfügte. Nur in einer Beziehung erreichten die Armeen des Dreißigjährigen Krieges das Niveau der Armee in Flandern: in der seelsorgerischen Betreuung der Truppen. Die Soldaten der Liga hatten in der Regel ihre jesuitischen Feldkapläne, und das schwedische Invasionsheer führte 1630 eine ganze geistliche Hierarchie von lutherischen Pastören in seinem Gefolge mit sich.

Was die Militärverwaltung angeht, so wurden von den Armeen dieses Krieges trotz der – mit Ausnahme der kalten Jahreszeit – unausgesetzten Kämpfe erstaunlich wenig Neuerungen eingeführt. Selbst das berühmte Kontributionssystem Wallensteins lehnte sich eng an das der spanischen Armee an, das von Spínola 1620 in der Pfalz auferlegt, aber bereits in den Jahren nach 1570 entwickelt worden war.[181] Das einzige Gebiet, auf dem es im Krieg zu wesentlichen Änderungen kam, war das der Strategie und Taktik. Nicht umsonst bat der 1798/99 in Ägypten mit seinem Heer gebundene Napoleon Bonaparte seine Regierung um die Übersendung von Geschichtswerken über den Dreißigjährigen Krieg. Ausgangspunkt der neuen Kriegführung war die nach 1590 von Moritz von Nassau in der holländischen Armee durchgeführte Militärreform. Unter dem Eindruck der von Aelian und Leo VI. beschriebenen römischen Taktik entwickelte der Nassauer neue Wege für den Gefechteinsatz seiner Truppen. Anstelle der 40 und 50 Mann tief gestaffelten Pikenierformationen, mit denen die Schlachten des 16. Jahrhunderts geschlagen wurden, staffelte er seine Reihen nur in einer Tiefe von zehn Mann. Seine Formationen waren kleiner und bezogen ihre Kampfstärke mehr aus der Feuerkraft als aus dem Einsatz der Piken. Nicht weniger als die Hälfte der Soldaten in Moritz' Armee waren Musketiere. Diese Veränderungen klingen vielleicht simpel, sie führten jedoch zu tiefgreifenden militärorganisatorischen Umstellungen. Vor allem bedeutete eine Verringerung der Staffeltiefe zwangsläufig eine Ausdehnung der Schlachtlinie, so daß eine größere Zahl von Soldaten als bisher sich im Kampf Mann gegen Mann bewähren mußte. Zum zweiten mußte der einzelne Kämpfer wegen der nunmehr schmaleren Linie mehr Disziplin aufbringen und sich stärker mit den anderen Soldaten abstimmen. So vervollkommnete z.B. die holländische Armee 1594 die Technik der »Salve«, bei der jede Reihe gleichzeitig ihre Gewehre auf den

Feind abfeuerte und sich anschließend zum Laden zurückzog, während die
nächsten neun Reihen aufrückten und jeweils die vorderste Reihe den Vorgang wiederholte, so daß der Gegner unter Dauerfeuer genommen wurde.
Um dieses Manöver jedoch auch Auge in Auge mit dem anrückenden Feind
durchzuführen, bedurfte es großer Tapferkeit, einer perfekten Koordinierung und inniger Vertrautheit mit jedem einzelnen erforderlichen Schritt. Aus
diesem Grund führte Moritz den alten römischen Drill wieder ein. Im Tagebuch eines seiner politischen Berater, der 1595 an einer Belagerung teilgenommen hatte, ist vermerkt, daß die Soldaten fast pausenlos exerzieren
mußten, wobei sie immer neue Reihen bildeten und sämtliche Bewegungsab-
läufe bei der Handhabung ihrer Waffen einübten (vgl. Mulder 1862, S. 636).
In einer 1616 veröffentlichten englischen Ausgabe von Aelians *Taktik*
bemerkt der Herausgeber John Bingham:

>»Der Gebrauch der von Aelian niedergelegten Regeln der Kriegskunst war jahrhun-
>dertelang in Vergessenheit geraten und lag gleichsam begraben in den Trümmern der
>Zeit, bis er vor kurzem in den Vereinigten Provinzen der Niederlande wieder ans
>Tageslicht befördert und neubelebt wurde. Diese Länder sind heute die Kriegsschule,
>zu der sich die kriegerischsten Geister Europas begeben, um dort ihre Lehrzeit für den
>Dienst mit der Waffe zu absolvieren.« (Zit. n. Hahlweg 1941, S. 176).

Diese Abhandlung war keineswegs die erste, mit der die Aufmerksamkeit
auf die von den Holländern entwickelten neuen Methoden der Kriegführung
gelenkt wurde. In der Forderung Moritz' von Nassau nach individueller Prä-
zision und kollektiver Harmonie bei der Ausführung des neuen Manövers
drückte sich die allgemeine Vorliebe dieses Zeitalters für geometrische
Formen aus – ob in der Architektur oder der Reitkunst, im Tanz, in der
Malerei, in der Fechtkunst oder im Krieg. Bereits 1603 widmete eine französische Abhandlung über das Kriegswesen ein ganzes Kapitel dem Thema »Die
Exerzierübungen der holländischen Armee«, und 1607 erschien in Den Haag
das erste illustrierte Exerzierhandbuch Westeuropas unter dem Titel *Der
Gebrauch der Waffen,* verfaßt von Moritz' Vetter Johann von Nassau und
herausgegeben unter dem Namen von Jakob de Gheyn, einem allgemein
bekannten Kupferstecher seiner Zeit. In vielen späteren Werken wurde das
Verfahren de Gheyns kopiert, mit Hilfe numerierter Bilderfolgen die verschiedenen Manöver zu veranschaulichen, die für den Gebrauch militärischer
Waffen und die Vorbereitung der Soldaten auf das Gefecht erforderlich
waren. 1616 eröffnete Graf Johann von Nassau in seiner Landeshauptstadt
Siegen eine Militärakademie mit dem erklärten Ziel, ein Offizierskorps für
den Calvinismus zu schaffen. Der erste Leiter dieser *Schola Militaris,* Johann
Jakob von Wallhausen, veröffentlichte mehrere Kriegshandbücher nach dem

holländischen Vorbild, die der gesamten Ausbildung in Siegen zugrundege-
legt wurden (sie dauerte sechs Monate; Waffen und Rüstungen, Karten und
Modelle für den Unterricht wurden von der Schule gestellt). Zur selben Zeit
erschien eine Fülle weiterer Bücher, in denen die Vorzüge der holländischen
Festungsanlagen erklärt wurden, die (in der Regel) ein Höchstmaß an Effi-
zienz mit relativ niedrigen Kosten erreichten.[182]

Die Verbreitung der neuen Taktik erfolgte allerdings nicht nur durch
Druckwerke, sondern auch durch Militärberater, um deren Entsendung
Moritz von anderen Staaten gebeten wurde. Zwei dieser Instruktoren reisten
1610 nach Brandenburg, andere in die Pfalz, nach Baden, Württemberg,
Hessen, Braunschweig, Sachsen und Holstein. Selbst die traditionsbewußten
Schweizer, die in ihren Kämpfen gegen Burgund im 15. Jahrhundert als erste
die Möglichkeiten der Pike demonstriert hatten, waren gezwungen, von der
Neuerung Kenntnis zu nehmen. 1628 wurde die Berner Miliz ungeniert nach
holländischem Vorbild reorganisiert: Man verkleinerte die Kompanien und
erhöhte dafür die Feuerkraft. Ihr Befehlshaber war Hans Ludwig von Erlach,
der spätere Kommandeur der »Bernhardiner«. Der einflußreichste Schüler
des Oraniers war aber zweifellos Gustav Adolf von Schweden. Johann von
Nassau reiste 1601/02 selbst nach Schweden und gab einige Ratschläge zur
Verbesserung der schwedischen Armee, doch das Können der Niederländer
wirkte sich erst zwei Jahrzehnte später voll aus. Auf einer Reise durch
Deutschland im Jahr 1620 lernte Gustav Adolf verschiedene Formen der Mili-
tärorganisation und des Festungsbaus kennen, und er las alle wichtigen
Bücher zu diesem Thema. Er entwickelte die holländischen Reformen geringfügig weiter, indem er seine Linien nur sechs statt zehn Mann tief staffelte und
die Feuerkraft noch durch vier zusätzliche leichte Feldstücke für jedes Regiment erhöhte (die untauglichen Prototypen, die berühmter wurden als die
ausgereiften Geschütze, waren Dreipfünder aus Leichtmetall, verstärkt durch
Holz und Leder). Gustav Adolf führte außerdem eine neue taktische Einheit
ein, die Brigade, die aus vier Schwadronen (oder zwei Feldregimentern)
bestand, von denen drei eine Pfeilformation bildeten, hinter der die vierte in
Reserve stand, unterstützt von mindestens neun Feldgeschützen. Jeder einzelne Mann wurde von den zahlreichen Offizieren und Unteroffizieren einer
strengen Ausbildung unterworfen. Man bemühte sich darum, die Soldaten
unausgesetzt zu beschäftigen – mit Schanzarbeiten, Kundschaften oder Exerzieren. Der König unterwies sie sogar persönlich in der neuen Disziplin: Er
zeigte den Rekruten, wie man eine Muskete im Stehen, Knien oder Liegen
abfeuerte. Im Ausland angeworbene Einheiten mußten sich Vorführungen
des »schwedischen Drills« durch erfahrene Veteranen ansehen und anschlie-

ßend so lange exerzieren, bis sie perfekt waren (s. von Frauenholz 1938, Bd. 1, S. 41; *Sveriges Krig*, Bd. 8, S. 99 f.). Hierzu gehörte auch das Einüben der »Doppelsalve«, bei der die Musketiere nur noch drei Mann tief gestaffelt waren, die vorderste Reihe auf den Knien, die zweite in gebückter Haltung und die dritte aufrecht stehend, um »die Brust eurer Feinde mit möglichst viel Blei zu füllen ... damit fügt ihr ihnen noch mehr Schaden zu ..., denn ein lang anhaltendes Krachen des Donners ist für die Sterblichen schrecklicher und furchtbarer als zehn einzelne Donnerschläge«, wie uns ein Kenner aus eigener Erfahrung berichtet (Turner 1683, S. 237).[183]

Der wichtigste Unterschied zwischen der schwedischen und der holländischen »Militärrevolution« lag nicht in den Neuerungen selbst, sondern in deren Anwendung und der Größe der Armeen. Moritz von Nassau schlug kaum eine Schlacht (und wenn, dann mit einem Heer von höchstens 10 000 Mann), da das Gelände, auf dem er operierte, von einem Netz befestigter Städte beherrscht wurde, die eine offene Feldschlacht gar nicht erst ermöglichten – sie mußten belagert werden. Gustav Adolf hingegen bewegte sich in Gebieten, die seit 70 Jahren und (wie im Fall Bayerns) länger von jedem Krieg und jeder Kriegsdrohung verschont geblieben waren. Deshalb gab es dort weit weniger Städte, die feindlichen Angriffen Trotz bieten konnten – obgleich die wenigen befestigten Städte in der »niederländischen Manier« belagert werden mußten –, und in weiten Teilen beruhte die Herrschaft über ein Territorium auf der Fähigkeit, Schlachten zu gewinnen. Die günstigste Propaganda, die das holländische System finden konnte, war Gustav Adolfs Sieg bei Breitenfeld. Es war das klassische Aufeinandertreffen zwischen der traditionellen Schlachtordnung, wie sie seit den Italienischen Kriegen praktiziert wurde, und der neuen Taktik: Tillys Soldaten, in einer Breite von 50 und einer Tiefenstaffelung von 30 Mann, standen einer schwedischen Armee gegenüber, bei der die Linien der Musketiere sechs und die der Pikeniere fünf Reihen aufwiesen und die über die doppelte Zahl an Feldgeschützen verfügte. Die Feuerüberlegenheit war gewaltig. Die schwedische Artillerie konnte alle sechs Minuten eine 18 Pfund schwere Eisenkugel 1 700 Meter weit schießen; die Musketiere, die etwas mehr als die Hälfte aller Soldaten stellten, konnten wiederholte Salven mit Bleikugeln abgeben, die einen Durchmesser von 20 cm hatten. Ihre Treffergenauigkeit war bei 50 Metern Entfernung ziemlich hoch und betrug noch bei 75 Metern etwa 50 Prozent. Scharfschützen, die mit besonderen »Langgewehren« bewaffnet waren, die Schrotflinten glichen, trafen auf eine weit höhere Entfernung ins Ziel (wenn sie auch niemals die 400 Meter erreichten, die bei Büchsen mit gezogenem Lauf möglich sind). Und diese Todeswerkzeuge wurden von immer gewaltigeren Menschenmassen gehandhabt. In den Jahren von 1625 bis 1635, auf dem Höhepunkt des Krieges, kämpften eine Viertelmillion Soldaten auf dem Boden des Deutschen Reiches – mehr als jemals zuvor; im Verlauf des 30 Jahre währenden Konflikts müssen über eine Million Männer Kriegsdienst geleistet haben. Angesichts dieser für ihre Zeit beispiellosen Größenordnungen spricht einiges dafür, einen genaueren Blick auf den Soldaten der frühen Neuzeit und auf die Auswirkungen des Krieges, den er kämpfte, zu werfen.

2 Der Krieg und die deutsche Gesellschaft

Am 11. August 1650, nachdem die letzten schwedischen Truppen abgezogen waren, fand in der Reichsstadt Rothenburg ob der Tauber eine Friedens- und Dankesfeier statt. Von Musikanten begleitet, bekränzt und mit Blumensträußen in der Hand, versammelten sich die Schulkinder der Stadt auf dem weiten Marktplatz. 19 Jahre zuvor waren ihre Eltern und Großeltern an derselben Stelle auf Knien gelegen und hatten den gefürchteten General Tilly angefleht, der Stadt das Schicksal Magdeburgs zu ersparen. Zwar fand ihr Bitten Gehör, aber zwei Jahrzehnte lang blieb Rothenburg ein Tummelplatz für Soldaten jeglicher Couleur. Die Knaben und Mädchen, die sich an jenem Augusttag 1650 versammelten, hatten bis dahin nichts anderes gekannt als Krieg. Nun aber war der Frieden eingekehrt, und die Kinder zogen andächtig vom Marktplatz aus zur großen Pfarrkirche, wo sie vor der gesamten Bürgerschaft der Stadt Dankeshymnen sangen und einer feierlichen Predigt von Pastor Johann Dümmler lauschten (s. Holstein 1969, S. 96 f.).

In fast allen Dorfkirchen der von Rothenburg beherrschten Region von rund 400 Quadratkilometern in Südwestfranken wurden ähnliche Dankpredigten gehalten. Zu den wenigen Ausnahmen, wo dies nicht der Fall war, zählte Linden. Dies war ein kleiner Weiler inmitten einer bewaldeten Gegend nordöstlich der Stadt; 1618 lebten dort nicht mehr als neun steuerpflichtige Bauernfamilien und vier landlose Bauern. Gleich anderen Untertanen Rothenburgs hatten die hier Ansässigen seit dem Ausbruch des Krieges immer neue Geldeintreibungen über sich ergehen lassen müssen, ganz besonders, seit die Kaiserlichen nach 1630 mit Schweden um die Vorherrschaft in der Region kämpften. Doch erst zum Jahresbeginn 1634, als die Schweden das Gebiet besetzten, wurden die Lindener Bauern wirklich von den Schrecken des Krieges heimgesucht. An einem Spätnachmittag im Januar dieses Jahres kamen 20 schwedische Reiter in das Dorf, verlangten zu essen und zu trinken, brachen die Türen der Behausungen auf und durchwühlten diese nach wertvollem Gut. Zwei von ihnen drangen in die Hütte des Georg Rösch ein, vergewaltigten seine Frau und hetzten sie anschließend unter Gejohle durch das Dorf. Die Überfallenen alarmierten jedoch die Nachbargemeinden, und von allen Seiten eilten die Bauern nach Linden, ergriffen die schwedischen Söldner, nahmen ihnen den Raub wieder ab und entführten einige ihrer Pferde. Anderntags begaben sich die Schweden nach Rothenburg, um die Lindener wegen Diebstahls zu verklagen, und als der Rothenburger Büttel nach Linden kam, nahm er vier der Bauern fest. Bald gewann er indessen einen genaueren Eindruck von dem Vorgefallenen, zumal Röschs Frau einen der Männer wiedererkannte, die ihr Gewalt angetan hatten – einen Söldner aus Ostfinnland. Der Büttel ritt zwar von Dorf zu Dorf und trieb die Pferde, Sättel und Kleidungsstücke der Söldner wieder auf, aber er sorgte auch dafür, daß die Geschichte dem Befehlshaber der schwedischen Besatzungstruppen, General Horn, zu Ohren kam, der daraufhin den verantwortlichen Offizieren einen strengen Verweis erteilte und sie ermahnte, dafür zu sorgen, daß ihre Soldaten keine Bauern mehr drangsalierten (s. Schmidt 1953, Jahrg. IV, S. 71 f. und VI, S. 23).

Nur sechs Jahre später, 1641, gab es in Linden keine Bauern mehr, die man hätte drangsalieren können – das Dorf war mittlerweile unbewohnt und blieb es auch bis zum Ende des Krieges. Doch Linden wurde nicht für immer zu einem Geisterdorf, denn in den Jahrzehnten nach dem Friedensschluß kehrten seine Bewohner nach und nach zurück, und 1690 gab es dort wieder elf bäuerliche Pachtgüter – kurz, Linden war wieder so groß wie vor dem Krieg (s. Woltering 1965, Bd. 1, S. 32, Karte).

Wie typisch war Linden? 1641 überprüften rothenburgische Beamte die der Stadt untertanen Dörfer Haus für Haus, und ihr Untersuchungsbericht bot ein bedrückendes Bild von den dort herrschenden Zuständen. Nach dieser Erhebung gab es 1618 im Territorium Rothenburgs mit seinen rund 100 Dörfern 1 503 steuerpflichtige Bauernfamilien, 1641 jedoch nur noch 447 – ein Verlust von 70 Prozent. Etwa 25 Ansiedlungen, die meisten von ihnen nicht größer als Linden, waren 1641 völlig unbewohnt, und bis Kriegsende kamen noch einige hinzu. Anderen Gemeinden erging es dagegen besser: Oberstetten, ein stattliches Dorf mit 75 Familien, hatte bis 1641 lediglich vier von ihnen verloren. Da es ziemlich weit westlich der Hauptmarschroute lag, blieb es vom Getümmel des Krieges weitgehend verschont. 1700 wurden in Rothenburg insgesamt 1 558 steuerpflichtige Bauernhaushalte gezählt – kaum mehr als beim Ausbruch des Krieges (s. Schmidt 1953, VI, S. 15 f. und 22 ff.; Woltering 1965, Bd. 1, S. 38).

Die Deutschen des 17. Jahrhunderts führten sorgfältig Buch, und auch der Dreißigjährige Krieg änderte an dieser Gewohnheit nur wenig. Hier und da wurden wichtige Aufzeichnungen durch Nachlässigkeit oder Kriegshandlungen vernichtet, doch sind genügend Dokumente erhalten geblieben, die uns eine Fülle von Material über örtliche Lebensbedingungen in Mitteleuropa während des Krieges liefern. Geschichten wie die von Linden ließen sich von fast allen Teilen Deutschlands erzählen: Überall verzeichnen die Berichte fortwährende brutale Übergriffe der Söldner, vereinzelte Gegenwehr der Bauern, vorsichtige Duldung der Militärs durch die Stadtbewohner sowie verzweifelte Anstrengungen von Beamten und Offizieren, ein Mindestmaß an Rechtlichkeit zu bewahren und den vollständigen Zusammenbruch von Gesetz und Disziplin zu verhindern. Auch in den Steuerregistern, Kirchenbüchern und anderen ständigen Verzeichnissen, die von deutschen Pfarrern und Kanzleischreibern so gewissenhaft geführt wurden, findet sich eine Fülle von Informationen über die wirtschaftlichen und demographischen Auswirkungen des Krieges. Die Historiker können Hunderte von entvölkerten Dörfern und zusammengeschrumpften Städten benennen – aber auch Hunderte von Städten und Dörfern, die den Krieg fast unversehrt überstanden.

Trotz der zahlreichen verfügbaren Daten über lokale Verhältnisse war es bisher jedoch kaum möglich, zu einer einhelligen Meinung über die Auswirkungen des Dreißigjährigen Krieges auf Deutschland und seine Nachbarländer zu gelangen. An Versuchen dazu hat es nicht gefehlt; seit mehr als 100 Jahren schon setzen sich die Historiker über die wirtschaftlichen, gesellschaftlichen und demographischen Folgen des Krieges auseinander. Ausgelöst wurden die Debatten in der Mitte des 19. Jahrhunderts durch zwei literarische Werke. Das eine war der *Abenteuerliche Simplicissimus* von Hans Jakob Christoph von Grimmelshausen. Obschon in den Jahren nach 1660 verfaßt, war dieser frühe Schelmenroman weitgehend in Vergessenheit geraten, bis das jammervolle Bild, das er vom Leben während des Dreißigjährigen Krieges zeichnete, die allgemeine Aufmerksamkeit auf sich zog. Die zweite einflußreiche Veröffentlichung waren Gustav Freytags *Bilder aus der deutschen Vergangenheit,* deren 1859 erstmals erschienener dritter Band sorgfältig belegte Detailschilderungen mit groben Verallgemeinerungen über die wirtschaftlichen und moralischen Verheerungen des Krieges verband. Die Wirkung dieser beiden Werke wurde noch verstärkt durch die Publikationen einiger leichtfertiger Historiker, deren Behauptungen einer Legende Autorität verliehen, die als der »Mythos von der alles vernichtenden Raserei des Dreißigjährigen Krieges« bezeichnet worden ist (s. Ergang 1956).

Andere Gelehrte haben allerdings sehr viel Mühe darauf verwendet, diesen Mythos zu widerlegen und mit sorgfältigen Einzeluntersuchungen nachzuweisen, daß die dem Krieg zugeschriebenen Verwüstungen und Opfer an Menschenleben häufig übertrieben wurden. Sie können sich dabei lediglich auf lokale, bestenfalls regionale Belege stützen, da im 17. Jahrhundert noch keine ganz Deutschland erfassenden Volkszählungen oder wirtschaftlichen Bestandsaufnahmen durchgeführt wurden. Aber die zunehmende Anhäufung lokaler Daten hat es immerhin ermöglicht, heutzutage zuverlässigere Vermutungen über die Auswirkungen des Krieges anzustellen als noch vor 100 Jahren.

Das gilt insbesondere im Hinblick auf die demographischen Folgen des Krieges. Frühere Annahmen, daß der Krieg die Hälfte bis zwei Drittel der deutschen Bevölkerung dahingerafft habe, sind nicht länger haltbar. Nach neueren, weit vorsichtigeren Schätzungen lebten vor dem Krieg im Heiligen Römischen Reich rund 20 Millionen Einwohner, 16 bis 17 Millionen waren es bei dessen Ende; das entspricht einer Einbuße von etwa 15 bis 20 Prozent. Auch waren diese Bevölkerungsverluste durchaus nicht von langer Dauer: In den Jahrzehnten nach dem Westfälischen Frieden kam es zu einem beträchtlichen Bevölkerungswachstum, und manche Fachgelehrte vermuten sogar, daß bis 1700 bereits der Vorkriegsstand wieder erreicht war.[184]

Hinzukommt, daß sich bei näherer Betrachtung der verschiedenen deutschen Regionen ein höchst unterschiedliches Bild ergibt. Im Nordwesten, wo nach den ersten Jahren kaum noch gekämpft wurde, waren fast überhaupt keine Opfer zu beklagen, während die Kriegsgebiete Mecklenburg, Pommern und Württemberg mehr als die Hälfte ihrer Einwohner verloren. Die Opfer waren in den Dörfern immer höher als in den Städten, deren Mauern zumeist vor mutwilliger Zerstörung Schutz boten – die Verwüstung Magdeburgs 1631 löste bei den Zeitgenossen zum Teil gerade darum ein solches Entsetzen aus, weil sie eine Ausnahme von dieser allgemeinen Regel darstellte. In vielen Fällen erwies sich im übrigen ein Bevölkerungsverlust im nachhinein als eine Bevölkerungsverschiebung – während Dörfer entvölkert wurden, drängten sich in den nahegelegenen Städten häufig die Flüchtlinge, die dort Schutz suchten. So wird z.B. berichtet, daß 1637, als die Landbevölkerung Sachsens von Hungersnot und Krankheiten heimgesucht wurde, über 4 200 Personen in Leipzig Zuflucht fanden, so daß sich die Stadtbevölkerung vorübergehend um mehr als ein Drittel erhöhte (s. Lammert 1890, S. 233).

Trotzdem kann kein Zweifel daran bestehen, daß Mitteleuropa eine Periode der tiefgreifenden demographischen Rezession erlebte. Die exakten Ursachen des Bevölkerungsverlusts lassen sich nicht immer angeben, doch eines steht fest: Die Zahl der Opfer durch Kriegshandlungen spielt für das Gesamtbild nur eine untergeordnete Rolle. Kriegsbedingte Nahrungsmittelknappheit und Epidemien richteten weit größeres Unheil an. Die spektakulärsten Todesfälle wurden durch die Beulenpest verursacht, die während des Krieges in vielen Teilen Mitteleuropas ausbrach. Die Stadt Nördlingen bietet ein gutes Beispiel für die tödlichen Folgen der Pest. Zwischen 1619 und 1633 lag die jährliche Sterbeziffer der Stadtbewohner bei durchschnittlich 304, versechsfachte sich jedoch im Pestjahr 1634: In diesem Jahr starben insgesamt 1 549 Einwohner der Stadt sowie über 300 Flüchtlinge, die dort Aufnahme gefunden hatten (s. Friedrichs 1979, S. 47 ff. und 306–311). Dennoch wäre es ungenau zu behaupten, daß alle Pesttoten auf das Konto des Krieges gingen. Zwar wurden viele epidemische Krankheiten durch die Wanderungen infizierter Soldaten und Zivilpersonen übertragen, doch die Pest gehörte nicht dazu. Die Beulenpest ist eigentlich eine Rattenkrankheit, die durch Flöhe auf den Menschen übertragen wird, und der Infektionszyklus bei den Ratten unterliegt ökologischen Einflußfaktoren, die mit den Vorgängen innerhalb der menschlichen Gesellschaft wenig zu tun haben; die frühere Vorstellung, die infizierten Ratten und Flöhe seien vom Troß der Heere eingeschleppt worden, wird von der modernen Bevölkerungswissenschaft nicht mehr akzeptiert. Überdies waren Pestepidemien überall nur von relativ kurzer Dauer und häufig gefolgt von einer ein- bis zweijährigen Periode mit besonders hohen Geburtenraten. Tatsächlich waren die langfristigen Bevölkerungsverluste im Zusammenhang mit dem Krieg im allgemeinen bedingt durch weniger spektakuläre, dafür anhaltende Krankheiten, die von Mensch zu Mensch übertragen wurden – Typhus, Grippe, Ruhr und andere Epidemien, die jahraus jahrein in Gemeinden wiederauftraten, deren Einwohner bereits durch kriegsbedingte Unterernährung und Überanstrengung geschwächt waren.

Ist die Einschätzung der demographischen Auswirkungen des Krieges schon schwierig, so gilt dies noch mehr von seinen wirtschaftlichen Nachwirkungen. An lokalen Daten besteht zwar kein Mangel, aber bei ihrer Auswertung und Deutung bewegen wir uns auf unsicherem Boden. Aus lokalen Verzeichnissen über Zehntabgaben, Zoll- und Steuereinnahmen auf Trendentwicklungen der Produktivität oder die wirtschaftliche Tätigkeit im nationalen Maßstab zu schließen, ist ein heikles Unternehmen.

Wenn wir dessen ungeachtet Vergleiche etwa zwischen 1615 und 1650 anstellen, so zeigt sich in fast allen Teilen Deutschlands ein ausgeprägter Rückgang der wirtschaftlichen Tätigkeit. Es gab wohl einige Ausnahmen, vor allem bei den Hafenstädten wie Hamburg oder Bremen, die während des gesamten Krieges einen lebhaften Mittelmeerhandel betrieben. Doch die meisten Städte und Territorien mußten beträchtliche Einbußen in der Erzeugung landwirtschaftlicher und gewerblicher Güter und in ihrem Handelsvolumen hinnehmen. Darüber hinaus gerieten zahlreiche einst begüterte Familien, Institutionen und Regierungen zwischen 1620 und 1650 in tiefe Schulden.

Besonders gravierend war das Problem für die deutschen Stadtverwaltungen. Vor dem Krieg hatten viele Städte durch Steuern und Pachtzinsen ein bequemes Finanzpolster erwirtschaftet, die nach dem Westfälischen Frieden von schweren Schulden bedrückt wurden. Der Grund dafür ist leicht einzusehen. Es kam immer wieder vor, daß eine Stadt sich nur dann vor Eroberung und Plünderung bewahren konnte, wenn sie sich bereit erklärte, der vor ihren Toren stehenden Armee Kontributionen zu bezahlen. Doch selbst enorme Steuererhöhungen reichten hierfür im allgemeinen nicht aus, so daß die Stadtväter gezwungen waren, bei den eigenen Bürgern, bei Adligen der Umgebung oder bei wucherischen Soldaten Anleihen aufzunehmen. Als der Krieg zu Ende war, hörten auch die Kontributionsforderungen auf, aber die Städte waren hoch verschuldet. In Nürnberg z.B. vervierfachten sich die Schulden der Stadt von 1,8 Millionen Gulden (1618) auf 7,4 Millionen am Ende des Krieges (s. Schwemmer 1967, S. 8). Die Rückzahlung von Krediten in dieser Größenordnung brauchte Jahrzehnte, und in der Zwischenzeit ächzten die Städte Jahr für Jahr unter der Last der hohen Zinsen, die sie für ihre verschiedenen Gläubiger aufbringen mußten.

Entwicklungen dieser Art waren fraglos eine Folge des Krieges. Trotzdem sind die Anzeichen für einen wirtschaftlichen Niedergang in dieser Zeit mit Vorsicht zu interpretieren. So trugen beispielsweise viele Städte und Landesregierungen nach dem Krieg scheinbar genaue Angaben der Summen zusammen, die sie oder ihre Untertanen durch Zwang oder nach Verhandlungen an die Armeen gezahlt hatten. Dennoch liefern diese Ziffern zuweilen ein irreführendes Bild von den Verlusten einer Region, weil zumindest ein Teil der gezahlten Gelder im allgemeinen als Gegenleistung für Güter und Dienstleistungen wieder in die lokale Wirtschaft zurückfloß. So belief sich z.B. der von der Stadt Schwäbisch Hall angegebene Verlust durch Kontributionen auf insgesamt 3 644 656 Gulden. Doch der Gesamtwert aller beweglichen und unbeweglichen Habe der Bürger vor dem Krieg war auf etwas mehr als eine Million Gulden veranschlagt worden, und er betrug 1652 nur noch 750 000 Gulden (s. Buchstab 1976, S. 210 f.; Wunder 1980, S. 188 f. und 269 f.). Selbst wenn die Bürger von Schwäbisch Hall tatsächlich über dreieinhalb Millionen Gulden an Kontributionen gezahlt hatten, so mußte ein Groß-

dieser Summe doch umgehend wieder in die Wirtschaft der Stadt gepumpt worden sein.[185]

Was in lokalen Aufstellungen als Verlust an Gütern erscheint, erweist sich häufig als bloße Verlagerung von Eigentum. Das war besonders in ländlichen Distrikten der Fall, in denen es zu einem totalen – allerdings zeitlich begrenzten – Zusammenbruch der landwirtschaftlichen Produktion kam. Viele Bauern wurden durch das Erscheinen der Söldner von ihrem Land vertrieben, aber manchmal wehrten sie sich auch, wie in Linden. Und häufig verließen sie sich auf ein ausgeklügeltes Warnsystem, das ihnen das Kommen der Söldner ankündigte, da sie bei rechtzeitiger Warnung den größten Teil ihres Viehs und ihrer beweglichen Habe in Sicherheit bringen konnten. So heißt es in dem Bericht eines fränkischen Dorfbeamten aus dem Jahr 1645 an seinen Landesherrn: »Keine Untertanen sind mehr da, Alle gehen mit ihren Sachen, so oft keinen Kreuzer wert sind nach Nürnberg, Schwabach und Lichtenau.« (Zit. n. Bog 1952, S. 126) War die Bedrohung vorüber, konnten die Bauern (oder ihre Erben) wieder auf ihr Land zurückkehren. Und selbst wenn sie das nicht taten, mußten ihre Felder nicht dauerhaft brachliegen. Aufgegebene Pachtgüter fielen nämlich an den Grundherrn zurück, der nach dem Krieg in vielen Fällen die verlassenen Parzellen zu größeren und ertragreicheren Gütern zusammenfaßte. Das geschah besonders häufig in Ostdeutschland, wo der Krieg den Verfall unabhängiger Bauernwirtschaften beschleunigte und das Aufkommen des adligen Großgrundbesitzes begünstigte.

Dieser Sachverhalt erklärt auch, warum viele Historiker versucht haben, die wirtschaftlichen Auswirkungen des Krieges dadurch besser einzuschätzen, daß sie ihr Augenmerk auf die langfristigen Entwicklungen richteten, statt sich mit einem einfachen Vergleich der Zustände vor und nach dem Krieg zu begnügen. Manche haben z.B. behauptet, Deutschland habe bereits vor 1618 einen wirtschaftlichen Niedergang erfahren, da es nicht länger mit den aufstrebenden atlantischen Wirtschaftsmächten konkurrieren konnte. Somit war nach dieser Auffassung der sichtbare Verfall der deutschen Wirtschaft während der Kriegsjahre nichts anderes als die Fortsetzung eines langfristigen Trends. Dem halten andere Historiker entgegen, daß die deutsche Wirtschaft bis 1618 in Blüte gestanden sei; trotz eines durchaus möglichen Rückgangs des Handelsvolumens vermögen sie keinen Rückgang der landwirtschaftlichen und gewerblichen Produktion vor 1618 zu erkennen. Die Debatte zwischen den beiden Denkschulen hielt jahrelang an (vgl. Rabb 1962, S. 40–51). Inzwischen scheint sich die Theorie des »frühzeitigen Wirtschaftsverfalls« durchzusetzen, da die deutschen Vorgänge zunehmend in einen gesamteuropäischen Kontext gestellt werden: Man hat erkannt, daß der jahrzehntelange wirtschaftliche Aufstieg im 16. Jahrhundert überall in Europa von einem Jahrhundert des wirtschaftlichen Niedergangs abgelöst wurde. Ein jüngerer Historiker hat sogar behauptet:»Der Dreißigjährige Krieg als gesellschaftliche Veranstaltung ist aus dem säkularen Wirtschaftsaufschwung des 16. Jahrhunderts entstanden, er hat von dem in diesem Aufschwung produzierten Reichtum gelebt und hat diesen Reichtum schließlich zerstört.« (Haan 1981, S. 117)

Es ist natürlich nicht weniger wichtig, auch einen Blick auf die wirtschaftliche Entwicklung nach dem Krieg zu werfen. Auch hier läuft man Gefahr, aus den um 1650 herrschenden Verhältnissen zu allgemeine Schlüsse zu ziehen. Denn zahlreiche Regionen Mitteleuropas haben sich anscheinend in den Jahrzehnten nach dem Krieg ziemlich rasch wirtschaftlich wieder erholt: Felder wurden wieder kultiviert, Häuser wiederaufgebaut, die alten Formen von Handel und Gewerbe wieder aufgenommen. Die Anzeichen für diese Erholung werden indessen gelegentlich durch ihren kurzlebigen Charakter verdeckt, denn es dauerte keine 20 Jahre, bis Deutschland in neue kostspielige Kriege verwickelt war, diesmal gegen die Türken und die Franzosen. Diese hatten zwar geringere physische und demographische Auswirkungen auf Deutschland als der Dreißigjährige Krieg, da die Kämpfe sich zumeist an den Grenzen des Reiches abspielten, aber die mit ihnen verbundene finanzielle Belastung war enorm. Manche Gemeinden, vor allem im straff organisierten Schwäbischen Kreis, hatten unter den Geldforderungen der Türken und Franzosen noch mehr zu leiden als unter denen des großen Krieges.

Aus all dem ergibt sich, daß die kurzfristige wirtschaftliche und demographische Katastrophe, die sich dem Bewußtsein der Betroffenen so tief eingeprägt hat, relativiert werden kann, sobald wir sie in den Kontext der deutschen Gesamtentwicklung zwischen 1550 und 1700 stellen. Allerdings ist die Perspektive des Historikers stets eine andere als die der Menschen, die den Geschehnissen ihrer Zeit unmittelbar ausgesetzt sind. Die Deutschen, die den Dreißigjährigen Krieg erlebten, wußten kaum etwas davon oder kümmerten sich nicht darum, ob die friedlichen 50 Jahre vor 1618 eine Periode des allmählichen wirtschaftlichen Niedergangs waren, und auch nicht darum, ob die Nachkriegszeit die Chance zu einer wirtschaftlichen Erneuerung oder Wiederherstellung mit sich brachte. Denn während der ganzen Zeit mußten sie mit den Unsicherheiten und Schrecknissen des längsten, kostspieligsten und grausamsten Krieges leben, der bisher auf deutschem Boden ausgetragen wurde. Für die Frau Georg Röschs, die von dem »dicken Soldaten« aus Ostfinnland und seinem Freund, dem »weißhaarigen, jungen Soldaten« vergewaltigt wurde, war der Krieg eine persönliche Katastrophe (Schmidt 1953, IV, S. 72). Für Dr. Johann Morhard aus Schwäbisch Hall, der 1630 seinen 76. Geburtstag feierte, indem er einen Haufen Familiensilber weggab, um sein Teil dazu beizutragen, daß seine Stadt von einer kaiserlichen Besatzung verschont blieb, bedeutete der Krieg eine schlimme Bedrohung seines Wohlstandes und seiner Sicherheit (s. Morhard 1962, S. 136). Für Hans Heberle, den Schuhmacher von Neenstetten, in dessen Tagebuch festgehalten ist, daß er nicht weniger als 30 mal mit seiner Familie in den Schutz der Stadt Ulm flüchten mußte, war der Krieg eine nie versiegende Quelle der Angst und der Vernichtung (s. Zillhardt 1975, passim). Jene Deutschen, die den Krieg bis zum Ende erlebten, wußten, daß er eine beispiellose Katastrophe für das deutsche Volk war – und sie wußten, besser als ihre Kinder und besser auch als manche Historiker unserer Tage, warum der Friedensschluß und der Abmarsch der letzten schwedischen Soldaten Anlaß zu Lobeshymnen und Dankgottesdiensten in ganz Deutschland boten.

3 Der Krieg und die Politik

Bis 1939 blieb der Dreißigjährige Krieg die mit Abstand traumatischste Epoche der deutschen Geschichte. Der anteilmäßige Bevölkerungsverlust lag höher als im Zweiten Weltkrieg, die Zahl der durch ihn Entwurzelten und seine materiellen Zerstörungen war ebenso groß, die von ihm ausgelöste kulturelle und wirtschaftliche Erschütterung hielt wesentlich länger an. Diese sozialen Folgen des Krieges zogen das Interesse von Gelehrten des 19. Jahrhunderts wie Gustav Freytag auf sich, und sie wurden auch von den unterschiedlichsten nationalistischen Gruppen besonders herausgestellt, die den Westfälischen Frieden und eigentlich den gesamten Krieg als unerhörte Schandtat anprangern wollten, die von den übrigen europäischen Mächten, insbesondere von Frankreich an Deutschland verübt worden sei. Nach 1919 wurden sogar Parallelen zwischen dem Frieden von Münster und dem Vertrag von Versailles gezogen.

Diese Auffassung teilten allerdings weder die Deutschen des 18. und 19. Jahrhunderts noch ihre damaligen Nachbarn. Bis 1806 galten die Bestimmungen des Westfälischen Friedens allgemein als die grundlegende Verfassung des Reiches, und auch danach wurden sie gelegentlich noch als der eigentliche Garant der mitteleuropäischen Ordnung gerühmt. 1866 behauptete der französische Staatsmann Alphonse Thiers allen Ernstes: »Das höchste Prinzip aller europäischen Politik besteht darin, daß Deutschland aus unabhängigen Staaten gebildet wird, die nur lose durch ein föderatives Band untereinander verbunden sind. Es war das Prinzip, das von ganz Europa auf dem Westfälischen Friedenskongreß verkündet wurde.« Und ein knappes Jahrhundert früher kritisierte Katharina die Große den deutschen Kaiser Joseph II., weil dessen Politik dem »Vertrag von Westfalen (zuwiderlief), dem Fundament und Bollwerk der Verfassung des Reiches« (zit. n. Walker 1971, S. 14 f.). Das vielleicht extremste Loblied auf das segensreiche Vermächtnis dieses Friedens stammt aus dem Jahr 1761 und floß aus der Feder des unheilbaren Romantikers Jean-Jacques Rousseau:

»Was die wahren Stützen des europäischen Systems ausmacht, das ist wohl zum Teil das Spiel der Verhandlungen, die sie fast immer gegenseitig ins Gleichgewicht bringen; aber dieses System hat eine noch stärkere andere Stütze. Diese Stütze ist der Deutsche Bund, der, fast mitten in Europa gelegen, dadurch alle anderen Teile in Schach hält und vielleicht noch mehr zur Behauptung seiner Nachbarn dient als zu der seiner eigenen Mitglieder. Ein Bund, den Ausländern durch seine Ausdehnung, durch die Zahl und Stärke seiner Völker furchtbar; aber allen nützlich durch seine Verfassung, die, indem sie ihm die Mittel und den Willen nimmt, etwas zu erobern, aus ihm die Klippe der Eroberer macht. Trotz der Fehler dieser Verfassung des Kaiserreichs ist es sicher, daß, solange sie bestehen wird, niemals das Gleichgewicht Europas gestört sein wird, daß kein Herrscher zu fürchten haben wird, von einem anderen entthront zu werden, und daß der Westfälische Friede vielleicht für immer zwischen uns die Basis des politischen Systems sein wird.« (Rousseau 1761, S. 44 f.)

Eine derartige Einschätzung hatte besonders dann etwas Überzeugendes an sich, wenn sie auch noch von einflußreichen deutschen Denkern und Dichtern wie Leibniz und Schiller vertreten wurde. Trotzdem blieb das durch den Dreißigjährigen Krieg geschaffene und durch den Westfälischen Frieden bewahrte Gleichgewicht der Mächte natürlich nicht auf immer die Grundlage des politischen Systems in Europa, und noch weniger ließen sich damit alle europäischen Schwierigkeiten beheben. Andererseits wurde mit diesem Krieg weit mehr erreicht, als die meisten neueren Historiker zugeben möchten. So stellte etwa C. V. Wedgwood in ihrer klassischen Monographie die kühne Behauptung auf: »Der Krieg löste keine Schwierigkeit. Seine unmittelbaren und mittelbaren Wirkungen waren entweder negativ oder verheerend... Dieser Krieg (ist) in der europäischen Geschichte das hervorragende Beispiel eines sinnlosen Konflikts.« (Wedgwood 1938, S. 457 f.)

Ein solches Urteil ist ebenso unzutreffend wie ungerecht. Tatsächlich regelte der Krieg die in Deutschland bestehenden Konflikte in einer Weise, daß es danach nie wieder zu Glaubens- oder Eroberungskriegen der Habsburger kam. Die Landesfürsten erhielten die Landeshoheit zuerkannt (eine weitgehende, wenn auch nicht vollständige Souveränität in ihren Territorien) und konnten im Reichstag und in den Kreistagen ohne Einmischung des Kaisers über gemeinsame Steuern, Verteidigungsmaßnahmen, Gesetze und öffentliche Angelegenheiten beraten (vgl. Vann 1975). Religionsfragen wurden von nun an nicht mehr durch Mehrheitsvotum entschieden, sondern durch einen »gütlichen Vergleich« zwischen dem katholischen und dem protestantischen Block. Auch in den Ländern der österreichischen Habsburger führte der Dreißigjährige Krieg zu einer dauerhaften Regelung. Dort gab es kaum noch praktizierende Protestanten, und die Stände waren (mit Ausnahme der ungarischen) weitgehend gebändigt; außerdem erhielten die Verbannten ihre Güter nicht mehr zurück, so daß jene, denen man nach 1619 Grundbesitz übertragen hatte, keine Enteignung mehr zu befürchten brauchten. Die »Habsburger Monarchie«, ursprünglich aus verstreut auseinanderliegenden Territorien entstanden, die ihnen als Erblehen oder als Wahlkönigreiche zufielen, bildete jetzt eine zusammengewachsene, weit mächtigere Einheit. Zum größten Teil von den Andersgläubigen befreit und von Spanien abgeschnitten, waren die ausgedehnten Ländereien im Privatbesitz der Habsburger noch immer groß genug, um ihnen einen Platz unter den führenden Herrschern Europas zu sichern und den Kaisertitel so lange zu behalten, bis er 1806 abgeschafft wurde.

Das waren handfeste und dauerhafte Errungenschaften, die keineswegs durch den Umstand geschmälert werden, daß der Krieg im Spätjahr 1648 nicht in allen Gebieten aufhörte. Im Osten nahmen die Spannungen zwischen Kaiser und Türken fortwährend zu, und nur der Krieg zwischen dem Sultan und der Venetischen Republik um Kreta verhinderte, daß der große Konflikt in Ungarn bereits vor 1663 offen ausbrach. Auch innerhalb Deutschlands drohten Feindseligkeiten aufgrund der einen oder anderen Bestimmung des Westfälischen Friedens. Zwar einigten sich Schweden und Brandenburg über Pommern, das sie schließlich 1653 teilten; sie schufen dort ihre eigenen Verwaltungen und markierten sogar ihre gemeinsame Grenze mit Grenzsteinen. Aber zwischen Friedrich Wilhelm und dem Herzog von Neuburg wäre es 1651 fast zu einem Krieg um die Teilung von Kleve-Jülich gekommen. Es gab erst noch einige kleinere Scharmützel – die von Zeitgenossen als der »Düsseldorfer Kuhkrieg« bezeichnet wurden –, bevor die exakten Besitztümer festgelegt wurden, um die sich die beiden Prätendenten fast ein halbes Jahrhundert lang gestritten hatten (vgl. Opgenoorth 1972, Kap. 4). Die Besitzverhältnisse im Elsaß und in Lothringen brauchten dagegen länger bis zu ihrer Klärung. Obgleich im Elsaß die Habsburger Länder und Titel an Frankreich abgetreten wurden, blieben die zehn größten elsässischen Städte (die ebenfalls französisch wurden) Reichsstädte und entsandten ihre Vertreter in den Reichstag. Diese verworrene Lage brachte es mit sich, daß die Pariser Regierung im März 1650 einen Sonderbeauftragten ins Elsaß entsandte, um eine Untersuchung anzustellen. »Bei Ihrer Rückkehr werden Sie uns zu einem besseren Einblick in die Sachlage verhelfen können«, gab ihm Mazarin mit auf den Weg. Diese Unklarheit war allerdings nicht zufällig. Isaak Volmar, der Bevollmächtigte des Reiches in Münster und ehemalige Kanzler des Elsaß, wollte, daß sowohl der Kaiser als auch Frankreich ihre Hand auf dieser Region behielten, auf daß »der Stärkere obsiegt«. Diesem Entschluß war es zu verdanken, daß die unglückliche Provinz stets dann zum Kampfplatz wurde, wenn die Habsburger und die Bourbonen miteinander in Streit gerieten (vgl. Livet 1956, S. 123 ff.).

Dennoch wurde dem Elsaß zumindest eine Atempause verschafft, um sich von den Verwüstungen durch den Krieg zu erholen. Lothringen war nicht einmal das vergönnt. Obgleich die französische Herrschaft über »die drei Bistümer« vertraglich abgesichert war, blieb der Status des übrigen Herzogtums, das 1632–1633 von Ludwig XIII. erobert worden war, absichtlich offen, bis Frankreich auch mit Spanien Frieden schloß. Ferdinand lag besonders viel daran, daß zwischen diesen beiden Mächten ein Abkommen zustandekam, doch wie bereits bemerkt, mußte er seinen Verbündeten im Stich lassen, und Frankreich führte weiterhin mit Spanien Krieg, bis im November 1659 der Pyrenäenfriede geschlossen wurde. Doch selbst dann noch gingen im Ostseeraum die aus dem großen Krieg rührenden Feindseligkeiten weiter, wo Rußland, Dänemark, Polen und Brandenburg ihren Groll gegen Schweden hegten, dessen territoriale Gewinne weitgehend auf ihre Kosten gegangen waren. Erst der Tod des gefürchteten Karl X. 1660, des vormaligen Prinzen Karl Gustav, der 1650 seiner Mutter Christina auf den Thron gefolgt war, ebnete den Weg zu den Verträgen von Oliva (1660 mit Polen), Kopenhagen (1661 mit Dänemark) und Kardis (1661 mit Rußland), die den Frieden schließlich auch nach Nordeuropa brachten.

Doch auch diese Abkommen erwiesen sich als kurzlebig. Im Europa des späten 17. Jahrhunderts brach keine Ära des Friedens an, da sowohl Schweden als auch Frankreich – die unangefochtenen Sieger des Dreißigjährigen Krieges – noch 60 Jahre lang mit ihren Nachbarn Krieg führten. Allerdings unterschied sich der Kampf gegen die französische und schwedische Eroberungspolitik nach 1648 in einem wesentlichen Aspekt von den kriegerischen Auseinandersetzungen des frühen 17. Jahrhunderts: Es gab kein starkes religiöses Band mehr, das die verschiedenen Verbündeten untereinander einte. Zwar spielten Konfessionsfragen nach wie vor politisch eine Rolle – sie ermöglichten es z.B. Wilhelm III. 1688, den katholischen Jakob II. fast mühelos zu entthronen, und nach 1685 war es ohne Zweifel die Furcht vor der gegen die Protestanten gerichteten Politik Ludwigs XIV., die seine nördlichen Feinde einte. Aber die Religion beherrschte die internationalen Beziehungen nicht mehr in demselben Ausmaß wie früher. Der wichtigste Verbündete des Calvinisten Wilhelm III. in den Kriegen gegen Ludwig XIV. war der katholische Prinz Eugen von Savoyen, der den nicht weniger katholischen österreichischen Habsburgern diente, und in den Kriegen an der Ostsee wurde das lutherische Schweden schließlich von einer Koalition aus dem lutherischen Dänemark, dem calvinistischen Brandenburg, dem katholischen Polen und dem orthodoxen Rußland niedergerungen.

Es läßt sich schwer exakt sagen, zu welchem Zeitpunkt die Konfessionspolitik aufgegeben wurde. Als ein scharfsichtiger Beobachter bald nach dem Westfälischen Frieden feststellte, »Ratio status (die Staatsräson) ist ein wunderliches Thier, es verjaget alle anderen Rationes« (von Thumschirn am 28. Nov. 1648, zit. n. Schmid 1953, S. 222), erkannte er letztlich die Säkularisierung an, die sich unlängst in der europäischen Politik durchgesetzt hatte. Doch wann hatte dieser Prozeß begonnen? Vielleicht liefert uns das Ausmaß der »Einmischung von außen« in den Konflikt einen Fingerzeig, denn fraglos wurden jene deutschen Fürsten, die für oder gegen den Kaiser zu den Waffen griffen, stark von religiösen Beweggründen geleitet. Die Echtheit der religiösen Überzeugungen von Friedrich V. und Anhalt, Julius Echter und Maximilian, Georg von Baden-Durlach und selbst von Christian von Braunschweig stehen ganz außer Zweifel. Solange diese Männer und ihre deutschen Stützen das Übergewicht hatten, so lange standen auch religiöse Streitfragen im Vordergrund politischer Entscheidungen. Dennoch gelang es ihnen nicht, eine dauerhafte politische Einigung zu erreichen. Als die Aufgabe der Verteidigung des Protestantismus den Lutheranern zufiel, die weniger militant und unduldsam waren als die Calvinisten, und als die Zahl der außerdeutschen Beteiligten an der Auseinandersetzung immer größer wurde, setzte sich zunehmend die »Staatsräson« durch. Selbstverständlich schlug das Pendel nicht völlig zur anderen Seite aus: Maximilian I. von Bayern hielt unerschütterlich an der Sicherung eines katholischen Friedens fest, und obgleich Friedrich V. von der Pfalz 1632 als ein Mann mit enttäuschten Hoffnungen starb, hatte sein Vetter Karl Gustav von Pfalz-Zweibrücken 1648 die Genugtuung, die Plünderung des kaiserlichen Schlosses in Prag durch die Schweden anzuführen. Aber trotz solcher Anzeichen einer scheinbaren Kontinuität wurden religiöse Streitfragen unaufhaltsam in den Hintergrund gedrängt.

Die Eindämmung dieses einst so mächtigen destabilisierenden Einflusses auf die europäische Politik zählt zu den größten Errungenschaften des Dreißigjährigen Krieges. Seit der Zeit nach 1620 wurde das diplomatische Gleichgewicht in Europa fortwährend durch die konfliktreichen Spannungen zwischen politischer und religiöser Loyalität erschüttert. Dieses Problem hatte zwei verschiedene Seiten. Erstens zerstörten die wachsenden Glaubensspaltungen über mehr als ein Jahrhundert hinweg den inneren Zusammenhalt der meisten Staaten. So wurde etwa Frankreich zwischen 1559 und 1629 durch eine Reihe zumindest teilweise religiös motivierter Brügerkriege lahmgelegt. Seit 1540 waren die englischen Herrscher länger als ein Jahrhundert ernsthaft geschwächt, weil ihre Untertanen sich nicht widerspruchslos der Religionspolitik des jeweiligen Souveräns fügten. Mit Ausnahme Spaniens und Italiens führten die Glaubensspaltungen in jedem Staat zur Bildung von Gruppen, die zu einer Vielzahl wichtiger Fragen jede gütliche Einigung mit ihren Oberherren verweigerten. Die von diesen Untertanen vorgebrachten Forderungen waren nicht verhandlungsfähig. Diese Menschen waren bereit, alles zu tun – selbst verräterische Bündnisse mit auswärtigen Mächten einzugehen –, um ihre Vorstellungen durchzusetzen.

An dieser Stelle kam die zweite politische Konsequenz von Reformation und Gegenreformation ins Spiel. Das in dem Jahrhundert nach 1450 zunächst in Italien und später auch im übrigen Europa geschaffene diplomatische System ermöglichte den Ausbau feiner und kunstvoller Bündnissysteme, die primär darauf gerichtet waren, den Status quo zu bewahren. Große Staaten sahen ihre Sicherheit darin, ihre Nachbarn zu schwächen, statt diese zu beherrschen; bedrohte Staaten versuchten ihre mächtigere Feinde von sich abzulenken, indem sie ihnen an anderer Stelle Schwierigkeiten bereiteten. Doch dort, wo die Reformation erfolgreich zum Zuge kam, zerschnitt sie radikal diese erst vor kurzem zustandegekommenen politischen Verbindungen. Das traditionell gute Einvernehmen zwischen England und Kastilien wurde beispielsweise in verhängnisvoller Weise untergraben, als die Tudordynastie sich zum Protestantismus bekehrte, und ähnlich wurde auch die »alte Allianz« zwischen Schottland und Frankreich durch das Vordringen der Reformation in Schottland nach 1560 zerrüttet (vgl. Vives 1953; Wormald 1981, S. 100ff.). Diese Umorientierungen auf internationaler Ebene schränkten den diplomatischen Verkehr jedoch nicht ein, sondern intensivierten im Gegenteil das Streben nach Bündnissen, den Austausch von Botschaftern sowie die Ratifizierung gegenseitiger Beistandspakete. Vergleichsweise friedliche Perioden wie das Jahrzehnt vor 1618 beinhalteten hektische Bemühungen um internationale Zusammenschlüsse, um sich für den Fall eines Angriffs militärische Unterstützung zu sichern; in Kriegszeiten ver-

suchten die Regierungen, militärische Niederlagen in politische Siege umzu-
münzen, indem sie weitere Verbündete gegen ihre vorübergehend siegreichen
Widersacher gewannen. So warnte etwa der erfahrene spanische Diplomat
Graf Gondomar im März 1619 weitsichtig seinen König: »Die Kriege der
Menschheit beschränken sich heutzutage nicht mehr auf ein reines Messen der
natürlichen Kräfte wie bei einem Stierkampf, nicht einmal auf bloße
Schlachten. Ihr Erfolg hängt vielmehr davon ab, ob man Freunde und Verbündete gewinnt oder verliert, und auf dieses Ziel müssen gute Staatenlenker
ihre ganze Aufmerksamkeit und Energie richten.« *(Documentos inéditos,* Bd.
2, S. 140)

Doch nach welchen Gesichtspunkten sollten diese »Freunde und Verbündeten« ausgesucht werden? Genau an dieser Stelle erwiesen sich die in Europa
zwischen 1520 und 1640 erfolgten Glaubensspaltungen als so unfriedlich, weil
nur in den seltensten Fällen politische und religiöse Interessen zusammen-
fielen. So schwankte etwa die Außenpolitik Frankreichs und der Stuarts während des Dreißigjährigen Krieges gerade aus dem Grund so häufig und so
stark, weil innerhalb der politischen Führungsschicht keine Einigkeit darüber
bestand, auf welche Prinzipien eine gute Außenpolitik sich gründen müsse.
Die einen sahen internationale Verschwörungen entweder gegen ihren Staat
oder gegen ihre Kirche gerichtet, andere taten dies nicht. Diese sahen im Krieg
einen Kampf um religiöse Freiheit, jene weigerten sich, alles, was über rein
politische Fragen hinausging, auch nur in Betracht zu ziehen. Richelieu gegen
die *dévots,* Buckingham gegen die Befürworter der »protestantischen Sache«:
Vor allem in dem Jahrzehnt nach 1620 blieb die Haltung der französischen
und der britischen Regierung je nach den vorherrschenden Fraktionen unbe-
ständig wie ein Wetterhahn.

Diese politische Unberechenbarkeit – die sich ebenso in Den Haag, Wien,
Madrid und anderswo ausmachen ließ – trug zweifellos wesentlich dazu bei,
daß dieser große Krieg so lange dauerte, aber sie ist nicht die einzige Erklärung. Viele hervorragende Historiker haben einen Grund in langfristigen
sozialen und ökonomischen Faktoren gesehen, z.B. in den wirtschaftlichen
Erschütterungen, die in den ersten Jahrzehnten des Jahrhunderts durch Über-
produktion und Übervölkerung verursacht wurden, in Klimaverschlechte-
rungen oder in der vom Krieg selbst überall bewirkten Vernichtung an Gütern
und Menschenleben. Es gibt in der Tat zahlreiche Anzeichen, die für solche
Vermutungen sprechen. Fast das gesamte Europa war von etwas befallen, das
als »die allgemeine Krise des 17. Jahrhunderts« bezeichnet worden ist, einem
Zusammenwirken von wirtschaftlichen, gesellschaftlichen, klimatischen,
politischen und geistigen Veränderungen, das Konfrontationen zwischen ein-

zelnen Regierungen oder zwischen Herrschern und Untertanen besonders begünstigte (vgl. Parker/Smith 1978, Kap. 1, 2 und 8).[186] Keiner dieser Faktoren konnte jedoch für sich allein dazu führen, daß der Krieg 30 Jahre lang andauerte. Überdies hält ein Großteil der für diese Vermutungen angeführten Belege einer kritische Prüfung nicht stand. Gerhard Benecke und Christopher Friedrichs haben im einzelnen nachgewiesen, daß nicht einmal die scheinbar eindeutigen, nach dem Krieg durchgeführten Erhebungen über das Ausmaß der materiellen Zerstörungen ohne Vorbehalte aufzunehmen sind. Die genauen Schätzungen der erlittenen Schäden schweigen sich merkwürdigerweise über die Zahl der durch den Krieg bedingten Todesfälle oder Verwundungen aus; statt dessen wird viel Papier darauf verschwendet, bis ins einzelne jedes beschädigte oder verlorene Möbelstück, jeden Ziegel und jedes Kleidungsstück aufzuführen. In einigen Fällen lag der angegebene Wert weit über dem des gesamten Besitztums der Gemeinde zu irgendeiner Zeit während des Jahrhunderts. Noch heute begegnet der Besucher der Länder, die früher zum Heiligen Römischen Reich gehörten, zahlreichen erhalten gebliebenen Gebäuden, die während des Krieges oder kurz danach erbaut wurden, als Deutschland angeblich darniederlag: die neuen Kirchen und das Schloß von Neuburg an der Donau, deren Bau 1640 begonnen wurde, die prächtigen Gebäude und Festungen in Augsburg, Münster, Ulm und Nördlingen usw. Ohne die Bombardierungen im Zweiten Weltkrieg gäbe es davon heute noch weit mehr. Die Tagebücher von Reisenden, die Deutschland nach 1648 besuchten – z.B. die Engländer Edward Brown und Philip Skippon, die beide in den ersten Jahren nach 1660 die Länder des Reiches bereisten –, enthalten zahlreiche Hinweise auf Gebäude, die während des Krieges erbaut wurden, verzeichnen jedoch höchst selten Spuren der Verwüstung oder von Katastrophen. Wären ihre Berichte die einzigen auf uns überkommenen Quellen, so könnte man fast den Eindruck gewinnen, daß es einen großen Krieg niemals gegeben hat! Bis zu den Plünderungen durch die Armeen Ludwigs XVI. erlebte Deutschland einen erstaunlichen wirtschaftlichen Wiederaufschwung (obwohl die »allgemeine Krise« in anderen Ländern anhielt; vgl. Skippon 1732; Friedrichs 1979, Kap. 2, 4 und 5).[187]

Andere Erklärungen für die lange Dauer des Krieges haben sich weniger auf das Unvermögen der Armeen und mehr auf die Unfähigkeit der Regierungen konzentriert, von denen diese angeworben wurden. Die einmal aufgestellten Heere, so lautet das Argument, konnten weder ausreichend bezahlt noch diszipliniert oder organisiert werden, um schnelle und entscheidende Siege zu erringen, so daß der Krieg sich von daher in die Länge zog. Auch diese Hypothese wird von zahlreichen Belegen gestützt. Richard Bonney hat in seiner bewundernswerten Untersuchung des wechselseitigen Zusammenhangs zwischen Finanzen und Politik im frühen Frankreich unter den Bourbonen dargelegt, daß die Ziele der französischen Regierung immer wieder wegen Geldmangels modifiziert oder aufgegeben werden mußten. Die gesamte Politik des »Diversionskrieges« von 1629 bis 1635 entsprang in der Hauptsache dem Mangel an finanziellen Mitteln, der die vorbehaltlose Einmischung Frankreichs in den Konflikt verhinderte, und in den Jahren 1647 und 1648 wurde das Tempo der Friedensverhandlungen wesentlich von der Verfassung der königlichen Schatzkammer beeinflußt (Bonney 1981, S. 126 f. und 200–205). Wie wir in vorangegangenen Kapiteln gezeigt haben, wurde in ähnlicher Weise auch der Rhythmus der spanischen, dänischen und der englischen Intervention von finanziellen Erwägungen bestimmt. Alle diese Staaten befanden sich in einem Krieg, der ihre Mittel bei weitem überstieg; das war auch der Grund, warum sie keine schnellen und endgültigen Siege errangen. Erstaunlicherweise galt das jedoch nicht für alle. Schweden, der Kaiser, Bayern und Hessen-Kassel, sie alle brachten das Kunststück fertig, bis zum Kriegsende große Armeen gefechtsbereit zu unterhalten, ohne im eigenen Land einen wirtschaftlichen Zusammenbruch zu erleben. Gewiß war die finanzielle Lage in den Jahren nach 1630 für Ferdinand II. prekär, doch von diesem vorübergehenden Schwächeanfall abgesehen, leitete der kaiserliche Hof von 1625 bis 1648 (und natürlich auch noch danach) ohne Unterbrechung die Operationen von bis zu 50 000 kämpfenden Söldnern. Die auf den habsburgischen Untertanen ruhende Steuerlast wuchs unbarmherzig – es gab Steuern auf Grundbesitz, landwirtschaftliche Produkte (vor allem Wein), auf Luxusgüter, auf den Adelsstand und auf Vermögen –, doch nach dem innerösterreichischen Aufstand von 1635 gab es keinen organisierten Widerstand mehr wie den der Normandie gegen Richelieu oder Kataloniens oder Neapels gegen Olivares. Schweden unterhielt von 1630 bis 1650 eine sogar noch größere Armee (deren Entlohnung allerdings zum Teil durch Subsidien aus dem Ausland erfolgte und deren Lebensmittel überwiegend von den besetzten deutschen Ländern erpreßt wurde). Die bemerkenswerteste Streitmacht von allen war vermutlich die hessische Armee, die 1648 nicht weniger als 43 Stützpunkte besetzt hielt – fast ebensoviele wie Frankreich – und trotzdem im eigenen Land praktisch keine Basis hatte, denn Hessen-Kassel war in den 1630er Jahren von feindlichen Truppen besetzt und danach zum größten Teil verwüstet worden.[188] Zwar spielten die Hessen nur selten eine wichtige Rolle im Geschehen, aber sie demonstrierten effektiver als alle übrigen, wie weit man es in der Fertigkeit bringen konnte, den Krieg sich selbst ernähren zu lassen. Wenn eine fast landlose Herrscherin wie Amalia von Hessen-Kassel trotz 25 Jahre währender fortgesetzter Feindseligkeiten durch das Heilige Römische Reich ein Heer von mindestens 10 000 Mann unter Waffen halten konnte, dann war durchaus vorstellbar, daß der Krieg in Deutschland noch ewig dauerte.

So erfolgreich die Hessen freilich die eigene Fahne hochzuhalten vermochten, so sehr fehlte ihnen andererseits die Kraft, von sich aus den Krieg zu gewinnen. Selbst der schwedischen Armee gelang es trotz all ihrer glänzenden Siege nicht, den Kaiser zur bedingungslosen Kapitulation zu zwingen: Weder die Niederlage bei Breitenfeld, noch die von Wittstock oder Jankau führten zum völligen Zusammenbruch der Kaiserlichen. Wahrscheinlich wäre nicht einmal der Feldzug von 1648, in dessen Verlauf die schwedische Armee kurz vor der Eroberung Prags stand, militärisch entscheidend gewesen. Prag war bereits zweimal zuvor eingenommen worden (1618 und 1631), und beide Male wurde es zurückerobert. Um den Dreißigjährigen Krieg zu beenden, reichte es offenbar nicht aus, diese oder jene Stadt einzunehmen.

Anscheinend hatte die Entwicklung zu einer politischen und militärischen Pattsituation geführt. Das war ein äußerst bedeutsamer Umstand, denn solange keine einzelne Macht oder Koalition von Mächten einen totalen Sieg erringen konnte und solange die religiösen und politischen Meinungsverschiedenheiten sich so sehr die Waage hielten, konnten die verschrobenen Pläne und die Launen selbst unbedeutender Staatsmänner einen unverhältnismäßg großen Einfluß auf den Gang der Ereignisse ausüben. Eine Lektüre der Prosopographie aller Fürsten und Prälaten des frühen 17. Jahrhunderts mag weder erbaulich noch besonders reizvoll sein – dennoch ist sie unerläßlich für ein wirkliches Verständnis des Charakters dieses Krieges. Der Handlungsspielraum dieser Männer war ehrfurchtgebietend und spiegelt sich in dem nahezu göttlichen Nimbus, der ihnen von ihren Untertanen verliehen wurde. Hören wir nur aus einer Leichenrede auf den Landgrafen Georg von Hessen-Darmstadt aus dem Jahr 1661: »Dann gleich wie die Sonne oben am Himmel von Gott gemacht und erschaffen ist; und ist ein rechtes Wunderwerck des Allerhöchsten: also sind auch Könige Fürsten und Herrn von Gott ins Weltliche Regiment gesetzt und verordnet. Dannenhero sie Götter genennet werden...« (Zit. n. Forster 1952, S. 9)[189]

Landgraf Georg, der als letzter der großen Teilnehmer am Krieg das Zeitliche segnete, war anscheinend zugleich der am wenigsten anziehendste von ihnen. Von feigem Charakter und voll Rachsucht gegenüber seinem Vetter, der ihn an Offenheit und Bildung überragte, spielte Georg dank seiner Willensstärke dennoch eine entscheidende Rolle im Krieg. Mehr als allem anderen war es seiner rastlosen diplomatischen Tätigkeit zwischen 1630 und

1635 zu verdanken, daß sein Schwiegervater Johann Georg von Sachsen schließlich bewogen wurde, mit dem Kaiser Frieden zu schließen, womit Georg zwischen die Anhänger der protestantischen Sache einen verhängnisvollen Keil trieb. Bald nach der Landung Gustav Adolfs in Pommern legte Landgraf Georg dem Regensburger Fürstentag die »Hessische(n) Punkten« vor; als er damit keinen Anklang fand, versuchte er es trotz Breitenfeld mit direkten Verhandlungen mit dem Kaiser. Zwar wurde er durch den unaufhaltsamen Vormarsch der Schweden zum Rhein bald in das schwedische Lager gezwungen, aber Georg versuchte wiederholt, durch ein neues Abkommen mit den Kaiserlichen diesem Zwangsbündnis zu entkommen: in Köln 1632, in Leitmeritz 1633, in Pirna 1634 und endlich (mit Erfolg) in Prag 1635. Und was versprach sich der Landgraf von seiner hartnäckigen Friedensoffensive? Zweifellos wollte er für das Reich den Frieden wiederherstellen, indem er die deutschen Fürsten zu einer gemeinsamen Front gegen ihre Feinde aus dem Ausland zusammenzuschließen suchte. Und diese politischen Erwägungen wurden noch durch religiöse Befürchtungen verstärkt: Er war zutiefst davon überzeugt, daß dem Vordringen der Calvinisten, die unlängst Hessen-Kassel und Brandenburg erobert hatten, Einhalt geboten werden mußte. Doch diese nach außen gezeigten hehren Motive schlossen keineswegs auch persönliche territoriale Ambitionen aus. Georg wollte zugleich die in den Jahren nach 1620 den eigenen Feinden im Innern abgerungenen Gewinne absichern und vor allem gewährleisten, daß Hessen-Kassel (der älteste Verbündete Schwedens) nie wieder seine herausragende Stellung erlangte. Angesichts der geographischen Lage Hessen-Darmstadts – das von katholischen und calvinistischen Nachbarstaaten umgeben war und sich lediglich über 25 Prozent des hessischen Territoriums erstreckte (im Gegensatz zu den 50 Prozent Hessen-Kassels) – erschien dem Landgraf absolute Loyalität gegenüber dem Kaiser und unerschütterliche Bündnistreue gegenüber Kursachsen als einzige Möglichkeit zur Sicherung der Zukunft (s. hierzu Frohnweiler 1964, insbes. S. 163–170).

Ein derart anhaltender und geflissentlicher Opportunismus war für die deutschen Staatsmänner während des Dreißigjährigen Krieges charakteristisch. Vermutlich allzuoft hat man das Hauptaugenmerk bislang auf das scheinbar irrationale Verhalten der pfälzischen Führung nach 1618 gerichtet, als Friedrich V. das Schicksal ergriff, das ihm von den böhmischen Ständen und von Christian von Anhalt angeboten wurde. Oberflächlich betrachtet mag es seine Reize haben, die messianischen Elemente in der Politik des Kurfürsten zu betonen, weil messianische Gestalten seit altersher keinen Frieden, sondern das Schwert bringen. Aber Friedrich wurde nicht allein von dem ehrgeizigen Anhalt, sondern auch von Camerarius, Dohna und Rusdorf beraten, allesamt erfahrene Staatsmänner. Das Durchschnittsalter seiner wichtigsten Ratgeber lag 1619 bei 57 Jahren: Sie waren alles andere als Heißsporne und Hitzköpfe. Soweit sie eine Einmischung in Böhmen befürworteten, sahen sie diese als einen Präventivschlag, der Habsburg daran hindern sollte, seine Macht weiter zu stärken und eines Tages gegen die Pfalz einzusetzen. Der englische Dichter und spätere Prediger John Donne, dem man kaum leichte Erregbarkeit nachsagen konnte, besuchte Heidelberg kurz vor dem Aufbruch Friedrichs zu seinem neuen Königreich und hielt eine Abschiedspredigt über das Bibelwort: »Nun ist uns die Rettung näher denn als wir gläubig waren«, wobei er das Wörtchen »nun« ganz besonders hervorhob (Potter/Simpson 1955, S. 250–268).[190]

Andere protestantische Fürsten ließen sich von Predigten weniger bewegen. Die zügellosen Unternehmungen Christians IV. beraubten ihn häufig seines Geldes, manchmal sogar auch seines Verstandes. Er war ein leidenschaftlicher Spieler (1625, während des ersten Jahres seines Einfalls in Deutschland, gewann er 1 007 Taler und verlor 1 510); er trieb es wahllos mit Frauen und war regelmäßig zwei bis drei Tage hintereinander betrunken (während des ersten Jahrzehnts nach 1600 verbrachte er nach Tagebucheintragungen seiner Höflinge jeweils zwei bis drei Wochen im Jahr in volltrunkenem Zustand). Selbst das Alter schwächte seine Kräfte nicht. »So ist das Leben dieses Königs«, klagte ein englischer Gesandter in Kopenhagen 1632, »sich des Tags zu berauschen und des Nachts mit einer Hure zu vergnügen.« (Zit. n. Petersen 1982, S. 64 f.) Johann Georg von Sachsen für seinen Teil flüchtete sich in die Tröstungen des Zechens und der Jagd, nachdem er sich mit den drängendsten politischen und religiösen Problemen des Tages beschäftigt hatte. Dieser teutonische Nimrod behauptete von sich, zeit seines Lebens mehr als 150 000 Tiere eigenhändig erlegt zu haben; über seine Leistungen als Biertrinker sind uns – möglicherweise aus Barmherzigkeit – keine Zahlen überliefert. Johann Georg war einem starken politischen Druck ausgesetzt. Einerseits nutzte der Kaiser zehn Jahre lang nach 1620 bewußt die Verpflichtung der Lutheraner zum Gehorsam gegenüber der Obrigkeit und die Abneigung Johann Georgs gegenüber dem Calvinismus aus. Andererseits machten sich Gustav Adolf und die pfälzische Exilregierung Sachsens Unsicherheit und Befürchtungen zunutze, was die Zukunft des Luthertums nach einem überwältigenden Sieg des Katholizismus anbelangt. Kein Wunder also, daß sich der Kurfürst sowohl dem Trunk ergab als auch 1651 sein Land unter seine vier Söhne aufteilte, um ihnen auf diese Weise die quälenden Entscheidungen zu ersparen, die ihn einst überfordert hatten.

Tatsächlich ließen sich die wenigsten der großen Streitfragen, denen sich Johann Georg und seine Zeitgenossen gegenübersahen, innerhalb kurzer Zeit und dauerhaft lösen. Zwar hätte man sich nach einem derart lange anhaltenden allgemeinen Konflikt noch mehr Resultate versprechen können, doch läßt sich dem gegenüber durchaus die Meinung vertreten, daß fast alle anstehenden praktischen Probleme tatsächlich gelöst wurden, ausgenommen jene, vor denen auch die Kräfte besserer Männer als die des trinkfreudigen Kurfürsten von Sachsen versagten. Die Schwierigkeiten in der Beurteilung der Leistungen der deutschen Fürsten in diesem Krieg rühren zum Teil aus der naheliegenden Versuchung, ihre Staatskunst mit der von auswärtigen Staatenlenkern zu vergleichen. Wenn, im Gegensatz zu den deutschen Fürsten, weder Zúñiga nach Olivares, weder Richelieu noch Mazarin, weder Oxenstierna noch Gustav Adolf Unentschlossenheit an den Tag legten, dann deshalb, weil der Krieg wurde nicht vor ihrer Tür ausgetragen wurde. »Ob wir siegen oder verlieren«, hatte Oxenstierna einmal bemerkt, »es ist nicht unser Krieg.« Er konnte es sich leisten, die Ereignisse von einer distanzierteren Warte aus zu betrachten, einfach weil er nicht unmittelbar von ihnen bedroht wurde. Abgesehen vielleicht von den Jahren 1628/29 befand sich Schweden zu keiner Zeit in der Gefahr eines von Deutschland ausgehenden Einfalls, dasselbe gilt für Frankreich mit Ausnahme des Jahres 1636, und es gilt erst recht für Spanien. Aus diesem Grund konnten die auswärtigen Staatsmänner ihre Pläne zielstrebig mit allen Mitteln verfolgen, die ihnen zu Gebote standen. 13 Jahre lang konnte Oxenstierna sich abmühen, den Prager Frieden zu untergraben; Richelieu und Mazarin konnten den Krieg zumindest theoretisch so lange fortsetzen, bis ihre Feinde – oder sogar ganz Deutschland – völlig ausgeblutet waren.

Aber den deutschen Fürsten, denen die Macht der Herrscher im übrigen Europa fehlte und in deren eigenen Ländern der Krieg tobte, blieb diese Möglichkeit versperrt. Gleichviel, ob sie Stärke oder Schwäche zeigten: nachdem jedenfalls die normalen politischen Mechanismen blockiert waren, nahmen die Entschlüsse oder Vorurteile einzelner Individuen einen erheblichen Einfluß auf den Verlauf des Dreißigjährigen Krieges. Welche Konstellationen diesen Krieg auch immer verursacht haben: letzten Endes waren es seine Protagonisten, die ihn zu dem gemacht haben, was er war.

Anmerkungen

1 Vgl. die eingehende Erörterung bei K. Repgen (1982 a). Der Begriff wurde anscheinend erstmals am 6. Mai 1648 verwendet, und zwar von den Abgeordneten des Bistums Bamberg auf dem Westfälischen Friedenskongreß (ebd. S. 62). Weitere Einzelheiten zu dieser Frage ebenfalls bei K. Repgen (1982 b). Die Flugschrift *Von dem Dreyßigjährigen Teutschen Krieg Kurtze Chronica* (1650) war die dritte Auflage eines erstmals 1648 als *Von dem Dreißig-Jährigen Deutschen Kriege* und 1649 als *Summarischer Auszug des dreyssig-Jährigen Deutschen Krigs* veröffentlichten Pamphlets. Die erste Auflage wurde auch ins Holländische übersetzt.

2 Dr. Paul Dukes von der Universität Aberdeen, der eine Zusammenfassung eines der Bücher von Porshnev veröffentlicht hat (vgl. *EStR*, IV (1974), S. 81-88), verweist darauf, daß der russische Historiker, der sich ursprünglich vorwiegend mit der Rolle Frankreichs vor der Fronde beschäftigte, sich schließlich zur Abfassung einer Trilogie entschloß. Diese war als synchronische Analyse der Entwicklung der gesellschaftlichen, politischen und internationalen Verhältnisse in Europa während des Dreißigjährigen Krieges gedacht, den Porshnev als den ersten Konflikt begriff, von dem ganz Europa erfaßt wurde und der als solcher einen Markstein auf dem Weg zwischen Mittelalter und Neuzeit darstellte. Nachdem er einige Aufsätze im Zusammenhang mit diesem ehrgeizigen Vorhaben veröffentlicht hatte, erschien 1970 als erster der Abschlußband der Trilogie mit dem Titel *Frankreich, die Englische Revolution und die europäische Politik in der Mitte des 17. Jahrhunderts.* Der noch nicht veröffentlichte, aber durch eine weitere Serie von Aufsätzen bereits in Umrissen angedeutete zweite Teil sollte jene Wende in den Beziehungen zwischen Ost- und Westeuropa behandeln, die sich um 1635 vollzog. Der erste Band erschien 1976 posthum unter dem Titel *Der Dreißigjährige Krieg, der Eintritt Schwedens und der Moskauer Staat.* In seinem Mittelpunkt steht der Krieg von Smolensk (1632–1634), der in den englischsprachigen Darstellungen des Konflikts bislang nur geringe oder überhaupt keine Beachtung gefunden hat. Porshnev vertrat die Meinung, bereits vor Ausbruch des großen Krieges seien die zwischenstaatlichen Verflechtungen in Europa stärker gewesen als bislang angenommen, und stellte damit das Ende der Heimsuchungen Rußlands in einen größeren Kontext. Ich bin Herrn Dukes für diesen Hinweis besonders dankbar.

3 Die Historiker neigen seit langem dazu, der ersten Hälfte des Krieges mehr Platz einzuräumen: Moriz Ritter widmete 596 von 648 Seiten über den Krieg der Periode von 1618–1635, bei Pagès liegt der entsprechende Quotient bei 178 zu 235, bei Wedgwood beträgt er 394 zu 515 und bei Polišenský 200 zu 256.

4 Voltaire schrieb diese kurze Erzählung in den Jahren 1753 und 1754, während er an der Vollendung seines *Essai sur les mœurs* arbeitete. Er befand sich damals in einer etwas unbequemen Lage, »entre deux rois« (nachdem er sich sowohl mit dem König von Frankreich als auch mit dem von Preußen angelegt hatte) und »le cul à terre« in seinem elsässischen Exil.

5 Man hat festgestellt, daß von den 57 Ehen, die Angehörige dieser Dynastie zwischen 1450 und 1650 eingingen, 51 Ehegatten aus denselben sieben Familien und 24 aus nicht mehr als drei Familien stammten. Philipp IV. von Spanien hatte statt acht lediglich vier Urgroßeltern! Vielleicht erklärt der wiederholte Inzest (denn das war es tatsächlich) des Hauses Habsburg die Unfruchtbarkeit mancher seiner Angehörigen während dieser Periode. Vgl. P. S. Fichtner (1976).

6 Zahlen über die Stärke der Protestanten bei G. Mecenseffy (1956) und G. Reingrabner (1976) und (1977). Zur Stärke und Schwäche der Klöster vgl. R. J. W. Evans (1979). Es verdient jedoch Beachtung, daß die Protestanten 1580 in Niederösterreich lediglich 78 Pastoren hatten; vgl. R. D. Chesler (1979).

7 Eine leicht abweichende Darstellung gibt J. Franzl (1978), S. 17. Vermutlich übertrieb der Prediger: Die permanente Erhebung der »Türkensteuer« im 16. Jahrhundert verschaffte zahlreichen anderen Fürsten faktisch die Möglichkeit, sich von den Ständen finanziell unabhängig zu machen.

8 Vgl. A. Posch (1967) und G. Reingrabner (1977). In Innsbruck und Graz gab es erst 1558 bzw. 1559 eine Druckerpresse, was die Ausbreitung des Protestantismus nachhaltig behinderte. Demgegenüber waren in Wien bereits 1521 17 lutherische Traktate erschienen!

9 Einzelheiten bei H. Sturmberger (1957 a). Die Erzherzöge hatten sich schon einmal 1600 in Schottwein getroffen, um sich über die besorgniserregende Unfähigkeit Rudolfs zu beraten; vgl. hierzu K. Vocelka (1981), S. 311–316. Es ist vermutet worden, daß der Kaiser 1600 versucht hat, sich das Leben zu nehmen; auf jeden Fall wurde sein Verhalten seit dieser Zeit zunehmend unberechenbarer. Zu Rudolf s. J. W. R. Evans (1973), S. 63 sowie Kap. 2 dieses Buches.

10 K. Vocelka (1981), S. 311–314 (zur »Liste von Gravamina«). Das Original befindet sich im Haus-, Hof- und Staatsarchiv von Wien, Familienakten, Fasz. 1.

11 Es gibt eine schwer lesbare, aber sehr sorgfältige Biographie dieser wichtigen Persönlichkeit von H. Sturmberger (1953). Seither sind über Tschernembl kaum noch Arbeiten erschienen, aber es liegt eine interessante Beschreibung seiner Bibliothek in dem Linzer Ausstellungskatalog *Der oberösterreichische Bauernkrieg 1626* vor (S. 137-143). Eine Auflistung seiner Bücher durch die Linzer Jesuiten, die seine Bibliothek in Sicherheit gebracht hatten, umfaßt 1 897 Titel, darunter 248 Duplikate. Unter den Autoren fanden sich auch Calvin, Duplessis-Mornay, François Hotman, Luther, Machiavelli und Peter Ramus. Seine Abhandlung über den Widerstand der Untertanen wurde um 1600 verfaßt. In Tschernembls Besitz befand sich auch eine Ausgabe des Mercator-Atlas von 1612.

12 Zit. n. A. D. Lublinskaya (1959), S. 186. Leider gibt es keine andere Ausgabe

dieser wichtigen Veröffentlichung. Eine vor einigen Jahren von Brian Pearce ange-
fertigte englische Übersetzung blieb ungedruckt.

13 Zu Moritz von Hessen-Kassel und seiner Zeit vgl. E. van den Boogaart (1979), S.
    17–38. Zu seiner Miliz s. G. Thies (1973).

14 Vgl. J. Petersohn (1962), G. Oestreich (1969) und R. Naumann (1917). In
    Dresden, der kursächsischen Hauptstadt, gab es zwei Arsenale: das eine für die
    Armee im Albertinum, das inzwischen aufgelöst wurde, und das zweite im Johan-
    neum, das wertvolle Stücke für den Kurfürsten und seine Höflinge enthielt. Das
    Verzeichnis des letzteren wurde 1606 angefertigt und umfaßt 1500 Seiten, was
    auf den bereits damals enormen Bestand schließen läßt. Heute enthält das Arsenal
    an die 10 000 Stücke aus der frühen Neuzeit: 1 400 Pistolen, 1 600 Langwaffen,
    2 200 Degen und Dolche sowie Rüstungen für Reiter und Pferde samt allem
    Zubehör. Johann Georgs I. wichtigster Beitrag zu dieser Sammlung während
    seiner langen Regierungszeit (1611–1656), eine umfangreiche Kollektion von
    Waffen und Ausrüstungsgegenständen für die Jagd, war eines obersten Jägers des
    Reiches würdig…

15 Kein einziges dieser Meisterwerke der Militärarchitektur des Barock ist uns
    erhalten geblieben: Hanau ist praktisch ein Vorort Frankfurts, die im 19. Jahrhun-
    dert von der preußischen Regierung völlig wiederaufgebaute Festung Ehrenbreit-
    stein ist heute das Nationaldenkmal der deutschen Bundeswehr. Philippsburg,
    dessen Befestigungsanlagen geschleift wurden, liegt heute nicht mehr am Rhein,
    der sich mehr als einen Kilometer westlich ein neues Bett gesucht hat. Alles, was
    von der mächtigen Festung übriggeblieben ist, sind ein paar Straßennamen, ein Teil
    des Wallgrabens, das Gerät, mit dem einst der Bischof von Sötern den ersten Spa-
    tenstich zu seiner stolzen Zitadelle tat, und einige Seiten im *Simplizissimus* von
    Grimmelshausen, dessen Held dort in den 1630er Jahren eine Zeitlang seinen
    Wohnsitz hatte. Allein die Festung Breisach hat wegen ihrer begünstigten natürli-
    chen Lage auf einem Felsen über dem Rhein ihr Erscheinungsbild aus dem 17. Jahr-
    hundert bewahrt, obgleich der größte Teil der heute sichtbaren Verteidigungsan-
    lagen aus der Zeit der französischen Besatzung unter Ludwig XIV. und Ludwig
    XV. stammt.

16 Taylor (1580–1653) verfaßte diese und etliche weitere Schriften als Parodien auf die
    ernsthafteren Reisebeschreibungen von Thomas Coryat und anderen Autoren,
    hatte seine Reisen jedoch selbst unternommen. Im selben Jahr wanderte er nach
    Schottland (worüber er in seiner *Penniless Pilgrimage* berichtete), und 1619
    gelangte er zu Fuß nach Böhmen und wieder zurück (vgl. *An Englishman's love to
    Bohemia*).

17 Auf seiner Reise durch Nordwestdeutschland im Jahr 1617 bemerkte John Taylor
    an den Straßen Westfalens zahlreiche Holzkreuze, mit denen die Stellen bezeichnet
    wurden, an denen Wegelagerer Reisende ermordet hatten (1617, S. 36 f.). F.
    Moryson (1617) berichtete weniger über das, was er als Reisender zu Gesicht
    bekam, informierte dafür aber ausführlicher über Preise, Entfernungen und
    anderes Wissenswertes für interessierte Touristen. Die von ihm aufgeführten
    Daten wurden systematisch zusammengefaßt und bestätigt von A. Maczak (1978),
    S. 81–89, und W. von Hippel (1978).

18 Zu den Reichskreisen s. J. A. Vann (1975), F. Magen (1982) und R. Endres (1968).
    Zu den Reichsrittern vgl. M. J. Le Gates (1974) und T. J. Glas-Hochstettler (1978).

19 Zwischen 1605 und 1608 wurden über 200 Grenzsteine errichtet; sie hatten eine Höhe von 1,20 m und trugen zumeist das Wappen Lothringens. Eine noch größere Anzahl von Grenzsteinen wurde zwischen 1602 und 1604 auf Anordnung Friedrichs IV. von der Pfalz aufgestellt. Die 1670 in der Elbe errichteten Zollposten sind verzeichnet bei K. Blaschke (1964), S. 48 (Karte). Zu den Zollposten auf dem Rhein s. T. Coryat (1611), S. 569 f.

20 Eine hervorragende Darstellung der Zusammensetzung des Reichstags zur damaligen Zeit findet sich bei K. Bierther (1971), S. 48–57. S. auch die allgemeineren Darstellungen von H. Weber (1975), G. Buchda (1965) und K. O. von Aretin (1967), Bd. 1, S. 1–110 (wo die Reichsinstitutionen im 17. und 18. Jahrhundert behandelt werden).

21 W. Schulze hat in zwei neueren Aufsätzen (1975) und (1978) gezeigt, daß sich die deutschen Fürsten in weit größeren Finanznöten befanden, als bislang angenommen wurde. Vgl. a. E. L. Petersen (1975).

22 Zu Schätzungen, wie viele Menschen vor dem Krieg in Deutschland lebten, vgl. H. Kellenbenz (1977), insbesondere S. 191–196. Eine ausgezeichnete Erörterung der damaligen wirtschaftlichen Krise bietet H. Schilling (1984). Ich bin Herrn Professor Schilling zu großem Dank verpflichtet, der mir das Manuskript seines Aufsatzes noch vor dessen Veröffentlichung zum Einblick überließ.

23 Zum Augsburger Religionsfrieden s. H. Tüchle (1971), T. Klein (1979), H. Holborn (1965), Kap. 10 und 11, sowie R. Bireley (1981), S. 25 f. Ich danke an dieser Stelle Pater Bireley SJ, der zur Klärung einiger Mißverständnisse über den Augsburger Religionsfrieden beigetragen hat.

24 Die meisten Ausnahmen betrafen die Freien Reichsstädte, von denen viele bis 1593 das *ius reformandi* beanspruchten und ihre Kirchenordnung reformierten. Vgl. K. von Greyerz (1980) und H. Schilling (1974). Neben Colmar (1575) und Aachen (1581) schlossen sich auch Essen (1563), Hagenau (1565) und Aalen (1575) nach dem Augsburger Religionsfrieden der Reformation an.

25 Andreas Erstenberger (1586). Vgl. zu diesem Traktat die eingehende Erörterung von M. Heckel (1959).

26 Vgl. G. Heiß (1978), E. Schubert (1968) und J. Meier (1971). Die Versuche Julius Echters, dem Konkubinat der katholischen Geistlichen ein Ende zu machen, waren nicht unmittelbar von Erfolg gekrönt, wie sich aus einem Brief an sein Kapitel aus dem Jahr 1581 ergibt: »einstweilen freilich die Bauern noch selbst zu den Jungen Pfarrern kämen, präsentieren ihnen ihre Töchter und die Mitgift dazu« (zit. n. Meier 1971, S. 80). So konnte es niemanden überraschen, daß von den 29 von der bischöflichen Visitation betroffenen Pfarrern im Jahr 1579 26 eine Konkubine hatten; dasselbe galt für die Hälfte der 1588 aufgesuchten Geistlichen. Mit diesem Brauch hatte es erst 1619 ein völliges Ende. Vgl. hierzu a. F. Merzbacher (1973).

27 Zwischen 1564 und 1620 kamen 64 junge Männer aus der *Congregatio Germanica* in die Breslauer Diözese in Schlesien.

28 Die Calvinisierung der Pfalz behandeln O. Chadwick (1977) und B. Vogler (1967). Zu den Auseinandersetzungen zwischen Lutheranern und Calvinisten in Hessen und anderswo s. H. Gross (1975), S. 105 ff.

29 Zu der kurzen, aber stürmischen Regierungszeit von Christian I., dem Vater

Johann Georgs, vgl. T. Klein (1962). Zum religiösen Wandel in Brandenburg, dessen Bedeutung häufig übersehen wird, s. E. Faden (1927) und O. Hintze (1931). Zur »zweiten Reformation« in Nordwestdeutschland s. H. Schilling (1981).

30 Die beste Darstellung der Ereignisse um Donauwörth bietet A. de Carmignano (1963). Vgl. aber auch F. Stieve (1875) und R. Breitling (1929).

31 Der Jülich-Klevische Erbfolgestreit ergab sich aus dem Umstand, daß allein Johann Wilhelms vier Schwestern Erben hinterlassen hatten und daß keine Klarheit darüber bestand, ob die Herzogtümer ungeteilt an die weibliche Linie vererbt werden durften. Brandenburg war mit der einzigen Tochter der ältesten Schwester verheiratet – Neuburg hingegen mit der zweitältesten Schwester und beanspruchte für deren Sohn Wolfgang Wilhelm höhere Rechte als für seine Cousine. 1593 war Neuburg zu einer Teilung bereit, nicht jedoch Brandenburg. Vgl. hierzu E. Kossol (1976) und H. Schmidt (1980).

32 Als nächster Verwandter väterlicherseits konnte Neuburg gemäß den Bestimmungen der Goldenen Bulle damit rechnen, für die Zeit der Minderjährigkeit Friedrichs V. zum Administrator der Pfalz ernannt zu werden, sobald, wie demnächst zu erwarten war, Friedrich IV. das Zeitliche segnen würde. Sein leidenschaftliches Luthertum machte ihn freilich zu einem unbequemen Kandidaten, und im Dezember änderte Friedrich IV. sein Testament und ernannte statt Neuburg dessen calvinistischen Bruder Johann von Pfalz-Zweibrücken zu seinem Nachfolger. Als dieser 1604 starb, wurde das Testament abermals geändert und der Sohn des Verstorbenen, Johann II., zum Administrator bestimmt, der dann nach dem Tod Friedrichs IV. im Oktober 1610 sein Amt antrat. Neuburg konnte diese Zurücksetzung zeit seines Lebens nicht verschmerzen.

33 Die Nachfahren Anhalts forderten noch bis 1818 die Rückzahlung dieser Schulden! Vgl. R. Bonney (1981), S. 273.

34 Die Weigerung der Fürsten, den Städten gleiches Stimmrecht einzuräumen, hielt auch die Bünde der Grafen aus Franken und der Wetterau davon ab, sich der Union anzuschließen. Vgl. F. Magen (1975), S. 114 f. und 119.

35 Ähnlich dachte auch Sir Henry Wotton in einem Schreiben an Winwood; vgl. Historical Manuscripts Commission (1970), S. 75–77.

36 Zu den Auswirkungen dieser Ereignisse auf die Vereinigten Provinzen und insbesondere zu Moritz von Nassau s. A. T. van Deursen (1965), S. 76 und 91–101. Christian IV. blieb zu dieser Zeit neutral, da es ihm nach dem Kalmarkrieg an Geld fehlte. Professor E. L. Petersen hat freundlicherweise meine Aufmerksamkeit auf einen im Frühjahr 1614 verfaßten Brief des Königs gelenkt, in dem sich dieser beklagt, »ich fuhr meine Persohn (bin) mit gelde itzo nicht versehen ... dan ich mit allerhandt vmkosten ihn vergangendem Kriige seindt gewesen« (RAC Tyske kancelli, udenlandske afdeling II. Brandenburg A. I.8: Briefe an die Kurfürstin von Brandenburg, 12. Feb. – 18. April 1614). S. a. J. Skovgaard (1947), Bd. 8, Briefe Nr. 22, 24 und 25. Ohne eigene finanzielle Mittel blieb dem König nichts anderes übrig, als dem vorsichtigen »Rat« seines außenpolitischen Hofrats zu folgen.

37 Im Jahr 1612 klagte die Stadt Nürnberg darüber, daß die Fürsten die die Union betreffenden Angelegenheiten auf Hochzeiten, Jagdgesellschaften und privaten Zusammenkünften berieten; vgl. H. G. Herold (1973), S. 152.

38 Vgl. F. H. Schubert (1955), S. 82 und D. Albrecht (1962), S. 35 f. zu den Bemühungen des Pfälzers um Maximilian. Dessen privates Memorandum zu diesem Thema ist abgedruckt bei H. Altmann (1978), S. 480–485. (Vgl. aber auch ebd., S. 199–226, wo Altmann die Folgerungen aus diesem Dokument erörtert.) Zu Friedrichs Versuch, die Unterstützung von Jakob I. zu seinem Vorhaben zu gewinnen, und zu dem nach wie vor mysteriösen Treffen zwischen Friedrich, Bouillon und dem englischen Botschafter in Frankreich s. BL Stowe MS. 176, Bl. 144, Friedrich an Edmondes vom 21. Aug. 1617; A. Ballesteros y Beretta (1936), S. 150 f., Gondomar an Erzherzog Albrecht, 16. Dez. 1617, und S. R. Gardiner (1865), S. 27 f.

39 Als sich die Jesuiten später rühmen konnten, daß sich sowohl der Beichtvater Maximilians (Adam Contzen) als auch der Ferdinands (Wilhelm Lamormaini) aus ihren Reihen rekrutierten, schrieb der Ordensgeneral mehr als zehnmal so oft nach Wien als nach München – so häufig wurde Lamormainis Rat aufgrund seines hohen Amtes eingeholt.

40 Über den Gradiskanerkrieg liegt keine eigenständige Untersuchung vor; einige wertvolle Informationen vermitteln jedoch P. Geyl (1912), S. Gigante (1931) und H. Valentinitsch (1975). Inzwischen (1984) ist die Studie von M. E. Mallett und J. R. Hale erschienen, die den besten Überblick über den Gradiskanerkrieg in englischer Sprache bietet; vgl. ibid., S. 242–247, 327–329 und 482–484.

41 Zum Ersten Mantuanischen Erbfolgekrieg vgl. A. Bombín Pérez (1976); es ist jedoch zu beachten, daß die am Ende dieses Buches in den Karten verzeichneten spanischen Verbindungswege zum größten Teil inkorrekt wiedergegeben sind. Die tatsächlichen Verbindungswege finden sich in Karte 2 im vorliegenden Buch. Zu den kulturellen Leistungen der Herzöge von Gonzaga vgl. den ausgezeichneten Katalog zu einer Ausstellung im Victoria and Albert Museum von D. Chambers und J. Martineau (1981), vor allem S. 203–247. Bereits 1610 wäre es ebenfalls in Italien beinahe zu einem Krieg gekommen, wiederum angestiftet vom ehrgeizigen und unberechenbaren Herzog Karl Emanuel von Savoyen; s. A. Bombín Pérez (1978).

42 Heinrich Schütz komponierte aus diesem Anlaß ein (nicht mehr erhaltenes) Singspiel »Apoll und die neun Musen«. Es war praktisch sein erster Auftrag als Kapellmeister am Hof des sächsischen Kurfürsten.

43 William Wordsworth hat der Feste Fuentes ein Sonnett gewidmet, und seine Frau hat in ihren Tagebüchern (1821/22) eine Schilderung dieser Befestigung gegeben; vgl. W. Knight (1896), S. 328–332. Zur Veltlinkrise von 1618–1620 s. *The Cambridge Modern History*, Bd. 4, Kap. 2, sowie A. Rotondò (1976).

44 Tatsächlich eilten die holländischen Truppen Venedig zu Hilfe und verhinderten dadurch den Ausbruch von Feindseligkeiten, aber diese Entscheidung verdeutlicht die zum Krieg entschlossene Haltung der Regierung. Eine vorzügliche Darstellung der Entwicklungen während des Waffenstillstandes gibt J. I. Israel (1982), Kap. 1 und 2; s. a. P. Brightwell (1974).

45 Dieser Haß hatte gute Gründe. Karl V. hatte die Ernestiner 1547 zugunsten der Albertiner des Kurfürstentitels und des größeren Teils ihrer Länder beraubt. Die Herzöge von Sachsen-Weimar stammten von der ehemals kurfürstlichen Familie ab und blieben sowohl ihren Vettern wie den Habsburgern gegenüber unversöhnliche Gegner.

46 Bircher und van Ingen bemerken, daß von den 23 während des 17. Jahrhunderts in Deutschland gegründeten Sprachgesellschaften sieben vor 1621 und 13 vor 1650 ins Leben gerufen wurden (1978, S. 54). Paradoxerweise gehörten der Fruchtbringenden Gesellschaft so viele Ausländer an, daß ihre Verhandlungen größtenteils auf Französisch geführt werden mußten!

47 Die Bedeutung der Fraktionsbildung für die inhaltliche Gestaltung der Regierungspolitik in den Jahren nach 1620 wird besonders überzeugend belegt von S. L. Adams (1978) und (1984). Ich verdanke beiden Arbeiten sowie häufigen Diskussionen mit Dr. Adams wesentliche Einsichten in diese komplizierte Materie.

48 Salzburg wurde jedoch nie ein volles Mitglied der Liga – sehr zum Kummer Maximilians.

49 Der Beistand Savoyens hatte freilich seinen Preis: Der Herzog verlangte die Unterstützung der Union bei seinem Griff nach der böhmischen Krone und nach Möglichkeit auch der des deutschen Kaisers.

50 Die Stimme der Kurpfalz war ursprünglich für Maximilian abgegeben worden, doch die Führer der Union verlangten für die Schlußabstimmung Einstimmigkeit, so daß am Ende auch die Vertreter der Pfalz für Ferdinand stimmten.

51 E. Straub (1980), S. 181, zur Befürchtung des spanischen Staatsrats, der Krieg könnte ewig dauern. Vgl. a. G. Parker (1979), S. 163.

52 S. R. Gardiner (1868), Bd. II, 7: Carleton an Naunton, 13. Sept. 1619; Smit und Roelevink (1981), Neue F. IV, Resolutionen 332, 585, 759, 1548, 1554, 1779, 3911, 4119, 4178, 4486 und 4535.

53 Zit. n. M. Reade (1924), Bd. 1, S. 388. Viele in England wollten es nicht glauben, andere waren niedergeschlagen. So schrieb etwa Aylesbury am 28. November 1620 an Sir Henry Martin: »Die Nachrichten von einem Umsturz in Böhmen haben sich bestätigt, sind jedoch zu schlimm, um sie hier zu wiederholen«; O. Ogle und W. Bliss (1872), S. 19.

54 Ferdinand II. bemühte auch Präzedenzfälle aus dem Schmalkaldischen Krieg, um einerseits die im Januar 1621 über Friedrich verhängte Reichsacht ohne Einberufung eines Reichstags als auch die Übertragung der Kurwürde an Maximilian zu rechtfertigen; vgl. D. Albrecht (1962), S. 49.

55 Als Ansbach 1625 starb, bemerkte Christian von Dänemark aufgebracht, daß »es besser gewesen wäre, wenn der Markgraf schon sieben Jahre früher gestorben wäre« (zit. n. H. G. Herold 1973, S. 257 f.).

56 F. J. G. ten Raa und F. de Baas (1915), Bd. 3, S. 227–230 und 243 f. ARA, Eerste Afdeling, Staten-Generaal, Lias Duitsland 6065 (1622), n. f., Elisabeth, Königin von Böhmen, an die Generalstaaten, 22. März 1622. Vgl. a. die Erläuterungen von F. H. Schubert (1955), S. 219–222 und J. I. Israel (1982), S. 99 und 154–157 zur Politik von Moritz von Nassau.

57 Zum Segeberger Konvent s. T. Christiansen (1937), S. 43–57; PRO, S. P. 75/5/235–237, 243–244, Sir Robert Anstruther an Sir Georg Calvert, 10./20. März, 31. März/10. April 1621. Jakob I. hatte für den Kredit Christians IV. an Friedrich gebürgt: Als er 1625 starb, stand die Schuld samt Zinsen (jährlich 18 000 Taler) noch offen.

58 W. Notestein et al. (1935), S. 203 f. Vgl. allgemein hierzu A. W. White (1978), E. Straub (1980), Kap. 5 und M. S. Junkelmann (1980), S. 379 f. (mit einer Fülle von Anmerkungen).

59 Zur Veltlinpolitik Frankreichs vgl. R. Pithon (1960) und (1963). Zur Politik Spaniens gegenüber dem Veltlin vgl. AGS, Estado K 1492, Bl. 20–80; vgl. insbesondere Bl. 55 zur Besorgnis über die militärische Lage im August 1622, Bl. 67,70, 72 und 73 zur Entscheidung, die päpstlichen Garnisonsbesatzungen zu akzeptieren, und Bl. 76 und 78 zur Haltung des Grafen Olivares gegenüber der Krise.

60 Die deutsche Ausgabe trug den Titel *Prodromus* und erschien am 22. März in Emden, die lateinische Ausgabe kam in Amsterdam heraus. Beide waren das Werk des pfälzischen Ministers Camerarius. Die 173 Seiten umfassende Dokumentation samt Kommentar löste eine Sensation aus – nicht zuletzt deshalb, weil die Regierungen des 17. Jahrhunderts höchst selten offizielle Dokumente veröffentlichten – und erlebte mehrere Auflagen. Vgl. F. H. Schubert (1955), S. 108–143, und K. Nolden (1958), S. 91–97.

61 Es wurde als Argument vorgetragen, daß sich die pfälzische und die bayrische Linie der Wittelsbacher mit dem Hausvertrag von Pavia 1329 verpflichtet hätten, die Kurwürde zwischen sich abwechseln zu lassen, obgleich diese Abmachung nie in die Praxis umgesetzt wurde. Maximilians Rechtfertigung enthüllte jedoch die eigentliche Schwäche der katholischen Sache, denn der Grund für die Nichteinhaltung des Vertrags von 1329 waren die Bestimmungen eines weit wichtigeren, späteren Dokuments, der Goldenen Bulle von 1356, mit der die Kurwürde des Hauses Wittelsbach auf immer der pfälzischen Linie übertragen wurde. Mit dem Vertrag von Pavia ging auch die Oberpfalz von Bayern an die Rheinpfalz. Vgl. K. F. Krieger (1977).

62 Gustav Adolfs Propagandafeldzug bei S. Arnoldsson (1941). Ich danke Herrn Professor E. L. Petersen für diesen Hinweis. Zu Oxenstiernas beherrschender Rolle im schwedischen Staatsrat vgl. N. Ågren (1976). Von den zwischen 1602 und 1647 ernannten Staatsräten gehörten nicht weniger als 54 einer Gruppe an, die in enger Verbindung zum Kanzler und seinen nächsten Verbündeten stand.

63 Zum Krieg in Polen vgl. M. Roberts (1979), S. 33 ff., der sich (wie die vorliegende Darstellung) auf A. Norbergs (1974) Veröffentlichung stützt, die von Roberts zutreffend als der vermutlich »bedeutendste Beitrag zur Debatte um die Außenpolitik des Königs für die nächsten 40 Jahre« bezeichnet wird (S. 33).

64 Zu den Verhandlungen, die zur »französischen Heirat« führten, vgl. S. L. Adams (1978), S. 157 f. Einzelheiten zur Rückgewinnung des französischen Einflusses auf das Rheinufer und die jenseitigen Gebiete bei J. Kessel (1979), Teil 3, und H. Weber (1969), passim.

65 Zu den Dilemmata der Außenpolitik Richelieus s. a. die Kommentare von R. Pithon (1960), S. 316–318 und D. Albrecht (1962), S. 124, 127 und 144.

66 Vgl. BL. MS. Stowe 176 Bl. 258, Anstruther an Sir Thomas Edmondes, 10. Aug. 1624; PRO, S. P. 84/120/169, Anstruther an Sir Dudley Carlton, 3. Nov. 1624 und S. P. 75/6/30, Zusammenfassung der Verhandlungen mit Dänemark und Schweden im Jan./Feb. 1625. (Freundl. Mitteil. durch Dr. Simon Adams).

67 BL, MS. Harley 1584, Bl. 29–30, Instruktionen für Buckingham, 17./27. Okt. 1625. Schließlich gelang es dem Herzog, die Verbündeten dazu zu bewegen, Mansfelds zusammengeschmolzene Truppen in die dänische Armee einzugliedern. (Auch diesen Hinweis verdanke ich Dr. Adams).

68 Der Wortlaut der »Haager Konventionen« ist abgedruckt bei L. Laursen (1916), Bd. 3, Dok. 38; vgl. a. die Einleitung, S. 620–637.

69 Dieser Aufsatz stützt sich auf eine Durchsicht der königlichen Kriegshauptbücher im Reichsarchiv Kopenhagen.

70 A. Klima (1978) bietet eine auf den jüngsten Forschungsergebnissen beruhende Erörterung dieser Frage. Zahlen zur Zusammensetzung des böhmischen Adels bei J. V. Polišenský und F. Snider (1978), S. 202–216, und F. Snider (1972). Natürlich wies dieses düstere Bild auch einige wenige helle Flecken auf – z.B. die Ländereien Wallensteins, die als *terra felix* bezeichnet wurden. So betrugen z. B. die böhmischen Getreideausfuhren nach Sachsen, die von 1597–1621 jährlich bei 1800 Tonnen lagen, im Zeitraum von 1629 bis 1643 noch immer 1300 Tonnen durchschnittlich; s. V. Sadova (1960).

71 Eine solide, wenn auch ältere Darstellung der Hintergründe der Währungsfluktuationen nach 1620 ist der Aufsatz von W. A. Shaw (1895). S. a. C. R. Friedrichs (1979), S. 27 f., und F. Redlich (1972). Bemerkenswerterweise stammten von den rund 40 (allesamt von Protestanten verfaßten) Publikationen, welche die Inflation verurteilten, 16 von Juristen, die die Geldverschlechterung aus verfassungsrechtlichen Gründen anprangerten. Die übrigen Schriften waren volkstümliche Traktate (13) oder stammten von Kirchenmännern (11).

72 Zu den Finanzen der Liga und dem Nachweis, daß allein die bayrischen Beiträge pünktlich und in voller Höhe eingingen, vgl. F. Stieve (1893). Tillys Armee verschlang jährlich rund fünf Millionen Taler, und Bayern zahlte von 1619 bis 1627 dreimal soviel in die Kriegskasse ein wie alle übrigen Mitglieder der Liga zusammen. So mochten etwa die Bischöfe von Würzburg gewaltige Krieger vor dem Herrn sein, aber von den 1,4 Millionen Talern, die sie im Zeitraum 1620–1631 der Liga an Beiträgen schuldeten, gingen weniger als 500000 Taler ein. Vgl. R. Weber (1979).

73 Dieser Aufsatz ist nach wie vor die beste Arbeit zu diesem Thema. Die Geduld Johann Georgs ging zuende, als der Kaiser die protestantischen Domherren Magdeburgs zwang, seinen noch nicht volljährigen Sohn Leopold Wilhelm als Administrator zu akzeptieren, obgleich sie sich bereits für Johann Georgs Sohn August erklärt hatten. Vgl. M. Ritter (1889), Bd. 2, S. 422 f.

74 Zum *almirantazgo* und zur Blockade vgl. J. Alcalá-Zamora (1975), Teil 2, und J. I. Israel (1982), S. 204–223. Der Kurfürst von Köln und die Prälaten seiner Umgebung befürchteten offenbar, daß Spanien versuchen könnte, eine Machtbasis auf dem Boden des Reiches zu errichten, um von dort aus die »deutsche Libertät« zu untergraben. Sie schickten Abgesandte nach Brüssel und deckten die Höfe in Wien und Madrid mit einer Flut von kritischen Eingaben ein, um Spanien zum Rückzug seiner Streitkräfte zu bewegen. Andererseits wäre es für diese geistlichen Fürsten unklug gewesen, allzu laut zu protestieren: Sollten die Armeen Friedrichs V. oder seiner Bundesgenossen zurückkehren, wie sie dies 1622 und 1623 schon einmal getan hatten, dann würden sie ihr Hauptinteresse auf die reichen Kirchenländereien des Rhein-Main-Gebiets lenken. Selbst als sie um den Abzug der Truppen aus der Pfalz nachsuchten, fühlten sie sich genötigt, Garantien dafür zu erbitten, daß ihnen im Fall eines protestantischen Angriffs aus den Niederlanden militärischer Beistand geleistet würde. Trotz ihres innersten Bedürfnisses, in der Auseinandersetzung zwischen den Habsburgern und deren Feinden ihre Neutralität zu wahren, blieben die rheinischen Prälaten so lange im spanischen Netz gefangen, als Frank-

reich nicht über die Macht verfügte, im Ausland wirkungsvoll einzugreifen. Damit blieb ihnen bestenfalls die Möglichkeit, eine Unterstützung des spanischen Feldzugs in den Niederlanden in der Hoffnung zu verweigern, daß der dortige Krieg die Habsburger daran hindern würde, ihren Vorteil auszunützen. So schrieb der erschöpfte Kurfürst von Köln im Juni 1626: »... Die Niederlanden müessen dividiert bleiben und einen so wenig als (den) andern Meister lassen werden«; zit. n. J. Kessel (1979), S. 190.

75 Moritz dankte 1627 in einem vergeblichen Versuch ab, den kaiserlichen Erlaß zu hintertreiben. Zahlreiche Gegenstände, die sich einst in seinem Besitz befanden, werden heute in der Landgräflichen Kunstkammer in Kassel aufbewahrt.

76 Das von Wallenstein erweiterte herzogliche Schloß in Güstrow steht noch heute. Außer den Geweihen zahlloser Hirsche, denen jeweils hilfreiche Erläuterungen über die näheren Umstände ihres Todes durch die Herzöge beigegeben sind, die sie auf der Jagd erlegten, enthält das Schloß eine umfangreiche Sammlung von Jagdwaffen – alles in allem ein üppiges Bild, das wohl auch den Neid jenes deutschen Nimrods Johann Georg von Sachsen erweckt hätte.

77 Die vermutlich immer noch beste Darstellung ist die von A. Gindely (1886), der zeigt, wie Wallensteins grausam zerstörerisches Verhalten als Feldherr die verschiedenen katholischen und lutherischen Fraktionen in Deutschland polarisierte. Es lohnt auch die Mühe, die in den 80er Jahren des vorigen Jahrhunderts zwischen Gindely und Hallwich geführte Debatte um die ökonomischen Motive und Methoden Wallensteins wiederaufzunehmen, die uns heute noch genau so frisch anmutet wie damals, trotz aller in den letzten zehn Jahren unternommenen biographischen und archivalischen Arbeiten über Wallenstein von G. Mann, H. Diwald, J. Kollmann, P. Suvanto, J. Polišenský und anderen. Vgl. A. Gindely (1887 a und 1887 b). Trotz des Versuchs von M. Ritter (1903), den Nachweis dafür zu erbringen, daß Wallenstein in seinem Heer die militärische Disziplin aufrechterhielt, bleibt die Tatsache bestehen, daß die Kosten für seine Armee zu groß waren, als daß sie auf die Dauer von einem einzelnen hätten getragen werden können. Vorläufig behält F. H. Schubert (1965) das letzte Wort. Schubert sah in Wallenstein einen Finanzmann und militärischen Merkantilisten, der viel zu ungeduldig war, als daß er mit einem einzigen Streich die kaiserliche Außenpolitik samt ihres schwerfälligen und verworrenen Konfessionalismus und bürokratischen Apparats hätte beeinflussen können.

78 Eine frühere Bitte ähnlichen Inhalts findet sich in einem Brief Wallensteins an Ferdinand vom 25. Okt. 1625; vgl. J. Kollmann (1974), Dok. 88.

79 Das Edikt ist abgedruckt bei M. C. Lundorp (1668), Bd. 3, S. 1048–1054. Von den verschiedenen Auflagen sind noch über 100 Exemplare erhalten – eine erstaunlich große Zahl. Einzelheiten über die näheren Umstände des Drucks bei H. Urban (1974), Sp. 609–654. Zur Vorbereitung und Bedeutung des Edikts vgl. a. R. Bireley (1981), S. 52–59 und 74–94.

80 Das Zitat lautet im Original »quicquid concessum non reperitur, prohibitum censeri debet«; *Pacis compositio* ... (1629), 6. Buch, Kap. 37, § 4–7.

81 Eine farbige Schilderung der Belagerung findet sich bei R. Monro (1637), Teil 1, S. 62–80. Zu einer neuen, umfassenderen Darstellung der damaligen Geschichte von Stralsund vgl. H. Langer (1970).

82 Zahlen nach J. Kollmann (1974), S. 414–446. Obgleich die Zahlen lediglich die Stärke auf dem Papier wiedergeben, machen sie doch die Größenordnung des Problems deutlich. Die aufgewandten Kosten waren natürlich niederschmetternd. Das Erzbistum Magdeburg veranschlagte seine Ausgaben für Kriegskontributionen im September 1627 auf 687 000 Taler; das Herzogtum Pommern hatte im Juli 1628 angeblich 1,7 Millionen aufgebracht usw.

83 Der Kurfürstentag in Mühlhausen, einer Freien Reichsstadt in Thüringen, wurde von Kurfürst Johann Georg als Bühne zur Eigenwerbung benutzt. Er beauftragte seinen Hofkomponisten Heinrich Schütz, zu diesem Anlaß den Choral *Da pacem* zu schreiben. Darin gab es einen Wechselgesang zwischen zwei Chören, von denen der eine außerhalb des Versammlungsorts jeden neu ankommenden Kurfürsten begrüßte, während der andere im Innern des Gebäudes das lateinische Kirchengebet um Frieden intonierte. Vgl. R. Petzoldt (1972).

84 Eine Junta des Staatsrats empfahl auf einer Zusammenkunft am 2. Juni 1625, die Bündnispartner der vorgeschlagenen Allianz nicht nach religiösen Gesichtspunkten auszuwählen – ein Vorschlag, dem Olivares allein schon deshalb zustimmte, weil die Teilnahme Sachsens unverzichtbar war; AGS, Estado 2327, Bl. 371 und 372.

85 Noch im Juni 1626 tat die spanische Regierung alles, um eine Kriegserklärung an Dänemark zu vermeiden: »Da wir uns so unentrinnbar vielen Feinden gegenüber sehen, erscheint es nicht ratsam, uns bewußt noch weitere zu schaffen.« Olivares war der Meinung, die Habsburger sollten lernen, mit den Lutheranern zu leben. Vgl. H. Günter (1908), S. 14, Anm. 53. Zu den Befürchtungen in Paris s. G. Lutz (1971), 2. Buch.

86 In diesem Punkt hatte er wahrscheinlich recht. Vgl. die Analyse der politischen Meinungen der wichtigsten Berater Ferdinands bei R. Bireley (1981), Kap. 1. Eggenberg war in den Jahren 1598/99 und 1605 nach Spanien gereist und hatte spanische Kunstgegenstände und Bücher erworben – in seiner Bibliothek befand sich der *Don Quixote* ebenso wie eine vollständige Ausgabe der Stücke Lope de Vegas (von Eggenberg mit ausführlichen Anmerkungen versehen). Das prächtige Schloß des Fürsten, das im frühen 17. Jahrhundert unmittelbar vor den Toren von Graz erbaut wurde, konnte fast als spanisches Bauwerk gelten.

87 Indem er auf seinem Recht bestand, den neuen Herzog von Mantua selbst einzusetzen, verschaffte sich der Kaiser durch den Krieg jedoch wenigstens einen Vorteil: Er setzte für alle Zukunft seine Rechte der Oberlehensherrlichkeit über die Staaten in Norditalien durch. Sie sollten nie wieder in Frage gestellt werden. Allerdings lag diese Entwicklung, die den Weg zu einer unmittelbaren Beherrschung der Länder zwischen Po und Alpen durch Österreich ebnete, noch in weiter Ferne. Vorläufig war die Demütigung Habsburgs in Wien ebenso augenfällig wie in Madrid. Vgl. K. O. von Aretin (1980), vor allem S. 57 ff. und 77.

88 Vgl. die interessante Untersuchung von H. Gross (1975) zur Debatte um das »öffentliche Recht«. S. a. O. Brunner (1963), vor allem S. 347–351. Hier besteht eine deutliche Parallele zur Debatte um die »alte Verfassung« im frühen England unter den Stuarts: In beiden Ländern wurde die Sprache der Politik von der Terminologie der Rechtssphäre beherrscht.

89 Zahlen bei P. Hohenemser (1925), Nr. 4771–5794. Eindrucksvolle Sammlungen volkstümlicher Schriften zum Krieg finden sich bei D. Alexander und W. L. Strauss (1978), E. A. Beller (1928 und 1940), M. Bohatcová (1966) und W. A. Coupe (1966).

90 Der zeitgenössische Bericht stammte von Kaspar Schoppe (Scioppius), einem jesuitenfeindlichen katholischen Polemiker. Es schien, als erwarteten die Protestanten keinerlei Zugeständnisse beim Restitutionsedikt. Dennoch hatte der Kaiser überraschend wenig davon, daß er so zäh darauf beharrte: Obgleich 37 Reichsstädte unter ausgesprochen ungesetzlichen Versuchen zu leiden hatten, das Edikt durchzusetzen, kam es nur in sieben Fällen zu einer sichtbaren Änderung des politischen Regimes.

91 Zur päpstlichen Diplomatie in den späten 1620er Jahren s. G. Lutz (1971), 2. Buch; Q. Aldea Vaquero (1958) und (1968). Zu den französischen Feldzügen in Italien vgl. J. Humbert (1960).

92 Zum Einfluß von Bergius auf die Kirchenpolitik Brandenburgs s. B. Nischan (1982 a und 1982 b). Die von ihm in Leipzig gehaltenen Predigten wurden 1635 in Frankfurt an der Oder unter dem Titel *Brüderliche Eynträchtigkeit Auss dem Hundert Drey und Dreyssigsten Psalm Bey der Protestirenden Evangelischen Chur-Fürsten und Stände Zusammenkunfft zu Leipzig Anno 1631 ... in Drey Predigten erkläret* veröffentlicht.

93 Maximilians Befürchtungen waren nicht unbegründet: Im sogenannten »Cottington-Vertrag«, der nach dem Madrider Frieden geschlossen wurde (der seinerseits 1631 dem englisch-spanischen Konflikt ein Ende machte), ging Spanien eine unbestimmt formulierte Verpflichtung ein, in der Pfalz »Gerechtigkeit walten (zu) lassen«. Vgl. S. L. Adams (1984), S. 100.

94 Zur päpstlichen Unterstützung eines französisch-bayrischen Friedens s. Q. Aldea Vaquero (1968), S. 174 f. Einige Historiker haben die Beteiligung des Papstes an diesen Vorgängen gar nicht erst erörtert, da sich bestimmte Quellen hierüber ausschweigen, doch die Korrespondenz von Bagno (die sich nun bei den Barberinimanuskripten der vatikanischen Archive befindet) enthält reichhaltige Belege hierfür. In seinen Berichten nach Rom zwischen 1628 und 1631 widmete Bagno den Verhandlungen zwischen Bayern und Frankreich sogar mehr Raum als jedem anderen Gegenstand. Er versuchte, seine Vermittlung geheimzuhalten – in einem Brief an den bayrischen Hofrat Jocher bemerkte er, über »diese Sache muß besonderes Stillschweigen gewahrt werden, da es meine Verhandlungen mit Spanien sehr beeinträchtigen müßte, wenn bekannt würde, daß ich an der Schaffung eines engen Bündnisses zwischen Frankreich und Bayern beteiligt bin« –, doch die Wahrheit kam ans Licht, als Bagnos Wohnung in Paris von einem spanischen Spion durchsucht wurde; vgl. R. Bireley (1981), S. 160.

95 Der gesamte Wortlaut der »Deduktion« ist abgedruckt bei Abelin (1646), S. 230-235. Welches 1630/31 die wahren schwedischen Kriegsziele waren, muß im Dunkeln bleiben, da die verfügbaren Belege hierüber keine eindeutige Auskunft geben. So ließe sich beispielsweise argumentieren, daß das Kriegsmanifest Gustav Adolfs nur deshalb so gemäßigt im Ton ausfiel, weil dies zur Natur derartiger Dokumente gehört. Und Oxenstierna war 1636 aufgrund der schwedischen Niederlage bei Nördlingen möglicherweise lediglich vorsichtiger. Aber ebenso gut ließe sich die

These vertreten, daß er nur die vorsichtige Politik fortsetzte, die er (im Gegensatz zu seinem risikofreudigeren König) schon 1630 zu verfolgen suchte. Vgl. S.236–243 und 267 ff. zur weiteren Erörterung der Kriegsziele Schwedens.

96 Die Kosten der schwedischen Feldzüge in Preußen von 1626 bis 1629 sind auf fünf Millionen Taler geschätzt worden; vgl. E. L. Petersen (1982 a), S. 35.

97 Zu den Zöllen s. E. Wendt (1933), S. 89, 98, 107 und 184–202. Eine gute Darstellung und Erörterung der Friedensgespräche findet sich bei J. K. Fedorowicz (1980), S. 189–206.

98 Die russischen Subsidien sind häufig stark übertrieben worden; während des gesamten Zeitraums von 1626–1633 empfing Schweden nicht mehr als 160 000 Taler aus dieser Quelle. Zahlen und Kommentar bei L. Ekholm (1974).

99 Die Ereignisse sollten erweisen, daß Richelieu keine Mittel zu Gebote standen, seinen Verbündeten zur Zustimmung zu diesen restriktiven Bedingungen zu zwingen. Der Vertrag ist abgedruckt in C. Hallendorff (1909), Bd. 5, S. 438–440, und wird eingehend erörtert von M. Roberts (1953), Bd. 2, S. 466–469.

100 Zeitungen, Flugblätter und Flugschriften mit eher entlastenden Schilderungen der Plünderung und Verwüstung (aus München), aber auch mit die verbrecherische Grausamkeit anprangernden Beschuldigungen (aus Leipzig) werden beschrieben und analysiert von W. Lahne (1931). Vgl. a. N. Henningsen (1911) und C. V. Wedgwood (1938), S. 251–254.

101 Hervorragende Darstellungen der Schlacht in *Sveriges Krig*, Bd. 4, und bei M. Roberts (1953), Bd. 2, S. 535–538. Mehrere von den Fahnen Tillys, die lange Zeit in der Riddarholmkirche hingen, werden heute in der »Staatlichen Trophäensammlung« des Armeehistorischen Museums in Stockholm gezeigt. Die taktischen Neuerungen der schwedischen Armee werden auf S. 296 f. behandelt.

102 Oluf Hanssons Karte der »Mark Brandenburg« – die beste, die Gustav Adolf 1631 zur Hand hatte – verzeichnete Deutschland nur bis Frankfurt an der Oder, Magdeburg und Dessau. KrA, Krigsådeplatserna 1630–1648, 4 Stortformat 2:51.

103 R. Stritmatter (1977) bemerkt (S. 66), daß sich 1633 allein in Basel 5 256 Flüchtlinge samt 1 776 Stück Vieh aufhielten. Zur Neuorganisation Frankens und des Rheinlandes durch Schweden vgl. C. Deinert (1966) und R. Weber (1979). Weitere Einzelheiten zum Frankfurter Konvent bei R. Bireley (1981), Kap. 8, insbesondere S. 159 und 167 f.

104 Die Kriegsberichterstattung begann während des deutschen Konflikts, und der Krieg war seinerseits ein wichtiger Anreiz für das Aufkommen der Zeitungen.

105 Tillys Grab in einer eigenen Kapelle in der Stiftskirche von Altötting ist ein Meisterwerk der posttridentinischen Barockkunst. Sein Kopf blickt grimmig aus einer Öffnung des Steinsarkophags, während er noch ein zweites Mal bei der Pietà hinter dem Altar zu sehen ist, wo er unpassenderweise in seiner Schlachtenrüstung links unter dem Kreuz kniet.

106 Zu Maximilian im Exil s. R. R. Heinisch (1968), S. 141 ff. Zu Bayern unter der schwedischen Besatzung vgl. G. Rystad (1980). Vgl. a. den Augenzeugenbericht über die Verwüstungen bei H. Hörger (1971).

107 Die Namen der Verschwörer wurden einem englischen Agenten in Brüssel enthüllt, dem Maler Balthasar Gerbier, der sie im November 1633 der spanischen Regierung verkaufte; daraufhin wurden alle verhaftet. Nähere Einzelheiten bei A.

Waddington (1895), Bd. 1, S. 147–180, P. Janssens (1978) und J. I. Israel (1982), S. 181–190. Pappenheims Angriff auf das holländische Lager bei Maastricht auf Befehl des Kurfürsten von Köln bedeutete einen schwerwiegenden Bruch der während des größten Teils des niederländischen Aufstandes vom Reich gewahrten Neutralität; s. P. J. H. Ubachs (1983).

108 Tatsächlich durchquerte später im selben Jahr eine Armee von rund 12 000 Mann die Lombardei auf dem Marsch in die Niederlande, doch waren die Söldner in Spanien und Neapel angeworben worden. Die berühmteste Schilderung der Seuche von 1631 findet sich in dem Roman *Die Verlobten* von Alessandro Manzoni (verfaßt 1825–27). Zu neueren Darstellungen vgl. D. Sella (1979), S. 52, und C. M. Cipolla (1973), Kap. 1. Zahlreiche Dokumente finden sich in der Sammlung *La guerra e la peste ...* (1975); Kap. 3–5 behandeln den Krieg, Kap. 7 die Seuche.

109 Das war eine reichlich fadenscheinige Entschuldigung. Obgleich durch die vulkanische Tätigkeit des Vesuvs im Winter 1631/32 Tausende von Menschen getötet und etwa 40 Dörfer zerstört wurden, waren nur wenige Untertanen des Papstes betroffen, und das Unglück änderte auch nichts an den verschwenderischen Ausgaben von Papst Urban VIII. für seine drei Neffen, die sich zum Ende seines Pontifikats auf 30 Millionen Taler beliefen. Zum Nepotismus unter Barberini s. J. Grisar (1943); als Vergleich zu den vor 1630 nach Deutschland übermittelten Geldsummen s. D. Albrecht (1956 a).

110 AGRB, Sécrétairerie d'Etat et de Guerre, 207 Bl. 293 f., Infantin Isabella an Philipp IV., 24. Okt. 1633; ibid., Bl. 330 ff., dies. an dens., 12. Nov. 1633 und AGS, Estado 3341 Bl. 88, Kardinalinfant an den König, 23. Febr. 1634. Zu dem Zeitpunkt, als der letzte Brief geschrieben wurde, war Feria tot und sein Heer dezimiert. Einige Informationen zu seinem letzten Feldzug finden sich bei K. Beyerle (1900). Zu Lothringen während des Krieges vgl. J. Florange (1935) und S. Gaber (1979). Die offensive Politik Frankreichs während dieser Zeit wird eingehender im Abschnitt 4.4 behandelt.

111 Die Schlacht bei Hessisch-Oldendorf wurde von Schweden als großer Erfolg gewertet; vgl. deren Ehrenplatz auf dem Triumphbogen, der zur Krönung von Königin Christina 1650 vom Regentschaftsrat errichtet wurde; vgl. S. Karling (1966), S. 170 f.

112 Die Gustavsburg ist abgebildet bei L. W. Munthe (1902), Bd. 1, Abb. 31 und 32, und wird beschrieben von H. D. Müller (1979), S. 145 ff.

113 Vgl. allgemein hierzu R. Nordlund (1971). Ganz ähnlich wie die Protestantische Union von 1608–1621 hatte der Heilbronner Bund zuviele kleine Staaten als Mitglieder, um auf Dauer seine Stabilität zu bewahren.

114 Zur Rolle Piccolominis bei Wallensteins Sturz und zu den Vorgängen allgemein siehe die hervorragende Darstellung von T. M. Barker (1982), S. 79-97 (im Zusammenhang mit einem ausführlichen Essay über den toskanischen Feldherrn).

115 P. Suvanto (1963) hat höchst einfallsreich eine Rekonstruktion der Vereinbarung von Göllersdorf versucht (S. 158 f.). Sein Argument wurde aus anderen Quellen von G. Lutz (1968) bestätigt.

116 Zweifellos war auch Oxenstierna ein »zum Souverän gewordener Untertan«, doch scheinen nur wenige seiner Zeitgenossen daran Anstoß genommen zu haben.

117 Wie ernst war es Wallenstein mit seiner »Friedensinitiative«? Herzog Franz-Albrecht von Sachsen-Lauenburg, der zur nächsten Umgebung des Feldherrn gehörte und drei Tage nach der Ermordung seines Herrn festgenommen wurde, zweifelte nicht daran, daß dieser »den praetext des friedens nur vorwendete«, wie er gegenüber seinen Häschern erklärte. Und auch die moderne Geschichtsschreibung neigt eher zu der Auffassung, daß der Frieden für Wallenstein tatsächlich nur ein Vorwand war – ein Verhandlungsobjekt, das er jederzeit für ein Reichslehen einzutauschen bereit gewesen wäre wie etwa das Herzogtum Franken von Bernhard von Sachsen-Weimar oder sein eigenes Herzogtum Mecklenburg. Andererseits wäre es für Wallenstein durchaus nicht ganz und gar aussichtslos gewesen, sich als König seiner Heimat Böhmen zu träumen. Sein entfernter Verwandter Georg von Poděbrad und Kunštát war 1458 zum König gewählt worden. 1619 hatten dann die Böhmen Friedrich V. von der Pfalz zu ihrem Oberhaupt erkoren (der dann – für Wallenstein gar nicht ungelegen – 1632 gestorben war), und in den dazwischenliegenden Jahrzehnten hatten Angehörige aus den Dynastien der Jagellonen und der Habsburger als gewählte Oberhäupter das Land regiert. Als junger Mann hatte Wallenstein einige Zeit in Norditalien, zumeist in Padua verbracht, und dort können ihm die staatengründenden Aktivitäten von Condottieri wie Francesco Sforza, Sigismondo Malatesta und Cesare Borgia kaum entgangen sein. In Padua selbst bewunderte er zweifellos Donatellos schmeichelhafte Statue des obersten Söldnerheerführers der Stadt, Gattamellata. Im Zeitalter Oliver Cromwells konnte man unmöglich übersehen, was für politische Karrieren erfolgreichen Militärführern offenstanden. Vgl. die einfühlsame Analyse von F. H. Schubert (1965).

118 Vgl. a. C. V. Wedgwood (1938), S. 302–315, die allein durch sorgfältige Auswertung der gedruckten Quellen Wallensteins Ende rekonstruiert.

119 Illustrationen der Schlacht bei A. und G. Parker (1977), S. 46–55. Auf dem Schlachtfeld selbst sind die Spuren der in der Nacht vor dem Gefecht auf dem Altbuch aufgeworfenen Geschützstellungen noch heute sichtbar; außerdem erinnert eine kleine Gedenksäule an das damalige Geschehen. Der Ort lohnt genau wie Lützen einen Besuch.

120 Vier von den neun »Nebenrezessen« wurden nie veröffentlicht; vgl. K. Bierther (1981).

121 Die Meinung des Königs wurde als »höchst geheim« gekennzeichnet – »âme qui vive ne les a veues«, wie es dort heißt.

122 Zahlen bei Baron de Montglat (1838), 3. Folge V, S. 27 und 30. Zu den Schätzungen des Finanzministers über die Gesamtgröße der französischen Armee vgl. R. Bonney (1981), S. 173, Anm. 3.

123 Richelieu gebrauchte das Wort »finnisch« (finois), aber das war ein Wortspiel mit dem französischen Wort für pfiffig (finaud). Vgl. D. L. M. Avenel (1853), Bd. 4, S. 735.

124 Die Umrechnungen stützen sich auf J. J. McCusker (1978).

125 Vgl. beispielsweise Montglats Äußerung, daß der ältere Condé »quoique grand politique, n'entendoit point la querre ...«; Baron Montglat (1838), 3. Folge, V, S. 41.

126 Bullion schrieb dies nach dem Tod Bernhards von Sachsen-Weimar, der nach seiner Ansicht »avait dans l'esprit les fantazie(s)«.

127 Das Orginal des Manuskripts befindet sich in der Königlichen Bibliothek Stockholm, Kartenabteilung Y 50. Eine weniger genaue Version der Karte, die jedoch
die Erläuterungen ungekürzt enthält, findet sich bei J. G. von Meiern (1736) als
»Beylage«. Die Standorte der Garnison sind aufschlußreich. 19 Garnisonen der
Schweden lagen im Elsaß, in Franken und Schwaben, 29 in Böhmen, 24 in
Sachsen, Brandenburg und Magdeburg, 19 in Westfalen und in der Pfalz und
nicht weniger als 27 in Pommern. Die französischen Garnisonen lagen ausschließlich im Südwesten, die hessischen im Nordwesten Deutschlands. Allein
die Schweden waren überall vertreten. Die Stützpunkte der Kaiserlichen im Jahr
1648 finden sich auf der Karte in der Anlage zur Dissertation von P. Hoyos
(1970).
128 Alle Datierungen der in diesem Abschnitt angeführten Korrespondenzen ent-
sprechen dem alten Stil. Im Hinblick auf den Gregorianischen Kalender sind
jeweils zehn Tage hinzuzuzählen.
129 Vgl. die neuere Untersuchung von G. Lorenz (1981) über die von Frankreich an
Schweden gezahlten Subsidien und deren Verwendung.
130 Während der Debatte im Staatsrat vom 21. November 1640 erklärte Oxenstierna:
»Ich kann heute etwas sagen, was ich bisher noch nie öffentlich geäußert habe –
und was mir vermutlich manche nicht glauben werden, – daß ich nämlich den
Gedanken an eine Zeit hege, die einmal kommen kann, da wir uns aus dem deutschen Krieg zurückziehen und ihn um jeden Preis fahren lassen, ohne auch nur
einen Fußbreit Boden zu behalten. Ich würde mich in der Tat ohne weiteres dazu
bewegen lassen und hätte Euch seit langem dazu geraten, würde uns nicht von
manchen in den fremden Ländern eine solche Verachtung gezeigt und ließe sich
das Werk in Ehren und Sicherheit vollbringen.« Und wenig später in derselben
Debatte sagte er: »(Pommern) ist weniger wichtig als die Gewinnung und Bewahrung der Sympathie der Fürsten und ihre Restitution in ihre früheren Rechte und
Besitztümer«; *Svenska riksradets protokoll*, VII, S. 330 und 333.
131 Es verdient Erwähnung, daß Oxenstiernas Meinung die allgemeine Auffassung
der Versammlung zum Ausdruck brachte.
132 F. C. Springell (1963) gibt eine lebendige Schilderung dieser bizarren Episode
(S. 105–110). Der gesamte Buchhandel lag 1637 darnieder; in diesem Jahr wurden
in Deutschland nicht mehr als 408 neue Bücher aufgelegt gegenüber 1757 Titeln
im Jahr 1618. Vgl. R. Engelsing (1973), S. 42.
133 Der Aufstand wurde von Martin Aichinger (oder Laimbauer) angeführt, der von
sich behauptete, er sei der Messias und gegen Kugeln gefeit. Nach der Niederlage
seines Bauernheers bei Frankenburg im Mai 1636 wurde er gefangengenommen.
Die Feldzeichen seiner Truppen werden heute im Linzer Museum aufbewahrt.
Vgl. F. Wilflingseder (1959).
134 Auch während der Belagerung von 1632 hatte Nürnberg unter schlimmen Verheerungen zu leiden; s. in diesem Band S. 208.
135 Die Wirtschaft dieses Herzogtums war in der Tat äußerst verwundbar, denn es
hatte noch nie genügend Nahrungsmittel erzeugt, um seine Bevölkerung selbst zu
versorgen; das Geld aus der Ausfuhr des in der Gegend von Stuttgart angebauten
edlen Weines mußte für die Einfuhr von Getreide aufgewendet werden. Der
Krieg zerstörte sowohl die Weinberge als auch den Handel. Viele Bauern starben,

viele flüchteten außer Landes, die meisten von ihnen in die Schweiz. Vgl. R. Stritmatter (1977), S. 75. 1638 gab es in Basel fast mehr Flüchtlinge als Einheimische.

136 Natürlich gingen nicht sämtliche Bevölkerungsverluste auf das Konto der Truppen. Hinzu kam die Pest, von deren Verwüstungen kaum ein Gebiet in Deutschland verschont blieb. So starben z. B. 1634 in der oberpfälzischen Hauptstadt Amberg 18 Jesuitenpatres in ihrem neu eröffneten Kolleg an der Pest; vgl. W. Gegenfurtner (1977), S. 170.

137 Zu Belegen für die drückenden Steuerlasten vgl. L. Weber (1972), S. 129–132. Mit dem Prager Frieden 1635 wurden dem bayrischen Kreis 120 Römermonate auferlegt, 120 beim Kurfürstentag 1636, 75 auf dem Kreistag 1638 und 120 auf dem Reichstag von 1641 – alles in allem 435 Römermonate in nur sechs Jahren! Vgl. die Höhe der Kriegssteuern vor 1618 auf S. 77.

138 Der hauptsächlich gegen Holland gerichtete Vertrag zwischen England und Dänemark war Bestandteil einer von der dänischen Regierung seit 1637 geführten Kampagne, mit der die diese ihre Hoheitsrechte über die das dänische Territorium umgebenden Meere präziser und restriktiver festzulegen suchte. Man hat vermutet, daß die dänische Politik durch die Veröffentlichung von John Seldens Schrift *Mare clausum* (1635/36) ausgelöst wurde; vgl. S. Dalgard (1959). (Ich danke Herrn Professor E. L. Petersen für diesen Hinweis.) Karl I. war in dieser Hinsicht Schweden ebenfalls feindselig gesonnen, da die Stockholmer Regierung die schottischen Aufständischen mit Waffen versorgte – sie waren zu einem Großteil Veteranen der schwedischen Armee.

139 Es gab einen ähnlichen Versuch durch Friedrich Wilhelm von Brandenburg, den Erben und Nachfolger des Kurfürsten, 1637 in Kleve einen Waffenstillstand zuwege zu bringen, der indessen ebenfalls fehlschlug; vgl. E. Opgenoorth (1952), Kap. 3. Im Jahr 1639 versuchte auch der niedersächsische Kreis, diesmal mit größerem Erfolg, seine Neutralität zu erringen; vgl. F. Magen (1982), S. 451 f. Die geheimen Friedensverhandlungen Bayerns mit Frankreich in Einsiedeln (Jan. 1640) werden auf S. 253 in diesem Buch erwähnt.

140 Damit trat der Regensburger Reichsabschied an die Stelle der Bestimmungen des Prager Friedens, der das Restitutionsedikt lediglich für eine bestimmte Zeit außer Kraft gesetzt hatte. Diese neuen Bestimmungen wurden jedoch ihrerseits wieder durch den Westfälischen Frieden geändert, der das Jahr 1624 als »Normaljahr« festsetzte (das für die Katholiken weit weniger günstig war als das Jahr 1627).

141 Zur Neutralität Brandenburgs s. E. Opgenoorth (1972) und F. Schröer (1966). Zu den Anfängen des braunschweigischen Bündnisses mit Schweden vgl. J. Kretzschmar (1904 b) und zu ihrem Ende M. Reimann (1979).

142 Die so häufig außer acht gelassenen Feldzüge der Schweden während dieser Jahre werden ausführlich beschrieben und mit Karten erläutert von L. Tingsten (1932). Ich danke an dieser Stelle Herrn Professor M. Roberts, der meine Aufmerksamkeit auf die Bedeutung der Banérschen Operationen gelenkt hat.

143 Der Papst war außerstande, bei dieser Friedensinitiative eine aktive Rolle zu spielen, da Urban VIII. 1642 die Feindseligkeiten gegen den Herzog von Parma eröffnet hatte. Innerhalb von zwei Jahren verschwendete Urban rund sechs Millionen Taler auf den »Krieg von Castro«, und im Juli 1644 starb er gebrochenen Mutes. Vgl. die Zahlen bei J. Grisar (1943), S. 208.

144 Aus AGS, *Contaduria Mayor de Cuentas,* 3a época 949, geht hervor, daß der Schatzkämmerer von Deutschland zwischen 1635 und 1640 3,5 Millionen Gulden (zu je 60 Kreuzern), aber zwischen 1640 und 1643 nur noch 1,8 Millionen erhielt. Ein Taler hatte damals den Wert von 90 Kreuzern

145 »Es scheint mir, als hätten wir keine andere Wahl, als in einem oder zwei der Kriege, in welche die Casa de Austria gegenwärtig verwickelt ist, einen allgemeinen Frieden oder zum wenigsten ein Abkommen anzustreben«, schrieb Oñate 1640 an Olivares; zit. n. R. A. Stradling (1981), S. 104.

146 Der von Stein gesehene Zusammenhang zwischen lutherischem Pietismus und deutschem Patriotismus während dieser Zeit ist vielleicht etwas überzeichnet, doch die von ihm angeführten Belege sind ebenso wichtig wie ungewöhnlich.

147 Zum Frankfurter Deputationstag allgemein F. Dickmann (1959), Kap. 3 und 5, und R. von Kietzell (1972).

148 Die Schlacht bei Freiburg wurde von einem bayrischen Befehlshaber, Johann Werth, als die schlimmste geschildert, in die er jemals verwickelt war: »Er, seit 22 Jahren mit dem Bluthandwerk vertraut, habe niemalen so blutigem Treffen beigewohnt.« Zit. n. H. H. Schaufler (1979), S. 7.

149 Der Kaiser befand sich in Prag, und er verließ die Stadt am 7. März, einen Tag nach der Schlacht. Vgl. P. Broucek (1967), S. 11. Zum Feldzug von 1645 allgemein K. Ruppert (1979), Kap. 3.2, und R. D. Chesler (1979), S. 209 f.

150 Tatsächlich galt der Waffenstillstand zunächst nur für sechs Monate, aber im April 1646 wurde er in Eilenburg bis zum Ende des Krieges verlängert. Sachsen mußte an die schwedische Armee Kontributionen bezahlen und schwedische Garnisonen in Leipzig und Torgau zulassen; andererseits durften drei in der kaiserlichen Armee kämpfende sächsische Regimenter dort verbleiben, sofern sie nicht gegen Schweden eingesetzt wurden.

151 Die besondere Konzentration der Delegierten auf Verfahrensfragen hat den Spott zahlreicher Historiker provoziert, doch die Erinnerung an den mißglückten Frieden von Regensburg 1630 und den Vertrag von Wismar 1636 (S. 189 und 241 in diesem Buch), wo in beiden Fällen ein von den Regierungsbevollmächtigten unterzeichnetes Abkommen später von den Herrschern nicht ratifiziert wurde, war noch nicht verblaßt. Vgl. D. P. O'Connell (1967).

152 Zit. n. J. Kuczynski (1981), S. 117. Zum Feldzug von 1646/47 vgl. P. Broucek (1967).

153 Der besonders interessante Aufsatz von G. Schmid stützt sich auf Dokumente aus den Archiven des Herzogtums Sachsen, dessen Abgeordnete zu den protestantischen »Falken« zählten.

154 Die Neuartigkeit dieses Kompromisses, festgehalten in Artikel V, Absatz 52 des »Instrumentum Pacis Osnabrugensis« und bekannt unter der Bezeichnung *itio in Partes* ist nicht immer gesehen worden: Ein Zeitalter, das in der Regel das Mehrheitsprinzip befürwortete, verstand sich diesmal auf ein anderes Verfahren zur Fassung von Beschlüssen über wichtige Fragen. Sicher war das Paritätsprinzip zwischen zwei ungleichen Gruppen schon ein Jahrhundert früher vom Helvetischen Bund angenommen worden, doch das Heilige Römische Reich war viel umfangreicher, so daß sich die Formel des *itio in partes* weit schwieriger in die Praxis umsetzen ließ. Aber es *wurde* in die Praxis umgesetzt. Verfassungsrechtler

des 18. Jahrhunderts sahen in diesem Instrument das Meisterstück der Friedens-
stifter – »(die) vornehmste Stütze der Freyheit und mit so vielem Blut erkauften
Aequalität« –, da ein konfessioneller Dualismus das in Deutschland erzielte politische Gleichgewicht zwischen dem Kaiser und den Landesfürsten verstärkte und
schützte. Vgl. C. G. Hoffmann, *Gründliche Vorstellung deren in dem Heiligen
Römischen Reiche ... Religions-Beschwerden* (1772), zit. bei M. Heckel (1978);
vgl. ibid., S. 291–308. Die Leistung dieses Friedenskongresses wird außerdem auf
S. 306 ff. unseres Buches erörtert.

155 Vgl. a. den Eindruck von Sir Edward Peyton (1652): »Gott erhob Gustav Adolf,
damit er das Geschick der vereinten Fürsten wende, doch am Ende haben die
Schweden mehr ihren eigenen Interessen als denen Gottes gedient.«

156 Dieser wichtige Aspekt der französischen Politik in Deutschland in den 1640er
Jahren wird von F. Dickmann (1959) heruntergespielt. Auch die Mehrzahl der
übrigen, weniger gewichtigen deutschen Untersuchungen dieser Phase des
Krieges neigen zu einer Unterbewertung der Rolle Mazarins. Vgl. hierzu D.
McKay und H. M. Scott (1983), S. 4 f.

157 Zum letzten Feldzug der Kaiserlichen im Krieg s. P. Hoyos (1970), Teil 2. Zur
Politik des Kurfürsten von Köln zu jener Zeit s. J. F. Foerster (1976).

158 Die Unsicherheit darüber, ob die neue Ordnung in Böhmen Bestand haben
würde, hielt fast bis zum Kriegsende an. Noch 1645 konnte die Gräfin Cernin,
eine der vom Kaiser begünstigten Adligen, an eine Freundin schreiben: »Die
Würfel liegen noch auf dem Tisch, und wer kann sagen, wer den Gewinn aus
unseren Besitztümern einstreichen wird?« Zit. n. O. Odložilík (1973), S. 19. Vgl.
a. die Erörterung bei R. J. W. Evans (1971), S. 44.

159 Die Kämpfe in Übersee, vor allem in Asien, hielten allerdings noch einige Zeit an.
»Die endgültig letzte Schlacht des 80jährigen Krieges wurde am 18. Juli 1649 in
Ternate geschlagen, über ein Jahr nach der Ratifizierung des Vertrags von Mün-
ster, aber noch vor der offiziellen Verbreitung der Nachricht in bestimmten
Teilen des Fernen Ostens.« J. I. Israel (1982), S. 336.

160 C. T. Odhner (1877, S. 238) überliefert die Klage der schwedischen Bevollmäch-
tigten vom Januar 1648, daß die »Hispania causa (noch immer) der Compass des
Kaisers in dem deutschen Tractat« war. Zur Befürchtung des Kaisers, einen
Frieden ohne Spanien schließen zu müssen, vgl. K. Ruppert (1979), S. 350–358.

161 In Augsburg, dessen Bevölkerung vor dem Krieg 33 000 Einwohner zählte, lebten 1645
nur noch 21 000 Einwohner: 14 000 Lutheraner, 6 000 Katholiken und 1 000 Söldner.

162 Der Autor bemerkt, daß für einige Territorien die Kosten des Kongresses denen
der Armeesatisfaktion gleichkamen oder sie sogar überschritten. So mußte z. B.
Brandenburg 134 522 Taler für seine Diplomaten aufbringen, während die Freie
Reichsstadt Bremen für beides 88 413 bzw. 28 480 Taler bezahlen mußte. Der
letztere Fall stellte jedoch die Ausnahme dar.

163 Die einzige Gegenleistung, die Erzbischof Lodron und seine Vasallen hierfür
erhielten, war die Befreiung von einer Einquartierung durch die Armee. Auch die
übrigen Gebiete des Reiches mußten schwere Bedrückungen erdulden. Vgl. G.
Buchstab (1981).

164 Zur schwedischen Demobilisierung vgl. die ausgezeichnete Untersuchung von T.
Lorentzen (1894), Kap. 6 und 7. Neuere Daten bei G. Buchstab (1976), S. 170–

177. Zur Abdankung der Kaiserlichen vgl. J. Hoyos (1970), Teil 3, abgedruckt in *Der Dreißigjährige Krieg,* S. 169–232, und O. Elster (1903), S. 104 ff.

165 Es gibt natürlich Ausnahmen, ganz besonders das Kriegsarchiv in Stockholm. Außerdem kann es vorkommen, daß wichtige Militärarchivalien an unvermuteter Stelle aufbewahrt werden. So befinden sich z. B. die detaillierten Unterlagen der Wallensteinschen Leibgarden (das Fußregiment des Grafen Julius von Hardegg) heute im Niederösterreichischen Landesarchiv in Wien, Herrschaft Stetteldorf, Kartons 1–6. Vgl. den überaus instruktiven Aufsatz von F. Hausmann (1976), der sich auf diese Dokumente stützt. Es ist die einzige mir bekannte neuere historische Arbeit über ein Regiment, das am Dreißigjährigen Krieg teilgenommen hat. Die Aufzeichnungen der Piccolomini-Regimenter, die früher im Schloß Náchod lagerten und heute im Staatsarchiv in Zámrsk aufbewahrt werden, boten Otto Elster 1903 die Gelegenheit zu einer kurzen, aber interessanten Studie über die von Ottavio Piccolomini zwischen 1629 und 1650 angeworbenen Regimenter. Eine systematischere Auswertung dieser Dokumente würde sicherlich die Mühe lohnen.

166 Zu den Uniformen vgl. F. Hausmann (1976), S. 129–135. In mehreren europäischen Museen befinden sich wiederhergestellte Militärkleidungsstücke aus jener Zeit, vor allem in den Sälen »Dreißigjähriger Krieg« des Heeresgeschichtlichen Museums in Wien und im Armeemuseum in Stockholm.

167 Eine schöne Sammlung von Fahnen, die im Dreißigjährigen Krieg den kaiserlichen und ligistischen Truppen abgejagt wurden, befindet sich in der staatlichen Trophäensammlung im Armeemuseum in Stockholm. Die Sammlung umfaßt rund 4 000 Gegenstände, größtenteils aus der Zeit 1610–1720; davon sind einschließlich der Feldzeichen aus dem Dreißigjährigen Krieg 45 ausgestellt.

168 Die Bestellung und die Muster von Gallas werden zur Zeit (1984) in einer Vitrine im Heeresgeschichtlichen Museum in Wien gezeigt. Im Jahr 1708 wurde Perlgrau als Farbe für sämtliche Uniformen der österreichischen Armee festgelegt.

169 Weitere Informationen verdanke ich mündlichen Mitteilungen von Dr. Lindegren im Januar 1980. Auch Dänemark führte 1627 eine Konskription ein, allerdings nur zu Verteidigungszwecken; vgl. E. L. Petersen (1982 a), S. 33.

170 Ein neunseitiges »Sprachbüchlein« mit militärischen Begriffen, die vielfach ganz grotesk und unwahrscheinlich klingen, enthielt auch das Buch von H. M. Moscherosch (1640); vgl. ebd., 6. Geschichte, sowie die bei H. Langer (1978), S. 100, angegebenen Quellen.

171 Es ist z. B. bemerkenswert, daß fünf der Mörder Wallensteins ebenso wie Turner Untertanen von Karl I. waren: Lesley, Devereux, Geraldine, Gordon und Butler.

172 Die Paläste von Generälen wie Wrangel (in Skökloster im Norden Stockholms) oder Wallenstein (in Prag, Mnichovo Hradiště und Jičín) bezeugen noch heute den Reichtum, der sich durch den Krieg gewinnen ließ. Die neureichen Generäle legten ein ausgabenfreudiges Gebaren an den Tag, das in Norddeutschland bis dahin unerhört gewesen war. Der Marschall de la Gardie rühmte sich um 1650, er allein habe in Schweden den Luxus eingeführt.

173 Ein Ausstellungsschrank im Saal »Dreißigjähriger Krieg« des Heeresgeschichtlichen Museums in Wien enthält das kurze, kräftige Breitschwert Tillys (ca. 1610) neben dem langen, dünnen Rapier Ferdinands III. (ca. 1635). Beide Waffen sind typische Exemplare jener Zeit.

174 Natürlich konnten die zustehenden Rationen nicht immer beschafft werden. Dies bezeugt etwa die Klage eines bedauernswerten kaiserlichen Söldners, der während der Belagerung von Münster 1634 nur alle vier Tage ein Pfund Brot erhielt; vgl. J. Kuczynski (1981), S. 100–102.

175 Streiff – so genannt nach dem Obristen Johann Streiff von Lauenstein, der es dem König 1631 für 1 000 Taler verkauft hatte – wurde in Lützen verletzt und starb wenige Monate später vermutlich an seinen Wunden. Die Haut des Tieres wurde sofort abgezogen und nach Stockholm geschickt, wo man diese über ein hölzernes Pferdemodell spannte und im königlichen Schloß aufstellte. Dort befindet es sich noch heute, in den Livrustkammaren, und trägt den Sattel und den Harnisch, den Gustav Adolfs am Neujahrstag 1630 von seiner Frau geschenkt erhielt.

176 R. Chaboche (1973) bemerkt, daß von den Veteranen, die später in das Hôtel des Invalides kamen, nur knapp die Hälfte (46 Prozent) verheiratet waren.

177 AGRB, Secrétairerie d'Etat et de Guerre, 34, Bl. 5v: Anweisung des Kardinalinfanten vom 8. Juli 1634, den Bauern, die neun Deserteure auf ihrer Flucht durch das Veltlin gefangen hatten, 50 Escudos Belohnung zu zahlen. Beispiele für Hinrichtungen wegen Feigheit finden sich auf den Seiten 209 und 233 unseres Buches.

178 Eine Ausnahme stellt auch hier wieder der »Rullor« der schwedischen Armee dar, der im Stockholmer Kriegsarchiv verwahrt wird, in dem Desertionen und andere Ursachen für Verluste im einzelnen aufgeführt sind. Nach meiner Kenntnis ist jedoch auch diese Quelle noch nicht systematisch ausgewertet worden.

179 Quellen: *Sveriges Krig*, IV, S. 124, 387 f., 453; V, S. 138, 548 f.; VI, S. 423, 483; J. A. Fallon (1972), S. 246 ff.; F. Hausmann (1976), S. 166; B. Kroener (1981), S. 197. Auch zum Verlust englischer Söldner in dänischen Diensten liegen Angaben vor: Von 5 013 im November 1626 fiel die Mannschaftsstärke auf 2 472 im Februar 1627. Die Streitmacht wurde bis Juni 1627 nochmals auf 4 913 Mann verstärkt und danach zunehmend dezimiert: 4 707 im August, 4 412 im September und 3 764 im Oktober. Im Mai 1628 waren nur noch 1 400 englische und 230 schottische Söldner am Leben. Damit betrug der monatliche Durchschnittsverlust vier Prozent. Vgl. E. A. Beller (1928).

180 Tangermünde, heute eine der schönsten erhaltenen Städte aus dem 17. Jahrhundert in Mitteleuropa, mußte nach dem Krieg völlig neu aufgebaut werden. Nachdem die Stadt vierzehnmal als Hauptquartier eines Generals gedient hatte und siebenmal Plünderungen und Verwüstungen zum Opfer gefallen war, standen von den ursprünglich 623 bewohnten Häusern 1645 nur noch 228, und die Geburtenrate hatte sich um die Hälfte verringert. Zu Darmstadt s. F. Herrmann (1916), S. 123.

181 Zu den Jesuitenpatres im Dreißigjährigen Krieg vgl. B. Duhr (1913), Bd. II. 2, Kap. 6, wo Kriegstagebücher einiger Jesuitenkapläne ausgewertet werden; vgl. a. G. Parker (1972), S. 170 ff. Zu den Kontributionen s. ibid., S. 142 f., und F. Redlich (1959), S. 247–254.

182 Zu Moritz von Nassau und seinem Vetter vgl. die Einleitung von E. Kist zu J. de Gheyn (1971); zur »Kriegsschule« in Siegen vgl. L. Plathner (1913). Es war zweifellos eine höchst exklusive Schule: Als die Akademie 1623 ihre Türen schloß, hatten dort nicht mehr als 20 Lernwillige studiert! Eigentlich war diese Schule in Siegen gar nicht die erste ihrer Art, auch in Tübingen, Kassel und Sedan gab es

zum Ende des 16. Jahrhunderts solche Schulen an einem Hof. Zur Verbreitung der niederländischen Kriegstechniken vgl. F. Walker (1979), Kap. 1.

183 Auf jeden Fall wurde die »Doppelsalve« in der Schlacht bei Breitenfeld eingesetzt; vgl. *The Swedish Intelligencer*, I, London 1632, S. 124.

184 Grundlegende Daten bei G. Franz (1961). Franz vermeidet Gesamtschätzungen der Bevölkerung Deutschlands oder des Reiches, und die meisten späteren Autoren folgen ihm darin. Aber die vorsichtigen Angaben von C. McEvedy und R. Jones (1978), S. 67–72, bringen zutreffend die jüngsten Auffassungen zu diesem Thema zum Ausdruck.

185 Zu einigen entsprechenden Daten aus Nordwestdeutschland vgl. G. Benecke (1972).

186 Zu detaillierten Angaben über das Klima in Deutschland während der Kriegsjahre s. W. Klemke (1960). Obgleich der Landgraf weder über ein Barometer noch ein Thermometer verfügte, hinterließ er eine fortlaufende Liste von Beobachtungen, die er in Kassel und (seit 1640) in Fulda angestellt hatte, zwischen 1635 und 1650 (mit Ausnahme des Jahres 1645) viermal am Tag. Diese Angaben bezeugen ein kälteres und feuchteres Klima als heute, insbesondere während des Jahrzehnts nach 1640. Im Jahr 1648 gab es 157 Tage mit Regen, Schnee oder anderen Niederschlägen, 1649 waren es 147 und 1650 179 solcher Tage.

187 Zweifellos wurde der Lebensstandard, der vor dem Krieg geherrscht hatte, in den meisten Regionen Deutschlands erst wieder um 1700 erreicht, doch das lag weitgehend an der Politik Ludwigs XIV.

188 Zu einer knappen, neueren Darstellung der letzten Kriegsjahre unter dem Blickwinkel der Hessen vgl. K. Beck (1978). Was die Habsburger Lande angeht, so blieb auch hier der Krieg nicht ohne schädigende wirtschaftliche Folgen, doch waren diese weniger schwerwiegend als man erwartet hatte. Vgl. speziell zu Niederösterreich R. Sandgruber (1974).

189 Ähnliche Eulogien auf politische Theoretiker und Prediger in England finden sich bei J. N. Figgis (1894), Kap. 7–9.

190 John Donne begann seine Predigt mit folgenden Worten: »Es gibt kein anderes Wort in unserer ganzen Religion, das so viel in sich enthalten würde wie das erste Wort dieses Spruches: NUN.« Die geistige Beschäftigung mit der Zeit und vor allem mit dem jeweils unmittelbar Bevorstehenden charakterisierte die meisten Autoren jener Tage. Sie spiegelt sich in der Popularität lyrischer Dichtungen, Sonnette und Epigramme (die allesamt darauf zielten, eine augenblickliche Empfindung, einen Gedanken oder eine Tat festzuhalten, die dem Strom der Zeit entrissen wurden) und von Hochzeitsgedichten, in denen das Einmalige eines jeden noch so trivialen Ereignisses hervorgehoben wurde.

Bibliographischer Essay

A Allgemeine Darstellungen

Zum Thema »Dreißigjähriger Krieg« sind einige Tausend Bücher und Aufsätze verfaßt worden – die zumeist denselben Titel tragen wie unser Werk. Die besten zugänglichen Darstellungen hierzu sind in alphabetischer Reihenfolge: H. Langer (1978), G. Livet (1963), G. Pagès (1939), J. V. Polišenský (1971), und C. V. Wedgwood (1938). Daneben gibt es Untersuchungen mit leicht abgewandeltem Titel: G. Benecke (1978), S. H. Steinberg (1967), D. Maland (1980) und T. K. Rabb (1964). Vgl. a. die Addenda am Schluß dieses Essays.

Alle diese Darstellungen haben ihre Stärken, doch wie bereits im Vorwort bemerkt, ist keine von ihnen ganz befriedigend. Langers ausgezeichnete Arbeit ist im Grunde genommen eine Kulturgeschichte Deutschlands während des Krieges, während Pagès, Polišenský und Wedgwood jeweils einen Aspekt des Krieges auf Kosten aller übrigen in den Vordergrund stellen. Benecke bietet für den Engländer eine unschätzbare englische Übersetzung zahlreicher Schlüsseldokumente, aber keine allgemeine Geschichte des Krieges; Steinbergs Interpretation ist überzeichnet und durch zahlreiche sachliche Irrtümer in ihrem Wert beeinträchtigt; Maland stützt sich ausschließlich auf Sekundärdarstellungen, und Rabb präsentiert ziemlich atemlos die Auffassungen von 21 verschiedenen Autoren auf weniger als 100 Seiten. Die beste kurzgefaßte Darstellung stammt zweifellos von Livet, aber auf 125 Seiten im Duodezformat läßt sich auch nicht alles unterbringen. Demnach reicht keine einzige dieser neueren Studien an die hervorragende ältere Untersuchung von Moriz Ritter (1889) heran. Band 1 behandelt den Zeitraum von 1555 bis 1586, Band 2 in zwei Teilen die Periode 1586-1618, wobei die Besetzung Donauwörths 1607 und der Konflikt zwischen Rudolf II. und seinem Bruder die einschneidenden Ereignisse darstellen, während der dritte Band auf die Zeit von 1618-1635 eingeht. In keinem anderen Werk sind die internationalen Rückwirkungen jedes einzelnen Ereignisses im Reich so gründlich und erhellend dargestellt; im Hinblick auf den Krieg bis zum Jahr 1635 und auf die Entwicklung, die zu seinem Ausbruch geführt hat, bleibt das Werk RITTERS grundlegend und unersetzlich.

Es gibt keine andere allgemeine Darstellung, die man derart vorbehaltlos empfehlen könnte. Selbst die soliden Kapitel der *Cambridge Modern History*, Band 4, erstmals 1906 veröffentlicht, sind von ungleicher Qualität; einige (wie das über die Veltlinfrage) erweisen sich bis heute als hervorragend, während andere fraglos überholt sind. Aber auf was soll man statt dessen zurückgreifen? Die Beantwortung dieser Frage hängt natürlich davon ab, wieviel Zeit dem Leser zur Verfügung steht. Der nun folgende kritische Apparat soll in erster Linie zwei Zwecken dienen: alle Quellen, auf die sich die vorliegende Darstellung stützt, anzugeben und kritisch zu würdigen sowie die Aufmerksamkeit des Lesers auf die zahlreichen besonders nützlichen Studien zu lenken (diese sind durch ein * markiert).

B Die Jahre vor dem Krieg

Einer der führenden deutschen Historiker nach dem Zweiten Weltkrieg hat 1950 bemerkt, das Interesse an der Zeit zwischen 1555 und 1618 in Deutschland habe einen solchen Tiefpunkt erreicht, daß es nahezu erloschen sei. Dasselbe gilt auch heute noch. Englischsprachigen Lesern, denen eine Lektüre der beiden ersten Bände des RITTERschen Werkes versagt ist, stehen nur drei kurzgefaßte Darstellungen zur Verfügung: die Beiträge von G. D. RAMSAY in der *New Cambridge Modern History*, Bd. 3 und 4, jeweils Kap. 10, ferner * C. P. CLASEN (1968) und H. HOLBORN (1965), Kap. 10 und 11.

Eine der größeren Lücken in so gut wie jeder Geschichte des Dreißigjährigen Krieges – auch in den Bänden RITTERS – ist eine Erörterung der Entwicklungen in den österreichischen Ländern. Aus diesem Grund dürften interessierte Studenten und Fachgelehrte besonders dankbar sein für die inzwischen auch in deutscher Übersetzung erhältliche wichtige neue Untersuchungen von * R. J. W. EVANS (1979), die außerdem eine ausführliche Bibliographie mit Veröffentlichungen in verschiedenen Sprachen enthält. Von Bedeutung sind in diesem Zusammenhang auch die folgenden Studien: H. STURMBERGER (1957), der die Auseinandersetzungen zwischen Rudolf II. und seinen Brüdern behandelt, eine frühere Untersuchung von R. J. W. EVANS (1973) sowie die neuere Aufsatzsammlung *Rudolf II ans His Court* (1982). Ähnliche Studien über Ferdinand II. wären wünschenswert, aber es gibt keine. Die ausführlichste Darlegung seiner politischen Anschauungen bleibt nach wie vor die zeitgenössische Chronik eines seiner Geheimräte, die erstmals nach 1640 veröffentlicht wurde und ihre endgültige Form (zwölf Folio- und zwei Supplementbände) in den 1720er Jahren durch den Drucker des Kurfürsten von Sachsen erhielt: F. C. KHEVENHILLER (1640 f.). Zwei ergänzende Bände vom selben Autor (1721) enthalten illustrierte biographische Skizzen. F. HURTER (1850) ist trotz seiner Einseitigkeit noch immer von Bedeutung. Weniger umfassende Darstellungen bieten J. FRANZL (1978), H. STURMBERGER (1957) und G. FRANZ (1958). Zur geschickten Manipulation der öffentlichen Meinung durch den Kaiser vor allem in den lutherischen deutschen Ländern s. K. NOLDEN (1958). Wertvolle Informationen zum Prozeß der Entscheidungsfindung am Wiener Hof bietet die neuere Publikation von *R. BIRELEY (1981). Zu Innerösterreich vgl. A. NOVOTNY und B. SUTTER (1967) sowie die Monographie von W. SCHULZE (1973).

Die einzigen Probleme, denen sich das Reich in jenen Jahren gegenübersah und die zu umfassenden Untersuchungen über die gesamte Periode angeregt haben, bezogen sich auf Religion, Wirtschaft und (vielleicht etwas überraschend) auf Repräsentativorgane. Zur allgemeinen Lage des Protestantismus in Deutschland zu jener Zeit s. J. B. NEVEUX (1967), H. SCHILLING (1981) und B. VOGLER (1975) und (1981). Zur Konkordienformel vgl. die von L. SPITZ herausgegebenen Aufsätze in *Sixteenth Century Journal*, VIII (1977), Heft 4. Die besten Darstellungen zur Wirtschaft stammen von H. KELLENBENZ (1971) und J. KUCZYNSKI (1981). Vgl. a. I. BOG (1968) und R. ENDRES (1968).

Die (zumindest im englischen Sprachraum) berühmteste Arbeit über Repräsentativorgane stammt von F. L. CARSTEN (1959). Trotz ihrer Fülle an faszinierendem Material sowie kühnen und klaren Verallgemeinerungen ist diese Untersuchung jedoch von deutschen Historikern als zu anglozentristisch kritisiert worden, weil CARSTEN angeblich zu sehr die Gemeinsamkeiten zwischen deutschen Landständen und dem englischen Parlament betont hat; vgl. z. B. P. HERDE (1966). Eine gänzlich andere Auffassung speziell von den süddeutschen Ständeversammlungen unter Betonung ihres (im Gegensatz zum englischen Modell) wahrhaft demokratischen Aufbaus bietet P. BICKLE (1973). Zu weiterer Literatur über den Reichstag und die Reichskreise s. Anm. 18 und 20 in unserem Band. Zu den österreichischen Ständen liegen zwei ebenso gewichtige wie ausführliche Aufsätze vor: M. MITTERAUER (1973) geht auf die Ursprünge ein, während G. HEISS (1978) die von den

Ständen gegründeten protestantischen Schulen und den Symbolcharakter ihrer Unabhängigkeit behandelt.

Die politischen Gruppen außerhalb der Habsburger Lande, die schon vor 1618 ein Interesse an den Entwicklungen in Böhmen zeigten, haben ebenfalls die Aufmerksamkeit von Historikern auf sich gezogen. Die Archive der Liga und der Union befinden sich gegenwärtig in den verschiedenen Sektionen des Bayerischen Hauptstaatsarchivs in München, wo auch die Vorkriegsarchive der Rheinpfalz sowie des Herzogtums Bayern lagern. Für die Zeit von 1599 bis 1613 ist ein Großteil dieser Archive zusammen mit zahlreichen ergänzenden Dokumenten aus anderen Quellen in der von M. RITTER et al. herausgegebenen Reihe *Briefe und Akten zur Geschichte des Dreißigjährigen Krieges* veröffentlicht worden.

Die beste englischsprachige Untersuchung der Pfälzer Politik stammt von C. P. CLASEN (1963). Zu diesem Thema gibt es weit mehr deutschsprachige Veröffentlichungen: vgl. insbesondere V. PRESS (1970) und (1977) und F. H. SCHUBERT (1955). Eine neuere Biographie Anhalts liegt nicht vor, doch seine Verbindungen zu den Protestanten in Mitteleuropa werden knapp umrissen bei A. A. VAN SCHLEVEN (1939). Auch über die Union existiert keine neuere Untersuchung, dafür gibt es jedoch wichtige Monographien über einige ihrer Mitglieder. S. hierzu vor allem H. G. HEROLD (1973), E. KOSSOL (1976) und E. L. STICHT (1964).

Zu Bayern und zur Katholischen Liga existieren zwei ausgezeichnete Arbeiten: F. NEUER-LANDFRIED (1968) und H. ALTMANN (1978). Die Untersuchung von Altmann ist in der Reihe *Briefe und Akten zur Geschichte des Dreißigjährigen Krieges. Neue Folge* erschienen. Die übrigen Bände dieser Reihe tragen den gemeinsamen Titel *Die Politik Maximilians I. von Bayern und seiner Verbündeten 1618-1651.* Teil I besteht aus zwei 1966 und 1970 veröffentlichten, von G. FRANZ bzw. A. DUCH bearbeiteten Bänden über den Zeitraum 1618 – 1622. Von den zehn Bänden von Teil II sind noch nicht alle erschienen: Die Bde. 1 bis 3 erschienen 1907, 1918 und 1942 in Leipzig und behandeln den Zeitraum von 1623 bis 1625; Bd. 4 (Bearbeiter W. GOETZ) und Bd. 5 (Bearbeiter D. ALBRECHT) erschienen 1948 bzw. 1964 in München und behandeln die Zeit von 1626 – 1630; Bd. 8 (Bearbeiter K. BIERTHER) und Bd. 9 erschienen 1982 und 1983 in München und enthalten Quellen zu den Jahren 1633 – 1635. Der ursprünglich vorgesehene Teil III (1636-1648) wird wahrscheinlich nicht mehr erscheinen, da alle relevanten Dokumente in der bayerischen Unterabteilung der *Acta Pacis Westfalicae* (s. u.) veröffentlicht werden sollen.

Erstaunlicherweise gibt es keine gänzlich befriedigende Biographie des Führers der Liga – obgleich das entsprechende zugängliche Material sehr umfangreich ist und von A. Kraus (1978) einer höchst brauchbaren ersten Sichtung unterzogen wurde –, die auch alle seit 1963 erschienene Literatur berücksichtigen würde. Über Maximilian vor dem Krieg s. H. Dollinger (1968), eine sehr ausführliche Studie; ferner H. Dotterweich (1962), der sich auf die Aufzeichnungen der herzoglichen Familie und die Übungsbücher des jungen Herzogs stützt, sowie C. Pfister (1948), zwar zuwenig genau, aber voll von interessanten Anekdoten. Das vielleicht beste und auf jeden Fall auf dem neuesten Stand stehende Porträt Maximilians findet sich im Katalog zu einer umfangreichen Ausstellung, die 1980 in der Münchner Residenz veranstaltet wurde; vgl. H. Glaser (1980 b). Zu weiteren Untersuchungen zu Maximilian und zur Kunstpolitik in Bayern s. H. Glaser (1980 a).

Zur Politik der übrigen europäischen Mächte gegenüber dem Deutschen Reich zur damaligen Zeit s. S. L. Adams (1973) und J. V. Polišenský (1949) über England; R. Mousnier (1973) und J. M. Hayden (1973) über Frankreich; J. den Tex (1973) und A. T. van Deursen (1965) über die Vereinigten Niederlande; P. Brightwell (1982 a und 1982 b) über Spanien; hierzu auch E. Straub (1980).

C Das Jahrzehnt nach 1620

Trotz der ausgezeichneten knappen Darstellung des Aufstandes in Böhmen von H. Sturmberger (1959) sind die vier Bände von A. Gindely (1869) für die »böhmische« Phase des Krieges nach wie vor unerläßlich. Zu Ferdinands Reaktion auf die Krise vgl. neben den bereits genannten Studien von J. Franzl (1978) und R. Bireley (1981), P. Broucek (1976) und H. Kretschmer (1978). Dieter Alrecht hat souverän die päpstliche und die bayrische Politik gegenüber den böhmischen Aufständischen behandelt; vgl. ders. (1956 a), (1956 b) und *(1962).

Zur Politik Spaniens s. P. Brightwell (1979) sowie die beiden bereits erwähnten Aufsätze (1982 a) und (1982 b); ferner die Monographie von E. Straub (1980). Man beachte jedoch, daß Straubs Quellenverzeichnis einige merkwürdige Lücken aufweist und daß seiner gesamten Deutung vorgeworfen wurde, er habe die Rolle Bayerns und Österreichs vernachlässigt. Vgl. hierzu die Rezension von H. Altmann in ZbL XLV (1982), S. 723-727. Zu den bei Straub nicht angeführten Veröffentlichungen zählt die Untersuchung von J. Alcalá-Zamora y Queipo de Llano (1975), die sich weitgehend überschneidet mit den entsprechenden Kapiteln bei B. Chudoba (1952) und etlichen Partien von R. Ródenas Vilar (1967). Andererseits hat man Alcalá-Zamora (wie auch dem Autor dieses Buches und zahlreichen anderen Forschern auf diesem Gebiet) den Vorwurf gemacht, den Krieg in den Niederlanden unzureichend zu behandeln; vgl. hierzu * J. I. Israel (1982). Israel wiederum gelingt es größtenteils nicht, die Ereignisse in den Niederlanden mit den Entwicklungen in Deutschland zu verknüpfen. Wie es scheint, ist niemand von uns vollkommen.

Wertvolle Informationen zum Ostseeplan finden sich bei A. Sokol (1976); eine nützliche Sammlung spanischer Dokumente in Verbindung mit einer ausführlichen Einleitung über die Verhandlungen zwischen den beiden Habsburgerfamilien während dieser Zeit bietet H. Günter (1908). Den jüngsten Überblick zu diesem Themenkreis gibt der ausgewogene und bemerkenswert gut dokumentierte Aufsatz von M. E. Mout (1982). Zum spanischen Hof, an dem so zahlreiche wichtige Entscheidungen getroffen wurden, s. J. Brown und J. H. Elliott (1980). Elliott bereitet zur Zeit eine politische Biographie des Grafen und Herzogs Olivares vor und hat vor kurzem ein Buch über Richelieu und Olivares herausgebracht (1984). Die Deutschlandpolitik der Regierung in Brüssel, die mit der von Madrid vertretenen Linie nicht immer übereinstimmte, wird untersucht von J. Kessel (1979).

Über den Hauptwidersacher Ferdinands, den Kurfürsten Friedrich V. von der Pfalz, gibt es keine adäquate Untersuchung – trotz der zahlreichen Informationen bei F. H. Schubert (1955) und V. Press (1970). Vgl. a. J. G. Weiss (1940) und F. H. Schubert (1954).

Die beste Darstellung der Feldzüge von 1621 und 1622 im Westen findet sich bei H. Wertheim (1929). Zum Feldzug von 1623 s. W. Brünick (1957), dessen Arbeit zugleich die überzeugendste Porträtschilderung Mansfelds beinhaltet. Zur Besetzung der Rheinpfalz s. A. Egler (1971) und W. Dautermann (1937). Zur Oberpfalz schließlich s. K.-O. Ambronn und A. Fuchs (1978) und J. Staber (1964).

Zur Intervention Dänemarks bietet die Untersuchung von H. Gamrath und E. L. Petersen (1980) eine erzählende Darstellung sowie eine ausführliche kritische Biographie einschließlich sämtlicher dänischer Literatur. Die Vorgeschichte dieser Intervention sowie deren Einordnung in den schwedisch-dänischen Kontext findet sich bei L. Tandrup (1979). Vgl. a. die Rezensionen dieser Studie bei S. Heiberg in *Fortid og Nutid*, XXVIII (1980), S. 636-643, und K. J. V. Jespersen in *Historik tidsskrift (Dansk)*, LXXXI (1981), S. 242-253. Die Arbeit Tandrups ersetzt weitgehend die frühere

Untersuchung von T. CRISTIANSEN (1937). Die (in der Rankeschen Tradition) noch immer unerreichte Untersuchung von Christians Außenpolitik bis 1645 ist die von A. FRIDERICIA (1876). Zu den öffentlichen Finanzen vgl. E. L. PETERSEN (1975) und * (1982).

Die Rolle Siebenbürgens und auch der Türkei während der Anfangsjahre des Dreißigjährigen Krieges wird häufig vernachlässigt, obwohl es an Quellen hierzu nicht mangelt. Vgl. D. ANGYAL (1928); J. V. POLIŠENSKÝ (1953); R. R. HEINISCH (1974) und H. VALENTINITSCH (1974).

Zur Außenpolitik Englands während des Jahrzehnts nach 1620 s. S. L. ADAMS (1973), (1978) und (1984). S. a. E. WEISS (1966) und R. ZALLER (1974). Die Bemühungen Jakobs I., zwischen dem Reich und der Pfalz zu vermitteln, werden eingehend erörtert bei A. W. WHITE (1978). Zur niederländischen Außenpolitik in dem untersuchten Zeitraum liegen keine neueren Untersuchungen vor, aber zur militärischen Unterstützung der deutschen Protestanten vgl. F. J. G. TEN RAA und F. DE BAS (1915); J. V. POLIŠENSKÝ (1958); J. H. HORA SICCAMA (1867), Kap. 1 und 2, sowie J. G. SMIT und J. ROELEVINK (1981).

Was die übrigen Interventionsländer angeht, so ist am besten die Politik Frankreichs dokumentiert. Vgl. hierzu V. L. TAPIÉ (1934); R. PITHON (1960) und (1963). Bislang gibt es wohl noch keine befriedigende Untersuchung über Richelieus Außenpolitik; die beste Darstellung dieser Persönlichkeit im englischen Sprachraum von W. F. CHURCH (1972) enthält kaum Informationen über die Außenpolitik Frankreichs nach 1627. Die vermutlich am besten geeignete Einführung bietet Teil 2 der Studie von J. WOLLENBERG (1977). Zahlreiche und wesentliche Einblicke in die französische Außenpolitik im Dreißigjährigen Krieg vermittelt * R. J. BONNEY (1981). Zu weiteren Staaten, die zwischen 1620 und 1630 an den Auseinandersetzungen interessiert waren, vgl. R. KLEINMAN (1975), J. KREBS (1890) und M. ROBERTS (1953), Kap. 4 und 5.

Trotz der Interventionen aus dem Ausland bis 1630 blieb der Kaiser vorläufig der militärische Sieger – dank der vernichtenden Niederlagen, die von den katholischen Generälen einem Gegner nach dem anderen beigebracht wurden. Merkwürdigerweise gibt es keine neuere Monographie über Tilly, obgleich sich bei H. GLASER (1980 b), Bd. 2, S. 377–399, einige Ansätze zur Schließung dieser Lücke finden. Der ernsthaft Interessierte ist gezwungen, auf die Arbeit von O. KLOPP (1891), des größten Apologeten Tillys, zurückgreifen. Anders steht es dagegen mit der zweiten Zentralfigur jener Ereignisse: Über Albrecht von Waldstein oder Wallenstein gibt es an die 4 000 Veröffentlichungen in den verschiedensten Sprachen. Die beste für den deutschen

Leser verfügbare Biographie stammt von G. MANN (1971). Nützlich ist auch die Biographie von H. DIWALD (1969), obgleich sie sich mehr auf Deutschland konzentriert und keine vergleichbare Kontroverse ausgelöst hat; vgl. hierzu die zustimmenden und ablehnenden Rezensionen in *Merkur*, XXVI (1972), S. 282-296, und in der *Neuen Rundschau*, LXXXIII (1972), S. 243-249. Die meisten außerdeutschen Historiker scheinen allerdings darin übereinzustimmen, daß sich keine dieser beiden neueren Untersuchungen wesentlich von früheren Deutungen Wallensteins unterscheidet. In mancher Hinsicht sind sie sogar weniger informativ als etwa die klassische Studie von A. GINDELY (1886) oder die Arbeiten von A. ERNSTBERGER (1929) und (1954). In keinem Fall kann jedoch der an Wallenstein ernsthaft interessierte Historiker die auf S. 351 aufgeführten umfangreichen Dokumentationen übergehen. Zu Eggenberg liegen keine vergleichbaren Darstellungen vor; nützliche Informationen bieten jedoch H. VON ZWIEDINECK-SÜDENHORST (1880) und W. E. HEYDENDORFF (1965).

Über die innenpolitischen Entwicklungen der Habsburger Monarchie nach der Schlacht am Weißen Berge sind zahlreiche Materialien veröffentlicht worden. An erster Stelle ist hier natürlich die bereits erwähnte Untersuchung von R. J. W. EVANS (1979) zu nennen, aber auch A. CORETH (1959) eignet sich hervorragend zur Einarbeitung in diesen Themenkomplex. Zu den zentralen Institutionen der Monarchie s. T. FELLNER und H. KRETSCHMAYER (1907), Bd. 1; L. GROSS (1933) und F. H. SCHWARZ (1943). Zu den politischen und militärischen Ereignissen in den einzelnen Habsburger Ländern muß sich der Leser noch immer durch die altmodischen »Quellen und Darstellungen« durcharbeiten. Die Veränderungen des böhmischen Grundbesitzes werden eingehend behandelt von T. B. BÍLEK (1882), doch die dort angegebenen Zahlen werden revidiert von F. L. SNIDER (1972). A. GINDELY (1894) ist zwar immer noch maßgebend, aber unvollständig; E. DENIS (1903) ist der klassische melancholische Liberale; die tschechische Übersetzung seiner Arbeit enthält zahlreiche Ergänzungen und Korrekturen. Die vermutlich brauchbarste neuere Sicht der Verhältnisse in Böhmen findet sich in dem Sammelband von K. BOSL (1974), Bd. 2. Die neue Verfassung ist abgedruckt bei H. JIRECEK (1888). J. KOLLMANN (1924) behandelt die Anfänge der geplanten Gegenreformation; die von J. V. POLIŠENSKÝ et al. herausgegebenen Quellenbände *Documenta Bohemica Bellum Tricennale illustrantia* enthalten zahlreiche bislang unbekannte Materialien. Zu den Vorgängen in Ungarn grundlegend sind P. PÁZMÁNY (1894) und (1910). Die neueste Darstellung des Kardinal-Primas stammt von F. BITSKEY (1979); eine Geschichte der militärischen Ereignisse bietet L. NAGY (1969) und (1972), und vor kurzem ist außerdem ein von

Zs. P. PACH herausgegebener Sammelband erschienen (1986). Das Schicksal der steirischen Protestanten wird dokumentiert bei J. LOSERTH (1898), während das ihrer Glaubensbrüder im übrigen Reich unter katholischem Blickwinkel behandelt wird von B. DUHR (1913), Bd. 2.1 und 2.2.

Zur Durchsetzung des Habsburger Absolutismus in Oberösterreich s. vor allem H. STURMBERGER (1976). Zum Aufstand von 1626 vgl. a. *Der oberösterreichische Bauernkrieg 1626* (1976) und G. HEILINGSETZER (1976). Die Auswirkungen des Habsburger Absolutismus auf die bäuerliche Bevölkerung Oberösterreichs untersucht H. REBEL (1983), Kap. 8. Zum Bauernaufstand in Niederösterreich und dessen Unterdrückung s. die ausgezeichnete Dissertation von R. D. CHESLER (1979).

Auch Ferdinand III. ist bis heute ein Stiefkind der Geschichtsschreibung geblieben. Zu seiner Innenpolitik vgl. M. KOCH (1865) sowie als knappe Skizze den Aufsatz von F. STIEVE (1877 b).

D 1630–1635

Die maßgebliche Untersuchung über den für Habsburg so verhängnisvollen Mantuanischen Erbfolgekrieg stammt nach wie vor von R. QUAZZA (1926). Eine brauchbare Sammlung spanischer Quellen findet sich außerdem in der *Colección de documentos inéditos para la historia de España*, Bd. 54, sowie bei M. FERNÁNDEZ ALVAREZ (1955), der seiner Untersuchung ein ausführliches Vorwort vorangestellt hat. Die Haltung des Kirchenstaates zum Mantuanischen Krieg wird untersucht von Q. ALDEA VAQUERO (1968) und G. LUTZ (1971). Zu einem Überblick über die wirtschaftlichen Folgen des Krieges vgl. D. SELLA (1979).

Die Ereignisse in Regensburg im Sommer 1630 lassen sich am besten in den Arbeiten von D. ALBRECHT (1962), (1959) und (1980) verfolgen; vgl. a. ders. (1964), Bd. 2, Teil 5, Dok. 170 (auf 315 Seiten Quellen zum Regensburger Kurfürstentag). S. a. die bahnbrechende Studie von O. HEYNE (1866). Zu einer neueren Interpretation vgl. R. BIRELEY (1975) und (1981), Kap. 6. Zur Politik der protestantischen Kurfürsten nach Regensburg s. B. NISCHAN (1976) und (1979).

Wer sich mit der schwedischen Intervention in den Krieg eingehender beschäftigt, kann unmöglich die grundlegenden Arbeiten von M. ROBERTS übergehen. Der zweite Band seiner Biographie des Schwedenkönigs * (1958), die 1973 in einer einbändigen, gekürzten Ausgabe neu aufgelegt wurde, behandelt den Krieg in Deutschland. Weitere Einblicke vermittelt ders. (1967), insbesondere Kap. 6 (»The political objectives of Gustavus Adolphus in Germany, 1630-32«); zahlreiche kommentierte Quellen sind abgedruckt in ders. (1968). Nicht weniger bedeutsam ist die neueste Untersuchung dieses Autors (1979), die zahlreiche neue Gesichtspunkte enthält.

Zu diesem Thema liegen in englischer Sprache kaum andere Arbeiten vor, während die Auswahl unter den schwedischen Veröffentlichungen natürlich weit größer ist. Im Hinblick auf den Krieg selbst gebührt der Ehrenplatz der vom Generalstab der schwedischen Armee durchgeführten unerreichten Untersuchung *Sveriges Krig 1611 – 1632,* deren Bände 3 bis 6 den Krieg in Deutschland 1629 – 1632 behandeln. Angesichts ihrer zahlreichen Karten, Tabellen und Schaubilder und einem Darstellungsteil, der sich auf Quellen aus Archiven überall in Europa stützt, wird dieses Werk wohl kaum jemals überholt werden können. Eine äußerst brauchbare illustrierte Studie zu den schwedischen Fortifikationstechniken bietet L. W. Munthe (1902). In den letzten Jahren wurde die Aufmerksamkeit der schwedischen Militärhistoriker vorwiegend auf die Wirtschaft des Reiches während des Krieges gelenkt; s. hierzu z. B. H. Landberg et al. (1971); S. A. Lundkvist (1966); L. Ekholm (1974) sowie R. Nordlund (1974 a) und 1974 b).

Zur Politik Schwedens gegenüber dem Reich sind noch immer grundlegend J. Kretzschmar (1904 a) und (1904 b). Zu den Beziehungen zwischen Schweden und Hessen s. W. Keim (1962). Zu der Kursachsen von Schweden aufgezwungenen Mußheirat gibt es nichts Vergleichbares; die Gründe, warum Johann Georg sich bewegen ließ, 1631 in Böhmen einzufallen, werden erörtert von M. Toegel (1973), dessen Aufsatz eine Zusammenfassung in deutscher Sprache enthält. Eine vor einigen Jahren erschienene deutsche Biographie des Schwedenkönigs schenkt diesen Fragen einige Aufmerksamkeit: G. Barudio (1982). Eine hervorragende Darstellung der Politik Schwedens in Deutschland nach Gustav Adolfs Tod gibt * M. Roberts (1982), während * S. Goetzes Untersuchung (1971) einen wesentlichen Fortschritt gegenüber den traditionellen Darstellungen bedeutet, wie sie z. B. von J. Kretzschmar (1922) oder A. Kuesel (1878) gegeben wurden – wenngleich diese beiden letztgenannten Arbeiten eine Fülle von sonst nirgends zugänglichem Material enthalten. Zur Verwaltung der schwedischen Eroberungen s. C. Deinert (1966) und H. D. Müller (1979). Vgl. außerdem die auf S. 352 angeführten Quellen.

Was uns jedoch aus all diesen bewundernswerten und bis ins letzte Detail gehenden Arbeiten an keiner Stelle entgegenleuchtet, ist das Charisma der Hauptakteure: Weder Gustav Adolf noch Axel Oxenstierna treten aus den bedruckten Seiten als die überlebensgroßen Gestalten hervor, als die sie von ihren Zeitgenossen wahrgenommen wurden. Zumindest im Hinblick auf den König läßt sich die damalige Popularität noch aus den schmeichelhaften Berichten über seine Taten in jeder protestantischen Zeitung und Flugschrift der Jahre 1630–1632 und noch mehr aus den »Gustaviana« herauslesen – aus jenen zahllosen kunstgewerblichen Gebrauchsgegenständen, die das Bild des Königs tragen. Statuetten, zeremonielle Trinkgefäße, Medallions, Porträts und sogar Buntglasfenster – sie alle dienten als Medien der Propaganda. Beispiele hierfür finden sich in den meisten Museen und Galerien der protestantischen Regionen Europas.

Die Literatur über den Hauptwidersacher Schwedens in jenen Jahren, Albrecht von Wallenstein, ist weit weniger zahlreich oder zufriedenstellend. Die neueren Biografien von H. DIWALD (1969) und G. MANN (1971) gehen beide zuwenig auf sein zweites Generalat ein und sind zweifellos kein Ersatz für die umfangreichen Quellensammlungen und Untersuchungen, die zwei bis drei Generationen früher erarbeitet wurden. Die wichtigsten von diesen sind (in alphabetischer Reihenfolge): A. GAEDEKE (1885); H. HALLWICH (1897), (1910) und (1912); K. G. HELBIG (1852); G. IRMER (1888) und J. PEKAŘ (1895) vgl. die Rezension von W. GOETZ (1938) und H. VON SRBIK (1920). Diese voluminösen Bände mit jeweils einem Quellen- und einem Darstellungsteil verdeutlichen besser als alle später erschienenen Arbeiten die überaus komplizierten Verhandlungen, in die sich der General eingelassen hatte; damit erklären sie viel vom »Geheimnis« Wallenstein und einen Großteil der »Wallensteinfrage«. Empfohlen seien außerdem drei weitere Studien von H. HALLWICH – (1883) und (1884), Bd. 1 und 2 – sowie eine Sammlung wichtiger Briefe aus mährischen Archiven: P. VON CHLUMECKY (1856).

Der einzige nennenswerte Durchbruch, der in den letzten Jahren erzielt wurde, sind die Untersuchungen von * P. SUVANTO (1963) und * (1979). Einige der umstritteneren Schlußfolgerungen der erstgenannten Studie (neben einiger Kritik) wurden von G. LUTZ (1968) auf der Grundlage anderer Quellendokumente bestätigt. Weitere Quellen s. in Anm. 77 unseres Buches.

Zu Spanien in dieser Phase des Krieges s. A. VAN DER ESSEN (1944) und (1954) sowie R. A. STRADLING (1981), Kap. 2 und 3. Zum Krieg in Hessen vgl. R. ALTMANN (1938) und L. VAN TONGERLOO (1964).

Die entscheidende Rolle Hessen-Darmstadts für das Zustandekommen des Prager Friedens zwischen dem Kaiser und der Mehrzahl der protestantischen Fürsten wird besonders eingehend untersucht von K. H. FROHNWEILER (1964). Zu den Verhandlungen bis zum Prager Frieden s. R. BIRELEY (1981), Kap. 11; * K. REPGEN (1962), Bd. 2, S. 329-388, und die Einleitung des 1. Kapitels bei F. Dickmann (1959). Der Wortlaut des Prager Friedens wird ausführlich erörtert von K. Bierther (1981), seine militärischen Folgen werden eingehend analysiert von H. Haan (1977).

E 1635–1641

Sowohl der Reichstag als auch der Kurfürstentag in Regensburg, die während dieser Zeit einberufen wurden, um die politische Spaltung in Deutschland zu überwinden, waren der Gegenstand der sorgfältigen Untersuchungen von H. Haan(1967) und K. Bierther (1971). Im Zusammenhang mit dem Kurfürstentag von 1636 liegt eine gelungene Studie über die englische Gesandtschaft unter der Führung des Earl of Arundel vor, der Reproduktionen von William Crownes »True Relation« und zahlreicher Stiche von Wenzel Hollar beigegeben sind: F. C. Springell (1963).

Die Korrespondenz Axel Oxenstiernas ist nach wie vor die wichtigste Einzelquelle für diesen Zeitraum, und seit 1888 hat die Königlich-schwedische Akademie der Wissenschaften, der Geschichte und der Altertümer *Rijkskansleren Axel Oxenstiernas skrifter och brevvexling* in zwei Folgen veröffentlicht; die erste Folge von 15 Bänden enthält die von Oxenstierna bis 1636 verfaßte Korrespondenz, während die zwölfbändige zweite Folge die an den Kanzler adressierte Korrespondenz enthält. Weitere Bände beider Folgen sind in Vorbereitung. Die Haltung der Regenten und des Staatsrats gegenüber dem Krieg ist dokumentiert im *Svenska riksradets protokoll* (Sitzungsprotokolle) und in *Handlingar rörande Skandinaviens Historia*, 1. Folge, XXIV-XXX und XXXII-XXXVIII (Briefe und Instruktionen der Regenten und des Staatsrats an Oxenstierna). Die Verträge Schwedens mit auswärtigen Mächten sowie die in diesem Zusammenhang relevanten Dokumente sind abgedruckt bei C. Hallendorff (1909). Zu den schwedisch-französischen Beziehungen vgl. E. Falk (1911), S. Arnoldsson (1937), S. Lundgren(1945), L. Tingsten (1930) und (1932) und B. Steckzén (1939).

Die allgemeine Untersuchung von G. Pagès (1939) geht besonders auf die französischen Verhältnisse ein, und bestimmte wesentliche Aspekte werden noch eingehender behandelt in ders. (1937). Die letztere Untersuchung widmet sich zwar in der Hauptsache der Auseinandersetzung zwischen Richelieu und seinen innenpolitischen Gegnern, enthält jedoch grundlegende Beobachtungen über die Bedeutung der Erwerbung Pinerolos. S. a. die beiden allgemeinen Arbeiten zu diesem Zeitraum von R. J. Bonney (1978) und *

(1981). Zur Weigerung Ludwigs XIII., den Vertrag von Regensburg zu ratifizieren, einem entscheidenden Ereignis im Verlauf des französischen Kampfes mit dem Kaiser, vgl. die wichtige Analyse von * D. P. O'CONNELL (1967) als Ergänzung zu den Kommentaren von PAGÈS über die innenpolitische Lage Frankreichs zu jener Zeit. Über die Elsaßpolitik Frankreichs informiert am besten G. LIVET (1956): Obwohl dieses Werk schwer lesbar ist und eine spätere historische Epoche zum Gegenstand hat, empfiehlt sich die Lektüre von Buch I, das eine ausgezeichnete Darstellung der Widersprüche der französischen »Protektion« enthält. Diese wird auch von zwei neueren Studien von W. H. STEIN (1978) und R. OBERLÉ (1965) nicht übertroffen. Das Interesse der Schweiz an dieser Region untersucht R. STRITMATTER (1977). Zur Elsaßpolitik Habsburgs s. die sorgfältige Studie von W. E. HEYENDORFF (1959).

Auch die Rheinpolitik Frankreichs ist eingehend erforscht worden. Vgl. vor allem H. WEBER (1969) sowie * (1968), eine knappe Zusammenfassung der ersteren Arbeit. Auch der Aufsatz von R. PILLORGET (1976) enthält Informationen über die Jahre nach 1640. Zu den vom Krieg verursachten Verwüstungen in Burgund nach 1635 s. die klassische Untersuchung von G. ROUPNEL (1955); zu Lothringen vgl. S. GABER (1979).

F 1642–1650

Die herausragende Arbeit über den Frieden, der dem Krieg ein Ende machte, ist die bereits erwähnte Untersuchung von F. DICKMANN (1959). Eine nützliche Würdigung dieses Buches, die trotz mancher Kritik dessen fundamentale Bedeutung hervorhebt, bietet M. HECKEL (1971). Die gleichzeitig stattfindenden Verhandlungen in Münster zwischen Spanien und der Niederländischen Republik werden zutreffend analysiert von J. J. POELHEKKE (1948) und J. I. ISRAEL (1982), Kap. 6.

Die Arbeiten von KONRAD REPGEN und seinen Schülern erweitern fortwährend unser Verständnis von den verwickelten diplomatischen Aktivitäten während der letzten fünf Kriegsjahre. Besonders wichtig sind hier K. REPGEN (1962), wo die Haltung der päpstlichen Kurie zum Frieden untersucht wird, und ders. (1972). Die Arbeiten der Schüler REPGENS, die in der *Schriftenreihe der Vereinigung zur Erforschung der Neueren Geschichte (SVENG)* veröffentlicht wurden, sind ebenfalls herausragend. Besonders zu erwähnen sind * F. WOLFF (1966), W. BECKER (1973), R. PHILIPPE (1976) und * K. RUPPERT

(1979). REPGEN ist außerdem der verantwortliche Herausgeber der Reihe *Acta Pacis Westfalicae publica*, die in drei Serien publiziert werden: Ser. 1 (»Instruktionen«) mit 3 Bänden (1 erschienen), Ser. 2 (»Korrespondenzen«) mit 24 Bänden (6 erschienen) und Ser. 3 (»Protokolle, Verhandlungen, Diarien und Varia«) mit 18 Bänden (4 erschienen).

Es mag manchem so scheinen, als wäre das mehr als genug zu unserem Thema, doch die Friedenskonferenz, die fünf Jahre dauerte und an der die Vertreter von 194 verschiedenen Staaten teilnahmen, hat eine größere Fülle an Quellendokumenten hinterlassen als fast jede andere vergleichbare Veranstaltung, so daß die Historiker von diesem Thema in Scharen angelockt wurden. Zu Polen s. J. LESZCZYNSKI (1969); zu Brandenburg s. E. OPGENOORTH (1971), Bd. 1, Kap. 3 und 4; zu den konfessionellen Vereinbarungen des Westfälischen Friedens s. M. HECKEL (1978). Eine knappe Zusammenfassung der Friedensvereinbarungen in englischer Sprache findet sich bei G. SYMCOX (1974), S. 39-62.

Über die letzten Feldzüge des Krieges gibt es erstaunlicherweise kaum Untersuchungen. Man hat einige Unternehmen beschrieben und Biographien des einen oder anderen Heerführers verfaßt, doch die beste Übersicht über die Kämpfe gibt die bereits erwähnte Untersuchung von K. RUPPERT (1979). Allein die Kriegsanstrengungen Schwedens wurden eingehend erforscht, allerdings nur unter finanziellem Blickwinkel; vgl. hierzu K. R. BÖHME (1967) und G. LORENZ (1981). Zur Auflösung der kaiserlichen Armee vgl. die (größtenteils unveröffentlichte) ausgezeichnete Dissertation von P. HOYOS (1970). Teil III dieser Arbeit ist in *Der Dreißigjährige Krieg* (1976), S. 169-232 abgedruckt.

G Die Armeen und die Verwüstungen des Krieges

Der militärgeschichtlich interessierte Leser wird in der Kunst jener Zeit, insbesondere in den Werken von Malern wie Vranckx und Snaeyers und von Kupferstechern wie Callot, Richter und Franck lohnendes Anschauungsmaterial finden. Eine gelungene Auswahl enthält das Buch von H. LANGER (1978). Zu den meisten großen Schlachten des Krieges gibt es außerdem »wargames« der Avalon-Hill Company in Maryland und der SPI in New York. Der Spielfilm »The Last Valley«, zu dem John Prebble das Drehbuch schrieb, schildert lebendig den Alltag der Heere, die im großen Krieg mitgekämpft haben, und in einem besonderen Bildband von E. WAGNER (1979) werden damalige Militärszenen dem Betrachter noch einmal anschaulich vor Augen geführt.

Alle diese bildlichen Darstellungen tragen zu einem vertieften Verständnis jener Zeit bei, da sie uns mit einer Unmittelbarkeit ansprechen, die reinen Texten fehlt. Dennoch gibt es einige ausgezeichnete literarische Schilderungen des Alltagslebens während des Krieges, angefangen mit der zeitgenössischen Literatur selbst. Führende deutsche Dichter wie OPITZ, MOSCHEROSCH und GRIMMELSHAUSEN haben in Dichtung und Prosa die Kriegswirren dargestellt. Doch wie weit können wir ihre Worte für bare Münze nehmen? HANS JAKOB CHRISTOPH VON GRIMMELSHAUSEN beispielsweise wurde 1621 geboren und empfing vor seiner Gefangennahme einige Jahre lang eine lutherische Erziehung an einer Schule seines Heimatortes Gelnhausen. Danach verbrachte er fünf Jahre in der kaiserlichen, der hessischen und wieder in der kaiserlichen Armee. 1640 wurde er Garnisonsschreiber, und nach Beendigung des Krieges diente er seinem Obersten noch bis 1660 als Sekretär, bevor er sich als Gastwirt niederließ. Von nun an bis zu seinem Tod 1676 besserte er seine Einkünfte damit auf, daß er Bücher über seine Kriegserlebnisse verfaßte. Das erste erschien 1668 und trug den Titel *Der Abentheuerliche Simplicissimus Teutsch;* bis 1672 waren bereits fünf Auflagen vergriffen. Um 1700 gab es weitere 30 gedruckte Bücher, die auf diesem Schelmenroman oder einer seiner Hauptfiguren beruhten und von denen zwei von GRIMMELSHAUSEN selbst stammten, die *Lebensbeschreibung der Landstörtzerin Courage* und der *Seltzame Springinsfeld,* die beide erstmals 1670 erschienen. Neben diesen waren es vor allem die Bücher GRIMMELSHAUSENS, die einen wesentlichen Einfluß auf die gesamte historische Forschung über die Soldaten im Dreißigjährigen Krieg und deren Welt ausgeübt haben.

Das war mehr als mißlich, weil sich inzwischen herausgestellt hat, daß GRIMMELSHAUSEN die dichterische Erfindung der Realität vorzog. So war z. B. die lebhafte Schilderung der Schlacht bei Wittstock (1636) im *Simplicissimus,* die der Autor angeblich als Augenzeuge miterlebt hatte, ein – teilweise wortwörtliches – Plagiat der 1629 erschienenen deutschen Ausgabe von SIR PHILIP SIDNEYS *Arcadia.* Auf den ersten Seiten der *Landstörtzerin Courage,* wo die Ereignisse der Jahre 1620-1621 geschildert werden, wiederholt GRIMMELSHAUSEN Wort für Wort den unzutreffenden Bericht aus einem anderen populären Werk seiner Zeit, dem *Teutschen Florus* von WASSENBERG. Demnach müssen diese Beschreibungen als zuverlässige Quellen ausscheiden. Eigentlich sollte uns das nicht überraschen, denn schließlich war GRIMMELSHAUSEN kein Historiker, sondern Romanschreiber. Diese Tatsache hat allerdings entscheidende Konsequenzen für die historische Genauigkeit. Dem schöpferischen Autor geht es häufig zwangsläufig mehr um die dynamischen als um die statischen Elemente eines Krieges, er legt den Schwerpunkt stärker auf die Marschbewegungen, Schlachten und Metzeleien; er kann es sich leisten, von den finanziellen, logistischen und befehlshierarchischen Strukturen, die ihnen zugrundeliegen, unbeeindruckt zu bleiben. Doch GRIMMELSHAUSEN gibt sich durchaus nicht unbeeindruckt oder gleichgültig, denn bei ihm werden die Militärführer und die Marketenderinnen als der eigentliche Feind dargestellt. Selbst die alles andere als wählerische Courage läßt sich mit keinem ein, dessen Rang über dem eines Hauptmanns steht, und ihre Hauptgegner sind die Majore und Obristen. So tragen die Gestalten GRIMMELSHAUSENs unweigerlich den Geruch des Lagerfeuers und nicht den des Hauptquartiers an sich, wenn wir sie beim Raufen, Spielen oder Strümpfestopfen erleben, während sie das nächste Gefecht erwarten; und wenn auch die im *Simplicissimus* geschilderten Kriegsereignisse erfunden sind, so gilt das doch nicht für die Personen des Buches. Die Authentizität in der Darstellung der Verhältnisse unter den einfachen Soldaten bei GRIMMELSHAUSEN sollte erst wieder in den Tagebüchern von englischen Gefreiten erreicht werden, die 1806 am Peninsularkrieg Napoleons teilnahmen. Vgl. C. HOHOFF (1978) und H. GEULEN (1969).

Auch in England haben etliche Zeitgenossen, die zumeist unmittelbar am kriegerischen Geschehen beteiligt waren, über ihre Erlebnisse berichtet. Vier dieser Schilderungen sind von besonderem Wert: S. POYNTZ (1908), J. TURNER (1683), S. 157-372, ders. (1829) und R. MONRO (1637). Von diesen drei Autoren ist uns nur wenig bekannt (obgleich uns MONRO kaum kaschiert in Daniel Defoes *Memoirs of a Cavalier* und als Sir Walter Scotts Dugald Dalgetty in der *Legende von Montrose und seinen Gefährten* wiederbegegnet). Der Werdegang von POYNTZ wird in GOODRICKS Ausgabe seiner Werke erzählt, während die späteren militärischen Unternehmungen von TURNER und MONRO von D. STEVENSON (1981), S. 80-83 und 312 f., berichtet und kommentiert werden. Unter den neueren Arbeiten über die Söldner im Dreißigjährigen Krieg ist als erste H. LANGER (1978), S. 61-102, zu erwähnen, gefolgt von der wichtigen und detaillierteren Untersuchung von * F. REDLICH (1964).

Zur allgemeinen Kriegführung während dieser Zeit stellen die im Rahmen der Fontana-Reihe *War und Society* erschienenen Bände von J. R. HALE (1450-1618) und M. ANDERSON (1618-1770) wohl die Standardwerke dar. Ebenfalls geeignet sind außerdem H. W. KOCH (1981) sowie drei Aufsätze von M. ROBERTS (1967), G. PARKER (1979 c) und H. EICHBERG (1977), die alle die militärischen Veränderungen jener Epoche in einen größeren Zusammenhang stellen. Trotzdem bleibt nach wie vor die allgemeine Studie von E. VON FRAUENHOLZ (1938) unentbehrlich.

Schließlich gibt es noch zahllose Darstellungen der Heere, die sich für einen bestimmten Kriegsherrn schlugen. Zu den Kaiserlichen vgl. J. C. ALLMAYER-BECK und E. LESSING (1978); O. ELSTER (1903); *Der Dreißigjährige Krieg* (1976); T. M. BARKER (1975) sowie die ersten vier Aufsätze von ders. (1982). Zur bayrischen Armee während des Krieges liegt keine befriedigende neuere Untersuchung vor; brauchbar ist hier immerhin R. BAUMANN (1978). Zu den Reichsgegnern vgl. J. W. WIJN (1934), J. A. FALLON (1972), P. DUKES (1982), L. ANDRÉ (1906), B. KROENER (1980) und (1981) sowie *Sveriges Krig*.

Zu den von den Armeen angerichteten Zerstörungen existiert eine ausgezeichnete Zusammenfassung der umfangreichen, aber vielfach widersprüchlichen Daten, die bis etwa 1960 zusammengetragen wurden: T. K. RABB (1962). Einen wichtigen Überblick über die wirtschaftliche Lage Deutschlands vor dem Kriegsausbruch bietet F. LÜTGE (1958). Unter den neueren Untersuchungen sind für den Leser besonders gewinnbringend G. BENECKE (1972); * G. FRANZ (1961); C. R. FRIEDRICHS (1979); H. HAAN (1981) und H. KAMEN (1968).

Es gibt einen unerschöpflichen Schatz von lokalen Untersuchungen über die Verwüstungen des Krieges, die zum Teil ebenso gut wie erschütternd sind. Ausführliche Hinweise finden sich bei G. FRANZ (1961). Ungewöhnlich reichhaltiges Material für eine einzige deutsche Region (Franken) bietet H. SCHMIDT (1953). Zu anderen Quellen über die Zerstörungen durch den Krieg bis 1635 s. Anm. 132 bis 137 in unserem Buch.

Addenda zur englischen Ausgabe

Während die englische Ausgabe in Druck ging, erschien eine Reihe neuerer Arbeiten über den Dreißigjährigen Krieg. Zunächst bietet die Veröffentlichung von P. LIMM (1984) aus der Reihe »Seminar Studies in History« eine nützliche knappe Interpretation sowie eine Auswahl aus wichtigen Quellendokumenten. Zum zweiten erschienen in der *Zeitschrift für historische Forschung* 1983 zwei Aufsätze von K. VOCELKA und K. SCHLAICH über das Verhältnis zwischen Rudolf und Matthias (1606-1612) sowie über das Mehrheitsprinzip im Reichstag zwischen 1495 und 1613, die für unser Thema ebenfalls Wesentliches beitragen.

Zum Jahrzehnt 1620-1630 untersucht der Aufsatz von T. Cogswell (1984) die Intervention Englands als entscheidenden Einschnitt. Die frostige Begegnung der Könige von Dänemark und Schweden 1629 in Ulfsbäck ist das Thema eines Aufsatzes von K. J. V. Jespersen (1982). E. L. Petersen (1983) stellt die Intervention von Christian IV. in einen größeren Zusammenhang. J. I. Israel (1983) zeigt, daß die jüdischen Gemeinden unter den Franzosen ebenso wie unter den Schweden und den Kaiserlichen durchaus blühen und gedeihen konnten. Schließlich ist noch das Buch von M. E. Mallett und J. R. Hale (1984) zu erwähnen, in dem sich die beste Darstellung des Gradiskaner-krieges findet.

Addenda zur deutschen Ausgabe

In den beiden letzten Jahren ist abermals eine Fülle neuer Veröffentlichungen zu unserem Thema erschienen. Der Ehrenplatz gebührt zwei deutschen Monographien: G. Schormann (1985) bietet auf nicht mehr als 150 Seiten eine gedrängte Übersicht über die Ereignisse, während G. Barudio (1985) 700 Seiten für seine Untersuchung benötigt. Beide bieten zunächst und vor allem eine Ereignisgeschichte, und beide konzentrieren sich auf den deutschen Aspekt des Geschehens (obwohl Barudio ausgiebig die skandinavischen Quellen ausgewertet hat).

Zu den neuesten Studien über Deutschland vor, während und nach dem Krieg zählen J. A. Vann (1984), R. P. Hsia (1984), J. Whaley (1985), D. W. Sabean (1984), Kap. 2, und R. J. W. Evans (1985). Zu Frankreich vgl. J. Bergin (1985), zu England T. Cogswell (1986), zu Spanien R. A. Stradling (1986). Die zuletztgenannte Arbeit macht deutlich, daß Spanien seit dem September 1634 darauf vorbereitet war, Frankreich jederzeit den Krieg zu erklären, und seit Januar 1635 den Bruch als unvermeidlich ansah. Natürlich war es schließlich Frankreich, das den Krieg erklärte, doch haben neuere Forschungen ergeben, daß auch die Regierung in Paris unter dem Druck ihrer niederländischen Verbündeten seit Juni 1634 einen vollen Ausbruch der Feindseligkeiten für unabwendbar hielt. In beiden Fällen war es der Monarch, der die »Falken« anführte und einen frühzeitigen Bruch befürwortete, während die beiden obersten Minister für Mäßigung plädierten, doch die von beiden Höfen geteilte Erwartung, daß ein Krieg unmittelbar bevorstand, machte eine Kriegserklärung zusehends wahrscheinlicher, zumal diese Erwartung von beiden Seiten noch geschürt wurde. Eine eingehendere Erörterung dieser und

beiden Seiten noch geschürt wurde. Eine eingehendere Erörterung dieser und zahlreicher weiterer Fragen findet sich in der im Druck befindlichen Biographie des Grafen Olivares von J. H. ELLIOT (1986) sowie in den von K. REPGEN herausgegebenen Referaten einer Historikertagung im August 1984 in München über den Dreißigjährigen Krieg, die unter dem Titel *Krieg und Politik 1618-1648: europäische Studien und Perspektiven* im Oldenbourg Verlag erscheinen wird.

Auch zur militärischen Seite des Krieges gibt es neuere Untersuchungen. Die Armee und die Kriegsziele Richelieus während der ersten drei Jahre nach dem Bruch mit Spanien werden eingehend untersucht von D. W. PARROTT (1985), während B. KROENER (1982) die Söldner jener Zeit sozialgeschichtlich untersucht hat. Zur letzten Phase des Krieges gibt es jedoch noch immer nichts, was die beiden vom schwedischen Generalstab herausgegebenen und in der Bibliographie zur Originalausgabe dieses Buches sträflicherweise unverzeichnet gebliebenen Bände *Slaget vid Jankow 1645-1945* und *Fran Femern och Jankow till Westfaliska Freden. En minnesskrift ar 1948* ersetzen könnte, die 1948 in Stockholm erschienen sind.

Literatur

ABEL, W. 1971. Landwirtschaft 1500–1648, in: H. Aubin und W. Zorn 1971, S. 386–413.

ABELIN, J. P. 1646. *Theatrum Europaeum*, Bd. 2 (1629–1633). Frankfurt/Main 1646.

Acta sacra congregationis de propaganda fide. s. u. H. Tüchle 1962.

Acta Pacis Westfalicae publica. Hrsg. von der Rheinisch-Westfälischen Akademie der Wissenschaften in Verbindung mit der Vereinigung zur Erforschung der Neueren Geschichte e.V. durch K. Repgen, Münster 1969 ff.

ACTON, J. D. 1906. »The Study of History«, in: *Renaissance to Revolution: the rise of the free state.* Lectures on Modern History, New York 1961.

ADAMS, S. L. 1973. »The Protestant Cause: Relations with the West European Calvinist communities as a political issue in England, 1585–1630.« Diss. Universität Oxford 1973.

ADAMS, L. 1978. »Foreign Policy and the Parliaments of 1621 and 1624«, in: W. Sharpe 1978, S. 139–171.

– 1984. »Spain or the Netherlands? The dilemmas of early Stuart foreign policy«, in: H. Tomlinson 1984, S. 79–101.

ÅGREN, N. 1976. »Rise and decline of an aristocracy: the Swedish social and political elite in the seventeenth century«, *Scandinavian Journal of History.* I 1976, S. 55–80.

ALBRECHT, D. 1956 a. »Zur Finanzierung des Dreißigjährigen Krieges«, *ZbL*, XIX 1956, S. 534–567.

– 1956 b. *Die deutsche Politik Papst Gregors XV.* München 1956 (Schriftenreihe zur bayerischen Landesgeschichte LIII).

– 1959. *Richelieu, Gustav Adolf und das Reich.* München/Wien 1959.

– 1962. *Die auswärtige Politik Maximilians von Bayern, 1618–1635.* Göttingen 1962, (SHK VI).

– 1969. »Das konfessionelle Zeitalter«, in: M. Spindler 1969, Bd. II, S. 358–361.

– 1980. »Der Regensburger Kurfürstentag 1630 und die Entlassung Wallensteins«, in: *Regensburg. Stadt der Reichstage.* Regensburg 1980, S. 51–71.

ALCALÁ-ZAMORA Y QUEIPO DE LLANO, J. 1975. *España, Flandes y el Mar del Norte 1618–1639. La última offensiva europea de los Austrias madrileños.* Barcelona 1975.

ALDEA VAQUERO, Q. 1958. *España, el Papado y el Imperio durante la Guerra de los Treinta Años.* Bd. 2: Instrucciones a los nuncios apostólicos en España 1624–1632, Comillas 1958.

– 1968. »La neutralidad de Urbano VIII en los años decisivos de la Guerra de los treinta años 1628–1632«. *Hispania Sacra,* XXI 1968, S. 155–178.

ALEXANDER, D. / W. L. STRAUSS (Hg.) 1978. *The German Single-Leaf Woodcut 1600–1700. A pictorial catalogue.* New York 1978.

ALLMEYER-BECK, J. C. / E. LESSING 1978. *Die kaiserlichen Kriegsvölker von Maximilian I. bis Prinz Eugen 1479–1718.* München 1978.

ALTMANN, H. 1978. *Die Reichspolitik Maximilians von Bayern, 1613–1618.* München 1978 (Briefe und Akten zur Geschichte des Dreißigjährigen Krieges in den Zeiten des vorwaltenden Einflusses der Wittelsbacher XII).

ALTMANN, R. 1938. *Landgraf Wilhelm V. von Hessen-Kassel im Kampf gegen Kaiser und Katholizismus.* Marburg 1938.

AMBRONN, K.-O. / A. FUCHS (Hg.) 1978. *Die Oberpfalz wird bayerisch: die Jahre 1621 bis 1628 in Amberg und der Oberpfalz.* Amberg 1978 Ausstellungskatalog.

ANDERSON, M. (o. J.), *War and Society 1618–1770* (im Druck).

ANDRÉ, L. 1906. *Michel le Tellier et l'organisation de l'armée monarchique.* Paris 1906.

ANGYAL, D. 1928. »Gabriel Bethlen«, *RH* LIII 1928, S. 19–80.

ANTONY, P. / H. CHRISTMANN (Hg.) 1970. *Johann Valentin Andreä: ein schwäbischer Pfarrer im Dreißigjährigen Krieg.* Hildesheim 1970 (Schwäbische Lebensläufe V).

ARETIN, K. O. VON, 1967. *Heiliges Römisches Reich 1776–1806. Reichsverfassung und Staatssouveränität,* 2 Bde., Wiesbaden 1967.

– 1980. »Die Lehensordnungen in Italien im 16. und 17. Jahrhundert und ihre Auswirkungen auf die europäische Politik«, in: H. Weber 1980, S. 53–84

ARNOLDSSON, S. 1937. *Svensk-fransk krigs- och fredspolitik i Tyksland 1634–1636.* Göteborg 1937.

– 1941. *Krigspropagand i Sverige före Trettionåriga kriget.* Göteborg 1941.

AUBIN, H. / W. ZORN (Hg.) 1971. *Handbuch der deutschen Wirtschafts- und Sozialgeschichte.* 2 Bde., Stuttgart 1971.

AVENEL, D. L. M. (Hg.) 1853. *Lettres, Instructions diplomatiques et Papiers d'Etat du Cardinal de Richelieu.* Paris 1851.

BADURA, B. (Hg.) 1979. *Der große Kampf um die Vormacht in Europa. Die Rolle Schwedens und Frankreichs. Quellen zur Geschichte des Dreißigjährigen Krieges 1635–1643.* Prag usw. 1979 (Documenta Bohemica VI).

BALLESTEROS Y BERETTA, A. (Hg.) 1936. *Correspondencia Oficial de Don Diego Sarmiento de Acuña, Conde de Gondomar.* Madrid 1936 (Documentos Inéditos para la Historia de España I).

BARKER, T. M. 1975. *The Military Intellectual and Battle: Raimondo Montecuccoli and the Thirty Years' War.* Albany 1975.

– 1982. *Army, Aristocracy, Monarchy: essays on war, society and government in Austria 1618–1780.* New York 1982.

BARUDIO, G. 1982. *Gustav Adolf der Große. Eine politische Biographie.* Frankfurt 1982.

– 1985. *Der teutsche Krieg 1618–1648.* Frankfurt 1985.

BAUMAN, R. 1978. *Das Söldnerwesen im 16. Jahrhundert im bayerischen und süddeutschen Beispiel. Eine gesellschaftsgeschichtliche Untersuchung.* München 1978.

BAUMGART, P. 1973. »Zur Reichs- und Ligapolitik Fürstbischofs Julius Echters am Vorabend des Dreißigjährigen Krieges«, in: F. Merzbacher 1973, S. 37–62.

BECK, K. 1972. »Die Neutralitätspolitik Landgraf Georgs II. von Hessen-Darmstadt. Versuch und Möglichkeiten einer Politik aus christlichen Grundsätzen« (*HJL*, XXII 1972, S. 162-228).
– 1978. *Der hessische Bruderzwist zwischen Hessen-Kassel und Hessen-Darmstadt in den Verhandlungen zum Westfälischen Frieden von 1644 bis 1648.* Frankfurt 1978.
BECKER, W. 1973. *Der Kurfürstenrat. Grundzüge seiner Entwicklung in der Reichsverfassung und seiner Stellung auf dem Westfälischen Friedenskongreß.* Münster 1973, SVENG V.
BELLER, E. A. 1926. »The mission of Sir Thomas Roe to the conference at Hamburg, 1638–1640«, *EHR.* XLI 1926, S. 61–77.
– 1928 a. *Caricatures of the »Winterking« of Bohemia.* Oxford 1928.
– 1928 b. »The military expedition of Sir Charles Morgan to Germany, 1627–1629«, *EHR,* XLIII 1928, S. 528–539.
– 1940. *Propaganda in Germany during the Thirty Years' War.* Princeton 1940.
BENDA, K. 1978. »Hungary in turmoil, 1580–1620«, *EStR,* VIII 1978, S. 281–304.
BENECKE, G. 1972. »The problem of death and destruction during the Thirty Years' War: new evidences from the middle Weser Front« *EStR,* II 1972, S. 239–253.
– 1973. »Labour relations and peasant society in North-West Germany, c. 1600«, *History.* LVIII 1973, S. 330–359.
– 1974. *Society and Politics in Germany 1500–1750.* London 1974.
– 1978. *Germany in the Thirty Years' War.* London 1974.
BERGIN, J. 1985. *Cardinal Richelieu. Power and the Pursuit of Wealth.* New Haven / London 1985.
BERGIUS, J. 1635. *Brüderliche Eynträchtigkeit Auss Dem Hundert Drey vnd Dreyssigsten Psalm Bey der Protestirenden Evangelischen Chur-Fürsten vnd Stände Zusammenkunft zu Leipzig Anno 1631 ... in Drey Predigten erkläret.* Frankfurt a. d. Oder 1635.
– 1644. *Abermaliger Abdruck der Relation der Privat-Conferentz, welche bey währendem Convent der Protestirenden Evangelischen Chur-Fürsten vnd den Ständen zu Leipzig im Jahr 1631. Monats Martii zwischen den anwesenden beyderseits Evangelischen, so wol Lutherischen als Reformirten Theologen gehalten worden.* Berlin 1644.
BESCH, A. 1972. *Die Stadt in der europäischen Geschichte. Festschrift Edith Ennen.* Bonn 1972.
BEYERLE, K. 1900. *Konstanz im Dreißigjährigen Kriege. Schicksale bis zur Aufhebung der Belagerung durch die Schweden, 1628–1633.* Heidelberg 1900 (Neujahrsblätter der badischen historischen Kommission N. F. III).
BIERTHER, K. 1971. *Der Regensburger Reichstag von 1640–1641.* Kallmünz 1971.
– 1981. »Zur Edition von Quellen zum Prager Frieden vom 30. Mai 1635«, in: K. Repgen 1981 a, S. 1–31.
BÍLEK, T. B. 1882 f. *Dějiny konfiskací v Čechách po r. 1618.* 2 Bde., Prag 1882 f.
BIRCHER, M. / F. VAN INGEN (Hg.) 1978. *Sprachgesellschaften, Sozietäten, Dichtergruppen.* Hamburg 1978, Wolfenbütteler Arbeiten zur Barockforschung VII.
BIRELEY, R. 1973. »The Origins of the 'Pacis Compositio' 1629: a text of Paul Laymann S. J.«, *Archivum historicum societatis Iesu.* XLII 1973, S. 106–127.
– 1975. *Maximilian von Bayern, Adam Contzen SJ und die Gegenreformation in Deutschland 1624–1635.* Göttingen 1975, SHK XIII.
– 1981. *Religion and Politics in the Age of the Counter-Reformation. Emperor Ferdinand II, William Lamormaini, S. J., and the Formation of Imperial Policy.* Chapel Hill 1981.

BITSKEY, F. 1979. *Humanista erudíció és barokk világkép, Pázmány Péter prédikációi.* Budapest 1979.

BLASCHKE, K. 1964. »Elbschiffahrt und Elbzölle im 17. Jahrhundert«, *Hansische Geschichtsblätter.* LXXXII 1964, S. 42–54.

BLICKLE, P. 1973. *Landschaften im alten Reich. Die staatlichen Funktionen des gemeinen Mannes in Oberdeutschland.* München 1973.

BOG, I. 1952. *Die bäuerliche Wirtschaft im Zeitalter des Dreißigjährigen Krieges. Die Bewegungsvorgänge in der Kriegswirtschaft nach den Quellen des Klosterverwalteramtes Heilsbronn.* Coburg 1952.

– 1968. »Wachstumsprobleme der oberdeutschen Wirtschaft 1540–1618«, in: F. Lütge 1968, S. 44–89.

BOHATCOVÁ, M. 1966. *Irrgarten des Schicksals: Einblattdrucke vom Anfang des Dreißigjährigen Krieges.* Prag 1966.

BÖHME, K.-R. 1963. *Die schwedische Besetzung des Weichseldeltas 1626–1636.* Würzburg 1963 (Beihefte zum Jahrbuch der Albertus-Universität Königsberg XXII).

– 1967. »Geld für die schwedische Armee nach 1640«, *Scandia.* XXXIII 1967, S. 54–95.

– 1969. »Das Amt Memel in schwedischer Sequestratur (Nov. 1629 – Juli 1635)«, *ZO,* XVIII 1969, S. 655–703.

– 1976. *Bremisch-Verdische Staatsfinanzen 1645–1676.* Uppsala 1976.

BOMBÍN-PÉREZ, A. 1976. *La cuestión de Monferrato 1613–1617.* Vitoria 1976.

– 1978. »La Política anti-española de Carlos Manuel I de Saboya, 1607–1610«, *Cuadernos de investigación histórica.* II 1978, S. 153–173.

BONNEY, R. J. 1978. *Political Change in France under Richelieu and Mazarin 1624–1661.* Oxford 1978.

– 1981. *The King's Debts. Politics and Finance 1589–1661.* Oxford 1981.

BOOGART, E. VAN DEN (Hg.) 1979. *Johan Maurits van Nassau-Siegen, 1604–1679. A. humanist prince in Europe and Brazil.* Den Haag 1979.

BOERSMA, F. 1969. »De diplomatieke reis van Daniel van der Meulen en Nicholaes Bruyninck naar het Duitse Leger bij Emmerik, Augustus 1599«. *Bijdragen en mededelingen betreffende de Geschiedenis van de Nederlanden.* LXXXIV 1969, S. 24–66.

BÖRST, H. ET AL., 1976. »Die evangelischen Geistlichen in und aus der Grafschaft Nassau-Saarbrücken«, *Zschr. f. d. Gesch. der Saargegend.* XXIII/XXIV 1975/76, S. 39–93.

BOSBACH, F. 1984. *Die Kosten des Westfälischen Friedenskongresses. Eine strukturgeschichtliche Untersuchung.* Münster 1984 (SVENG XIII).

BOSL, K. 1974 a. *Die Geschichte der Repräsentation in Bayern. Landständische Bewegung, Landständische Verfassung, Landesausschuß und altständische Gesellschaft.* München 1974.

– (Hg.) 1974 b.*Handbuch der Geschichte der böhmischen Länder.* 4 Bde./ 1 Erg.bd., Stuttgart 1974.

BÖTTCHER, D. 1953. »Propaganda und öffentliche Meinung im protestantischen Deutschland, 1628–1636«. *ARG,* XLIV 1953, S. 181–203 und XLV 1954, S. 83–99; Neuabdr. in H. U. Rudolf 1977, S. 325–367.

BREITLING, R. 1929. »Der Streit um Donauwörth 1605–1611. Eine Ergänzung«. *ZbL,* II 1929, S. 278–298.

BRESLOW, M. A. 1970. *A mirror for England: English Puritan views of foreign nations, 1618–1648.* Harvard 1970, Harvard Historical Studies, LXXXIV.

Briefe und Akten zur Geschichte des Dreißigjährigen Krieges. Hg. Moritz Ritter et al., 9 Bde., München 1870–1909.

Briefe und Akten zur Geschichte des Dreißigjährigen Krieges. Neue Folge: unter dem Titel *Die Politik Maximilians I. von Bayern und seiner Verbündeten 1618–1648.* München 1948 ff.

Brightwell, P. 1974. »The Spanish system and the Twelve Years' Truce«. *EHR,* LXXXIX 1974, S. 270–292.

– 1979. »The Spanish origins of the Thirty Years' War«, *EStR,* IX 1979, S. 409–431.

– 1982 a. »Spain and Bohemia: the decision to intervene, 1619«. *EStR,* XII 1982, S. 117–141.

– 1982 b. »Spain, Bohemia and Europe, 1619–1621«. *EStR,* XII 1982, S. 371–399.

Broucek, P. 1967. *Der schwedische Feldzug nach Niederösterreich 1646/46.* Wien 1967, Militärhistorische Schriftenreihe VII.

– 1971. *Die Eroberung von Bregenz am 4. Jänner 1647.* Wien 1971, Militärhistorische Schriftenreihe XVIII.

– 1976. »Feldmarschall Bucquoy als Armeekommandant, 1618 bis 1620«, in: *Der Dreißigjährige Krieg.* 1976, S. 25–58.

Brown, E. 1673. *A brief account of some travels in Hungaria, Servia etc.* London 1673.

Brown, J. / J. H. Elliott 1980. *A Palace for a King. The Buen Retiro and the Court of Philipp IV.* London/ New Haven 1980.

Bruckmüller, E. et al., (Hg.) 1973. *Herrschaftsstruktur und Ständebildung II. Beiträge zur Typologie der österreichischen Länder aus ihren mittelalterlichen Grundlagen.* München 1973.

Brünick, W. 1957. *Der Graf von Mansfeld in Ostfriesland 1623–1624.* Aurich 1957 (Abhandlungen und Vorträge zur Geschichte Ostfrieslands XXIV).

Brunner, O. 1963. »Souveränitätsproblem und Sozialstruktur in den deutschen Reichsstädten der früheren Neuzeit«. *VSW,* L 1963, S. 329–360.

Buchda, G. 1965. »Reichsstände und Landstände in Deutschland im 16. und 17. Jahrhundert«, *Standen en Landen.* XXXVI 1965, S. 193-226.

Buchstab, G. 1976. *Reichsstädte und westfälischer Friedenskongreß.* Münster 1976. SVENG V.

– 1981. »Die freie Reichsstadt Köln und die schwedische Armeesatisfaktion«, in: K. Repgen 1981, S. 149–162.

The Cambridge Modern History. Cambridge 1906.

Campan, C. A. (Hg.) 1622. *Bergues sur le Soom assiégé.* Brüssel 1867.

Carmignano, A. de, 1963. »La part de S. Laurent de Brindes dans le Ban de Donauwörth«, *Revue d'histoire ecclésiastique.* LVIII 1963, S. 460–486.

Carsten, F. L. 1959. *Princes and Parliaments in Germany from the Fifteenth to the Eighteenth Century.* Oxford 1959.

Chaboche, R. 1973. »Les soldats français de la guerre de Trente Ans: une tentative d'approche«, *Revue d'histoire moderne et contemporaine.* XX 1973, S. 10–24.

Chadwick, O. 1977. »The making of a Reforming Prince: Frederick III Elector Palatine«, in: R. B. Knox 1977, S. 44–69.

Chambers, D. / J. Martineau (Hg.) 1981. *Splendours of the Gonzaga.* London 1981.

Charpentrat, P. 1969. »Les villes, le mécénat princier et l'image de la ville idéale dans l'Allemagne de la fin du XVIe et du XVIIe siècles: l'exemple du Palatinat – Heidelberg et Mannheim«, in: P. Francastel 1969, S. 267–274.

CHEMNITZ, B. P. VON, 1859. *Königlichen schwedischen in Teutschland geführten Kriegs vierter Teil.* Stockholm 1859.

CHESLER, R. D. 1979. »Crowns, Lords and God: the establishment of secular authority and the pacification of Lower Austria, 1618–1648«, Diss. Princeton University 1979.

CHLUMECKY, P. VON, (Hg.) 1856. *Die Regesten der Archive im Markgrafthume Mähren. I ... Briefe Kaiser Ferdinands des Zweiten, Albrechts von Waldstein und Romboalds Grafen Collalto.* 2. Bde. in 1, Brünn 1856.

CHRISMAN, M. U. / O. GRUNDLER (Hg.) 1978. *Social Groups and Religious Ideas in the Sixteenth Century.* Kalamazoo 1978, Studies in Medieval Culture XIII.

CHRISTIANSEN, T. 1937. *Die Stellung König Christians IV. von Dänemark zu den Kriegsereignissen im deutschen Reich und zu den Plänen einer evangelischen Allianz 1618–1625.* Kiel 1937.

CHUDOBA, B. 1952. *Spain and the Empire 1519–1643.* Chicago 1952.

CHURCH, W. F. 1972. *Richelieu and Reason of State.* Princeton 1972.

CHURCHILL, A. (Hg.) 1732. *A collection of voyages and travels.* London 1732.

CIPOLLA, C. M. 1973. *Cristofano and the Plague. A study in the history of public health in the age of Galileo.* London 1973.

CLARK, P. (Hg.) 1984. *The European Crisis of the 1590.* London 1984.

CLASEN, C. P. 1963. *The Palatinate in European History 1559–1660.* London 1963.

COGSWELL, T. 1984. »Foreign Policy and Parliament: the Case of La Rochelle, 1625–1626«, *EHR.* XCIX 1984, S. 241–267.

– 1986. »Prelude to Ré: the Anglo-French struggle over La Rochelle, 1624–1627«, History. LXXI 1986, S. 1–21.

COHN, H. J. (Hg.) 1971. *Government in Reformation Europe 1520–1560.* London 1971.

Colección de documentos inéditos para la historia de España. Madrid 1936 ff.

CORETH, A. 1959. *Pietas Austriaca. Ursprung und Entwicklung barocker Frömmigkeit in Österreich.* München 1959.

CORYAT, T. 1611. *Coryat's crudities, hastily gobled up in five moneth travels ... newly digested ... and now dispersed to the nourishment of the travelling members of this kingdom.* London 1611.

COUPE, W. A. 1966. *The German Illustrated Broadsheet of the Seventeenth Century.* 2 Bde., Baden Baden 1966 f.

CRECELT VAN, M. 1977. *Supplying War: logistics from Wallenstein to Patton.* Cambridge 1977.

DALGÅRD, S. 1959. »Østersø, Vestersø, Nordsø. Dominium maris Baltici et maris septentrionalis 1638«, *Historisk Tidsskrift* (Dansk), 11. Folge, V 1956–59, S. 295–320.

DAUTERMANN, W. 1937. *Alzey im Dreißigjährigen Krieg. Eine Studie über die Wirkung des Dreißigjährigen Krieges in einer pfälzischen Stadt.* Berlin 1937 (Historische Studien CCCXVIII).

DEINERT, C. 1966. *Die schwedische Epoche in Franken von 1631 bis 1635.* Würzburg 1966.

DENIS, E. 1903. *La bohême depuis la Montagne Blanche.* Paris 1903.

DEURSEN VAN, A. T. 1965. *Honni Soit qui Mal y Pense? De Republiek tussen de Mogendheden 1610–1612.* Amsterdam 1965, Mededelingen der Koninklijke Nederlandse Akademie van Wetenschappen, Afdeling Letterkunde, N. S. XXVIII/i.

– 1967. *De Val van Wezel*, Kampen 1967.

Dickmann, F. 1959. *Der Westfälische Frieden.* Münster 1959.

Dillon, K. J. 1976. *King and Estates in the Bohemian Lands, 1526–1564.* Brüssel 1976.

Diwald, H. 1969. *Wallenstein. Eine Biographie.* München 1969.

Documenta Bohemica Bellum Tricennale illustrantia. 7 Bde., Prag 1971 ff.; s. u. B. Badura 1979, J. Kollmann 1974, M. Kouřil 1976, J. Polišenský 1971 und M. Toegel 1972, 1977 und 1981.

Dollinger, H. 1964. »Kurfürst Maximilian I. von Bayern und Justus Lipsius. Eine Studie zur Staatstheorie eines frühabsolutistischen Fürsten«, *AKG,* XL VI, 1964, S. 227–308.

– 1968. *Studien zur Finanzreform Maximilians I. von Bayern in den Jahren 1598–1618. Ein Beitrag zur Geschichte des Frühabsolutismus.* Göttingen 1968, SHK VIII.

– et al. 1982. Hg. *Weltpolitik, Europagedanke, Regionalismus. Feschrift Heinz Gollwitzer.* Münster 1982.

Dotterweich, H. 1962. *Der junge Maximilian. Jugend und Erziehung des bayerischen Herzogs und späteren Kurfürsten Maximilian I. von 1573 bis 1593.* München 1962.

Der Dreißigjährige Krieg. Beiträge zu seiner Geschichte. Wien 1976, Schriften des Heeresgeschichtlichen Museums in Wien VII.

Dreitzel, H.-P. 1971. »Das deutsche Staatsdenken in der frühen Neuzeit«, *NPL,* XVI 1971, S. 17–43.

Duhr, B. 1913. *Geschichte der Jesuiten in den Ländern deutscher Zunge.* 2 Bde., Freiburg 1913.

Dukes, P. 1982. »The Leslie family in the Swedish period (1630–35) of the Thirty Years' War«, *EStR,* XII 1982, S. 401–424.

Egler, A. 1971. *Die Spanier in der linksrheinischen Pfalz, 1620–1632. Invasion, Verwaltung, Rekatholisierung.* Mainz 1971, Quellen und Abhandlungen zur mittelrheinischen Kirchengeschichte XIII.

Eichberg, H. 1976. *Militär und Technik. Schwedenfestungen des 17. Jahrhunderts in den Herzogtümern Bremen und Verden.* Düsseldorf 1976, Geschichte und Gesellschaft. Bochumer historische Studien VII.

– 1977. »Geometrie als barocke Verhaltensform. Fortifikation und Exerzitien«, *ZhF,* IV 1977, S. 17–50.

Ekholm, L. 1974 a. *Svensk krigsfinansiering.* Uppsala 1974, Studia historia Upsaliensia LVI.

– 1974 b. »Rysk spannmål och svenska krigsfinanser, 1629–1633«, *Scandia.*XL 1974, S. 57–103.

Elliott, J. H. 1984. *Richelieu and Olivares.* Cambridge 1984.

– 1986. *The Count-Duke of Olivares. The statesman in an age of decline,* New Haven 1986.

Elster, O. 1903. *Die Piccolomini-Regimenter während des Dreißigjährigen Krieges, besonders das Kürassier-Regiment Alt-Piccolomini.* Wien 1903.

Endres, R. 1968 a. »Zur wirtschaftlichen und sozialen Lage in Franken vor dem Dreißigjährigen Krieg«, *JfL.* XXVIII 1968, S. 5–52.

– 1968 b. »Zur Geschichte des fränkischen Reichskreises«, *Würzburger Diözesangeschichtsblätter.* XXIX 1968, S. 168–183.

Engelsing, R. 1973. *Analphabetentum und Lektüre. Zur Sozialgeschichte des Lesens in Deutschland zwischen feudaler und industrieller Gesellschaft.* Stuttgart 1973.

ERGANG, R. 1956. *The Myth of the All-Destructive Fury of the Thirty Years' War.* Pocono Pines, Pa. 1956.

ERNSTBERGER, A. 1929. *Wallenstein als Volkswirt im Herzogtum Friedland.* Reichenberg 1929.

– 1954. *Hans de Witte, Finanzmann Wallensteins.* Wiesbaden 1954, VSW, Beiheft XXXVIII.

– 1962. »Plünderung des Leipziger Messegeleites Nürnberger und Augsburger Kaufleute am 26. Januar 1638 bei Neustadt an der Heid«, *JfL*, XXII 1962, S. 101–120.

– 1966. *Die Universität Nürnberg-Altdorf während des Dreißigjährigen Krieges in ihrem Bestand bedroht.* München 1966, Bayerische Akademie der Wissenschaften, philosophisch-historische Klasse, Jahrgang 1966, Teil II.

ERSTENBERGER, A. 1586. *De Autonomia, das ist, von Freystellung mehrerlay Religion und Glauben.* München 1586.

ESSEN VAN DER, A. 1944. *Le Cardinal-Infant et la politique européenne d'Espagne, 1609–1641.* Löwen 1944.

– 1947. »L'alliance défensive hollando-vénétienne de 1619 et l'Espagne«, in: *Miscellanea historica in honorem Leonis van der Essen.* Löwen 1947, S. 819–829.

– 1954. »Le rôle du Cardinal-Infant dans la politique espagnole du XVIIe siècle«, *Revista de la universidad de Madrid.* III 1954, S. 357–383.

EVANS, R. J. W. 1971. »The significance of the White Mountain for the culture of the Czech lands«, *Bulletin of the Institute of Historical Research.* XLIV 1971, S. 34–54.

– 1973. *Rudolf II and His World. A Study in Intellectual History 1576–1612.* Oxford 1973.

– 1977. »Learned societies in Germany in the seventeenth century«, *EStR*, VII 1977, S. 129–151.

– 1979. *The Making of the Habsburg Monarchy 1550–1570: an Interpretation.* Oxford 1979.

– 1982. *Rudolf II and His Court.* Delft 1982, Leids Kunsthistorisch Jaarboek I.

– 1985. »Culture and Anarchy in the Empire, 1540–1680«, *CEH.* XVIII 1985, S. 14–30.

FADEN, E. 1927. *Berlin im Dreißigjährigen Krieg.* Berlin 1927.

FALK, E. 1911. *Sverige och Frankrike 1632–1634.* Stockholm 1911.

FALLON, J. A. 1972. »Scottish mercenaries in the service of Denmark and Sweden, 1626–1632«, Diss. Glasgow 1972.

FEDOROWICZ, J. K. 1980. *England's Baltic Trade in the Early Seventeenth Century. A. Study in Anglo-Polish commercial diplomacy.* Cambridge 1980.

FELLNER, T. / H. KRETSCHMAYR 1907. *Die österreichische Zentralverwaltung.* 2 Bde., Wien 1907.

FERNÁNDEZ-ALVAREZ, M. 1955. *Don Gonzalo Fernández de Córdoba y la guerra de succesión de Mantua y del Monferrato 1627–29.* Madrid 1955.

FICHTNER, P. S. 1976. »Dynastic marriage in sixteenth century Habsburg diplomacy and statecraft: an interdisciplinary approach«, *AHR*, LXXXI 1976, S. 243–265.

FIGGIS, J. N. 1894. *The Theory of the Divine Right of Kings.* London 1894.

FLINN, M. (Hg.) 1978. *Seventh International Economic History Conference.* Edinburgh 1978.

FLORANGE, J. 1935. »La guerre de trente ans en Lorraine«, *Annuaire de la Société d'Histoire et d'Archéologie de Lorraine.* XLVI 1935, S. 55–123.

Foerster, J. F. 1976. *Kurfürst Ferdinand von Köln. Die Politik seiner Stifter in den Jahren 1634–1650.* Münster 1976 (SVENG VI).

Forster, L. W. 1952. *The Temper of Seventeenth-Century German Literature.* London 1952.

Francastel, P. 1969. Hg. *L'urbanisme de Paris et l'Europe 1600–1680.* Paris 1969.

Franz, G. 1958. »Glaube und Recht im politischen Denken Kaiser Ferdinands II.«. *ARG*, XLIX 1958. S. 258–269.

– 1961. *Der Dreißigjährige Krieg und das deutsche Volk.* Stuttgart 1979.

Franzl, J. 1978. *Ferdinand II. Kaiser im Zwiespalt der Zeit.* Graz 1978.

Frauenholz, E. von 1938. *Das Heerwesen in der Zeit des Dreißigjährigen Krieges.* München 1938 ff.

Fridericia, J. A. 1876. *Danmarks ydre politiske Historie fra Freden i Lübeck til Freden i Kjøbenhavn,* 2 Bde., Kopenhagen 1876–1881, Nachdr. 1972.

Friedrichs, C. R. 1978. »Subjects or citizens? Urban conflict in early modern Germany«, in: M.U. Chrisman und O. Grundler 1978, 6. Kapitel.

– 1979. *Urban Society in an Age of War: Nördlingen, 1580–1720,* Princeton 1979.

– 1982. »German town revolts and the 17th century crisis«, *Renaissance and Modern Studies,* XXVI 1982, S. 27–51.

Frohnweiler, K. H. 1964. »Die Friedenspolitik Landgraf Georgs II. von Hessen-Darmstadt in den Jahren 1630–1635«, *Archiv für hessische Geschichte und Altertumskunde,* N.F. XXIX 1964, S.1–185.

Gaber, S. 1979. *La Lorraine meurtrie: les malheurs de la Guerre de Trente Ans.* Nancy 1979.

Gaedeke, A. 1885. *Wallensteins Verhandlungen mit den Schweden und Sachsen 1631–1634. Mit Akten und Urkunden aus dem Königlich Sächsischen Hauptstaatsarchiv zu Dresden.* Frankfurt 1885.

Gamrath, H. / E. L. Petersen 1980. *Gyldendal's danmarkshistorie, II, 2: 1559–1648.* Kopenhagen 1980.

Gardiner, S. R. 1865. Hg. *Letters and documents illustrating the Relations between England and Germany ... 1618–1648.* Vol. 1. London 1865 Camden Society XC.

– 1868. *Letters and Documents...,* Vol. 2., London 1868 Camden Society XCVIII.

Gebauer, J. H. 1899. *Kurbrandenburg und das Restitutionsedikt von 1629.* Halle 1899.

Gegenfurtner, W. 1977. »Jesuiten in der Oberpfalz. Ihre Wirkung und ihr Beitrag zur Rekatholisierung in den oberpfälzischen Landen, 1621–1650«, *Beiträge zur Geschichte des Bistums Regensburg,* XI 1977, S.71–220.

Gericke, W. 1977. *Glaubenszeugnisse und Konfessionspolitik der Brandenburgischen Herrscher bis zur Preußischen Union, 1540 bis 1815.* Bielefeld 1977.

Geulen, H. 1969. »›Arkadische Simpliciana‹. Zu einer Quelle Grimmelshausens und ihrer strukturellen Bedeutung für seinen Roman«, *Euphorion,* LXIII 1969, S. 426–437.

Geyl, P. 1913. *Christoforro Suriano. Resident van de Serenissime Republiek van Venetië in den Haag, 1616–1623.* Den Haag 1913.

Gheyn, J. de 1971. *The Exercise of Arms.* New York 1971.

Gigante, S. 1931. »Venezia e gli Uscocchi«, *Fiume: revista semestrale della società di studi fiumani in Fiume,* IX 1931, S. 3–87.

Gindely, A. 1869. *Geschichte des Dreißigjährigen Krieges*, 4 Bde., Prag 1869–1880.

– 1886. *Waldstein während seines ersten Generalats*, 2 Bde., Prag 1886.

– 1887 a. *Zur Beurtheilung des kaiserlichen Generals im Dreißigjährigen Krieg, Albrechts von Waldstein*. Prag 1887.

– 1887 b. *Zweite Antwort an Dr. Hallwich*. Wien 1887.

– 1894. *Geschichte der Gegenreformation in Böhmen*(Hg.) T. Tupetz. Leipzig 1894.

Giussani, A. 1905. *Il forte di Fuentes. Episode e documenti di una lotta seculare per il dominio della Valtellina*. Como 1905.

Glaser, H. (Hg.) 1980 a. *Quellen und Studien zur Kunstpolitik der Wittelsbacher vom 16. bis 18. Jahrhundert*. München/Zürich 1980.

– (Hg.) 1980 b. *Wittelsbach und Bayern. II: Um Glauben und Reich. Kurfürst Maximilian I*. Bd. 1: *Beiträge zur bayerischen Geschichte und Kunst 1573-1657*. Bd. 2: *Katalog der Ausstellung*. München/Zürich 1980.

Glas-Hochstettler, T. J. 1978. »The Imperial Knights in post-Westphalian Mainz: a case study of corporatism in the Old Reich«, *CEH*, XI 1978, S. 131–149.

Goetz, W. 1912. »Pater Hyazinth«, *HZ*, CIX 1912, S. 101–128.

– 1938. »Wallenstein und Kurfürst Maximilian von Bayern«, *ZbL*, XI 1938, S. 106–120.

Goetze, S. 1971. *Die Politik des schwedischen Reichskanzlers Axel Oxenstierna gegenüber Kaiser und Reich*. Kiel 1971.

Greyerz, K. von, 1980. *The Late City Reformation in Germany. The Case of Colmar 1522–1628*. Wiesbaden 1980. Veröffentlichungen des Instituts für Europäische Geschichte Mainz XCVIII; Abteilung für Abendländische Religionsgeschichte.

Grimbler, I. 1965. *Chief of Mackay*. London 1965.

Grimmelshausen, H. J. C. von, 1668. *Der abenteuerliche Simplicissimus*. München 1978.

Grisar, J. 1943. »Päpstliche Finanzen, Nepotismus und Kirchenrecht unter Urban VIII.«. *Xenia Piana: Miscellanea historiae pontificae*. VII Rom 1943, S. 205–366.

Gross, H. 1975. *Empire and Sovereignty: a history of the Public Law Literature in the Holy Roman Empire 1599–1804*. Chicago ²1975.

Gross, L. 1933. *Die Geschichte der deutschen Reichshofkanzlei von 1559 bis 1806*. Wien 1933.

Günter, H. 1901. *Das Restitutionsedikt von 1629 und die katholische Restauration Altwirtembergs*. Stuttgart 1901.

– 1908. *Die Habsburger-Liga 1625–1635. Briefe und Akten aus dem General-Archiv zu Simancas*. Berlin 1965.

La guerra e la peste nella Milano dei »Promessi Sposi«. Documenti inediti tratti dagli archivi Spagnoli. Madrid 1975. Istituto Italiano di Cultura, Madrid; Collana »Documenti e Ricerche« IV.

Haan, H. 1967. *Der Regensburger Kurfürstentag von 1636–1637*. Münster 1967 (SVENG III).

– 1977. »Kaiser Ferdinand II. und das Problem des Reichsabsolutismus. Die Prager Heeresreform von 1635«, in: H.U. Rudolf 1977, S.208–264.

– 1981. »Prosperität und Dreißigjähriger Krieg«, *GG*, VII 1981, S. 91–118.

Hahlweg, W. 1941. *Die Heeresreform der Oranier und die Antike*. Berlin 1941.

– 1973. *Die Heeresreform der Oranier: das »Kriegsbuch« des Grafen Johann von Nassau-Siegen*. Wiesbaden 1973. Veröffentlichungen der historischen Kommission für Nassau XX.

HALE, J. R. 1985. *War and Society in Renaissance Europe 1450–1620*. London 1985.

HALLENDORFF, C. (Hg.) 1909. *Sveriges Traktater med främmande magter jemde andra hit hörande handlingar*, V.2 1632–1645. Stockholm 1909.

HALLWICH, H. 1879. *Wallensteins Ende. Ungedruckte Briefe und Akten*, 2 Bde. Leipzig 1879.

– 1883. *Heinrich Matthias Thurn als Zeuge im Prozeß Wallensteins*. Leipzig 1883.

– 1884. *Gestalten aus Wallensteins Lager*. Bd. 1: *Johann Merode*; Bd. 2: *Johann Aldringer*. Leipzig 1884 f.

– 1910. *Fünf Bücher Geschichte Wallensteins*, 3 Bde. Leipzig 1910.

– 1912. *Briefe und Akten zur Geschichte Wallensteins 1630–1634*, 4 Bde. Wien 1912 Fontes Rerum Austriacarum, Sektion II, LXIII–LVI.

Handlingar rörande Skandinaviens Historia. Stockholm 1842 ff.

HATTON, R. M. 1976. Hg., *Louis XIV and Europe*. London 1976.

HAUSHOFER, H. / W. A. BOELCKE (Hg.) 1967. *Wege und Forschungen der Agrargeschichte. Festschrift Günther Franz*. Frankfurt 1967.

HAUSMANN, F. 1976. »Das Regiment hochdeutscher Knechte des Grafen Julius von Hardegg, seine Geschichte, Fahnen und Uniformen«, in: *Der Dreißigjährige Krieg*, S. 79–167.

HAYDEN, J. M. 1973. »Continuity in the France of Henry IV and Louis XIII. French foreign policy, 1598–1615«, *JMH*, XLV 1973, S. 1–23.

HECKEL, M. 1959. »*Autonomia* and *Pacis Compositio*: Der Augsburger Religionsfriede in der Deutung der Gegenreformation«, *Zeitschrift der Savigny-Stiftung für Rechtsgeschichte. Kanonistische Abteilung*, XLV 1959, S. 141–248.

– 1971. »Zur Historiographie des Westfälischen Friedens. Die Bedeutung des Werkes von Fritz Dickmann für die deutsche Verfassungs- und Kirchenrechtsgeschichte«, *Zeitschrift der Savigny-Stiftung für Rechtsgeschichte. Kanonistische Abteilung*, LVII 1971, S. 322–335.

– 1978. »Itio in partes. Zur Religionsverfassung des Heiligen Römischen Reiches deut scher Nation«, *Zeitschrift der Savigny-Stiftung für Rechtsgeschichte. Kanonistische   Abteilung*, LXIV 1978, S. 108–308.

HEIBERG, S. 1976. »De ti tønder guld: Rigsråd, kongemagt og statsfinanser i 1630'erne«, *Historisk tidsskrift* Dansk, LXXVI 1976, S. 39 ff.

HEILINGSETZER, G. 1976. *Der oberösterreichische Bauernkrieg 1626*. Wien 1976 (Militärhistorische Schriftenreihe XXXII).

HEINISCH, R. R. 1968. *Salzburg im Dreißigjährigen Krieg*. Wien 1968.

– 1974. »Habsburg, die Pforte und der böhmische Aufstand 1618–1620«, *Südostforschungen*, XXXIII 1974, S. 125–165 und XXXIV 1975, S. 79–124.

HEISS, G. 1978. »Konfession, Politik und Erziehung. Die Landschaftsschulen in den nieder- und innerösterreichischen Ländern vor dem Dreißigjährigen Krieg«, in: G. Klingenstein et al. 1978, S. 13–63.

HELBIG, K. G. 1852. *Der Kaiser Ferdinand und der Herzog von Friedland während des Winters 1633–1634*. Dresden 1852.

HENNINGSEN, N. (Hg.) 1911. *Die Zerstörung Magdeburgs 1631. Eine Darstellung der historischen Begebenheiten nach Otto von Guerickes Handschrift und nach urkundlichen Quellen*. Köln 1911.

HEPBURN, A. C. (Hg.) 1979. *Minorities in History,* London 1979 (Historical Studies XII).

HERDE, P. 1966. »Deutsche Landstände und englisches Parlament«, *HJ,* LXXX 1966, S. 286–297.

HEROLD, H. G. 1973. *Markgraf Joachim-Ernst von Brandenburg-Ansbach als Reichsfürst.* Göttingen 1973 (SHK X).

HERRMANN, F. (Hg.) 1916. *Aus tiefer Not: hessische Briefe und Berichte aus der Zeit des Dreißigjährigen Krieges.* Friedberg 1916.

HEYDENDORFF, W. E. 1959. »Vorderösterreich im Dreißigjährigen Krieg. Der Verlust der Vorlande am Rhein und die Versuche zu deren Rückgewinnung«, *Mitteilungen des österreichischen Staatsarchivs,* XII 1959, S. 74–142 und XIII 1960, S. 107–194.

– 1965. *Die Fürsten und Freiherren zu Eggenberg und ihre Vorfahren.* Graz 1965.

HEYNE, O. 1866. *Der Kurfürstentag zu Regensburg von 1630.* Berlin 1866.

HIEGEL, H. 1961. *Le bailliage d'Allemagne de 1600 à 1632. L' administration, la justice, les finances et l'organisation militaire.* Saargemünd 1961.

HINTZE, O. 1931. »Kalvinismus und Staatsräson in Brandenburg zu Beginn des 17. Jahrhunderts«, in: *Gesammelte Abhandlungen,* Bd. 3. Göttingen 1967, S. 255–312.

HIPPEL, W. VON, 1978. »Bevölkerung und Wirtschaft im Zeitalter des Dreißigjährigen Krieges. Das Beispiel Württembergs«, *ZbF,* V 1978, S. 413–448.

Historical Manuscripts Commission 1970, *Calendar of the Manuscripts of the Marquess of Salisbury.* London 1970.

HOËNEGG, M. HOË VON, 1631. *Homiliae über den 83. Psalm, so zu Leipzig in dem Convent der Evangelischen und Protestierenden Chur-Fürsten und Ständen, den 10. Februarij, Anno 1631 Erkläret, und auff jnständiges anhalten und begehren in Truck gegeben,* o. O. 1631.

HOHENEMSER, P. (Hg.) 1925. *Flugschriftensammlung Gustav Freytag.* Frankfurt 1925.

HOHOFF, C. (Hg.) 1978. *Johann Jacob Christoph von Grimmelshausen in Selbstzeugnissen und Bilddokumenten.* Reinbek 1978.

HOLBORN, H. 1965. *Deutsche Geschichte in der Neuzeit,* Bd. 1: *Das Zeitalter der Reformation und des Absolutismus bis 1790.* Frankfurt 1981.

HOLLAENDER, A. 1958. »Some English documents on the end of Wallenstein«, *Bulletin of the John Rylands Library,* XL 1958, S. 358–390.

HOLSTEIN, K. 1969. *Rothenburger Stadtgeschichte.* Rothenburg ob der Tauber 1969.

HORA SICCAMA, J. H. 1867. *Sohets van de diplomatieke betrekkingen tusschen Nederland en Brandenburg 1596–1678.* Utrecht 1867.

HÖRGER, H. 1971. »Die Kriegsjahre 1632–1634 im Tagebuch des P. Maurus Friesenegger, nachmaligen Abtes von Andechs (1640–1655)«, *ZbL,* XXXIV 1971, S. 866–876.

HOYOS, P. 1970. »Ernst von Traun, Generalkriegskommissär, und die Abdankung der kaiserlichen Armee nach dem Dreißigjährigen Krieg«. Diss. Wien 1970.

HSIA, R. P. 1984. Society and Religion in Münster 1535–1618. New Haven / London 1984.

HUMBERT, J. 1960. *Les Français en Savoie sous Louis XIII.* Paris 1960.

HURTER, F. 1850. *Geschichte Kaiser Ferdinands II. und seiner Eltern,* 11 Bde. Schaffhausen 1850–1867.

IRMER, G. 1888. *Die Verhandlungen Schwedens und seiner Verbündeten mit Wallenstein und dem Kaiser 1631–1634,* 3 Bde. Leipzig 1888 f.

Israel, J. I. 1982. *The Dutch Republic and the Hispanic World 1606–1661.* Oxford 1982.

– 1983. »Central European Jewry during the Thirty Years' War«, *CEH*, XVI 1983, S. 3–30.

Jäger, H. 1967. »Der Dreißigjährige Krieg und die deutsche Kulturlandschaft«, in H. Haushofer und W. A. Boelcke 1967, S. 130–145.

Janssens, P. 1978. »L'échec des tentatives de soulèvement dans les Pays-Bas méridionaux sous Philippe IV (1621–1665)«, *Revue d'histoire diplomatique,* XCII 1978, S. 110–129.

Jespersen, K. J. V. 1973. »Slaget ved Lutter am Barenberg, 1626«, *Krigshistorisk tidsskrift* Dansk, IX 1973, S. 80–89.

– 1982. »Kongemødet i Ulfsbäck praestegard februar 1629«, *Historie,* N. F. XIV 1982, S. 420–439.

Jessen, H. 1964. *Der Dreißigjährige Krieg in Augenzeugenberichten.* München 1964.

Jireček, H. (Hg.) 1888. *Constitutiones regni Bohemiae anno 1627 reformatae.* Prag usw. 1888.

Junkelmann, M. S. 1980. »Feldherr Maximilians: Johann Tserclaes, Graf von Tilly«, in: H. Glaser 1980 b, Bd. 1, S. 379 ff.

Kamen, H. 1968. »The economic and social consequences of the Thirty Years' War«, *Past and Present,* XLIX 1968, S. 44–61.

Karling, S. 1966. »L'arc de triomphe de la Reine Christine à Stockholm«, in: M. von Platen 1966, S. 170 ff.

Keim, W. 1962. »Landgraf Wilhelm V. von Hessen-Kassel vom Regierungsantritt 1627 bis zum Abschluß des Bündnisses mit Gustav Adolf 1631«, *HJL,* XII 1962, S. 130–210 und XIII 1963, S. 141–222.

Kellenbenz, H. 1971. »Gewerbe und Handel 1500–1648«, in: H. Aubin und W. Zorn 1971, S. 414–464.

– (Hg.) 1972. *Forschungen zur internationalen Sozial- und Wirtschaftsgeschichte VI.* Köln und Wien 1972.

– 1977. »Germany«, 7. Kapitel in: C. H. Wilson und G. Parker 1977, Bd. 1, S. 190–222.

Kessel, J. 1979. *Spanien und die geistlichen Kurstaaten am Rhein während der Regierungszeit der Infantin Isabella 1621–1633.* Frankfurt 1979.

Khevenhiller, F. C. 1640. *Frantz Christoph Khevenhillers Annales Ferdinandeorum,* 12 Bde. und 2 Suppl. Leipzig 1720 ff.

– 1721. *Conterfet Kupfferstich,* 2 Bde. Leipzig 1721 f.

Kietzell, R. von, 1972. »Der Frankfurter Deputationstag von 1642–1645. Eine Untersuchung der staatsrechtlichen Bedeutung dieser Reichsversammlung«, *Nassauische Annalen,* LXXXIII 1972, S. 99–119.

Kist, E. 1971. »Introduction«, in: J. de Gheyn 1971.

Klein, E. 1974. *Geschichte der öffentlichen Finanzen.* Wiesbaden 1974.

Klein, T. 1962. *Der Kampf um die zweite Reformation in Kursachsen. 1586–1591,* Köln / Graz 1962.

– 1979. »Minorities in central Europe in the sixteenth and early seventeenth centuries«. in: A. C. Hepburn 1979, S. 31–50.

Kleinmann, R. 1975. »Charles Emanuel of Savoy and the Bohemian Election of 1619«, *EStR,* 1975, S.3–29.

Klima, A. 1978. »Inflation in Bohemia in the early stage of the seventeenth century«, in: M. Flinn 1978, S. 374–386.

Klingenstein, G. et. al. (Hg.) 1978. *Bildung, Politik und Gesellschaft.* Wien 1978.

Klopp, O. 1861. *Der Dreißigjährige Krieg bis zum Tode Gustav Adolfs 1632,* 3 Bde. in 4, Paderborn 1891 ff.

– 1862. »Das Restitutions-Edikt im nordwestlichen Deutschland«, *Forschungen zur deutschen Geschichte,* Bd. 1, 1862, S. 75–132.

Knox, R. B. (Hg.) 1977. *Reformation, Conformity and Dissent. Essays in honour of Dr. Geoffrey Nuttall.* London 1977.

Koch, H. W. 1981. *The Risk of Modern Warfare 1618–1815.* London 1981.

Koch, M. 1865. *Geschichte des deutschen Reiches unter der Regierung Ferdinands III.,* Wien 1865 f.

Köhler, J. 1973. *Das Ringen um die tridentinische Erneuerung im Bistum Breslau: vom Abschluß des Konzils bis zur Schlacht am Weißen Berg, 1564–1620.* Wien / Köln 1973.

– 1977. »Franz Kardinal von Dietrichstein, Bischof von Olmütz (1599–1636), und die Prämonstratenser in Mähren«, *Archiv für Kirchengeschichte von Böhmen-Mähren-Schlesien,* V 1977, S. 256–270.

Kollmann, J. (Hg.) 1923. *Acta S(acrae) C(ongregationis) de Propaganda Fide res gestas Bohemicas illustrantia,* 2 Bde., Prag 1923 und 1954.

– (Hg.) 1974. Documenta Bohemica IV. *Der Dänisch-Niederdeutsche Krieg und der Aufstieg Wallensteins 1625–1630. Quellen zur Geschichte der Kriegsereignisse der Jahre 1625–1630.* Prag 1974.

Koenigsberger, H. G. 1968. »The European civil war«, in: H. R. Trevor-Roper, 1968, 5. Kapitel.

– 1971. *The Habsburgs and Europe 1516–1660.* Ithaca / London 1971.

Kossol, E. 1976. *Die Reichspolitik des Pfalzgrafen Philipp Ludwig von Neuburg 1547–1614,* Göttingen 1976 (SHK XIV).

Kouřil, M. (Hg.) 1976. *Der Kampf des Hauses Habsburg gegen die Niederlande und ihre Verbündeten.* Prag usw. 1976 (Documenta Bohemica III).

Kraus, A. 1978. »Kurfürst Maximilian I. von Bayern. Das neue Bild eines großen Fürsten«, HJXCVII/XCVIII 1978, S. 505–526.

Krebs, J. 1890. *Die Politik der evangelischen Union im Jahre 1618.* Breslau 1890 f.

Kretschmer, H. 1978. *Sturmpetition und Blockade Wiens im Jahre 1619.* Wien 1978 (Militärhistorische Schriftenreihe XXXVIII).

Kretzschmar, J. 1904 a. »Die Allianz-Verhandlungen Gustav Adolfs mit Kurbrandenburg im Mai und Juni 1631«, *Forschungen zur brandenburgischen und preußischen Geschichte,* XVII 1904, S. 341–382.

– 1904 b. *Gustav Adolfs Pläne und Ziele in Deutschland und die Herzöge zu Braunschweig und Lüneburg.* Hannover und Leipzig 1904.

– 1922. *Der Heilbronner Bund 1632–1635,* 3 Bde. Lübeck 1922.

Krieger, K. F. 1977. »Bayerisch-Pfälzische Unionsbestrebungen vom Hausvertrag von Pavia 1329 bis zur Wittelsbachischen Hausunion vom Jahre 1724«, *ZhF,* IV 1977, S. 385–413.

Kroener, B. 1980. *Les Routes et les Etapes. Die Versorgung der französischen Armeen in Nordostfrankreich 1635–1661. Ein Beitrag zur Verwaltungsgeschichte des Ancien Régime,* 2 Bde. Münster 1980 (SVENG XI).

– 1981. »Die Entwicklung der Truppenstärken in den französischen Armeen zwischen 1635 und 1661«, in: K. Repgen 1981, S. 149–220.

– 1982. »Soldat oder Soldateska? Programmatischer Aufriß einer Sozialgeschichte militärischer Unterschichten in der ersten Hälfte des 17. Jahrhunderts«, in: M. Messerschmidt et al. (Hg.), *Militärgeschichte. Probleme, Thesen, Wege*. Frankfurt 1982, S. 100–123.

Kuczynski, J. 1981. *Geschichte des Alltags des deutschen Volkes*, Bd. 1: 1600–1650. Berlin 1981.

Kuesel, A. 1878. *Der Heilbronner Convent. Ein Beitrag zur Geschichte des Dreißigjährigen Krieges*. Halle 1878.

Lahne, W. 1931. *Magdeburgs Zerstörung in der zeitgenössischen Publizistik*. Magdeburg 1931.

Lammert, G. 1890. *Geschichte der Seuchen, Hungers- und Kriegsnoth zur Zeit des Dreißigjährigen Krieges*. Wiesbaden 1971.

Landberg, H. et al. 1971. *Det kontinentala krigets ekonomi. Studier i krigsfinansiering under Svensk Stormaktstid*. Stockholm 1971.

Langer, H. 1970. *Stralsund 1600 – 1630: eine Hansestadt in der Krise und im europäischen Konflikt*. Weimar 1970.

– 1978. *Der Dreißigjährige Krieg*. Leipzig 1978.

Laursen, L. (Hg.) 1916. *Danmark-Norges Traktater 1523–1750*. Kopenhagen 1916.

Lavater, H. K. 1651. *Kriegsbüchlein: Das ist grundtliche Anleitung zum Kriegswesen*. Zürich 1651.

Lee, M. (Hg.) 1972. *Dudley Carlton to John Chamberlain 1603–1624*. New Brunswick 1972.

Leffers, R. 1971. *Die Neutralitätspolitik des Pfalzgrafen Wolfgang Wilhelm als Herzog von Jülich-Berg in der Zeit von 1636–1643*. Neustadt 1971 Bergische Forschungen VIII.

Le Gates, M. J. 1974. »The Knights and the problems of political organization in sixteenth-century Germany«, *CEH*, VII 1974. S. 99–136.

Leman, A. 1920. *Urbain VIII et la rivalite de la France et de la maison d'Autriche de 1631 à 1635*. Lille / Paris 1920.

– 1923. »Urbain VIII et les origines du Congrès de Cologne de 1636«, *Revue d'histoire ecclésiastique*, XIX 1923, S. 370–383.

Lenke, W. 1960. *Klimadaten von 1621 – 1650 nach Beobachtungen des Landgrafen Hermann von Hessen*. Offenbach 1960 (Berichte des deutschen Wetterdienstes, Nr. LXIII, Bd. 9).

Leszczynski, J. 1969. *Wladislaw IV a ślask w latach 1644–1648*. Wroclaw 1969.

Limm, P. 1984. *The Thirty Years' War*. London 1984.

Lindegren, J. 1980. *Utskrivning och utsugning. Produktion och reproduktion i Bygdeå 1620 – 1640*, Uppsala 1980 Studia Historica Upsaliensia CXVII.

Livet, G. 1956. *L'intendance d'Alsace sous Louis XIV, 1648 – 1715*. Straßburg / Paris 1956.

– 1963. *La guerre de Trente ans*. Paris 1963.

Lockyer, R. 1981. *Buckingham. The life and political career of George Villiers, First Duke of Buckingham 1592 – 1628*. London 1981.

Lojewski, G. von, 1982. *Bayerns Weg nach Köln. Geschichte der bayerischen Bistumspolitik in der zweiten Hälfte des 16. Jahrhunderts*. Bonn 1982. Bonner Historische Forschungen XXI.

LOOSE, H.-D. 1963. *Hamburg und Christian IV. von Dänemark während des Dreißigjährigen Krieges.* Hamburg 1963.

LORENTZEN, T. 1894. *Die schwedische Armee im Dreißigjährigen Kriege und ihre Abdankung.* Leipzig 1894.

LORENZ, G. 1981. »Schweden und die französischen Hilfsgelder von 1638 – 1649«, in: K. Repgen 1981. S. 98–148.

LOSERTH, J. 1898. Hg. *Akten und Korrespondenzen zur Geschichte der Gegenreformation in Innerösterreich unter Karl II. und Ferdinand II.*, 2 Bde. in 3, Wien 1898 – 1907.

LOSSEN, M. 1897. *Der Kölnische Krieg*, 2 Bde. München 1897.

LUBLINSKAYA, A. D. 1959. *Frantsiya v nachale XVII veka.* Leningrad 1959.

LUNDGREN, S. 1945. *Johan Adler Salvius. Problem Kring freden, krigsekonomien och maktkampen.* Lund 1945.

LUNDKVIST, S. A. 1966. »Svensk krigsfinansiering 1630–1635«, *Historisk Tidsskrift,* LXXXVI 1966. S. 377–421.

LUNDORP, M. C. (Hg.) 1668. *Der Römischen Kayserlichen Majestät und Dess Heiligen Römischen Reichs ... Acta Publica IV.* Frankfurt 1668.

LÜTGE, F. 1958. »Die wirtschaftliche Lage Deutschlands vor Ausbruch des Dreißigjährigen Krieges«, *Jahrbücher für Nationalökonomie und Statistik,* CLXX 1958. S. 43–99.

– (Hg.) 1968. *Wirtschaftliche und soziale Probleme der gewerblichen Entwicklung im 15. – 16. und 19. Jahrhundert.* Stuttgart 1968.

LUTZ, G. 1968. »Wallenstein, Ferdinand II. und der Wiener Hof. Bemerkungen zu einem erneuten Beitrag zur alten Wallensteinfrage«, *Quellen und Forschungen aus italienischen Archiven und Bibliotheken,* XLVIII 1968. S. 207–243.

– 1971. *Kardinal Giovanni Francesco Guidi di Bagno. Politik und Religion im Zeitalter Richelieus und Urbans VIII.* Tübingen 1971 (Bibliothek des deutschen historischen Instituts in Rom, XXXIV).

MACZAK, A. 1978. *Życie codzienne w podrózach po Europie w XVI i XVII wieku.* Warschau 1978.

MAGEN, F. 1975. *Reichsgräfliche Politik in Franken. Zur Reichspolitik des Grafen von Hohenlohe am Vorabend und zu Beginn des Dreißigjährigen Krieges.* Schwäbisch Hall 1975. Forschungen aus Württembergisch Franken X.

– 1982. »Die Reichskreise in der Epoche des Dreißigjährigen Krieges«, *ZhF,* IX 1982, S. 409–460.

MAGER, F. 1955. *Geschichte des Bauerntums und der Bodenkultur im Lande Mecklenburg.* Berlin 1955.

MALAND, D. 1980. *Europe at War, 1600–1650.* London 1980.

MALLETT, M. E. / J. R. HALS (Hg.) 1984. *The Military Organization of a Renaissance State. Venice c. 1400 to 1617.* Cambridge 1984.

MANN, G. 1971. *Wallenstein.* Frankfurt 1971.

Mazarin, Lettres du Cardinal de 1883, hrsg. A. Chéruel. Paris 1883.

McCusker, J. J. 1978. *Money and Exchange in Europe and America, 1600 – 1715.* Chapel Hill 1978.

McEvedy, C. / R. Scott 1978. *Atlas of World Population History.* London 1978.

McKay, D. / H. M. Scott 1983. *The Rise of the Great Powers, 1618–1815.* London 1983.

MECENSEFFY, G. 1956. *Geschichte des Protestantismus in Österreich.* Graz / Köln 1956.

MEIER, J. 1971. »Die katholische Erneuerung des Würzburger Landskapitels Karlstadt im Spiegel der Landskapitelversammlungen und Pfarreivisitationen, 1579–1624«, *Würzburger Diözesangeschichtsblätter,* XXXIII 1971, S. 51–125.

MEIERN, J. G. VON, 1736. *Acta pacis Westfalicae publica, VI.* Osnabrück 1969.

MENK, F. 1979. »Restitution vor dem Restitutionsedikt. Kurtrier, Nassau und das Reich, 1626 – 1629«, *Jahrbuch für westdeutsche Landesgeschichte,* V 1979, S. 103–130.

MERZBACHER, F. (Hg.) 1973. *Julius Echter und seine Zeit.* Würzburg 1973.

Miscellanea historica in honorem Leonis van der Essen. Löwen 1947.

MITTERAUER, W. 1973. »Ständegliederung und Ländertypen«, in: E. Bruckmüller et al. 1973, S. 115–203.

MONRO, R. 1637. *Monro his expedition with the worthy Scots regiment call'd Mackays.* London 1637.

MONTGLAT, BARON DE, 1838. *Mémoires,* Hg. J. F. Michaud und J. J. F. Poujoulat, 3. Folge. Paris 1838.

MORHARD, J. 1962. *Haller Haus-Chronik.* Schwäbisch Hall, 1962.

MORYSON, F. 1617. *An itinerary.* London 1617.

MOSCHEROSCH, H. M. 1640. *Wunderliche und wahrhaftige Geschichte Philanders von Sittewald,* 2 Bde. Straßburg 1640–1642.

MOUSNIER, R. 1973. *The Assassination of Henry IV.* London 1973.

MOUT, M. E. 1982. »›Holendische propositiones‹. Een Habsburgs plan tot vernietigung von handel, visserij en scheepvart der Republiek (ca. 1625)«, *Tijdschrift voor Geschiedenis,* XCV 1982, S. 345–362.

MULDER, L. (Hg.) 1862. *Journal van Anthonis Duyck, advocaat fiskaal van den Raad van State 1591–1602.* Den Haag / Arnheim 1862.

MÜLLER, H. D. 1979. *Der schwedische Staat in Mainz 1631–1636. Einnahmen, Verwaltung, Absichten, Restitution.* Mainz 1979. Beiträge zur Geschichte der Stadt Mainz XXIV.

MÜLLER, J. 1912. »Reichsstädtische Politik in den letzten Zeiten der Union«, *Mitteilungen des Instituts für Österreichische Geschichtsforschung,* XXXIII 1912, S. 483–514 u. 633–680.

MUNTHE, L. W. 1902. *Kongliga Fortifikationens Historia.* 2 Bde. Stockholm 1902–1904.

NAGY, L. 1969. *Bethlen Gábor a független Magyarországért.* Budapest 1969.

– 1972. *Magyar hadsereg és hadmüvészet a harmincéves háborúban.* Budapest 1972.

NAUMANN, R. 1917. *Das kursächsische Defensionswerk 1613 – 1709.* Leipzig 1917.

NEUER-LANDFRIED, F. 1968. *Die katholische Liga: Gründung, Neugründung und Organisation eines Sonderbundes, 1608 – 1620.* Kallmünz 1968. Münchener historische Studien, Abteilung bayerische Geschichte IX.

NEVEUX, J. B. 1967. *Vie spirituelle et vie sociale entre Rhin et Baltique au XVIIe siècle.* Paris 1967.

NISCHAN, B. 1976. »Reformed Irenicism and the Leipzig colloquy of 1631«, *CEH,* IX 1976, S. 3–26.

– 1979. »Brandenburg's Reformed Räte and the Leipzig Manifesto of 1631«, *Journal of Religious History,* X 1979, S. 365–380.

– 1982 a. »John Bergius: Irenicism and the beginning of official religious toleration in Brandenburg-Prussia«, *Church History*, LI 1982, S. 389–404.

– 1982 b. »Calvinism, the Thirty Years' War, and the beginning of Absolutism in Brandenburg: the political thought of John Bergius«, *CEH*, XV 1982, S. 203–223.

NOLDEN, K. 1958. *Die Reichspolitik Kaiser Ferdinands II. in der Publizistik bis zum Lübecker Frieden 1629*. Köln 1958.

NORBERG, A. 1974. *Polen i svensk politik 1617 – 1626*. Stockholm 1974.

NORDLUND, R. 1971. »Krig genom ombud. Det svenska krigsfinanserna och Heilbronn förbundet 1633«, in: H. Landberg et al. 1971, S. 271–451.

– 1974 a. *Krig på avveckling Sverige och tyska kriget 1633*. Uppsala 1974.

– 1974 b. »Kontribution eller satisfaktion. Pommern och de Svenska Krigsfinanserna, 1633«, *Historisk Tidsskrift*, XCIV 1974, S. 321–402.

NOTESTEIN, W. et al. (Hg.) 1935. *The Commons Debates for 1621*. Bd. V, New Haven 1935.

NOVOTNY, A. / B. SUTTER (Hg.) 1967. *Innerösterreich 1564 – 1619*. Graz 1967.

OBERLÉ, R. 1965. *La république de Mulhouse pendant la guerre de trente ans*. Paris 1965.

Der oberösterreichische Bauernkrieg 1626: Ausstellung des Landes Oberösterreich im Linzer Schloß und im Schloß zu Scharnstein. Ausstellungskatalog, Linz 1976.

O'CONNELL, D. P. 1967. »A cause célèbre in the history of treaty making. The refusal to ratify the peace treaty of Regensburg in 1630«, *British Yearbook of International Law*, XLII 1967, S. 71–90.

ODHNER, C. T. 1877. *Die Politik Schwedens im Westphälischen Friedenscongress und die Gründung der schwedischen Herrschaft in Deutschland*. Hannover 1973.

ODLOŽILIK, O. 1973. »The nobility of Bohemia, 1620 – 1740«, *East European Quarterly*, VII 1973, S. 15–30.

OESTREICH, G. 1969 a. »Der römische Stoizismus und die oranische Heeresreform. Justus Lipsius als Theoretiker des neuzeitlichen Machtstaates«, in: *Geist und Gestalt des frühmodernen Staates*. Berlin 1969, S. 1–79.

– 1969 b. »Graf Johanns VII. Verkündigungsbuch für Nassau-Dillenburg 1595«, in: *Geist und Gestalt des frühmodernen Staates*. Berlin 1969, S. 311–355.

OGLE, O. / W. BLISS (Hg.) 1872. *Calendar of the Clarendon State Papers preserved in the Bodleian Library*, Bd. 1. Oxford 1872.

OPGENOORTH, E. 1972. *Friedrich Wilhelm: der große Kurfürst von Brandenburg. Eine politische Biographie*, 2 Bde. Göttingen 1972 – 1978.

PACH, Z. P. (Hg.) 1986. *Magyarország története*, Bd. 3: 1526 – 1686. Budapest 1986.

Pacis compositio inter principes et ordines catholicos atque Augustanae confessionis adhaerentes. Dillingen 1629.

PAGÈS, G. 1973. »Autour du 'grand orage'. Richelieu et Marillac. Deux politiques«, *RH*, CLXXIX 1937, S. 63–97.

– 1939. *La Guerre de Trente Ans 1618 – 1648*. Paris 1939.

PARKER, G. 1972. *The Army of Flanders and the Spanish Road 1567 – 1659*. Cambridge 1972.

– 1979 a. *Europe in Crisis 1598 – 1648*. London 1979.

– 1979 b. *Spain and the Netherlands 1559 – 1659: ten Studies*. London 1979.

– 1979 c. »The Military Revolution 1560–1660 – a Myth?«, in: *Spain and the Netherlands*, S. 86–103.

– / Parker, G. 1977. *European Soldiers 1550 – 1650*. Cambridge 1977.

– / Smith, L. M. (Hg.) 1978. *The General Crisis of the Seventeenth Century*. London 1978.

Pázmány, P. 1894. *Schriften*, 13 Bde., Budapest 1894 – 1905.

– 1910. *Briefe*, hrsg. v. J. Hanuy, 2 Bde., Budapest 1910 f.

Pekař, J. 1895. *Wallenstein 1630–1634. Tragödie einer Verschwörung*, 2 Bde. Berlin 1937.

Petersen, E. L. 1964. *Christian IV.s pengendlån til danske adelige. Kongelig foretagervirksomhed og adelig gœldsstiftelse 1596 – 1625*. Kopenhagen 1964.

– 1975 »From domain state to tax state«, *Scandinavian Economic History Review*, XXIII 1975, S. 116–148.

– 1980. *Fra rangssamfund til standssam fund, 1550 – 1700: Dansk socialhistorie*, III. Kopenhagen 1980.

– 1982 a. »Defence, war and finance: Christian IV and the Council of the Realm 1596–1629«, *Scandinavian Journal of History*, VII 1982, S. 277–313.

– 1982 b. »Conspicuous consumpion: the Danish nobility of the seventeenth century«, *Kwartalnik historij kultury materialnij*. I 1982, S. 64 ff.

– 1983. »War, Finance and the Growth of Absolutism: Some Aspects of the European Integration of Seventeenth Century Denmark«, in: G. Rystad 1983, S. 33–49.

Petersohn, J. 1961. »Die Landesdefension im Herzogtum Preußen zu Beginn des 17. Jahrhunderts«, *ZfO*. X 1961, S. 226–237.

Petzold, R. 1972. *Heinrich Schütz and his times in pictures*. Kassel / London 1972.

Peyton, E. 1652. *The Divine Catastrophe, or the rise, reign and ruin of the house of Stuarts*. London 1652.

Pfister, C. 1948. *Kurfürst Maximilian von Bayern und sein Jahrhundert*. München 1948.

Pphilippe, R. 1976. *Württemberg und der Westfälische Friede*. Münster 1976 (SVENG VIII).

– 1980. *Welt im Umbruch. Augsburg zwischen Renaissance und Barock*. Augsburg 1980.

Pillorget, R. 1976. »Louis XIV and the electorate of Trier, 1652–1676«, in: R. M. Hatton 1976, S. 115–132.

Pithon, R. 1960. »Les débuts difficiles du Ministère de Richelieu et la crise de la Valtelline 1621–1627«, *Revue d'Histoire deplomatique*. LXXIV 1960, S. 298–322.

– 1963. »La Suisse, théâtre de la Guerre Froide entre la France et l'Espagne pendant la crise de la Valtelline 1621–1626, *Schweizerische Zeitschrift für Geschichte*. XIII 1963, S. 33–53.

Platen, M. von, 1966. *Queen Christina of Sweden. Documents and Studies*. Stockholm 1966.

Planther, L. 1913. *Graf Johann von Nassau und die erste Kriegsschule. Ein Beitrag zur Kenntnis des Kriegswesens um die Wende des 16. Jahrhunderts*. Berlin 1913.

Plessis, A. J. du, Cardinal de Richelieu 1838. *Mémoires*. Hrsg. v. J. F. Michaud und J. J. F. Poujoulat, s. Folge, Paris 1838.

Poelhekke, J. J. 1948. *De vrede van Munster*. Den Haag 1948.

Polišensky, J. V. 1949. Anglie a Bílá Hora, Prag 1949.

– 1953. »Bohemia, the Turk and the Christian Commonwealth, 1462–1620«, *Byzantoslavica*. XIV 1953, S. 82–108.

– 1957. »Die Universität Jena und der Aufstand der böhmischen Stände in den Jahren 1618–1620«, *Wissenschaftliche Zeitschrift der Friedrich-Schiller-Universität Jena.* VII 1957/58, S. 441–447.

– 1958. *Nizozemská politika a Bílá Hora.* Prag 1958.

– (Hg.) 1971. *Der Krieg und die Gesellschaft in Europa 1618–1648.* Prag usw. 1971 (Documenmta Bohemica I).

– / SNIDER, F. 1978. *War and Society in Europe, 1618–1648.* Cambridge 1978.

PORSHNEV, B. F. 1960. »Les rapports de l'Europe occidentale »a l'époque de la guerre de trente ans«, *Rapports du XIe Congrès des Sciences Historiques.* IV Stockholm 1960, S. 136–163.

POSCH, A. 1967. »Aus dem kirchlichen Visitationsbericht 1617« in: A. Novotny und B. Sutter 1967, S. 197–232.

POTTER, G. R. / E. SIMPSON (Hg.) 1955. *Sermons of John Donne.* Berkeley / Los Angeles 1955.

POYNTZ, S. 1908. *Relations 1624–1636.* Hrsg. v. A. T. S. Goodrick, Camden Society Publications, 3rd. series, XIV 1908.

PRESS, V. 1970. *Calvinismus und Territorialstaat: Regierung und Zentralbehörden der Kurpfalz 1559–1619.* Stuttgart 1970 (Kieler historische Studien VII).

– 1977. »Die Grundlagen der kurpfälzischen Herrschaft in der Oberpfalz 1499–1621«, *Verhandlungen des historischen Vereins für Oberpfalz und Regensburg.* CXVII 1977, S. 31–67.

PUSCH, M. 1978. *Der Dreißigjährige Krieg 1618–1648.* München 1978.

QUAZZA, R. 1926. *La guerra per la successione di Mantova e del Monferrato.* 2 Bde., Mantua 1926.

RAA, F. J. G. TEN / F. BAS DE, 1915. *Het Staatsche Leger, 1573–1795.* Bd. III: 1609–1625, Breda 1915.

RABB, T. K. 1962. »The effects of the Thirty Yeras' War in the German economy«, *JMH,* XXXIV 1962, S. 40–51.

– (Hg.) 1964. *The Thirty Yeras' War. Problems of motive, extent and effect.* Lexington 1964.

RASSOW, P. 1952. »Forschungen zur Reichsidee im 16. und 17. Jahrhundert«, in: *Die geschichtliche Einheit des Abendlandes.* Köln / Graz 1960.

READE, H. G. R. 1924. *Sidelights on the Thirty Years' War.* London 1924.

REBEL, H. 1983. *Peasant classes. The bureaucratization of property and family relations under early Habsburg absolutism, 1511–1636.* Princeton 1983.

REDLICH, F. 1959. »Contributions in the Thirty Years' War«, *EHR.* XII 1959/60, S. 247–254.

– 1964. *The German Military Enterprise and His Workforce, 13th to 17th Centuries.* 2 Bde., Wiesbaden 1964 f., VSW Beihefte XLVII–XLVIII.

– 1972. *Die deutsche Inflation des frühen 17. Jahrhunderts in der zeitgenössischen Literatur: die Kipper und Wipper.* Köln / Wien 1972, Forschungen zur internationalen Sozial- und Wirtschaftsgeschichte VI.

REIMANN, M. 1979. *Der Goslarer Friede von 1642.* Hildesheim 1979, Quellen und Darstellungen zur Geschichte Niedersachsens XC.

REINGRABNER, G. 1976. *Adel und Reformation. Beiträge zur Geschichte des protestantischen Adels im Lande unter der Enns während des 16. und 17. Jahrhunderts.* Wien 1976, Forschungen zur Landeskunde von Niederösterreich XXI.
– 1977. *Protestantismus in Niederösterreich.* Wien 1977, Wissenschaftliche Schriftenreihe Niederösterreich XXVII.

REPGEN, K. 1962. *Die römische Kurie und der Westfälische Friede. Papst, Kaiser und Reich 1521–1644.* 2 Bde., Tübingen 1962.
– 1972. »Über den Zusammenhang von Verhandlungstechnik und Vertragsbegriffen. Die kaiserlichen Elsaß-Angebote vom 28. März und 14. April 1646 an Frankreich«, in: A. Besch 1972, S. 638–666.
– (Hg.) 1981 a. *Forschungen und Quellen zur Geschichte des Dreißigjährigen Krieges.* Münster 1981, SVENG XII.
– 1981 b. »Dreißigjähriger Krieg«, in: *Theologische Realenzyklopädie.* Bd. 9, Berlin 1981, S. 169–188.
– 1982 a. »Seit wann gibt es den Begriff ›Dreißigjähriger Krieg‹?«, in: H. Dollinger et al. 1982, S. 59–70.
– 1982 b. »Noch einmal zum Begriff ›Dreißigjähriger Krieg‹«, *ZhF.* IX 1982, S. 347–352.
– (Hg.) 1986. *Krieg und Politik 1618–1648: europäische Studien und Perspektiven.* München 1986.

Riskskansleren Axel Oxenstiernas Skrifter och Brevvexling. 1. Folge, 15 Bde.; 2. Folge, 12 Bde., Stockholm 1888 ff.

RITTER, M. 1889. *Deutsche Geschichte im Zeitalter der Gegenreformation und des Dreißigjährigen Krieges 1555–1648.* 3 Bde., Stuttgart 1889.
– 1903. »Das Kontributionssystem Wallensteins«, *HZ.* LV 1903, S. 193–249.

ROBERTS, M. 1953. *Gustavus Adolphus. A History of Sweden 1611–1632.* London 1953.
– 1967. »The Military Revolution 1560–1660«, in: *Essays in Swedish History.* London 1967, S. 195–225.
– 1968. *Sweden as a Great Power 1611–1697: government, society, foreign policy.* London 1968.
– 1979. *The Swedish Imperial Experience 1560–1718.* Cambridge 1979.
– 1982. »Oxenstierna in Germany, 1633–1636«, *Scandia.* XLVIII 1982, S. 61–105.

RÓDENAS VILAR, R. 1967. *La Política europea des España durante la Guerra de los Treinta Años, 1624–1630.* Madrid 1967.

ROTONDÒ, A. 1976. »Esuli italiani in Valtinella nel '500«, *Rivista storica italiana.* LXXXVIII 1976, S. 756–791.

ROUPNEL, G. 1955. *La ville et la campagne au 17e siècle. Etude sur les populations du pays dijonnais.* Paris ²1955.

ROUSSEAU, J. - J. 1761. *Zum ewigen Frieden.* Hrsg. Botho Laserstein, Bern 1920.

RUBINSTEIN, H. L. 1973. *Captain Luckless. James, first duke of Hamilton 1600–1649.* Edinburgh 1973.

Rudolf II. and His Court. Delft 1982, Leids Kunsthistorisch Jaarboek I.

RUDOLF, H. U. (Hg.) 1977. *Der Dreißigjährige Krieg. Perspektiven und Strukturen.* Darmstadt 1977.

RUPPERT, K. 1979. *Die kaiserliche Politik auf dem Westfälischen Friedenskongreß 1643–1648.* Münster 1979, SVENG X.

RYSTAD, G. 1960. *Kriegsnachrichten und Propaganda während des Dreißigjährigen Krieges: die Schlacht bei Nördlingen in den gleichzeitigen gedruckten Kriegsberichten.* Lund 1960.
– 1980. »Die Schweden in Bayern während des Dreißigjährigen Krieges«, in: H. Glaser 1980 b. Bd. 1, S. 424–435.
– (Hg.) 1983. *Europe and Scandinavia. Aspects of the process of integration in the seventeenth century.* Lund 1983.

SABEAN, D. W. 1984. *Power in the blood. Popular culture and village discourse in early modern Germany.* Cambridge 1984.
SADOVA, V. 1960. »Eksport czeskiego zboza do Niemieć ... w okresie przed Biala Gora«, *Roczniki dziejów spolecznych i Gospodarczych.* XXII 1960, S. 37–47.
SANDGRUBER, R. 1974. »Zur Wirtschaftsentwicklung Niederösterreichs im 16. und 17. Jahrhundert«, *Unsere Heimat.* XLV 1974, S. 210–221.
SAWYER, E. 1725. Hg., *Memorials of Affairs of State during the Reigns of Queen Elizabeth and King James I.* London 1725.
SCHAUFLER, H. H. 1979. *Die Schlacht bei Freiburg-im-Breisgau 1644.* Freiburg 1979.
SCHELVEN, A. A. VAN, 1939. »Der Generalstab des politischen Calvinismus in Zentraleuropa zu Beginn des Dreißigjährigen Krieges«, *ARG.* XVIII 1939, S. 117–141.
SCHERTL, P. 1962. »Die Amberger Jesuiten im ersten Dezennium ihres Wirkens (1621–1632)«, *Verhandlungen des historischen Vereins für die Oberpfalz und Regensburg.* CII 1962, S. 101–194 und CIII 1963, S. 257–350.
SCHILLING, H. 1974. »Bürgerkämpfe in Aachen zu Beginn des 17. Jahrhunderts. Konflikte im Rahmen der alteuropäischen Stadtgesellschaft oder im Umkreis der frühbürgerlichen Revolution«, *ZhF.* I 1974, S. 175–231.
– 1981. *Konfessionskonflikt und Staatsbildung. Eine Fallstudie über das Verhältnis von religiösem und sozialem Wandel in der Frühneuzeit am Beispiel der Grafschaft Lippe.* Gütersloh 1981, Quellen und Forschungen zur Reformationsgeschichte XLVIII.
– 1984. »The European Cris of the 1590s: the Situation in German Towns«, in: P. Clark 1984, S. 135–156.
SCHLAICH, K. 1983. »Die Mehrheitsabstimmung im Reichstag zwischen 1495 und 1613«, *ZhF.* X 1983, S. 299.
SCHLEIF, K. H. 1972. *Regierung und Verwaltung des Erzstifts Bremen am Beginn der Neuzeit 1500–1645. Eine Studie zum Wesen der modernen Staatlichkeit.* Hamburg 1972.
SCHMID, G. 1953. »Konfessionspolitik und Staatsräson bei den Verhandlungen des Westfälischen Friedenskongresses über die Gravamina Ecclesiastica«, *ARG.* LIV 1953, S. 203–223.
SCHMIDT, H. 1953. »Der Dreißigjährige Krieg: Wie er sich auf das Rothenburger Land und seine Leute auswirkte«, *Fränkischer Feierabend,* I–IX 1953–1961, Monatsbeilage zum *Fränkischen Anzeiger.*
– 1980. »Pfalz-Neuburgs Sprung zum Niederrhein. Wolfgang Wilhelm von Pfalz-Neuburg und der Jülich-Klevische Erbfolgestreit«, in: H. Glaser 1980 b, Bd. 1, S. 77–89.
SCHORMANN, G. 1985. *Der Dreißigjährige Krieg.* Göttingen 1985.
SCHREIBER, R. 1956. *Das Spenderbuch für den Bau der protestantischen Salvatorkirche in Prag, 1610–1615.* Salzburg 1956.

Schröer, F. 1966. *Das Havelland im Dreißigjährigen Krieg. Ein Beitrag zur Geschichte der Mark Brandenburg.* Köln / Graz 1966, Mitteldeutsche Forschungen XXXVII.

Schubert, E. 1968. »Gegenreformation in Franken«, *JfL.* XXVIII 1968, S. 275–307.

Schubert, F. H. 1954. »Die pfälzische Exilregierung im Dreißigjährigen Krieg: ein Beitrag zur Geschichte des politischen Protestantismus«, *ZGO.* CII 1954, S. 575–680.

– 1955. *Ludwig Camerarius, 1573–1651. Eine Biographie.*Kallmünz 1955, Münchner historische Studien. Abteilung Neuere Geschichte I.

– 1965. »Wallenstein und der Staat des 17. Jahrhunderts«, *GWU.*XVI 1965, S. 597–611; Neuabdr. in: H. U. Rudolf 1977, S. 185–207.

Schulz, H. (Hg.) 1917. *Der Dreißigjährige Krieg.* Leipzig 1917.

Schulze, W. 1973. *Landesdefension und Staatsbildung. Studien zum Kriegswesen des innerösterreichischen Territorialstaates 1564–1619.* Wien 1973.

– 1975. »Reichstage und Reichssteuern im späten 16. Jahrhundert«, *ZhF.* II 1975, S. 43–58.

– 1978. »Die Erträge der Reichssteuern zwischen 1576 und 1606«, *Jahrbuch für die Geschichte Mittel- und Ostdeutschlands.* XXVII 1978, S. 169–185.

Schwarz, H. F. 1943. *The Imperial Privy Council in the Seventeenth Century.* Cambridge, Mass. 1943.

Schweinesbein, K. 1967. *Die Frankreichpolitik Kurfürst Maximilians I. von Bayern, 1639–1645.* München 1967.

Schwemmer, W. 1967. *Die Schulden der Reichsstadt Nürnberg und ihre Übernahme durch den bayerischen Staat.* Nürnberg 1967.

Seaton, M. E. 1935. *Literary Relations of England and Scandinavia in the Seventeenth Century.* Oxford 1935.

Seco Serrano, C. 1958. *Cartas de Sor María de Jesús de Ágreda y de Felipe IV.* Madrid 1958, Biblioteca de Autores Españoles CVIII.

Sella, D. 1979. *Crisis and Continuity. The economy of Spanish Lombardy in the seventeenth century.* Cambridge, Mass. 1979.

Sharpe, W. (Hg.) 1978. *Faction and Parliament: Essays on Early Stuart History.* Oxford 1978.

Shaw, W. A. 1895. »The monetary movements of 1600–21 in Holland and Germany«, *Transactions of the Royal Historical Society new series.* IX 1895, S. 189–213.

Sidney, P. 1629. *Arcadia.* London 1629.

Skippon, P. 1732. »An account of a journey through the Low Countries, Germany, Italy and France«, in: A. Churchill 1732, Bd. VI, S. 418–484.

Skovgaara, J. (Hg.) 1947. *Kong Christian den Fjerdes egenhaendige Breve.* Kopenhagen 1947.

Smit, J. G. / J. Roelevink (Hg.) 1981. *Resolutiën der Staten-Generaal.* Neue Folge IV – V, Den Haag 1981 u. 1984.

Snider, F. L. 1972. »The restructuring of the Bohemian nobility in the seventeenth Century«, Diss. an der University of California in Berkeley 1972.

Sokol, A. E. 1976. *Das habsburgische Admiralitätswerk des 16. und 17. Jahrhunderts.* Wien 1976, Biblos-Schriften LXXXIX.

Sparmann, E. 1914. *Dresden während des Dreißigjährigen Krieges.* Dresden 1914.

Spindler, M. (Hg.) 1969. *Handbuch der bayerischen Geschichte.* München 1969.

SPITZ, L. W. (Hg.) 1977. *The Formula of Concord. Quadricentennial Essays, Sixteenth Century Journal*, VIII 1977, Heft 4.

SPRINGELL, F. C. 1963. *Connoisseur and Diplomat: the earl of Arundel's embassy to Germany in 1636*. London 1963.

SRBIK, H. VON, 1920. *Wallensteins Ende*. Salzburg 1952.

STABER, J. 1964. »Die Eroberung der Oberpfalz im Jahre 1621. Nach dem Tagebuch des Johann Christoph von Preysing«, *Verhandlungen des historischen Vereins für Oberpfalz und Regensburg*. CIV 1964, S. 165–221.

State Papers, Clarendon. 1767. Collected by Edward earl of Clarendon, Bd. 1, Oxford 1767.

STECKZÉN, B. 1939. *Johan Baner*. Stockholm 1939.

STEIN, L. 1971. »Religion and patriotism in German peace dramas during the Thirty Years' War«, *CEH*. IV 1971, S. 131–148.

STEIN, W. H. 1978. *Protection royale. Eine Untersuchung zu den Protektionsverhältnissen im Elsaß zur Zeit Richelieus, 1622–1643*. Münster 1978, SVENG IX.

STEINBERG, S. H. 1967. *The Thirty Years' War and the Conflict for European Hegemony, 1600–1660*. London 1967.

STEVENSON, D. 1981. *Scottish Covenanters and Irish Confederates. Scottish-Irish relations in the mid-seventeenth century*. Belfast 1981.

STICHT, E. L. 1964. *Markgraf Christian von Brandenburg-Kulmbach und das Oberland der Markgrafschaft im Dreißigjährigen Krieg 1618–1635*. Neuhaus an der Eger 1964.

– 1965. *Markgraf Christian von Brandenburg-Kulmbach und der Dreißigjährige Krieg in Ostfranken 1618–1635*. Kulmbach 1965.

STIEVE, F. 1875. *Der Ursprung des Dreißigjährigen Krieges*. Bd. 1 *Der Kampf um Donauwörth*. München 1875.

– 1877 a. »Ferdinand II.«, in: *Allgemeine Deutsche Biographie*. Berlin 1877, Bd. 6, S. 644–664.

– 1877 b. »Ferdinand III.«, in *Allgemeine Deutsche Biographie*. Berlin 1877, Bd. 6, S. 664–671.

– 1893. »Das ›Contobuch‹ der deutschen Liga«, *DZG*. 1. Folge, X 1893, S. 97–106.

STRADLING, R. A. 1981. *Europe and the Decline of Spain. A Study of the Spanish system 1580–1720*. London 1981.

– 1986. »Olivares and the origins of the Franco-Spanish war, 1627–1635«, *EHR*. CI 1986, S. 68–94.

STRAUB, E. 1980. *Pax et imperium. Spaniens Kampf um seine Friedensordnung in Europa zwischen 1617 und 1635*. Paderborn 1980, Rechts- und staatswissenschaftliche Veröffentlichungen der Görres-Gesellschaft, Neue Folge XXI.

STRITMATTER, R. 1977. *Die Stadt Basel während des Dreißigjährigen Krieges. Politik, Wirtschaft, Finanzen*. Bern 1977.

STURMBERGER, H. 1953. *Georg Erasmus Tschernembel. Religion, Libertät und Widerstand. Ein Beitrag zur Geschichte der Gegenreformation und des Landes ob der Enns*. Linz 1953.

– 1957 a. «Die Anfänge des Bruderzwists in Habsburg«, *Mitteilungen des oberösterreichischen Landesarchivs*. V 1957, S. 143–188.

– 1957 b. *Kaiser Ferdinand II. und das Problem des Absolutismus*. München 1957.

– 1959. *Aufstand in Böhmen. Der Beginn des Dreißigjährigen Krieges.* München und Wien 1959.

– 1976. *Adam Graf Herberstorff. Herrschaft und Freiheit im konfessionellen Zeitalter.* München 1976.

Suvanto, P. 1963. *Wallenstein und seine Anhänger am Wiener Hof zur Zeit des zweiten Generalats 1631–1634.* Helsinki 1963.

– 1979. *Die deutsche Politik Oxenstiernas und Wallensteins.* Helsinki 1979, Studia historica IX.

Svenska riksrådets protokoll, in: *Handlingar rörande Skandinaviens Historia.* 3. Folge.

Sveriges Krig 1611–1632, (Hg.) v. Generalstab der schwedischen Armee, 8 Bde., Stockholm 1936–1939.

Symcox, G. (Hg.) 1974. *War, Diplomacy and Imperialism, 1618–1763.* London 1974.

Tandrup, L. 1979. *Mod triumf eller tragedie. En politisk-diplomatisk studie i forløbet af den dans-svenske magtkamp fra kalmarkrigen til kejserkrigen.* 2 Bde., Århus 1979.

Tapié, V. L. 1934. *La politique de la France et le début de la guerre de trente ans.* Paris 1934.

Taylor, J. 1617. *Three weekes, three daies and three houres observations and travel from London to Hamburgh.* London 1617.

Tenenti, A. 1967. *Piracy and the Decline of Venice, 1580–1615.* London 1967.

Teply, K. 1975. *Die Kaiserliche Großbotschaft an Sultan Murat IV. 1628. Des Freiherrn Hans Ludwig von Kuefsteins Fahrt zur Hohen Pforte.* Wien 1975.

Tex, J. den, 1973. *Oldenbarnevelt.* 2 Bde., Cambridge 1973.

Thies, G. 1973. *Territorialstaat und Landesverteidigung. Das Landesdefensionswerk in Hessen-Kassel unter Landgraf Moritz, 1592–1627.* Darmstadt 1973, Quellen und Forschungen zur hessischen Geschichte XXV.

Tingsten, L. 1930. *Huvuddragen av Sveriges politik och krigföring: Tyksland efter Gustav II Adolfs död till och med sommaren 1635.* Stockholm 1930.

– 1932. *Fäldmarskalkarna Johan Baner och Lennart Torstensson säsom härförare.* Stockholm 1932.

Toegel, M. (Hg.) 1972. *Der Beginn des Dreißigjährigen Krieges.* Prag usw. 1972, Documenta Bohemica II.

– 1973. »Příčiny saského vpádu do Čech v roce 1631«, *Československý časopis historický.* XXI 1973, S. 553–581.

– (Hg.) 1977. *Der Schwedische Krieg und Wallensteins Ende. Quellen zur Geschichte der Kriegsereignisse der Jahre 1630–1635.* Prag usw. 1977 (Documenta Bohemica V).

– (Hg.) 1981. *Der Kampf um den besten Frieden. Quellen zur Geschichte des Dreißigjährigen Krieges zur Zeit der Friedensverhandlungen von Westfalen und die Ratifizierung des Friedens 1643–1649.* Prag usw. 1981 (Documenta Bohemica VII).

Tomlinson, H. (Hg.) 1984. *Before the Cicil War.* London 1984.

Tongerloo, L. van, 1964. »Beziehungen zwischen Hessen-Kassel und den Vereinigten Niederlanden während des Dreißigjährigen Krieges«, *HJL.*XIV 1964, S. 199–270.

Trevor-Roper, H. R. (Hg.) 1968. *The Age of Expansion.* London 1968.

Tüchle, H. (Hg.) 1962. *Acta s(acrae c(ongregationis de propaganda fide Germaniam spectantia. Die Protokolle der Propagandakongregation zu deutschen Angelegenheiten. 1622–1649.* Paderborn 1962.
– 1971. »The peace of Augsburg: New Order or lull in the fighting?«, in: H. J. Cohn 1971, S. 145–165.
Tupetz, T. 1883. *Der Streit um die geistlichen Güter und das Restitutionsedikt.* Wien 1883.
Turner, J. 1683. *Pallas Armata. Military Essayes of the ancient Graecian, Roman and modern art of war.* London 1683.
– 1829. *Memoirs of his own life and times.* Edinburgh 1829.

Ubachs, P. J. H. 1983. »Neutraliteit, theorie en praktiek tijdens de Tachtigjarige Oorlog«, *Tijdschrift voor Geschiedenis.* XCVI 1983, S. 165–178.
Urban, H. 1974. »Druck und Drucke des Restitutionsedikts von 1629«, *Archiv für die Geschichte des Buchwesens.* XIV 1974, Sp. 609–654.
Urban, P. / B. Sutter (Hg.) 1975. *Johannes Kepler 1571–1971. Gedenkschrift der Universität Graz.* Graz 1975.

Valentinitsch, H. 1974. »Die Steiermark, Ungarn und die Osmanen, 1606–1662«, *Zeitschrift des Historischen Vereines für die Steiermark.* LVX 1974, S. 93–128.
– 1975. »Ferdinand II., die innerösterreichischen Länder und der Gradiskanerkrieg (1615–1618)«, in: P. Urban und B. Sutter 1975, S. 497–539.
Vann, J. A. 1975. *The Swabian Kreis. Institutional Growth in the Holy Roman Empire 1648–1715.* Brüssel 1975.
– 1984. *The making of a state: Württemberg 1593–1793.* Ithaca / London 1984.
Vives, J. V. 1953. »La politique européenne du royaume d'Aragon-Catalogne sous Jean II 1458–1479«, *Annales du Midi.* LXV 1953, S. 405–415.
Vocelka, K. 1981. *Die politische Propaganda Kaiser Rudolfs II. 1576–1612.* Wien 1981.
– 1983. »Matthias contra Rudolf. Zur politischen Propaganda in der Zeit des Bruderzwists«, *ZhF.* X 1983, S. 341–351.
Vogler, B. 1967. *Le clergé protestant rhénan au siècle de la Réforme 1555–1619.* Straßburg 1967.
– 1975. »La politique scolaire entre Rhin et Moselle, l'exemple du duché de Deux-Ponts 1555–1619«, *Francia.* III 1975, S. 236–320 und IV 1976, S. 287–364.
– 1981. *Le monde germanique et helvétique à l'époque des Réformes, 1517–1618.* Paris 1981.
Voltaire 1754. »Geschichte der Reisen Scarmentados«, in: *Sämtliche Romane und Erzählungen in zwei Bänden.* Leipzig 1982, 1. Bd., S. 165–174.

Waddington, A. 1895. *La République des Provinces-Unies, la France et les Pays-Bas espagnols de 1630 à 1650.* Paris 1895.
Wagner, E. 1979. *European Weapons and Warfare 1618–1648.* London 1979.
Walker, F. 1979. *Niederländische Einflüsse auf das eidgenössische Staatsdenken im späten 16. und frühen 17. Jahrhundert. Neue Aspekte der Zürcher und Berner Geschichte im Zeitalter des werdenden Absolutismus.* Zürich 1979.
Walker, M. 1971. *German Home Towns, Community, state and general estate 1648–1871.* Ithaca und London 1971.

WANG, A. 1976. »Information und Deutung in illustrierten Flugblättern des Dreißigjährigen Krieges. Zum Gebrauchscharakter einiger Blätter des Themas *Sächsisch Confect* aus den Jahren 1631 und 1632«, *Euphorion.*LXX 1976, S. 97–116.

WEBER, H. 1968. »Richelieu et le Rhin«, *RH.* CCXXXIX 1968, S. 265–280.

– 1969. *Frankreich, Kurtrier, der Rhein und das Reich, 1623–1635.* Bonn 1969.

– 1975. »Empereur, Electeurs et Diète de 1500 à 1650«, *Revue d'histoire diplomatique.* LXXXIX 1975, S. 281–297.

– (Hg.) 1980. *Politische Ordnungen und soziale Kräfte im Alten Reich.* Wiesbaden 1980, Veröffentlichungen des Instituts für europäische Geschichte Mainz. Abteilung Universalgeschichte. Beiheft VIII.

WEBER, L. 1972. *Veit Adam von Gepeckh, Fürstbischof von Freising, 1618 bis 1651.* München 1972.

WEBER, R. 1979. *Würzburg und Bamberg im Dreißigjährigen Krieg: die Regierungszeit des Bischofs Franz von Hatzfeld, 1631–1642.* Würzburg 1979.

WEDGWOOD, C. V. 1938. *Der Dreißigjährige Krieg.* München 1967.

WEISS, E. 1966. *Die Unterstützung Friedrichs V. von der Pfalz durch Jakob I. und Karl I. von England im Dreißigjährigen Krieg 1618–1632.* Stuttgart 1966, Veröffentlichungen der Kommission für geschichtliche Landeskunde in Baden Württemberg, Reihe B, XXXVII.

WEISS, J. G. 1940. »Die Vorgeschichte des böhmischen Abenteuers Friedrichs V. von der Pfalz«, *ZGO.* N. F. LIII 1940, S. 383–492.

WENDT, E. 1933. *Det Svenska Licentväsendet i Preussen, 1627–1635.* Uppsala 1933.

WHALEY, J. 1985. *Religious toleration and social change in Hamburg 1529–1819.* Cambridge 1985.

WHITE, A. W. 1978. »Suspension of Arms: Anglo-Spanish Mediation in the Thirty Years' War, 1621–1625«, Diss. an der Tulane University 1978.

WIJN, J. W. 1934. *Het Krijgswezen in der tijd van Prins Maurits.* Utrecht 1934.

WILFLINGSEDER, F. 1959. »Martin Leimbauer und die Unruhen im Machlandviertel, 1632–1636«, *Mitteilungen des oberösterreichischen Landesarchivs.* VI 1959, S. 136–208.

WILSON, C. H. / G. PARKER (Hg.) 1977. *Introduction to the Sources of European Economic History 1500–1800.* London 1977.

WOLF, K. 1936. »Von der Einführung der allgemeinen Wehrpflicht in Kurpfalz um 1600«, *ZGO.*LXXXIX 1936/37, S. 638–704.

WOLFF, F. 1966. *Corpus Evangelicorum und Corpus Catholicorum auf dem Westfälischen Friedenskongreß. Die Einfügung der konfessionellen Ständeverbindungen in die Reichsverfassung.* Münster 1966, SVENG II.

WOLLENBERG, J. 1977. *Richelieu: Staatsräson und Kircheninteresse. Zur Legitimation der Politik des Kardinalpremier.* Bielefeld 1977.

WOLTERING, H. 1965. *Die Reichsstadt Rothenburg ob der Tauber und ihre Herrschaft über die Landwehr.* Rothenburg 1965.

WORDSWORTH, W. 1896. *The Poetical Works.* Hr. v. W. Knight, London 1896.

WORMALD, J. 1981. *Court, Kirk and Community. Scotland 1470–1625.* London 1981.

WUNDER, G. 1980. *Die Bürger von Hall. Sozialgeschichte einer Reichsstadt, 1216–1802.* Sigmaringen 1980.

ZAHN, W. 1904. *Die Altmark im Dreißigjährigen Krieg.* Halle 1904, Schriften des Vereins für Reformationsgeschichte XII/3.

ZALLER, R. 1974. »›Interest of State‹: James I and the Palatinate«, *Albion*. VI 1974, S. 144–175.

ZEMAN, J. K. 1977. »Responses to Calvin and Calvinism among the Czech brethren 1540–1605«, *American Society for Reformation Research Occasional Papers*. I 1977, S. 41–52.

ZILLHARDT, G. (Hg.) 1975. *Der Dreißigjährige Krieg in zeitgenössischer Darstellung: Hans Heberles »Zeytregister« 1618–1672*. Ulm 1975.

ZORN, W. 1971. »Sozialgeschichte 1500–1800«, in: H. Aubin und W. Zorn 1971, S. 465–494.

ZWIEDINECK-SÜDENHORST, H. VON, 1880. *Hans Ulrich Fürst von Eggenberg*. Wien 1880.

Verzeichnis der Mitarbeiter

Simon Adams	Dozent für Geschichte University of Strathclyde
Gerhard Benecke	Dozent für Geschichte University of Kent
Richard Bonney	Professor für Geschichte University of Leicester
John. H. Elliott	Professor für Geschichte Institute for Advanced Study, Princeton
R. J. W. Evans	Fellow und Hochschullehrer Brasenose College, Oxford
Christopher R. Friedrichs	Associate Professor of History University of British Columbia, Vancouver
Bodo Nischan	Associate Professor of History East Carolina University
Geoffrey Parker	Professor für Geschichte University of Illinois
E. Ladewig Petersen	Professor für Geschichte Universität Odense
Michael Roberts	Institute of Social and Economic Research, Rhodes University

Forschungsassistenten

André W. Carus	Universität Bielefeld
Sheilagh C. Ogilvie	Trinity College, Cambridge

Personenregister

Personen wurden auch dann aufgenommen, wenn sie im Text in ihrer Funktion und nicht namentlich genannt sind.

Geographisches Register

Geographische Bezeichnungen wurden dann nicht ins Register aufgenommen, wenn sie im Text als Chiffre für das jeweilige Herrscherhaus stehen oder nichts Wesentliches über sie mitgeteilt wird.

A Der kön May zu Schwed Armee C. Tranchee an dem Waffer. E. die Bruck über den Lech. F. Finländische Reuter so
B. Schwedisch Bauerien vnd gefchütz. D. Ein grofer Rauch darunter die Brücke gefchlag worde. durchs Waffer gefetzt